नेम नॉट नोन

डॉ. सुनीलकुमार लवटे

महाराष्ट्र राज्य में अनाथों के संगोपन एवं पुनर्वास कार्यकर्ता के रूप में सुविख्यात।
शिक्षा : एम.ए., पी-एच.डी.।
रचनाएँ : हिन्दी में नाटककार शंकर शेष (1982), यशपाल : एक समग्र मूल्यांकन (1984) तथा शेवडे : व्यक्तित्व एवं कृतित्व (1986) जैसे समीक्षा ग्रन्थ बहुचर्चित एवं पुरस्कृत। मराठी एवं हिन्दी में मौलिक लेखन के साथ अनुवाद, समीक्षा, सम्पादन एवं अनुसंधान कार्य। फिलहाल वि.स. खांडेकर के समग्र साहित्य सम्पादन प्रकल्प में व्यस्त।
विदेश-यात्रा : यूरोप एवं एशिया के अनेक देशों का भारतीय शिष्टमंडल के साथ भ्रमण एवं अध्ययन।
पुरस्कार : हिन्दी सेवा के लिए केन्द्रीय हिन्दी निदेशालय, भारत सरकार तथा हिन्दी साहित्य अकादमी, महाराष्ट्र सरकार द्वारा गौरव।
प्रस्तुत अनुवाद की मूल आत्मकथा 'नीचे धरा, ऊपर गगन' को महाराष्ट्र सरकार, महाराष्ट्र फाउंडेशन, अमेरिका का श्रेष्ठ ग्रन्थ पुरस्कार।
प्रस्तुत रचना का गुजराती एवं ब्रेल में अनुवाद। अनेक विश्वविद्यालयों के पाठ्यक्रम में अन्तर्भूत।
इस आत्मकथा का रेडियो से प्रसारण भी हो चुका है।
सम्प्रति : महावीर महाविद्यालय, कोल्हापुर (महा.) के प्राचार्य।

डॉ. गिरीश काशिद

जन्म : 10 अप्रैल, 1973 को कुसलंब, तहसील : बार्शी, जिला : सोलापुर, महाराष्ट्र में।
शिक्षा : बी.ए.—श्रीमान भाऊसाहेब झाडबुके महाविद्यालय, बार्शी में सर्वप्रथम (1994); एम.ए.—श्री शिवाजी महाविद्यालय बार्शी, कला संकाय में सर्वप्रथम (1996); बी.एड.—शिक्षणशास्त्र महाविद्यालय, बार्शी में सर्वप्रथम (1997)। विभिन्न विद्यालयों में अध्यापन के साथ, कई सेमिनारों में हिस्सेदारी।
रचनाएँ : हिन्दी की कई स्तरीय पत्रिकाओं में अनूदित रचनाओं का प्रकाशन। अब तक अनूदित रचनाओं की तीन पुस्तकें प्रकाशित।
सम्प्रति : अध्यक्ष, हिन्दी विभाग, श्रीमान भाऊसाहेब झाडबुके महाविद्यालय बार्शी, जिला : सोलापुर-413401 (महाराष्ट्र)।

आवरण : वाज़्दा ख़ान

एक संभावनाशील युवा चित्रकार एवं कवि। विभिन्न दीर्घाओं में एकल व सामूहिक प्रदर्शनियाँ। अनेक पत्र-पत्रिकाओं में कविताएँ, रेखांकन व चित्र प्रकाशित। एक कविता संकलन शीघ्र प्रकाश्य।

डॉ. सुनीलकुमार लवटे

नेम नॉट नोन

अनुवाद

डॉ. गिरीश काशिद

राधाकृष्ण पेपरबैक्स

राधाकृष्ण पेपरबैक्स में
पहला संस्करण : 2009

राधाकृष्ण पेपरबैक्स : उत्कृष्ट साहित्य के जनसुलभ संस्करण

राधाकृष्ण प्रकाशन प्राइवेट लिमिटेड
7/31, अंसारी मार्ग, दरियागंज
नई दिल्ली-110 002
द्वारा प्रकाशित

शाखाएँ : अशोक राजपथ, साइंस कॉलेज के सामने, पटना-800 006
पहली मंजिल, दरबारी बिल्डिंग, महात्मा गांधी मार्ग, इलाहाबाद-211 001

वेबसाइट : www.radhakrishnaprakashan.com
ई-मेल : info@radhakrishnaprakashan.com

बी.के. ऑफसेट
नवीन शाहदरा, दिल्ली-110 032
द्वारा मुद्रित

मूल्य : रु. 80.00

आवरण : वाज़्दा ख़ान

NAME NOT KNOWN
Autobiography by Dr. Sunilkumar Lawate
Translated by Dr. Girish Kashid

ISBN : 978-81-8361-292-0

वंचितों की दुनिया
स्वस्थ एवं सुंदर बनाने को
प्रयासरत सभी को
समर्पित!

My Today and each of my yesterdays,
my rise and falls,
are so diverse
that I sometimes feel as if
I lived not one,
but several existences,
each one different from the other.

—Stefan Zweig
'The World of Yesterday'

आपकी ज़मीन, मेरा आकाश...

दुनिया में हर मनुष्य एक ज़मीन लेकर जन्म लेता है। वह ज़मीन उसके जीवन का आधार होती है। समाज ही मनुष्य को यह आधारभूमि दे देता है। केवल ज़मीन का आधार लेकर जन्म लेनेवाले मेरे जैसे अनाथ को ऊपर का खुला आकाश निरंतर संकेत करता है, क्योंकि इस दुनिया में सिवा आकाश के जिंदगी में जोड़ने के लिए उसके पास कुछ नहीं होता। उसका स्वप्न और सत्य वह खुला, स्वच्छ आकाश ही होता है! नाम, गाँव, माता-पिता, रिश्तेदार, जाति, धर्म, कुल, गोत्र जैसे अस्तित्व के परिचय की किसी भी पारम्परिकता का प्रतीक न होनेवाला मैं... आपके द्वारा दी हुई ज़मीन पर अपना आकाश साकार होते हुए भी जिंदगी के पचपन साल कब और कैसे व्यतीत किए, इसका पता तक मुझे नहीं चला।

'नीचे ज़मीन, ऊपर आकाश' (नीचे धरा ऊपर गगन) मेरे जीवन की कहानी है। आज इतने सालों के बाद स्मृति के संपुट में सुरक्षित ये स्मृतिचित्र खोलते समय फटे जा रहे हैं, साल रहे हैं—पुराने दस्तावेज़ की तरह। कबाड़खाने में इतस्ततः बिखरी यादें मैं बड़ी हिम्मत से समेट रहा हूँ। तब हाथ में लगता है बचपन! वह बड़ा ही विलक्षण था। मेरे बचपन के दिन 'सुहाने' नहीं थे। 'वे सुंदर दिन बीत गए' ऐसा अफ़सोस हो, ऐसे नहीं थे वे दिन! उलटे 'बीत गई सो बात गई' जैसी मुक्ति की साँस लें, ऐसे ही थे वे दिन! मेरा बचपन छोटे प्रश्नों का बड़ा गट्ठर था। किसी समय अपने आपको लुभानेवाले प्रश्नों ने मेरे मन में बड़ा उथल-पुथल मचाया था। मेरा बचपन प्रश्नग्रस्त था। मुझे बचपन में प्रश्नों से बेहद एलर्जी थी। छोटे प्रश्न तक मुझे दहला देते। वैसे वे यक्षप्रश्न नहीं थे। सीधे, आसान, सहज थे वे प्रश्न—

'तुम्हारा शुभ नाम क्या है?'
'तुम्हारे माता-पिता कौन हैं?'
'तुम्हारा गाँव कौन-सा है?'

'तुम्हारी जाति कौन-सी है?'

'तुम्हारी पहचान का कोई है?'

आप भरोसा करें या न करें लेकिन उस समय इन प्रश्नों के उत्तर मेरे पास नहीं थे। प्रश्नकर्ता मुझे निरुत्तर देख अचंभित हो जाते। मैं पसोपेश में पड़ जाता, हड़बड़ा जाता। ये प्रश्न तो आपकी ज़मीन के थे। आपने मुझे निश्प्रश्न ज़मीन और निरभ्र आसमान दिया था। मुझे इन प्रश्नों के उत्तर उगाने के लिए आपने कहाँ दी थी ज़मीन?

मेरी ज़मीन प्रश्नों से लबालब भरी थी। मेरे जन्म से पहले ही जन्मदाता पिता विश्वामित्र बन गए, इसलिए जन्म देनेवाली माँ ने आजीवन कुंती बने रहना पसंद किया। इसी कारण मेरे नसीब में अनाथाश्रम की जिंदगी आई। मैं अनाथाश्रम में ही पला-बढ़ा...मेरी फाइल में मनुष्यता के कोई निशान नहीं थे...मैं था केवल पुरुष जाति का एक मामूली जीव...इसीलिए मेरा नाम भी नहीं था। पहचान के तौर पर केवल कोर्ट द्वारा दिया गया एक नंबर था...फाइल के अनुसार मैं 'Name Not Known' (NNK) था। मूलतः मेरे मनुष्य होने को ही नकारनेवाले इस समाज ने मेरी उम्र तक एक्स-रे मशीन से तय की थी।

किसी समय ऐसा हुआ था कि मेरा जन्म...मैं अनाथाश्रम, रिमांड होम में पला-बढ़ा, और पढ़ा; सँभला और सँवरा भी! मैं जैसे बालिग हुआ वैसे ही मेरे प्रश्न भी बालिग हुए। उन प्रश्नों ने मुझे न केवल प्रौढ़ बनाया अपितु समझदार भी! प्रश्नों ने ही मेरा पालकत्व निभाया। आज समझ में आता है कि मनुष्य सुजान बन जाता है तो ज़मीन पीछे रह जाती है और आकाश ऊपर-ऊपर चला जाता है। कहते हैं, आकाश में चाँद-सितारे होते हैं। यह समझ आई तब से मैंने तो केवल झुलसनेवाला सूर्य ही देखा। रात को गरजनेवाली बिजलियाँ ही मेरी सोहबत करतीं। आपका वह 'शुक्रतारा...मंद बयार' न कभी मुझे रास आई, न प्राप्त हो सकी। मुझे ध्रुव भी कभी रास नहीं आया। हाँ, उल्का, धूमकेतु मुझे अपने लगते आए हैं—क्यों, यह नहीं पता।

उच्चता की तारीफ के पुल बाँधनेवाले इस समाज ने ही किसी समय मेरे पंख, पैर काट दिए थे। मैंने पचपन साल की जिंदगी में इस समाज के 'मिट्टी के पैर' देखे, सहे हैं। सच कहें तो उनके खाने के और दिखाने के दाँत भी देखे हैं। इसी कारण मैं जब राष्ट्रीय मानव अधिकार आयोग का जिला प्रतिनिधि बना तो कारावास में मुझे मिले गैंगस्टर, शूटर्स जो अधिक 'डिसिप्लिन्ड' और 'डिसेंट' लगे। मैंने अपनी जीवनयात्रा में अनेक मंत्री, सचिव, जिलाधीश, पुलिस अधीक्षक को

नजदीक से देखा है...आपसे माफी माँगकर मैं बताना चाहूँगा कि समाज द्वारा नकारे गए अनाथाश्रम, रिमांड होम, कारावास में ही मुझे अधिक सभ्य लोग मिले।

'नीचे ज़मीन, ऊपर आकाश' मेरी कर्म-कहानी है। अनाथों की दुनिया का निर्माण करने के चरम प्रयासों की यह कथा आपको स्नेह और सहयोग से निर्मित एक नई दुनिया में ले जाएगी। यह नई दुनिया मनुष्यता के शीत्कार की है, लेकिन आपकी रोजमर्रा की जिंदगी को छेद देनेवाली है। आपके ऊपर का मेरा आकाश आपको यहाँ मिलेगा। यहाँ उल्कापात नहीं है, गरजनेवाली बिजलियाँ नहीं हैं। यहाँ मिलेगी नवनिर्माण की कोशिश और लगन। उस पर लगनेवाली ठेस में जहरीलापन नहीं है। जीवन-कहानी में केवल बारिश कैसे होगी? गर्मी की आँच, नियति के आघात आपने मुझे क्या कम दिए? फिर एकाध चिकोटी सहने की सहनशीलता, संयम आपको नहीं दिखाना चाहिए? मैंने अपनी आत्मकथा में समाजमान्य सभ्यता के रीति-रिवाज का पालन करने का भरसक प्रयास किया है। यदि भूल-गलती हो तो आप उदारता से माफ करेंगे। आपने मुझे झुलसानेवाला सूर्य दिया था, मैं आपके लिए पूरा चंद्रमा लेकर आया हूँ।

मैंने अपनी जिंदगी में आक्रोश, विक्षिप्तता, आरोप को टालकर अक्सर रचनात्मक राह अपनाई है। मैंने कभी आरक्षण की बैसाखी की अपेक्षा नहीं की। मेरी दुनिया सवर्ण-अवर्ण से परे होने के कारण मैंने जो जिया और भुगता, वही लिखा। यह आत्मकथा खून के रिश्ते, जाति-पंचायत, धर्मसभा, संस्कारादि पारंपरिकता को भेदकर लिखी मेरी मनुष्यता का एक आत्मशोध है।

मेहता पब्लिशिंग हाउस, पूना के अनिलभाई और सुनीलभाई मेहता ने यह शोध मराठी में आप तक पहुँचाने की ठान ली। दैनिक 'सकाल' पूना के तत्कालीन संपादक अनंत दीक्षित के आग्रह से मैंने यह आत्मकथा लिखी। उन्होंने सन् 2002 में 'सप्तरंग' में 'सकाल' के सभी संस्करणों में इसे धारावाहिक प्रकाशित किया जिसे बड़ा पाठक-वर्ग मिला।

मेरे लिए यह खुशी की बात है कि एक साल पूरा होने से पहले ही मेरी इस आत्मकथा पुस्तक का दूसरा संस्करण प्रकाशित हो रहा है। मुझे विश्वास है कि भविष्य में इस पुस्तक के और भी संस्करण निकलेंगे। मैंने कई पुस्तकें लिखी हैं। स्वतंत्र सृजनात्मक रचना के रूप में यह पहली पुस्तक है! मेरी इस पहली रचना को महाराष्ट्र शासन का

सन् 2006 का उत्कृष्ट साहित्य निर्मिति प्रीत्यर्थ रु. 10,000/-, स्मृतिचिह्न और मानपत्र के रूप में दिया जानेवाला 'लक्ष्मीबाई तिलक विशेष पुरस्कार' प्राप्त हुआ। 'महाराष्ट्र टाइम्स' के '5 टॉप' सर्वेक्षण में उसे स्थान मिला। 'ललित' मासिक पत्रिका ने 'लक्षवेधी' के रूप में इसे अपने मुखपृष्ठ पर स्थान दिया। कोल्हापुर आकाशवाणी ने प्रकाशनोपरांत रोजाना आधा घंटा सप्ताहभर प्रदीर्घ साक्षात्कार प्रक्षेपित किया।

श्री अनंत दीक्षित इस आत्मकथा की प्रस्तावना लिखें, ऐसी मेरी आर्थिक इच्छा थी, लेकिन वह संभव नहीं हो पाया। फिर कभी संभव होगा, ऐसी आशा है।

इस आत्मकथा के शीर्षक का श्रेय मराठी के प्रख्यात नाट्य दिग्दर्शक, अभियंता विनय आप्टे को देना होगा। सन् 1982-83 में वे जब मुंबई दूरदर्शन में थे तब उन्होंने 'युवदर्शन' के लिए मेरा साक्षात्कार लिया था। उसका यही नाम था—'नीचे ज़मीन, ऊपर आकाश'! वह काफी चर्चित हुई। श्रीमती सुहासिनी मुलगाँवकर ने पुनर्भेंट में उस वर्ष के श्रेष्ठ कार्यक्रम के रूप में उसका पुनःप्रसारण किया। नाटककार विजय तेंडुलकर उससे काफी प्रभावित हुए। सांगली आकाशवाणी से उन्होंने साक्षात्कार की जो अनुशंसा की, वह मेरे लिए अविस्मरणीय थाती है। इन सभी का मैं तहेदिल से आभारी हूँ।

—डॉ. सुनीलकुमार लवटे

स्रोत से लक्ष्य तक...

भारतीय साहित्य में मराठी साहित्य की अपनी अलग पहचान है। मराठी भाषा का आत्मकथा-साहित्य काफी समृद्ध है। मराठी दलित आत्मकथाएँ वस्तुतः भारतीय दलित साहित्य की दिशादर्शक रही हैं। हिंदी तथा अन्य भारतीय भाषाओं में इन आत्मकथाओं का अच्छा स्वागत हुआ। इसी प्रकार मराठी साहित्य ने 'वंचित साहित्य' का एक नया प्रवाह भारतीय साहित्य को दिया है, ऐसा कहें तो अत्युक्ति नहीं होगी। दलितों का जीवन-संघर्ष हमारी समाज-व्यवस्था को कठघरे में खड़ा करता है, वैसे ही वंचितों का संघर्ष भी। दलित आत्मकथाओं ने भारतीय विषम समाज-व्यवस्था के ख़िलाफ़ आवाज उठाई। दलित-जीवन से भी उपेक्षित है प्रत्येक वंचित अनाथ की दुनिया। माता-पिता, रिश्ते-नाते न होनेवाले अनाथों की दुनिया। जन्म से ही जिनके नसीब में 'कर्ण' की अभिशप्त जिंदगी आती है, उनका जीवन-संघर्ष कभी तो शब्दबद्ध होना ही चाहिए था। वैसे वंचितों का इतिहास काफी पुराना है। वेद, उपनिषदों से कई लोगों को उपेक्षित, अभिशप्त जिंदगी भुगतनी पड़ी है।

मराठी साहित्य में नाटक, कथा, उपन्यास, संस्मरण, डायरी के रूप में वंचितों का साहित्य मिलता है। सशक्त रूप में वंचितों का साहित्य स्वातंत्र्योत्तर काल में सामने आया। मराठी साहित्य में वंचित-साहित्य के कई आयाम पाए जाते हैं। इस परंपरा में नारायण सुर्वे का काव्य, अरुण खोरे तथा इंदुमती जोंधले की आत्मकथाएँ और डॉ. सुनीलकुमार लवटे की आत्मकथा विशेष रूप से उल्लेखनीय हैं, जिन्होंने वंचितों की जो जिंदगी जी थी, उसे वाणी देने का किया गया ईमानदार प्रयास इसके माध्यम से मूर्त हुआ है।

डॉ. सुनीलकुमार लवटे महाराष्ट्र के सामाजिक, साहित्यिक, शैक्षिक, सांस्कृतिक नक्शे पर की एक चर्चित हस्ती हैं। मराठी तथा हिंदी साहित्य में उन्होंने मौलिक योगदान किया है। उनका सामाजिक कार्य तो अचंभित ही करा देनेवाला है। अनाथ बच्चों की जिंदगी को

सँवारने के लिए उन्होंने दो दशक समर्पित होकर कार्य किया। केवल खानापूर्ति न कर अनाथाश्रम को एक नया चेहरा देने की पहल उन्होंने की है। उनके इस कार्य की नकल देश के साथ-साथ विदेश की संस्थाओं तक ने की है। कोल्हापुर का 'बालसंकुल' उनके सामाजिक प्रयोगों की कार्यशाला रही है। उन्होंने जिंदगी में न कभी उठापटक की, न मूल्यों के साथ समझौता। 'एकला चलो रे' का मंत्र सहेजकर कँटीली-पथरीली राह से ऊपर चढ़ाई की। हजारों बच्चों की जिंदगी को सँवारा। सचमुच अचंभित कर देती है उनकी जीवन-यात्रा!

संयोग से मुझे जिंदगी का एक दशक इस हस्ती के साथ गुजारने का मौका प्राप्त हुआ। नजदीक से उनकी कार्यनिष्ठा, मूल्यनिष्ठा को देखने-समझने का अवसर मिला। उनके व्यक्तित्व में प्रतिभा, कार्यसंस्कृति और रचनात्मकता का अनूठा समन्वय हुआ है। कई मोर्चों पर एक साथ लड़ता है यह आदमी। आक्रोश उनकी फितरत में नहीं है। रचनात्मक कार्य पर बल देनेवाली उनकी मानसिकता न केवल उल्लेखनीय है, अपितु अनुकरणीय भी। डॉ. लवटे जी के साथ रहते हुए केवल उनके सामाजिक व्यक्तित्व का ही साक्षात्कार हुआ था। सन् 2002 में जब महाराष्ट्र के लोकप्रिय दैनिक 'सकाल' में उनकी आत्मकथा धारावाहिक रूप से प्रकाशित हुई तो उनकी निजी जिंदगी के कई रहस्य पढ़ने को मिले। महाराष्ट्र में उनकी यह धारावाहिक आत्मकथा काफी चर्चित हुई। नेटवर्क संस्करण से वह उसी समय सात समुंदर पार भी पहुँची। यह आत्मकथा पूरी प्रकाशित होने के बाद मैंने तथा इससे प्रभावित कई पाठकों द्वारा इसे पुस्तक रूप में प्रकाशित करने का आग्रह जताया। लवटे जी टालते रहे। अंततः उन्होंने बात मान ली। उन्होंने धारावाहिक प्रकाशित सामग्री को पुस्तक के रूप में छपाने की जिम्मेदारी मुझ पर ही डाल दी। समाचारपत्र में स्तंभ की सीमा होती है। फिर इसे पुस्तक का रूप देते समय हमने काफी हिस्सा हटाया तो कुछ नया हिस्सा जोड़ भी दिया। वैसे इससे हटाया गया हिस्सा तक एक और पुस्तक हो सकती थी। मूलतः मैंने पाया कि डॉ. लवटे जी की जीवनयात्रा इतनी बहुआयामी है कि उनकी आत्मकथा के तीन खंड निकाले जा सकते हैं। लेकिन लवटे जी अपने महान कार्य तक को मामूली कार्य या दायित्व माननेवालों में से हैं।

सन् 2006 में मेहता पब्लिशिंग हाउस, पूना से 'नीचे खाली ज़मीन, ऊपर आकाश' आत्मकथा प्रकाशित हुई। प्रकाशनोपरांत यह आत्मकथा काफी चर्चित हुई। तीन साल में इसके तीन संस्करण निकले। महाराष्ट्र

की सभी पत्र-पत्रिकाओं में इस पर समीक्षाएँ प्रकाशित हुईं। आकाशवाणी ने इसका धारावाहिक प्रसारण किया और वह आम आदमी तक पहुँच गई। महाराष्ट्र शासन के पुरस्कार से महाराष्ट्र फॉउंडेशन तक के दर्जनों पुरस्कार इसे प्राप्त हुए। कई विश्वविद्यालयों ने इसे स्नातक तथा स्नातकोत्तर पाठ्यक्रम में स्थान दिया। एक साथ इसे राजमान्यता और लोकमान्यता मिली। हर पुरस्कार घोषित होने पर या इस आत्मकथा के संदर्भ में कोई महत्त्वपूर्ण घटना घटित होने पर डॉ. लवटे जी का फोन आता, 'गिरीश, इसका क्रेडिट तुम्हें है। तुम्हारी वजह से इसे मैं पुस्तक रूप में ला सका।' मैं तो निमित्त था। मूलतः डॉ. लवटे जी का पूरा जीवन-संघर्ष आत्मकथा में भी सिमट नहीं पाया है। बहुआयामी है उनकी जीवनयात्रा! लेकिन लवटे जी अपने कार्य का कभी ढोल नहीं पीटते। लोग छोटे काम की बड़ी ख्याति चाहते हैं, लेकिन लवटे जी इसके विरुद्ध बड़े काम की छोटी प्रसिद्धि तक से इनकार करते हैं। एक कार्य पूरा होने से पहले ही वे दूसरे कार्य में जुट जाते हैं। उनके अंतरभारतीय विचारों में 'वैश्विक' करुणा का स्पर्श है।

एक स्तरीय, बेहतरीन संघर्ष-गाथा मराठी साहित्य-जगत में आने से निजी तौर पर मुझे काफी खुशी हुई। नेटवर्क संस्करण से यह विदेश में भी पहुँची लेकिन मराठी भाषियों तक ही वह सीमित रही। इस दरमियान यह आत्मकथा गुजराती में पहुँच चुकी है, अंग्रेजी में जा रही है। मूलतः इसका विजन बड़ा व्यापक है। वर्तमान आदर्शहीन और स्वार्थकेंद्रित माहौल में यह संघर्षगाथा व्यापक मानवता का संदेश प्रस्तुत करने की सामर्थ्य रखती है। अक्सर नकार का घंटा बजानेवाले, 'नाच न जाने आँगन टेढ़ा' का राग अलापनेवालों को यह आत्मकथा प्रेरणा देगी। युवा पीढ़ी को जूझने का बल देगी। इसी कारण मैंने इस आत्मकथा का हिंदी में अनुवाद करने का निर्णय लिया। मुझे उम्मीद है कि यह डॉ. लवटे जी की संघर्ष-गाथा हिंदी पाठकों को भी पसंद आएगी क्योंकि इसमें रचनात्मक अर्थवत्ता है। यह एक व्यक्ति का निजी लेखा-जोखा नहीं तो समाज-परिवर्तन की कामना रखनेवाले एक कार्यकर्ता की रचनात्मक पहल तो है ही। इसमें जो सामर्थ्य है वह मूल लेखक का और त्रुटियाँ मेरी। मैंने यथासंभव स्रोत भाषा की इस दास्तान को लक्ष्य तक पहुँचाने की कोशिश की है।

अनुवाद के दौरान डॉ. लवटे जी को मैंने काफी कष्ट दिया। कई संकल्पनाओं को यथावत प्रस्तुत करने के लिए कई बार चर्चा की। उनके प्रति आभार प्रगट करना तो औपचारिकता होगी। उनके ऋणी

रहना ही मुझे अच्छा लगता है। मेरी जीवन-संगिनी चंदा ने पारिवारिक जिम्मेदारियों से मुझे मुक्त रखकर इस कार्य की पूर्ति हेतु प्रेरणा दी। मेरी नन्ही बिटिया आस्था अनुवाद के निरंतर पन्ने पलटती रही, मानो आगे बढ़ने का मौन संदेश देती रही हो। डॉ. संजय नवले और प्रो. वैभव वाघमारे ने जो सहयोग किया, उसके लिए उनका आभारी हूँ।

राजकमल प्रकाशन के अशोक महेश्वरी की तो आरंभ से ही कामना थी कि यह आत्मकथा हिंदी में आनी चाहिए चूँकि वे डॉ. लवटे जी की रचनात्मक प्रतिभा और जीवन-संघर्ष से भली भाँति परिचित रहे हैं। उन्होंने इसके प्रकाशन को सामाजिक सरोकार माना, इसलिए उनके प्रति हृदय से आभार!

–डॉ. गिरीश काशिद

मुझे ऐसा बताया गया है...

सन् 1949 ढल रहा था। शाम चार बजे का समय था। पंढरपुर[1] के वा. बा. नवरंगे बालकाश्रम के सामने एक इक्का आकर रुक गया। इक्के से एक सज्जन नीचे उतरे। उनके साथ उनकी गर्भवती कुँवारी बेटी थी, जिसका दाखिला वे उस आश्रम में कराने आए थे। उस सज्जन के हाथ में एक संदूक़ थी और बेटी बगल में गठरी थामे थी। ऐसे अतिथियों का उस आश्रम में आना कोई नई बात नहीं थी। वहाँ पर तैनात गोरख नामक चपरासी बिना कुछ पूछे सीधे उन्हें आश्रम के दफ़्तर में ले गया।

दफ़्तर में सुपरिंटेंडेंट बाबासाहब जवेरी और मेट्रन सिस्टर राव मौजूद थे। पूछताछ करने पर पता चला कि वे सज्जन, शंकरराव पूना के निवासी थे। वे एक गरीब आदमी थे। उस पर दो बेटियाँ थी गोद में। एक सुनंदा और दूसरी सुमन। सुनंदा बड़ी थी। उसकी शादी हुई थी। वह अपने ससुराल में खुश थी। कुँआरी सुमन का अपनी बहन सुनंदा के घर आना-जाना था। एक बार सुनंदा की जचगी के समय सुमन अपनी बहन के ससुराल में ठहरी थी। घर वापिस आने पर माँ ने सुमन के बर्ताव से जाना था कि उसके साथ कुछ गड़बड़ हो गई है। माँ ने सुमन को विश्वास में लेकर पूछा तो पता चला कि वह गर्भवती है। इस पर माँ के सामने दिन में ही अँधेरा-सा छा गया। सुमन से यह भी पता चला कि वह सुनंदा के पति का गर्भ है। सुनंदा को यह खबर मिली तो उसे काफी पीड़ा हुई। उसके पति तो पहले विश्वामित्र बने। पति-पत्नी में कसमें-वादे हुए...दोनों में तनातनी हुई। आखिर पति ने जबरन हार मान ली और अपना पाप कबूल किया। घर की इज्जत का हवाला देकर सुनंदा ने पति से सुमन को अपनाने की प्रार्थना की। बहुत मनाने के बाद वह तैयार हुआ, लेकिन पिता शंकरराव ने इसे ठुकरा दिया। दिन-ब-दिन उनकी चिंता बढ़ने लगी। तभी किसी ने उन्हें पंढरपुर के आश्रम के बारे में बता दिया...

---

1. महाराष्ट्र का एक तीर्थस्थल।

शंकरराव ने सुमन को आश्रम में भर्ती करा कर उलटे पाँव लौट गए। सुमन वहाँ पर सर्वस्वहीन कुंवारी माँ की हैसियत से रहने लगी। पंढरपुर के आश्रम में ऐसी कई महिलाएँ रोजाना दाखिल होती थीं। कोई कुंवारी माता होती, कोई विवाहेतर नाजायज संबंधों के कारण बनी माता होती तो कोई परित्यक्ता। उनके लिए यह आश्रम एकमात्र शरणस्थली थी। वहाँ आर्थिक स्थिति के अनुसार महिलाओं का विभाजन होता था। धनीमानी महिलाओं की ओर से मदद के रूप में आश्रम को अच्छी-खासी रकम मिलती। उनके लिए स्वतंत्र कमरा तथा नौकरानी का प्रबंध रहता था। उन्हें खान-पान की चीजें, फल आदि इच्छानुसार मिलते। महत्त्वपूर्ण बात यह थी कि उनके बारे में गोपनीयता और सुरक्षितता का विशेष खयाल रखा जाता था। उनका किसी के साथ कोई संपर्क नहीं होता। एक तरह से उन्हें पर्दे में ही रखा जाता। इनके अलावा साठ-सत्तर साल की दहलीज पार कर चुकी महिलाएँ भी थीं, जिनके घर से आश्रम को हर मास 60-70 रुपए भेज दिए जाते। वे भी वहाँ बड़े आराम से रहती थीं।

दूसरे हॉल में मेहनत-मजदूरी करनेवाली और सर्वस्वहीन महिलाएँ रहती थीं। उनके लिए आवास और भोजन का मुफ्त प्रबंध किया जाता। बदले में उन्हें हर तरह के काम करने पड़ते। खाना बनाना, कपड़े धोना, बर्तन माँजना, बच्चों की टट्टी साफ करना...आदि। पेट का बोझ सँभालकर उन्हें यह सब करना पड़ता। नौ मास पूरे होने पर ही उन्हें इससे छुटकारा मिलता। वह भी केवल दो मास के लिए। जचगी के बाद घरवाले आते तो उन्हें अपने जिगर के टुकड़े को आश्रम को समर्पित कर, दिल पर पत्थर रखकर वहाँ से जाना पड़ता। जाते समय आँखों से आँसुओं की झड़ी-सी लगी रहती, पैर अटक जाते। घरवाले लगभग खींचकर ही उन्हें हमेशा-हमेशा के लिए ले जाते।

सितंबर-अक्तूबर के दरमियान सुमन को आश्रम में लाया गया था। गरीबी के कारण वह नौकरानी के रूप में ही दाखिल हुई थी। उस समय उसके पेट में चार महीने का गर्भ था। हालात से मजबूर सुमन हर काम चुपचाप करती थी। 11 अप्रैल, 1950 को सुमन की कोख से मेरा जन्म हुआ। मैं दो मास का रहा होऊँगा, नानाजी उसे लेने आए। माँ अपने जिगर के टुकड़े को आश्रम में छोड़कर नहीं जाना चाहती थी। उसकी यह जिद थी, 'जो भला आदमी उसे बच्चे के साथ अपनाएगा, उसी के साथ वह शादी करेगी।' लेकिन दुनियादारी से परिचित नानाजी को यह मंजूर नहीं था। सिस्टर राव द्वारा काफी समझाने पर माँ ने एक शर्त रखी, 'मेरे बच्चे को देखभाल के लिए किसी को सौंप दिया जाए।' आश्रम के लिए यह मुश्किल था क्योंकि वहाँ मेरी तरह सैकड़ों बच्चे थे। सभी की देखभाल पारिवारिक बच्चों की तरह होना असंभव था। आश्रम में कुछ परित्यक्ताएँ होती थीं। उनके लिए समाज, परिवार, रिश्तेदार सभी अजनबी जैसे होते। आश्रम ही उनकी दुनिया होती। वे बच्चों की देखभाल कर अपनी जिंदगी का खालीपन भरने की कोशिश करतीं। किसी एक बच्चा

या बच्ची को गोद लेकर वह उस पर ममता-दुलार दिखातीं। आश्रम का काम सँभालकर वह बच्चे की देखभाल करतीं।

आश्रम में उमाबाई कस्तुरे नामक एक ऐसी ही परित्यक्ता महिला थी। उसके निराधार होने में शायद कोई कमी रह गई थी, इसलिए नियति ने उसकी कोख में पोलियो पीड़ित, मतिमंद बच्ची को देकर उसकी बदकिस्मती में बची कसर भी भर दी। उस अभागी बच्ची को ही जीवन का एकमात्र संबल मानकर वह जी रही थी। सुमन के साथ ही उसने अपनी बेटी ज्योत्स्ना को जन्म दिया था। उसकी छाती में काफी दूध था लेकिन बच्ची के हालात दूध पीने तक भी ठीक नहीं थे। उसे ऊपर का दूध शुरू करना पड़ा था । सिस्टर के सामने उमाबाई की छाती के दूध की समस्या खड़ी थी। उन्होंने सुमन के सामने ही मुझे उमाबाई की गोद में रख दिया और उसे समझाया...सुमन की चिंता मिट गई और वह पिताजी के साथ चली गई। उसने आश्रम से और मुझसे विदा ली। वास्तव में सुमन को समझाने के लिए यह नाटक रचा गया था लेकिन बाद में वह वास्तविकता में परिणत होकर ही रही। मेरे और उमाबाई के बीच माँ-बेटे का रिश्ता कब बना, इसका मुझे पता ही नहीं चला।

उधर सुमन के पिताजी उसका रिश्ता तय करने में सफल हुए। सुमन शादी होने तक सिस्टर को चिट्ठी लिखकर मेरी खुशहाली पूछती थी। शादी के बाद भी चोरी-छिपे वह खत लिखती रही। आखिरी खत में उसने एक बच्ची को जन्म देने की खबर लिखी थी। वह उसका आखिरी खत था। उसके पश्चात उसने अपने आपको गुमनाम रखना ही पसंद किया।

2

उमाबाई के मन में एक अपाहिज और मतिमंद बेटी को जन्म देने की कसक थी। उसको सांत्वना देने के उद्देश्य से ही सिस्टर ने मुझे उसे गोद दिया था। मेरे प्रति उसके प्यार का कारण उसके मन का खालीपन था। उसके इस खालीपन की रामकहानी का जब मुझे तब पता चला जब वह मेरे घर माँ बनकर आई। उसकी अजीबोगरीब दास्तान आज भी याद करता हूँ तो रोंगटे खड़े हो जाते हैं...

उमाबाई कस्तुरे को आश्रम में सभी 'उमा' नाम से पुकारते थे। समझ आने तक मैं भी उसे 'उमा' ही कहा करता, जबकि आगे चलकर वह मेरी सगी माँ ही बन गई। उसकी माँ का नाम मनकर्णिका था। मैंने जब पहली बार उससे अपनी मुँहबोली नानी का नाम सुना तो रोमांचित हुआ था। वह नाम मुझे बहुत भाया था। माँ के पिताजी का नाम सदाशिव शास्त्री था। माँ छिंदवाडा के पहाड़े परिवार की कन्या थी। वह पाटनसोंगी गाँव में ब्याही थी। अपनी जन्मतिथि से वह बेखबर थी। उसकी जानकारी के अनुसार जब वह ग्यारह मास की थी, तभी उसकी माँ भगवान को प्यारी हो गई

थी। यह बात पिता ने कई बार उसे बताई थी, इसीलिए उसे वह आज भी याद थी। वह सात साल की हुई होगी तब पिता दूसरी शादी करके घर में सौतेली माँ ले आए। वह चिंचोली गाँव की थी। उसका नाम सरस्वती था। उसकी त्रासदी यह थी कि उसकी संतान जन्म के कुछ दिन बाद ही मर जाती। दो बच्चों को वह खो चुकी थी। तीसरी बार जब वह माँ बननेवाली थी तब पिताजी उसे और उमा को साथ लेकर नागपुर चले गए। वहाँ माँ का सिज़ेरीन हुआ और उसने लड़के को जन्म दिया। उसका नाम 'जयगणेश' रखा गया। घर में सभी उसे 'बाबा' कहते। उमा को 'बाबा' के रूप में सौतेले भाई के साथ लीलाधर नामक एक चचेरा भाई भी था। मेरे इन दो मामाओं ने अंत तक उमा के साथ भाई का रिश्ता निभाया। हमारा और मामा का रिश्ता अंत तक बना रहा। माँ की जिंदगी में जीने का मात्र यही एक मानसिक आधार था।

उमाबाई जब ग्यारह साल की थी तभी उसके पिता ने उसका 'बालविवाह' कर दिया। पति महादेव कस्तुरे, ससुर रामचंद्र आणेजी कस्तुरे जैतपुर के निवासी थे। उमाबाई की एक ननद भी थी। उसका विवाह बनातखेड़ के गोविंदराव भुसारे के साथ हुआ था। भुसारे का बनातखेड़ से जैतपुर आना-जाना था। उन्होंने उमाबाई को फँसाया था। उसे कुछ दिनों के लिए पंढरपुर ठहराने की बात कही और उसे वहाँ भर्ती कराया, लेकिन बाद में न उसकी खबर ली न कोई ले जाने को आया। आषाढ़ी-कार्तिकी के अवसर पर तीर्थयात्रा पर आनेवाले कुछ रिश्तेदार उससे मिलने आते। एक बार उसका भतीजा आर.पी. क़स्तुरे उससे मिलने आया। वे भाटपारा में म्युनसिपल कौन्सिल के मुख्याधिकारी थे। अपनी चाची से मानवता के नाते मिलना उन्हें मुनासिब लगा...लेकिन भेंट नहीं हो पाई। बाद में उन्होंने खत भी लिखा था। मैंने उसका उत्तर लिखा लेकिन कोई प्रत्युत्तर नहीं मिला।

फिर आश्रम ही उसकी दुनिया बन गई। अपनी पुत्री ज्योत्स्ना के साथ उसने मेरी देखभाल की। वह जब आश्रम में आई तब अनपढ़ थी। मुझे और ज्योत्स्ना को गोद में लेकर वह अपनी पारी में रोटियाँ बनाती। आश्रम तीन सौ लोगों का भरा-पूरा था। इन सभी के लिए रोटी-चपाती बनाने को चार-पाँच महिलाएँ होती थीं। मेरी माँ उनमें से एक थी। महज दो रुपयों के लिए उसे लगभग सौ रोटियाँ बनानी पड़ती। पैर फिसलने के नाम पर मिला अघोषित दंड मानो उसके लिए 'काला पानी' की सजा थी। वह एक कार्यकुशल और ईमानदार महिला थी। उसका हृदय प्यार से लबालब भरा रहता था। पूरे आश्रम पर उसकी ममता की छाया थी। वह हिसाब में भी दक्ष थी। आश्रम की कई महिलाओं के रुपए अक्सर उसकी संदूक़ में सुरक्षित रहते। कई लड़कियाँ-महिलाएँ माँ के पास अपनी कसक बताकर राहत पातीं। उनका सब 'रिजर्व' माँ के पास 'ओपन' हो जाता। उसके मन में सभी के लिए जगह होती थी। वह वाकई मनकर्णिका की कन्या लगती थी। उसकी पूरी जिंदगी 'रिजरवॉयर' थी। सभी सूखनेवाली नदियों को 'संजीवनी' देनेवाली वह 'राजापुर की गुप्तगंगा सरस्वती' थी।

वह अनपढ़ थी, लेकिन उसके कंठ में कहावतें, पहेलियाँ, तुकबंदी, किंवदंतियों का मानो खजाना रहता था। कई बार तो मुझे वह सब कॉपी में लिखने का मोह होता, पर अब तो वह इतिहास बनकर रह गया था।

माँ के स्नेहपूर्ण स्वभाव के कारण आगे चलकर उसका तबादला भोजनालय से बच्चों के वार्ड में हो गया। तब से मानो सभी अनाथ बच्चे सनाथ हो गए। उसके पीछे बच्चों का ताँता देखकर ही सिस्टर राव ने उसे दाई बनाया था। जिस बच्चे को कोई नहीं लेता उसे उमाबाई ले लेती थी। फिर सिस्टर ने उसे साक्षर बनाया। अन्य दाइयों की तरह वह धीरे-धीरे थर्मामीटर से बुखार नापने लगी, दवाई पिलाने लगी, फीडिंग करने लगी। जचगी में वह बड़ी माहिर हो गई थी। कहते हैं, उसका हाथ बड़ा सहज था। एनिमा, ड्रेसिंग आदि करते-करते वह दाई से नर्स कब बन गई इसका उसे पता तक नहीं चला। केस पेपर बनाना आदि में उसका पैदाइशी सयानापन काम आया।

आश्रम ने उसे रहने के लिए अलग कमरा दे दिया। साथ में उसी की तरह नर्स बनी रमाबाई काटदरे नामक महिला थी। 'रमा-उमा' का यह कमरा अब 'कस्तुरे आश्रम' नाम से पहचाना जाने लगा। हमारे कमरे में न आनेवाले आलसी कहे जाते। रमा-उमा के सिवा उस कमरे में मैं, मेरी अपाहिज बहन ज्योत्स्ना, रमाबाई की स्नेहा (दीदी) और विकास (भाई) के सिवा अभय, रतन, अशोक, छोटू, शुभांगी, शालिनी, शंकू, कुसुम, बेबी जैसे बच्चे थे। इस आश्रम में न केवल हमें सहारा मिला अपितु हम सब अपने बलबूते पर आगे चलकर आत्मनिर्भर, शिक्षित और सुखी भी बने। वैसे नवरंगे बालकाश्रम में रहनेवाले हम बच्चों में खून का या दूर का कोई रिश्ता नहीं था। लेकिन मुँहबोले रिश्ते के बावजूद हम एक-दूसरे के सब कुछ बने थे। उमा मेरी माँ, रमा मौसी, स्नेहा और ज्योत्स्ना दीदी, विकास बड़ा भाई और रतन मौसेरा भाई कब और कैसे बने इसका मुझे पता तक नहीं चला। आज हमारे परिवार में जो संपन्नता है वह आश्रम के स्नेह और संस्कार की ही देन है। कस्तुरे आश्रम की मानवता को कस्तूरी के गंध से कब बहार आई इसका भी पता तक मुझे नहीं चला।

3

देवकी के छोड़े कन्हैया की यशोदा ने जिस तरह पालन-पोषण किया, उसी प्रकार उमाबाई ने मेरी देखभाल की। वह एक ओर बारह घंटे नर्स की ड्यूटी किया करती और दूसरी ओर मेरी देखभाल। बच्चों को दूध पिलाते समय वह कटोरी में मलाई चुराकर मुझे खिलाती रहती। ऐसा पाप करने के पीछे शायद उसके मन में ज्योत्स्ना के रूप में हुए मातृत्व के क्षरण की आपूर्ति का भाव रहा होगा। समाज ने उसे परित्यक्ता घोषित किया था। उसने बेहिचक उसे स्वीकार किया और आजीवन मौन रहकर पालन किया।

आगे चलकर मैं बालवाड़ी में जाने लगा। आश्रम का वह बाल मंदिर हमारा नंदनवन था। हमारी मास्टरनी नानीताई हमारे पड़ोस के कमरे में ही रहती थीं। वे अत्यंत स्नेहशील थीं। वे गातीं, नाचतीं और लाड़-प्यार भी खूब करती थीं। वे हमें चुनना, पछोरना, काटना आदि सब कुछ सिखाती थीं। उन्होंने 'बंदर और टोपीवाला' की कथा हमें रटाई थीं। उन्होंने हारमोनियम पर गाते हुए सिखाया, 'तुम्हें किसने बताया, राजा को गधे के दो कान' वाला कथा-गीत जो मुझे आज भी अच्छी तरह से याद है और कंठस्थ भी। वे दिन, वे गीत, सर्कस देखने गई सैर आदि सब आज याद आने पर मैं उन सुनहरे दिनों में खो जाता हूँ।

आश्रम में एक सुंदर बगीचा था। वहाँ झूला और फिसलन आदि के खेल थे। बाग में हरियाली पर सहजनी और गगनजाई के सफेद फूलों का सुनहरा छिड़काव था, उनकी याद से आज भी मन रोमांचित होता है। आश्रम की ऊँची-ऊँची दीवारों पर हमेशा बोगनबेली के सफेद और गुलाबी फूल खिले रहते थे। इसी बाग में बचपन की अपनी नन्ही सहेलियों के लिए बनाए गगनजाई के फूलों के गुच्छे मुझे आज भी याद आते हैं। मुझे जिंदगी की पहली बालसखी इसी बालमंदिर में मिली थी। उस समय हमारी सैर बँसोड़ बाग तक गई थी। हम सब कतार में बैठकर मिठाई खाते थे। पास में ही बालसाथी शीला, शोभना, सुधा, उषा, विट्ठल, विपिन और मूर्ति थे। शीला की मिठाई कुत्ता उठाकर ले गया। रोनेवाली शीला को अपनी मिठाई देकर चुप कराने की मेरी बाललीला आज भी मुझे याद आती है। यह सहेली के प्रति व्यक्त की गई पहली भावात्मक अभिव्यक्ति थी।

यद्यपि उमाबाई ने मुझे गोद लिया था लेकिन आश्रम के अन्य बच्चों की तरह मुझे भी पूरे व्यवहार करने पड़ते। व्यक्तिगत देखभाल न किए जानेवाले बच्चे वार्ड में रहते थे। वार्ड में करीने से लगभग पचास झूले रखे थे। बीचोबीच बच्चों को चलने के लिए उद्यत करने हेतु लोहे के लंबे पाइप का बड़ा चौकोनी वॉकर लगाया गया। यह वार्ड संस्था के दर्शनीय बरामदे से सटकर ही था। संस्था देखने के लिए आए 'तमाशबीन' नन्हे बच्चों को देखकर तिलमिलाते थे। बैठने योग्य बच्चे झूले में बैठकर झूलते रहते और अपनी तोतली बोली में बड़बड़ाहट करते। संस्था में रहनेवाली बड़ी लड़कियाँ और दाइयाँ झूले को झोंका देकर अपनी जिम्मेदारी से मुक्त होतीं। बच्चे झूले के ताल पर 'मम्मी-पप्पा आ जाना, हमें एक दिन ले जाना' वाला सिखाया गया गीत गाते रहते। अनाथ बच्चे अपने कभी भी न आनेवाले मम्मी-पप्पा को बुलाते हैं, उन्हें याद करते हैं ऐसा सोचकर यात्री और तमाशबीनों का दिल पसीजता रहता। वे बच्चों को मिठाई, पैसे आदि दे देते और तसल्ली पाते।

तमाशबीन दो प्रकार के होते थे—एक तीर्थयात्री और दूसरे पर्यटक। तीर्थयात्री गरीब होते। उन्हें केवल पाँच पैसे में बाहर के बरामदे से संस्था दिखाई जाती। पर्यटक गुजराती और मारवाड़ी होते। वे इक्के से या अपनी गाड़ी से आते। बरामदे

में गोरख, ज्योति, लाड़ी जैसे संस्था के सेवक खड़े होते। वे तमाशबीनों को निरख कर ही उन्हें संस्था को अंदर से या बाहर से दिखाना तय करते। अंदर से दिखानी होती तो वे उन्हें संस्था के दफ़्तर में ले जाते। सिस्टर और साहब उन्हें खुद संस्था घुमाकर दिखाते। सिस्टर इसमें बड़ी माहिर थीं। वे गुजराती, मारवाड़ी लोगों से अच्छा-खासा चंदा वसूल करतीं। हम उनके पीछे-पीछे घूमते रहते थे। मानो हम ही उन्हें संस्था दिखा रहे हों।

आश्रम का खर्चा कोई कम नहीं था। उसकी तुलना में शासन का अनुदान अत्यल्प था। आश्रम ने संस्था चलाने का एक 'मैकेनिज्म' निश्चित किया था। प्रबंधन समिति ने दूरदर्शिता से संस्था के कार्य का 'मार्केटिंग' विकसित किया था। बच्चों की नुमाइश, सिलाई कक्षा, ग्रंथालय व बालमंदिर आदि उपक्रमों का आयोजन लाभार्थियों को अनायास 'एक्सपोज' करने के लिए की थी। कुछ उपक्रमों को गोपनीय रखा गया था। इसी के बल पर आश्रम चलता था। अधिकांश कर्मचारी ज़रूरतमंद व लाभार्थी ही होते थे। उन्हें रोटी, कपड़ा और मकान मुफ्त में मिलता था। बदले में उन्हें बारह घंटे काम करना पड़ता। उनका मन, शरीर अंदर से विकल रहता था...इसके सिवा पेट के बच्चे की जिम्मेदारी अलग से सँभालनी पड़ती थी... उसे सँवारते-सँभालते नौकरी (सच कहें तो बँधुआ मजदूरी) चलती रहती थी...इस उठापटक में कुँवारी माता, परित्यक्ता, ठगाई गई बहनों से बिलकुल असंवाद की स्थिति थी। समुपदेशन (कौन्सिलिंग) तो दूर की बात थी। इसी के तहत वे दाइयाँ और महिलाएँ अपना पूरा गुस्सा बच्चों पर उतारती रहतीं। हाथ पकड़कर घसीटतीं। उन औरतों का इसमें कोई दोष भी नहीं होता था। समाज-व्यवस्था से उत्पन्न वह एक अरिष्ट था। उसमें लाभार्थी-केंद्रित कल्याण की भावना नहीं होती थी। आश्रम में हम सारे बच्चे विषम व्यवस्था में पल-बढ़ रहे थे। हमारे जीने और बढ़ने में हमारा ही बड़ा योगदान होता था। देखभाल करनेवाली दाइयाँ कहतीं, 'बच्चे का भाग ही बलवत्तर'।

4

उन दिनों पंढरपुर जाने पर लोग दो स्थानों के दर्शन करते। एक 'पांडुरंग'[1] का और दूसरा वा.बा. नवरंगे बालकाश्रम का। विट्ठल मंदिर में उन्हें पत्थर का ईश्वर मिलता तो नवरंगे बालकाश्रम में पत्थरदिल मनुष्य...हाँ...मनुष्य के अंदर का पत्थरदिल। जो लोग छाती पर पत्थर रखकर अपने बच्चों को आश्रम के दरवाजे पर छोड़ जाते, उन्हें पत्थर नहीं तो क्या कहें?...

1. महाराष्ट्र का लोक-देवता।

सन् 1875 का एक दिन। पंढरपुर में लालाशंकर उमियाशंकर त्रिवेदी नामक एक मुंसिफ थे। अपनी आदत के चलते वे तड़के चंद्रभागा नदी के घाट पर टहलने गए तो उन्होंने रेगिस्तान में एक नवजात शिशु पाया। वे उसे उठाकर अपने घर ले आए...उस शिशु का क्या किया जाए इस चिंता से नवरंगे बालकाश्रम का जन्म हुआ। कई अनाथाश्रमों का निर्माण ऐसे ही हुआ होगा। मुंबई प्रार्थना-समाज की समाजहितैषी मंडली ने इस संकल्पना का समर्थन किया। वासुदेव बाबाजी नवरंगे, काशीबाई नवरंगे आदि ने बड़ा आर्थिक सहयोग दिया और आश्रम का निर्माण हुआ। इसके पीछे तत्कालीन संयुक्त प्रांत में कार्यरत मिशनरी समाजकार्य की प्रेरणा भी थी। सन् 1863 में महात्मा फुले द्वारा शुरू किया गया बालहत्या प्रतिबंधक गृह का कार्य भी महत्त्वपूर्ण मिसाल थी। आश्रम शुरू हुआ और पूरे संयुक्त प्रांत से कुँवारी माता, परित्यक्ता, विधवा आदि का ताँता लग गया। छोड़ दिए, त्याग दिए गए बच्चे वहाँ आने लगे।

कहते हैं, उन दिनों आश्रम के सामने एक झूला ही टाँग दिया था...कोई देख नहीं रहा है यह देखकर (विशेषतः रात्रि के समय) अज्ञात लोग अनौरस, अनचाहे बच्चों को उस झूले में डाल देते...वहाँ पर एक घंटी भी लटकाई गई थी...उसे बजाकर अज्ञात आदमी चल देता...'दुनिया में जिसका कोई नहीं होता, उसका खुदा होता है' इसी प्रकार का माजरा था। घंटी की आवाज सुनने पर आश्रम की कोई दाई-माई आती और उस बच्चे को उठाती...सवा सौ साल बीत गए लेकिन सुधारवादी, प्रगतिशील महाराष्ट्र में कुँवारी माता बनाना...अनौरस बच्चों का जन्म तथा बच्चों को अनाथ करना अव्यहत जारी है...मनुष्य पत्थरदिल होते हैं! यहाँ आने पर ही वह समझता है कि मनुष्य का दिल पत्थर होता है...लोग मंदिर में जाकर सिर झुकाते हैं तो उन्हें पाप धोने का संतोष होता है...यहाँ पर उन्हें सामाजिक पापों की भयावहता देखने को मिलती। प्रगतिशील महाराष्ट्र में अनाथों के कल्याणकारी कार्य को डेढ़ सौ साल पूरे हुए, लेकिन यह 'कोमल पतझड़' कोई समझ नहीं पाया है। मेलघाट के कुपोषण की तुलना में समाज का यह दूषण क्या कम भयावह है? और वह भी सैकड़ों सालों से जारी है!

कुँवारी माताओं को ऐसी संस्थाओं में अभय दान दिया जाता है। उनके बच्चों की देखभाल संस्था करती है। जन्मदाता पिता विश्वामित्र बन जाते हैं और माता कुंती, मेनका! शकुंतला और कर्ण के नसीब में मात्र संस्था की जिंदगी आती है। समाज में नैतिकता, प्रतिष्ठा, जाति, धर्म और परंपरा की डींग हाँकनेवाली तथागत उच्च मंडली मासूम बच्चों का कोई गुनाह न होने के बावजूद उन पर अनाथ, उद्ध्वस्त जिंदगी लादकर अलिप्त रह जाती है। झूठी प्रतिष्ठा की कल्पना से निर्मित हुई ऐसी संस्थाएँ समाज की पवित्रता की रक्षा करती है या पाप पर पर्दा डालती है, यह अलग चर्चा का विषय है। लेकिन सामाजिक भय के चलते कुँवारी माताओं के बच्चों को आजीवन सामाजिक एकांत भुगतना पड़ता है, मानव अधिकार से अपहत जिंदगी उनके नसीब

में आती है। बचपन खोये, भावविश्व खंडित ये बच्चे नाहक उपेक्षित, वंचित जिंदगी जीते हैं। यह एक निर्विवाद सामाजिक सत्य है, इसे कौन नकार सकता है?

पंढरपुर के वा. बा. नवरंगे बालकाश्रम की रचना और कार्यप्रणाली बड़ी अजीब थी। आश्रम एक दिन के यतीम शिशु से लेकर सौ साल की बूढ़ी औरत तक समाज द्वारा उपेक्षित, नकारे लगभग 300 बच्चे, लड़कियाँ और महिलाओं का बड़ा परिवार था। इस संस्था में अनाथ, निराधार, बालअपराधी, मतिमंद, अपाहिज, गूँगे, बधिर, कुँवारी माता, बलात्कारित भगिनी, परित्यक्ता, विधवा, बुढ़िया, दहेज की शिकार महिलाएँ, बालविवाहिता सभी शामिल थे। वह वंचित, उपेक्षितों का सुनिश्चित भरा हुआ घर था। उसके कार्य का विस्तार व्यापक था। व्यवस्था अच्छी थी, लेकिन वैयक्तिक देखभाल का अभाव था। देख-रेख में, व्यवहार में पक्षपात था। कुछ बच्चों की देखभाल वैयक्तिक रूप में तो कुछ की सामूहिक रूप में होती थी। पुरुष कर्मचारियों का सम्माननीय अपवाद छोड़ें तो दाई से लेकर मेट्रन तक सभी अधिकारी, कर्मचारी संस्था के लाभार्थी ही थे। यहाँ हरएक की कूवत के अनुसार द्रष्टा का कार्य-विभाजन था। सामाजिक मूल्य, व्यथा और वेदना के कारण आश्रमवासियों में परस्पर स्नेह था। सभी रिश्ते मुँहबोले होने के बावजूद अटूट थे। घर के रिश्ते तो लाद दिए होते हैं। यहाँ सब ऐच्छिक था। दूसरे रिश्तों के चयन का और स्वीकार-अस्वीकार का पूरा स्वातंत्र्य था। 'मान न मान मैं तेरा मेहमान' जैसी जबर्दस्ती यहाँ नहीं थी।

आश्रम में गोद लेना, डिलेवरी, नामकरण, दोहद, शादी, गर्भाधान संस्कार, बारही, मायका, जन्मदिन, पर्व-त्यौहार, व्रत-उपवास आदि सब कुछ होता। लेकिन इन सभी की आश्रम की ऊँची दीवारों की सीमा भी थी। जिंदगी पर तंगदस्ती की छाया मँडराती रहती थी। पंढरपुर में आनेवाला वारकरी[1] पांडुरंग का दर्शन करने के बाद भूले बिना अनाथ बच्चों में होनेवाले देवत्व का 'मनुष्य-दर्शन' करने आता था। वह पैसे खर्च कर आश्रम को भेंट देता था। उसके लिए यह आश्रम मानो 'सामाजिक अजायबघर' था। लोग आते...अफसोस जताते और चले जाते। आज मैं देखता हूँ कि तत्कालीन और आज की स्थिति में ज्यादा अंतर नहीं है। अनाथाश्रम, रिमांड होम जैसी संस्थाएँ समाज के लिए मानो प्रासंगिक दया व्यक्त करने के करुणालय होते हैं।

ऐसी संस्था समाज से कटा एक द्वीप होता है। यह अनाथाश्रम पंढरपुरवासियों के लिए 'अर्पणी' था। 'आर्फनेज' का अपभ्रंश रूप (सच कहें तो भयंकर और भ्रष्ट रूप), उससे तिरस्कार एवं अस्पृश्यता व्यक्त होती थी। इक्केवाले संस्था को 'पुअर हाउस' कहते। 'पुअर हाउस' नाम यह ब्रिटिशों ने दिया। संस्था के लड़के-लड़कियाँ प्रसंगवश इधर-उधर जाते दिखाई देते तो तथागत सामाजिक मंडली 'बिना माँ-बाप के बच्चे' कहकर उनकी ओर उँगली निर्देश करते।

---

1. पांडुरंग के दर्शन को आया तीर्थयात्री, वारकरी संप्रदाय का भक्त।

हमारा आश्रम मानो पंढरपुर का प्रेक्षणीय स्थल था। जैसे वारकरी जानबूझकर आते वैसे ही वी. आई. पी.। राष्ट्रपति, प्रधानमंत्री, मुख्यमंत्री जब आश्रम को देखने के लिए आते तो आश्रम फिनैल की बू से महकता। नए कपड़े, नई मसहरी के साथ आँगन में छिड़काव और अल्पना निकाली जाती। अन्य समय मात्र एक प्रकार का 'संस्थादर्प' (इंस्टीट्यूशन स्मेल) महकता रहता। आश्रम के प्रमुख बाबासाहब जवेरी सभी के 'बाबा' थे। आश्रम में ताऊ, माई, मौसी सभी थे। इस दृष्टि से संस्था मानो एक घर बन गई थी। आज पीछे मुड़कर देखने पर पता चलता है कि ऐसी संस्था में पले हर एक की 'रामकहानी' मेरी जैसी ही विलक्षण थी।

5

बालमंदिर के दो साल पूरे हुए और मेरा पहली कक्षा में दाखिला हुआ। आश्रम के बाजू में तेली मठ में ही नगरपालिका की चार नंबर पाठशाला थी। मेरा नाम वहाँ दाखिल किया गया। मेरे साथ विट्ठल, विपिन, मूर्ति, अभय, भाई, चंदू, सुनीत आदि कई लड़के थे। हमउम्र लड़कियाँ पाँच नंबर पाठशाला में चली गईं। कुछ लड़के झेंडुबा की पाठशाला में चले गए।

पाठशाला के निमित्त ही सही लेकिन आश्रम की ऊँची दीवारें लाँघकर बाहर की दुनिया में जाने का वह मेरा पहला प्रसंग था! दीवार की दूसरी तरफ का गाँव मेरे लिए बिलकुल अजनबी था। पाठशाला में बाहर के लड़के हमें 'आर्पणी के बच्चे' कहते। पाठशाला में, कक्षा में हम आश्रम के बच्चे एक साथ बैठते। मानो हमारा अलग शुमार होता था। हमें पीछे एक ओर बिठाया जाता। बाहर के नारायण, श्रीकांत, संभाजी जैसे लड़के ही अपवाद के रूप में आत्मीयता से पेश आते। छोटी-छोटी बातों से महसूस होता कि हम पाठशाला के अन्य बच्चों से अलग हैं। पाठशाला में आते-जाते समय गली के बच्चे ताने मारते, परेशान करते। वैसे संख्या की दृष्टि से हम अधिक थे, लेकिन फिर भी दीन और दब्बू थे। मुझमें तो बचपन से ही डरपोक खून बहता आया है। आश्रम की जीवन-प्रणाली, वहाँ का परिपाटी सब कुछ कतार में और अनुशासनबद्ध...भोजन, नींद, प्रार्थना, पेशाब-टट्टी...कक्षा में, वार्ड में जहाँ जाओ चुप्पी। दोपहर के भोजन के बाद आराम करने की सख्ती होती थी। उसका भी बड़ा अजीब तरीका था। सभी बच्चों को सटाकर एक ही दिशा में मुँह करके सुलाया जाता। कोई तो दीदी मॉनिटर होती थी। एक ऽ दो ऽऽ तीन ऽऽऽ कहते ही आँखें बंद करनी पड़तीं। हलचल, बोलना पूरी तरह बंद। यदि नींद न आने पर आँखें अधखुली करें तो निश्चित छड़ी की मार पड़ती। आज भी मुझे बिस्तर पर पड़ते ही नींद आती है इसका राज वही आदत है। संस्था में एक तरह से 'सैनिकीकरण' (रेजिमेंटेशन) होता है। पूरी परिपाटी मानो 'शिवाजी कहता है...' का खेल होता था।

हम सब कठपुतलियाँ थे। आश्रम के हमारे बचपन को याद करने पर मुझे चार्ली चैप्लिन की 'मार्डन टाइम' फिल्म याद आती है। उसमें परिपाटी, गति मनुष्य को किस प्रकार यंत्र बना देती है इसका बखूबी चित्रण किया गया है। हम तो उसके पहले ही 'मॉडर्न टाइम' के यंत्रमानव बन गए थे। शायद चार्ली चैप्लिन ने हमें केंद्र में रखकर ही उस फिल्म का निर्माण किया होगा! 'को माता को पिता हमारे' जैसे गीत रेडियो पर लगने पर मुझे आज भी काफी वेदना होती है। 'को माता को पिता हमारे' इस गीत पर तो मुझे पहले लगता था कि पाबंदी लगानी चाहिए। 'कैसी थी मेरी माँ?' यह प्रश्न मुझे हमेशा सताता रहता। आश्रम में दूध पर की मलाई काम करनेवाली औरतें और नर्सेस ही खाती थीं। बारह घंटे ड्यूटी करनेवाली दाई में ममता पसीजना असंभव था। जिन दिनों हमें माँ की ममता जरूरी थी उन दिनों समाज ने हमें दाई के जिम्मे सौंप दिया था।

पहली कक्षा में हमें पढ़ाने के लिए घडशी मास्टरजी थे। बालमंदिर की नानीताई मास्टरनी की तुलना में वे पूर्णतः व्यत्यास थे यह मैंने पहली सलामी में ही पहचान लिया। उनके हाथ में अक्सर छड़ी होती थी। वे बहुत अच्छा पढ़ाते लेकिन बड़े कठोर और कर्मठ थे। 'आप अर्पणी के बच्चे हैं ना? तो पीछे बैठें।' यह आदत के अनुसार दिया हुकुम आज भी मेरे कानों में गूँजता है। दूसरी कक्षा में ढवले मास्टर थे। वे बड़े ही स्नेहिल और सीधे थे। वे घर में बकरियाँ पालते थे। उनका घर भी साधारण था। वैसे तो उनका सब कुछ सीधा था लेकिन वह अंदर से जोड़ता था। बड़े होने तक हम उनका पता ढूँढ़कर उनसे मिलते थे। तीसरी कक्षा में गोडसे मास्टर थे, वे घोंगडे गली में रहते थे। पायजामा, कुर्ता और टोपी पहनते थे। लंबोतरी नाक, ऊँचा कद, छरहरा बदन और लाल चेहरा। 'मोर नचावत आँगना हिय करती दुना', 'गौरया तुम क्यों गोरी? आँखों में ये कैसी लोरी?' जैसे उन्होंने स्वयं नाचकर और हमें नचाते हुए सिखाए गीत मैं आज भी सुनता हूँ तो अनायास मेरे हाथ कमर पर चले जाते हैं, पैर थिरकने लगते हैं और मन तेली मठ का चक्कर लगाता है।

उस चार नंबर पाठशाला की गली और आसपास का परिसर हम आश्रम भाइयों का मानो नंदनवन हो गया था। हम तेल के कोल्हू देखते घूमते। बड़ा आश्चर्य होता था? घर-घर के आँगन में छिड़काव-अल्पना। हर सुबह को शुचिर्भूत होकर भाल पर भस्म के तीन पट्टे लगानेवाले लिंगायत स्वामी। रोजाना करताल बजाते हुए आनेवाला वासुदेव।[1] उसके गीत सुनते हुए हम उसके पीछे दूर तक प्रभाती की यात्रा करते। कभी-कभी तो हम पाठशाला की प्रार्थना तक कर लेते। रोज की प्रार्थना की तुलना में वासुदेव की कहानी, गीत बहुत सुहाते। तेल के कोल्हू में बननेवाली मूँगफली की खली उस समय बीच की छुट्टी का हमारा नाश्ता होता। यह नाश्ता हमें बहुत पसंद आया था। बाद में पता चला कि यह खली जानवरों के लिए होती है।

1. महाराष्ट्र का एक लोक-कलाकार।

हम पाठशाला में गए, उसी वर्ष अर्थात सन् 1956 में पंढरपुर में भयंकर बाढ़ आई थी। पाठशाला में कई दिनों की छुट्टी घोषित की गई थी। हमें खूब बुरा लगा था। हमारे लिए पाठशाला मानो आश्रम की कैद से छुटकारा था। इसी कारण पाठशाला में जाने के लिए हम बेताब होते। वहाँ आश्रम के बंधन जो नहीं थे। गाय, भैंस, घोड़े, मुर्गियाँ, कुत्ते, सूअर आदि देखना मोहक और रंजक लगता। इसके सिवा छोटे-छोटे घर, परिवार, लोगों की पोशाक (हम सभी के कपड़े एक जैसे और एक ही थान के होते) आदि सब आँखों में सहेजकर रखने की इच्छा होती। उससे मुझे आश्रमीय यांत्रिक जीवन से एक अलग और नया चेहरा देखने को मिला। इन्हीं दिनों मुझे अनायास कच्ची उम्र में आश्रमीय, अनाथ, निराधार होने का एहसास हुआ। मुझे अक्सर ऐसा लगता कि औरों की तरह होने के बावजूद हमारा उपहास क्यों किया जाता है? हमें फटकारा क्यों जाता है? मैं जीजी, करुणा आदि से प्रश्न पूछता, 'मुझे अन्य बच्चे क्यों चिढ़ाते हैं?' इस पर वे बतातीं, 'हम बड़े आश्रम में रहते हैं ना, इसलिए!' फिर समझ में आया कि हम जिसे 'घर'समझते हैं वह तो 'आश्रम' था। फिर अनायास समझ गया कि अपनी जिंदगी औरों से न्यारी है।

6

मैं पंढरपुर के जिस वा.बा. नवरंगे आश्रम में पल-बढ़ रहा था उस आश्रम में रहनेवाले हर एक की दुनिया और जिंदगी अजीब थी। हम जिस आश्रम में रहते थे वह काफी बड़ा था। आज भी वह वैसा ही खड़ा है...मेरे जैसे सैकड़ों अनाथ लड़के-लड़कियों की जन्मभूमि, आधारस्तंभ होनेवाला वह आश्रम! मेरे भूमिगत माता-पिता की तरह सैकड़ों माता-पिताओं का अतीत और मन सीने में सहेजकर खड़ा...स्थितप्रज्ञ योगी की तरह तटस्थ! अब तो हर भेंट में वह मुझे पूरी तरह मौन महसूस होता है। इस आश्रम की वास्तु मात्र बेहद सुंदर है। विश्वख्यात वास्तुशिल्पी ज.ग. बोधे की निर्मिति। कुछ साल पहले मंत्रालय की एक बैठक में मेरी ज.ग. बोधे से मुलाकत हुई...यह इमारत ढंग की बने इसलिए उन्होंने और प्रार्थना-समाज के तत्कालीन कार्यकर्ताओं ने जो मेहनत की वह कभी तो शब्दबद्ध होनी चाहिए...अब सब अलिखित इतिहास बन चुका है।

आश्रम का रेस्क्यू होम परित्यक्ताओं के लिए मानो एक अभेद्य चक्रव्यूह होता था। वह हमेशा के लिए गर्त में धकेलनेवाला दुष्टचक्र था। पारिवारिक महिलाओं से अलग करनेवाला। रेस्क्यू विभाग में स्त्रियों की भीड़ होती थी। मेरी देखभाल करनेवाली माँ का काम करने के वास्ते, नर्स के रूप में वहाँ अधिक चलना-फिरना होता था। मैं बचपन में हमेशा माँ के पीछे घूमता। आसपास का पूरा माहौल प्रसूतिगृह का होता था। सर्वत्र गर्भवती स्त्रियाँ ही होतीं। बाहर की और आश्रम की स्त्रियों में होनेवाला अंतर तुरंत समझ में आता। रात-बेरात प्रसव पीड़ा की आवाज गूँजती...

बच्चों की किलकारियाँ, रोना रोजाना सुनाई देता। अस्पताल से सटा बच्चों का एक बड़ा वार्ड था। वहाँ पर नवजात, रेंगनेवाले, चलनेवाले लगभग सौ बच्चे होते थे। उनकी देखभाल रेस्क्यू विभाग की अनाथ माताएँ करती थीं। खाना अच्छा होता था। कुछ बच्चों के लिए इमली, गुड़, घी, चटनी, अचार अलग से मिलता था। इसे हम 'छोटा खाना' कहते। दूसरा 'बड़ा खाना' जो लगभग दो सौ लोगों के लिए बनाया जाता। वह सादा होता था। तरकारी, रोटी, चावल, दाल इतना ही। आश्रम में रोजाना शादी की तरह पहली, दूसरी, तीसरी ऐसी भोजन की कई पंक्तियाँ होतीं। रोजाना सुबह-शाम शादी जैसी चहल-पहल होती। सुबह नहाने से लेकर शाम बिस्तर पर लेटने तक माहौल में कोलाहल होता था।

वहाँ उम्र के हिसाब से लड़के-लड़कियों को अलग रखा जाता। वार्ड में बड़े होकर पाठशाला में जानेवाले बच्चों को 'सायबान' के रूप में पहचाना जाता। उनकी जिंदगी और पूरे व्यवहार सामूहिक होते थे। प्रातर्विधि, मुखमार्जन, स्नान, चाय, भोजन, नींद, घूमना-फिरना, प्रार्थना सब कतार में, नियमित अनुशासन में और घंटी के इशारे पर चलता। आज महसूस होता है कि आश्रम के यांत्रिक जीवन ने हमें सर्कस के जानवर बना दिया था। एक जैसे कपड़े, समान वेशभूषा, बटन-नाड़ा न होनेवाले कपड़े हमें अनाथ करार करने के लिए काफी थे।

आश्रम के सभी निवासी-कर्मचारी आश्रम के कुछ बच्चों से स्नेह रखने से उनका लाड़-प्यार करते थे। इन लड़के-लड़कियों की जिंदगी वार्ड के अन्य लड़कों की तुलना में भौतिक दृष्टि से संपन्न और कुछ सुसह्य थी। बाबा, ओबा, दीदी से लेकर रमाबाई, उमाबाई, कुमुदबाई, गुलाबबाई, लक्ष्मीबाई, सरस्वती आदि ने आश्रम के लगभग पचास बच्चों को गोद लिया था। यह सारी मंडली (बाबा का अपवाद छोड़कर) दुर्घटना से, पैर फिसलने से संस्था में आई थी। वह कुछ मात्रा में सजग और आदी बन चुकी थी। किसी के अपने बच्चे थे तो कुछ निःसंतान थे। कुछ अपने बच्चों के साथ आश्रम के बच्चों को सँभाल रहे थे। नौकरी करनेवाली महिलाओं को आश्रम द्वारा छोटे कमरे दिए गए थे। यद्यपि वे अलग रहती थीं लेकिन उन्हें भी आश्रम के नियमों का पालन करना पड़ता था। अनुमति के बिना बाहर जाने पर पाबंदी होती। अकेली कोई स्त्री बाहर नहीं जा सकती थी। पत्र आदि सेंसर होकर दिए जाते तथा भेजे जाते। रिश्तेदारों का मिलना-जुलना अपवाद के रूप में होता था। वह एक तरह से कपिलाषष्ठी का योग होता था। जेल की तरह निगरानी में मिलना और बोलना बंधनकारक होता। इस तुरुंग सदृश अमानवीय जिंदगी के मानो सभी आदी हो चुके थे। पीछे की 'लाइफलाइन' काट दी जाने पर मनुष्य मजबूरन वर्तमान जिंदगी में ही खुशियाँ ढूँढ़ता है। ऐसे में ये महिलाएँ बच्चों की देखभाल करती हुई अपनी परित्यक्त जिंदगी भविष्य के सुख की आशा से भूलने की कोशिश करती। किसी के नसीब में वह मौका आता तो किसी की जिंदगी आश्रम में ही कटती।

बच्चे गोद लिए हों, वार्ड के हों या सायबान के, वे अंततः आश्रम के ही होते थे। बच्चे दस साल के होने पर, तीसरी कक्षा उत्तीर्ण होने पर 'कमिटेड' अथवा 'सर्टिफाइड' कर जांभुल, बाई, मुंबई तथा कोल्हापुर की संस्था में स्थानांतरण के रूप में भेजे जाते। फिर उनकी आगे की देखभाल और शिक्षा की जिम्मेदारी बड़े होने तक उस नई संस्था को सौंप दी जाती। उसका विधिवत वारंट निकलता था। एस्कॉर्ट होते थे (कैदियों की तरह!)। लड़कियाँ बड़ी होने तक एक ही संस्था में रहतीं। वार्ड तथा सायबान के बच्चे दूसरी संस्था में जाते तो उनका और आश्रम का रिश्ता हमेशा के लिए टूट जाता। उन लड़कों की जिंदगी नई संस्था की दशा, कूवत और व्यवस्था पर निर्भर करती। गोद लिए गए लड़कों को छुट्टियों में माँ के पास आने के अनुमति होती। इससे कुछ लड़कों को घर, अभिभावक मिलते। यदि यह सुविधा सभी बच्चों को मिलती तो उनका भविष्य कुछ अलग ही बन जाता। लड़कियों तथा महिलाओं की संस्था में बालिग लड़कों को रखना खतरनाक मानकर उनका स्थानांतर लड़कों के बालकाश्रम या रिमांड होम में किया जाता।

मैं तीसरी कक्षा उत्तीर्ण हुआ तब मेरी उम्र दस साल की होगी। मेरा स्थानांतरण कोल्हापुर के रिमांड होम में किया गया। बस का पार्सल कभी-कभार गलत स्थान पर चला जाता है...वैसा ही मेरे साथ हो गया। मेरी कक्षा में विपिन, विट्ठल, मूर्ति, अभय, रंगनाथ, चंदू, भाऊ, संजय, सुनीत, आदि कई लड़के थे। हमारे कमरे में रहनेवाला विकास (मेरा भाई) बड़ा होने पर मुझसे पहले ही मुंबई भेजा गया था। संभवतः एक कमरे के लड़कों का एक ही संस्था में स्थानांतरण किया जाता था। मुझे भी मुंबई के द.ना. सिरुर बालकाश्रम, विलेपार्ले में भेजना तय हुआ था। दर्शनेचाचा को कागजात, वारंट तैयार करने को कहा गया। मेरी बैच में मेरा (सुनील) और सुनीत दोनों का नाम एक जैसा था।

दर्शनेचाचा ने मेरी समझकर सुनीत की ही फाइल तैयार की। वह कमिटेड हुआ। उसका स्थानांतरण का वारंट तैयार हुआ। ऐन मुंबई जाने के वक्त पता चला कि मेरा ऑर्डर कोल्हापुर के लिए तैयार हो गया है। आश्रम में स्थानांतरण के दौरान लड़कों की अपेक्षा सिर की गिनती ही की जाती थी। अतः मेरा पार्सल मुंबई की अपेक्षा कोल्हापुर की गाड़ी में भेजा गया। आज ऐसा लगता है कि मेरी जिंदगी के गठन में दर्शनेचाचा द्वारा की गई गलती वरदान साबित हुई। मुंबई में गए बहुत कम लड़कों ने नाम कमाया, जिन्होंने नाम रोशन किया, उन्नति की ऐसे लड़के अपवाद के रूप में ही थे।

मेरे साथ नवीन, अमर, सुकुमार, विपिन, विट्ठल, कृष्णमूर्ति और अभय थे। हमारा अष्टप्रधान मंडल कोल्हापुर के लिए रवाना हुआ। इन सभी ने आगे चलकर नाम कमाया, नाम रोशन किया। हमें उस समय स्थानांतरण का बड़ा मजा आता...मैं पहली बार आश्रम छोड़कर दूसरे गाँव जा रहा था...पहली बार इक्के में बैठने का मौका

मिलनेवाला था। रोजाना आश्रम की छत से दिखाई देनेवाली रेलगाड़ी में बैठने का सपना साकार होनेवाला था...एक ओर यात्रा की खुशी थी...मैं माँ से दूर जा रहा हूँ, उसके प्यार से वंचित होनेवाला हूँ इसका गम मुझे कतई नहीं था...विदाई के समय मात्र माँ, रमा मौसी, दीदी, करुणा तथा पूरे आश्रम का रोना मुझे रुला गया। कोल्हापुर तक की यात्रा में कुछ महसूस नहीं हुआ, लेकिन 6 जून, 1959 की वह स्याह रात आज भी मेरी आँखों के सामने जीवंत हैं। कोल्हापुर रिमांड होम का वह पहला दिन आज भी मेरे मन में ताजा है। बड़े लड़के...खाकी वर्दी में हवलदार...सभी लड़के मानो कमांडो...सेना में भर्ती होने पर किया जाता है वैसा बालों का आर्मी कट। सफेद कैंब्रिज (मांजरपाट) बनियान और खादी की खाकी हाफपैंट...हमारी समझ में आया कि यहाँ आसपास कहीं भी पंढरपुर के आश्रम जैसे मातृत्व के चिह्न या छाँव नहीं हैं। मैं अचानक मातृसत्ताक आश्रम से पितृसत्ताक रिमांड होम में फेंक दिया गया...

हमने जब रिमांड होम में प्रवेश किया तब अँधेरा घिर चुका था। सभी लड़के बरामदे में भोजन करने बैठे थे। हमारे आने की सूचना मिलने से हमारी भी थालियाँ लगाई गई थीं। मक्खियाँ भिनभिनानेवाला ठंडा खाना सामने आया...खाने को जी नहीं कर रहा था, कौर निगलना असह्य हो रहा था...लेकिन सख्ती से भोजन करना पड़ा। खाना खाने के बाद कतार से थाली साफ करना, पेशाब को जाना-आना, बैठना, उपस्थिति... इस सारे व्यवहार से आश्रम का प्रेम छिनने का, गुम होने का अनुभव आया।

उपस्थिति लेने के बाद हवलदार ने आदेश सुना दिया—'सुनील लवटे पाँच नंबर में, बाकी सब तीन नंबर में...मैं कुछ समझ नहीं पाया...पाँच नंबर में सभी रिमांड पर के हट्टे-कट्टे लड़के थे...चोरी-मारपीट का जुर्म किए। फिर समझ में आया कि पार्सल के झमेले में मेरा कमिटेड ऑर्डर नहीं निकल पाया था...अदालत के सामने खड़ा होना था।

आज महसूस होता है कि उस रात मेरा सारा बचपन रौंद डाला गया था। फिर पता चला कि यह रिमांड होम का रैगिंग था...उससे कोई नहीं बच पाता था। मैं तो उसका जन्मतः शिकार था। इस प्रकार की बेइज्जती घृणास्पद थी।

7

पंढरपुर के वा. बा. नवरंगे बालकाश्रम से मेरा स्थानांतरण कोल्हापुर के 'डॉ. सर्वपल्ली राधाकृष्णन् चिल्ड्रंस होम' से इस रिमांड होम में हो गया था। बच्चों का जब एक संस्था से दूसरी संस्था में स्थानांतरण होता है तब उसके साथ फाइल भी भेजी जाती है। बड़ा होने पर यह फाइल मेरे हाथ लगी तब पता चला कि यह 'संस्था फाइल' होती है, जिसमें संस्था के लड़के-लड़कियों की 'जीवन कुंडली' सुरक्षित होती है। इसमें संस्था में दाखिल होने का इतिहास तथा विकास की जानकारी लिखना अपेक्षित होता है...

पंढरपुर का बालकाश्रम मूलतः बाल-हत्या प्रतिबंधक गृह था। वहाँ बच्चों की अपेक्षा कुँवारी माताओं की ही अधिक देखभाल होती। कुँवारी माँ और शिशु की अलग फाइल रखी जाती। मेरी माँ की फाइल गोपनीय होने के बावजूद बड़ा होने पर मैंने आश्रम में पढ़ी थी। उसमें उसका पूरा सच्चा इतिहास था। मेरी फाइल में मात्र प्रारंभिक सब कुछ काल्पनिक था...

मेरी फाइल में केस शीट थी...उसमें मेरी जन्मतिथि जन्म दाखिले से अलग थी। यह आश्रम और कुँवारी माता तथा उसके अभिभावकों के बीच का अलिखित इक़रारनामा होता है। कुँवारी माता और उसके शिशु में कोई मेल न हो इसलिए जानबूझकर फाइल की हर बात विसंगत और काल्पनिक लिखी जाती थी। इस फाइल में वारंट था। उसमें मेरा 'मुंबई शिशु कानून' के अनुसार दाखिल होना दर्ज था। जन्मदाखिले में पिता का नाम के खाने में 'आर्फनेज' लिखा था। आर्फनेज ने मुझे कैसे जन्म दिया यह आज तक न सुलझी पहेली है। मेरा स्थानांतरण हुआ तब मैं रिमांड पर था। अर्थात कुँवारी माँ ने मुझे अस्थायी देखभाल के लिए संस्था को सौंप दिया था। संस्था को पता था कि मेरी अदृश्य माँ कभी वापस नहीं आएगी, इसलिए मेरे स्थायी देखभाल की कानूनन व्यवस्था करना संस्था का दायित्व था। उसके लिए मुझे 'कमिट' करना जरूरी था। कमिट करना यानी विधिवत बाल न्यायालय में खड़ा कर यह सिद्ध करना कि यह लड़का अनाथ है और उसकी परवरिश करना संस्था के लिए कैसे आवश्यक है। यह बताने की प्रविधि। इसके लिए तहक़ीक़ात रपट आवश्यक होती है। वह शासकीय परिवीक्षा अधिकारी (बालकल्याण अधिकारी) तैयार करते हैं। सामान्यतः वह काल्पनिक होती है। मेरी पूछताछ रपट में लिखा था, "The boy was left at the doors of the orphanage, about 9 to 10 years ago, when the child was hardly a months old. Since no one came forward to claim the child, he was housed and educated in the orphanage, Pandharpur."

मेरी फाइल संख्या 44/NNK/959 थी। मैं नौ साल की अवस्था में अर्थात सन् 1959 में पंढरपुर से कोल्हापुर आया था। उस साल मैं कोल्हापुर रिमांड होम में दाखिल होनेवाला चौवालीसवाँ लड़का था। अतः मेरी पंजीकरण संख्या 44 थी। सारे दफ़्तर तथा व्यवहार में यह नंबर ही मेरी पहचान थी। इसी कारण मेरी 'गृह पूछताछ रपट' (होम इन्क्वायरी रिपोर्ट) में बालकल्याण अधिकारियों ने अलग स्याही से न भूलकर P.S.(पोस्ट स्क्रिप्ट) के रूप में लिखा था, "Infact the entire name of the boy is coined by the superintendent of the orphanage."

संस्था के दफ़्तर में मैं NNK अर्थात 'Name Not Known' था। कोल्हापुर रिमांड होम में दाखिल होने पर कमिट करने हेतु मेरी उम्र तय करना जरूरी था। मेरी फाइल में सुनीत का जन्मदाखिला था। अतः मुझे सरकारी अस्पताल में भेजा गया। वहाँ एक्स-रे मशीन के आधार पर मेरी उम्र तय की गई। अंदाज से दस-ग्यारह साल

उम्र लिखी गई। उसी के आधार पर मुझे 18 साल पूरे होने तक (3 जुलाई, 1967) कमिट किया गया। अब संस्था ही बालिग होने तक मेरी देखभाल करनेवाली थी।

मेरे कमिट हो जाने पर रिमांड के लड़कों से मुझे मुक्ति मिल गई। मेरा पाँच नंबर बैरक से तीन नंबर बैरक में स्थानांतरण किया गया। वहाँ मुझे पंढरपुर के आश्रमीय बंधु मिल गए। यहाँ कुछ मात्रा में खुलापन था। पाँच नंबर की कैद से, रैगिंग से मुक्त होने की खुशी पुनर्जन्म से कम नहीं थी। जुलाई मास की मूसलाधार बरसात और सर्दी की रात तक मैंने चैन की साँस महसूस की थी।

मैं पाठशाला में दाखिल होनेवाला था इसलिए नाई को बुलाया गया। उसने मेरा लगभग मुंडन ही कर दिया। जिंदगी में पहली बार मैंने अपना कुरूप चेहरा देखा। शायद इससे काम नहीं चला होगा इसलिए मैं आश्रम से जो कपड़े पहनकर आया था वे निकाल दिए गए। मुझे ढीले, बड़ी नाप के कपड़े (यूनिफार्म) दिए गए। मैं मानो 'बिजूका' लग रहा था। अब मेरा हुलिया रिमांड होम के अन्य लड़कों की तरह बन गया। पंढरपुर के आश्रम का 'सुनील' यहाँ 'चौआलीस' बन गया। कपड़े, बिस्तर, उपस्थिति पंजी सभी पर यही संख्या दर्ज थी। वह निरंतर मेरा पीछा कर रही थी।

हम रिमांड होम के बच्चे पड़ोस के शाहू दयानंद मुक्त विद्यालय में जाते। रेसकोर्स के राऊंड से हम पचास लड़कों की पलटन निकलती। आगे मॉनिटर और पीछे हवलदार ऐसी सवारी होती। हमारी पलटन कतार में आती-जाती। हम जब रास्ते से निकलते तो आसपास के लड़के 'इरा ऽ मढो ऽम कान में गोजर' (रिमांड होम का अपभ्रंश रूप!) कहकर ताल-सुर में चिल्लाते-चिढ़ाते। पंढरपुर में भी 'आर्पणी' कहकर चिढ़ाते थे। वह भी ऐसा ही एक प्रकार था। इससे हम समाज के अन्य लड़कों से अलग हैं, इसका एहसास होता और दिल में एक कसक-सी होती। एक जैसे कपड़े और सिर का मुंडन होने से हमारे चेहरे मानो गुम हो गए थे। सभी एक जैसे...संस्था में परस्पर उपनाम से पुकारने की परिपाटी थी। वह पुकारना तक उद्धत, विकृत और बीभत्स होता। वैसे अधिकतर काम नंबर से ही चलता था। हमारे कोल्हापुर के रिमांड होम में उसी समय सर्टिफाइड स्कूल शुरू हुआ था। पंढरपुर, सोलापुर, सतारा, नासिक, मुंबई की कई संस्थाओं से वहाँ अनाथ, निराधार बच्चे स्थानांतरित किए गए थे। उनकी अलग भाषा, लहजा, आदतें आदि की यहाँ खिचड़ी बन गई थी। गर्मी, बारिश हो या जाड़ा हर दिन सुबह पाँच बजे घंटी बजते ही जागना पड़ता। प्रातर्विधि, मुखमार्जन के बाद सामूहिक स्नान होता। हौजों के सामने दस-बारह नंगे लड़के ठिठुरते हुए खड़े होते। जिस लड़के की नहलाने की पारी होती वह टूटी-फूटी बाल्टी से ठंडे पानी का एक सामूहिक फौव्वारा मार देना था। अंग भींग जाने पर साबुन लगानेवाले लड़के के सामने खड़ा होना पड़ता। उसके हाथ में लाइफबॉय साबुन की आधी टिकियां होती। वह सभी में मुहैया करने की जिम्मेदारी उस पर होती थी। शादी की

पंगत में चावल पर जैसे घी डाला जाता है वैसे वह साबुन घुमाता। हम बदन मलने का स्वाँग करते। दुबारा उसी बाल्टी का एक सामूहिक फौव्वारा...हो गया स्नान! तब तक हम सर्दी में पूरी तरह सिकुड़ जाते। फव्वारे की वह फटकार घायल कर देती। फिर दो-तीन लड़कों में एक बदबूदार तौलिया दिया जाता। अंडरवियर, बनियान कभी दो-तीन दिन तो कभी सप्ताह तक वही पहनना पड़ता। सभी को हमेशा खारिश सताती थी। उसका इलाज तो बड़ा अमानुष होता। कत्थे से बदन घिसा जाता और फिर खून से लथपथ बदन पर सफेद एक्सेबियाल लगाकर धूप में घंटों नंगा खड़ा किया जाता। सप्ताह में एक बार कपड़ों की धुलाई होती। वह पीटने तक की पारी होती थी। काम की पारियों के दुष्टचक्र में लड़के पिस जाते। सफाई, भोजन, बर्तन माँजना, बिस्तर लगाना, साबुन-तेल लगाना, कपड़े धोना, टॉयलेट साफ करना, फर्श पोंछना, बाग का काम इन सभी की पारी होती। भरे-जमे शौचालय नाक दबाकर उलीचने पड़ते। कत्थे से शौचालय साफ करते समय भगवान की याद आती। हम जिस बैरक, डॉमेंटरी में रहते थे वहाँ एक कोने में फर्श दबाकर पेशाब करने की सुविधा थी। पीछेवाली खिड़की से ही पेशाब करने के सिवा कोई चारा नहीं होता। मुक्त होने तक समय की पाबंदी होती थी। ऊपर की मंजिल पर टट्टी और पेशाबघर था लेकिन उसका इस्तेमाल करने पर पाबंदी थी। विजिटर्स तथा साहब लोगों के लिए वह आरक्षित व्यवस्था थी। ऊपरी मंजिल पर रहनेवाले लड़कों के लिए रात को पेशाब के लिए बड़ी बाल्टियाँ रखी जातीं। वे बाल्टियाँ नीचे लाकर फेंकने तक की पारी होती थी। बाल्टी ले जाते समय या उँड़ेलते समय पेशाब गिरती तो ऊपर से मार खानी पड़ती। यह सब याद आने पर आज भी रोंगटे खड़े होते हैं।

भोजन अमरीकन होता था। अमरीका की पीएल 480 योजना से भारत को मिले सहयोग से! गेहूँ की रोटी, गेहूँ का चावल, चीज, कॉडलिवर ऑइल, बटर ऑइल सब अमरीका से मुफ्त आनेवाला। वह खत्म होता तो राशन से अनाज लाया जाता। संस्था में अनाज चुनने का नियम नहीं था। वह केवल सूप से फटकाकर पीसा जाता। सप्ताह में एक बार सामिष भोजन होता। मैं शाकाहारी था लेकिन थाली माँजने की पारी में मांसाहारी थालियाँ साफ करना बंधनकारक होता। उबकाई और घृणा आती। मैं जब चौथी कक्षा में था तब मुझे रोजाना सुबह-शाम पूरी सौ थालियाँ और कटोरियाँ साफ करनी पड़ती थीं। भोजन बनाने-परोसने को बावर्ची होता लेकिन वह केवल तड़का देने का काम करता था। पूरा काम लड़के ही किया करते। सुबह के खाने में घुँघनी तो रात को सब्जी बनाई जाती। बार-बार वही सब्जी और घुँघनी होने से मुँह का स्वाद बिगड़ जाता। लेकिन कोई विकल्प नहीं होता था। अधिकारी, कर्मचारी, बावर्ची सभी भोजन, अनाज, कपड़े, बिस्तर आदि की खुलेआम लूट करते। पूरा माजरा 'अंधा पीसे कुत्ता खाए' जैसा था। सुबह से रात तक का परिपाटी तय होती थी। मुखमार्जन, प्रातर्विधि, स्नान, कवायद, प्रार्थना, होने पर गेहूँ की काँजी दी जाती। उन दिनों ऐसा

लगता था कि गेहूँ ही एकमात्र खाने की चीज है। अभ्यास, भोजन, पाठशाला से वापिस आने पर उपस्थिति, प्रार्थना, भोजन, अभ्यास और नींद यह दिनक्रम निश्चित होता। इससे हम सब 'पॉवलॉव के कुत्ते' न बन जाते तो आश्चर्य था! शरीरवैज्ञानिक पॉवलॉव का कुत्ता केवल घंटी का अभ्यस्त था। हमारा तो हर बात को लेकर घंटी से अभिसंधान (कंडिटोनिंग) जुड़ गया था। हम बच्चे नहीं थे, केवल घड़ी की सुइयाँ थे।

खेलकूद के साधन न के बराबर थे। उन दिनों लुकाछिपी, सिंचाई, आट्या-पाट्या, काँच-कदर्पियाँ, तख्ती की बैट, चिथड़े का बॉल, टूटे डिब्बे के तबले यही हमारे समय बिताने के साधन और खेल थे। गुरुदयाल उबेराय नामक खिलौने के व्यापारी दीपावली और गर्मियों की छुट्टियों में बिना भूले हमारे लिए साँपसीढ़ी, कैरम, रिंग आदि खेल की सामग्री ले आते। सौ के ऊपर होनेवाली वानर सेना छुट्टी में ही इन सबका काम तमाम कर देती। छुट्टी शुरू होते ही हम उनकी बाट जोहते। उनके प्रति हमारे मन में एक अलग ही लगाव था। उन्होंने हमें सही पहचाना था। वे दयालु लगते तो हमारे हवलदार दुश्मन।

इसी प्रकार के एक सज्जन थे, शां. कृ. वालावलकर जी! हर 26 जनवरी को उनका जलेबी का भोजन तय होता था। इसी कारण सभी लड़कों के मन में वालावलकर और जलेबी का अद्वैत सदा के लिए पैठ गया था। वे सभी लड़कों से स्नेहिल रूप में पेश आते। ममता से पीठ पर हाथ रखते। हम सब उन्हें 'बापू' कहते थे। आगे चलकर महात्मा गांधीजी को देश 'बापू' क्यों कहता है यह उन्हें देखकर ही मेरी समझ में आ गया।

इतवार को सर्वोदयी कार्यकर्ता बाबा रेडीकर नीतिपाठ और श्लोक पढ़ाने आते। वे हमें खूब हँसाते। अच्छे-अच्छे किस्से, चुटकुले बताते। उन्होंने सिखाए 'एकादशव्रत' जो आज भी मेरा पथप्रदर्शन करते हैं। उन्होंने बताई मंबाजी की कथा उसे कौन भूलेगा? भजन, श्लोक पढ़ाने में वे बड़े माहिर थे। उनके आने से हमारी बेड़ियाँ खुल जातीं। वरना चुप्पी लगाए बैठना ही हमारी नियति होती। एम.एल.जी.गर्ल्स की प्रधानाचार्या गंगुबाई कोकिल भी हमें कहानियाँ सुनाने आतीं। आमते मास्टर स्काउट सिखाते थे। चाटी मास्टर बुनकारी सिखाते। 'चदरिया झीनी रे झीनी' गीत सुनते हुए हम मन के दुख के धागे बुनते हुए दिन गुजारते, लेकिन वे दिन बड़ी मुश्किल से कटते।

रोटरी, लायन्स क्लब की 'वार्षिक बहनें' रक्षाबंधन के अवसर पर सालाना आनेवाली बरसात की तरह संस्था में आतीं। उन भगिनियों का हमारी अपेक्षा कैमरामैन की ओर ही अधिक ध्यान होता। लेकिन इससे साल में एक बार ही क्यों न हो संस्था में मातृत्व की लहर का एहसास होता था। वे जानबूझकर भाषण क्यों करती थीं, यह आज तक मेरी समझ में नहीं आया है। दूसरे दिन समाचारपत्र में हमारे

दीन चेहरों के साथ 'रिमांड होम के लड़कों को मिला बहनों का प्यार'...'और रिमांड होम गद्गद हो गया'...ऐसा कुछ छपकर आता। उस बहाने हमारे समाचारपत्र में फोटो छप जाते जिससे बड़ी खुशी होती। हम चोरी-छिपे कापी में उसकी कतरनें चिपका देते। अपना फोटो छपकर आने की एक अलग ही खुशी होती थी।

संस्था में भारत सरकार एवं महाराष्ट्र राज्य के सूचना प्रसारण विभाग की फिल्म एवं इंडियन न्यूज का प्रदर्शन होता। उस डाक्यूमेंटरी की फिल्म अक्सर टूट जाती, फिर भी उसका बड़ा आकर्षण होता था। हमें आठ-दस साल में उमा थिएटर में 'मुगले आज़म' और सरस्वती थिएटर में 'स्कूल मास्टर' फिल्म अपवाद के रूप में देखने को मिली।

हमारी सैर होती थी लेकिन पैदल और वह भी कनेरी मठ, कात्यायनी, न्यू पैलेस, रंकाला जैसे नजदीकी स्थान की। हमारे लिए सैर मानो उस स्थान तक कतार में जाना, भोजन करना, और कतार में वापस लौटना होता! कभी-कभार प्रयाग चिखली जाते लेकिन वहाँ भी यही यांत्रिकता। मेले में घूमने की, दूकान में जाने की अनुमति नहीं होती। बूढ़ी के बाल, बर्फ का गोला, झूले सब कुछ लुभाता था लेकिन कुछ भी नहीं मिलता था। हम केवल दर्शक बने रहते और उसी में संतोष मानते। ऊँची दीवारों के उस तरफ होनेवाली खुली दुनिया, प्रकाश, हवा मिलना भी कितना सुखकर होता है यह जानने के लिए हरएक को रिमांड होम में रहना चाहिए। 'जाके पैर फटे न बिवाई, वह क्या जाने पीर पराई' यही सच है।

8

मैं कोल्हापुर के जिस रिमांड होम में था वह इलाका संस्थानिक काल में 'पद्माला रेसकोर्स' नाम से पहचाना जाता। रिमांड होम पुराने रेसकोर्स के घोड़े के तबेले में ही शुरू हुआ था। रेसकोर्स टिकटघर, बस अड्डा, रॉयल गैलरी, एकावन थानी, साठमारी, हुजूरपागा जैसे इतिहास के निशानों की गवाही से वह पुरानी वास्तु का इलाका रोमांचित था। इनमें से एक घोड़े के तबेले में और महावत मंडली के निवास में रिमांड होम शुरू हुआ था। पड़ोस में टिकटघर के पासवाली रॉयल गैलरी और बस स्टैंड के इलाके में अब पशु चिकित्सालय शुरू हुआ है। राधाकृष्ण मंदिर की जगह अनाथाश्रम को दी गई थी। हुजूर तबेले में लड़कियाँ-महिलाएँ रहती थीं। ब्रिटिश रेजिडेंट का निवास होनेवाला शिलेदार बाड़ा (आनंदीबाई महल) भी आश्रम को मिला था। उधर क्यावन थाना परिसर में शिवाजी बोर्डिंग शुरू हुआ था। थट्टी नामक वास्तु और उसके आसपास का इलाका आर्य समाज को दे दिया गया था। पड़ोस में चित्रतपस्वी भालजी पेंढारकर जी का 'जयप्रभा स्टूडियो' मराठी चित्र निर्माण के गवाह के रूप में हमेशा गुंजित और प्रकाशमान रहता था। थोड़ा आगे जाने पर साठमारी थी। इन सभी

वास्तुओं में वंचित-उपेक्षितों की देखभाल करनेवाली, शिक्षा देनेवाली संस्थाएँ कार्यरत थीं। यह राजर्षि छत्रपति शाहू नरेश की दूरदृष्टि से साकार नई समाज की रचना थी।

जून, 1959 में मैं आर्य समाज द्वारा थट्टी में चलाई जानेवाली शाहू दयानंद निःशुल्क पाठशाला में रिमांड होम के अन्य लड़कों के साथ दाखिल हुआ। इस पाठशाला में पड़ोस की मांडलिक बस्ती, जवाहरनगर, सुभाषनगर के विशेषतः ढोर, चमार वर्ग के लड़के आते थे। पाठशाला के अहाते में आर्य समाज का छात्रावास था। वहाँ पर मुख्यतः हरिजन और मराठा समाज के अत्यंत गरीब छात्र रहते थे। बोरे पर, कंबल पर सोनेवाले इन लड़कों के प्रति हमारे मन में आत्मीयता थी। पाठशाला के अहाते में एक बहारदार मौलसिरी का पेड़ था। मुझे अक्सर उस पेड़ में मातृत्व का एहसास होता। उस मौलसिरी के फूल चुनते-सूँघते चार साल कैसे गुजर गए इसका मुझे पता ही नहीं चला...उस समय पाठशाला के पीछे गन्ना और मूँगफली की खेती होती थी। घर से आनेवाले लड़के बीच की छुट्टी में खाने के लिए डिब्बा साथ ले आते। वैसे अधिकांश लड़के बीच की छुट्टी में खाने के लिए घर ही जाते। रिमांड होम से हमें सुबह गेहूँ की काँजी और दो जून का खाना मात्र मिलता था। ऐसे में बीच की छुट्टी में गन्ना, गुड़, मूँगफली ही हमारा नाश्ता बन जाता। अरुण कसबेकर, अनिल घाटगे, शंकर वाडकर, शिवाजी पाटिल जैसे आत्मीय मित्र कभी-कभार अपने हिस्से की रोटी खिलाते। अपने घर से हमारे लिए जेब में रोटी चुराकर लानेवाले ये मित्र जब आज मिलते हैं तो पूर्वस्मृतियों से दिल भर आता है। अन्यथा छात्र-अध्यापकों से घिरी उस आर्यों की पाठशाला में हम रिमांड होम के लड़के अनार्य और अस्पृश्य ही थे!

कक्षा में अपमार्जक की मामूली चोरी हो जाती तो पहले हमारी ही तलाशी ली जाती। छात्रों से लेकर अध्यापकों तक का पक्का विश्वास था कि हम रिमांड होम के लड़के चोर हैं। रिमांड होम के पाठशाला में आनेवाले अधिकांश लड़के अनाथ, निराधार और दरिद्रता से अभिशप्त थे। वैसे कई दफा बाहर के लड़कों में से ही चोर (छुपा रुस्तम!) निकलता था। लेकिन पहला आरोपपत्र (एफ.आई.आर) मात्र हमीं पर दायर होता। यह सारा व्यवहार रिमांड होम को लेकर समाज के मन-मस्तिष्क में पैठी प्रतिमा का परिणाम था।

पंढरपुर की पाठशाला की तरह ही यहाँ भी रिमांड होम के लड़कों को अलग तो नहीं लेकिन एक ओर बिठाया जाता था। हममें भी शोर करनेवाले, अभ्यास न करनेवाले, तासिका चुकानेवाले लड़के थे लेकिन वे अपवाद के रूप में ही। पाठशाला में परीक्षा के साथ खेल में भी रिमांड होम के लड़के अगुआ होते थे।

खेल से याद आया...मैं छठी कक्षा में आया था तब शहर-क्रीड़ा प्रतियोगिता में गोला फेंक में अव्वल आया था। मैदान पर माइक से 'बारह साल के गुट से गोला फेंक प्रथम क्रमांक—सुनील श्रीपाद लवटे, 'शाहू दयानंद मोफत मराठी पाठशाला' ऐसी

उद्घोषणा सुनने पर मेरे आश्चर्य की कोई सीमा नहीं रही। बाद में पता चला कि मास्टरजी ने मेरे नाम पर गोरख गडाख नामक हमारी ही कक्षा के तगड़े लड़के को शामिल किया था। पारितोषिक समारोह के बाद मास्टरजी ने गडाख को चषक और मुझे प्रमाणपत्र दे दिया...'तेरी भी चुप...मेरी भी'। मेरी जिंदगी का क्रीड़ा मैदान पर का वह पहला और अंतिम पराक्रम था। इसका पूरा श्रेय तो हमारे द्रष्टा मास्टरजी को ही देना होगा। इसी समय मेरा द्रोणाचार्य से परिचय हुआ।

मैं चौथी कक्षा में दाखिल हुआ। गुजर मास्टरजी हमारे क्लासटीचर थे। हमारी छोटी-सी सँकरी कक्षा में लगभग पचास लड़के ठूँस दिए जाते। हम रिमांड होम के थे इसलिए अंतिम कतार में बैठते। अंतिम कतार वाकई हमारा 'अटल पद' था। यहीं पर चित्रकला सिखानेवाले गुलवनी मास्टरजी से परिचय हुआ। वे बहुत पीटते थे। रिमांड होम से कभी-कभी ड्रॉइंगशीट नहीं मिलते। मास्टरजी के पास दया-ममता बिलकुल नहीं थी। खड़ी पट्टी से मारना उनकी निजी आदत थी। उनके लिए 'सब घोड़े बाराटक्के' होते।

पाँचवी कक्षा में मात्र हमें श्याम सौंदलगे नामक दयालु अध्यापक मिले। वे पाठशाला में एक ही साल थे। मैं आज जो हिंदी का प्रोफेसर, लेखक, समीक्षक, अनुवादक के रूप में इतराता हूँ उसका पूरा श्रेय सौंदलगे मास्टरजी को ही देना होगा। उन्होंने ही पहली दफा 'मैं हूँ, हम हैं' का पाठ पढ़ाया। अत्यंत धीमी आवाज में प्यार से, दिल से पढ़ानेवाले इस सर की कक्षा में अक्सर शांति रहती थी। उन्हीं की वजह से मुझे अध्ययन की लगन लगी। पूरे चालीस साल बाद याद रखकर मैं उनसे मिला तो वे गद्गद हो गए! और मैं कृतज्ञ! कृतार्थ!

छठी कक्षा में हमें पढ़ाने के लिए जाधव सर थे जो अंग्रेजी पढ़ाने में बड़े माहिर थे। हमारी गणित के प्रति रुचि उन्होंने ही बढ़ाई। सातवीं कक्षा के क्लासटीचर ग.चि. सांगाँवकर अपनी निजी पहचान रखनेवाले अध्यापक थे! देवता आदमी! लड़के उन्हें सुनते नहीं थे लेकिन दरअसल उन्हीं की पढ़ाई सही होती थी। मराठी व्याकरण पर उनका असाधारण अधिकार था। वे केवल व. फा. (वर्नाक्यूलर फाइनल) पढ़े थे। कक्षा में नामपट्टी पर उनके नाम के नीचे लिखी यह पदवी मुझे बेचैन करती! उनके अध्यापन की ईमानदारी से मुझे वह पदवी आज की पीएच. डी. से कम नहीं लगती थी।

मुतगी सर हमारे प्रधानाचार्य थे। बचपन में हम उनसे बहुत डरते थे। बड़ा होने पर मैं जब उनके संपर्क में आया तब उनमें होनेवाले कुशल प्रशासक के कई पहलुओं से परिचित हुआ। करजकर मैडम ने हमें कभी पढ़ाया नहीं लेकिन आते-जाते उनका 'शोनू' कहकर गाल सहलाना मुझे रेगिस्तान में हरियाली की तरह सुखद लगता।

दत्ता भोंसले, भानुदास जोशी, बाबरे, अवघड़े, देवकाते, मुलानी, धायजी, अभय आदि संस्था के लड़के मेरी ही कक्षा में थे। चौथी कक्षा से लेकर ग्यारहवीं कक्षा तक

की यात्रा में इन साथियों ने मुझे दोस्ती का अभय कवच दिया। उस अभेद्य कवच से मैंने अपने दुबलेपन को अक्सर सुरक्षित अनुभूत किया! रिमांड होम के लड़कों में एकता होती थी। बाहर के लड़कों में हममें से किसी का बाल बाँका करने की हिम्मत नहीं होती थी। यदि कोई छेड़ देता तो उसकी खैर नहीं होती थी।

पाठशाला के खाली समय में जयप्रभा स्टूडियो में फिल्मों की शूटिंग देखना हमारा पसंदीदा छंद बन चुका था। सिनेमा हमारे लिए कपिलाषी का योग था, इसलिए बार-बार होनेवाली शूटिंग हमें पर्वणी लगती। उन दिनों हमने 'सलामी', 'वरदक्षिणा', 'तांबडी माती' जैसे मराठी फिल्मों की शूटिंग देखी। चंद्रकांत, सूर्यकांत, उषा किरन, रमेश देव, जयश्री गड़कर, राजा परांजपे, धुमाल, शरद तलवलकर आदि मराठी कलाकारों को हम हमेशा देखते थे। कुछ फिल्मों में भीड़ के दृश्य में हम पर घुमाया कैमरा सुखद अनुभूति देता था। उन दिनों मुझे फिल्म के टूटे रील जमा करने का शौक था। कक्षा के पीछे बड़ी तादाद में रील के टुकड़े पड़े होते। उन्हें निहारते, लपेटते हुए मैं उसमें अपनी जिंदगी ढूँढ़ता था।

शंकर अण्णा भालकर नामक पेशे से धोबी होनेवाले एक मातृहृदयी मनुष्य से इन्हीं दिनों हमारी भेंट हुई और जैसे जिंदगी का अनाथपन दूर हो गया। हम उन्हें 'शंकरदादा' कहते थे। हमारे पंढरपुर आश्रम के वामनराव-लीलाबाई घोडके इस धोबी दंपती के रिश्तेदार थे। पंढरपुर आश्रम के बच्चे कोल्हापुर में आने का जब उन्हें पता चला तो वे हमसे मिलने आए। आज भी उनका मिलना-जुलना अविराम जारी है। 'मंगलवार' रिमांड होम में अभिभावकों के मिलने का दिन होता। जिन लड़कों के पालक होते वे बड़ी बेसब्री से 'मंगलवार' का इंतजार करते। हमारे जैसे पालक न होनेवाले अनाथ लड़कों के लिए 'मंगलवार' एक तरह से 'अमंगल' बन जाता। ऐसे में पंढरपुर से आए हम आठ अनाथ लड़कों के अभिभावक बनकर शंकर दादा बिना भूले आते। आते समय साथ में मिठाई ले आते। हम छोटे थे। वे जाते समय हमारे कपड़े ले जाते और अगले मंगलवार धोकर, इस्त्री कर ले आते। शंकर दादा ने पूरे दस साल इस श्रृंखला का निष्ठा से पालन किया। तीज-त्यौहार के दिन वे कभी सामिष तो कभी मीठा भोजन लेकर पाठशाला में दोपहर की छुट्टी में पहुँच जाते। वे हमें यल्लामा के नाले पर ले जाते और चोरी-छिपे खाना खिलाते। पाठशाला में अभिभावकों से मिलने की रिमांड होम की अनुमति जो नहीं थी! दीपावली तथा गर्मियों की छुट्टियों में पंढरपुर को जाते-आते समय हमारा मुकाम दादाजी के घर होता। उस समय हम मानो पूरी गली के मेहमान होते। नाना, चाची, रतनदीदी, एकनाथ भाई, नामदेव, भाभी इन सभी ने जो ममता दी उससे रिमांड होम की वह कारावास सम जिंदगी पार हो गई...हमारे साथ पढ़नेवाले दसरा, हारून, लाल आदि लड़कों की याद आती है तो शंकर दादा की पनाह का 'बरगद' कितना पुख्ता था इसका पता चलता है...

दादाजी हमारा हर तरह से सहयोग करते थे। उन दिनों पंढरपुर की देखभाल करनेवाली माँ को खत लिखने को मन करता। संस्था में खत लिखने पर पाबंदी थी। दादाजी छिपाकर हमें कार्ड पहुँचाते। हम खत लिखकर उनके पास देते और वे डाक में डाल देते। तब हमारा पता, द्वारा--श्री शंकर भालकर, 1825, धोबी गली, शनिवार पेठ, कोल्हापुर ऐसा ही हो चुका था। उनके घर के पते पर आनेवाले खत भी दादाजी हमें छिपाकर दे जाते।

रिमांड होम में बीमार पड़ने पर पंचौषधि दी जाती। आयोडिन, खाँसी की लाल दवा, ए. पी. सी. टैबलेट, सोडामिंट और ॲस्टोकैल्शियम से ही डॉक्टर शिंदे हमारी सारी बीमारी पर काबू करते। मैं उनका मददगार बन जाता। आगे चलकर मुझ पर डॉक्टर होने का नशा छाने लगा। मैं डॉक्टर होने के सपने देखने लगा लेकिन उन दिनों रिमांड होम के लड़कों को कॉलेज में भेजने का प्रचलन नहीं था। अन्यथा बन भी जाता...यद्यपि मैं 'डॉक्टर ऑफ बॉटल्स' नहीं बन पाया लेकिन 'डॉक्टर ऑफ बुक्स' बन गया। इसकी जड़ उस उम्मीदवारी के काल में ही मिलती है...दादाजी हमें दवाइयाँ भी लाकर देते। उस समय मेरी छाती में अक्सर दर्द होता लेकिन कभी एक्स-रे जाँच नहीं हो पाई। आगे मैं क्षयग्रस्त हुआ...छह मास बिस्तर पकड़ना पड़ा...रिमांड होम के दिनों में यद्यपि खयाल रखा जाता तो...लेकिन उन दिनों वहाँ 'घर की मुर्गी दाल बराबर' जैसा ही सब माजरा था।

मैंने शाहू दयानंद मोफत मराठी पाठशाला में पहली स्काउट की दीक्षा ली। इसी पाठशाला ने मुझे सामूहिक जीवन के आरंभिक पाठ पढ़ाए। वहाँ के डी.टी. साहब की वजह से मैं सफाई, अनुशासन, व्यवस्था का महत्त्व समझ गया। वे आते-जाते रास्ते में पड़े पत्थर उठाते। मुझे बचपन में वे पागल लगते। अब समझ में आता है...हम सब लड़के नंगे पैर होते थे...हर पत्थर उठाने के पीछे उन्हें हमारी ही चिंता होती थी। उनसे पढ़े आर्य समाज के मंत्रों से मुझे 'शांति-संस्कार' मिला। हम पाठशाला में रोजाना प्रार्थना से पहले 'ओम शांति, शामा शांति दे' श्लोक कहते थे। अत्यंत गड़बड़ी में कहा जानेवाला वह श्लोक...उन स्वरों के आवर्तन आज भी मेरे कानों में गूँजने का आभास होता है। आर्य समाज के मंत्रोच्चार से पावन उस भूमि में हमारे अनार्यपन और अनाथपन का अलग से पालन-पोषण हुआ...बिलकुल अनायास...उन दिनों के कई जख्म आज भी ताजा हैं...भोजन की छुट्टी में कई बार हौजे के पानी पर किया गुजारा अच्छी तरह से याद है। विशाल मैदान के किनारे होनेवाले बड़े कुएँ की मुँडेर पर कई दिन अकेले बैठकर मैंने भविष्यदर्शी सपनों के प्रतिबिंब निहारते हुए गुजारे थे...उस कुएँ पर कई बार रोते हुए अकेले में गुजारी छुट्टियाँ...मुझे उस समय कुआँ अपने ही आँसुओं से भरने का आभास होता था...इसी के चलते जिंदगी में कुछ बनने का, कुछ करने का अंकुर मन में फूटा होगा, यह पीछे मुड़कर देखने पर पता चलता है।

9

हम कोल्हापुर के रिमांड होम में स्थानांतरित होकर आए थे। लेकिन हमें छुट्टी में पंढरपुर जाने की इज़ाजत थी। मुंबई के विलेपार्ले में द.ना. सिरुर बालकाश्रम में स्थानांतरण पर गए लड़के भी छुट्टियों में पंढरपुर आते। यह व्यवस्था मात्र गोद लिए लड़कों तक ही सीमित होती थी। अन्य लड़के अपनी मातृसंस्था से हमेशा के लिए वंचित हो जाते। छुट्टी में पंढरपुर आना हमारे लिए उत्सव से कम नहीं होता था। पंढरपुर मानो हमारा मायका था और कोल्हापुर ससुराल। रिमांड होम के बंदिस्त माहौल के कारण पंढरपुर जाने को जी ललचता था। पंढरपुर के आश्रम में भी परिपाटी होती लेकिन उसमें काफी मात्रा में सहूलियत होती थी। दूसरे आत्मीयता का माहौल था, हम तो उसी के भूखे थे।

हमारा इक्का रात-बेरात, दिन-शाम कभी भी पहुँचे, हमारे आगमन की सूचना मिलते ही पूरा आश्रम जाग जाता। 'कोल्हापुर के लड़के आ गए' कहते हुए लड़के-लड़कियाँ, नारियाँ शोरगुल करने लगतीं। उस कागारोल में अपनापे की गुँजार होती थी। उसमें मुंबई के लड़कों का इजाफा होता तो खुशी दुगनी बढ़ती।

फिर हर दिन कमरे में नए इरादे रंग लाते। रमा मौसी चूल्हा सँभालती तो उमाबाई पर बाजार की जिम्मेदारी होती। मेरी और रमा मौसी की बहुत पटती थी। कहते हैं, मुझे बचपन में भोजन बनाने में रुचि थी। इस पर सभी मुझे चिढ़ाते थे। पड़ोस की गुलाबबाई और विकास भैया कहते 'शादी में इसे चूल्हा ही भेंट देंगे', अब माँ का मासिक वेतन पैंतीस रुपए हो गया था। उस छोटे-से कमरे में रमा, उमा, स्नेहा, ज्योत्स्ना, विकास, अभय, रतन, अशोक, शुभांगी, छोटू, लीला, शालिनी, रुक्मिणी, कुसुम, करुणा आदि लगभग पंद्रह लोगों की गृहस्थी चलती थी। इनमें से कुछ रिश्ते खून के थे तो कुछ मुँहबोले थे। लेकिन उनमें अपना-पराया का भेद नहीं था। आश्रम का 'बड़ा खाना' यहाँ इमली, गुड़ के तड़के से 'छोटा' होता था। बासी चावल सुबह मसाला चावल बन जाता। बची हुई बासी रोटी में केवल तेल, चटनी मिलाकर काम चलाया जाता था। इन सारे पकवानों में आत्मीयता के कारण अमृत जैसा स्वाद आ जाता। कई बार तो माँ और मौसी के लिए खाली पतीली ही बच जाती।

छुट्टी में अमर, सुकुमार, नवीन, कृष्णमूर्ति, विट्ठल, विपिन, अभय, रतन, अमेय तो कभी जांभूल से सुमंत, सुरेश आदि सब इकट्ठा होते। आश्रम में हमउम्र लड़के तथा छोटी-बड़ी लड़कियाँ हम सब अलग-अलग खेल खेलते। शतरंज का खेल रंग लाता। ताश का खेल खाने का समय होने पर भी खत्म नहीं होता। लड़के-लड़कियों के खो-खो, कबड्डी, लुकाछिपी आदि खेल शुरू होते। हमउम्र दिव्या प्रभा, ऊषा, सुशीला, रानी, माधुरी, शोभना, इंदिरा, शीला, प्रतिभा, सुधा, कुसुम, मीरा, अलका, रेखा, जैसी आश्रम भगिनियाँ अब सहेलियाँ बन चुकी थीं। बचपन की

भातुकली'[1] का खेल अक्सर याद आता लेकिन अब उसे कौमार्य की झलक आ चुकी थी। एक-दूसरे के साथ नाम जोड़कर चिढ़ाना शुरू हुआ था। एकाध सहेली के प्रति होनेवाला सुप्त आकर्षण दिन-ब-दिन बढ़ता जाता। वसंत के पूर्व की यह शारदीय शीतलता बड़ी सुखद होती थी। एक विशिष्ट सहेली के सहवास, संपर्क को मैं भी लालायित था। कभी बेर तो कभी रिबन लाकर देने की घटना अनायास घटित होती। चोरी-छिपे लाए दूधी हलवे का स्वाद उस समय कुछ और होता था।

आश्रम में लड़के-लड़कियों के विभाग की जिम्मेदारी वनुताई सुले पर थी। हम उन्हें जीजी कहते थे। छुट्टी पर आनेवाले हम लड़कों का वे विशेष खयाल रखती थीं। व्यापार, साँपसीढी, बुद्धिबल जैसे खेल वे हमारे लिए तैयार रखतीं। आश्रम में एक ग्रंथालय था। वह ख्यातलब्ध बालसाहित्यकार सुधाकर प्रभू की निर्मिति थी। हम छोटे थे तब वे संस्था में नौकरी करते थे। वे काफी स्नेहिल थे। उस समय मैंने 'यती का पति', 'तीन सेनापति', 'जागता ईश्वर' जैसी किताबें पढ़ीं। आगे चलकर 'गोट्या', 'हिमगौरी', 'चतुर बीरबल' भी पढ़ी। सुधाकर प्रभू को हम चाचा कहते थे। वे हमारे लिए 'चांदोबा', 'कुमार', 'गोकुल', 'अमृत' जैसी पत्रिकाएँ ले आते। कभी-कभी वे कहानियाँ भी सुनाते। आगे चलकर हमारी एक क्रिकेट टीम तैयार हो गई। पंढरपुर के लड़कों के साथ हमारी मैच होती थी। 'जीतम्...जीतम्' की आवाज से पूरा आश्रम दहल उठता। जीजी हमारे लिए फिल्म प्रोजेक्टर ले आई थी। हम 'फिल्म शो' करते। पूरा आश्रम हमारी टूटी-फूटी फिल्म तहे-दिल से देखता। इस लाड़-प्यार के चलते पंढरपुर आने पर वापस जाने को मन नहीं करता था। छुट्टी में छोटी-मोटी सैर आयोजित की जाती। एक बार हमें मालशिरस कृषि सर्टिफाइड देखने ले गए थे। वहाँ के लड़के भी छुट्टी में एक बार आश्रम में आए थे। जांभूल क़े साहब ए.पी. जोशी के स्नेह से यह सब होता था। उनके बेटे सुहास से उस समय हमारा अच्छा स्नेह संबंध हो गया था।

मैं सातवीं कक्षा तक जैसे-तैसे सफल होता रहा था। कभी-कभी इतिहास, भूगोल, नागरिकशास्त्र जैसे विषय में विकेट गिरती। शाहू दयानंद पाठशाला में न कभी कोई आस्था से बात करता, न ही पूछताछ। आठवीं कक्षा में अंतरभारती विद्यालय में दाखिल होने पर यह अंतर भलीभाँति समझ में आया।

10

सन् 1963 का जून होगा। मई की छुट्टियाँ खत्म हुई और हम कोल्हापुर पहुँचे। शाहू दयानंद हाईस्कूल में जाने की मानसिक तैयारी की थी, क्योंकि रिमांड होम के सभी

---

1. बच्चों का खेल।

लड़के वहीं पर पढ़ते थे। वैसे हाईस्कूल जानेवाले लड़के अपवाद में ही होते थे। उसी समय ए. एन. वालवेकर रिमांड होम के सुपरिंटेंडेंट के रूप में स्थानांतरित होकर आए थे। प्रो. डी.एम. तथा दादा साहब चव्हाण रिमांड होम के सेक्रेटरी थे। उन्होंने आठवीं-नौवीं कक्षा में दाखिल होनेवाले हम सभी लड़कों को साहब के दफ़्तर में बुलाकर अंतरभारती विद्यालय की इस नई पाठशाला में जाने के बारे में समझाया। पहले दिन वे अपनी गाड़ी से हमें पाठशाला में लेकर गए। यह मेरी पहली मोटर यात्रा होने के कारण मुझे अच्छी तरह याद है। बचपन में पंढरपुर में हम जब चार नंबर पाठशाला में थे तब तेली गली में रहनेवाले नगराध्यक्ष भिंगे के पास हैंडल से शुरू होनेवाली मोटर देखी थी। वे गाड़ी को किसी को छूने तक नहीं देते। यदि उनकी गाड़ी हैंडल से शुरू न होती तो हम धक्का लगाने में सहयोग करते। इस बहाने ही सही गाड़ी को छूने की अधूरी इच्छा पूरी हो जाती। उन्होंने कभी हमें गाड़ी में बिठाकर घुमाया नहीं। उनका लड़का हमारी ही कक्षा में पढ़ता था। वह हमसे कटा-फटा रहता। उसका गली और गाँव में एक प्रकार का रौब तथा आतंक था!

कोल्हापुर तथा परिक्षेत्र के राष्ट्र सेवा दल, अंतरभारती, साने गुरुजी, समाजवादी विचारधारा की कुछ ध्येयवादी, शिक्षाप्रेमी मंडली ने संस्कारक्षम, आदर्श शिक्षा देने के इरादे से अंतरभारती विद्यालय शुरू किया था। अन्य पाठशालाओं की तुलना में यह पाठशाला कुछ देर से शुरू होने के कारण लड़के मिलना मुश्किल हो गया था। आठवीं तथा नौवीं कक्षा में पढ़नेवाले हम रिमांड होम के कुल सोलह लड़के थे। इन सोलह संस्थापक लड़कों से ही यह पाठशाला शुरू हुई। फिर और दो-तीन छात्र मिल गए। मेरी पंजीकरण संख्या अठारह थी। सहेजकर रखी अंकसूची पुस्तिका से पता चलता है कि पाठक सर हमारे क्लासटीचर थे। आज उसके अभिभावक के खाने में सुपरिंटेंडेंट, रिमांड होम, व्यवसाय, व्यापार-सरकारी नौकरी पढ़ते हुए बड़ा अजीब लगता है।

अंतरभारती विद्यालय कोल्हापुर के शाहूपुरी इलाके में एक गुड़ के गोदाम में शुरू हुआ था। शाहू परिवार ने अपने घर के हॉल का आधा हिस्सा, बरामदा तथा एक कमरा पाठशाला के लिए दे दिया था। टट्टर से पार्टिशन बनाकर कक्षाएँ बनाई गई थीं। श्रीमती स्नेहलता रायबागकर प्रधानाचार्या थीं। अन्य दो-तीन अवकाशप्राप्त अध्यापक थे। जी. एस. गोंधली, कलेकर, एस. ई. कुलकर्णी आदि अध्यापक बड़े स्नेहिल थे। रिमांड होम के लड़कों के प्रति अध्यापकों के मन में बड़ी आत्मीयता थी। यहाँ पहली बार हमारे साथ मनुष्य जैसा व्यवहार किया गया। पाठक सर युवा थे। राह में मिलते तो साइकिल से उतरकर हमारे साथ कंधे पर हाथ रखकर, गपशप लड़ाते हुए पैदल चलते। एस.ई. सर के हाथ में छाता होता था। बरसात-गर्मी में पाँच मील की पैदल यात्रा उनके छाते से सुकर होती। सावनी सोमवार को पाठशाला सुबह होने से हमें खाली पेट ही पाठशाला में जाना पड़ता। चार बजे तक पाठशाला में भूखे

ही रुकना पड़ता। भूख से व्याकुल होने से हम पाठशाला में ऊँघते रहते। यह जानकर रायबागकर मैडम बिना भूले हमारे लिए गुड़-मूँगफलियाँ ले आतीं। देखते-देखते इस पाठशाला के साथ हमारा आत्मीय रिश्ता बन गया।

उस समय का हमारा अंतरभारती विद्यालय मानो कोल्हापुर का संस्कारतीर्थ बन चुका था। हर सप्ताह पाठशाला में एकाध ख्यातलब्ध हस्ती को आमंत्रित किया जाता। सभी जयंतियाँ तथा पुण्यस्मरण मनाए जाते। वक्तृत्व, अल्पना, हस्ताक्षर प्रतियोगिता, मैदानी खेल, विज्ञान प्रदर्शनी, तख्तियाँ तैयार करना, पाठशाला की गोबर से लीपापोती, कक्षा की सजावट, रँगने का काम, प्रभातफेरी तथा पड़ोस के गुजराती हाईस्कूल के साथ अनेक सांस्कृतिक समाराहों का आयोजन कर अंतरभारती ने अपना नाम सार्थक बनाया था। राजारामपुरी की ग्यारहवीं गली में पाठशाला का एक छोटा-सा छात्रावास था। वहाँ दलित तथा गरीब छात्र रहते। उन दिनों हमने एस.एम. जोशी, ना.ग. गोरे, यदुनाथ थत्ते, नाना डेंगले, श्याम पटवर्धन, मधुकरराव चौधरी, वि.स. खांडेकर, अनंत कणेकर, ग.दि. माडगूलकर, कुसुमाग्रज, प्रो. नरहर कुरुंदकर, सर्वोदयी नेता मुंदडा जी जैसे कई मान्यवरों को देखा और सुना। पाठशाला में अक्सर नए लोगों का आना-जाना रहता। हमारे अध्यापकों के अलावा विट्ठल बन्ने, सुधाकर पोतदार, शशिकांत महाडेश्वर, शशिकांत फडतरे आदि हमें कभी-कभार पढ़ाने आते। आगे चलकर उनमें से कुछ पाठशाला में नियुक्त हुए। अंतरभारती साने गुरुजी के हाथ-पाँव मारनेवाले लड़कों की कोशिश थी।

इस पाठशाला से तथा वहाँ के अध्यापकों के प्रोत्साहन से मुझे पहली बार पता चला कि मैं अच्छा भाषण कर सकता हूँ, मैं नाच सकता हूँ, गा सकता हूँ... वाक्प्रतियोगिता में तो मेरा नंबर तय होता था। अब मैं समूहगायन प्रतियोगिता में भी हिस्सा लेने लगा। स्नेहसम्मेलन के अवसर पर भरत लाटकर सर ने कोली नृत्य सिखाया था। उस समय मंच पर ही मेरी लुंगी खुल गई थी...पाठक सर 'धड़पड़' (कोशिश) नामक भित्तिपत्रिका चलाते थे। उसमें मेरी 'अरविंद बालक मंदिर' नामक पहली कविता प्रकाशित हुई थी। मैं लिख सकता हूँ, इसका एहसास मुझे इसी पाठशाला में हुआ। सबसे महत्त्वपूर्ण बात यह कि इसी पाठशाला ने हमें 'पहली कतार' का सम्मान दिया। खेल, गीत, भाषण, बैंड, लेजिम आदि में हम रिमांड होम के लड़के अगुआ रहते। सातवीं कक्षा तक मैं जैसे-तैसे उत्तीर्ण होता था...सहेजकर रखी प्रगति पुस्तिका साक्षी है कि आठवीं की सत्रांत परीक्षा में मुझे छठा क्रमांक मिल गया था...कक्षा में हमारी जगह पहली पंक्ति में होती थी...यहाँ अलग सूभा नहीं होता था...रिमांड होम के लड़के होने से न दोगलापन था न ही सहानुभूति...मैंने अंतरभारती में पहली बार मनुष्यता की खुली साँस ली...पाठशाला का 'घोषवाक्य' ही था 'एक हृदय हो भारत जननी...' हम पहली बार समाज के हृदयस्थ बने थे।

यद्यपि अंतरभारती में हमारे साथ मनुष्यता का व्यवहार किया जाता लेकिन

रिमांड होम के व्यवहार में मात्र परिवर्तन के कोई आसार दिखाई नहीं देते। इसी समय श्री अ.ना. वालवेकर नामक कठोर और अनुशासनप्रिय अधिकारी स्थानांतरित होकर आए थे। सूट, बूट, टाई, हैट ऐसा उनका रौब था। पूरी संस्था उनसे घबराती थी। वे बड़े ही कड़े मिजाज के अधिकारी थे। उनके सामने जाने की कोई हिम्मत नहीं करता था। हम जब से अंतरभारती में जाने लगे तब से पर्याप्त खुलापन मिल रहा था। रिमांड होम मंगलवार पेठ में तो अंतरभारती विद्यालय शाहूपुरी में था। उस समय के कोल्हापुर के यह दो विरुद्ध छोर थे। गर्मी, बरसात, जाड़ा तथा तूफान में पाँच मील नंगे पैर परेड करनी पड़ती। गर्मियों में पैर झुलस जाते। शॉर्टकट अपनाएँ तो भी दूरी लंबी थी। बरसात के दिनों में न छाता मिलता न रेनकोट। ऐसे में अमरीका से आनेवाले दूध पावडर की पॉलिथिन के चोरी-छिपे रखे बैग काम आते। संस्था में इस खाली बैग तक का हिसाब देना पड़ता था। एक बैग में बस्ता और दूसरा बैग सिर पर लेकर हमने कई बरसात के मौसम काटे। आते-जाते समय हमारा गति धीमी होती थी। हमने रिमांड होम के बाहर जितना समय गुजारे उतना अच्छा लगता था। आगे चलकर वालवेकर साहब ने यह बात भाँप ली और समय दर्ज करने हेतु कापी ही रख दी। रिमांड होम से निकलते समय ड्यूटी पर होनेवाला हवलदार समय नोट करके हस्ताक्षर करता। पाठशाला में पहुँचने पर अध्यापक से समय नोट कराके उनके हस्ताक्षर लेने पड़ते। पाठशाला से लौटते समय भी यही नियम। मंगलवार पेठ से शाहूपुरी तक की दूरी 30-35 मिनट में पार करने की सख्ती होती। देर होने पर जवाब-तलब और सजा मिलती। इस बाल्यावस्था ने हमें मानो जेल का कैदी बना दिया था।

रिमांड होम में श्री बाबूराव समगे और श्री के.आर. म्हेतर ये दो अध्यापक बहुत स्नेहिल थे। बच्चों में होनेवाले अंतर को वे भलीभाँति समझते थे। समगे सर बहुत अच्छा मागदर्शन करते। एक बार उन्होंने संस्था के भोजन के बारे में पूछा तो मैंने कहा, 'अच्छा होता है।' (वास्तव में वह अच्छा होता है या निकृष्ट यह वे जानते थे।) मेरा उत्तर सुनकर वे बोले, 'अगर ऐसी ही संतुष्ट मानसिकता रखोगे तो जीवन में कभी दुखी नहीं होगे।' समगे सर के सहजता से कही यह मार्मिक बात मेरे आजीवन सुखी रहने का रहस्य है। म्हेतर सर बुनाई सिखाते थे। घर से अर्थात पंढरपुर से आते समय माँ के दिए दो-तीन रुपए मैं उन्हीं के पास रखता था। मेरी जरूरत के अनुसार वे उससे आना-दो आना निकालकर देते। जिससे मैं गिन्नी छाप वज्रदंती, नील, साबुन आदि खरीदता। मेरे रखे रुपए खत्म होने पर भी सर मेरी जरूरत पूरी करते थे।

अंतरभारती में हमारी कक्षा में कुरुलकर नामक उम्र में बड़ी होनेवाली लड़की हमारे साथ पढ़ती थी। वह एक मेधावी और जिद्दी छात्रा थी। उसके स्नेहिल और मिलनसार स्वभाव से हम उसे 'दीदी' कहते थे। रिमांड होम के हम सभी बच्चों के

लिए वह मानो आधार थी। रक्षाबंधन को वह बहन के प्यार से हमें राखी बाँधती थी। त्यौहार के दिन मीठे व्यंजन बनाकर हमें खिलाती थी। हम भूखे होते तो दोपहर की छुट्टी में वह हमें अपने साथ खाने के लिए घर ले जाती थी। उसके घर में होनेवाले लुसी और मोती नामक कुत्तों तक से हमारा लगाव हो चुका था। उसके घर में मिलनेवाला अपनापन हमारे लिए धीरज की दवा बन जाता।

हमारे स्कूल में तातोबा चव्हाण नामक एक चपरासी थे। वे पाठशाला के काम में कुछ कामचोर थे लेकिन थे बड़े स्नेहिल। वे मंगलवार पेठ में ही रहते थे। वे आते-जाते समय हमसफर बन जाते। उनके घर भी हमारा आना-जाना रहता। त्यौहार के दिन तो वे बड़ी मेहमानबाजी करते। गौरी आगमन के दिन उनके घर में बनाई जानेवाली रोटी और सब्जी बड़ी स्वादिष्ट होती थी। सच कहें तो मेरी जिंदगी के 'वे दिन' इंसानियत के भूखे थे। एक प्याली चाय पिलाकर आत्मीयता से पेश आनेवाला व्यक्ति तक मेरे लिए संत-महात्मा से कम नहीं होता था।

रिमांड होम की अपेक्षा अंतरभारती का माहौल खुला और स्वस्थ था। वहाँ के अध्यापक हमारी छोटी-छोटी बातों का विशेष ध्यान रखते थे। सन् 1965 में मैं नौवीं कक्षा में पढ़ता था। आठवीं कक्षा में अच्छे अंक मिलने से तथा विविध प्रतियोगिताओं में प्राविण्य प्राप्त करने से मैं पढ़ाई पर अधिक ध्यान देने लगा। पढ़ाई को लेकर हम छात्रों में विशुद्ध स्पर्धा होती थी। नौवीं की अठमाही परीक्षा का परिणाम निकला और उसमें मैंने चौथा क्रमांक हासिल किया। लेकिन चित्रकला में अनुत्तीर्ण हुआ। इससे पहले छठी कक्षा में भी अनुत्तीर्ण हुआ था लेकिन उस समय अफसोस नहीं हुआ था। लेकिन नौवीं कक्षा में मिली असफलता से मैं रो पड़ा। चव्हाण मामा मुझे प्रधानाध्यापक गोंधली सर के पास ले गए। वे बहुत स्नेहिल इंसान थे। उन्होंने बड़ी आत्मीयता से मेरी पूछताछ की। मैंने रोते हुए फरियाद सुनाई, "मैं कक्षा में चौथे क्रमांक से उत्तीर्ण हुआ हूँ लेकिन पाठक सर ने मुझे चित्रकला में फेल किया है।" इस पर गोंधली सर ने पाठक सर को बुलाया और पूछा, "आपने मेरिट में आनेवाले इस छात्र को चित्रकला में फेल क्यों किया?" पाठक सर बोले, "उसे फेल नहीं किया, वह हो गया है।" लेकिन गोंधली सर ने जिद पकड़ ली और मेरा पर्चा निकालने को कहा! मेरा रोना जारी था। पर्चे से यह बात स्पष्ट हुई कि परीक्षा में ताले का चित्र निकालने को कहा था। मैंने ताले का चित्र तो बनाया था लेकिन कोंढा निकालना भूल गया था। इसी कारण पाठक सर ने शून्य अंक दिए थे। गोंधली सर ने कहा, "अरे, इसने तो ताले का चित्र बनाया है, फिर भी आपने जीरो अंक क्यों दिए? चाहे तो कोंढा न निकालने के अंक काट सकते थे।" लेकिन पाठक सर मानने को तैयार नहीं थे। उनमें तथा प्रधानाध्यापक में लंबी बहस हुई। अंततः पाठक सर ने मजबूरन वरिष्ठ का आदेश होने से हार मानी और मुझे बीस अंक दिए। मैं उत्तीर्ण हो गया। लेकिन आज मुझे पाठक सर की तात्त्विक बात के मर्म का ज्ञान हुआ है। लेकिन

गोंधली सर मेरी भावाविष्टता को तोड़ना नहीं चाहते थे। उसी दिन मैंने निश्चय किया कि अब कोई चीज नहीं माँगूँगा। तब से आज तक प्राप्त उपलब्धियों में मैंने उस निश्चय का पालन किया है।

अंतरभारती के सारे अध्यापक एक से बढ़कर एक थे। कुछ अवकाशप्राप्त और अनुभवी थे। वे खूबी के साथ पढ़ाते। कलेकर सर, कुलकर्णी सर, घोटणे सर, देशपांडे मैडम, भालकर सर, ऐनापुरे सर, कासार सर, हेर्लेकर सर, बन्ने सर, बागी सर जैसे अध्यापक अपनी खास शैली में अपने विषय को महत्त्व देते। उस समय का अंतरभारती केंद्र मानो उत्साह और चेतना से मचलता फव्वारा था। मेरी पूरी जिंदगी और व्यक्तित्व उस पाठशाला और वहाँ के अध्यापकों की उपक्रमशीलता की ही देन है। उन्हीं के कारण मैं अपने व्यक्तित्व का बहुआयामी विकास कर पाया!

ख्यातलब्ध साहित्यकार वि.स. खांडेकर हमारी पाठशाला के संस्थापक और अध्यापक थे। वे कभी-कभार स्कूल में आते। नौवीं-दसवीं कक्षा में मैं स्कूल का वाद-विवाद मंत्री था। एक कोई समारोह था। खांडेकर प्रमुख अतिथि के रूप में आनेवाले थे। मैं और गोंधली सर उन्हें लिवाने उनके राजारामपुरी स्थित घर गए। उसी समय कोल्हापुर में ऑटो रिक्शा शुरू हुआ था। हम रिक्शा लेकर गए थे। रिक्शा का खर्च ज्यादा होगा कहकर उन्होंने नाराजगी जताई थी। हमारे पाठ्यक्रम में उनका 'एक लाख का पारितोषिक' पाठ था। उसके लेखक के साथ बैठने का सम्मान मुझे मिला था, जिससे आसमान छूने की खुशी हो रही थी। वे सर के साथ बातचीत कर रहे थे। विषय की चर्चा पूरी तरह से याद नहीं लेकिन 'गति और धोखे' जैसे सूत्र को लेकर वह चल रही थी। अपने भाषण में भी वे इसी विषय पर बोले थे। उनका भाषण सुनना हमें बहुत भाता था। उसमें एक पुकार होती थी। 'मैं आपको बताता हूँ...', कहकर वे काफी मृदुता से अपने विचार प्रस्तुत करते। अंतरभारती विद्यालय जब शुरू हुआ तब एक साथ आठवीं और नौवीं की कक्षाएँ खुल गई थीं। हम दसवीं कक्षा में सफल हुए तो हमने ग्यारहवीं में प्रवेश किया। उस समय ग्यारहवीं तक की शिक्षा माध्यमिक स्तर की थी। स्कूल की पहली बैच में परिणाम चौहत्तर प्रतिशत निकला था। इस बहाने स्कूल में पत्रकार परिषद् बुलाई थी। 'केसरी' अखबार में विस्तृत समाचार छपा था। उस समय भाऊसाहब अर्थात खांडेकर ने कहा था, "स्कूल का परिणाम कितने प्रतिशत निकला यह मेरे लिए कोई माने नहीं रखता। मैं इस बात को महत्त्वपूर्ण मानता हूँ, परिणाम भले ही कम निकले लेकिन पाठशाला और अध्यापकों ने छात्रों पर कितने संस्कार किए हैं।" उनका यह मत मुझे उस समय अलग लगा था लेकिन आज वही मेरे कार्य का दिशादर्शक बन चुका है। भाऊ की तत्कालीन दूरदृष्टि पर मुझे आश्चर्य होता है।

एस.एस.सी. के विदाई समारोह में प्रमुख अतिथि के रूप में भाऊसाहब खांडेकर उपस्थित थे। यह घटना मेरी स्मृति में स्थायी रहने के दो कारण हैं। एक यह कि

उस वर्ष भाऊसाहब ने अनेक पाठ और कविताओं को उनके लेखक और कवियों द्वारा हमें पढ़वाया था। इस उपक्रम के चलते हमें गदिमा, कुसुमाग्रज, अनंत काणेकर जैसी हस्तियों से पढ़ने का सौभाग्य मिला। विदाई समारोह में भाऊसाहब ने 'भुंगा' (भौंरा) नामक निबंध पढ़ाया था। उस दिन उन्होंने हमें आइसक्रीम भी खिलाया। मेरे संग्रह में सुरक्षित उस समारोह के एक दुर्लभ छायाचित्र को मैं अपने जीवन की अनमोल पूँजी मानता हूँ।

मेरी और अभय की एस.एस.सी. की परीक्षा प्राइवेट हाईस्कूल में होनेवाली थी। आज ही की तरह उस समय भी लड़कों को शुभकामनाएँ देने, परीक्षा-स्थान पर पहुँचाने के लिए अभिभावकों की भीड़ लगी रहती। हमें शुभकामनाएँ देने ए.बी. देशपांडे सर सपरिवार आए थे। वे रिमांड होम के सुपरिंटेंडेंट, प्रोबेशन ऑफिसर थे लेकिन उन्हें इस बात का कोई घमंड नहीं था। उनकी उपस्थिति से हमें बड़ा मानसिक आधार मिला था। परीक्षा के हर दिन दोपहर की छुट्टी में देशपांडे भाभी (जिन्हें हम मैडम कहते थे) और उनके बच्चे अविनाश तथा रोहिणी हमारे लिए डिब्बा ले आते। उन्होंने इंसानियत का जो आधार दिया उसने हमारी किशोरावस्था को करुणा से परे सहज और समृद्ध बना दिया था। हमें भी अन्य बच्चों की तरह ममता और प्यार मिल सकता है इस एहसास से मेरी जिंदगी के प्रति आस्था बढ़ गई।

इंटर की परीक्षा खत्म हुई और मेरी बेचैनी बढ़ गई। संस्था में मेरी मियाद केवल एक साल बची थी। जिन बच्चों के माता-पिता होते वे अपनी अवधि पूरी होने पर घर चले जाते। कोई कॉलेज में भर्ती हो जाता। लेकिन ऐसा अपवाद के रूप में ही होता था। रिमांड होम से आनेवाले बच्चे प्रायः आई.टी.आई. में प्रवेश लेते थे। रिमांड होम के किसी छात्र का कॉलेज में भर्ती होने का इतिहास नहीं था। मैं दसवीं कक्षा तक पचास प्रतिशत की सीमा लाँघ नहीं पाया था। फिर भी कॉलेज जाने की मेरी अदम्य लालसा थी। मुझसे पहलेवाली बैच के अमर और नवीन अहमदनगर के कॉलेज में पढ़ते थे। मेरा सहपाठी अभय मेधावी छात्र था। वह अनाथ नहीं था। उसके माता-पिता ने उसे कॉलेज भेजना तय किया था। मई की छुट्टियों में पंढरपुर जाते समय साहब ने 'आगे क्या किया जाए?' यह सोचकर आने का आदेश दिया था। माँ की चालीस रुपयों की तनखाह में मेरी कॉलेज की शिक्षा असंभव थी। संस्था ने अनजाने में हुई भूल सुधारने के बहाने मेरी एक साल की मियाद बढ़ाई थी। अब तीन सालों की कॉलेज की पढ़ाई पूरी करने के लिए अन्य विकल्प ढूँढ़ना जरूरी हो गया था। विचारों का तूफान तथा उलझन लेकर ही मैं पंढरपुर पहुँचा। वे दिन असीम मानसिक उत्पीड़न के थे। उसका एक और कारण था, संस्था की एक सहपाठी लड़की के प्रति मेरे मन में कशिश पैदा हो चुकी थी...उसका गंभीर होना...मुझसे दूर रहना...मेरी बेचैनी बढ़ानेवाला था।

11

सन् 1967 की मई मास की छुट्टियों में जिंदगी में तूफान मच गया था। क्या करूँ, कुछ सूझ नहीं रहा था। छुट्टियों में पंढरपुर जा रहा था तभी साहब ने बता दिया था कि तीन जुलाई को मियाद समाप्त होने जा रही है। मेरे अन्य साथियों का एक साल बाकी था, फिर मेरी ही मियाद कैसे खत्म होनेवाली है? इस आशंका से पूछताछ की तो पता चला कि दर्शनिचाचा की 'पार्सल गलती' के कारण मेरी उम्र अनुमान के तौर पर एक्स-रे मशीन से तय की थी, जिससे यह गड़बड़ हो गई थी।

कारावास और रिमांड होम में एक बुनियादी अंतर होता है। कारावास के कैदी अपनी सजा कम करने के प्रयास में रहते हैं। बिलकुल इसके विरुद्ध रिमांड होम के अनाथ निराधार लड़के-लड़कियाँ संस्था में रहने की मियाद कैसे बढ़ेगी इसकी जी-जान से कोशिश करते हैं। संस्था का सुरक्षित कवच ही उनकी जिंदगी होती है। संस्था ही उनकी ज़मीन होती है और आकाश भी...बाहरी दुनिया उनके लिए अजनबी, बेसहारा होती है...

मैंने आश्रम के सहयोग से पंढरपुर नगर निगम से जन्मदाखिला हासिल किया। उसमें मेरा नाम केवल 'सुनील' इतना ही लिखा था...दाखिला प्रस्तुत किया तो समाज कल्याण विभाग ने वह दाखिला मेरा ही होने का प्रमाण माँगा। इस पर आश्रम से एक प्रमाणपत्र प्राप्त किया...मियाद बढ़ाने का अधिकार बाल न्यायालय को था। लेकिन उसके लिए समाजकल्याण के संचालक और निरीक्षक द्वारा प्रमाणित पाठशाला की अनुमति आवश्यक थी। छुट्टी का हर दिन मेरे लिए कालरात्रि बन गया था। पंढरपुर आश्रम के श्री बाबासाहब जवेरी और नए अधीक्षक श्री रमाकांत तांबोली ने काफी दौड़धूप की। उस समय हमारे साथ आश्रम में रहनेवाली जीजी संस्था में ही नौकरी कर रही थी। उसका अक्सर पूना आना-जाना था। उसके सहयोग से हम एस.वी. जोशीराव और ए.पी. जोशी से मिले। अनुमति तो मिली लेकिन मई मास की छुट्टी होने से ज्युवेनाईल कचहरी बंद थी, जिससे मियाद बढ़ाना असंभव था...

अब तक मेरा एस.एस.सी. का परिणाम घोषित हो चुका था। मैं 700 में से 334 अंक प्राप्त कर लगभग 48 प्रतिशत अंकों से सफल हुआ था...यद्यपि मियाद बढ़ाकर मिलती तो भी एक ही साल मिलनेवाला था और अंक कम मिलने से कॉलेज जाने का इरादा बदलना पड़ा...पूना से हमारे साहब को वैसा लिखा गया था...वालवेकर साहब की इच्छा के बावजूद कुछ कर पाना असंभव था...एस.वी. जोशीराव ने मुझे आई.टी. आई. को भेजने को कहा...आवेदनपत्र भर दिया...साक्षात्कार हुआ...वजन, सीना नहीं भर पाया...भरेगा भी कैसे? अमरीकन गेहूँ से पला शरीर जो ठहरा...हाँ, कद में मात्र अव्वल ठहरा। प्रत्यक्ष परीक्षा के समय मुझे लुहार का बड़ा हथौड़ा उठाने को कहा गया। परीक्षक काफी होशियार थे...मेरी दुबली-पतली कद-काठी देखकर ही उन्होंने

यह शिवधनुष उठाने को कहा था...फिर क्या था...सोलह आना असफल...फिर वही बेचैनी...अप्रैल, 1968 तक मियाद बढ़ाकर मिलने के बावजूद कोई लाभ नहीं था...

इस दरमियान संस्था ने मुझे एक काम सौंपा था...उस समय संस्था को 'पुढारी' और 'सत्यवादी' दैनिक भेंट दिए जाते थे। लेकिन समाचारपत्र प्रेस से ले आने की शर्त थी। मैं खाली था, इसलिए मुझे यह पाली लगा दी गई थी...मुझे खाली समय में अखबार पढ़ने की आदत लग गई थी...एक दिन समाचारपत्र लाते समय मैंने मौनी विद्यापीठ, गारगोटी के 'कर्मवीर हीरे ग्रामभारती' के 'डिप्लोमा इन रूरल सर्विसेस' का विज्ञापन पढ़ा। मैंने वह समगे सर को दिखाया। पाठ्यक्रम चार साल का था और मियाद एक साल?...क्या किया जाए?...रेगिस्तान में ओयसिस की तरह विद्यावेतन की सुविधा मात्र थी...उन्होंने मेरे लिए सूचनापत्र अपने घर के पते पर मँगवा लिया...अगले ही सप्ताह में वह प्राप्त हुआ। समगे सर ने वालवेकर साहब को मनाया...उन्होंने बात मान ली...राजा उदार हुआ...काँटों से भरे कटहल के अंदर होनेवाली मृदु, मधुर कोए की अनूठी प्रतीती आई...'खुल जा सिम सिम' के चमत्कार से मैं अचंभित हुआ। श्री वालवेकर साहब ने अनुमति दे दी। आवेदनपत्र भरकर प्रेषित किया, तब तक जुलाई बीत गया। अगस्त में प्रवेश लेने के संदर्भ में पत्र प्राप्त हुआ। वालवेकर साहब मेरे साथ गारगोटी आए। प्राचार्य सी. रा. तावडे (बाबा) ने सिफारिशपत्र दिया था। वे रिमांड होम के उपाध्यक्ष थे तो मौनी विद्यापीठ के कुलपति थे। उनका पत्र मानो प्रवेश का परवाना ही था लेकिन आर्थिक समस्या भयावह थी। रिमांड होम मासिक 25 रुपए देनेवाला था। वह भी मात्र एक साल। उस समय प्राचार्य अमरसिंह राणे ग्रामभारती के प्रमुख थे। उन्होंने मेरे हालात को मद्देनजर रखकर एक विकल्प प्रस्तुत किया। उन्होंने कहा कि यदि मैं मेस मैनेजर का काम करूँगा तो मेरे भोजन का मुफ़्त प्रबंध किया जाएगा तथा संस्था से मिलनेवाले रुपयों से फीस की आपूर्ति होगी। उन्होंने यह प्रस्ताव सामने रखा और मेरा प्रवेश पक्का हो गया। हम प्रवेश लेने गए थे लेकिन अभी प्रवेश प्रक्रिया पूरी नहीं हुई थी। हमें बताया गया कि कॉलेज एक मास बाद शुरू होगा...पता चला कि अन्य कॉलेज में प्रवेश बंद होने पर यहाँ प्रवेश शुरू होता है...हम जहाँ गए वह स्थान दुर्गम था इसके बावजूद सुरक्षित था...'वक्त पड़े बाँका तो गधे को कहे चाचा'...वरना मुझ जैसे लड़के को कौन पढ़ानेवाला था? कौन अपनानेवाला था?

मैं अक्तूबर, 1967 में द्वंद्वग्रस्त अवस्था में ही मौनी विद्यापीठ की प्रिपरेटरी कक्षा में भर्ती हुआ। प्राचार्य राणे सर ने बेलगाम के परिचित दो अच्छे लड़कों के कमरे में मेरे रहने का प्रबंध किया। उनमें से एक अनंत देसाई था जो बेलगाम के ख्यातिलब्ध पत्रकार, संपादक, समाजसेवी, श्यामराव देसाई का लड़का था। दूसरा था, विनोद आजरेकर। यहाँ भी अनाथपन और रिमांड होम ने मेरा पीछा नहीं छोड़ा। मैं हाफ पैंट पहनकर आया था। सफेद कमीज और हाफ पैंट! अन्य लड़के पायजामा-कुर्ता,

फुलपैंट तथा रंगीन कपड़े पहने हुए थे। हर किसी को छोड़ने के लिए अभिभावक आए थे। मैं अकेला ही आया था। हर कोई अपने साथ खाने की चीजों की थैली लाया था। मेरे साथ कपड़े की थैली और बिछावन की गठरी...कितना कुछ कहें... अनंत और विनोद ने मुझे कभी अकेलेपन का एहसास नहीं होने दिया...उन्होंने सहजता से मुझे स्वीकार किया...विशेषतः पूरी स्थिति से वाक़िफ़ होने पर भी...इससे मुझे सुकून मिला। रिमांड होम की अलाउद्दीन की गुफा से मुक्ति की खुशी कुछ और ही थी...

लगभग एक मास कॉलेज हुआ और दीपावली की छुट्टी पड़ गई। कॉलेज की तैयारी, सामान का जुगाड़, कपड़े, कापी, पुस्तकें आदि लाने हेतु मैं साहब से अनुमति लेकर पंढरपुर चला गया...अब मैं कॉलेज कुमार हो गया था...पंढरपुर जाने के पीछे मई में हुए धोखे की उम्र का कसूर भी था...अब वह कुछ मात्रा में 'स्वस्थ' हो गया था...अन्य लड़कों की तरह अब मैं भी प्रतिष्ठित हो चुका था...उसका भी कुछ असर था...उस अनामिका की गंभीरता की जगह अब स्मितहास्य ने ली थी...इसके बाद की लक्ष्मणरेखा मुझे याद नहीं। वह सब ओयसिस था या वास्तव में यह सब गुलदस्ते में ही रखा जाए ऐसी ही सारी स्थिति...परायापन...इसी के चलते मेरे अंदर का कवि जाग गया था...कविताएँ आकार ले रही थीं।

मैं कुछ निराश होकर ही गारगोटी पहुँचा...अब मेरे सामने मात्र अस्तित्व का प्रश्न था। विद्यावेतन प्राप्त करने के लिए प्रथम श्रेणी हासिल करने की अनिवार्यता का तीव्रता से एहसास हुआ। मैं पूरी तैयारी के साथ पढ़ाई में जुट गया। एन.सी.सी., वाद-विवाद, समाजसेवा शिविर आदि उपक्रमों में सक्रिय हुआ। परिस्थिति के एहसास से कोशे से तितली बनने के अनुभव-सा चैतन्य मुझमें आ गया। मैं किताबी कीड़ा बन गया। कॉलेज, पुस्तकालय और छात्रावास—यही मेरी दुनिया बन गई। किसी तालिका में अनुपस्थित नहीं रहा। प्रिपरेटरी के सत्रह विषय थे। मराठी, हिंदी, अंग्रेजी, समाजशास्त्र, मानसशास्त्र, अर्थशास्त्र, कम्यूनिटी डेवलपमेंट जैसे कई विषय। पुस्तकें अंग्रेजी में होतीं और उत्तर मराठी में लिखने पड़ते। इससे अजीब कसरत करनी पड़ती। अंग्रेजी में मेरे कभी छत्तीस की लक्ष्मणरेखा पार न करने से मेरा अंग्रेजी से छत्तीस का रिश्ता था।

मुझे अक्सर अगले तीन साल की चिंता सता रही थी। मियाद खत्म होने की चिंता बेचैन कर देती। तीन साल मियाद बढ़कर मिले इसलिए मैंने कॉलेज और रिमांड होम के सहयोग से कोशिश शुरू की थी। पिछले साल के अनुभव के चलते अच्छे अंक प्राप्त करने की चिंता से नींद उड़ गई थी। रुपयों की अड़चन के कारण छोटी-छोटी बातों के लिए परेशानी सहनी पड़ती। माँ द्वारा हर मास भेजे जानेवाले पंद्रह-बीस रुपयों से काफी सहयोग होता। मैं दो मास उन रुपयों का उपयोग करता। तेल, साबुन, चाय, स्टेशनरी आदि के खर्च में कितनी ही कोताही करें उससे कम नहीं

होता था। हर बार मन पर काबू रखना पड़ता...साथ होनेवाले लड़के होटल में जाते...मुझे चाय तक महँगी लगती। कई बार मैं मेस के दो जून के भोजन पर ही काम चलाता।

प्रो. पी.वी. कुलकर्णी हमारे छात्रावास के रेक्टर थे। वे हमें मानसशास्त्र पढ़ाते थे। वे स्वयं छात्रावास में आते और कूड़ा आदि जमा करते। फिर लड़के सफाई में जुट जाते। उनके इस दस्तूर से परिचित होने पर मात्र लड़कों में अनुशासन आया। उनके विचार विद्रोही होते। उन्हें अवैध बात या कार्य रास नहीं आता। वे अक्सर गोली दागने की बात करते। उनकी भाषा और व्यवहार में देशाभिमान, देशप्रेम, देशसुधार का भाव कूट-कूटकर भरा था। राष्ट्र सेवादल के उनके विचारों से मेरा और उनका अंतरभारती रिश्ता निर्माण हुआ था...दिसंबर, 1967 में भूचाल की वजह से काफी जीवित और वित्तीय की हानि हुई थी। सर काफी अस्वस्थ थे...उन्होंने पुनर्वास शिविर की संकल्पना सामने रखी। अंतरभारती, राष्ट्र सेवादल, सर्वोदय इन सभी के सहयोग से वार्षिक परीक्षा के पश्चात पाटण तहसील के गुणवंतगढ़ की तलहटी में स्थित मारगिरी गाँव में एक मास का श्रम संस्कार शिविर आयोजित किया। हमारे कॉलेज के लगभग पचास लड़के उसमें उत्स्फूर्त रूप में शामिल हुए। सर अपाहिज थे लेकिन उनका जोश हम युवा छात्रों तक को शर्मिंदा करनेवाला था। इस शिविर में सेवादल का जोशी दंपती शामिल हुआ था। वह आदर्श संयोजन की एक श्रेष्ठ मिसाल था। प्रो. राम बापट, सर्वोदयी कार्यकर्ता गोविंदराव देशपांडे आदि मान्यवर कुछ दिन हमारे साथ थे। उनका साहचर्य, भाषण, संस्कार और सर की कोशिश से मेरे अंदर होनेवाली विधायकता का पोषण हुआ। इस शिविर से गढ़े का पानी पीने का मौका मिला। उस परिक्षेत्र में स्थित रामदास स्वामी का प्रेक्षणीय ही नहीं अपितु ऐतिहासिक दृष्टि से महत्त्वपूर्ण स्थान हमने देखा।

हम शिविर से वापस लौटे और प्रिपरेटरी के प्रथम वर्ष का परिणाम हाथ में आया। मुझे प्रथम श्रेणी मिल गई। विद्यावेतन मिलने की राह खुलने से मुझे किला फतह करने की खुशी हुई। माँ की आँखें भर आईं। वह आस्तिक थी। उसने ईश्वर के सामने दीप जलाकर कृतज्ञता जताई। मई मास की छुट्टी से लौटते समय मैं रिमांड होम में गया। यद्यपि मैं कॉलेज में भर्ती हुआ था लेकिन छुट्टी में आते-जाते समय रिमांड होम में जाना अनिवार्य था। उसके बगैर पंढरपुर और गारगोटी का विसा मिलना असंभव था। मैं अब पायजामा, फुल पैंट पहनने लगा था। रिमांड होम में जाने पर मात्र वहाँ का यूनिफॉर्म यानी सफेद शर्ट और खाकी हाफपैंट पहननी पड़ती... इसका बड़ा दुख होता...बाल भी कटवाने पड़ते...अब मैं कॉलेज के एक मेधावी और हरफनमौला छात्र के रूप में सर्वपरिचित हो चुका था...लेकिन रिमांड होम को इससे कुछ लेना-देना नहीं था...वहाँ सौ लड़कों में से एक यही मेरा अस्तित्व था। 'रिमांड होम छाप' बनकर कॉलेज जाना अच्छा नहीं लगता था।

इसे मात्र नकारा नहीं जा सकता कि आश्रम और रिमांड होम इन दो मातृ संस्थाओं ने मुझे बल दिया। इन्हीं संस्थाओं के कारण मेरी महत्त्वाकांक्षा के पंख उग आए। बचपन में मुझे इन संस्थाओं से घिन आती...संस्थाएँ नियम की चौखट में घिरी होती हैं। वहाँ खुली हवा के संचार के लिए द्रष्टा अधिकारी और कार्यकर्ताओं का होना आवश्यक है। लेकिन उन दिनों सीमित जागृति और साधनों से चलनेवाली इन्हीं संस्थाओं ने मुझे भविष्य का उज्ज्वल सवेरा दिखाया। इसी काल ने मुझे ऊर्जा प्रदान की और मैंने उड़ान भरी।

प्रिपरेटरी के प्रथम वर्ष में मैंने प्रथम श्रेणी में द्वितीय क्रमांक हासिल किया था। मई की छुट्टी खत्म होने पर जून मास में गारगोटी जाने के इरादे से मैं पंढरपुर से कोल्हापुर के रिमांड होम में वापस लौटा। दरमियान वालवेकर साहब का स्थानांतरण हुआ था और उनके स्थान पर बी.आर. देसाई नामक नए शासकीय परिवीक्षा अधिकारी अधीक्षक के रूप में हाजिर हुए थे। यद्यपि सन् 1967-68 के लिए मुझे बढ़ाकर मिली मियाद 11 अप्रैल, 1968 को खत्म हुई थी लेकिन परीक्षा खत्म होने तक शासन द्वारा खास छात्र के तौर पर संस्था में रखने की अनुमति मिली थी। 'अनुमति न होने से मुझे आगे की पढ़ाई हेतु संस्था गारगोटी कैसे भेजेगी?' यह देसाई साहब द्वारा उपस्थित किया गया प्रश्न मेरे लिए यक्षप्रश्न से कम नहीं था। संस्था में रहनेवाले मुझ जैसे बेसहारा लड़के को मियाद खत्म होने की तारीख़ फाँसी की तारीख़ जैसी जानलेवा होती है। मैं पसोपेश में पड़ गया था। मैं चोरी-छिपे रिमांड होम की दीवार लाँघकर अंतरभारती के देशपांडे सर के घर पहुँचा और उन्हें पूरी समस्या बता दी। समगे सर से मुझे पता चला था कि रिमांड होम के सेक्रेटरी प्रो. डी.एम. चव्हाण, देसाई साहब को बता सकते हैं। मैं यह जानता था कि अंतरभारती के कारण देशपांडे सर और डी.एम. चव्हाण उर्फ दादाजी में अच्छा स्नेह था। देशपांडे सर ने यह बात दादाजी को बताई। दूसरे दिन दादाजी और देशपांडे सर संस्था में आए। मुझे बुलाया गया। संस्था की जिम्मेदारी पर मुझे आगे की पढ़ाई हेतु भेजना तय हुआ। मियाद बढ़ाकर मिले, इसलिए प्रयास करना भी तय हुआ। इसके तहत मैं गारगोटी में हाजिर हुआ लेकिन रोजाना नई दिक्कतें खड़ी होतीं। केवल बीस रुपए परीक्षा फीस भरने के लिए कई बार कागजी खानापूर्ति करनी पड़ती। अधिकारियों की संवेदनशीलता या एहसास का प्रश्न नहीं था, लेकिन वे नियम के गुलाम थे। वैसे देखा जाए तो ऐसी संस्था में वे अनाथ लड़कों के अभिभावक होते हैं।

व्यवस्था को चाहिए कि उन्हें विवेक के आधार पर अधिकार लेने का अधिकार दे लेकिन सामान्यतः ऐसा नहीं होता।

प्रिपरेटरी परीक्षा के बाद डिप्लोमा इन रूरल सर्विसेस कोर्स में तीन फैकल्टियों में से एक का चयन करना पड़ता था। मुझे सहकार, समाजकार्य और शिक्षा में से एक शाखा चयन करनी थी। उन दिनों कैरियर बनानेवाले लड़के सहकार का चयन

करते थे। इससे उन्हें बैंक अधिकारी, बैंक निरीक्षक जैसी नौकरी मिलती। समाजकार्य शाखा लेने पर रिमांड होम में अधिकारी होने का मौका मिलता। रिमांड होम तथा वहाँ के अधिकारियों के अनुभव और दूसरे जिंदगी-भर रिमांड होम में रहने की नौबत न आए इसलिए मुझे उस विकल्प ने कभी आकर्षित नहीं किया। सालभर पहले मौनी विद्यापीठ में प्रवेश के दौरान ही प्राचार्य सी.रा. तावडे तथा बाबाजी ने मुझे शिक्षा शाखा चयन करने की सलाह दी थी। डी.आर.एस. (एज्जू.) कोर्स से दुगुना लाभ होता था। तीन साल में बी.ए., बी.एड. समकक्षता मिल जाती। इससे एक साल बच जाता। हिंदी विषय लेने पर विशेष छात्रवृत्ति मिलती थी। रिमांड होम का निर्वाह भत्ता और कोर्स का स्टायपेंड अथवा छात्रवृत्ति इससे आर्थिक बजट निभाना संभव था। छात्रों का तीसरा 'च्वाईस' एजूकेशन होता था। मेरे प्रथम श्रेणी में द्वितीय क्रमांक से उत्तीर्ण होने के बावजूद एजूकेशन को अग्रक्रम देने की वजह से उस समय सभी मित्रों ने मुझे पागल करार दिया। आज मात्र वे मानते हैं कि मेरे चयन में समझदारी थी।

हमें इस कोर्स के लिए भारत सरकार की नेशनल कौन्सिल फॉर रूरल हायर एजूकेशन, नई दिल्ली संस्था में पंजीकरण करना पड़ता था। उसके लिए माइग्रेशन फॉर्म भरना आवश्यक था। मेरे फॉर्म में 'पिता' नामक स्तंभ 'ब्लैंक' होने से उस संस्था ने मेरा पंजीकरण करने को इनकार किया। आखिर पिता न होनेवाला मैं उस स्तंभ में क्या लिखता? दाखिले के आधार पर 'श्रीपाद लवटे' इस औपचारिकता के सिवा मैं कुछ भी नहीं लिख सकता था। मौनी विद्यापीठ में उस समय तोरस्कर नामक हेडक्लर्क थे। वे बड़े होशियार और व्यावहारिक थे। फीस में सहूलियत, मियाद बढ़ाना, रियायत आदि के चलते वे मेरी जन्म-कुंडली से भलीभाँति परिचित हो चुके थे। उन्होंने उस स्तंभ में माँ के पिता का नाम लिख दिया जिससे मेरा काम चल निकला।

कॉलेज में हाजिर होते ही परीक्षा फॉर्म भरना आवश्यक था। अभी मियाद बढ़ाकर नहीं मिली थी, विद्यावेतन मंजूर नहीं हुआ था, मेस बिल चुकाना था। ऐसे में क्या करें यह समझ में नहीं आ रहा था। मुझे अनायास अंतरभारती के शेखर कासार सर की याद आई। एक मुलाकात में उन्होंने हौसला बढ़ाते हुए कहा था कि कभी कोई परेशानी हो तो बेहिचक बता देना। मुझे केवल बाईस रुपयों की आवश्यकता थी। मैंने उन्हें पोस्टकार्ड भेज दिया। उन्होंने मेरे सहपाठी मित्र वडणगेकर के साथ पचास रुपए भेज दिए। उस समय उनके द्वारा किया गया सहयोग मेरे लिए पुनर्जन्म से कम नहीं था।

सन् 1968 का 'शिक्षक दिवस' मेरी जिंदगी का मानो सुवर्ण दिवस था। उसी दिन अचानक मुझे तीन साल की मियाद बढ़ाकर मिलने का टेलिग्राम प्राप्त हुआ। मेरी नैया तैर गई। जिंदगी में खुशी से झूम उठने का वह पहला मौका था। 'खुशियाँ ही खुशियाँ हो दामन में जिसके',...जैसे खुशी के कई गीत अनायास मेरे कान में गूँजने लगे। इसके लिए देसाई साहब, दादासाहब चव्हाण, देशपांडे सर, प्राचार्य बी.एम.

चांडके, एस.बी. जोशीराव, माननीय वी.टि. पाटिल आदि कई महानुभावों द्वारा किया गया सहयोग आज भी कृतज्ञतापूर्वक मुझे याद आता है।

इसी समय डी.आर.एस. (एज्जू.) शाखा के प्रथम वर्ष में प्रवेश लेने से मुझे प्राथमिक तथा मिडिल स्कूल में अभ्यास तालिका लेने जाना पड़ता। सहपाठियों का पायजामा, पैंट उधार लेकर मैं तालिका लेने जाता। क्योंकि उस समय मेरी पढ़ाई रिमांड होम के सफेद कमीज और खाकी हाफपैंट के यूनिफॉर्म पर ही चल रही थी। कक्षा के प्रकाश बामणे नामक अमीर मित्र ने यह ताड़ लिया। वह रत्नागिरी का रहनेवाला था। उसके घर में कपड़ों की दुकान थी। सितंबर, 1968 के अंत में गणेश उत्सव की छुट्टियों से लौटते समय वह अपने साथ पैंट पीस लेकर ही आया। उसकी सिलाई के रुपए तक उसी ने दिए। मेरी जिंदगी की वह पहली फुल पैंट! मैं वाकई कॉलेज कुमार बन गया। वह अब मुझे 'लवटे कुमार' नाम से पुकारने लगा। मेरे 'सुनील कुमार' नामकरण के बीज मुझे प्रकाश की उस आत्मीय पुकार में दिखाई देती हैं। प्रकाश और मुझमें मैत्री होने का एक छोटा-सा कारण था। संयोग से हम दोनों की प्रियतमा का नाम एक ही था। यह सच ही है कि युवावस्था में दोस्ती होने के लिए कोई भी कारण पर्याप्त होता है।

मैं प्रथम वर्ष में पढ़ता था तभी आश्रम का मुँहबोला भाई विकास (मैं उसे भाई ही कहता था) सी.पी.एड. की पढ़ाई पूरी कर अध्यापक बन चुका था। उसने अपने अपर्याप्त वेतन से, अपने दैनिक खर्चे में कटौती कर मुझे हर मास दस रुपए भेजना आरंभ किया। उसका दस रुपयों का मनीऑर्डर मेरे लिए बहुत बड़ा संबल बन गया। चाय, तेल, साबुन, स्टेशनरी, इस्त्री जैसा फुटकर खर्च सुकर हो गया। भाई द्वारा भेजे गए दस रुपए मुझे हजार से भी अधिक लगते। मैं काफी सावधानी से खर्चा करता। उसमें से ही एकाध रुपया बचाकर आकस्मिक खर्चे के लिए रख देता।

खर्चे की कटौती से एक बात का स्मरण आता है। छात्रावास के हम सभी लड़के 'मामा टी स्टॉल' में चाय लेने जाते थे। स्टॉल के मालिक मामा घाटगे पहले हमारी मेस चलाते थे। उनसे स्नेह जुड़ गया था। उनके होटल का रेडियो हम सभी लड़कों के लिए गारगोटी के अंदमान में एकमात्र मनोरंजन का साधन था। विविध भारती, बिनाका गीतमाला, क्रिकेट कॉमेन्ट्री, चुनाव के परिणाम, युद्ध, भूंकप सभी समय मामा ही हमारे आधार होते। लगभग सभी लड़कों का वहाँ उधारी का खाता था। पैसे आने पर या विद्यावेतन मिलने पर बिल भुगतान करने का प्रघात था। अन्य लड़के काफी उधार लिया करते। मैं रोजाना केवल एक प्याली चाय लेता था। लड़के अक्सर 'नीली चाय' लेते थे। कुछ मीठा, तीखा और चाय जैसा जलपान करते। मामा मेरी मासिक उधारी कॉपी न देखकर कैलेंडर का अंतिम दिन देखकर (28,30,31) 2 रुपए 80 पैसे, 3 रुपये, 3 रुपए 10 पैसे बताते थे। उन दिनों केवल दस पैसे में चाय मिलती थी। मैं मामा से गिनती का आग्रह करता तो वे कहते, "कम हो सकते हैं

लेकिन ज्यादा हो ही नहीं सकते।'' मामा का मुझ पर काफी विश्वास था। होटल का गल्ला मेरे जिम्मे छोड़ वे निश्चिंत रहते। गारगोटी के चार वर्ष में त्यौहार तथा मेले के अवसर पर मामा का आमंत्रण निश्चित होता था। मेरे मामा नहीं थे इसलिए वे मेरे मामा बन गए। कुछ दिन पहले ही वे चल बसे। मृत्यु के पहले उन्होंने खास बुलावा भेजकर मुझसे मिलना चाहा। इस रिश्ते को 'ब्लड इज थिकर दैन वॉटर' से भी परे कहना होगा।

इन्हीं दिनों पंढरपुर के नवरंगे बालकाश्रम की शैला और मंगल ये दो बहनें आश्रम से मुक्त होकर गारगोटी में अपनी माँ के पास आई थीं। उनकी माँ श्रीमती शांता बापट गारगोटी के घर-घर में जाकर जचगी तथा इलाज का काम किया करती थी। मेरे गारगोटी के मुकाम में इस महिला ने मेरे शरीर की नब्ज सँभाली। मैं अक्सर तनावग्रस्त रहता था। विद्यावेतन के उचित विनियोग का दबाव रहता था। मैं रात को नींद न आए इसलिए 'नींद न आने' की गोलियाँ खाकर पढ़ाई करता था। चाय और गोलियों के निरंतर इस्तेमाल से तबीयत जवाब देती थी। उन दिनों मैं बी.सी. बोर्डिंग की मेस में भोजन लेता था। चावल की बड़ी कटोरी और दाल ऐसे परिमित भोजन के लिए मासिक केवल पैंतीस रुपए देने पड़ते। मेरे सामने इसके सिवा कोई विकल्प नहीं था। एक तो वह मेस पूरा साल उधार थी और अन्य मेस के लिए मासिक 50 रु., 60 रु. देने पड़ते। ऐसी हालात में बापट बाई मुफ्त में इलाज करती थी। मेरे कोई परिचित या मित्र आते तो वे ही मेहमानवाजी करतीं। गारगोटी में उनका घर मानो मेरे अधिकार का मायका बन गया था। उन दिनों उन्होंने मुझे जो आत्मीय सहारा दिया उसे शब्दों में प्रकट करना केवल असंभव है।

मैंने डी.आर.एस. (एजूकेशन) कोर्स में प्रवेश लिया और मेरी डॉ. डी.वी. चिक्करमाने नामक एक हस्ती से मुलाकात हुई। वे एक समर्पित और ईमानदार अध्यापक की मूर्त मिसाल थे। संख्याशास्त्र, भूगोल, अंग्रेजी, मानसशास्त्र, दृक-श्रव्य शिक्षा जैसे सभी विषय सर ने हमें पढ़ाए। अध्यापन के दौरान उनमें एक विलक्षण भोलापन झलकता था। उनका अध्यापन घंटी या समय सारिणी से मुक्त होता, उनके कैलेंडर में छुट्टी नहीं होती थी। इतवार को ज्यादा तालिका न होना अपवाद के रूप तक में नहीं होता था। छुट्टी की बात करने पर वे गुस्सा हो जाते और कहते, 'Yours is the University of Holidays'। छुट्टी न लेनेवाले पूर्णकालिक अध्यापक के रूप में वे हम सब छात्रों में पूज्य थे। सूचना लिखना, टंकण करना, नोट्स सायक्लोस्टाइल करना, फिल्म्स-स्लाइड्स दिखाना आदि सब वे अकेले ही किया करते। चपरासी की आवश्यकता न होनेवाले उस प्राचार्य को देख हमें बड़ा अचरज होता। वे बड़े विद्वान थे। संख्याशास्त्र पढ़ाते समय गणित लिखने पर वे पहले उत्तर लिखते और बाद में गणित हल करते। फलक गीले कपड़े से ही पोंछना उनका दस्तूर था। मेरे जैसे क्षयग्रस्त छात्रों की वे इस तरह फिक्र करते थे। वे लौकिक दुनिया में मानो जीते ही

नहीं थे। कपड़े खादी के ही पहनते थे। यदि वे बटन लगाना भूल जाते तो भी उसकी ओर किसी का ध्यान नहीं जाता। उनके उस भोलेपन में सब कुछ माफ होता। लड़कियाँ पढ़ें इसलिए वे काफी दौड़-धूप करते। उन दिनों अपने विभाग में अध्यापिकाएँ नियुक्त करना, वह भी अपनी छात्राएँ हों इसका ध्यान रखना, उनका हौसला बढ़ाना यह उनके ऋषितुल्य व्यक्तित्व की गरिमा को बढ़ाता था। उस समय वे यूनेस्को के शिक्षा सलाहकार थे लेकिन कमाल के सीधे! एक बार वे बैंकॉक गए थे। आते समय कॉलेज के लिए ओवरहेड प्रोजेक्टर ले आए। वह बरसात का मौसम था। वेदगंगा नदी का पानी पुल के ऊपर आने से यातायात बंद था। सर ने प्रोजेक्टर अपने सिर पर लेकर नदी पार की। किसी को हाथ तक नहीं लगाने दिया। वैज्ञानिक यंत्रादि सामान को वे जान से भी ज्यादा प्यार करते थे। 'डोंट टच' यह उनका प्रतीति वचन होता था। यह तथा ऐसी अनेक स्मृतियाँ...। उनका मेरी जिंदगी में जो अडिग प्रेरणास्रोत बना उसे अभी तक कोई नहीं ले पाया है।

मौनी विद्यापीठ में हमें पढ़ाने एक से बढ़कर एक अध्यापक थे। 'अवंतिका' (धारावाहिक) फेम प्रो. स्नेहलता दसनूरकर हमें हिंदी पढ़ाती थीं। मराठी की ख्यातिलब्ध कथाकार हिंदी पढ़ाती हैं इसका हमें आश्चर्य होता। खिड़की से बाहर दूर तक हरी घास से आच्छादित पहाड़ों की ओर देखकर पढ़ाने की उनकी शैली विलक्षण होती। पढ़ाने के लिए आते समय जानबूझकर सफेद साड़ी पहनना उनका खानदानी रिवाज था। दीपावली विशेषांक का समय आता तो वे लेखन में मशगूल रहतीं। फिर कक्षा तक में कभी-कभी उनकी तंद्रा लग जाती। वैसे वे शिष्ट लगती थीं लेकिन थीं नहीं। दूरदर्शन पर मेरा साक्षात्कार देखने पर उन्होंने मेरा पता ढूँढ़कर मुझे खत भेजा, जो उनके उदार मन का ठोस सबूत था। मैं उनकी कहानियाँ-उपन्यास जान- बूझकर पढ़ता। उनका साहित्य युवा मन को भानेवाला था, बेधनेवाला नहीं। एक लेखिका हमें पढ़ाती हैं इसका एक अलग ही आकर्षण होता था।

'विपुलांची सृष्टी' और 'आपला हाथ जगन्नाथ' के रचनाकार प्रो. श्री. अ. दाभोलकर भी ऐसी ही एक हस्ती थे। 'प्रयोग परिवार' के जनक! वे हमें विज्ञान पढ़ाते थे। उनका अध्यापन परीक्षा केंद्रित नहीं होता था। वे कहते, "मैं आपको छात्रों को कैसा पढ़ाना चाहिए यह सिखा दूँगा। परीक्षा हेतु अध्ययन मात्र आपको स्वयं करना होगा।" उस समय यह कठिन लगता था। आज समझ में आता है, सही अध्यापन उन्हीं का था। सफेद कमीज और पायजामा यह उनकी खास पोशाक होती। वे बालों को कभी कंघी से सँवारते नहीं। कक्षा में आने तक उनके बालों से स्नान किया हुआ पानी रिसता रहता। एक बार उन्होंने स्वयं अपनी पहचान 'मैड दाभोलकर' के रूप में कराई थी। उनका पूरा नाम मुकुंद अच्युत दाभोलकर इसलिए 'मैड' (M.A.D.) था। आगे चलकर वह श्रीपाद अच्युत दाभोलकर बना तो वे 'सैड' (S.A.D.) हो गए। वे हमें खगोलशास्त्र भी पढ़ाते थे। उनकी समय-सारिणी चंद्रमा के कलानिधि की तरह

चलती थी। अमावस टॉपिक वे अमावस के दिन ही पढ़ाते थे। शुक्र पढ़ाने के लिए उन्होंने हमें तड़के चार बजे बुलाया था। हमें पढ़ाना यह उनके प्रयोग का ही एक हिस्सा था। मैं जब वाद-विवाद मंत्री था तब 'मैं और मेरे स्वच्छंद प्रयोग' विषय पर उन्होंने व्याख्यान आयोजित किया था। वह सुनने पर उनके कलंदर, अवलिया व्यक्तित्व का परिचय हुआ था। कुछ दिन पहले जब वे चल बसे तब मैं उनके श्रद्धांजलि पर लेख लिखने लगा तो उनके साहचर्य को दुबारा महसूस किया।

इन्हीं दिनों प्रो. वी. के. कुलकर्णी और प्रो. श्रीकांत जोशी ने 'प्राजक्त', 'कर्मवीर' जैसी पत्रिकाओं में मेरा लेखन प्रकाशित किया। इन सभी के प्रोत्साहन से ही मेरी पहली प्रेमकविता, प्रेमकथा, कृतज्ञता लेख प्रकाशित हुए। लौकिक रूप में इन्होंने ही मुझे लेखक बनाया। छपकर आई कविता, कथा, लेख मैं स्वयं ही कई बार भौंचक्का होकर देखता, मन लगाकर पढ़ता रहता। वह प्रथम सृजन की बहार जो थी...असफल प्यार की, उससे मिले विरह की, फिर प्रेमभंग की कई शिकायतों को मैंने इसी काल में शब्दबद्ध किया। मेरे मन की 'उस' नायिका ने उस समय मानो उधम मचाया था।...पंढरपुर, सोलापुर की मैंने यात्राएँ कीं...उसमें भटका मेरा मन कभी सँभल न पाया।

प्रेम, प्रणय के लेखन के पीछे कारण भी वैसा ही था। मैं बीस साल का युवा था। स्वप्न और वास्तव में बार-बार बेचैन करनेवाली उस अनामिका नायिका ने मुझे परेशान किया था। वह निजी तौर पर एकांत में अलग होती थी। उसके पत्र, व्यक्तिगत संवाद सच थे या मेरे पीछे बोलना सच था यह मेरी समझ में नहीं आ रहा था। आज मेरी समझ में आया है कि प्रेम, प्रणय को समझे इतनी प्रगल्भता उसमें नहीं होगी...फिर पता चला कि उसकी 'च्वाइस' डॉक्टर, इंजीनियर है। एक मेल नर्स से उसके संबंध होने की खबर भी सुनने को मिली...मैं तो बननेवाला था सीधा-सादा अध्यापक...दूसरे, वह रिश्ते-नाते का परिवारवाला पति चाहती थी। इस संदर्भ में उसकी मेट्रन उसकी गुरु थी...एक तरह से वह सनाथ समाज का (आश्रम के बाहर का) पति चाहती थी...लेकिन यह सब छलना थी...सभ्यता का नकाब ओढ़कर की गई साजिश थी। मेरी यह श्रद्धा थी कि यदि अपना प्यार सच्चा हो तो एक दिन उसकी जीत होती है। और वैसा ही हुआ! जिंदगी के एक मोड़ पर उसने खामोश होकर मुझे दी गई स्वीकृति मेरे विशुद्ध प्यार की जीत और उसके साजिश की हार थी। पीछे मुड़कर देखने पर महसूस होता है कि प्यार केवल शरीरी नहीं होता। शरीर को साधन बनानेवाला प्यार होता है केवल वासना! मन से किया जानेवाला प्यार एकाध कटाक्ष से भी संपूर्णता से प्रकट होता है। आँसू की एक बूँद, भर आई आँखें, कातर अबोल समधि रूठने का वह जानलेवा आजीवन सकारात्मक प्रतिसाद यह सब बहुत कुछ दे जाता है।

मैंने उसी समय अनाथ लड़की से शादी करना तय किया। कई अनाथ लड़के-लड़कियों के बाहर के सनाथों से किए असफल विवाह मैंने देखे थे। उनकी झल्लाहट

और अनबन को मैंने महसूस किया था। एक अनाथ के दूसरे अनाथ से किए विवाह में एक तरह की सहिष्णुता होती है। कई अनामिकों की आपबीती मैंने सुनी है...मेरी राय से स्वयंवर जैसा सुख नहीं है। लिहाज के चलते संपन्न विवाह तो केवल उत्सर्जन होता है। अंतरंग के द्वंद्व का जिन्होंने अनादर किया वे तो फँस गए। पश्चात्ताप के तहत जिंदगी के एक मोड़ पर आपको सही स्वीकृति (कन्फेशन) दिए बगैर न चैन की नींद आती है, न ही आत्मसमर्पण की चरम खुशी (ऑरगस्म) को उपभोग सकते हैं।

मौनी विद्यापीठ के चार साल की वास्तविकता ने मेरे अंदर के अध्यापक, मनुष्य को आकार दिया। यदि इस दौरान मुझे सँवारनेवाले, समझनेवाले प्राचार्य बी.एम. चांडके नहीं मिलते तो मेरी पढ़ाई, सँभलना और सँवरना असंभव होता! गारगोटी के दिन मुझे रोजाना उपकृत करते रहे। उन दिनों के एहसान और बोझ से मैं आज भी कृतज्ञ हूँ। किस-किसके, कौन-कौन से एहसान बताऊँ...उन दिनों की याद से अतीत की स्मृतियों की बाढ़ आती है।

मौनी विद्यापीठ में मैंने जो जिंदगी गुजारी उसने मेरे व्यक्तित्व और चरित्र को आकार दिया। लेकिन इसकी नींव मात्र अंतरभारती विद्यालय में डाली गई थी। कोल्हापुर के अंतरभारती विद्यालय का सन् 1963 से 1967 तक का काल मेरी जिंदगी के संस्कार निर्माण का था। इन दिनों मैंने कई विद्वान और साहित्यकारों को सुना, पढ़ता रहा। पाठशाला में 'साधना', 'माणूस', 'बहुश्रुतमाला', 'कुमार', 'गोकुल', 'अमृत', 'विज्ञानयुग', 'स्त्री', 'किर्लोस्कर', 'सर्वोदयी' जैसी अनेक पत्रिकाएँ आती थीं। 'पुढारी', 'सत्यवादी', 'इंद्रधनुष', 'नवसंदेश' आदि समाचारपत्र भी आते। 'साप्ताहिक स्वराज्य' का अंक भी आता। उसे कभी पलटता तो कभी पढ़ता। गारगोटी के मौनी विद्यापीठ में प्रवेश लेने पर मैंने महसूस किया कि वहाँ का रा.वि. परुलेकर ग्रंथालय बड़ा समृद्ध है। सन् 1969-70 को जब मैं एस.वाई.डी.आर.एस. (एजू.) की कक्षा में पढ़ता था तब मेरा मुकाम इसी ग्रंथालय के सामनेवाले छात्रावास में था। वह 'लाइब्रेरी हॉस्टल' के नाम से ही पहचाना जाता। ग्रंथपाल आर. जी. सालवे बड़े अनुशासनप्रिय थे। उस समय ग्रंथालय में 'टाइम पास' करना मानो मेरा शौक बन चुका था। मेरा वाचन और पढ़ाई की धुन देखकर सालवी सर मुझे काफी सुविधा और सहूलियत देते। मुझे हर पुस्तक मुहैया कर देते। स्टाफ में लिपिक यशवंतराव अलूरकर, जोशी, कुंभार, तथा सेवक विठोबा, पाटिल, कृष्णा सभी पुस्तकें देने के लिए तत्पर रहते। इन्हीं दिनों मैंने खांडेकर, फड़के, प्रेमचंद, जैनेंद्र, एच. जी. वेल्स, शॉ, तॉलस्तॉय आदि को पढ़ा। मेरी विशिष्ट किस्म की जिंदगी के चलते शिवाजी सावंत के 'मृत्युंजय' उपन्यास ने तो उस समय मुझे बेचैन कर दिया था। इन दिनों 'स्पैन', 'लाइफ', 'अमरीकन वार्ताहार', 'सोवियत देश', 'नेशनल जिऑग्राफी' जैसी पत्रिकाएँ पलटने का, घंटों सुंदर चित्र देखने का शौक मुझसे जुड़ गया था। यहीं

पर मुझे संदर्भ-शोध का पाठ मिला। इसी काल में निरंतर पढ़ाई से अंग्रेजी का डर कम हुआ।

इसी दौरान महाविद्यालय के वाद-विवाद मंत्री के रूप में मेरा अविरोध चयन हुआ था। होड़ाहोड़ी के मतदान में प्रकाश बामणे जी.एस. बन गया था। ऊपरी कक्षा के रामराव देसाई नामक मित्र ने मुझे समर्थन दिया था। मेरी और उसकी मैत्री पन्हाला के एन. सी. सी. कैंप में दूध की मलाई के कारण हुई थी। उस समय इरावती कर्वे और प्रो. श्रीपाद अच्युत दाभोलकर के व्याख्यान तथा फिल्म सोसायटी का हमारा प्रयोग चर्चित हो गया था। कॉलेज के हर समारोह में प्रास्तविक, परिचय अथवा आभार जैसी कोई-न-कोई जिम्मेदारी मुझ पर होती ही थी।

इसके पहले राष्ट्र सेवा दल के शिविर, सन् 1967 की सोमनाथ की पहली श्रम छावनी और कोयना भूकंप सहयोग शिविर जैसे उपक्रमों में भागीदारी सक्रिय थी। इसके चलते कॉलेज के हर श्रमदान और आयोजनों में मैं बढ़-चढ़कर हिस्सा लेता। यह वही काल था, कि मैं लगातार अंतर्मुख होकर लिखता रहता। वह कभी प्रकाशन के लिए भेजा नहीं लेकिन अब कभी-कभार उसमें से एकाध कागज हाथ लगता है...पढ़ने पर पाता हूँ कि उस समय मैं काफी भावुक था...अधिकांश लेखन अंतर्मन की पुकार था...वह एक तरह से विवाद, स्वयंवाद, संवाद ही होता था...'खुद लिखे खुदा पढ़े' ऐसा ही पूरा लेखन होता।

तत्पश्चात उलटे फाँस को सँवारते हुए मैंने पढ़ाई पर पूरा ध्यान केंद्रित किया। अब कक्षा में मैं ही अव्वल होता था। अंतिम वर्ष में मैंने डिस्टिंक्शन हासिल करने की ठान ली और पढ़ाई में जुट गया। अन्य लड़के नाटक, सिनेमा, तमाशा देखने जाते। मैं कभी उनके साथ नहीं गया। कभी-कभी तो पूरे छात्रावास में मैं अकेला ही रह जाता। रिमांड होम की कैद की जिंदगी से परेशानी और अभाव होने के बावजूद यहाँ की खुली जिंदगी मुझे सुखद लगती। मेस बंद! हॉस्टल का पानी, बिजली बंद! इसके बावजूद मैं अकेला रहता। उस समय हॉस्टल की रानी नामक कुतिया ही मेरी सोहबत करती। एक छुट्टी में तो उसके नवजात पिल्लों ने 'कुई-कुई' कर काफी परेशान कर दिया। मेरे किफायती भोजन की वजह से रानी को खाली बर्तन चाटकर ही संतोष करना पड़ता। भूखी होने के बावजूद उसकी निष्ठापूर्ण सोहबत मनुष्यता का घमंड तोड़नेवाली थी।

मैं दिन-रात भूलकर पढ़ाई करता था। परीक्षा में अन्य छात्र बड़े पैमाने पर नकल करते। मैंने कभी अपने विवेक के साथ समझौता नहीं किया। अंतिम वर्ष की परीक्षा मुझे अच्छी तरह याद है। उस वर्ष हम डॉ. पंजाबराव देशमुख हॉस्टल में रहते थे। मेरे सहपाठी परीक्षा से आतंकित हुए थे। सौ अंकों के अंग्रेजी ग्रामर और कम्पोजीशन ने तो उन सबका कम्पोजीशन पूरी तरह बिगाड़ दिया था। कुछ छात्र यंकनमर्डी के हरिकाका गोसाई नामक महाराज से मिलने गए और उन्होंने परीक्षा को कौन-से दिन

कितने बजे निकलना होगा इसकी मुहूर्त सूची बताई। वे छात्र पवित्र होकर, पूजा कर नियत समय पर चुपचाप परीक्षा हॉल में जाते। कभी-कभी तो वे बहुत जल्दी चल देते। इसमें अधिकांश लड़के शामिल थे। मुझे कभी भी इस राह का मोह नहीं हुआ। मेरा विश्वास अपनी मेहनत और अभ्यास पर था। 'अपना हाथ जगन्नाथ' को ही मैं मानता था।

सन् 1970-71 का साल गारगोटी के मौनी विद्यापीठ का मेरा अंतिम पड़ाव था। यह वर्ष मेरी पिछली चार वर्ष की तपश्चर्या और मेहनत के फल का रूप साबित हुआ। 'बेस्ट सोशल वर्कर' के रूप में दिया जानेवाला उस वर्ष का 'रोल ऑफ ऑनर' ऐन परीक्षा के दिनों में मुझे दिल्ली से घोषित हुआ तो मैं फूला न समाया। इससे मेरा उत्साह बढ़ गया। अंतिम पर्चे तक मैंने जिद नहीं छोड़ी। परीक्षा में मुझे 65 प्रतिशत अंक प्राप्त हुए और हमारे कोर्स में पूरे भारत में मैं अव्वल आया। मुझे उस वर्ष का 'सर्टिफिकेट ऑफ मेरिट' सम्मान मिला। अनाथाश्रम-रिमांड होम के इतिहास में ऐसा यश प्राप्त करनेवाला मैं पहला छात्र था। कॉलेज में 'डिग्री', 'मेरिट सर्टिफिकेट' और 'रोल ऑफ ऑनर' की 'हैट्रिक' करनेवाला भी शायद मैं ही पहला था। यह जानकर मेरी देखभाल करनेवाली माँ को अपने कष्ट सार्थक होने की खुशी हुई। आश्रम ने मेरा बहुत बढ़िया सम्मान किया। अंतरभारती विद्यालय ने तो Appointed start Immediately टेलिग्राम भेजकर मेरी खुशी को चार चाँद लगा दिए। और कई नियुक्ति-पत्र मिले लेकिन मैंने मेरा निर्माण करनेवाली पाठशाला में अध्यापन करने का अवसर मुझे मिलेगा इसलिए अंतरभारती में ही नौकरी करना तय किया। अपनी ज़मीन पर अपने आकाश का निर्माण करने की स्फूर्ति के थे वे दिन!

कोल्हापुर में नौकरी मिली इसकी अपेक्षा कोल्हापुर में रहकर एम.ए. की पढ़ाई पूरी करने का मौका मिलेगा इसकी मुझे ज्यादा खुशी थी। मेरे कुछ सहपाठियों के एम.ए. में प्रवेश लेने की खबर मिली थी। कोल्हापुर पहुँचने पर पता चला कि अंतरभारती ने मुझे उत्तरी भुदरगड़ तहसील के पिंपलगाँव हाईस्कूल, पिंपलगाँव में अध्यापक के रूप में नियुक्त किया है।...और मेरी खुशी पर पानी फिर गया।

12

जून आधा बीत चुका था। नौकरी के अन्य दरवाजे बंद हो गए थे। मैंने अंततः वचन पालना तय किया और व्हाया उत्तूर पिंपलगाँव जाने की तैयारी की। एक दिन शाम के समय उत्तूर[1] (आजरा) पहुँचा। रात को श्री अनंतराव अजगाँवकर ने पाठशाला की दशा से परिचित कराते हुए कहा, "पिंपलगाँव की पाठशाला हाल ही में हमारे अधिकार में आई है। लड़के इकट्ठा करने से काम शुरू करना होगा। आपके आवास

1. कोल्हापुर जिले की एक पिछड़ी तहसील।

का प्रबंध दो कक्षाओं के बीच बरामदे में किया गया है। पाठशाला में बिजली नहीं है। यहीं से लालटेन लेकर जाना है। गाँव बहुत छोटा है। वहाँ कुछ मिल पाना असंभव है। दूसरे, बरसात का मौसम होने से बस बंद हो गई है। सुबह जल्दी निकलें। यहाँ के क्लर्क बबन ठाकुर आपके साथ आएँगे। बैग, बाल्टी, बिछावन, लालटेन आदि सामान साथ ही ले जाना। ठाकुर एकाध दिन रुककर आपका पूरा प्रबंध करेंगे। वहाँ पुजारी नामक एक अध्यापक नियुक्त किए गए हैं। वे, आप और ठाकुर दो दिन पिंपलगाँव, पांगिरे, बेलेवाडी, दिंडेवाड़ी, बेगवडे और बारवे गाँव तथा पाड़ा-बस्तियों में घूमकर घर-घर में होनेवाले सातवीं-आठवीं उत्तीर्ण छात्र ढूँढ़ लाएँ। पाठशाला एक सप्ताह में शुरू हो जाए ऐसा प्रयास करें।'' यह सब सुनकर और मुकाम पोस्ट पिंपलगाँव देखकर समझ में आया कि पाठशाला के नाम पर हाथ में महज परवाने का कागज था। नींव से लेकर कंगूरे तक तैयारी करने की कड़ी चुनौती थी। मैं भारत में अव्वल आया था। अंतरभारती मुझे इतनी जल्दी गांधी के सपनों का भारत दिखा देगी यह मैंने सोचा तक नहीं था।

सप्ताह में एक बार बाज़ार, बाढ़ का पानी कम होने पर डाक, बरसात खत्म होने पर बस ऐसे पिंपलगाँव में पहली रात गुजारते समय मुझे सावरकर के अंदमान, तिलक के मंडाले का स्मरण न होता तभी आश्चर्य हो! पाठशाला शुरू होकर कुछ दिन हुए और एक दिन सर्वोदयी कार्यकर्ता दिवाकर हरिदास के पाठशाला के प्रधानाचार्य के रूप में नियुक्त होने की खबर मिली। उत्तूर से उन्हें लाने का आदेश मिला। मैं अब पाँच-छह मील की पैदल यात्रा का आदी बन चुका था। नदी पार करते समय लालबहादुर शास्त्री की बहादुरी का स्मरण होता। ऐसा नहीं लगा था कि अल्पावधि में जीवन के बहुआयामी अनुभव के चलते मैं 'फुल ट्रेंड' बन जाऊँगा। उत्तूर पहुँचा तो मैंने महसूस किया कि जाड़े के माहौल की अपेक्षा पंद्रह दिन में मिले विविध अनुभवों से मैं जम गया था। हरिदास सर अंतिम मुकामी बस से उत्तूर पहुँचे। भोजनोपरांत रात को अजगाँवकर सर के साथ हमारी नियोजन की बैठक शुरू हुई। हमारी वह बैठक भारत के नियोजन मंडल की बैठक की तरह गंभीर वातावरण में देर रात तक भी जारी थी। अगले साल पाठशाला सुचारु ढंग से चले इसलिए हर कक्षा में (दो कक्षाओं की ही पाठशाला थी) अर्थात आठवीं और नौवीं कक्षा में न्यूनतम चालीस छात्र जमा करने का लक्ष्य तय किया गया। ताकि अगले साल औसतन पैंतीस संख्या रहे। हमारे देश ही की तरह हमारी संस्था साधन सामग्री के अभाव और तनाव में साधना कर रही थी। नियमानुसार वेतन 480 रुपए था लेकिन पहले ही यह स्पष्ट किया कि हमें मासिक केवल 80 रुपए वेतन दिया जाएगा। सबसे अहम् बात यह कि पूरी वास्तविकता सामने होने के बावजूद आदर्श और कार्य में कोताही न करने की अपेक्षा जताई गई (सच कहें तो हुक्म दिया गया)। हरिदास सर ने मात्र हर मास का वेतन समय पर मिलने की अपेक्षा जताई, अपितु इस पर वे अडिग भी रहे...अब

किसी में चर्चा करने की शक्ति शेष नहीं थी। श्रवण भक्ति से मैं और पुजारी सर पूरी तरह थक चुके थे...भारत में अव्वल आए मेरे अंदर के अध्यापक के सामने विपन्न भारत को संपन्न करने के आह्वान की जिम्मेदारी के एहसास में जम्हाई लेते हुए नींद कब आई, इसका पता ही नहीं चला।

वह सन् 1971-72 का शैक्षिक वर्ष था। मैं, बबन ठाकुर तथा पुजारी सर तीनों ने मिलकर कोल्हापुर जिले की भुदरगढ़ तहसील के बेलवाड़ी, दिंडेवाड़ी, बारवे, पांगिरे, मुरुकटे, नागनवाड़ी आदि गाँव एवं पाडा-बस्तियों के चक्कर लगाकर लड़के इकट्ठा किए। हमें केवल लड़के ही मिले। काफी प्रयास किया लेकिन अपवाद छोड़ें तो अभिभावक लड़कियों को स्कूल भेजने को तैयार नहीं थे। गाँव के एक छोर पर मुख्य रास्ते पर होनेवाले ढोकरे के घर में हमने पिंपलगाँव हाईस्कूल शुरू किया था। दोनों ओर बरामदा और बीच में एक छोटा-सा कमरा था। मकान मालिक के घर में एक बुढ़िया थी। उसकी दो पोतियाँ और दो भैंसें थीं। बीच में टट्टर की दीवार बनाई थी। उससे बीच-बीच में भैंस के रँभाने के साथ ढोकरे के बुढ़िया की गालियाँ भी सुनाई देती। यह कार्यक्रम शुरू होने पर हमारे अध्यापन में 'कॉमर्शियल' तो नहीं लेकिन 'कैजुअल ब्रेक' लेना अपरिहार्य बन जाता। पाठशाला में चपरासी नहीं था। दो कक्षा और तीन शिक्षक होने से यह तय था कि जिसकी तालिका ऑफ होती वह घंटी बजा देता। प्रधानाचार्य भी पलभर के लिए चपरासी बन जाते। मैं और हरिदास सर दो बरामदे के बीच के कमरे में रहते थे। वे बुधवार से शनिवार तक ही पाठशाला में रहते। बुधवार के दिन घर से आते समय वे भोजन, दूध, छाछ आदि ले आते। बुधवार जन्मदिन से कम नहीं लगता था। अन्यथा शेष दिनों में सुबह-शाम भोजन बनाना उकतानेवाला काम था। केसरकर का डोकरा (वहाँ डोकरा-डोकरी शब्द दादा-दादी के पर्यायी शब्द थे) सुबह-शाम दो घड़े पानी और दो रोटियाँ ले आता। उसकी बेटी बर्तन माँजती। हमारा खाना पकाने का और भोजन का कार्यक्रम ऑफ तालिका में संपन्न होता। मैं हिंदी के साथ जीवशास्त्र, भौतिकशास्त्र, नागरिकशास्त्र आदि शास्त्र अशास्त्रीय पद्धति से पढ़ाता। कोने के एक ट्रे में होनेवाले शास्त्रीय उपकरणों से मैं सारे प्रयोग जादुई ढंग से दिखा देता। जादूगर रघुवीर की देखी जादू का मुझे यहाँ काफी लाभ हुआ। उसका लाभ बच्चों को भी मिलता था। लड़के भी मेरी जादुई कसरत अचंभित होकर देखते रहते। मैं नए अध्यापक के उत्साह में स्वयं को भूलकर पढ़ाता। लड़कों के कई सामाजिक, आर्थिक प्रश्नों के एहसास से पहले सप्ताह में ही भारत में अव्वल आने का मेरा नशा चूर हो गया। श्री अनंतराव अजगाँवकर जैसे धुन सवार होनेवाले लोगों को मैंने ऐसे दुर्गम क्षेत्र में पैर गड़ाकर खड़ा देखा तो मैं गद्गद हो गया।

श्री दिवाकर हरिदास के पाठशाला में प्रधानाचार्य के रूप में आने से एक नया चैतन्य आ गया। सप्ताह का सारा काम वे चार दिन में पूरा करते। हमने श्रमदान से

पाठशाला के सामने एक बगीचा तैयार किया। लड़के पेशाब के लिए इधर-उधर जाते थे इसलिए एक ओर टट्टर और घास से स्वच्छतागृह बना दिया। पाट निकालकर धोवण जल बाग में छोड़ दिया। पिछवाड़े के बाग में सब्जी लगाई। वह हम ही बेचा करते। हरिदास सर सर्वोदयी कार्यकर्ता थे। बड़े ही संवेदनशील सद्गृहस्थ। उधर मुक्तिसेना द्वारा बांग्लादेश में चार सैनिक तबाह किए जाते तो इधर हरिदास सर भुदरगड़ की कोख में आगबबूला होकर ढाका, चितगाँव की चिंता करते। पाठशाला को आर्थिक समस्या सताती थी। उत्तूर से संस्था की ओर से रुपए माँगना बेइज्जती लगती। एक तो वहाँ भी रुपए नहीं होते थे। उन्हें माँगकर शर्मिंदा करने की अपेक्षा हम ही आत्मनिर्भर बनें, ऐसा सोचकर हमने सर के नेतृत्व में आधा एकड़ खेती जोताई पर ली। पुरुलेकर की ग्रामदान की खेती बंजर ही थी। हमने श्रमदान से उसे जोतना शुरू किया। उसे जोतते समय मेरा शहरीपन पूरी तरह दाँव पर लग गया। हमने फूलगोभी लगाया था। जनवरी में लगाया गया फूलगोभी लड़कों और अभिभावकों द्वारा ले जाने पर भी काफी बच गया। उस समय हम अध्यापक पाठशाला की दो तालिकाएँ बंद रखकर सप्ताह के बाजार में उसे बेचने के लिए खड़े हो गए। उस समय पूरा गाँव मुझे और हरिदास सर को आश्चर्य से निहार रहा था। खर्चा छोड़कर बचे 75 रुपयों की कमाई से हमारी पाठशाला छह मास चलती रही। स्काउट में सच्ची कमाई के सीखे पाठों ने यहाँ पढ़ाते समय मुझे जीवन का और जीवन-शिक्षा का सच्चा अर्थ समझा दिया। आगे चलकर मैं जो ध्येयवादी, आदर्शवादी अध्यापक के रूप में डटा रहा, उसकी नींव पिंपलगाँव के इन विविध उपक्रमों द्वारा ही डाली गई।

पिंपलगाँव में दिसंबर खत्म होते ही पानी का दुर्भिक्ष शुरू होता। हमने बाग में पपीता, नीलगिरी जैसे पेड़ लगाए थे। हरिदास सर इस्रायल के कृषि प्रयोग देख आए थे। वे मुझे सुनीलभाई कहकर पुकारते। वे कहते, "सुनीलभाई, हम प्रकृति का दोहन करते हैं। हम उसकी रक्षा और संवर्धन नहीं करते। यह भोग-विलास ठीक नहीं है।"

उस समय मैंने 'पर्यावरण' शब्द सुना तक नहीं था। हरिदास सर के पर्यावरण-रक्षा संबधी दृष्टिकोण का आज स्मरण होने पर समझ में आता है, उनका द्रष्टा रूप नजर लगे ऐसा ही था।

हम पाठशाला की ओर परिसर विकास के केंद्र के रूप में देखते। हाईस्कूल का कार्य अलग छोड़कर हमने जिला परिषद् की प्राथमिक पाठशाला, प्राथमिक आरोग्य केंद्र, जिला बैंक शाखा, पशु-चिकित्सालय, ग्राम पंचायत, डाक, जड़ैया बुखार निर्मूलन कार्यालय, डॉक्टर सभी को साथ लेकर संयुक्त उपक्रम द्वारा गाँव को एकसूत्र में ले आए। आगे चलकर परिसर की सभी पाठशालाओं के विभागीय सम्मलेन शुरू हुए। हमने गांधी जयंती के अवसर पर ग्राम-सफाई का आयोजन किया। महिलाएँ कह रही थीं कि गटर बनने के बाद पहली बार सफाई हो रही है।

आगे चलकर दिंडेवाड़ी में समाजसेवा शिविर का आयोजन किया। पूरे गाँव ने

एक दिन श्रमदान किया और चमार के पठार पर पड़ा कूड़ा-करकट हटाकर क्रीड़ांगण बनाया। हमने श्रमदान के साथ व्याख्यान, सर्वेक्षण जैसे उपक्रमों का आयोजन किया। मुझे संगठन की प्राथमिक शिक्षा यहीं पर प्राप्त हुई।

फरवरी-मार्च में हमने पाठशाला में रात्रि अभ्यासिका शुरू की। सभी लड़के पाठशाला में ही मुकाम करते। रोजाना पहाड़-खाइयाँ लाँघने की उनकी पैदल यात्रा से मेरे शहरी मन को वेदनाएँ होतीं। उन लड़कों की शिक्षा के प्रति ललक देखकर मैं तहे-दिल से अध्यापन करता। पाठशाला में बिजली नहीं थी। ढिबरी, लालटेन के प्रकाश में लड़कों को आँख फोड़ते देखकर तिलमिलाहट होती। हमने बिजली हेतु प्रयास किया लेकिन असफलता ही मिली, वायरिंग पर ही संतोष करना पड़ा।

पिंपलगाँव पाँच-सात हजार आबादी का एक दुरूह गाँव था। रनर उत्तूर के डाकघर से शाम को डाक ले आता। गाँव में हम अध्यापक ही साक्षर थे। पूरे गाँव की डाक पढ़ने की अलिखित जिम्मेदारी हमीं पर होती थी। अधिकांश लोगों के कमाऊ पूत मुंबई में थे। गाँव की अर्थव्यवस्था मुंबई के मनीऑर्डर पर निर्भर थी। गाँव के मेले के लिए मुंबई गाँव में अवतरित होती थी। मार्च-अप्रैल मास में गाँव-गाँव में मेले के समय 'माही'[1] के भोजन का स्वाद लेते पुरुषों के, रिश्तेदारों के समूह कंधे पर का तौलिया, सिर पर की टोपी सँभालते पंचक्रोशी का चक्कर लगाते।

पिंपलगाँव में बरसात के मौसम को छोड़कर मुकामी बस आती थी। हमारे हाईस्कूल के पास एक शाहीर[2] का होटल था। वहीं पर बस अड्डा था। बस के चालक, वाहक का भोजन होने पर ही शाहीर का होटल बंद हो जाता। तब तक वहाँ आने-जानेवालों का ताँता लगा रहता। शाहीर का होटल मानो पंचक्रोशी का जंक्शन था। संदेश देना-लेना, सामान रखना-पहुँचाना यह सब काम वहाँ चलते। यहाँ आने-जानेवाले बड़ी रसिकता से पूरे गाँव की खबर रखते। यहाँ पर हर किसी की बिना पानी से चंपी होती थी। विधायक से लेकर कम्युनिस्ट नेता तक का मुकाम इसी होटल में होता। शाहीर 'भेदिक'[3] बहुत अच्छा गाता। आज भी शाहीर का 'भेदिक' सुनते हुए गुजारी एकांत रातों की याद आती है तो उस धरोहर से वंचित होने की चुभन सताती है। एक साल में अपवाद में भी ऐसा नहीं हुआ कि शाहीर ने त्यौहार की 'पुरणपोळि'[4] खिलाए बिना खाई।

इन्हीं दिनों बांग्लादेश का युद्ध चल रहा था। दीपावली की छुट्टी के बाद लाए रेडियो ने पिंपलगाँव की जिंदगी का अकेलापन सुसह्य किया। हरिदास सर और पुजारी सर शनिवार-इतवार को गाँव जाते तो पाठशाला मुझे कचोटने लगती। इसी समय मैंने

---

1. मेले के अवसर पर का भोज।
2. वीर काव्य रचकर गानेवाला।
3. मराठी लोककाव्य का एक प्रकार।
4. महाराष्ट्र का स्वादिष्ट व्यंजन।

एम.ए. की पढ़ाई शुरू की थी। कोल्हापुर और गारगोटी से लाई पुस्तकों पर अभ्यास चल रहा था। नियमित एम.ए. करने की पात्रता और इच्छा होने के बावजूद परिस्थिति के चलते वह असंभव था। बाहर से एम.ए. करने हेतु एक वर्ष का गैप लेना आवश्यक था। अतः मैंने वह वर्ष 'वाचन वर्ष' के रूप में मनाया। इसी समय मैंने मराठी, हिंदी, अंग्रेजी की क्लासिक रचनाएँ पढ़ीं। मुकाम पोस्ट पिंपलगाँव में वाचन, लेखन, चिंतन यही मेरी जिंदगी बन गई, जिससे मेरे व्यक्तित्व का निर्माण हुआ।

मेरा मन तथा शरीर वहाँ के वातावरण से समायोजन नहीं कर रहा था। मुझे एम.ए. करना था। जिंदगी का अकेलापन अब असह्य हो गया था। अनामिका के इनकार से पिंपलगाँव का एकांत कचोटने लगता। शनिवार-इतवार रुला देता। बरसात के मौसम में तो भाग जाने को मन करता। अप्रैल में मात्र मैंने पिंपलगाँव छोड़ने का निर्णय लिया। कोल्हापुर जाना तय किया और नौकरी हेतु प्रयास शुरू किया। अंतरभारती ने जब कोल्हापुर में लेने की सम्मति दी तो मैंने चैन की साँस ली। मैंने परीक्षा, परिणाम आदि काम पूरा किया और 1 मई, 1972 को पिंपलगाँव से विदा ली। उस दिन झंडावंदन मेरे हाथों हुआ था। पाठशाला के लड़कों ने मुझे एक कापी और कलम भेंट दी। उस भेंट में अनोखा प्यार था जिसे वर्णित नहीं किया जा सकता। बच्चों द्वारा दस-दस पैसे चंदा निकालकर दी गई वह भेंट मैंने कई साल तक शादी के जोड़े की तरह सहेजकर रखी थी। मेरा ज़ाहिर विदाई लेना अजगाँवकर सर को रास नहीं आया था। पाठशाला पर होनेवाले परिणाम के कारण उनका चिंतित होना मैं समझ रहा था। लेकिन प्रतारणा करके वहाँ रहना मेरे लिए असंभव था।

मुकाम पोस्ट पिंपलगाँव के अनुभव ने मुझे मनुष्य तथा अध्यापक के रूप में साझा जिंदगी, सहकार और संगठन का पाठ पढ़ाया। इन्हीं दिनों मैं गांधी का 'गाँव की ओर चलो' संदेश सही रूप में समझ पाया। पिंपलगाँव ने मुझे शिक्षा के पीछे की तपश्चर्या और व्याकुलता का एहसास दिया। आगे चलकर मैं कोल्हापुर जैसे महानगर में गया, वहाँ पर रम गया, वहाँ का आदी हुआ लेकिन पिंपलगाँव में मिला जिंदगी का पाथेय आज भी मेरे मन-मानस में कायम है। इस देहात ने मुझे मिट्टी की सौगंध दी। पिंपलगाँव ने ही आकाश में संचार करनेवाले मेरे अंदर के अध्यापक को निरंतर ज़मीन का एहसास दिया। पिंपलगाँव के कारण ही मेरा ज़मीन पर का मुकाम निरंतर यथार्थ से रिश्ता जोड़ता है।

13

पिंपलगाँव से विदा लेने से पहले मैंने कोल्हापुर के अंतरभारती विद्यालय से संपर्क किया था। पिंपलगाँव जैसे दुर्गम देहात में रहकर मेरा एम.ए. करना असंभव था। एम.ए. की पढ़ाई के लिए मुझे कोल्हापुर में नौकरी देने का आश्वासन मिला और मैं

निश्चिंत हो गया। छुट्टी में कोल्हापुर से बुलावा आने से फिर कोल्हापुर गया। अंतरभारती ने नौकरी के साक्षात्कार हेतु बुलाया था। उस समय प्रधानाचार्य एवं सचिव की जिम्मेदारी ए.बी. देशपांडे सँभाल रहे थे। प्राचार्य अ.के. भागवत स्कूल समिति के चेयरमैन थे। मैं जब अंतरभारती में पढ़ता था तब वे हमें चार्ल्स डिकन्स का 'टेल ऑफ टू सिटीज' उपन्यास पढ़ाते थे। वह उपन्यास रैपिड रीडिंग के रूप में पाठ्यक्रम में था। उनका अध्यापन उनके व्यक्तित्व की तरह ही शानदार था। बरसात के दिनों में वे मिलिटरी रेनकोट पहनकर रैली साइकिल पर आते तो 'टेल ऑफ टू सिटीज' के मिस्टर लॉरी जैसे लगते। हम छात्र आपसी बातचीत में सर को 'मि. लॉरी' ही कहते थे। सर मुझे अच्छी तरह से पहचानते थे। मेरा साक्षात्कार तो हुआ ही नहीं, लेकिन यह बताया गया कि कोल्हापुर में प्रबंध न हुआ तो इचलकरंजी जाना होगा। पिंपलगाँव की तुलना में इचलकरंजी ठीक रहेगा इसलिए मैंने तुरंत स्वीकृति दे दी। नौकरी पक्की होने की खुशी में मैंने कमरा, मेस आदि का प्रबंध अजमाया और पंढरपुर पहुँचा।

वहाँ पहुँचा तो अलग ही झमेला खड़ा हुआ। माँ ने बहू लाने की ठान ली थी। बात ऐसी हुई...हमारे आश्रम की मेट्रन सिस्टर पी.राव (उन्हें हम 'ओबा' कहते थे) ने दो लड़कियों की देखभाल की थी। छोटी रेखा को उन्होंने आँखों की असाध्य बीमारी से बचाया था। अवकाशप्राप्ति नजदीक आने से वे चिंतित थीं। बड़ी लड़की वनमाला का रिश्ता टूटने से उनका चिंतित होना स्वाभाविक था। रमाकांत तांबोली उस समय आश्रम के अधीक्षक थे। उनकी अगुआई में वनमाला के माध्यम से हमारे कमरे की कुसुमताई के मार्फत मेरे सामने रेखा से शादी का प्रस्ताव रखा...'तुम्हारे प्यार के बारे में हम जानते हैं...लेकिन वह असंभव है...हमने उससे बात की है...उसने साफ इनकार दिया है...वह किसी और को चाहती है...' और बहुत कुछ। जिंदगी में कोई प्रश्न चरमसीमा पर पहुँचता है तो दूरदर्शिता के साथ निर्णय लेना पड़ता है। ऐसे में भावना की अपेक्षा व्यवहार को समझने में ही सयानापन होता है। दूसरे, ओयसिस के पीछे जी-तोड़ दौड़ लगाने से साँस फूलती है और जानलेवा अकुलाहट सहनी पड़ती है। वह कहीं तो रुकनी चाहिए ऐसा सोचकर मैंने रेखा के रिश्ते का प्रस्ताव स्वीकृत किया। ओबा, वनुताई, विकासभाई, माँ, कुसुम दीदी, जीजी सभी को खुशी हुई। प्राथमिक बातचीत हुई। मैंने बता दिया कि मैं एम.ए. करनेवाला हूँ, साल-डेढ़ साल तो गृहस्थी बसाना असंभव है...और मैं कोल्हापुर लौटा। मन-ही-मन मैं चाह रहा था कि कोल्हापुर में नौकरी मिले लेकिन इचलकरंजी जाने की नौबत आए तो भी मानसिक तैयारी कर ली थी। कहा जाता है कि इच्छा तीव्र होने पर वह फलित होती है। मेरी अपेक्षा के अनुसार मुझे कोल्हापुर में नौकरी मिली। जिस पाठशाला में पढ़ा उसी पाठशाला में अध्यापक बनने की कल्पना से अत्यधिक खुशी हुई। पाठशाला के पास ही आर.बी.बिल्डिंग के प्रभाकर लॉज में चालीस रुपए मासिक किराए पर कॉट बेसिस

पर सिंगल रूम किराए पर ली। उस समय वह एक बहुत बड़ी ऐश लगी। पड़ोस में होनेवाले शहाणे के 'गोविंदप्पा भोजनालय' में भोजन के लिए नाम लिखवाया। नजदीक ही होनेवाले बी.टी. कॉलेज के ग्रंथपाल मधुकर गोलवलकर ने एम.ए. हिंदी की पुस्तकें दे दी। मैंने जोश से पाठशाला के अध्यापन की और एम. ए. की पढ़ाई शुरू की। वह अस्तित्व की लड़ाई थी।

जून में पाठशाला शुरू हुई। मुझे कार्यभार बताया गया। कासार सर जिन कक्षाओं को हिंदी पढ़ाते थे, उन्हीं के साथ मुझे पढ़ाना था। मुझे एहसास हुआ कि अंतरभारती ने मुझे शिवधनुष उठाने को कहा है। जिम्मेदारी के एहसास से मैं पूरी तरह से हतबल हुआ। मैं एक ख्यातिलब्ध हिंदी अध्यापक के रूप में सर को जानता था। उधर ऐनापुरे सर के साथ इतिहास-नागरिकशास्त्र पढ़ाने की कसरत करनी होती। अब तक मैं समझ चुका था कि मैंने यह सब 'आ बैल मुझे मार' कर किया है। मैंने दिन-रात अभ्यास किया। अध्यापन के दौरान हर पल अज्ञान का एहसास होता। मैं जिज्ञासा से उसे दूर करता रहा। मुझे दसवीं कक्षा का क्लासटीचर पद भी दिया गया। पहले ही बोझ से दबे गधे की पीठ पर और एक बोझ लादा गया। इनकार करने का सवाल ही नहीं था। साथ होनेवाले सहयोगी मेरे अध्यापक रह चुके थे। 'साँप छछुंदर की गति' जैसी स्थिति थी। मैं इस चुनौती को स्वयं को गढ़ने के मौके के रूप में स्वीकारता गया। अंतरभारती के आरंभिक दो-तीन सालों ने मुझे बहुत कुछ पढ़ाया। वह काल जिस प्रकार मेरे अंदर अंकुरित ध्येयवादी अध्यापक का था उसी प्रकार धुन सवार होने की कोशिश का भी था।

इसी काल में छोटी-सी बात तक गंभीरता से लेने की मेरी आदत बन गई। एक बार मैं नौवीं-दसवीं कक्षा की गृहपाठ की कापियाँ जाँच रहा था। पहली कापी जाँच ली। उसमें उस छात्र की लिखावट बहुत ही बेढंगी थी। गृहपाठ के नीचे मुझे 'अक्षर सुबोध चाहिए' ऐसा रिमार्क लिखना था। लेकिन मेरी लिखावट तो उस छात्र से स्पर्धा करनेवाली ठहरी। यदि हम दोनों में स्पर्धा होती तो उसमें छात्र ही बाजी मारता। मुझसे उस कापी पर रिमार्क लिखा नहीं गया। इससे एक बात मात्र हुई, उसी दिन मैंने सुलेखन की कापी खरीदी और पूरा साल सुलेखन रटता रहा। कक्षा में फलक लेखन पर ध्यान दिया। वह अधिक सुलेख बने इसलिए प्रयास किया। छह मास बाद अर्थात दूसरे सत्र में एक कापी पर मैंने 'अक्षर सुबोध चाहिए' ऐसा रिमार्क सुंदर अक्षर में लिख दिया। उस दिन मुझे दुनिया जीतने की खुशी हुई।

एक उद्योग अध्यापक के नाते मैं आरंभिक दिनों में काफी कोशिश करता! मैं क्लासटीचर था इसलिए छात्रों के घर जाता, अभिभावकों से संपर्क करता, चर्चा करता, प्रगति-पुस्तिका तक घर जाकर देता। इससे छात्रों को तथा उसके परिवार को प्रश्न समझने में काफी मदद होती। लड़कों के वर्ताव के साथ ही उनके अभ्यास में सुधार हुआ। अध्यापक के रूप में मुझे अक्सर अच्छे छात्र मिलते गए। कुछ छात्र

तो मेरे 'गुरु' निकले। दत्त के चौबीस गुरु माने जाते हैं, मुझे असंख्य छात्र गुरु के रूप में मिले, जिससे मेरे अंदर के अध्यापक ने आकार लिया।

मैं दसवीं का क्लासटीचर था। हर क्षेत्र में अपनी कक्षा अव्वल रहे ऐसा मुझे लगता था। एक बार कक्षा सजावट की प्रतियोगिता थी। उन दिनों मैं पाठशाला की पुताई, रंग लगाना, तख्तियाँ लगाना, पताकों से कक्षा सजाना, खेल प्रतियोगिता, विज्ञान प्रदर्शनी, समूह गायन प्रतियोगिता, सैर आदि में लड़के सम्मिलित हों, नंबर प्राप्त करें इसलिए प्रोत्साहन, मार्गदर्शन, आर्थिक सहयोग आदि सब कुछ करता था। उस वर्ष भित्तिपत्रिका के प्रकाशन के दौरान आए अनुभव ने आकाश में उड़नेवाले, छलाँग लगानेवाले मेरे अंदर के अध्यापक को ज़मीन पर पैर टिकाना सिखा दिया। बात ऐसी हुई...कक्षा में शशिकांत भाट नामक एक छात्र था। पुलिस कॉलोनी से आनेवाला यह छात्र शांत और सुस्वभावी था। वह अच्छी कविताएँ लिखता था। उसने भित्तिपत्रिका के लिए एक कविता दी थी। मैं भित्तिपत्रिका के लिए प्राप्त सामग्री पहले जाँचता, उसमें संशोधन करता और सुबोध अक्षर निकालनेवाले किसी छात्र से उसका पुनर्लेखन करवाता। उसे चित्र, शीर्षक, जिलेटीन कागज से सुशोभित करने का मैं यथासाध्य प्रयास करता। हर काम स्तरीय और सुचारु ढंग से होने पर मैं बल देता। बच्चों को बुलाकर, उनकी गलतियाँ बताकर उनके संशोधन पर बल देता। मैंने शशिकांत को बुलाया और उसकी कविता का हर शब्द पढ़कर (सच कहें तो बदलकर) संशोधित किया। लेकिन वह तो मेरा बाप निकला। अपनी कविता का सुधार चुपचाप देखते हुए गर्दन हिलानेवाले शशि ने अंत में इतना ही कहा, "सर, कविता के नीचे आप ही अपना नाम लिखिए क्योंकि इस कविता में तो मुझसे ज्यादा आप ही के शब्द हैं।" मैं केवल सर्द ही नहीं, चकित भी हुआ। कोरे कागज पर उससे कविता पुनः लिखवाई और उस पर केवल वर्तनी के संस्कार किए। मैंने उसे शाबाशी देकर कविता उसे सौंप तो दी लेकिन मैं अंदर से दहल उठा। तत्पश्चात पिछले तीस-पैंतीस सालों से मैं बच्चों के लेखन पर संस्कार तो करता हूँ लेकिन लेखन का मूल भाव, उसकी आत्मा के साथ तोड़-मरोड़ न करने के व्रत का पालन करता आया हूँ। शशि जिस दिन पुलिस हुआ उस दिन मुझे बहुत दुख हुआ। यदि उसकी परिस्थिति अच्छी होती तो वह निश्चित ही आदर्श अध्यापक और संभवतः लेखक बन जाता।

ऐसा ही एक छात्र था सुनील धोपेश्वरकर। उसे मैं पाँचवीं कक्षा से पढ़ाता था, जानता था। वह जब दसवीं कक्षा में पहुँचा तब काफी प्रगल्भ हो चुका था। मुझे अच्छी तरह से याद है कि निबंध प्रतियोगिता में उसका निबंध पढ़कर मुझे अपने सामान्य ज्ञान का आत्मभान हुआ था। उसके घर की मजबूरी न होती तो वह भी निःसंदेह प्रतिभावान लेखक बनता। कभी-कभार उसका ललित लेखन पत्रिकाओं में प्रकाशित होता...उसे पढ़कर मुझे नए सिरे से अपनी सामान्य प्रतिभा की प्रतीति होती। हाल ही में सुनील के अल्पायु में अचानक देहांत हो जाने पर मुझे काफी दुख हुआ।

मंगाजी हारले में तो मैंने अपना ही प्रतिबिंब देखा था। मैं रोजाना अध्यापन के उपरांत स्वाध्याय देने में दक्ष होता। दूसरे दिन अध्यापन से पहले हर छात्र के पास जाकर उसने स्वाध्याय किया या नहीं इसकी छानबीन करता। जिस छात्र ने स्वाध्याय नहीं लिखा उस पर गुस्सा होता, कभी-कभी झूठा ही क्यों न हो मुक्का लगा देता। ऐसे ही एक दिन मंगाजी ने स्वाध्याय नहीं किया था, इसलिए उसकी पीठ पर चपत लगा दी तो 'चप्प' आवाज आई। मैं सिटपिटा गया। उसकी पीठ निहारी तो पीठ पर कमीज का तलहटी के आकार का हिस्सा खुला-फटा हुआ (सच कहें तो गायब) था। मैं अपने अपराध पर शर्मिंदा हुआ। 'बीच की छुट्टी में, मुझसे मिलना' ऐसा कहकर मैं पढ़ाने लगा लेकिन सुर नहीं लग पाया। मध्यांतर में मंगाजी से पूछताछ की। उसकी रामकहानी सुनकर मैं स्तब्ध हुआ। उन दिनों मुझे डेढ़-दो सौ रुपए वेतन मिलता था। शाम को मैं उसे अपनी साइकिल पर बिठाकर बाजार ले गया और उसके लिए यूनिफॉर्म खरीदा। दूसरे दिन जब पाठक सर को इसका पता चला तो उन्होंने उसे कापियाँ दीं। माली का काम करनेवाले अपने भाई के साथ प्रिन्स शिवाजी गार्डन के नुक्कड़ पर झोपड़ी में रहनेवाले मंगाजी की व्यवस्था हमने विनयकुमार छात्रावास में कर दी। सातवीं कक्षा में विशेष श्रेणी प्राप्त करनेवाला मंगाजी गड़रिया परिवार से था। शिक्षा के प्रति उसकी अगाध आस्था थी। आगे चलकर देशपांडे मैडम ने तो उसे मानसपुत्र मानकर उसका सब कुछ किया। आज मंगाजी का बंगला, फ्लैट, गाड़ी, उसके लड़के का ऊँची पाठशाला में जाना, उसका इंजीनियर होना...मेरी जिंदगी में अधूरे सपने मंगाजी में साकार होते देखना...यह सब दूर से निहारता हूँ तो मुझे स्वयं ही इंजीनियर बनने की खुशी होती है। मंगाजी वाले प्रसंग के पश्चात मैंने किसी छात्र की पीठ पर शाबाशी के सिवा हाथ नहीं रखा। बाबा आमटे जी के पहले मुझे मंगाजी ने सिखाया कि हाथ मारने के लिए नहीं उभारने के लिए होते हैं!

ऐसा ही एक छात्र था शिवाजी पाटिल। मैं हमेशा की तरह एक दिन कक्षा में गया तो फलक पर 'बॉबी' लिखा पाया। वह किसने लिखा है ऐसा पूछने पर सभी छात्र खामोश रहे। मैंने पूरी कक्षा के छात्रों को खड़ा किया और कहा, "जब तक बताएँगे नहीं तब तक आपको खड़े रहने की सजा भुगतनी पड़ेगी।" उनको विचार करने के लिए समय दिया। छात्र बिना दबाव के चर्चा करें इसलिए कुछ समय मैं कक्षा के बाहर चला गया। मैं चाहता था कि छात्र आपस में फैसला करें। लेकिन कोई नाम बताने का साहस नहीं कर रहा था। कक्षा के ही किसी छात्र ने वह लिखा था क्योंकि वह तालिका बीच की थी। छात्र इसे इनकार नहीं कर सकते थे। मैंने अंततः प्रायश्चित्त लेना तय किया। मेरे बच्चे 'बॉबी' की तरफ आकर्षित होते हैं, गलती कबूल नहीं करते, 'चोर को कोतवाल की पनाह' जैसा अपराध करते हैं। यह मेरे लिए असह्य था। मैंने छात्रों के सामने अँगूठे पकड़ लिए तब उनमें हरकत शुरू हुई। कानाफूसी सुनाई देने लगी, 'ऐ तुम बताओ...ऐ तुम बताओ...' आधा घंटा बीत गया...मेरा पसीना

गिरने लगा...पैर काँपने लगे...अंततः मेरा चश्मा ज़मीन पर गिर गया। मेरे पसीने से कक्षा पसीज गई... शिवाजी आगे आया और उसने कहा, 'सर माफ कीजिए।' उस दिन मुझे पता चला कि छात्रों में एक कठोर शिक्षक के रूप में मेरी प्रतिमा पैठ गई है। डर के कारण कोई गलती कबूल नहीं कर रहा था। उस दिन मैंने स्वयं 'टीचर फ्रेंडली!' के मूल्य को अपनाया, परसों ही उस बैच के सभी छात्र घर पर मिलने आए थे, उनमें शिवाजी भी था...बड़े बने छात्र! मेरे छात्रों ने ही मुझे बड़ा बनाया इससे कौन इनकार करेगा?

14

मैं अंतरभारती की कोल्हापुर या इचलकरंजी शाखा में नौकरी मिलेगी इस पसोपेश में था उसी समय घरवालों ने मेरे गले में बीवी बाँधने की ठान ली थी। लड़की दिखाने का औपचारिक समारोह संपन्न हुआ। शाम को ओबा के कमरे में बैठक तय हुई। ओबा, तांबोली दादा, विकासभाई, माँ, कुसुम जीजी, इतनी ही मंडली बैठक में थी। गोधूलि का समय था। वैसे मैं रेखा को बचपन से ही देखता आया था। आज का देखना रस्मी या औपचारिक था। लालटेन के प्रकाश में रेखा की वधुपरीक्षा संपन्न हुई। मैंने अपनी ओर से 'देहात में रहना होगा', 'मैं एम.ए. करनेवाला हूँ! इसलिए सालभर तो गृहस्थी नहीं बसा पाऊँगा' आदि शर्तें रखीं। रेखा उस समय नॉन मैट्रिक थी इसलिए आगे पढ़ने की अपेक्षा भी व्यक्त की...लड़की के पक्ष से सभी बातों को स्वीकृति मिल रही थी। शायद उन्होंने पहले ही यह तय किया था कि हर बात मान लेंगे। फिर वह अखिल महाराष्ट्रीय लड़की दिखाने का समारोह संपन्न हुआ। उसके पश्चात 'संगीत शारदा' नाटक की तर्ज पर दादाजी ने सब कुछ पता होते हुए भी पूछा, 'बेटी, तुम्हें क्या-क्या आता है?' फिर गीत-गायन का समारोह संपन्न हुआ। रेखा ने 'हरि तेरो नाम अपार' भक्तिगीत गाया। इसी कारण आज भी रेडियो पर जब यह गीत आता है तो घर में आवाज बढ़ाई जाती है। यदि बाहर ध्वनिक्षेपक पर भी यह गीत लग जाता है तो हम दोनों एक-दूसरे की ओर देखकर हँसते हैं।

शादी में लेन-देन का सवाल ही नहीं था। शादी आश्रम में और आश्रम की तरफ से होनेवाली थी...अनाथ लड़की के साथ शादी करने की मेरी इच्छा पूरी होनेवाली थी। इच्छापूर्ति की तुलना में ध्येयपूर्ति की खुशी अधिक थी। वैसे उस समय मेरे लिए बाहर से भी शादी के रिश्ते आ रहे थे। सर्वोदयी कार्यकर्ता अण्णासाहब सहस्रबुद्धे, ए.बी. देशपांडे, करंबेलकर आदि कुछ रिश्ते लेकर आए थे। सुशिक्षित, नौकरी-पेशा, खानदानी... पूर्व निश्चय के कारण मैंने सभी रिश्तों को नकार दिया था। उन दिनों की हमारी परिस्थिति के चलते रेखा का रिश्ता सबसे बेहतर था। पद, पैसा, प्रतिष्ठा...सभी दृष्टि से। अनाथाश्रम में भी एक प्रकार की सामाजिक वर्ग, वर्ण-व्यवस्था होती है।

विवाह दीपावली के पश्चात करना तय हुआ। उसके तहत 25 दिसंबर, 1972 का मुहूर्त तय हुआ। पंढरपुर से 20 दिसंबर तक शादी के कार्ड प्राप्त नहीं हुए इसलिए कोल्हापुर में ही शिक्षक, मित्रों को देने हेतु समझौते के कार्ड छपवाए। वैसे शादी में कौन रिश्तेदार आनेवाले थे! अनाथ की शादी में अनाथों का ही मेला था। आश्रम के लड़के-लड़कियाँ, मित्र और अध्यापकों को साक्षी रखकर हमारा विवाह संपन्न हुआ। तांबोली दादा और भाभी ने विधिवत कन्यादान किया। शादी में मैं बुखार से परेशान था। शादी कैसे संपन्न हुई इसका मुझे पता ही नहीं चला। केवल अक्षता की बेला में मैं खड़ा हुआ। इसीलिए शादी के उस मंगल परिणय के अनुभव हेतु दुबारा शादी करने की इच्छा पागलपन की तरह मेरे मन में पैठ गई थी...अर्थात रेखा के साथ ही। मेरे लिए विवाह जिंदगी में एक तरह का कायाकल्प ही था।

क्रिसमस की छुट्टी खत्म हुई और मैं रेखा को दो दिन के लिए साथ लेकर कोल्हापुर पहुँचा। मैं जिस कमरे में रहता था वहाँ रेखा को ले जाना असुविधाजनक था। ऐसे में नारायणभाई बारड़ ने हमारे लिए शाही तो नहीं लेकिन शानदार प्रबंध किया। मैं रेखा को साथ लेकर कई मित्र और अध्यापकों से मिला। वे ही मेरे लिए अपने और रिश्तेदार थे। कोछ भराई के इतने नारियल जमा हुए कि उसकी थैली नारायणभाई के पास रखने के सिवा कोई चारा नहीं था। रेखा के कारण मुझे सनाथ होने का, पूर्णत्व का एहसास हो रहा था। मैंने एम.ए. की परीक्षा दी और गृहस्थी का जुगाड़ बिठाने के लिए कमरा (घर नहीं) ढूँढ़ने लगा। वेतन में कुछ बढ़ोतरी होनेवाली थी। 250-300 रुपयों की कमाई में 50 रुपए किराए का कमरा लेना ही उचित था। बिजली और पानी की सुविधा होनेवाला एक कमरा पहली मंजिल पर मिला लेकिन फर्श नहीं थी। लेकिन उसे लेने के सिवा कोई विकल्प नहीं था। शंकरदादा के परिचय से कोल्हापुर की शनिवार पेठ में सौ रुपए किराए का कमरा सत्तर रुपए में तय किया। वह देवदासी का घर था। उसकी छत खपरैल की थी, स्वच्छतागृह की सुविधा नहीं थी। मोजाइक टाइल्स, फ्लैशिंग का स्वच्छतागृह, बड़े कमरे, बाथरूम, नौकर ऐसे माहौल में पली रेखा के लिए यह कमरा स्वर्ग से नरक में आने जैसा ही था। लेकिन रेखा ने कभी कोई शिकायत नहीं की।

हमने तय किया था कि घर से कुछ लाना या लेना नहीं, फिर भी फुटकर चीजें लेनी पड़ी। संन्यासी को शादी की नहीं लेकिन गृहस्थी को नींव की तैयारी करनी पड़ी थी। शिगड़ी, चिमटा, छलनी, सूप, चम्मच, प्यालियाँ, कटोरियाँ, थालियाँ जैसी कई वस्तुओं की लंबी सूची मेरे हाथ में थी। किराए के सत्तर रुपए अग्रिम राशि के रूप में देने पर मेरे पास केवल तीस रुपए बचे थे। वेतन मिलने को अभी पंद्रह दिन बाकी थे। हमारी पहली गृहस्थी यानी 'माँगेलाल की गृहस्थी' थी। कुछ चीजें खरीदकर तो कुछ माँगकर लाईं और हमारी गृहस्थी शुरू हुई। इसके लिए पंढरपुर आश्रम के कोल्हापुर में बसे आश्रमवासियों का विशेषतः सुशीला बहन और

सौदामिनी बहन का बड़ा सहयोग मिला। शंकरदादा ने तो हर समय, हर किस्म की मदद की।

पंढरपुर से रेखा को लाने से पहले ही एम.ए. भाग-एक का परिणाम घोषित हुआ था। मुझे दूसरी श्रेणी मिलने से खुशी हुई थी। नियमित एम.ए. करने का सपना नौकरी और गृहस्थी सँभालते हुए पूरा हो रहा था, इसी में मुझे संतोष था। मेरे साथ मेरे अध्यापक भी एम.ए. कर रहे थे। उनकी नैया फँस गई थी। मेरा हौसला बढ़ा था। मैंने भाग दो की तैयारी शुरू की और उसी समय मेरा तबादला मुक्त सैनिक हाईस्कूल में किया गया। नवविज्ञान के भौतिकशास्त्र, रसायनशास्त्र, जीवशास्त्र जैसे विषय...और 'माटी के बिना खेती' का कार्यानुभव। ग्यारहवीं (पुरानी एस.एस.सी.) कक्षा को शरीरविज्ञान और आरोग्यशास्त्र। सभी विषय नए थे। मैंने जनरल साइंस लेकर एस.एस.सी. परीक्षा उत्तीर्ण की थी। उस समय शरीरविज्ञान और आरोग्यशास्त्र विषय जटिल होने के कारण कन्नी काटी थी। वह पढ़ाने की कल्पना तक असह्य थी। दूसरे, मैं निजी जीवन में जैसे भूमिहीन था वैसे ही गमलाहीन भी था। ऐसे में माटी के बिना खेती का कार्यानुभव पढ़ाने की जिम्मेदारी मुझ पर सौंपी गई। उस साल यह पूरा माजरा मेरे लिए पीड़ादायी साबित हुआ और मैं क्षयग्रस्त बना। एम.ए. भाग-दो की पढ़ाई, नए विषयों का अध्यापन, उनका अध्ययन इन सभी से मैं तनावग्रस्त रहा। अंतरभारती ने हाल ही में मुक्त सैनिक हाईस्कूल अपने अधिकार में लिया था। हर दिन नए प्रयास, प्रयोग, उपक्रम...। शनिवार पेठ से मार्केट यार्ड तक चढ़ान-ढलान के रास्ते साइकिल दौड़ाना। दौड़नेवाले घोड़े को चाबुक मारने की हमारी सामाजिक प्रवृत्ति के चलते अंतरभारती ने मुझे 'हरकामी हुकमी अध्यापक' बना दिया था। 'आज वि.स. खांडेकर का लेखन नहीं, उनके यहाँ जाओ', 'पाठशाला में अमुक समारोह का नियोजन करो', 'अपनी कक्षा सँभालते हुए देशपांडे मैडम की तालिका पर ध्यान दो'...मैं 'हर मर्ज की नामी दवा' हो जाने से ही 'मरीज' बन गया था।

दिसंबर, 1973 का अंतिम सप्ताह चल रहा था। हमारी गृहस्थी का पहला क्रिसमस और शादी की पहली सालगिरह थी। शनिवार के दिन हम मनोरथ रच रहे थे उसी समय अंतरभारती के प्रधानाचार्य ए.बी. देशपांडे सर घर आए। उन्होंने आते ही सुना दिया, "अण्णासाहब सहस्रबुद्धे कल महाराष्ट्र एक्सप्रेस से वर्धा जा रहे हैं। किसी वजह से उनका स्वीय सचिव अब्राहम उनके साथ नहीं है। अतः तुम्हें साथ जाना होगा। रेखा की कोई व्यवस्था करो।" उन्होंने विचार करने तक को फुरसत न देकर बैग भरने का आदेश दे दिया। उस दिन मैंने शिद्दत के साथ महसूस किया कि कृतज्ञता के बोझ तले दबे व्यक्ति को शरीर, मन, भावना, विचार नहीं होते हैं। मैंने रेखा की व्यवस्था की और इतवार को दोपहर रेलवे स्टेशन पहुँचा। अण्णासाहब का टिकट प्रथम श्रेणी का था और मेरा तृतीय श्रेणी का। मैं यात्रा के दौरान हर बड़े स्टेशन पर गाड़ी रुकने पर अण्णासाहब के डिब्बे में पहुँचता और उनकी पूछताछ

करता। उनको क्या चाहिए यह देखता। गाड़ी पूना तक पहुँचने पर टी.टी. को ही मुझ पर तरस आया और उसने अण्णासाहब के साथ यात्रा करने की मुझे अनुमति दे दी। उसने मेरे टिकट पर जब 'वीईपी रिक्वायर्स मेडिकल अटेंडेंट' लिखा तो मुझे अपनी औकात समझ में आई।

हमारा मुकाम सेवाग्राम में ही था। अण्णासाहब के व्यवहार में मात्र स्निग्धता और स्नेह था। सेवाग्राम में उन्होंने सुशीला नायर, गांधीजी की स्नुषा आदि से मेरा सादर परिचय कराया। मैं लगातार खाँस रहा था इसलिए जवाहर मेडिकल कॉलेज के डॉ. गुप्ता को बुलाया। उन्होंने मेरा एक्स-रे निकाला। मेरी जिंदगी की वह पहली कीमती चिकित्सा थी। डॉ. गुप्ता ने बताया, "यदि रिमांड होम में बचपन में मेरा इलाज होता तो यह नौबत न आती।" अण्णासाहब मेरा हर तरह से खयाल रखते थे। खयाल तो मुझे उनका रखना था, लेकिन वे ही मेरा खयाल रख रहे थे। वह गोवधबंदी आंदोलन का समय था। उधर जयप्रकाश जी का समग्र क्रांति आंदोलन उफान पर था। सर्वोदयी कार्यकताओं में दो गुट थे। उनके सामने यह यक्षप्रश्न खड़ा था कि विनोबा का या जयप्रकाश का समर्थन करें? पवनार और सेवाग्राम में कई राष्ट्रीय कार्यकर्ता दाखिल हो चुके थे। तिस पर पवनार में राष्ट्रीय आचार्यकुल सम्मेलन का आयोजन किया गया था। बाबा (विनोबाजी) का आशीर्वाद लेने इंदिरा गांधी पवनार आनेवाली थीं। स्वयं को राजनीति से मुक्त माननेवाले सर्वोदयी और गांधीवादी कार्यकर्ता तक कितने सक्रिय राजनीतिज्ञ थे यह मैंने नजदीक से देखा। 'एवरी मैन इज पॉलिटिकल' का प्रत्यय देनेवाले थे वे दिन! इन्हीं दिनों आई इंदिरा गांधी की धूर्तता का अनुभव तो केवल अविस्मरणीय था।

उस दिन बाबा की कुटी में चुनिंदा कार्यकर्ताओं के सिवा मैं, अण्णासाहब, विनोबाजी और इंदिरा गांधी इतने ही लोग थे। इंदिराजी बाबा के सामने पालथी मारकर, सिर पर पल्लू ओढ़कर याचक की तरह बैठी थी। विनोबाजी को सुनाई नहीं देता था। इंदिरा जी के सामने स्लेट और पेंसिल रखी गई थी। उन्होंने स्लेट पर लिखा, 'बाबा, मुझे आशीर्वाद दीजिए।' बाबा ने पढ़ा और कहा, 'मेरा आशीर्वाद सबको है।' बाहर निकलने पर पड़ोस में मंदिरनुमा आश्रम के आँगन में पत्रकारों ने इंदिराजी को घेर लिया। 'मैडम, मिसेस प्राइम मिनिस्टर...प्लीज ब्रीफ अस...' दूसरे दिन लगभग सभी समाचारपत्रों में 'बाबा ने मुझे आशीर्वाद दिया है।' इसका अर्थ जयप्रकाश जी के विरुद्ध इंदिरा जी को बाबा ने आशीर्वाद दिया, इस रूप में समाचार छप गया।

उसी दिन से मैं खादी के कपड़े पहन रहा था। तत्पश्चात सन् 1979 तक अर्थात दर्जी ने खादी के कपड़े सिलाने को इनकार नहीं किया तब तक मैं खादी पहनता रहा। बात ऐसी हुई कि मैं अण्णासाहब के साथ इंदिरा गांधी से होनेवाली चर्चा में शामिल होने बाबा की कुटी की ओर जा रहा था। उस समय 'सेंट्रल इंटेलिजेंस' ने मेरी पोशाक

पर आपत्ति उठाते हुए मुझे रोक दिया। इस पर अण्णासाहब ने उसे बता दिया, 'मेरा सेक्रेटरी है, छोड़ दो...।' इस पर अधिकारी बोला, 'सेक्रेटरी और टेरिकॉट में?' इस पर अण्णासाहब तपाक से बोले, 'इंडिया मेड है भाई' और चलते बने। इस पर मैं उस अधिकारी को कुछ कह न सका। मैं उनके पीछे चल पड़ा। मैंने मन-ही-मन तय किया कि अपनी वजह से दुबारा अण्णासाहब की बदनामी नहीं होने दूँगा। दूसरे दिन मेरे द्वारा पहने खादी के कपड़े देखकर अण्णासाहब ने शरारत से कहा, 'सुनील, ऐसा कायाकल्प हजम करना बहुत कठिन होता है।' आगे चलकर मेरी खादी तो छूटी लेकिन आज तक मैंने उन मूल्यों का कायाकल्प नहीं होने दिया है। अण्णासाहब जैसे त्यागी, व्रती, सद्‌गृहस्थ के मूल्य संस्कार और सामर्थ्य को ही इसका अधिकांश श्रेय देना होगा।

15

पवनार आश्रम से इंदिरा जी के जाने के पश्चात कुछ ही दिनों में वहाँ 'अखिल भारतीय आचार्यकुल सम्मेलन' का आयोजन होनेवाला था। कोल्हापुर से भी अध्यापक कार्यकर्ताओं के आने की खबर मिली। मैं अण्णासाहब के साथ वहीं पर एक कुटी में रहकर तैयारी में जुट गया। वहाँ पर चलनेवाले कृषि प्रयोग, ब्रह्मकुमारी आश्रम, प्रार्थना, आहार, वाचन, भारत-भर से आए कार्यकर्ताओं से होनेवाली चर्चा आदि के चलते मैं भी सर्वोदयी हो गया। खादी पहनने से बाह्य अस्तित्व भी मिट चुका था। आश्रम में घूमते समय पता चला कि आचार्यकुल सम्मलेन के लिए हिंदी के प्रख्यात कथाकार जैनेंद्रकुमार जी सपरिवार उपस्थित हुए हैं। मैंने उनकी कुटी ढूँढ़ ली। वहाँ पर वे अपनी पत्नी और पुत्र प्रदीप के साथ रुके थे। प्रदीप पूर्वोदय प्रकाशन का स्टॉल लगाने में मशगूल था। उस समय मैं एम.ए. भाग-दो की पढ़ाई कर रहा था। मैंने अंतर्गत विधा-विशेष के रूप में कथा साहित्य का चयन किया था। उसमें जैनेंद्र जी का एक कथा-संग्रह अध्ययन हेतु रखा गया था। मैंने वह पढ़ा था लेकिन उस संग्रह की 'तत्सत' कहानी का रहस्य मैं समझ नहीं पाया था। मैंने उनसे चर्चा करने की इच्छा ज़ाहिर की तो वे बोले, ''भाई, पहले चाय-वाय का कुछ प्रबंध करो। कब से परेशान हूँ।'' मैं स्वयंसेवक के रूप में कार्यरत था। मैंने उनकी जरूरतों का ध्यान रखा। चाय की चुस्कियाँ लेते हुए उन्होंने मुझे पढ़ाई जो कथाएँ आगे चलकर एम.ए. की कक्षाओं को पढ़ाने के उपयोग में आया। उस समय मुझे बार-बार इस अनुभव का पुनःप्रत्यय, पुनःस्मरण आता रहा।

कोल्हापुर से आचार्यकुल सम्मेलन में लिए सर्वोदयी कार्यकर्ता तथा मेरे पहले नैतिक गुरु आदरणीय बाबा रेडीकर और प्रो. चंद्रकांत पाटगॉवकर, प्रो. शशिकांत कुलकर्णी, डॉ. स.ग. यादव आदि मंडली आ गई। उनके सहचर्य से वह सम्मेलन मेरे

लिए प्रबोधनपर्व साबित हुआ। उस सम्मेलन ने मेरे अंदर आचार्य वृत्ति जगा दी। प्र.द. पुराणिक की प्रेरणा से आगे कई साल तक मैं आचार्यकुल और राष्ट्रभाषा प्रचार-प्रसार का कार्य करता रहा।

सन् 1973-74 साल बीत गया और संस्था ने पुनः मेरा तबादला कोरगाँवकर हाईस्कूल में किया। हर साल तबादला होने का यह चौथा साल था। पिंपलगाँव, शाहूपुरी, मुक्त सैनिक और अब कोरगाँवकर हाईस्कूल। न कोई सूचना दी जाती न विचार-विमर्श होता। सुविधा-असुविधा का ध्यान नहीं रखा जाता। इन दिनों मेरी सेहत का ग्राफ लगातार गिरता गया। डॉक्टर ने मुझे बेड रेस्ट की सलाह दी। मैंने छह मास की 'मेडिकल लीव' हेतु आवेदन किया। सेवा में स्थित होने से छुट्टी मिलने में कोई दिक्कत नहीं थी। लेकिन पाठशाला द्वारा स्पष्ट किया गया कि 'आप छुट्टी पर जा सकते हैं लेकिन विकल्प में अध्यापक की नियुक्ति करने में अड़चन है।' मुझे बताया गया कि 'मैं बिना वेतन छुट्टी ले लूँ, पाठशाला अनौपचारिक रूप से किसी अध्यापक को नियुक्त करेगी, जिसे आपका वेतन दिया जाएगा।' मैं छह मास के पश्चात अर्थात सितंबर, 1974 के मध्य अपने कार्य पर उपस्थित हुआ। मुझे मस्टर पर हस्ताक्षर करने को बताया गया। मुझे यह रास नहीं आया, लेकिन मजबूरी थी। आगे चलकर पर्यायी अध्यापक को नियत वेतन की अपेक्षा कम वेतन दिए जाने का पता चला तो मेरा पाठशाला के आदर्श से भ्रमभंग और अपेक्षाभंग हो गया।

इसी दौरान, सन् 1975 में अध्यापक संघटना पर पाठशाला से अध्यापक प्रतिनिधि भेजना था। आज तक का सार सर ही प्रतिनिधि के रूप में ग्रहित होते थे। बढ़ते अन्याय और अत्याचार के चलते इस बार संस्थाचालक न होनेवाला अध्यापक प्रतिनिधित्व करें यह तय हुआ। पाठशालाओं की संख्या भी बढ़ चुकी थी। संख्या के आधार पर प्रतिनिधि भेजे जा सकते थे। अध्यापकों ने प्रतिनिधि के रूप में मेरा चयन किया और मैं 'कोल्हापुर जिला माध्यमिक अध्यापक संघटना' के काम में सक्रिय हुआ। उन दिनों लगभग सभी पाठशालाओं में हमारे जैसी ही स्थिति थी। पाठशालाओं में सेवा वरिष्ठता की उपेक्षा की जाती थी। अध्यापकों के पूरे वेतन पर हस्ताक्षर लिए जाते और वेतन मात्र अल्प दिया जाता। अन्यान्य तबादले किए जाते। अध्यापक संघटना पर जो प्रतिनिधि भेजा जाता वह संस्था का हितैषी होता था। अध्यापक संघटना मानो प्रधानाचार्य और संस्थाचालकों की लौंडी बन चुकी थी। उस वर्ष अधिकांश पाठशालाओं में बड़े पैमाने पर जागृति आई। नई पीढ़ी कार्यरत हुई। चेक द्वारा वेतन के भुगतान की शुरुआत भी उसका एक कारण थी। मैं, मुंगले, नाना गोखले, डी.एल.कुलकर्णी, ग.गो. जोशी, उदाजीराव कुलकर्णी(हेर्लेकर), ए.बी. मुल्ला आदि का अनायास एक अच्छा गुट बन गया। मोर्चा, निदर्शन, निवेदन के साथ ही 'कोल्हापुर शिक्षक' मुखपत्र का आरंभ हुआ। एम.ए. गलदगे और सुशीलाबाई कुलकर्णी के नेतृत्व में सभी पक्ष एवं विचारधारा के अध्यापक इकट्ठा हुए और

समाजवादी कार्यकर्ता दत्ता शिंदे ने इस संस्थापरस्त अध्यक्ष का उच्चाटन किया। हमारी लड़ाई की यह पहली उल्लेखनीय सफलता थी।

लेकिन यह अनायास नहीं हुआ। हमने पूरे जिले की पाठशालाओं के चक्कर लगाकर अध्यापकों को प्रधानाचार्य और संस्थाचालकों के ख़िलाफ़ जाग्रत करने का प्रयास किया था। कई पाठशालाओं से प्रधानाचार्य ही खुल्लमखुल्ला अध्यापक प्रतिनिधि के रूप में आते थे। हमने इसके लिए संघटना की घटना में संशोधन किया। ऐसा न हो इसलिए सभा तितर-बितर करने के प्रयास किए गए। लेकिन अध्यापकों में होनेवाली एकता और जागृति के कारण संस्थाचालक सफल नहीं हो सके। दत्ता शिंदे उस समय संघटना के अध्यक्ष थे। वे हमारे संस्थाचालकों द्वारा हम पर दबाव लाते। लेकिन हम उनके काबू में नहीं आए। अध्यक्ष को जब पता चला, अविश्वास प्रस्ताव विक्रमी मतों से पारित होनेवाला है तो वे सभागृह छोड़कर भाग गए। इस घटना से पूरे जिले की मिडिल स्तर की पाठशालाएँ और वहाँ के अध्यापक प्रधानाचार्य और संस्थाचालकों की पेठबिगारी से मुक्त हो गए।

इसी समय मैं एम.ए. भाग-दो की परीक्षा 55 प्रतिशत अंक प्राप्त कर उत्तीर्ण हुआ। बीमारी, नौकरी, गृहस्थी, संघटना आदि सँभालकर मेरा एम.ए. होना वाकई एक दिव्य था। इसी दरमियान इंदिरा गांधी ने पूरे देश में आपातकाल घोषित किया था। मैं संघटना का सक्रिय कार्यकर्ता होने से नजरबंदी में था। मैं जहाँ जाता वहाँ पुलिस मेरा पीछा करती। लगभग दो साल यह झंझट जारी था। ऐसी स्थिति में हम कार्यकर्ताओं को आपात्काल की भूमिका से अवगत कराते, उन्हें आश्रय देते, पत्र संदेश का आदान-प्रदान आदि कार्य करते। एक बार मेरे घर पर पुलिस रेड पड़ने की खबर मिली तो मेरे आश्रमीय बंधु विट्ठल और विपिन की चतुराई से 'साधना' के जब्तशुदा अंक, आपात्काल विरोधी पत्रक, जयप्रकाश के सेवा दल के कैलेंडर आदि सामग्री रात ही रात अन्य जगह पहुँचाई। मेरा पत्राचार तक पुलिस और डाक की ओर से सेंसर होकर आता और जाता। मेरी निगरानी पर होनेवाली पुलिस मेरी दौड़धूप और ईमानदारी देखकर बाद में मित्र हो गई। इसका मुझे लाभ भी हो रहा था। पुलिस ही जगह आरक्षित करती। मैं कहीं पर भी बिना आरक्षण यात्रा कर सकता था। हर बड़े बस अड्डे पर और रेलवे स्टेशन पर पुलिस हाजिरी लेने पहुँचती और इंतजाम भी करती। मैं एक तरह से तनावग्रस्त था। मैं जूनियर था वरना 'मीसा' भी लग सकता था।

इसी समय अंतरभारती को इंटर की कक्षाएँ शुरू करने की अनुमति मिली थी। संस्था में होनेवाले मैं, मुतालिक, देसाई और महाडेश्वर इंटर का अध्यापन करने के लिए लायक थे। लेकिन हमसे जूनियर अध्यापक इंटर को पढ़ाने लायक हैं यह बात ध्यान में आने पर वह अनुमति गुलदस्ते में ही रखी गई। बैठक में इस संदर्भ में जब हमने प्रश्न उपस्थित किया तो हमें यहाँ तक कहा, "जो स्वयं को प्राध्यापक कहने

की इच्छा रखते हैं उनके लिए पाठशाला का दरवाजा खुला है।" उसी दिन मैंने प्राध्यापक होना तय किया और पीएच.डी. करने की दृष्टि से स्वयं को आजमाना शुरू किया।

रोजाना बढ़ते अन्याय से हम अंतरभारती के अध्यापक और संगठित होते गए। हमने संस्था के शुद्धीकरण और लोकतंत्र का आंदोलन शुरू किया। अपने वेतन में कटौती सहकर अध्यापक बड़े पैमाने पर संस्था का सहयोग करते आए थे। हमने उसका हिसाब माँगना शुरू किया। कासार सर के लिए संस्था ने सेवा वरिष्ठता नजरअंदाज की। युक्तियाँ और क्लिप्तियाँ अपनाकर सेवा वरिष्ठता की सूची बनाई। यद्यपि संस्था ने उसे नियम और कानून की चौखट में बिठाया लेकिन उसे नैतिक अधिष्ठान नहीं था। हमने शिक्षा संस्था पर अध्यापक प्रतिनिधि लेने की माँग की तो घटना में तरद्दुद न होने का बचकाना उत्तर दिया गया। हमें तथा हमारे सहकर्मी अध्यापकों को अक्सर अपमानित किया जाता था। इस पर हमने घटना में परिवर्तन की माँग की। निरंतर माँग और उसके समर्थन के चलते संस्था को घटना में परिवर्तन करने को मजबूर किया। नई घटना के अनुसार प्रथम अध्यापक प्रतिनिधि के रूप में अविरोध मेरा चयन हुआ। हमारे आंदोलन की यह एक महत्त्वपूर्ण उपलब्धि थी। इससे अध्यापक और कर्मचारियों का हौसला बढ़ गया। मैं, महाडेश्वर सर, लाटकर सर, पाठक सर, मगदूम सर आदि अध्यापक क्रियाशील थे। इससे मिले अनुभव के आधार पर मैंने लोकतंत्रीकरण पर एक लेख लिखा। उसका सर्वत्र स्वागत हुआ। आगे चलकर गारगोटी के मौनी विद्यापीठ में भी ऐसा प्रयोग सफल हुआ। फिर मैंने 'समाज प्रबोधन' पत्रिका में एक विस्तृत लेख लिखा। उसे पढ़कर ना.ग.गोरे, प्राचार्य अमरसिंह राणे के सुंदर पत्र मिले। इससे हमारा उस प्रयोग और प्रयास पर का विश्वास पक्का होता गया। हमारी तरफ विध्वंसक रूप में देखने की संस्था की दृष्टि में परिवर्तन हुआ। आगे चलकर महाराष्ट्र की सभी प्राध्यापक संघटनाओं ने अपने मुखपत्र में मेरा लेख पुनर्मुद्रित किया और मुंबई विश्वविद्यालय के सीनेट हॉल में एक राज्यस्तरीय संगोष्ठी का आयोजन किया। शुद्धीकरण आंदोलन में मेरे कुछ सहकर्मी (वैसे तो मेरे अध्यापक) विरोध के लिए विरोध करते थे। मुझे वह रास नहीं आता था। इस पूरे आंदोलन में संस्था ने कभी मुझ पर अन्याय नहीं किया, लेकिन औरों पर होनेवाला अन्याय आँखें मूँदकर सहना मेरी फितरत में नहीं था। संस्थाचालक अध्यापक अपने आपको उपकर्ता समझकर मेरी ओर देखते। मेरे मन में उनके प्रति कृतज्ञता का भाव था लेकिन वह निजी स्तर तक ही सीमित था। विवेक और न्याय की कसौटी पर सामाजिक जीवन में उसे स्वीकारने को मन तैयार नहीं होता था। अपनों के ख़िलाफ़ खड़ा होना आसान नहीं था। यह शक्ति और समझ मुझमें कैसे आई इसका शोध करने पर पता चलता है कि 'जो सहा था, वह देखना अब नामुमकिन था।' मैंने वैध बातों के लिए संस्था को सकारात्मक प्रतिसाद देने का रवैया अपनाया था। अध्यापक

भविष्य निर्वाह निधि, प्राथमिक के अध्यापकों को पदोन्नति, नवीन बालक मंदिर, प्राथमिक पाठशाला शुरू करना इन सभी में होनेवाला मेरा सहयोग कुछ सहकर्मियों को संस्थापरस्त लगता। लेकिन मैंने कभी भी अपना विवेक न विचलित होने दिया, न कलुषित। मेरी रचनात्मक परिवर्तन पर अटूट निष्ठा थी। व्यक्ति-द्वेष के लिए कुछ न करने के वसूल का पालन करने से ही शायद मतभिन्नता होने के बावजूद देशपांडे सर और कासार सर ने न कभी मेरा पालकत्व नकारा, न ठुकराया और न मैंने उनके पालकत्व को नकारा।

अंतरभारती के लोकतंत्रीकरण का बिगुल तो बजाया, लेकिन कई कसौटियों से गुजरने पर उसमें धार आई। हम अपनी संस्था में आपात्काल के 'अनुशासन पर्व' को अलग ढंग से महसूस कर रहे थे।

16

कोल्हापुर की अंतरभारती शिक्षा संस्था अपनी स्थापना से लेकर पिछड़ी जाति के छात्रों के लिए छात्रावास चलाती थी। आरंभ में वह राजारामपुरी की बारहवीं गली में था। उसके पहले अधीक्षक रा.को. चौगुले थे। प्रो. डी.एम. उर्फ दादासाहब चव्हाण छात्रों को अपने घर से भोजन बनाकर देते। संस्था द्वारा सन् 1973 में डॉ. श्रीधर सावंत का मुक्त सैनिक हाईस्कूल उसके छात्रावास के साथ चलाने दिया। दोनों छात्रावास एकत्रित रूप में कोरगाँवकर हाईस्कूल की नई इमारत के तलघर में स्थानांतरित किए गए। बालासाहब कांबले नामक समाजवादी कार्यकर्ता अधीक्षक के रूप में कार्यरत थे। छात्रावास जब नई व्यवस्था में आया तब उसका नया कार्यकारी मंडल अस्तित्व में आया। उसमें मेरा और डॉ. विजय करंडे का समावेश किया गया। मैं छात्रावास की जिंदगी के आँच का भुक्तभोगी था। हमारे मुक्त सैनिक हाईस्कूल के छात्र वहीं पर होने से मुझ पर यह जिम्मेदारी सौंपी गई। पहले साल मैं पूरी तरह से ध्यान नहीं दे सका। सन् 1974-75 में जब मैं कोरगाँवकर हाईस्कूल में आया तो लड़कों की शिकायतें होने पर बारीकी से ध्यान देने लगा। तब मेरी समझ में आया कि स्थिति 'अंधा पीसे कुत्ता खाए' जैसी है। एक बार निरीक्षण के लिए समाजकल्याण अधिकारी आए थे। उन्होंने अधीक्षक के साथ मुझे और प्रधानाचार्य को बुलाकर कहा, 'क्या सांबार में दाल दिखाओगे?' रजिस्टर में दाल पर रुपए खर्च हुए थे। लचर उत्तरों से न उनका समाधान हुआ न ही मेरा। इसी तरह एक बार एस. एम. जोशी आए थे। उन्होंने बोर्डिंग देखते समय रोटियाँ बनानेवाली औरतों से वेतन के बारे में पूछा। वह इतना अल्प था कि सुनकर वे गुस्सा हुए और बोले, "दुनिया में समान वेतन मिले इसलिए हम रास्ते पर आते हैं और हमारी ही संस्था में ऐसी स्थिति?" हमारे पास कोई उत्तर नहीं था। आगे आपात्काल में तो कहर ही हुआ। दूध पावडर का पता

नहीं था। चीनी गायब थी। पूछताछ करने पर पता चला कि वह हमारी ही मंडली के पेट में जा रही है। 'तेरी भी चुप, मेरी भी चुप'...अधिकारी द्वारा फैसला करना चाहा तो उसे चूने की पावडर के बोरे दिखाए गए। यह चरमसीमा थी। मैंने रजिस्टर्ड डाक से छात्रावास की सदस्यता का इस्तीफा भेज दिया। भरी सभा में 'ऐसे बोदा इस्तीफे कई देखे हैं' कहकर किए गए उपहास और मजाक उड़ाने की कसक मेरे मन में बनी रही। उसी दिन मैंने तय किया कि ऐसी संस्था में नहीं रहना है। संस्था जब अधीक्षक को बलि का बकरा बनाकर स्वयं अलिप्त रही तो मेरी बची-खुची संवेदना भी लुप्त हो गई।

ध्येयवाद से स्थापित इस संस्था में आगे चलकर तत्त्वों को रौंदने की रोजाना आवृत्ति होने लगी। संस्थाचालक अध्यापकों ने अपनी पत्नियों का संस्था में अध्यापक के रूप में जुगाड़ बिठाया। उस दिन से संस्था में गुणवत्ता की चर्चा बंद हो गई। केवल 'परिवार मिलन' में इचलकरंजी, कुरुंदवाड, उत्तूर,चिमणे, पिंपलगाँव, गडहिंग्लज आदि स्थानों पर अंतरभारती विचारों से कार्यरत अध्यापक आते। वह पारिवारिक मिलन एक तरह से आरोपित होता था। उसके आयोजन, नियोजन में अध्यापकों की भागीदारी का आग्रह किया गया तो वह 'ईद का चाँद' हो गया।

24 अप्रैल, 1976 यह दिवस कई कारणों से मुझे याद आता रहता है। हम सभी के आदरणीय वि.स. खांडेकर जी को मिले ज्ञानपीठ सम्मान के निमित्त केंद्रीय मंत्री यशवंतराव चव्हाण के साथ महाराष्ट्र का पूरा मंत्रिमंडल पाठशाला में आनेवाला था। वह कोरगाँवकर हाईस्कूल के नामकरण समारोह का प्रसंग था। मैंने अपने आंदोलन की ओर से आखिरी ताकीद दी, "हमारी सभी माँगें पूरी की जाएँ अन्यथा हम सभी अध्यापक और कर्मचारी, इस समारोह का बहिष्कार कर देंगे।" हमारा तीर निशाने पर लग गया। उसी दिन समारोह के बाद देशपांडे सर सचिव पद से मुक्त हो गए। उन्होंने अपनी विदाई की सभा में वेतन कटौती बंद की जाने की घोषणा की। हमें आपात्काल में मिला यह दूसरी आजादी का अनुभव अविस्मरणीय था। बाबूराव मलिक ने सचिव की बागडोर थाम ली। संस्था के साथ संवाद शुरू हुआ। इनका प्रतिसाद सकारात्मक होता था। लेकिन कई दिनों से प्रलंबित प्रश्न थोड़े ही जादू की छड़ी की तरह हल होनेवाले थे? लेकिन उनकी कोशिश में ईमानदारी होती। संस्था का मात्र देशपांडे सर और कासार सर पर गांधारी प्रेम था। अन्य संस्थाओं की तुलना में यद्यपि अंतरभारती का भौतिक विकास हो गया था लेकिन ध्येय, मूल्य, नैतिकता, सार्वजनिक जीवन में आवश्यक नेकी आदि कसौटियों पर बहुत कुछ करना बाकी था। चूँकि कोल्हापुर में एकावन पाठशालाएँ होते हुए इस बावनवीं पाठशाला को शुरू करने के पीछे होनेवाली भावना व्यक्त करनेवाला संस्था का पहला निवेदन (प्रो. विठल बन्ने ने तैयार किया था), ऐसा आग्रह करनेवाला था। वि.स. खांडेकर, प्राचार्य अ.के. भागवत जैसी मंडली इसी मुद्दे पर संस्था में शामिल हुई थी।

बाबूराव मलिक प्रयास तो कर रहे थे लेकिन हतबल थे। हमारा आंदोलन जारी था। एक बार हम वि.स. खांडेकर जी से मिले और पूरा वृत्तांत सुना दिया। उन्हीं के शब्द पर हमने बहिष्कार पीछे लिया था। मैं अध्यापक प्रतिनिधि के रूप में अपने साथ महाडेश्वर सर को ले गया था। चर्चा के समय रा.वा. शेवडे गुरुजी और मंदाताई (खांडेकर की कन्या) भी उपस्थित थीं। खांडेकर ने हमारे नेतृत्व को न केवल समर्थन दिया अपितु नेतृत्व करने तक को तैयार हुए। उनके निवेदन पर सबसे पहले हस्ताक्षर करने की सम्मति देना मैं कभी भूल नहीं पाऊँगा। लेकिन वह नहीं हो पाया। उन्हीं दिनों उनकी सेहत ने जवाब दिया और 2 सितंबर, 1976 को उनका स्वर्गवास हो गया। 6 सितंबर, 1976 को संस्था ने कोरगाँवकर हाईस्कूल में शोकसभा का आयोजन किया। मैंने उसमें खांडेकर जी की अधूरी इच्छा बताने का दृढ़ संकल्प किया। संस्था को यह भनक लग गई। अध्यापक प्रतिनिधि होने के बावजूद मुझे श्रद्धांजलि सभा में बोलने का मौका ही नहीं दिया गया। आपातकाल में अभिव्यक्ति स्वातंत्र्य का ऐसा संकोच स्वगृही को भुगतना पड़ेगा ऐसा कभी नहीं लगा था...उस दिन मुझे अंतरभारती की अपनी छात्रावस्था की याद आई...मैं तब नौवीं कक्षा में था...सन् 1964-65 का काल होगा। धुलिया में राष्ट्रसेवा दल का अधिवेशन था। 'निर्भय बनो' के तमगे बनाए गए थे। आपातकाल में भी हमने उसका पुनर्मुद्रण किया था। इस संस्कार और पार्श्वभूमि पर मुझ पर लगाई पाबंदी अस्वस्थ करनेवाली थी। मैंने उसी रात मन की श्रद्धांजलि कागज पर उतार दी। दूसरे दिन वह सहकर्मी अध्यापकों को दिखाई। संयुक्त हस्ताक्षर से निवेदन प्रस्तुत करना तय हुआ। ऐन मौके पर सहकर्मी मुकर गए। अतः मैंने अपने ही नाम से निवेदन तैयार किया। सभी संस्थाचालकों के घर स्वयं पहुँचा दिया। वह पत्रक इस प्रकार था–

सुनीलकुमार लवटे
एम.ए. (हिंदी), डी.आर.एस. (एजू.)
कोल्हापुर
06 सितंबर, 1976

प्यारे भाइयो-बहनो,

आज दिनांक 6 सितंबर, 1976 को हमारे शिक्षा मंडल की ओर से स्वर्गीय खांडेकर जी के दुःखद निधन के निमित्त शोकसभा संपन्न हुई। इस अवसर पर खांडेकर जी ने हम अध्यापक प्रतिनिधियों को जो दो-चार बातें बताई थीं, वह सभी के सामने प्रस्तुत करने के इरादे से मैंने भाषण हेतु नाम दिया था। शायद समयाभाव के कारण मुझे मौका नहीं दिया गया। मैं अपने भाषण में जो बोलनेवाला था वही विचार पत्र के जरिए आपके सामने प्रस्तुत करने जा रहा हूँ। कोई विकल्प न होने

से मजबूरन द्राविड़ी प्राणायाम करना पड़ रहा है। खैर।

खांडेकर जी हम अध्यापक प्रतिनिधियों को बुलाएँगे यह सपना देखें, तो भी उस पर विश्वास न किया जाए, ऐसा सत्य था। ऐसा कभी नहीं लगा था कि हम जो विचार प्रस्तुत कर रहे हैं, जिनका आग्रह कर रहे हैं, उस पर खांडेकर जी गौर करें। इतने प्रभावी हैं। यह जुलाई मास के दूसरे सप्ताह की बात है। मेरे गुरु तथा हमारे संस्थांतर्गत शुद्धीकरण के अग्रणी शशिकांत महाडेश्वर खांडेकर जी का संदेश ले आए। मैं एक पल तो स्तंभित ही हुआ। खांडेकर जी द्वारा हम अध्यापक प्रतिनिधियों को बुलाना यह कल्पना ईश्वर-दर्शन इतनी ही रम्य और मन को सुकून देनेवाली थी। इस सुखद कल्पना में ही हम 'नंदादीप' पहुँचे।

उससे पहले मैं और महाडेश्वर सर खांडेकर जी की तबीयत की टोह लेने प्रो. पाटगाँवकर के पास चले गए थे। उनसे हरी झंडी मिली तो हम 'नंदादीप' की सीढ़ियाँ चढ़ने लगे।

मंदाताई ने हँसकर स्वागत किया। स्वागत पूर्वसंकेत की तरह ही सहज था। हम अध्यापकों को खांडेकर के घर में इतनी सहजता से प्रवेश मिल सकता है यह पहले पता होता तो...श्री. रामभाऊ शेवडे खांडेकर को 'माणूस' का कोई लेख सुना रहे थे। मंदाताई ने हमारे आने की सूचना दी। वाचन रुक गया और बातें शुरू हुईं। हम अपना परिचय देने जा रहे थे, इतने में खांडेकर जी बोले, "आप दोनों को मैं जानता हूँ।" यह सुनकर मैं चकित ही हुआ।

हमने संस्थांतर्गत शुद्धीकरण के लिए जो प्रयास किए थे, जिनसे मिले थे उसकी पूरी खबर खांडेकर जी को थी। लेकिन वे असलियत जानना चाहते थे और इसी हेतु उन्होंने हमें आमंत्रित किया था।

खांडेकर जी सीधे विषय पर आते हुए बोले, "आप सभी से मिले, मेरे पास क्यों नहीं आए?" इस पर मैंने कहा, "हमें ऐसा लगा कि एक तो आपका स्वास्थ्य ठीक नहीं होता, ऊपर से आपको तकलीफ़ न दी जाए..." यह सुनते ही खांडेकर अपनी धारदार भाषा में तपाक से बोले, "मेरे शारीरिक अस्वास्थ्य के नाम पर कहीं पाठशाला का स्वास्थ्य न बिगड़ जाए।" यह सुनकर मैं सुन्न हो गया। लेकिन इससे आत्मविश्वास बढ़ गया।

बातचीत के दौरान खांडेकर जी ने इस असंतोष का कारण पूछा। हमने संस्था की सेवा वरिष्ठता-सूची तैयार कर उसके आधार पर पदोन्नति मिले, अध्यापकों द्वारा संस्था को दिए जानेवाले रुपयों का हिसाब मिले, अध्यापकों का संस्था-संचालन में स्थान हो आदि अन्य संचालकों के सामने प्रस्तुत की गई माँगें उन्हें बता दी। उस दरमियान हमारी कुछ माँगों की पूर्ति हो चुकी थी। यह बताने पर खांडेकर जी बोले, "आज मेरे सिर पर का बहुत बड़ा बोझ कम हुआ। इसी कारण तो मैं पिछले कई दिनों से अस्वस्थ था।" प्रश्न आपस में हल होने की खुशी जताते हुए वे बोले,

"घर का झगड़ा घर में ही हल करना चाहिए। कलह की वजह से हम कभी-कभी परस्पर नजदीक आते हैं। इससे एक-दूसरे के स्वभाव के छोटे-मोटे पहलू जान सकते हैं।"

हमने खांडेकर जी को वरिष्ठता का प्रश्न बता दिया। लगभग पंद्रह अध्यापकों को ताक पर रखकर प्रधानाचार्य पद दिए जाने की बात बताने पर वे सुन्न हो गए। इस पर उन्होंने कहा, "यदि हम ही न्याय का पालन नहीं करेंगे तो औरों को क्या खाक न्याय देंगे? मैं आपको बता देता हूँ, जिस पर अपना अधिकार नहीं उसकी आसक्ति रखने से बढ़कर दूसरी अनैतिकता नहीं है। किसी भी क्षेत्र में पद की लालसा रखना निंदनीय है। हर किसी की निजी जिंदगी से ही न्याय के राज्य की शुरुआत होती है।"

फिर मैंने खांडेकर जी को छात्रावास के सदस्यत्व का इस्तीफा देने की हकीक़त सुना दी। उसका बोदा इस्तीफ़ा कहकर सभा में उड़ाई खिल्ली भी उन्हें बता दी। इस पर उन्होंने कहा, "गलती करना बुरी बात है और गलती विधायक रूप में बताने पर उसकी इस तरह भर्त्सना नहीं करना उससे भी बुरा है।"

पल भर के लिए मौन होकर वे फिर बोले, "मैं और साने गुरुजी डबलबोरगन हैं। जिस पर निशाना लगाओ वहाँ लग सकता है लेकिन इसका उपयोग अक्सर मांगल्य के निर्माण के लिए होना चाहिए। अब आप अध्यापकों पर बहुत बड़ी जिम्मेदारी है। मूलतः मैं जो अध्यक्ष बना उसके पीछे इस पाठशाला के लड़कों को कुछ अलग देंगे, अलग ढंग से उनका निर्माण करेंगे, यही संकल्पना थी।"

बातचीत के दौरान शालेय परिणाम का जिक्र हुआ। हमने कहा, "हम छात्रों का अलग ढंग से निर्माण करते हैं। अन्य स्थानों पर न किए जानेवाले संस्कार उन पर करते हैं। इसके चलते शालेय प्रगति की उपेक्षा होती है, यह कहाँ तक संयुक्तिक है? हमारे एस.एस.सी. परीक्षा के परिणाम का ग्राफ निरंतर गिरता जा रहा है, जो चिंताजनक है।" इस पर उन्होंने कहा, "हम चारदीवारों के अंदर जो पढ़ाते हैं वह संस्कारों के लिए इतना ही महत्त्वपूर्ण है। संस्कारों पर बल देने से यदि दो प्रतिशत परिणाम कम निकले तो कुछ बिगड़ता नहीं। लेकिन दो प्रतिशत कम अंक मिलने की तुलना में लड़कों पर संस्कार होने चाहिए, यह मैं आपको बता देता हूँ। हमारी सभी पाठशालाओं में से न्यूनतम पचास प्रतिशत परिणाम तो निकलना ही चाहिए। मुझे ऐसा लगता है कि केवल संस्कार, ध्येयवाद, राष्ट्रवाद का राग अलापने का यह समय नहीं है।"

फिर हम लोकतंत्र पर बातचीत करने लगे। खांडेकर जी ने कहा, "हम सब अंतरभारती, सेवादल आदि तत्त्वों पर मर मिटनेवाले हैं। हमारे जीवन का अधिष्ठान विज्ञाननिष्ठा, लोकतंत्र और समता पर निर्भर होना चाहिए। केवल इन निष्ठाओं पर बोलने से काम नहीं चलेगा बल्कि उनका आचरण आवश्यक है। मैं आपको बताना

चाहूँगा, सच्चे संस्कार आचरण द्वारा किए जाते हैं।" लोकतंत्र के सूत्र को पकड़ते हुए हमने पूछा, "भाऊ, हमने ऐसी माँग की है कि पाठशाला के सभी अध्यापकों को सदस्यता प्रदान की जाए। अर्थात यह हमारे लोकतांत्रिक प्रक्रिया का ही एक हिस्सा है। यदि पाठशाला के सभी अध्यापक संस्था की कई अड़चनों में, दुख में सक्रिय रूप से भागीदार होते हैं तो खुशी में भी उनकी शिरकत होनी चाहिए..." हमें बीच ही में रोकते हुए रामभाऊ शेवडे ने 'ग्रेट ऐंड कोड' का प्रमाण देते हुए कहा कि स्कूल कमेटी पर अध्यापक प्रतिनिधि होता है। हमने जब वे समितियाँ ही न होने की बात बताई तो खांडेकर जी ने कहा, "मैंने पहले जो उल्लेख किया कि हड्डी-मांस के अलावा मन नामक एक चीज होती है। यदि उसमें मन को उल्लासित रखनेवाला माहौल न हो तो सब कुछ व्यर्थ है। आपकी माँग विधायक है। मैं स्वयं अनंतराव आदि से बात करूँगा। फिलहाल आप अध्यापकों को बता दीजिए। मैं उनसे भी बोलना चाहता हूँ। लेकिन यह तंदुरुस्त होने पर ही संभव होगा। आप पाठशाला में जितना लोकतंत्रीकरण करना चाहते हैं उतना कर सकते हैं। मैंने अब तक अध्यक्ष के रूप में अपनी कलम नहीं चलाई है लेकिन ऐसा समय आए तो मैं उसके लिए तैयार हूँ। आप इस संदर्भ में निवेदन तैयार कीजिए। मैं सबसे पहले उस पर हस्ताक्षर करूँगा।" खांडेकर जिस जोश से बोल रहे थे, वह सुनना एक रोमांचकारी अनुभव था। उनका यह तेजस्वी रूप केवल दुर्लभ कहना होगा। हम मन-ही-मन शर्मिंदा होकर सोचने लगे, "इतना महान तपस्वी हम पर जो विश्वास प्रगट कर रहा है, क्या वाकई हम उसके काबिल हैं?"

मंदाताई चाय लाने अंदर गई। फिर कुछ इधर-उधर की बातें हुई। व्यक्तिगत पूछताछ भी। पाठशाला के आरंभिक दिनों की स्मृतियों पर प्रकाश डाला गया। महाडेश्वर सर ने हमारा इधर आने का प्रयोजन बताया। आदर्श आदि पर चर्चा हुई। मैंने कहा, "हम केवल आदर्श बताते हैं। तत्त्व बताना आसान होता है लेकिन प्रत्यक्ष व्यवहार कठिन होता है। मैं इसी पाठशाला में पढ़ा हूँ। अब अपने गुरुजनों से तात्त्विक संघर्ष करना पड़ता है। कभी-कभी हमें उभरनेवाले के ही विरुद्ध खड़ा होना पड़ता है।" खांडेकर जी ने मुझे बीच ही में रोककर कहा, "अरे, हम जो प्रबोधन की डींग हाँकते हैं वह और क्या होता है? हाँ, इस सारे संघर्ष से सुसंवाद कैसे निर्माण होगा, इसका खयाल रखना होगा। अनंतराव ने कई बार तुम्हारा जिक्र किया है। अरे, घर में भी तो बाप-बेटे में झगड़ा होता है ना। उसमें गैर क्या है?" खांडेकर जी का दिया धीरज और उपदेश मानो जीवन का अमृतकुंभ था।

जलपान हुआ तो हमने चलने की अनुमति माँगी। खांडेकर जी ने चलते समय पुनः याद दिलाई, "मेरी सेहत का बहाना बनाकर मिलना मत टालना। मेरा प्रेशर तो कभी 'लो' कभी 'हाई' होता रहेगा। पाठशाला का 'प्रेशर' मात्र ठीक रहना चाहिए।" वहाँ से चलने को मन नहीं कर रहा था लेकिन समय का तकाजा जो

था। बैठक तो कभी-न-कभी खत्म करनी ही होती है। मंदाताई से विदा लेकर हम 'नंदादीप' से चल निकले। लेकिन मन में 'नंदादीप' को अखंड तेजोमान रखने का निश्चय किया।

रास्ते में इत्तफाक से प्रो. पाटगाँवकर से भेंट हुई। उन्हें स्फोटक वृत्तांत सुना दिया। वे भी हमारी तरह अभिभूत हो गए।

इतने दिनों के पश्चात आज पुनः खांडेकर जी का स्मरण होता है तब उपरोक्त चलचित्र उतना ही भाव-विभोर कर देता है। यह उनकी प्रतिमा और प्रतिभा का ही प्रभाव कहना होगा।

स्वर्गीय खांडेकर जी ने अपने चिंतन द्वारा प्रकट किए विचारों को व्यवहार में लाकर, विधायक राह से उन विचारों का स्वीकार करने के सिवा उन्हें अलग श्रद्धांजलि क्या हो सकती है?

स्वीकृत हो।

आपका विनम्र,

सुनीलकुमार लवटे

इस पत्रक के आधार पर मुझ पर मानहानि का मुकदमा दायर करने की साजिश चल रही थी। रा.वा. शेवडे गुरुजी की मेरे पक्ष में होनेवाली गवाही की वजह से वह नहीं हो पाया। अंतरभारती के इस रुख के कारण मेरी ध्येयवाद पर की श्रद्धा और दृढ़ हो गई। मैंने महसूस किया कि यहाँ की ज़मीन में यह बीज फलना केवल असंभव है। यहाँ की जमीन...यहाँ का आकाश...अपना न होने का तीव्रता से एहसास हुआ।

सितंबर में खांडेकर जी का स्वर्गवास हुआ। अक्तूबर मास इज्जत (नुकसान के भय से) बचाने में गया। नवंबर में अध्यापक संघटना के अध्यक्ष चयन के नगाड़े बजने लगे। सभी का आग्रह था कि मैं अध्यक्ष पद की जिम्मेदारी सँभाल लूँ। पूरे जिले के बीस-पच्चीस सहयोगी अध्यापक कार्यकर्ता शनिवार पेठ के मेरे घर पर इकट्ठा हो गए थे। अब तक की यात्रा में मैंने शिद्दत के साथ महसूस किया कि संघटना, संस्था और सहयोगियों के साथ अपना मेल असंभव है। इसी कारण मैंने अध्यक्ष पद नकारा और उसके लिए रावसाहेब मगदूम का नाम सूचित किया। घर पर ही उस पर अनौपचारिक मुहर लगाई। फिर उनका चयन एक औपचारिक प्रक्रिया थी, जो संपन्न हो गई।

इधर अंतरभारती में मैं अध्यापक प्रतिनिधि के रूप में जो कार्य कर रहा था उसे दिन-ब-दिन सकारात्मक प्रतिसाद मिलना कम होता जा रहा था। मैंने 16 फरवरी, 1977 को संस्था को एक विस्तृत पत्र लिखा। लेकिन केवल चर्चा हुई, परिणाम कुछ नहीं निकला। फिर भी मैं एक साल प्रयास करता रहा। अंततः 10 मार्च, 1978 को मैं विधिवत प्रतिनिधि पद की जिम्मेदारी से मुक्त हुआ और पूरा समय पीएच.डी. के अध्ययन हेतु देने लगा। आगे चलकर जून, 1979 में अंतरभारती को इस्तीफ़ा देकर

बाहर निकला।

मैं जिस साँचे में पला-बढ़ा, उसने मेरी गठन में एक दोष रखा था। कोई भी काम हो, मैं तन, मन, धन लगाकर करता। मेरे लिए हर काम उद्देश्य-केंद्रित होता है। उसके लक्ष्य पर मेरी अटल श्रद्धा होती है। मैं काम के दौरान व्यक्तिद्वेष नहीं करता। उद्देश्य से विरोध करनेवाले व्यक्ति से मेरा संघर्ष होता है। वैसे मैंने बहुत कम लोगों को जिंदगी से मायनस किया है। उनसे मेरी कायम (आज तक) चुप्पी रही है। अर्थात वह कायम रहने के पीछे उनकी वृत्ति में न होनेवाला परिवर्तन! ऐसे लोगों की संख्या हाथ की उँगलियों से भी कम है।

लोग बार-बार मुझे पूछते हैं, ''आपका पक्ष सही होने पर भी आप चुप क्यों रहते हैं?'' ऐसे समय मुझे जी.ए. कुलकर्णी के पत्र-संग्रह में होनेवाला एक प्रसंग याद आता है...जी.ए. की प्रभावती नामक एक बहन थी। उसकी श्रीमती काणे नामक एक पड़ोसन थी। वह प्रभावती को छलती, परेशान करती। प्रभावती की तरह ही मैं छलनेवाले लोगों से आतंकित रहता हूँ। सीधी राह चलनेवाले मनुष्य को तिरछी चालवाले ऊँट का आतंकवादी लगना कोई आश्चर्य नहीं। प्रभावती का श्रीमती काणे के बारे में समझदारी से चुप रहना घरवालों को उलझन में डालता। कुछ मात्रा में हास्यास्पद भी लगता। ''तुम चुपचाप उसका अन्याय क्यों सहती हो?'' ऐसा प्रश्न पूछने पर प्रभावती का उत्तर होता, ''मैं चुप रही क्योंकि मेरा पक्ष सही था।'' इस पर जी.ए. कहते हैं, ''अपना पक्ष सही होने पर हम ऊँची आवाज में बोलते हैं लेकिन अपना पक्ष सही होने के संतोष में उसने कलह करना टाल दिया।'' प्रभावती का उत्तर मुझे आज भी प्रभावित करता है।

मैं काम से मिलनेवाले संतोष के कारण आज तक कलह टालता आया हूँ। मुझे अक्सर मेरा विवेक ऐसे लोग-संस्थाओं से दूर होने की राह दिखाता आया है। वह मुझे न केवल संतोष देता है अपितु नए काम की दिशा भी। मैं जहाँ पर एक काम छोड़ता हूँ वहाँ अनायास दूसरा शुरू होता है। काम में किए परिवर्तन से मुझे नई ऊर्मि और ऊर्जा मिलती है। इससे नए मित्र, नए मंत्र मिलते हैं, जिससे मेरा बल बढ़ता है। मुझे उम्र की अपेक्षा अनुभव पहले प्रौढ़ बना देते हैं। मैं अकाली प्रौढ़ हुआ क्योंकि मैं अपनी सामर्थ्य में न होनेवाले शिवधनुष उठाने का साहस करता आया। हर बार मैं उसे उठाने में सफल हुआ। इससे मिला संतोष कौन छीन सकता है? यह सच है कि 'एपिक्टेटस के स्टॉइक' तत्त्वज्ञान का यह पक्ष मुझे निरंतर लुभाता आया है।

17

रेखा के साथ किराए के घर में मेरी गृहस्थी चल रही थी। हम हर पल यह महसूस करते कि किराए के घर में रहना मानो पारतंत्र्य जैसा है। किराएदार होने के नाते

आपका अस्तित्व अक्सर दोयम होता है। बिजली और पानी मकान मालिक के प्राण होते हैं। आप उसका इस्तेमाल चाहे जितनी मितव्ययिता से करें मकान मालिक को मात्र वह फिजूलखर्ची ही लगती है। बिल्ली जिस प्रकार अपने बच्चों की सुरक्षितता के लिए जगह बदलती रहती है उसी प्रकार हमने सन् 1972 से 1988 तक कुल नौ घर बदल दिए।

घर ढूँढ़ना, उसका मिलना, वहाँ रहना और बदलना इन सभी में एक अनोखा दिव्य होता है। 'जाके पैर फटे न बिंवाई वह क्या जाने पीर पराई।' घर लेते समय हम यह जरूर बताते कि हम संस्था में पले-बढ़े हैं, न बताने की हमें बहुआयामी पीड़ा जो भुगतनी पड़ी थी।

हमें जिन बस्तियों में घर मिले वहाँ की भाषा, संस्कार, रिवाज, माहौल घिनौना होता था। हमने धोबी गली के शंकरदास के घर में पहली गृहस्थी सजाई, जो देवदासी का घर था। आगे-पीछे कायम कपड़ों की भट्टी का धुआँ निकलता। वह सन् 1973 का जमाना था। घर-घर में गैस नहीं था। चूल्हा और शेगड़ी पर ही काम चलता था। अर्थात हमारे घर की स्थिति भी अलग नहीं थी। हमारा मंजिल पर का घर मानो नीचेवाले सभी किराएदारों के धुएँ का आगार था। दिन-रात कपड़े धोने की सू ऽ-सू ऽ के चीत्कार गूँजते रहते। हम इसके इतने आदी हो गए थे कि आवाज न आने पर अटपटा लगता। शायद यह कम था इसलिए पड़ोस के एक व्यक्ति पर देवता सवार होते। वह लगातार झूमता रहता। वहाँ अक्सर धूप-अगरबत्ती आदि का धुआँ धुँधुआता रहता। उस माहौल में भजन, जागर यह रोज का दिनक्रम होता था। एक पड़ोसी किराएदार तो हमारे आश्रम के होने से हमें अछूत मानते थे। उनकी एक छोटी लड़की थी जो हमारे घर आना चाहती। पड़ोस की वह महिला उसके कपड़े उतारकर उसे हमारे घर भेजती। वह बच्ची अपने घर वापिस जाती तो पहले उसे नहलाकर पवित्र किया जाता और फिर कपड़े पहनाए जाते। इन सभी से हम अघोषित अस्पृश्यता अनुभव करते थे। वह महिला रेखा के कपड़े-बर्तन होने पर बाथरूम तथा सीढ़ी तक दो बाल्टी पानी उँडेलकर शुद्ध कर लेती।

इन्हीं दिनों धुएँ में रहने की वजह से मैं क्षयग्रस्त हुआ। ऊपर से लोगों के व्यवहार से काफी परेशानी होती। मैं दुविधा में, मन मारकर जीता था। रेखा भी सब कुछ मौन रहकर सहती थी। किराया देने के बावजूद पानी भरना, कपड़े धोना, बरतन माँजना, स्वच्छतागृह तथा बाथरूम का उपयोग करने के लिए हमारी अलिखित अंतिम बारी होती थी। इन सभी तकलीफों से तंग आकर आराम और इलाज हेतु मई 1974 को मैंने छह मास की छुट्टी लेकर पंढरपुर जाना तय किया। इसलिए शंकरदास का घर छोड़ने का निर्णय लिया। हमारे पड़ोस में होनेवाले स्नेही तथा सहकर्मी सुभाष मांडरे के घर का एक कमरा किराए पर लेकर हमने गृहस्थी समेटकर वहाँ रखी और पंढरपुर को प्रयाण किया।

सितंबर-अक्तूबर 1974 को वापस लौटने पर फिर गृहशोध मुहिम शुरू हुई। काफी खोजबीन के पश्चात रुईकर वसाहत के पीछेवाली भीमविजय कॉलोनी में श्री आवाडे का घर मिला। आर.सी.सी. के दो कमरों के लिए सत्तर रुपए किराया था। वहाँ पर स्वच्छतागृह की सुविधा नहीं थी, फिर भी पाठशाला नजदीक होने से वह घर ले लिया। इधर अंतरभारती ने मुक्त सैनिक से मेरा तबादला सदर बाजार में स्थित कोरगाँवकर हाईस्कूल में किया था। इस घर के बिलकुल सामने से धोवन जल का बड़ा नाला बहता था। सामने तथा अड़ोस-पड़ोस में झोपड़ीनुमा घर थे। बस्ती में सभी मातंग बांधव रहते थे। यहाँ भी पंक्तिप्रपंच था। सफेदपोश मंडली मेन रोड पर तो गरीब लोग पिछली गली में। अँधेरा होते ही वहाँ शराबियों का जमघट बना रहता। हमारे पीछे होनेवाले एक घर में चोरी-छिपे वेश्या का व्यवसाय चलता था। भूले-भटके लोग कभी-कभार हमारे ही घर पूछताछ करते। शर्मिंदा होना पड़ता। परिस्थिति मनुष्य को न जाने क्या-क्या भुगतने को मजबूर कर देती है। रेखा बड़े संयम से सब कुछ सहती थी। इससे ऊपर उठने के लिए मेरी कोशिश जारी थी।

घर में स्वच्छतागृह न होने से दूर होनेवाला नगर निगम का स्वच्छतागृह ही एकमात्र आधार था। अध्यापक होने से तथा वहीं से छात्रों के आने-जाने का रास्ता होने से अँधेरे की प्रतीक्षा करनी पड़ती। आपात्काल के दरमियान रेल पटरी के एकांत परिसर की मदद होती। एक बार मकान मालिक रेल पटरी की तरफ गए तो रेल कर्मचारी ने उन्हें टोक दिया। इससे उन्होंने स्वच्छतागृह बनवाना तय किया। वे दोनों पति-पत्नी मेहनत से ऊपर उठे थे। वे काफी स्नेहिल थे। उन पर अध्यापकीय परिवार के संस्कार थे। हम उन्हें मम्मी-पापा ही कहते। उनके बच्चे उन्हें इसी नाम से पुकारते थे। वे हमारे भी मम्मी-पापा बन गए। जिनके रिश्ते नहीं होते उन्हें रिश्ते बनाने ही पड़ते हैं। हम यह करते आए। मकान मालिक का स्वच्छतागृह बना और उसी समय रेखा के पाँव भारी हो गए। उसका सातवाँ मास चल रहा था। भारी अवस्था में उसे दूर तक जाना पड़ता। अँधेरे में सोहबत के सिवा जाना असंभव होता। जिस दिन स्वच्छतागृह का काम पूरा हुआ उसी दिन मकान मालिक ने सुना दिया कि आज से आपको 120 रुपए किराया देना पड़ेगा। मेरे अल्पवेतन में यह वृद्धि निभाना असंभव था। अतः मैंने स्वच्छतागृह का उपयोग न करना तय किया। इस पर मालिक ने घर छोड़ने का हुकुम दिया। यह तो मालिक का जन्मसिद्ध अधिकार होता है। यह वाकया बीस-बाईस तारीख को घटित हुआ। एक तारीख को घर बदलना तय किया। दीपावली की छुट्टी नजदीक आई थी। घर बदलने के पश्चात रेखा प्रसूती के लिए मायके जानेवाली थी। पड़ोसी महिलाओं के आग्रह से (सच कहें तो मालिक को ताने कसने से) लोकलाज की खातिर रेखा स्वच्छतागृह का उपयोग करने लगी। इसके पीछे मकान मालिक का 'आप नहीं तो हम भी नहीं' यह रवैया भी कारण था। मैं मात्र अपने निर्णय पर अडिग रहा।

अब कोल्हापुर में घर किराए पर लेने-देने का व्यवहार एजेंट द्वारा हो रहा था। शिवाजी विश्वविद्यालय के नजदीक होने से हमने राजारामपुरी में घर किराए पर लेना तय किया। एम.ए. होने के बाद मुझ पर पीएच.डी. करने की धुन सवार थी। उस समय राजारामपुरी में कासार सर, वाडकर सर, बाचणकर सर आदि अध्यापक मंडली रहती थी। उनकी पहचान से बोरगाँवकर दर्जी नामक एजेंट का पता चला। वह केवल नाम का दर्जी था। वह घर लेने-देने के व्यवहार करता। उसी के परिचय से राजारामपुरी के पाटिल नामक सज्जन के अस्सी रुपए किराए पर दो कमरे लिए। सौदा पक्का हुआ। 30 सितंबर को हमने आवाडे का घर छोड़ दिया। सुबह दस बजे इक्के पर सामान चढ़ाया और हम राजारामपुरी के घर पहुँचे। ऐसे में मकानमालिक ने अचानक सुना दिया, "घर किराए पर देना रद्द हुआ है।" अब न नीचे जमीन थी न ही ऊपर आकाश (छत)। उस दिन 'बिच्छू की गृहस्थी अपनी पीठ पर' का पहली बार एहसास हुआ। रेखा का शाम की महालक्ष्मी एक्सप्रेस से मुंबई जाने का टिकट आरक्षित किया गया था। वह मुंबई होकर पंढरपुर जानेवाली थी। आवाडे का घर छोड़ दिया था...पाटिल के घर का प्रवेश बंद हुआ था...इक्केवाले ने रट लगाई थी, 'साब, दुगना किराया देना होगा, कमाई का टाइम है...' मैंने रेखा को और इक्के को राजारामपुरी की चौथी गली के पिलणकर की दुकान के सामनेवाले पेड़ के नीचे खड़ा किया और पूरी राजारामपुरी का पैदल चक्कर लगाया। बारह बजे की कड़ी धूप में शुरू किया घर का शोध सूरज की किरणें तिरछी हुईं तो भी जारी था। सफलता के धुँधले चिह्न तक दिखाई नहीं दे रहे थे। पैरोंतले की ज़मीन धँसने का एहसास हो रहा था...सूरत रूआँसी हो गई थी...रेखा की दशा भारी थी...इतने में मुद्गल नामक एक छात्र सामने आया और उसने पूछा, "सर, कबसे आपको देख रहा हूँ, क्या ढूँढ़ रहे हैं?" उसे समस्या बताई। वह राजारामपुरी में ही रहता था। उसने अपने दो मित्रों को बुलाया। उनकी पहचान से सामान रखने को एक कमरा मिल गया। रेखा ने और मैंने प्रसूति के पहले ही चैन की साँस ली। उस दिन की बेसहारा स्थिति ने निर्वासित होना क्या होता है इसका अनुभव दिया। वह किसी के भी हिस्से में न आए।

दीपावली के पश्चात फिर बिल्ली की तरह नई जगह की खोज! शंकरदास का घर खाली होने की खबर मिली...'वक्त पड़े बाँका तो गधे से कहे काका'। फिर वही घर, वही माहौल, वही लोग, वही परेशानियाँ। अब निशांत का जन्म हो गया था। रेखा उसे लेकर आनेवाली थी, इसलिए स्वयं के खर्चे से घर की मरम्मत और रंगाई की। अभय एम.ए. करने के लिए मेरे पास आया था। भाई ने मुझे पढ़ाया था। इस कृतज्ञता की उतराई के रूप में मैंने अभय को पढ़ाना तय किया। मेरी रेग्युलर एम.ए. करने की इच्छा थी लेकिन कर न सका। अभय विश्वविद्यालय में नियमित छात्र के रूप में जा रहा था। मैंने अपना अधूरा सपना अभय के द्वारा पूरा किया। उसने एम.ए. की पढ़ाई पूरी की उस दिन मुझे अत्यंत खुशी हुई। रेखा अपने साथ निशांत को लेकर

आई। ओबा ने रेखा की प्रसूति और निशांत का नामकरण उत्साह के साथ किया था। इसी दौरान आपात्‌काल के चलते मेरे पीछे पुलिस का बखेरा था। रेखा को अस्पताल ले जाने की तथा निशांत के जन्म की खबर तक पुलिस से ही मिली थी। प्रसूति के दौरान रेखा को पीड़ा हो रही थी। रात ही मैं पुलिस की मदद से पंढरपुर पहुँचा था। उस दिन भोर के समय कृष्णजन्म के उस आनंदोत्सव ने मुझे सनाथ कर दिया।

कृष्ण गोकुल के घर में बढ़ रहा था। उधर ओबा ने संस्था से अवकाश ग्रहण किया था। अपने लड़के बाल की ओर जाने की स्थिति नहीं थी। वनुताई के ससुराल जाना भी असंभव था। मैंने ओबा को पहले बताया कि मेरे घर में समझौता कर रहना पड़ेगा और उन्हें अपने घर लाया। मैंने उन्हें घर लाकर अपनों का रोष मोल लिया था। मेरी माँ समझदार थी, इसलिए मैं ऐसा कर पाया। प्रार्थना-समाज ने ओबा को जिस पद्धति से अवकाश ग्रहण करने को बाध्य कर बहिष्कृत किया था वह पद्धति अत्यंत अमानवीय थी। जिस महिला ने अपनी पूरी जिंदगी संस्था को समर्पित की थी उसकी संस्था को सम्मान के साथ सँभाल करनी चाहिए थी। सैकड़ों कुमारी माता और उनके शिशुओं को ओबा द्वारा दिए गए पुनर्जीवन को मद्‌देनजर रखकर संस्था, प्रार्थना-समाज का उन्हें संस्था से बाहर निकालना केवल अक्षम्य था। यदि मेरी उन्हें अपने साथ रखने की स्थिति न होती तो वे कहाँ जाती? आजीवन अनाथाश्रम, रिमांड होम में काम करनेवाले कर्मचारियों को आज भी न ग्रेच्युएटी मिलती है न निवृत्ति वेतन। इस पर कोई विश्वास नहीं करेगा, लेकिन यह सच्चाई है। अनाथों को सनाथ करनेवाली मंडली को अपनी जिंदगी के उत्तरार्ध में अनाथ, बेसहारा देखता हूँ तो समाज के बेहयापन पर तरस आता है। उनकी जिंदगी भी बिच्छू की गृहस्थी बने, इसे क्या कहा जाए?

18

रेखा जब प्रसूति के लिए पंढरपुर गई तब मेरे पास रमा मौसी थी। बचपन से ही माँ की अपेक्षा मेरा उसकी ओर अधिक खिंचाव था। मेरी गृहस्थी शुरू हो गई थी लेकिन वह तंगदस्ती की ही थी। मैं पीएच.डी. का अध्ययन कर रहा था। अंतरभारती में अध्यापक प्रतिनिधि के रूप में निष्ठा के साथ कार्य करता था। नई गृहस्थी में रोजाना कुछ-न-कुछ लाना पड़ता। कभी-कभी घर में दीये तक के लिए तेल नहीं होता। रमा मौसी जैसे-तैसे काम चलाती। मौसी ने उन तंगदस्ती के दिनों में मुझे जो आधार दिया वह अनमोल था। ऐसे में वह बीमार पड़ी। राजारामपुरी के पोते का घर बदलकर हम दुबारा शंकरदास के घर रहने आए थे। मौसी की स्थिति गंभीर थी। उन दिनों महाडेश्वर सर तेली गली में रहते थे। मौसी के दामाद उनके दूर के रिश्तेदार थे।

उनकी पहचान से गंगावेश के सुभाष आठवले ने इलाज शुरू किया। मौसी के पेट से बीस बोतल पानी निकाला गया लेकिन वह नॉर्मल नहीं हो पाई। भाई को मुंबई से बुलाया और डॉक्टर की सलाह से उसे पंढरपुर ले जाने का निर्णय हुआ। रेखा के बच्चे को देखने की मौसी की जबर्दस्त इच्छा थी। उसने उसे देखा और 'विश्वेश्वर' नाम रखने को कहकर अपने प्राण त्याग दिए। पंढरपुर में मृत्यु होने की उसकी चाह पूरी हो गई। मुझे फिर एक बार अनाथ होने का एहसास हुआ।

मौसी के देहावसान के कुछ दिन बाद ही ओबा हमारे पास रहने आई। आरंभ में दामाद के घर रहना उन्हें दुविधाजनक लगा। लेकिन निशांत की देखभाल में वे ऐसी मशगूल हुई कि उन्हें ही पता न चला। निशांत और रेखा का उन्होंने बहुत कुछ किया। पंढरपुर में उनका रहन-सहन उच्च वर्ग जैसा था। घर में नौकरों की आदत थी। मेरी तंगदस्त गृहस्थी में होनेवाली उनकी असुविधा मैं समझ रहा था। वे अपने साथ उत्तरार्ध की जिंदगी के लिए इकट्ठा की जमा-पूँजी ले आई थीं। वे मुक्त हाथ से खर्चा करती। मैं उन्हें टोकता रहता। रेखा को भी समझाता। मैं बड़ी पसोपेश में पड़ गया था। मैं बिछावन देख अपने पैर फैलाता अपितु छोटे बिछावन तक में पैर समेटता था। आश्रम, रिमांड होम में बिताए दिनों की तुलना में आज के दिन निश्चित ही समृद्ध और खुशहाल थे। अक्सर लगता कि उन्माद न चढ़े, उद्धत न बनें। एक अध्यापक को मिलनेवाले अपर्याप्त वेतन में मैं, अभय, रेखा, ओबा और निशांत ऐसे पाँच लोगों का परिवार चलाने की कोशिश करता।

शंकरदास का घर बच्चों की दृष्टि से खतरनाक था। धीरे-धीरे रेंगनेवाले निशांत ने शंकरदास के मंजिल पर के घर का प्रसाद दो बार चख लिया था। ऐसे में एक दिन ओबा सीढ़ियों से गिर गई। उनके घुटने और कपाल को चोट पहुँची और हमने शंकरदास का घर बदलना तय किया। इत्तफाक से उसी समय आवाडे का घर खाली होने की खबर मिली। हमने सितंबर-अक्तूबर 1975 को आवाडे का घर छोड़ा था। मई, 1977 तक पुलिया से काफी पानी बह चुका था। दोनों की गलतफहमी, रूठना दूर हो गया था। आवाडे के निमंत्रण पर मैंने दुबारा उनके घर जाने का निश्चय किया। इसके पीछे दो कारण थे। एक तो वह घर ओबा और निशांत की दृष्टि से सुविधाजनक था। दूसरे, मेरा पीएच.डी. का अध्ययन शुरू था और विश्वविद्यालय तथा हाईस्कूल नजदीक पड़ता था। घर बदले कुछ ही दिन हुए थे। एक दिन अचानक वनुताई मुंबई से ओबा से मिलने आई। मैं जब पाठशाला से घर लौटा तो घर में सामान समेटा जा रहा था जिसे देख एक पल तो मैं कुछ समझ ही नहीं पाया। वनुताई ने कुछ गुस्से में ही बताया, "मैं ओबा को अपने साथ मुंबई ले जा रही हूँ।" मैं अपनी गलती समझ नहीं पा रहा था। मुझसे चर्चा कर, मेरी गलती हो तो वह बताकर ओबा को ले जाने पर मेरी आपत्ति नहीं थी। लेकिन 'काज रहे तो काजी, न रहे तो पाजी' जैसा व्यवहार मुझे अनुचित लगा। दीदी ने दीप्ति को जन्म दिया था। उसका भी किसी

को खयाल करना चाहिए था। उसकी नौकरी के कारण वह आवश्यक भी था। लेकिन मेरी अनुपस्थिति में निर्णय लेना मुझे बुरा लगा। उससे भी बुरा इसका लगा कि ओबा का पूरा सामान, गहने, रुपए आदि ले जाते समय घर में भूल से उनका एक कप और दरी रह गई थी, वह माँगकर लेना। यह बात मेरे स्मृति में कायम रही। इसके सिवा कैनरा बैंक में उनके खाते में शेष आठ रुपए माँगने की कचोट भी बनी रही। वे मैंने मनीऑर्डर द्वारा भेज दिए। उस दिन मेरी समझ में आया कि जिनके अपने होते हैं वे औरों को तुच्छ मानते हैं। अपना अस्तित्व और पहचान मैं अपने बलबूते पर बनाता आया। चरमसीमा की कटुता के बावजूद सब कुछ भूलने के अपने स्वभाव के कारण मैं प्रसंगानुरूप संबंध सहेजता रहा। घरवाले हों या पराए सभी से सकारात्मक संबंध रखना मैंने तय किया था। इसी कारण दीदी के साथ मेरा अटूट रिश्ता कायम है। इसमें प्रतिपक्ष की समझदारी भी होती है। इसी कारण हम आज परस्पर सुख-दुख बाँटते हैं।

ओबा के जाने के बाद आवाडे के घर में हमने एक ही साल बिताया। मई की छुट्टी में भाई और मूर्ति हमारे घर आए। गर्मियों में आनेवाले बंदरों में से एक बंदर ने पापा के अजित को काट खाया। बच्चे और मेहमान में मजाक में हुई अनबन की जगह गलतफहमी ने ली। दूसरे दिन पापा ने हमें घर छोड़ने का आदेश दिया।

पुनश्च हरिओम! फिर बोरगाँवकर दर्जी को मनाना। इस बार राजारामपुरी की पाँचवी गली में माली का खपरैल का, मिट्टी का, लीपा-पोती की फर्श का घर हमें नसीब हुआ। मकान मालिक रात को शराब पीकर बड़बड़ाते रहते। मालकिन मात्र भली औरत थी। उसे अपनी परिस्थिति का एहसास था। पड़ोसी भी अच्छे थे। यहाँ मैंने तीन साल बिताए। इस घर ने कई भले-बुरे प्रसंगों में मेरा साथ दिया। यह घर मेरे लिए अविस्मरणीय रहा।

ओबा के प्रसंग से माँ को आश्रम से मुक्त कर अपने पास लाने को मन करता। लेकिन उसके साथ मेरी ही उम्र की उसके द्वारा जाई पोलियोग्रस्त लड़की ज्योत्स्ना थी। अर्थात वह मेरी दीदी ही थी। मैंने दीदी के साथ माँ को लाना तय किया और ले आया। लेकिन दीदी के विक्षिप्त वर्ताव से घर छोड़ने की नौबत आई। अंततः माँ को दीदी के साथ पंढरपुर लौटना पड़ा। मेरी जिंदगी की वह बहुत बड़ी हार थी।

हमारी इस टूटी-फूटी कुटिया में आनेवालों का ताँता रहता। हमारे घर से मिलनेवाली रोटी-सब्जी और मेहमानवाजी से आनेवाले खुश होते। एक बार मुंबई से जीजी सपरिवार आई थी। वह मुंबई में अच्छे फ्लैट में रहती थी।

जीजाजी ईएसआईसी में बड़े अफसर थे। वे कोंकण से हमारे यहाँ आनेवाले थे। मैंने और रेखा ने उनकी मेहमानवाजी की पूरी तैयारी की। जीजाजी नियोजन के तहत सपरिवार पधारे लेकिन हमारा खुला बाथरूम, गोबर से लिपी जमीन, खपरैल का घर देख उनका अस्वस्थ होना स्वाभाविक था। वे सुबह आए थे। घंटेभर बाद ही उन्होंने

बताया, "तुम गलतफहमी में मत रहना। मैं संकोच करनेवालों में से नहीं हूँ। संकोच करने से तकलीफ उठानी पड़ती है जो मुझे पसंद नहीं। यहाँ पर आलवेकर नामक मेरे एक मेहमान हैं। वे बैंक में बड़े अफसर हैं। उनका अपना क्वार्टर्स है। हम उनके यहाँ रहेंगे। मेरे बच्चों का यहाँ मिट्टी में रहना असंभव है...।" मेरे निशांत को वे अपनी छोटी लड़की का स्पर्श तक नहीं करने दे रहे थे। और सुबह नौ बजे वे चले गए...शाम छह बजे फिर इक्का दरवाजे के सामने हाजिर हुआ। उन्होंने कहा, "वे अपनी ही धुन में होते हैं...बच्ची को दूध तक नहीं पूछा..." हम पामर क्या बोलनेवाले थे? फिर उन्हें सुदामा के पोहे भी मीठे लगे, यह अलग से बताना जरूरी नहीं।

मेरे पीएच.डी. के अध्ययन को दिशा मिल गई थी। सन् 1978-79 का प्रसंग रहा होगा। माँ अचानक बीमार पड़ी थी, इसलिए उसे देखने मैं पंढरपुर गया था। आश्रम का हर दिन उसे पहाड़ जैसा लग रहा था। दीदी में जान अटक गई थी। वह ढलती उम्र के कारण थक चुकी थी। देवी-देवताओं पर उसकी असीम श्रद्धा थी। भोजन करने की तुलना में उसके उपवास के दिन अधिक होते। अब उसकी तबीयत को यह सह पाना संभव नहीं था। मैं उसे समझाकर वापस लौटा। दो मास भी नहीं हुए कि पंढरपुर बालकाश्रम के तत्कालीन अधीक्षक अहिरराव का तुरंत आने का संदेश मिला। मैं अविलंब पंढरपुर पहुँचा। माँ अस्पताल में लावारिस लाश की तरह सीढ़ियों के नीचे कराह रही थी। उसकी ओर किसी का ध्यान नहीं था। डॉक्टर द्वारा उसे कुष्ठरोगी घोषित करने से उसे तुरंत नौकरी से निकाला गया था। वह पूरी तरह से टूट चुकी थी। उसने मुझे देखकर कहा, "सुनील, मुझे यहाँ से ले चलो...अब असह्य हो रहा है।" इसके पहले मैंने जब-जब उससे चलने का आग्रह किया था तब उसने इच्छा होने पर भी दीदी का बहाना बनाकर इनकार किया था। दीदी को ले जाने का मेरा प्रयोग असफल हो गया था। अब ममता के कुंडल गल चुके थे। जहाँ फूल बिने थे वहीं पर गोबर के कंडे चुनना माँ के लिए नामुमकिन था। अहिरराव ने समझौते की भूमिका अपनाई। माँ की विकलांगता से दीदी भी कृश हो गई थी। दोनों अंतिम साँसें ले रही थीं। मैंने सोच-समझकर कहा, "माँ के साथ दीदी को ले जाता लेकिन किराए का घर, दीदी की विकलांगता और विक्षिप्त वर्ताव के चलते असंभव है।"

रेखा ने स्वेच्छा से माँ की सेवा करना स्वीकार किया था। उसे बच्चे की चिंता रहती। अंततः माँ का सब कुछ अलग रखना तय हुआ। पहले तो वह तैयार ही नहीं हुई...मैंने उसे समझा दिया...फिर मेरा बाबा आमटे के पास जाने से क्या लाभ था...यह बीमारी संसर्गजन्य नहीं है...सब कुछ अज्ञान है...आदि। यह सब सही था लेकिन व्यवहार के समय गाड़ी रुक जाती। अंततः यह तय हुआ कि संस्था आजीवन दीदी की देखभाल करें...मैं माँ को हमेशा अपने पास रखूँ। फिर एक बार मुझे ओबा को संस्था द्वारा बहिष्कृत किए जाने का प्रसंग याद आया...संस्थागत व्यवस्था में आपकी उपयोगिता यही आपका सुरक्षा कवच होता है...मैंने कई बार अनुभव किया

कि 'यूज एंड थ्रो' का सिद्धांत भूमंडलीकरण के बहुत पहले बालकाश्रम और रिमांड होम में प्रचलित था...आगे चलकर मैं जब संस्था का संचालक हुआ तब मैंने कई कर्मचारी भाई-बहनों को ढलती उम्र में उद्ध्वस्त होते देखा...आश्रमीय संस्कृति व्यावहारिक होती है...उसके पास न भावना होती है न विचार। उसकी कृतज्ञता से दुश्मनी होती है...उसके पास होता है अच्छा व्यवहार।

माँ को कोल्हापुर में माली के घर में लाया। डॉ. मिरजे का अंतरभारती से अच्छा परिचय था। उन्हें माँ को दिखाया तो उन्होंने हौसला बढ़ाया। उन्होंने डॉ. आर.आर. चौगुले के नाम चिट्ठी दी। उनके खून, यूरीन, त्वचा आदि की जाँच हुई। उन्होंने बताया कि कुष्ठरोग नहीं है...अत्यधिक श्रम, उपवास, विचार, चिंता से वह ढह गई थी...खून जम रहा था...इसी से हाथ की उँगलियों पर फुंसियाँ निकल आई थी...दूध, फल, दवा, आराम आदि से वह सँभलती गई। दो ही मास में वह नॉर्मल हो गई। आश्रम में खून, यूरीन, त्वचा आदि की जाँच किए बिना कुष्ठरोग का निदान करना आश्रमवासियों की मानसिक कोष्टबद्धता कुष्ठता ही थी यह समझ में आया। कहते हैं, बुराई से भला होता है...वैसा ही हुआ। रेखा ने इस समय माँ की जो सेवा की वह ओबा तक ने नहीं की। माँ को रेखा की सुश्रूषा से जीवनदान मिला...माँ जब आई तब उसका शरीर जख्मों से जकड़ा था...उसी में चूहे रात-बेरात उसके जख्मों को काटते...यह सब देखने पर कोई विश्वास नहीं करेगा कि आगे चलकर माँ निरोगी हुई और संतोष के साथ पंद्रह साल जी सकी। माँ के आयुवर्धन का, मानसिक स्वास्थ्य का पूरा श्रेय रेखा को ही था। आगे की हमारी गृहस्थी सुदामा के पोहों की ही रही लेकिन वह अधिक मीठी होती गई...उत्तरार्ध की जिंदगी में हमने अनुभव किया कि किसी समय हमें तुच्छ माननेवाली मंडली का न हमारे बिना चलता है न उनके बिना हमारा। 'पीछे कुछ छोड़े तो आगे बढ़ सकते हैं' यह मुझे परिस्थिति द्वारा दिया गया जीवन पाथेय है! मेरी ज़िंदगी को वह अक्सर समृद्ध करता आया है।

19

सन् 1960-65 का काल मुझे अच्छी तरह से याद है। उस समय अनाथों की शिक्षा और पुनर्वास को लेकर अनाथाश्रम और रिमांड होम में एक अनुमान था। लड़के-लड़कियाँ पढ़ें इतना ही उद्‌देश्य होता। साक्षरता पर ही संतोष मानने का वह समय था। हाईस्कूल में जानेवाले लड़के 'मैट्रिक' होने की अपेक्षा 'नॉन मैट्रिक' होने में ही संतोष मानते थे। 'मैट्रिक' मानो 'कैंब्रिज' ऐसी स्थिति थी। लड़के का यदि उद्धार ही करना होता तो उसे आई.टी.आई. (आई.आई.टी. नहीं) को भेजा जाता। मैंने ऐसे समय गारगोटी के मौनी विद्यापीठ से डी.आर.एस. (एजू.), यह बी.ए.,बी. एड. समकक्ष पाठ्यक्रम पूरा किया था, वह भी भारत में अव्वल आकर। जिसका

आश्रमीय जगत में विलक्षण स्वागत हुआ। इसी से मेरे अंदर उच्च शिक्षा की ऊर्मि जाग गई। दूसरे, मुझसे कम अंक होनेवाले छात्र विश्वविद्यालय में नियमित छात्र के रूप में पढ़ते थे, जिसकी मुझे ईर्ष्या (असूया नहीं) थी। मुझे एम.ए. में बी. प्लस मिला। मैं तुरंत प्राध्यापक हो सकता था लेकिन सन् 1975 का काल मेरे लिए ध्येय की धुन सवार होने का था। अंतरभारती द्वारा की गई गुणवत्ता की उपेक्षा से मेरे अंदर पीएच.डी. का स्फुल्लिंग जाग गया।

पूछताछ करने पर पता चला कि पीएच.डी. के लिए पहले शोध निर्देशक (गाइड) ढूँढ़ना पड़ता है। उन दिनों शिवाजी विश्वविद्यालय में हाथ की उँगलियों पर गिने जाएँ इतने ही गाइड उपलब्ध थे। हर एक का मिजाज अजीब था। एक से मिला तो उनके पास जगह खाली नहीं थी। दूसरे बड़े विद्वान सज्जन थे। उनकी ओर अभी तक किसी ने पंजीकरण करने का साहस नहीं किया था। ('आ बैल मुझे मार' कौन करेगा?) तीसरे हाल ही में दाखिल हुए थे...उनके अध्यापन का अनुभव लिया था, लेकिन तांत्रिक सज्जन। शेष बाहर के होने से असुविधाजनक थे। फिर भी मैं सभी से मिला लेकिन सभी ने टालमटोल की। मुझ पर शोध की धुन सवार हो गई थी। मैं कुलपति से मिला। उन्होंने दुबारा मुझे डॉ. चंदूलाल दुबे से मिलने को कहा। हाल ही में राजाराम महाविद्यालय उनका स्थानांतरण हो गया था। वे वहाँ पर रेक्टर थे। उनके घर के चक्कर लगाए। उनके पास जगह खाली नहीं थी। उन्होंने डॉ. सरजूप्रसाद मिश्र का नाम सूचित किया। मेरी कोई शर्त नहीं थी। मैंने एकलव्य बनना तय किया था... डॉ. दुबे ने डॉ. मिश्र से सिफारिश की और अंततः मुझे गाइड मिल गए। डॉ. मिश्र को 'पद्मावत' पढ़ाते समय सुना था। मैंने एम.ए. की उपाधि बहिस्थ छात्र के रूप में प्राप्त की थी। जब संभव होता, हाईस्कूल की छुट्टी होती तो प्राध्यापक की अनुमति से कभी-कभार तालिका में बैठता। विश्वविद्यालय, छात्र, प्राध्यापक सभी को मिले स्वर्ग की मुझे ईर्ष्या होती। प्रो. मुजावर, प्रो. जैन, श्री वास्कर आदि ने डॉ. मिश्र की ओर पंजीकरण किया था। एक जगह खाली थी जो मुझे मिल गई।

मैं अध्ययन में जुट गया...सर से मिलने लगा...वे अपने छात्रों की काफी तारीफ किया करते...मेरी धड़कन बढ़ती थी लेकिन मैंने डॉ. अरुण लिमये की तरह तय किया 'लड़े बगैर हार नहीं मानूँगा'...मैं पढ़ता-लिखता रहा। मेरा हिंदी का वाचन साधारण था। लेखन अशुद्ध, विचार सीमित...संदर्भ किसे कहते हैं, यह मुझे पता नहीं था। लेकिन सालभर की उम्मीदवारी में काफी बातें सीख लीं। कई ग्रंथालयों के चक्कर लगाए। मुझे अपनी कूवत का एहसास हुआ। अपनी क्षमता समझ में आई।

मैं 'सारिका', 'धर्मयुग', 'नवभारत टाइम्स' नियमित पढ़ने लगा। 'सम्मेलन पत्रिका', 'आलोचना', 'साहित्य संदेश' जैसी पत्रिकाएँ बारीकी से पढ़ने लगा। यशपाल, प्रेमचंद, जैनेंद्र, रांगेय राघव, जयशंकर प्रसाद, महादेवी, निराला, कबीर, तुलसी आदि का जो साहित्य मिलता उसे पढ़ने लगा। अन्य शोध-छात्रों के पास ढेर

सारे बारोटिकट होते...उनके तथा उनके प्राध्यापक मित्रों के। मुझे अभ्यासिका में प्रवेश नहीं मिल पाता। मैं एम.ए. की तरह पीएच.डी. का भी बहिस्थ छात्र था। नियमित शोध छात्र (जे.आर.एफ.) के रूप में मुझे कौन अपनाता? मैं तो ठहरा सीधा-साधा, उजड्ड, हाईस्कूल का अध्यापक...खादी के कपड़े, बढ़ी हुई दाढ़ी, गले में शबनम बैग, बजनेवाली साइकिल...यह विश्वविद्यालयीन उच्च संस्कृति को कहाँ शोभा देता...डॉ. भा.शं. भणगे उस समय कुलपति थे। मैं उनसे मिला और अपनी दशा का बयान किया...'हाईस्कूल को पढ़ाता हूँ...खपरैल के एक कमरे में किराए पर रहता हूँ। उसी में पत्नी, छोटा बच्चा, माँ, पागल बहन...सभी एक साथ रहते हैं। घरमालिक का चालीस वॉट का एक ही बल्ब लगाने का आदेश होता है...' उन्होंने खास तौर पर मुझे अभ्यासिका में प्रवेश, क्युबिकल देने की सिफारिश की। अभ्यासिका में तुरंत प्रवेश मिल गया लेकिन क्युबिकल मिलने में तीन मास लगे... शोध छात्र ताला लगाकर गायब था। अंततः एक चपरासी ने मेरी सीनियरिटी का सम्मान किया...मुझे क्युबिकल मिल गई...स्वर्गप्राप्ति की खुशी हुई।

एक वर्ष के अंदर मेरा लेखन शुरू हुआ और डॉ. मिश्र को तसल्ली हुई। अब अपने पहले छात्रों को ही वे मेरे बारे में सुनाने लगे, 'देखो उनकी मेहनत'। मैं और निष्ठा से लेखन-पठन में जुट गया। सर हर अक्षर पढ़ते, बारीकी से वर्तनी देखते। उन्हीं के कारण मेरी वर्तनी में सुधार आया। सर हिंदी में ही बोलते थे। मैं भी आत्मविश्वास से हिंदी में बात करने लगा। आगे चलकर एक साल बाद मैं एक मास के लिए लखनऊ में यशपाल के घर संदर्भ इकट्ठा करने चला गया। उन दिनों शोध छात्र को यात्रा, अनुसंधान, संदर्भ संग्रह के लिए अनुदान या आर्थिक सहयोग मिलता था। मैं बहिस्थ छात्र था। विश्वविद्यालय का यह सौतेलापन मानो मेरी घुट्टी में पड़ा हुआ था...ऐसी विषमता नहीं होनी चाहिए थी। मैं अपनी ओर से रुपए लगाकर ग्रंथ खरीदी, यात्रा, संदर्भ, पत्रिकाओं की सदस्यता आदि गृहस्थी में कटौती कर के करता...समय आने पर रेखा के गहने बेचकर...।

मेरा पीएच.डी. का शोधकार्य आकार लेने लगा। वैसे मैंने प्राध्यापक होना निश्चित किया। सन् 1977 का मई मास होगा। शिवाजी विश्वविद्यालय ने कोल्हापुर के गोखले और महावीर महाविद्यालय की पुरानी पी.डी. की कक्षाओं को विशेष रूप से अनुमति दी थी। दोनों महाविद्यालय में पुरानी ग्यारहवीं कक्षा उत्तीर्ण छात्र बड़ी तादाद में आए थे। इससे अस्थायी प्राध्यापकों की आवश्यकता पड़ गई थी। इसका पता चला तो मैंने पूछताछ की। प्रो. आई.एम. मुजावर के और मेरे शोध-निर्देशक एक ही होने से उनसे परिचय था। वे भी मेरी तरह हाईस्कूल में अध्यापन कर प्राध्यापक बने थे। वे गोखले महाविद्यालय में हिंदी विभाग के अध्यक्ष थे। उन्होंने प्राचार्य सी. डी. जोशी से मिलने की सलाह दी। प्राचार्य जोशी मुझे साथ लेकर संस्था के हाईकमान प्राचार्य एस.आर. देसाई के पास ले गए। बातचीत के उपरांत उन्होंने अपने सचिव

कुलकर्णी को (जो एक हाईस्कूल में प्रधानाचार्य थे) मुझे नियुक्त करने को कहा। उन्होंने मेरी ओर देखकर कहा, 'हिज आईज आर रिलाइबल, टेक हिम।' उनका यह निर्णायक वाक्य मैं आज भी भूल नहीं पाया हूँ। आवेदनपत्र या साक्षात्कार के बिना मेरी नियुक्ति हो गई। अंतरभारती से विधिवत अनुमति लेकर जुलाई के पहले सप्ताह में मैंने अनुभव के तौर पर प्राध्यापक के रूप में अवैतनिक अध्यापन शुरू किया।

गोखले कॉलेज की पी.डी. कक्षा पर की वह पहली तालिका अविस्मरणीय रही। उस समय पी.डी. की कक्षाएँ पहली मंजिल के बड़े सभागार में चलती थीं। कक्षा लड़कों से खचाखच भरी होती। पूरी तरह 'हाउस फुल'! सभी छात्र चार-पाँच बार प्रयास कर सफल हुए थे। अधिकांश पुरुष ही थे। अधिकतर अधेड़, गुंडई वृत्ति के। पुरानी ग्यारहवीं रद्द करने हेतु एस.एस.सी. बोर्ड ने विशेष 'मॉडरेशन' कर उत्तीर्ण किए थे। उनके लिए कॉलेज मानो एक सुहाना मौका था। लड़कियाँ कम, लड़के अधिक थे। उन दिनों मैं खादी पहनता था। बढ़ी हुई दाढ़ी होती। मैं जैसे डायस पर पहुँचा वैसे पीछे से आवाज आई, 'प्रोफेसर चंद्रशेखर आ रहे हैं'...उस समय मराठी रंगकर्मी चंद्रशेखर 'तरुण तुर्क' के रूप में सर्वपरिचित थे। इस पहली सलामी से हाईस्कूल और कॉलेज में होनेवाले अंतर का पता चला। कक्षा मानो हॉल थी। रोजाना छात्रों का शोरगुल रहता। महाविद्यालय ने पूर्वानुभव से कक्षा में माइक की व्यवस्था की थी। हर कतार में मुस्टंडे चपरासी खड़े होते थे। मैं प्रेमचंद की कथा पढ़ानेवाला था। प्रास्ताविक शुरू किया, इतने में बाहर बारिश की बौछार आई। इधर कक्षा में लड़कों ने 'काले मेघा, काले मेघा' गीत शुरू किया और मेरी हिम्मत ने जवाब दिया। उसी समय प्राचार्य एम.आर. देसाई कक्षा में आए और दो छात्रों की गिरेबान पकड़कर उन्हें बाहर ले गए। जाते समय उन्होंने छात्रों को धमकाया, ''यदि किसी की आवाज आएगी तो कक्षा बंद कर दूँगा।'' फिर पूरी तालिका अच्छी तरह संपन्न हुई। शायद लड़कों में रुचि जाग गई होगी। धीरे-धीरे छात्रों की और मेरी केमिस्ट्री जम गई। मात्र एक सप्ताह के बाद पूरा चित्र ही बदल गया।

इसी समय गोखले महाविद्यालय की व्यवस्था के खिलाफ जनआंदोलन शुरू हुआ था। मेरे स्नेही तथा संघटना के सहकर्मी एभ.एम. गलदगे और रावसाहब मगदूम मेरे पास आए। उन्होंने आंदोलन में सम्मिलित होने का आवाहन किया। मुझे वह युक्तिसंगत लगा। मैंने उसी दिन से वहाँ पढ़ाना बंद कर दिया। मैंने प्राचार्य एम.आर. देसाई को अपनी भूमिका और संघटना से होनेवाला संबंध बता दिया। वे कुछ अस्वस्थ हो गए। उस परिस्थिति में उनका अस्वस्थ होना स्वाभाविक था। लेकिन उन्होंने मेरे एक सत्र के पारिश्रामिक का धनादेश देकर चकित ही कर दिया। एक ओर प्राध्यापकों के प्रलंबित वेतन का आंदोलन और दूसरी ओर मेरे अवैतनिक रूप से पढ़ाने की शर्त मंजूर करने के बावजूद मुझे मानदेय का धनादेश देना। मैं पसोपेश में पड़ गया। मैंने नम्रता के साथ उसे इनकार किया। इस अनुभव का आगे चलकर

मुझे काफी लाभ हुआ।

देखते-देखते एक साल बीत गया। मेरा शोध-कार्य समाप्ति पर था। प्रबंध-लेखन अंतिम अवस्था में था। मई, 1979 में महावीर महाविद्यालय का विज्ञापन निकला। मैंने आवेदनपत्र प्रस्तुत किया। वहाँ पर अंतरभारती के ही डॉ. ग. श्री मिरजे अध्यक्ष थे। उसी साल से प्राध्यापक चयन के लिए विश्वविद्यालय की समिति नियुक्त होना तय हुआ था। प्राचार्य अ.के. भागवत चयन समिति के अध्यक्ष थे। विषय-विशेषज्ञ के रूप में डॉ. माली थे। मेरा विधिवत चयन हुआ और नियुक्ति की सूचना मिली। उस समय मिडिल की सेवानिवृत्ति वेतन हेतु ग्राह्य थी। महाविद्यालयीन सेवा में निवृत्ति वेतन, सेवा स्थायी नहीं थी। सभी ने मुझे यही सलाह दी कि हाईस्कूल की सुरक्षित नौकरी छोड़कर महाविद्यालय में मत जाओ। लेकिन मनुष्य को कभी-कभी जिंदगी दाँव पर लगानी ही पड़ती है! मैंने वह लगाई। और कहना न होगा कि मैंने बाजी जीत ली।

महाविद्यालय में आते ही मुझ पर रेक्टर की जिम्मेदारी सौंप दी गई। वहाँ के पूर्वानुभव के परिप्रेक्ष्य में यह जोखिमभरा काम था। लेकिन छात्रावास में बिताई जिंदगी का मुझे यहाँ लाभ मिला। अंतरभारती का बोर्डिंग का अनुभव भी पथप्रदर्शक ठहरा। मैंने सभी मोर्चों पर काम किया और बोर्डिंग पटरी पर ले आया। अध्यापन में नियमितता, आयोजनों में सहभागिता आदि के कारण मुझे सेवा संलग्नता मिल गई। मेरा हौसला बुलंद हुआ। मेरे अध्ययन, अध्यापन, वाचन पर ध्यान केंद्रित करने में एक घटना कारक रही।

सन् 1978 में मेरे शोधकार्य ने मूर्त रूप लिया। लखनऊ भेंट से मैं हिंदी साहित्य और संस्कृति से अवगत हुआ। उस समय प्रकाशवती पाल, भगवानदास माहौर, भगवतीचरण वर्मा, अमृतलाल नागर, कुँवर नारायण, वीर राज, प्रबोध मजूमदार (अनुवादक), दुर्गाभाभी (स्वतंत्रता सेनानी), डॉ. प्रताप नारायण टंडन, प्रो. कृष्ण नारायण कक्कड़, श्री. कृष्णकुमार (नवजीवन के संपादक) आदि से भेंट होने पर मुझे काफी प्रेरणा मिली, मुझमें आत्मविश्वास आया। मौलिक संदर्भ हाथ लगे। प्रबंध में 'यशपाल की पत्रकारिता' अध्याय का इज़ाफ़ा हुआ। उपेक्षित, अप्रकाशित, साहित्य-संदर्भ उपलब्ध हुए, जिससे मेरा हौसला बढ़ा। लखनऊ से लौटने पर मैंने प्रबंध का पुनर्लेखन किया। शोध-निर्देशक डॉ. मिश्र के इनकार करने की कोई वजह नहीं थी। उन्होंने अंतिम प्रारूप बनाने के लिए हरी झंडी दिखाई।

सन् 1979 में मेरा प्रबंध-लेखन पूरा हुआ। निरंतर वाचन और लेखन से चश्मे का नंबर बढ़ गया था। पीएच.डी. मेरे लिए क्रॉसकंट्री रेस थी। हर पड़ाव पर मुसीबतें तय थीं। उस समय मैं लगातार अठारह घंटे अभ्यास करता...डॉ. आंबेडकर मुझे अंदर से जगाते रहते...उन दिनों मैं अभ्यासिका में सुबह छह बजे पहुँचता और रात बारह बजे बाहर निकलता। दिन में नौकरी सँभालता। ग्रंथालय के क्लर्क, चपरासियों को

अत्यधिक तकलीफ़ देनेवाला मैं ही होता था।

तमाम मुसीबतों को पार करते हुए प्रबंध का टंकण शुरू हुआ तो टंकलेखक की माँ गुजर गई। नियत समय पर प्रबंध प्रस्तुत करने का मन पर प्रचंड तनाव था वरना फीस भरनी पड़ती। टंकलेखक बालासाहब सावंत ने मातृशोक भूलकर, माँ की तेरहवीं होने से पहले ही घरवालों का रोष झेलकर समय पर टंकण पूरा किया। उस समय टंकण के रुपए देने तक की मेरी हैसियत नहीं थी। भालकर सर ने उदारता के साथ रुपए दिए। इसलिए मैं समय पर, जून 1979 को प्रबंध प्रस्तुत कर सका। उस समय मेरा संस्थाबंधु, आत्मीय सखा विट्ठल का भी काफी सहयोग मुझे मिला।

विश्वविद्यालय द्वारा मेरे प्रबंध के परीक्षक के रूप में हिंदी के ख्यातिलब्ध नाटककार तथा वरिष्ठ राजभाषा अधिकारी डॉ. शंकर शेष और श्रेष्ठ विद्वान, समीक्षक डॉ. प्रतापनारायण टंडन नियुक्त किए थे। मौखिक परीक्षा की तिथि तय हुई। लखनऊ से हवाई जहाज से तथा मुंबई से रेल से आनेवाले परीक्षकों की रेल पूरे 'बारह घंटे' लेट हुई। फिर क्या? खास तौर पर मेरी परीक्षा इतवार के दिन लेने का निर्णय हुआ। मौखिकी न लेकर सिफ़ारिश करने की बात चल रही थी लेकिन डॉ. शंकर शेष ने विरोध किया, "नहीं, हम देखना चाहेंगे कि छात्र कितने पानी में हैं।" डॉ. शेष द्वारा हिंदी विषय की मौखिकी अंग्रेजी में लेने से मुझे काफी कसरत करनी पड़ी। लेकिन बाद में उन्होंने तहे-दिल से बधाई देते हुए कहा, 'यूवर वर्क इज डिजर्व फॉर डी.लिट'। यह सुनकर मुझे अपने कष्ट सार्थक होने की खुशी हुई।

पीएच.डी. प्राप्त होने के उपलक्ष्य में महावीर महाविद्यालय ने मेरा व्याख्यान आयोजित किया था। अंतरभारती ने चपरासी द्वारा दो पंक्तियों की औपचारिक बधाई पत्र भेजकर अपनी पाठशाला के पीएच.डी प्राप्त करनेवाले प्रथम छात्र के प्रति अपनी रूखी भावना और भी रूखे रूप में व्यक्त की थी। पंढरपुर के बालकाश्रम ने तहे-दिल से सम्मान किया। रिमांड होम ने भी सम्मान किया लेकिन उन्हें पहले लिखित रूप में लिखना पड़ा। कोल्हापुर से सभी आश्रमवासियों ने ख्यातिलब्ध बालसाहित्यकार सुधाकर प्रभु की उपस्थिति में पारिवारिक अभिनंदन समारोह का आयोजन किया। सुधाकर प्रभु ने डॉ. सुनीलकुमार लवटे नाम से छपवाए लेटरपैड्स और एक बृहत् हिंदी शब्दकोश भेंट देते हुए कहा, "मेरे राजू (लड़का) की पीएच.डी. होने की मुझे खुशी हो रही है।" उन दिनों मैंने सभी हितैषी, अध्यापक, मित्र तथा सहकर्मियों को कृतज्ञता के पत्र लिखे। उसमें मैं बाबा आमटे के 'ज्वाला और फूल' की चार पंक्तियाँ लिखता—

यातनाहीनों के नहीं होते सपने
और जो थोड़ा सहता है

वह थोड़ा कुछ कर सकता है
जो खूब सहेगा?
वह बहुत कुछ कर दिखाएगा।

मैं जो कुछ कर पाया, उसका श्रेय इन पंक्तियों को ही है।

20

जुलाई, 1980। शिवाजी विश्वविद्यालय के पदव्युत्तर अध्यापन-केंद्र में एम.ए. के लिए नया पाठ्यक्रम शुरू किया गया था। एक साथ पुराने और नए पाठ्यक्रम की दो कक्षाएँ शुरू करना अनिवार्य होने से विश्वविद्यालय ने मुझे पदव्युत्तर (एम.ए.) अध्यापन का आमंत्रण दिया। अचानक मिले इस मौके को 'लॉटरी' या 'छप्पर फाड़ के कहें' या और कुछ?...मैं खुशी से झूम उठा!

जब पदव्युत्तर कक्षा का अध्यापनपत्र पढ़ा तो एक पल मैं उस पर विश्वास नहीं कर पाया। पूरा अतीत जीवंत हुआ...डी. आर. एस. होने पर नियमित एम.ए. करने की इच्छा और पात्रता होने पर भी केवल आर्थिक पराधीनता के कारण अधूरी रही इच्छा, एम.ए. के दौरान पग-पग पर आनेवाली दिक्कतें, चोरी-छिपे व्याख्यान सुनना, प्राध्यापक बनने का वह स्तंभित करनेवाला आकर्षण...मुझे विश्वास नहीं हो रहा था। मैं खुशी से पागल होकर अपने शोध-निर्देश्क डॉ. सरजूप्रसाद मिश्र के पास चला गया। भारी मन से उन्हें पत्र दिखाया। मैंने सोचा था, वे खुश होंगे, बधाई देंगे। लेकिन मेरा भ्रमभंग हुआ। उन्होंने कहा, "गलती से आया होगा। ठीक से पता करो। पाँच साल पूरे हुए बगैर बुलाया नहीं जाता।" समझनेवालों को इशारा काफी होता है। मैं बैठक में उपस्थित रहा। डॉ. चंदूलाल दुबे ने बधाई दी। विश्वविद्यालय की आवश्यकता के कारण पाँच साल की शर्त शिथिल की जाने का 'स्पष्टीकरण' दिया। फिर उन्होंने शॉल-श्रीफल देकर सम्मान किया और मेरा दिया हुआ परिचय तो अविस्मरणीय ही कहना होगा। उन्होंने कहा था, "डॉ. लवटे जी की मेहनत देखकर मुझे शंबूक की याद आती है। एक समय इसी छात्र को मैंने नकारा था।" उसका किया रचनात्मक उदात्तीकरण (मैं उसे प्रायश्चित्त नहीं कहूँगा) उनके व्यक्तित्व का उम्दापन सिद्ध करनेवाला था। सूटबूट में टाई लगाकर ली हुई पहली तालिका! उस तालिका ने मेरी मुराद पूरी कर दी। सभी कष्ट-तपश्चर्या सार्थक होने की खुशी हुई। आज मैं विश्वविद्यालय का शोध-निर्देशक, शोध समिति का सदस्य, अभ्यास-मंडल का सदस्य, पीएच.डी. एम.फिल. का प्रश्निक, विदेश में कई स्थानों पर अध्यापन यह सब देखता हूँ तो एक पल उन अँधेरे-नकारे दिनों की वास्तविकता काल्पनिक था, स्वप्न था, ऐसा लगता है। नीचे ज़मीन ऊपर आकाश का क्रम ही उलटा हो जाता है। आकाश ही ज़मीन पर आने का भास...इससे 'करत-करत अभ्यास के' जैसी पंक्तियाँ सार्थक

लगती हैं और मेहनत पर श्रद्धा बढ़ती है। इसका अनुभव करते समय स्टीफन ज्वाइग के 'द वर्ल्ड ऑफ यस्टरडे' में उसकी जिंदगी में घटित कायाकल्प के विश्वास का प्रत्यय आता है। उसने कहा था, "My feeling is that, the world in which I grew up, and the world of Today, and the world between two, are entirely separate worlds."

सन् 1980-81 का शैक्षिक वर्ष समाप्त हुआ। मैं महावीर महाविद्यालय की नौकरी में स्थायी होने के काबिल बना। अखंड दो साल सेवा हो चुकी थी। उन दिनों हमारे महाविद्यालय में सेवा में स्थायी होने के पत्र–समारोह की बैठक आयोजित कर दी जाती थी। मुझे वह अपमानास्पद लगा और मैं बैठक में अनुपस्थित रहा। मेरे वरिष्ठ सहकर्मी मुझे ऐसा न करने की सलाह दे रहे थे। लेकिन विवेक के साथ समझौता करना मेरे लिए असंभव था। मेरे साथवाले अन्य सहकर्मियों के पत्र समारोह में दिए गए। दूसरे दिन मेरे पत्र न माँगने के बावजूद मुझे अनायास पत्र दिया गया। इसका नए-पुराने सहकर्मियों को आश्चर्य हुआ। इसे भले कोई अहंकार कहे लेकिन मेरी दृष्टि में वह स्वाभिमान था। मुझे ऐसा लगता है कि आत्माभिमान आने पर व्यक्ति को अपना विवेक खोना नहीं चाहिए। अब तक की मेरी जिंदगी एहसानों का बोझ ढोने में ही बीत गई थी। अब मुझे असह्य होता था। गर्दन पर का जुआ, पीठ पर बैठा बैताल कभी तो झटकना चाहिए ना?

मैं तीस की अवस्था में चल रहा था...डॉक्टरेट...संगठन...संघर्ष की कसौटी पर कसकर आए दिन...उन दिनों ने मेरा जीवन इतना विश्वासपूर्ण बना दिया कि यकीन नहीं किया जाएगा। कवि दुष्यंत के शब्दों में कहें तो–

तुम्हारे पाँवों के नीचे कोई ज़मीन नहीं,
कमाल ये है कि फिर भी तुम्हें यकीन नहीं।

मेरी जिंदगी के गठन के काल में मुझे मिले संस्कारों ने मुझे ध्येयवादी अध्यापक का स्वप्न दिया था। यदि अंतरभारती में ध्येयवाद की उपेक्षा न होती तो मैं अध्यापक ही रहना पसंद करता। मिडिल स्तर पर अध्यापन का अनूठा संतोष मिलता है। इसी स्तर पर छात्र का निर्माण होता है, उसका निर्माण किया जा सकता है। वहाँ निर्मिति का प्रत्यक्ष प्रत्यय आता है। ऐसा होते हुए मैं प्राध्यापक बना। दरअसल प्राध्यापक बनना मेरी बिलकुल महत्त्वाकांक्षा नहीं थी। वह परिस्थिति द्वारा मुझ पर लादा बोझ था। मेरे प्राध्यापक होने के बीज मैं जिस विषम परिस्थिति में खड़ा हुआ, उसमें पाए जाते हैं।

पहले डॉ. डी.वी. चिक्करमाने, प्रो. स्नेहलता दसनूरकर, प्रो. श्री अ. दाभोलकर आदि के अध्यापन से प्रभावित होकर प्राध्यापक बनने की इच्छा होती। एम.ए. के दौरान मैं इच्छा और पात्रता होने के बावजूद विषम परिस्थितियों के चलते विश्वविद्यालय का नियमित छात्र नहीं बन सका। उस समय मैं चोरी-छिपे डॉ. चंदूलाल दुबे, डॉ. वी.वी. द्रविड़, डॉ. सरजूप्रसाद मिश्र आदि के व्याख्यान सुनता था। उन दिनों

उसमें अचंभित होने का आकर्षण होता। दरअसल मूल्यों का भ्रमभंग होने से मेरे अंदर प्राध्यापक होने की ऊर्जा और ऊर्मि निर्मित हुई। यह एक निषेधात्मक प्रतिक्रिया थी। सच कहें तो वह एक क्लेशदायक वाकया था।

अंतरभारती में हमारे शुद्धीकरण आंदोलन को लक्षणीय सफलता मिली लेकिन मुझे संतोष नहीं हुआ। मेरी जिंदगी के निर्माण के दौरान मन-मस्तिष्क में ध्येयवादी विचार गुम होने का एहसास अक्सर अस्वस्थ कर देता। इसी से पत्रसंवाद और चर्चा शुरू हुई जिसका परिणाम इस्तीफ़े में हुआ। इससे गुजरते हुए अंतरभारती में होनेवाली मेरी मानसिक भागीदारी कम होती गई। परिणामस्वरूप मैंने खानापूर्ति करना अपनाया। यह करते समय मात्र प्रो. अ.के. भागवत का परिवार-मिलन का भाषण अक्सर कानों में गूँजता। आज भी वह भौंरा मेरे कानों में गुंजार करता है। उन्होंने कहा था, "चाहे तो टोकरियाँ डालकर खानापूर्ति करो लेकिन कम-से-कम टोकरियाँ भरकर डालते रहना।" मैं आज तक उसका पालन करता आया हूँ।

सन् 1980-82 का काल मेरी जिंदगी में विलक्षण उथल-पुथल का समय था। इसी काल में मेरी निजी जिंदगी के सपने साकार हुए। मैं अध्यापक से प्राध्यापक बन गया। मेरी विषम परिस्थिति के चलते एक समय जिस शिवाजी विश्वविद्यालय के दरवाजे मेरे लिए बंद थे वहाँ अब मैं मानद प्राध्यापक के रूप में सम्मान से (सच कहें तो अभिमान से!) अध्यापन कर रहा था। महावीर महाविद्यालय की मेरी नौकरी स्थायी होने से मुझे सेवा का स्थायित्व मिल गया था। इस नौकरी ने निजी जिंदगी में मुझे न केवल सुरक्षा दी अपितु आर्थिक स्थिरता और संपन्नता भी प्रदान की। गृहस्थी में निशांत के बाद अंकुर का आगमन हुआ था। वह 'हम दो हमारे दो' का समय होने से हमने वहीं पर विराम दिया था। उन दिनों मैं श्याम बेनेगेल की प्रायोगिक फिल्मों से, उनके सामाजिक सरोकारों से अस्वस्थ होता। 'निशांत', 'अंकुर', 'भूमिका', 'मंथन' जैसी फिल्मों ने मेरे अंदर समाज में बुनियादी परिवर्तन करने की ऊर्मि जगाना शुरू किया। दिल के किसी कोने में अंतरभारती के असफल प्रयोग का गहरा काँटा चुभता था। मैं सिनेमा, नाटक, साहित्य, संगीत, कला आदि क्षेत्र की अधूरी इच्छाओं की पूर्ति करने में जुट गया था। मैं अपना 'अनुशेष' पूरा कर रहा था ऐसा कहना उचित होगा।

शायद हर व्यक्ति की जिंदगी में ऐसा समय आता होगा। यह काल आपकी जिंदगी को एक तिराहे पर लाकर खड़ा कर देता है...उसे जिंदगी का चौराहा कह सकते हैं या जिंदगी के सात रास्ते...वि.स. खांडेकर ने अपने आत्मस्वर लेखन में ऐसे प्रसंगों का मनोज्ञ वर्णन किया है...वैसे ही मैं जीवन का आत्मस्वर ढूँढ़ रहा था। सामाजिक कार्य के सप्तस्वर मुझे पुकार रहे थे, संकेत कर रहे थे।

पीएच.डी. उपाधि प्राप्त होने के उपलक्ष्य में रिमांड होम, कोल्हापुर और वा.बा. नवरंगे बालकाश्रम, पंढरपुर ने मेरा सम्मान किया था। उसके प्रीत्यर्थ किए भाषण में मैंने संस्था द्वारा मुझ पर किए गए एहसान की कृतज्ञता के रूप में कुछ करने की

भावना जताई थी। अब हम सनाथ और आत्मनिर्भर हुए थे। हमें जो भुगतना पड़ा वह संस्था में आनेवाले लड़के-लड़कियों को न भुगतना पड़े इसलिए कुछ करें ऐसा तीव्रता से लगता था। इस परिप्रेक्ष्य में प्राथमिक हाथ-पाँव मारना भी शुरू किया था। वैसे वह सब एक तरह से टटोलना ही था।

मैं जब माध्यमिक पाठशाला में हिंदी अध्यापक था तब राष्ट्रभाषा प्रचार सभा पूना की बालबोधिनी, प्रबोध, प्रवीण जैसी परीक्षाओं में पाठशाला के लड़कों को बिठाता। मैंने भी अपनी छात्रावस्था में ऐसी परीक्षाएँ दी थीं। राष्ट्रभाषा हिंदी का अध्यापक-प्राध्यापक होने से मुझे हिंदी का प्रचार-प्रसार करने में रुचि थी। इस क्षेत्र में सुधाकर प्रभु, प्र.द. पुराणिक, प्रो. चंद्रकांत पाटगाँवकर आदि ने अपनी कोशिश से जो आदर्श रखा था वह मुझे अक्सर इशारा करता था। दूसरे, शिवाजी विद्यापीठ हिंदी प्राध्यापक परिषद्, हिंदी प्रचार केंद्र जैसी कोल्हापुर की संस्थाओं के संपर्क के कारण हिंदी प्रचारक होने की धुन सवार थी। 'हम हिंदी की रोटी खाते हैं अतः उसकी सेवा करनी चाहिए' ऐसा भोला भाव मन को उकसाता था।

मैं महावीर महाविद्यालय द्वारा संचालित पिछड़े छात्रों के छात्रावास का रेक्टर था। वहाँ के छात्रों के प्रश्न और उसकी पूर्ति हेतु अपर्याप्त सुविधाएँ मुझे बेचैन करती रहती। मेरे सामने विद्यार्थी सहायक समिति, पूना का कार्य था। अच्युतराव आपटे और रमाकांत तांबोली का जरूरतमंद छात्रों के लिए किया जानेवाला कार्य छात्र कल्याण की प्रेरणा देता।

पीएच.डी. की उपाधि औरों के लिए लेखन, पठन का विराम होती लेकिन मुझे वह अक्सर लेखन, वाचन, शोध कार्य में मुसाफिरी करने की प्रेरणा देती रहती। जब लोग मेरे नाम के साथ 'डॉक्टर' लिखने लगे, मुझे 'डॉक्टर' कहने लगे तो पी-एच.डी. होने से पहले 'हम कोई महान अनुसंधान कर रहे हैं' यह गलतफहमी होने का एहसास होने लगा। इन दिनों ने मुझे अपने अज्ञान का नए सिरे से एहसास दिया। मैं लिखने लगा। मन-मस्तिष्क में नए विषय, नए अंकुर फूटने लगे। इस काल में साहित्यकार, समीक्षक, अनुवादक सब कुछ बनने का पागलपन सवार होने से 'घोस्ट रीडिंग' करने लगा। शोध-कार्य के दौरान किया वाचन एक तरह से लादी गई, उबानेवाली यात्रा थी। अब मैं कोलंबस की सफर कर रहा था। जहाज का बादबान न फटे इसलिए सजग रहता, लेकिन वह फटता रहता। इन्हीं दिनों मैं चाँदसाहब (कोल्हापुर के पुरानी पुस्तकों के विक्रेता) की मेहरबानी से रास्ते पर की पुरानी पुस्तकें कम दाम में खरीदकर अपना निजी पुस्तकालय सजा रहा था, समृद्ध कर रहा था। उन दिनों रेखा की फरमाइश पर मैं कपिलतीर्थ (कोल्हापुर की मुख्य सब्जी मंडी) की ओर सब्जी लाने जाता और पुस्तकें खरीदकर घर लौटता। कभी लुकतुके (समाचारपत्र-विक्रेता) के स्टॉल पर लटकाई 'सारिका', 'धर्मयुग', 'दिनमान', 'इलस्ट्रेटेड वीकली' जैसी पत्रिकाएँ लेकर लौटता। यह काल मेरी आर्थिक फिजूलखर्ची

का था लेकिन आज पीछे मुड़कर देखने पर पाता हूँ कि इसी काल ने मुझे बौद्धिक दिवालिएपन से बचाया।

समाजकार्य, हिंदी प्रचार-प्रसार, लेखन-पठन, शोध, व्याख्यान-प्रबोधन, शिक्षा, संगठन जैसे सात क्षेत्रों की सप्तपदी चलने का संकेत करनेवाला था वह जिंदगी का काल! वह काल जिस प्रकार मेरी विविध क्षेत्रों की मुसाफिरी का था उसी प्रकार अनुभव की कसौटी पर उम्मीदवारी का भी था। अब मैं तीस-पैंतीस की अवस्था का प्रगल्भ युवा था। ध्येयवाद का नशा उतारकर मैं व्यावहारिक ज़मीन की छानबीन कर रहा था। अब आकांक्षाओं का आकाश मुझे ज़मीन पर पैर रखकर चलने में सयानापन होने की बात समझा रहा था। सब कुछ समेटने निकला मैं 'जैक ऑफ ऑल ऐंड मास्टर ऑफ नन' होने की मूर्खता कर रहा था। लेकिन वह काल बेहोश होकर सब कुछ करने का ही था। कॉलेज का गैदरिंग होता तो मैं नाटक का आयोजन करता। 'हिंदी दिवस' आता तो भाषण देने चला जाता। प्राध्यापक परिषद् का कार्यक्रम होता तो घर की शादी समझकर खटता रहता। ऐसा लगता कि मानो चपरासी भी मैं ही हूँ और संयोजक भी। उधर विश्वविद्यालय में अपने गुरुजनों के साथ पढ़ाने के एहसास से मन पर एक तरह का तनाव रहता। मैं अध्यापन की पुरजोर तैयारी करता। कपड़े, दाढ़ी, बूट, टाई इनकी तैयारी में भी समय बिताने के वे दिन थे। अक्सर एहसास और भोलेपन में द्वंद्व खड़ा होता।

मैंने जब स्वयं को पहचाना तभी से कुछ करने की धुन सवार हो गई। अंतरभारती में पिछड़े लड़के छात्रावास में रहते थे। मुझे अक्सर आश्चर्य होता कि गरीब और ज़रूरतमंद छात्रों के लिए चलाए जानेवाले छात्रावास में न्यूनतम सुविधाएँ तक नहीं होती थीं। यह चित्र बदलने की मुझ पर धुन सवार होती जो पूर्वानुभव का परिचायक था। महाबीर महाविद्यालय में मैं जब रेक्टर था तब यह चिंता काँटे में फँसी मछली की तरह मेरे गले में अटकी रहती। छात्रावास में रहनेवाले अधिकांश लड़के देहात से आए होते। कुछ लड़के तो पंढरपुर, बार्शी, उस्मानाबाद जैसे सूखाग्रस्त क्षेत्र से आते। मैं उनकी विषम परिस्थिति में अपना ही अतीत निहारता। महाविद्यालय की सीमा के चलते मैं उन्हें बहुत कुछ तो नहीं दे पाता। छात्रावास भी क्या था? वह तो महज बिछावन फैलाने की न्यूनतम सुविधा थी। दस गुना दस के कमरे में छह-सात छात्र रहते। कभी-कभी तो दस भी। मुंबई की चाल के कमरों की तरह संदूक-बिछावन रखने की सुविधा ही छात्रावास था। अपने नाम की तरह केवल आवास की व्यवस्था। भोजन का प्रबंध भी लड़के ही करते। मुझसे पहले प्रो. नारखेड़े रेक्टर थे। उनमें और व्यवस्थापन में अनबन हुई थी। इसके चलते उन्हें निलंबित करने की साजिश चल रही थी। पूर्वानुभवी प्राध्यापक सहकर्मी दबी जुबान से 'बलि का बकरा मत बनो' ऐसी सलाह देते। जिम्मेदारी और सावधानी से काम करने की हिदायत देते। इस दबी जुबान के पीछे तत्कालीन प्राचार्य की कार्यप्रणाली, व्यवस्थापन का रवैया था। पूरा

मामला 'तेरी भी चुप और मेरी भी' जैसा था।

मैंने रेक्टर की जिम्मेदारी सँभालने पर सबसे पहले सुसंवाद शुरू किया। इससे लड़के तनावमुक्त हुए। दिल की बात बताने लगे। वैसे उनकी जरूरतें और अपेक्षाएँ सीमित होती थीं। मैं वह तक पूरी नहीं कर पाता था। मेरे हाथ-पाँव में बेड़ियाँ थीं, मुँह दबाया था। आँखों पर गांधारी की पट्टी थी। मैंने ही अपने कानों में रुई के गोले डाल दिए थे। मैं अंतरभारती की पार्श्वभूमि पर तीन बंदरों की मूर्ति बन गया था। मुझे अपनी दुर्बलता पर खीज आती। छात्रावास में बार्शी-उस्मानाबाद की ओर का फडतरे नामक एक छात्र था। देह पर होनेवाले कपड़ों के साथ वह गाँव छोड़कर महाविद्यालय में पढ़ने आया था। मैंने उसे अपने कपड़े दिए। उसकी आवश्यक जरूरतें पूरी कीं। चार पैसे कमाने की आशा से वह मेस मैनेजर बन गया था। नाम मैनेजर लेकिन काम कुली का करना पड़ता। लकड़ी लाओ, आटा पीसकर लाओ, बाजार से सामान लाओ...अर्थात सभी प्रकार के काम करनेवाला मैनेजर। एक दिन मैंने कड़ी धूप में साइकिल पर लकड़ियाँ ढोनेवाले फडतरे की दुरावस्था देखी तो स्वयं नंगे पैर होकर अपनी दुर्बलता का प्रायश्चित्त किया। मैंने छात्रावास में लड़कों की प्रार्थना, उपस्थिति शुरू की। लड़के नियत समय पर कॉलेज जाने लगे। तालिकाओं में नियमित उपस्थित रहने लगे। वैसे यह अत्यंत सामान्य परिवर्तन था लेकिन सहकर्मियों को लगा जैसे क्रांति हो रही है। अब लड़के अपने कमरे को स्वच्छ और व्यवस्थित रखने लगे। लड़कों द्वारा कॉलेज का नुकसान बंद हुआ। मैं समय-समय पर राउंड लेता। इससे भूले-भटके मुसाफिर हाथ लगे। पहले हर बात पर प्राचार्य के सामने खड़ा किया जाता। छात्रावास से नाम निकाल लेना अंतिम रामबाण उपाय था। मैं समझाने पर बल देता। इससे नगरकर जैसे टपोरी लड़के तक समझदार बन गए। उत्तम कांबले, ढाले जैसे सामान्य लड़के नियमित बनकर अच्छे अंकों से सफल होने लगे। पिरजादे नामक कॉलेज के नाइट वॉचमैन थे। वे लड़कों में होनेवाला सुधार-परिवर्तन बताते रहते। मुझे अपनी दौड़धूप सार्थक होते देख खुशी होती। हमारे एकाउंटेंट दादा केसरे तथा क्लर्क सुभाष कटके मेस का हिसाब, बिल समय पर होने की खबर देने लगे। लेकिन प्राचार्य महोदय ने इस परिवर्तन की बिलकुल नोटिस नहीं ली। व्यवस्था को भी इससे लेना-देना नहीं था। उनके लिए छात्रावास मानो कॉलेज की घटनेवाली संख्या को आधार देनेवाली आज्ञाकारी गाय थी। जिसे घास डालो या न डालो वह चुपचाप दूध देती रहती। मैंने जिस निष्ठा से छात्रावास चलाया उसके सम्मान के रूप में और कुछ साल छात्रावास की जिम्मेदारी मुझ पर सौंपी गई। सभी यही कहते कि आपके कारण छात्रावास का 'झंझट', 'सिरदर्द' खत्म हुआ। 'झंझट', 'सिरदर्द' जैसे शब्दों के प्रयोग से छात्रावास की ओर देखने का नजरिया स्पष्ट होता।

मैं मात्र रोजाना अपनी आत्महत्या महसूस करता। जिनके पास कुछ भी नहीं था उन्हें सब कुछ देने मैं निकला था...मैं केवल उनका आत्मीय अध्यापक बन पाता। बच्चे

उसी में संतोष मानकर खुश होते। 'सीमित अपेक्षा रखकर जीनेवाले ही सुखी होते हैं' यह उन दिनों ने मुझे एक नया 'पाथेय' दिया। अर्थात ईश्वर जैसे रखता है उसी में संतुष्ट होकर जीना चाहिए। इस नई मुसाफिरी में मुझे तुकाराम[1] के अभंग (पद) का नया आत्मस्वर समझ में आया, नया अर्थबोध हुआ। मन में सहेज रखी इस थाती की चमक आज भी कायम है। रोजाना यह चमक मुझे गदिमा[2] के 'पराधीन पुत्र' का प्रत्यय देती है। मैं आज भी कड़कलक्ष्मी के चाबुक की फटकार सहता हूँ। पहले खून बहता था। आज वह बंद हुआ है और जम भी गया है। आज मेरा संवेदन-सूचकांक शून्य पर गिरता जा रहा है। वह मायनस शून्य न हो पाए इतनी मात्र मैंने सावधानी बरती है।

21

मूलतः हमारा समाज विशुद्ध और सरल नहीं है। हमारी जिंदगी को व्यक्तिसापेक्ष मूल्यों की अग्निपरीक्षा से जाना अटल होता है। आप एकाध कार्य चाहे जितने निष्पाप और विशुद्ध भाव से करते हैं लेकिन उसकी ओर सभी लोग उसी नजरिए से देखेंगे ऐसा नहीं कहा जा सकता। कुछ लोग ऊपर से सीधे, सरल, भोले लगते हैं लेकिन वे घात लगाकर बैठे हिंस्र पशु की तरह होते हैं। आपका उत्कर्ष उन्हें क्लेशदायी लगता है। सामान्य क्षमता और असाधारण महत्त्वाकांक्षा रखनेवाली यह मंडली शतरंज की बिसात बिछाकर सदैव सीधा चलने का अभिनय करती है लेकिन उनकी चाल शतरंज के ऊँट की तरह अक्सर टेढ़ी होती है। वे कभी सामने से शरसंधान नहीं करते। स्वयं में होनेवाली कमजोरी के कारण उनमें प्रत्यक्ष हमला करने का साहस नहीं होता। वे अक्सर किसी के ओट में रहकर वार करते हैं। कभी किसी को ढाल बनाकर तलवार से वार करते हैं। भोलेपन का नकाब ओढ़नेवाले ये लोग मूलतः बौने होते हैं। हिंदी प्रचार-प्रसार का कार्य करते समय मैंने मनुष्य के कई रूप देखे।

सन् 1980 से 1985 तक का काल मेरे लिए आत्मस्वर के शोध का था। इस दरमियान मैं शिवाजी विद्यापीठ पदव्युत्तर अध्यापन केंद्र, शिवाजी विद्यापीठ हिंदी प्राध्यापक परिषद्, शिवाजी विद्यापीठ हिंदी अभ्यास-मंडल, शिवाजी विद्यापीठ शिक्षक संघ, महाराष्ट्र राष्ट्रभाषा प्रचार सभा, पुणे द्वारा संचलित हिंदी प्रचार केंद्र (कोल्हापुर) जैसी संस्थाएँ, संघटनाओं में सक्रिय था। मुझे इस काल में हिंदी प्रचार-प्रसार का कार्य अपना जीवित कार्य लगता। हिंदी प्रचार-प्रसार के लिए मैं संगठन, प्रबोधन, लेखन, भाषण जैसे विभिन्न मोर्चों पर कार्य करता। उसमें अपेक्षातीत सफलता मिली। लेकिन अनपेक्षित हादसों से मुझे मनुष्य के अंदर के मनुष्य की नई पहचान हुई।

प्राध्यापक बनने पर, पीएच.डी. उपाधि हासिल करने पर मैं हिंदी प्रचार-प्रसार

1. मराठी का विद्रोही संत कवि।
2. मराठी के ख्यातिलब्ध साहित्यकार, जिन्होंने 'गीत रामायण' लिखा।

में बढ़-चढ़कर हिस्सा लेता था। डॉ. चंदूलाल दुबे, प्रो. चंद्रकांत पाटगाँवकर आदि ने मेरा जोश जानकर मुझ पर शिवाजी विद्यापीठ हिंदी प्राध्यापक परिषद् के संयोजक की जिम्मेदारी सौंप दी। महाराष्ट्र में सन् 1981-82 का समय हिंदी के अस्तित्व के संदर्भ में बड़ा ही कठिन था। महाराष्ट्र शासन ने नौवीं कक्षा के बाद हिंदी विषय ऐच्छिक करने की नीति घोषित की थी। अंग्रेजी अनिवार्य करने का अथवा अंग्रेजी का विकल्प ही न रहे ऐसा कुटिल षड्यंत्र रचा गया था। अंतुले सरकार का यह निर्णय वोट की राजनीति का कुटिल दाँवपेच था। हमने महाराष्ट्र की सभी हिंदी संस्था-संगठनों का आवाहन किया और इसके ख़िलाफ़ आवाज उठाई। परिषद् संयोजक के नाते राज्य के सभी विश्वविद्यालयों के हिंदी विभाग, अध्यापक संगठन, प्रधानाचार्य संघ की ओर से त्रिभाषा सूत्र कार्यान्वित करने की माँग की। समाचारपत्रों में निवेदन प्रस्तुत किए। 23, 24 और 25 जनवरी, 1981 को सांगली में 'मराठी और हिंदी साहित्य में आधुनिकता' विषय पर राष्ट्रीय संगोष्ठी संपन्न होनेवाली थी। पूरे देश से ख्यातिलब्ध साहित्यकार, समीक्षक, शोधकर्ता, अभ्यासक, विद्वान उपस्थित रहनेवाले थे। हमने इस औचित्य का लाभ उठाकर 'राज्यस्तरीय त्रिभाषा सूत्र परिषद्' का आयोजन किया। इस परिषद् में ज्ञानपीठ पुरस्कार से सम्मानित कवि अज्ञेय प्रमुख अतिथि के रूप में पधारनेवाले थे। हिंदी, मराठी तथा अंग्रेजी के डॉ. गंगाप्रसाद विमल, डॉ. शंभूनाथ, कुलपति रा.कृ. कणबरकर, प्रो. चंद्रशेखर जहाँगीरदार, डॉ. श्री. व्यं. बोकील, प्रो. विलास खोले, ह.मो. मराठे, डॉ. सुधीर रसाळ, प्रो. श्यामला वनारसे, प्रो. निशिकांत ठकार, डॉ. चंदूलाल दुबे, डॉ. सरजूप्रसाद मिश्र आदि विद्वानों की उपस्थिति और समर्थन से त्रिभाषा सूत्र परिषद् को अनपेक्षित सफलता मिली। इससे संयोजक के रूप में मैंने जो दौड़धूप की वह सार्थक हुई। प्राचार्य गो.रा. कुलकर्णी का इस कार्य में बड़ा सहयोग मिला। इसके चलते हिंदी अनिवार्य रखने के हमारे प्रयास को व्यापक जनसमर्थन मिला। इससे पूरे राज्य में हिंदी के समर्थन की नई लहर आई। आगे चलकर हमने 2 अक्तूबर को गांधी जयंती के अवसर पर राज्य के सभी जिला मुख्यालयों के सामने लाक्षणिक उपवास का आयोजन किया। कोल्हापुर के बिंदु चौराहे पर आयोजित उपवास में स्वतंत्रता सेनानी, बुजुर्ग प्रचारक, अध्यापक, प्राध्यापक बड़ी तादाद में शामिल हुए। हमारी परिषद् पूरे राज्य में हिंदी को अनिवार्य रखने के लिए जनमत का दबाव निर्माण करने का नेतृत्व करती रही। राज्य विधानसभा के शीतकालीन अधिवेशन में हमने सभी पक्षों के लोकप्रतिनिधियों द्वारा अंतुले सरकार पर लक्षवेधी सूचनाओं की बौछार की और सरकार को झुकना पड़ा। अधिवेशन की पूर्वसंध्या में ही मुख्यमंत्री महोदय ने पत्रकार परिषद् लेकर हिंदी की स्थिति 'जैसी थी' वैसी रखने की घोषणा की। इस समय परिषद् संयोजक के नाते मैंने पूरे राज्य का दौरा किया। लोकजागृति से मिली इस सफलता से मुझे सुकून मिला क्योंकि इसके लिए

मैंने जी-तोड़ कोशिश की थी। अध्यापक संगठन का पूर्वानुभव यहाँ काम आया।

इसी दौरान शिवाजी विश्वविद्यालय के अभ्यास-मंडल के चुनाव घोषित हुए। शिवाजी विद्यापीठ हिंदी प्राध्यापक परिषद ने अपनी स्थापना से ही शिवाजी विश्वविद्यालय में हिंदी विभाग शुरू हो इसके लिए आग्रही भूमिका रखी थी। अधिकांश प्राध्यापकों की इच्छा थी कि इसको गति देने के लिए मैं हिंदी अभ्यास-मंडल का संयोजक बनूँ। शिवाजी विद्यापीठ शिक्षक संगठन (सुटा) ने पहली बार अपने बैनर-तले (पैनल के रूप में) चुनाव लड़ना घोषित किया था। प्राध्यापक परिषद् द्वारा मुझे स्वीकृत सदस्य के रूप में लिया जाए ऐसी विधायक माँग करने के बावजूद सुटा द्वारा प्रो. अरविंद पोतदार की सिफ़ारिश की गई। उधर मेरे शोध-निर्देशक डॉ. सरजूप्रसाद मिश्र इस पद के लिए उत्सुक थे। प्रो. संभाजीराव जाधव ने प्रो. श्रीपाल जर्दे द्वारा गंभीर रूप में संदेश भेजा कि मैं उम्मीदवारी वापस ले लूँ। विधिवत माँग का इनकार करने पर उनका मुझे उम्मीदवारी वापिस लेने को कहना तर्कसम्मत नहीं था। प्रो. जाधव सर रोजाना स्टाफ रूम में मेरे पास बैठते थे लेकिन उन्होंने मुझे कुछ नहीं कहा, 'तेरी भी चुप और मेरी भी'। चुनाव के पश्चात सर्वसम्मति से मेरे नाम की सिफ़ारिश हुई जो मेरे कार्य की सफलता थी। इस समय प्रो. शरद कणबरकर तथा प्रो. प्रभाकर पाठक ने अनमोल सहयोग किया। डॉ.वी.के. मोरे, डॉ. वी.के. घाटे, प्रो. एन.बी. गुंडे आदि ने मेरे लिए अपनी प्रतिष्ठा लगाई। इससे हिंदी प्राध्यापकों में होनेवाली एकता दृष्टिगोचर हुई। इस चयन से मुझमें आत्मविश्वास जागा।

उस वर्ष जिम्मेदारी के एहसास से हमने पाठ्यक्रम में क्रांतिकारी परिवर्तन किया। पाठ्यक्रम को अत्याधुनिक बनाया गया। उपयोगी हिंदी का अभ्यास शुरू हुआ। डॉ. शंकर शेष जैसे आधुनिक नाटककार को पाठ्यक्रम में अंतर्भूत कर हमने राज्य के अन्य विश्वविद्यालयों के आगे बाजी मारी। लेकिन मेरे इस उत्साह ने एक नया ही झमेला खड़ा किया। प्राध्यापक-मंडली को कोई भी पुस्तक पढ़ने के लिए पूरक सामग्री की आवश्यकता होती है। स्वतंत्र रूप में पढ़ाने की, समीक्षा करने की आदत न होनेवाले प्राध्यापकों ने हो-हल्ला शुरू किया। शिकायत करने लगे, 'जिसके बारे में हिंदी साहित्य के इतिहास और समीक्षा में कोई जानकारी नहीं ऐसा नाटककार क्यों निर्धारित किया?' नाटककार शंकर शेष की खोज मेरी ही थी। अतः अभ्यास-मंडल में यह तय हुआ कि यह समस्या मैं ही हल करूँ। मैंने सत्रांत परीक्षा के पहले एक पुस्तक लिखकर प्रायश्चित्त करना तय किया। यह आधी रात में 'अंबाई टेंपल' खड़ा करने जैसी बात थी।

वैसे यह आसान काम नहीं था। विविध साहित्यिक विधाओं में लिखी शंकर शेष की चालीस-बयालीस रचनाएँ...कुछ प्रकाशित, कुछ अप्रकाशित। कुछ पुस्तकों की तो केवल पांडुलिपियाँ ही उपलब्ध थीं। वह पूरा साहित्य इकट्ठा करना, पढ़ना और उस पर समीक्षात्मक लेख लिखकर पुस्तक रूप में प्रकाशित करना टेढ़ी खीर थी। मैंने

श्रीमती सुधा शेष से संपर्क किया। उनसे पूरी परिस्थिति बयान की। उन्होंने उपलब्ध सभी पांडुलिपियाँ दी, जीवनपट बताया। मैंने कई ग्रंथालयों की धूल छान मारी। अथक परिश्रम से मैंने पुस्तक तैयार की तो प्रकाशक मिलना कठिन हो गया। पेशे से सुनार होनेवाले मेरे एक स्नेही श्री नेमिनाथ ढणाल मेरी दौड़धूप देखकर आगे आए। कोई यक़ीन नहीं करेगा लेकिन उन्होंने मेरे लिए प्रेस ही खरीद ली। अपने भाई और दामाद को इस काम में लगा दिया। लाख के जोड़ देनेवाले उस सुनार ने मेरे लिए कील जोड़ने का अपरिचित उद्योग आत्मसात कर मेरी पुस्तक तैयार की। उन्होंने मेरी पुस्तक के लिए 'संजय प्रकाशन' की स्थापना की। एक मास के अंदर अभ्यास-मंडल की बैठक के पहले पुस्तक पूरा करने के वादे का पालन करने हेतु उन्होंने काफी कष्ट उठाया। महत् प्रयास से तैयार की पुस्तक अभ्यास-मंडल में मंजूर करते समय बुर्जुआ मंडली की झल्लाहट से उनकी बेचैनी का रहस्य समझ में आया। हिंदी प्राध्यापक के रूप में ताउम्र बिताने के बावजूद अपने नाम पर एक भी पुस्तक नहीं और एक कल आया प्राध्यापक लेखक बनने जा रहा है...मुझे अपने सहकर्मियों की तुलना में मेरे अल्पशिक्षित स्नेही नेमिनाथ ढणाल(मैं उन्हें 'अण्णा' कहता था) अधिक सुशिक्षित लगे। कोई विकल्प नहीं था इसलिए मजबूरी से अभ्यास-मंडल ने पुस्तक को स्वीकृति दी। हिंदी साहित्य जगत में मात्र इस पुस्तक को डॉ. शंकर शेष पर लिखी पहली पुस्तक का सम्मान मिला।

आगे चलकर पूना और मुंबई विश्वविद्यालय ने अपने पाठ्यक्रम में इस पुस्तक को संदर्भ-ग्रंथ के रूप में सम्मिलित किया। तत्पश्चात डॉ. शंकर शेष पर विश्वविद्यालय में शोध-कार्य शुरू हुआ। आज तक लिखे कई प्रबंधों में इस पुस्तक का उल्लेख मूलभूत ग्रंथ के रूप में किया है। ऐसी पुस्तक पर गलतियों के सैकड़ों रिमार्क लगानेवाले प्राध्यापकों का अनुभव अजीब था। डॉ. प्रभाकर माचवे, डॉ. विनय, डॉ. मैनेजर पांडे, डॉ. चमनलाल, डॉ. देवेश ठाकुर जैसे मान्यवरों द्वारा लिखी प्रशस्ति और समीक्षा का भी अनुभव आया। इससे इस बात का तीव्रता से एहसास हुआ कि छोटों को अचानक बड़ा नहीं होना चाहिए।

अगले साल ही मेरे द्वारा अनूदित 'वि.स. खांडेकर की श्रेष्ठ कहानियाँ' पुस्तक को उत्कृष्ट अनुवाद का राष्ट्रीय पुरस्कार मिला। उस समय की सहकर्मियों की प्रतिक्रिया भी मुझे अच्छी तरह से याद है। कोल्हापुर की विविध शैक्षिक, सामाजिक संस्थाओं ने राष्ट्रीय पुरस्कार प्राप्त होने के उपलक्ष्य में मेरा खुलकर सम्मान किया। इस समारोह में हिंदी प्राध्यापकों की अघोषित सामूहिक अनुपस्थिति से उनकी संकुचित मानसिकता का पता चला। इसी समारोह में वि.स. खांडेकर के अंतिम उपन्यास 'सोनेरी स्वप्न भंगलेली' का अनुवाद प्रकाशित हुआ। मराठी में यह उपन्यास अधूरा है जिसे मैंने हिंदी में पूरा कर प्रकाशित किया। हिंदी साहित्य जगत में उसका अच्छा स्वागत हुआ। उसी वर्ष दिल्ली से मेरा पीएच.डी. का शोधप्रबंध पुस्तक रूप

में प्रकाशित हुआ। दिल्ली से क्रमशः प्रकाशित होनेवाली पुस्तकों से सहकर्मियों की जलन डाह का शिकार होना पड़ा। इधर मेरी पुस्तकों की संख्या बढ़ती गई और उधर सहकर्मी मित्रों की संख्या में कटौती होती गई।

हिंदी संगोष्ठियों में मेरी बढ़ती उपस्थिति, समाचारपत्रों में हिंदी विषय को लेकर निरंतर लेखन, आकाशवाणी हिंदी विविधा में वार्ताओं का प्रसारण, छात्रों में बढ़नेवाली लोकप्रियता आदि से मुझे अपने आसपास के सहकर्मियों का असली रूप दीख पड़ा। नकाब ओढ़कर जीनेवाले मेरे सहकर्मियों के चेहरों का मैं प्रतिदिन निरीक्षण करता। सच कहें तो मेरी दौड़धूप अपने व्यक्तित्व विकास के लिए थी। इसमें किसी से ईर्ष्या या स्पर्धा करने का उद्‌देश्य कतई नहीं था। बेवजह असंतुष्ट होनेवालों के लिए मेरे पास उत्तर नहीं था। मेरी स्पर्धा तो स्वयं से ही थी, और जिसकी स्पर्धा स्वयं से होती है उसे कौन जीत सकता है? अँधेरे को दोष देने की बजाय व्यक्ति को ज्योति से ज्योति जलाकर अपनी राह चलना चाहिए। और इस राह पर इतनी दूर चले जाना चाहिए कि प्रकाश भी धुँधला होते हुए अँधेरा लगे—एक ऐसी दिग्भ्रमित सफलता मैं प्राप्त करता रहा। वैसे मुझे मिलनेवाली सफलता अक्सर मेरे लिए घातक साबित होती आई है! नियति की पराधीनता मुझे मंजूर नहीं है। लेकिन मनुष्य की नीति में आनेवाली खोट मेरे लिए अबूझ पहेली है। यश, पद और प्रतिष्ठा की लट्ठमारी मुझे अक्सर परास्त करना चाहती है। लेकिन मैं निरंतर पुरुषार्थ के लिए नए प्रदेश का चुनाव करता हूँ। मेहनत से कक्षा प्रवेश निरंतर ईर्ष्या से अंधे होनेवालों के लिए पीछे छोड़ देता हूँ। क्योंकि नए क्षेत्र की मुसाफिरी मुझे निरंतर नए पुरुषार्थ के लिए पुकारती है। और मैं नए पुरुषार्थ की खोज में निरंतर स्वयं को उज्ज्वल बनाता हूँ। अब वह मेरी न छूटनेवाली आदत ही बन चुकी है!

22

सन् 1980-85 के दरमियान हिंदी लेखन और वाचन मेरा पसंदीदा शौक बन गया था। मैं विश्वविद्यालय में समकालीन साहित्य का अध्यापन करता जिसके चलते आधुनिक हिंदी साहित्य रुचि से पढ़ता रहता। भारतीय साहित्य का हिंदी में बड़े पैमाने पर अनुवाद होने से मैं पंजाबी, गुजराती, उर्दू, मलयालम, कन्नड़ जैसी अपरिचित भाषाओं के साहित्यिक आंदोलन का भी अभ्यास करता। उन दिनों 'इतवार सकाल' में प्रधानता से साहित्यिक लेख छपते।-हिंदी या भारतीय साहित्य के संदर्भ में कोई भी महत्त्वपूर्ण घटना घटित होती तो मेरा लेख निश्चित होता। तत्कालीन संपादक सदा डुंबरे, विजय कुवलेकर, एकनाथ बागूल, अनंत दीक्षित से मल्हार अरणकल्ले तक ने इस परंपरा को कायम रखा। उन दिनों मैंने काफी स्तरीय लेख लिखे (कभी-कभी व्यक्ति को स्वयं की अच्छाइयों का एहसास होता है, जिसे हम

'खुदी पर फिदा' कहते हैं) जिसे संकलित किया जाए तो भारतीय साहित्य का संदर्भ-ग्रंथ बन जाएगा। वे दिन मेरी उम्मीद के जोशीले दिन थे। उन्हीं दिनों रघुवीर सहाय के 'लोग भूल गए हैं' काव्य-संग्रह को सन् 1985 का साहित्य अकादेमी पुरस्कार प्राप्त हुआ। प्रासंगिकता के आधार पर मैंने 20 जनवरी, 1985 के 'इतवार सकाल' में 'वर्तमान से संवाद स्थापित करनेवाला मानवतावादी कवि' शीर्षक लेख लिखा। उसमें मैंने प्रसंगवश इस कवि से मेरा परिचय कैसे हुआ, यह लिखा था। उसमें यह भी लिखा था कि विश्वविद्यालय में मुझे जानबूझकर कैसे नया साहित्य पढ़ाने को मिलता है। होशियार-सुजान स्थिर हुई (सुस्त) बुजुर्ग मंडली अपने 'स्थिर' विषय छोड़कर 'अस्थिर' (अस्वस्थ?) होना नहीं चाहती। अर्थात यह वास्तविकता है, जिसका मैं आज भी अनुभव करता हूँ। मैं आज भी विश्वविद्यालय में नया ही पढ़ाता हूँ। उस लेख से संबद्ध लोगों को यह बात चुभ गई। जब मैं इससे वाकिफ़ हुआ तो मैंने प्राध्यापक बैठक में नम्रता से खेद जताया। अर्थात उसमें बुजुर्गों के सम्मान की भावना थी।

लेकिन इससे उन्हें तसल्ली नहीं मिली। उन्होंने जून 1985 की मानद प्राध्यापकों की सूची से मेरा नाम हटा दिया। मैंने विश्वविद्यालय की ओर फरियाद की और मेरी जीत हुई। विश्वविद्यालय ने मुझे नियुक्ति-पत्र भेज दिया। छात्रों का दबाव भी इसके पीछे कारक था। मुझे नियुक्ति-पत्र मिला तो असंतुष्ट प्राध्यापकों ने बहिष्कार का रुख अपनाया। विश्वविद्यालय मानो हमारी बपौती है इस भावना से व्यवहार करनेवाली वह बुर्जुआ मंडली! मैंने उनका डबरा उन्हें अभयारण्य के रूप में रखकर अपने महाविद्यालय में स्वतंत्र पदव्युत्तर केंद्र शुरू करने का निर्णय लिया। हमारे महावीर महाविद्यालय के पदव्युत्तर केंद्र को मान्यता देनेवाली समिति में मुझे निष्कासित करनेवाले प्राध्यापक का ही रूप में होने को क्या कहा जाए? हमें जो केंद्र मिला वह विश्वविद्यालय से भी उच्च स्तर का था। उन दिनों शिवाजी विश्वविद्यालय में हिंदी विभाग नहीं था। अध्यापन और अनुसंधान-क्षेत्र में शुरू की एम.फिल. जैसी पदवी के लिए पर्याप्त और पात्र मनुष्यबल नहीं था। हमारे महाविद्यालय के हम तीनों प्राध्यापक डॉक्टरेट थे। जून, 1966 में हमारा स्वतंत्र पदव्युत्तर अध्यापन और अनुसंधान केंद्र शुरू हुआ तो मेरे सहकर्मी हताश होकर हाथ मलने के सिवा कुछ नहीं कर सके।

शिवाजी विश्वविद्यालय के पदव्युत्तर अध्यापन-केंद्र से जब मेरा नाम हटा दिया गया उसी समय 4 अगस्त, 1985 को मैंने 'इतवार सकाल' में 'शिवाजी विश्वविद्यालय में हिंदी की उपेक्षा रोको' इस शीर्षक से एक लेख लिखा था। उसमें हिंदी विषय लेकर अध्ययन करनेवाले छात्रों का छात्रवृत्ति से वंचित रहना और स्वतंत्र हिंदी विभाग शुरू न करने के पीछे तत्कालीन कुलपति की अंग्रेजी मानसिकता को स्पष्ट किया था। इस लेख से तत्कालीन कुलपति को काफी चोट पहुँची। मैं जब एक बार प्राध्यापक परिषद्

के काम के वास्ते उनसे मिलने गया तो पहले ही गोरे होनेवाले कुलपति महोदय और लाल हो गए। चुरुट से धुआँ छोड़ते हुए उन्होंने कहा, 'आर यू वांटेड टू हूट आउट मी?' बाद में पता चला कि राज्यपाल महोदय ने इस लेख की गंभीरता से दखल ली थी। इसके चलते विश्वविद्यालय को अपने कोष से छात्रों को छात्रवृत्ति देने की बेइज्जती सहनी पड़ी थी। दूसरे, उस वर्ष विश्वविद्यालय अनुदान आयोग को भेजी जानेवाली विकास रूपरेखा में प्रधानता से हिंदी विभाग का प्रस्ताव भेजना पड़ा था। व्यापक हित को छोड़कर छोटे-मोटे स्वार्थों का जुगाड़ बिठाने की मतलबी वृत्ति से मैं हमेशा दूर रहा। इस प्रसंग में मेरे सहकर्मी प्राध्यापकों को जो मुँह की खानी पड़ी वह अच्छी तरह याद है। 'यह सूर्य और यह जयद्रथ' के नाटकीय प्रवेश में मेरे सहकर्मियों को 'बाप दिखा दो वरना श्राद्ध करो' की बेइज्जती सहनी पड़ी। अपने सहकर्मियों की निष्क्रियता स्पष्ट करने के पीछे मेरा हिंदी के व्यापक प्रचार-प्रसार का आग्रह होता। इसमें वैयक्तिक ईर्ष्या या द्वेष की भावना बिलकुल नहीं होती थी। लेकिन उनका व्यक्तिनिरपेक्ष, वस्तुनिष्ठ न होना यह मेरे लिए आज भी एक अनबूझ पहेली है। आप इसे घमंड कहें या अहं लेकिन मेरे लिए वह अस्तित्व की लड़ाई थी। वह गर्दिश के दिन मेरे लिए स्वत्व के खोज की यात्रा थी। इस यात्रा ने मुझे अपने अंदर की समाजसेवी वृत्ति की राह दिखाई और फिर मैंने अनाथ, निराधारों की देखभाल तथा पुनर्वास कार्य पर लक्ष्य केंद्रित किया।

मेरी जिंदगी की यात्रा के हर मोड़ पर व्यक्ति या विचार, व्यवहार या आदर्श, संबंध या संदर्भ का संघर्ष और द्वंद्व उत्पन्न हुआ। मैं हर बार व्यक्ति, संबंध और व्यवहार से अलग होकर सैद्धांतिक भूमिका पर अडिग रहा। इस तरह मेरा अकेला खड़ा रहना मुझे नई ऊर्मि, नई ऊर्जा देता आया है। इसी काल में (सन् 1982-85) मैं महाराष्ट्र राष्ट्रभाषा प्रचार केंद्र, कोल्हापुर के सचिव पद पर कार्य कर रहा था। मुझसे पहले इस पद पर ॲड. चिवटे कार्य करते थे। काफी निष्ठा के साथ उन्होंने यह केंद्र कार्यरत रखा था। श्री बावडेकर नामक बूढ़े सज्जन लिपिक थे। मेरे ही साथ अध्यक्ष बने प्रो. चंद्रकांत पाटगाँवकर के वे मामा थे। मैं मामा-भाँजे की कैंची में बुरी तरह अटक गया था। राष्ट्रभाषा सभा और हिंदीप्रेमी छात्रों की अपेक्षा थी कि केंद्र कार्यक्षम बने। केंद्र में किताबों पर जमी धूल झटकना, रोजाना केंद्र की सफाई, छात्रों को आवश्यक पुस्तकें उपलब्ध करने की कोशिश के चलते सहयोगियों को डाँट-फटकार करनी पड़ती। ग्रंथालय सँभालनेवाले कर्मचारी अक्सर सास-ससुर जैसा व्यवहार करते हैं। ग्रंथालय का मूल सूत्र पाठकों तक पुस्तक पहुँचना होता है। ग्रंथालय की मंडली मात्र नियमों की काँच लगाकर पुस्तकें काँच की अलमारी में सुरक्षित रखने में ही सार्थकता महसूस करती है। उधर पुस्तकें अलमारी में छटपटाती और इधर मेरी अकुलाहट, बेचैनी बढ़ती। अंततः मैंने 'साँप भी मरे और लाठी भी न टूटे' ऐसा नुस्खा अपनाकर एक दिन दो छात्रों को साथ लेकर पूरे ग्रंथालय का वर्गीकरण किया। तभी

मैं खुली साँस ले पाया। उन दिनों प्रबोध, प्रवीण परीक्षा देनेवाले छात्रों को मैं आज एम.ए., एम.फिल., पीएच.डी. उपाधि प्राप्त कर प्राध्यापक के रूप में देखता हूँ तो उस समय मोल ली कटुता सार्थक लगती है।

हिंदी भाषा और साहित्य के इस प्रचार-प्रसार पर्व ने मेरा अनुभवविश्व संपन्न किया। इन दिनों ने मुझे मनुष्य के असली रूप दिखाए। मैं लेखन, वाचन और कार्य के माध्यम से आत्मशोध लेता रहा। आत्मशोध के दौरान लिखी निम्न कविता आज भी मेरा उसी प्रकार पीछा करती है। मैंने उस समय इसमें अपने सहकर्मियों की अक्षमता को शब्दबद्ध किया था—

अक्षम ही होते हैं वे
अपनी बेइज्जती छुपाने के लिए
अक्सर वे करते आए हैं
दरवाजा बंद करने की फूहड़ता
लेकिन...
दुनिया को जरूरत नहीं होती दरवाजे की
और ताले की भी
यह वे कैसे समझेंगे?
बैठा बैल बनकर जुगाली करना आसान होता है
सीठी चबाकर रस तो दूर
एक बूँद लार भी नहीं टपकती।
कौओं की पाठशाला में
आसान होता है
किसी को बहिष्कृत करना
गिनती के लोकतंत्र में
अक्सर होती है
बिन डोकों की फ़तह
कौआ कहकर बहिष्कृत करने से
नहीं रुकती मुर्गे की बाँग
सूरज को छिपाना आसान होता है?

जिंदगी के महाभारत में मैं अक्सर कर्ण की अस्वस्थ आत्मा को जीता आया हूँ...मुझे विश्वामित्र का रुख लेना कभी संभव नहीं हुआ...कृष्ण की तरह 'धरि शस्त्र जरि न हाथ' का गनिमी कावा मैं कभी न कर सका...मैं तो सीता की राह चलता रहा...मूक, चुपचाप...'क्रांति सीता के पाँवों की तरह होती है' ये बाबा आमटे की काव्य पंक्तियाँ मुझे पिछली यात्रा में साथ देती रहीं। मैं चलता रहा...प्रदेश पीछे छोड़ता गया...आज मेरी समझ में आता है...क्षणिक बहकावे से दाँव जीतनेवाली मंडली फरार

हो चुकी है...मेरे पसीने से तर-बतर प्रदेश में आज मेरे सपनों के फूल खिले हैं...अपने ही बोए बीजों से आज रसभरे फल देखता हूँ तो पता चलता है कि सभी बीज धतूरे के नहीं होते...पारिजातक के भी होते हैं...दूसरे का आँगन सुगंधित करने की उदारता तैयार करनी हो तो अपना ही मन उम्दा होना चाहिए...इंतजार की तैयारी हो तो आनेवाला कल केवल आपका होता है...यह मुझे अनुभव ने दिया सयानापन है। वही मेरा संबल बना है। वही मुझे युवा बनाता रहता है।

23

आत्मस्वर का शोध लेते समय मैं इस बात से भलीभाँति परिचित हुआ कि आत्मरत रहना मेरे बस की बात नहीं। मैं जिस विषम परिस्थिति से आया था उसका विस्मरण मेरे लिए असंभव था। इसी कारण मुझे अक्सर 'बहुजनहिताय' की ललक लगी रहती है। 'स्व' और 'पर' के द्वंद्व में अक्सर 'पर' की ही फतह होती आई है! कई प्रकार के सामाजिक कार्य करते समय अनाथ-निराधार लड़के-लड़कियाँ और महिलाओं के लिए कुछ करने की ऊर्मि मेरे अंदर खदबदाती थी। दिल तो बहुत कुछ करना चाहता लेकिन स्वयं को गढ़ने का संघर्ष इतना जटिल होता कि सब कुछ हवा हो जाता। अनाथ, निराधारों की देखभाल और पुनर्वास कार्य की मेरी शुरुआत एक छोटे उपक्रम से हुई। बिलकुल गंगोत्री की तरह! मेरे डॉक्टरेट हासिल करने के उपलक्ष्य में मेरी साली श्रीमती स्वाति कर्णिक के घर पर दादर में पंढरपुर के मुंबई निवासी आश्रमीय भाई-बहनों ने पारिवारिक सम्मान का आयोजन किया था। लगभग पचास लड़के-लड़कियाँ इकट्ठा हुए थे। सम्मान समारोह के बाद अनौपचारिक गपशप में हममें से जिनकी परिस्थिति नाजुक है, जिन्हें मदद की आवश्यकता है उन्हें सहयोग देने का निर्णय सद्यःस्फूर्त रूप में हुआ। इसकी एक अनौपचारिक व्यवस्था हो इसलिए हम सभी ने मिलकर 'स्नेह सहयोग' की स्थापना की। हर कोई नियमित रूप से रुपए जमा करें और उस निधि से आर्थिक सहयोग किया जाए ऐसी मूल कल्पना थी। लेकिन यह कल्पना मूर्त नहीं हो सकी। मगर अनौपचारिक तौर पर हम परस्पर सहयोग करते रहे, आज भी करते हैं। हमारी इस कोशिश का आज अक्षयवट बन गया है...उससे निकली उपशाखाओं तक के वृक्ष होने जा रहे हैं...

मुंबई, पूना, कोल्हापुर, सोलापुर, भोर, शिरवल, कराड, बीड, औरंगाबाद, धुलिया आदि स्थानों में फैले आश्रमीय अब परस्पर सहयोग से स्थिर हुए हैं...कुछ तो अब अवकाश ग्रहण करने पर आमादा हैं...सन् 1980 के दरमियान का वक्त मात्र बड़ा बाँका था। मुंबई जैसे महानगर में संस्था से बाहर पड़नेवाले छात्र अचानक रास्ते पर फेंक दिए जाते...पहचाननेवाला, सिफ़ारिश करनेवाला कोई नहीं होता...हममें से जो मुंबई में स्थिर हुए थे वे यथासंभव लड़के-लड़कियों का सहारा बन गए...उन्होंने

आत्मीयता से सहयोग किया। पहचान-सिफ़ारिश में नौकरी को लगाया। लड़कियों के प्रश्न गंभीर होते थे। बालिग अवस्था में संस्था से बेदखल होने से उनके सामने सुरक्षा का बड़ा आह्वान होता था ।...आज एक के घर तो कल दूसरे के...इसी प्रकार दिन बिताने पड़ते। झुग्गी-झोपड़पट्टी में घूमकर जैसे-तैसे छप्पर ढूँढ़ना पड़ता... लड़के-लड़कियाँ अल्पशिक्षित होते। उन दिनों अनाथाश्रम, रिमांड होम जैसी संस्थाएँ 'रोटी, कपड़ा और मकान' देने पर ही इतराती थीं। लड़कों के साथ आत्मीयता से पेश आनेवाले अधिकारी, कर्मचारी अपवाद के रूप में ही होते थे। सौ लड़कों के पीछे नाममात्र कर्मचारी होते। किसी को किसी की फिक्र नहीं होती। 'तुम क्यों रोते हो?', 'खाना खाया?', 'बीमार हो?', 'अभ्यास किया?', 'परीक्षा में सफल हो गए?' जैसी पूछताछ तक मुश्किल होनेवाले उस काल में लड़के 'नॉनमैट्रिक' होने में ही जिंदाबाद की खुशी मानते थे। ऐसे में उन लड़कों की किसी के घर में नौकर या चपरासी बनना, बच्चे सँभालना, फैक्टरी में मजदूर बनना ही नियति थी।

'संस्था का यह चित्र बदलने के लिए हमें संस्था में कार्यरत होना चाहिए' इस निष्कर्ष पर हम पहुँचे थे। मुंबई प्रार्थना-समाज हमारी पालक संस्था थी। इसी संस्था के द्वारा पंढरपुर का वा.बा. नवरंगे बालकाश्रम और विलेपार्ले का डी.एन. सिरूर बालकाश्रम चलाया जाता था। पंढरपुर की संस्था के बच्चे बड़े होने पर विलेपार्ले में आ जाते। पंढरपुर की कई लड़कियाँ विवाहोपरांत मुंबई आ गई थीं। ग.ल. चंदावरकर मुंबई प्रार्थना-समाज के अध्यक्ष के रूप में पिछले कई सालों से कार्यरत थे। मुंबई प्रार्थना-समाज पर उनका प्रभुत्व था। विशिष्ट समाज के लोग मुंबई प्रार्थना-समाज के सदस्य थे। संस्था मानो विशिष्ट, चंद लोगों की बपौती थी। उनमें से कुछ लोग तो प्रार्थना-समाज की विभिन्न संस्थाओं में सेवारत थे। अर्थात वे मजबूर थे। सिद्धार्थ राज्याध्यक्ष के सचिव पद की जिम्मेदारी सँभालता था। युवा और द्रष्टा सिद्धार्थ वैसे उच्चभ्रू वर्ग का था लेकिन उसके संस्था की लड़की से विवाह करने से वह हमारा रिश्तेदार बन गया था। विकास काटदरे (मेरा मुँहबोला बड़ा भाई) अब पत्रकार बनकर 'मार्मिक' में काम कर रहा था। अभय पारसनीस (मेरा मुँहबोला छोटा भाई) यूनाइटेड इंक में अच्छे ओहदे पर था। हम सभी ने विचार-विमर्श के उपरांत प्रार्थना-समाज की सदस्यता ग्रहण की। इसमें सिद्धार्थ से बड़ी मदद मिली। प्राचार्य शेरे, एल.एन. काळे, श्रीमती सरोजिनी कराडे आदि सदस्यों की हमारे प्रति सहानुभूति थी। सदस्य होने के उपरांत हमने चुनाव लड़ना तय किया। उन दिनों चुनाव महज एक खानापूर्ति होती। ग्यारह सदस्यों का कार्यकारी मंडल था लेकिन बैठक में नौ या दस सदस्य उपस्थित रहते। हम चुनाव-प्रणाली से अवगत हुए। हमने ऐसी रणनीति तैयार की कि सिद्धार्थ प्रार्थना-समाज की ओर से प्रवेश करेगा और विकास सीधे चुनाव लड़ेगा। मैं, विकास, अभय तथा कुसुम को सभा में उपस्थित देख सभी की आँखें विस्फारित हुईं। हमारी अनपेक्षित उपस्थिति सभी को संभ्रम में डालनेवाली थी। हमने सभा के पहले कुछ

वोटों का जुगाड़ किया था। चुनाव में हम पाँचों ने केवल विकास को ही वोट दिया। इसके सिवा हम बाहर के दो वोट हासिल करने में भी सफल हुए। सरोजिनी कराडे और विकास को समान वोट मिल गए। अध्यक्ष ग.ल. चंदावरकर ने अपना अध्यक्षीय वोट (कास्टिंग वोट) सरोजिनी कराडे को दिया। वे सभा में अनुपस्थित थीं। दूसरे, उन्होंने कार्यकारी मंडल पर काम करने के लिए अपनी असमर्थता बताई थी। मैंने खड़े होकर ऑब्जेक्शन किया। प्रार्थना-समाज के इतिहास में ऐसा वाकया पहली बार हुआ होगा...अध्यक्ष पाँच मिनट स्तब्ध हुए...सभागार खामोश हुआ...'आई एनाउंस दैट मिस्टर काटदरे इज इलेक्टेड'...ग.ल. चंदावरकर ने भारी आवाज में कहा और सभागार गद्गद हो गया, जो एक ऐतिहासिक घटना थी। प्रार्थना-समाज के इतिहास में संस्था के एक अनाथ लड़के का सनाथ, आत्मनिर्भर होकर संस्था का पालक बनने की घटना पहली बार घटित हो रही थी...इसके बाद मात्र चंदावरकर जी ने हमें प्रार्थना-समाज में खुले दिल से अपनाया।

सिद्धार्थ और विकास भैया ने विलेपार्ले और पंढरपुर की संस्थाओं पर अच्छी तरह से लक्ष्य केंद्रित किया...उसी समय संस्था पर अनुमति रद्द की जाने की नौबत आई थी...मामला कोर्ट-कचहरी में पहुँचा था...इसमें सिद्धार्थ और विकास की भूमिका अहम् रही लेकिन लगन न होने से पर्याप्त सफलता नहीं मिली। अनाथाश्रम और रिमांड होम जैसी संस्थाएँ सामाजिक अभिशाप होता है। कार्यकर्ताओं की आवृत्ति होने से संचालन में जड़ता आती है। हर नया कार्यकर्ता क्रांति के सपने लेकर आता है जिससे पुराने कार्यकर्ता के अहं को ठेस पहुँचती है। वे या तो उत्साही कार्यकर्ता का पत्ता काट देते हैं या उससे साँठ-गाँठ करते हैं। फिर वही डफली, वही राग...

संस्था में हम बहुत कुछ नहीं कर पाए लेकिन हमने 'स्नेह सहयोग' परिवार को संजीवनी दी। हमारे 'स्नेह सहयोग' की अपनी निजी पहचान है। यह एक अनौपचारिक आंदोलन है। अनाथ लोगों द्वारा सनाथ होने पर कल के अनाथों को सनाथ करने हेतु स्थापित किया गया आंदोलन! 'स्नेह सहयोग' की लिखित घटना नहीं मिलेगी लेकिन अलिखित आचार-संहिता जरूर है। इस परिवार के सभी सदस्य अतीत में आश्रमीय या संस्थाश्रयी होते हैं। उनमें खून का रिश्ता नहीं होता लेकिन स्नेह का, सहयोग का या मुँहबोला रिश्ता होता है। हम एक-दूसरे के सब कुछ होते हैं। परिस्थिति के अनुसार रिश्ते तय होते हैं। हम एक संस्था के होने से मुँहबोले भाई-बहन, आप्त-स्वकीय होते हैं। हममें परस्पर रोटी-बेटी व्यवहार होता है। वैसे बाहर से भी रिश्ते आते हैं लेकिन आपसी विवाह पर हम बल देते हैं। बाहरी विवाह के अच्छे अनुभव बहुत कम हैं। आपस में संपन्न सभी विवाह सफल ही हुए हैं। अब तक तलाक का अपवाद नहीं है। विवाह, नामकरण, मँगनी, दाहोद, मायका, छुट्टी में मामा के गाँव जाना आदि सब अनायास होता है। शोक, अंत्यविधि आदि के अवसर पर हम तहे-दिल से शामिल होते हैं। उसमें औपचारिकता नहीं होती। हमारे

विवाह में मान-सम्मान, रूठना-फूलना नहीं होता। हम एक-दूसरे को अच्छे-खासे उपहार देते हैं। उसके पीछे नवदंपती को सहयोग करने की भावना होती है। हम ही एक-दूसरे के भाई-बहन, चाचा, मामा, जीजा होते हैं। अब यह क्रम सास, ससुर, समधी की ओर बढ़ रहा है। एक समय हमारे आपस में विवाह हुए थे। अब हमारे बच्चे ब्याहने योग्य हुए हैं...वधू-वर की खोज शुरू है...हमारी पहली पसंद आपसी रिश्ता तय करना ही होती है...लेकिन अब हम समाज में प्रतिष्ठित (सही माने में!) हुए हैं...अब खानदानी परिवार से रिश्ते आ रहे हैं...यह सब हमने मेहनत और ईमानदारी से हासिल किया है...अब हमारे पास अपना घर, फ्लैट्स, किसी-किसी के पास फोर व्हिलर तक है। मेरे पास भी! किसी जमाने में घर-घर में नौकरों का काम करनेवाली हमारी पूर्व पीढ़ी...आज हम अध्यापक, प्राध्यापक, प्राचार्य, सेना-अधिकारी, शिक्षा-अधिकारी, परिचारिका जैसे पदों पर कार्यरत हैं...हमारी आनेवाली पीढ़ी...हमारे बच्चे उच्चशिक्षित हैं...कुछ डॉक्टर, इंजीनियर,चार्टर्ड एकाउंटेंट, एनआरआई बने हैं... किसी समय हमें नीच, अपवित्र, अछूत मानकर हमारी उपेक्षा करनेवाली तथागत खानदानी मंडली आज हमारे पास रिश्ता लेकर आती हैं तो अतीत की स्मृतियाँ ताजा होती हैं...वैसे आज भी हमारी पहली पसंद आपसी रिश्ता होती है। खून के रिश्ते की अपेक्षा हमारा दारोमदार स्नेह-सहयोग पर होता है...हममें भी मतभिन्नता होती है लेकिन मनभिन्नता नहीं। रूठना-फूलना तो होता है लेकिन 'मुँह नहीं देखूँगा', 'दहलीज नहीं चढ़ूँगा' जैसी भीष्म प्रतिज्ञा नहीं होती।

हमारा 'स्नेह सहयोग परिवार' दुनिया से न्यारा है। हमारे रिश्ते आरोपित नहीं, चयनित होते हैं। हममें रिश्तों के चयन की आजादी होती है। दूसरों के काम आने की हममें मानो होड़ होती है। कोई तो अपना हो, यह एक समय हमारी मानसिक भूख थी। हमने इसकी विधायक खोज अक्सर सृजनात्मक, रचनात्मक पद्धति से पूरी की है...हमारे व्यवहार में न झूठी आत्मीयता होती है न ही औपचारिकता। मेरा घर तो सदाबरत हो चुका है। रोजाना घर में आने-जानेवालों का ताँता लगा रहता है। एक जमाने में कोई सहज चाय पिलाता तो मुझे लगता कि बड़ा सम्मान किया जा रहा है। आज मैं लोगों का सम्मान करने में कोताही नहीं बरतता। इसका अधिकांश श्रेय पत्नी रेखा को देना होगा। परसों जब भाई के लड़के की शादी थी तो मैंने अपने आँगन में करने की जिद की। और वह धूमधाम से संपन्न भी हुई।

समाज में पाता हूँ कि जिन खून के रिश्तों का ढिंढोरा पीटा जाता है, उनमें से कई रिश्ते सतही होते हैं...कई बार मिलना-जुलना तक महज औपचारिक होता है...जाति-बिरादरी के डर से सब कुछ किया जाता है...कुलीनता में संदेह होने से तय न होनेवाले विवाह...मैं जब परंपरा की खाई में उलझा, जाति-धर्म में फँसा समाज देखता हूँ तो मेरी जाति, धर्म, गोत्र, कुल न होना मुझे सुकून देता है। समाज में यदि किसी को सुखी मनुष्य की कमीज, पल्लू की आवश्यकता हो तो वे बेहिचक हमसे

ले सकते हैं–

दुनिया में कोई किसी का नहीं होता
यह जितना सच है,
उतना ही यह सच है–
दुनिया होती है सभी की।
जहरीली ज्वाला के अग्निदिव्य से
यहाँ खिलते हैं फूल
कभी कर्ण तो कभी शकुंतला के रूप में।
यहाँ नहीं होते विश्वामित्र
'मुझे क्या लेना-देना' कहनेवाले।
यदि होते हैं तो
अज़ीज भरत-शत्रुघ्न
मैं एक भारतीय कहनेवाले...

मेरी दृष्टि से 'स्नेह सहयोग' इक्कीसवीं सदी की समाजवैज्ञानिक रचना है। उसने जाति, धर्म, परंपरा और संप्रदाय के मकड़जाल दूर करने की प्रतिज्ञा की है। मनुष्यता इस समाजरचना की बुनियाद है। मनुष्य ही इस समाज की जाति है और धर्म है मानव। इसकी परंपरा पुरोगामित्व की है। 'स्नेह सहयोग' जाति-धर्म निरपेक्ष समाज है। हम इस समाजरचना की विज्ञाननिष्ठा, लोकशाही, व्यक्ति स्वातंत्र्य, बंधुता, समता, इन मूल्यों का सम्मान करते हैं। 'स्नेह सहयोग' विकास के मौके पर भरोसा करता है लेकिन वर्तमान आरक्षण की बैसाखी उसे मंजूर नहीं है। 'स्नेह सहयोग' पूर्व मान्यताओं के प्रति आक्रोश व्यक्त करने पर विश्वास नहीं करता। वह 'बच्चा अज्ञानी है, उसे माफ करो' ऐसा कहनेवाले येशू ख्रिस्त के उदार मतवाद को मानता है, बुद्ध की क्षमाशीलता को वह शिरोधार्य मानता है। यह समाज याचक नहीं। वह समर्पण पर निष्ठा रखता है। वह 'कर्मण्येवाधिकारस्ते मा फलेषु कदाचन' की निःसंगता को पसंद करता है। कालानुरूप पुरोगामी होने की ओर उसका रुख है। वह ईश्वर, दैव, कर्मफल, पुनर्जन्म, भूत-प्रेत आदि पर विश्वास नहीं करता। समाज का अभिन्न हिस्सा होने से तथा उसके संपर्क में रहने से वह जो कर्मकांड करता है वह एक प्रासंगिक समायोजन है। कबीर, कर्ण उसके प्रेरक आदर्श हैं। महात्मा फुले, पंडिता रमाबाई, महर्षि धोंडो, केशव कर्वे, महर्षि विट्ठल, रामजी शिंदे और कर्मवीर भाऊराव पाटिल ने अनाथों के लिए जो कार्य किए उसकी कृतज्ञता के बलस्थान हैं। समाज से 'अनाथ' की भावना और तत्संबंधी वास्तविकता का उच्चाटन उसका लक्ष्य है। वह संघर्ष की अपेक्षा समन्वय का समर्थक है। वह महात्मा गांधी के सत्याग्रह का अनुयायी है। कोई अपनी राह पर काँटे बोए तो उसकी राह पर फूल कैसे खिलेंगे इसका वह विचार करता है। जो आएँगे उनके साथ और जो नहीं आएँगे उनके सिवा नए समाज की निर्मिति करने पर उसकी दारोमदार है।

'स्नेह-सहयोग' कथनी और करनी में मेल न होनेवाले घाघ व्यक्ति और व्यवहार को मायनस करता है। सत्व, स्वाभिमान, तत्त्वनिष्ठा, सरोकार, सदाचार उसके जीवनसूत्र हैं। मनुवाद को छेद देनेवाला मानवतावाद स्नेह सहयोगी सामाजिक जीवन का संचित रूप है।

24

हम अनौपचारिक रूप में 'स्नेह सहयोग' के माध्यम से मुंबई के साथ पूरे महाराष्ट्र में अनाथों को आधार देने के कार्य का विस्तार कर रहे थे। उन दिनों मैंने कोल्हापुर का अपनी कर्मभूमि के रूप में चयन किया। मैं जिस रिमांड होम में रहा वहाँ पर पंढरपुर के वा.बा. नवरंगे बालकाश्रम जैसा व्यापक कार्य-विस्तार करने के बारे में सोच रहा था। इसी समय मैंने कोल्हापुर के रिमांड होम की आजीवन सदस्यता ग्रहण की। पीएच.डी. उपाधि प्राप्त होने पर रिमांड होम ने मेरा सम्मान किया, उस समय मैंने संस्था के लिए कुछ करने की इच्छा जताई थी। इसी के तहत मैं संस्था के सेक्रेटरी दादासाहब चव्हाण से मिला। उन्होंने मुझे शां.कृ. पंत वालावलकर उर्फ बापू से मिलने को कहा। मैं बापू से उनकी कपड़े की दुकान में जाकर मिला। उन्होंने पुलिस अधीक्षक राम गाँवडे से मिलने को कहा। यह खो-खो का खेल था लेकिन दमखम होने के बावजूद मैं खेलता रहा। और मेरी कोशिश सफल हुई। मुझे सन् 1981-82 के कार्यकारी मंडल में सम्मिलित किया गया।

मुझे वह दिन अच्छी तरह याद है...शर्वरी गोखले कोल्हापुर की जिलाधीश थीं। संस्था की पदेन अध्यक्षा के नाते वे बैठक की अध्यक्षा के रूप में विराजमान थीं। बैठक संपन्न होने के उपरांत उन्होंने संस्था का औपचारिक मुआयना किया। उन्होंने कई स्थानों पर जमी धूल उँगली से अधिकारियों को दिखाई। दे जिस तटस्थता से संस्था देख रही थीं वह देख अचरज हुआ। मेरी स्मृति के अनुसार वह उनकी पहली और अंतिम भेंट थी। उन दिनों पुलिस अधीक्षक संस्था के कार्याध्यक्ष होते लेकिन वे ही प्रमुखता से संस्था देखते। राम गाँवडे से पहले आर.डी. त्यागी, यू.डी. राजवाडे, जैसे कार्यक्षम पुलिस अधीक्षक थे। वे बड़ी लगन से संस्था का कार्य करते थे। चंदा जमा करने तक में वे सहयोग किया करते। एक लाख की राशि स्थायी निधि के रूप में रखी थी जिसका दादा, बापू और नाना (शि.ह. गद्रे) को बड़ा कौतूहल था।

पी.बी. वालवेकर रिमांड होम के शासन द्वारा नियुक्त अधीक्षक थे। वे गारगोटी के मौनी विद्यापीठ में मेरे सहपाठी रह चुके थे। वैसे वे मुझसे एक साल बड़े थे। उन्होंने, मैंने और दादा ने संस्था के विकास की एक अनौपचारिक योजना बनाई। वालवेकर शासकीय योजनाओं की अच्छी जानकारी रखते थे। अनुदान की माँग करना, शासकीय रपट, सिफारिश लेना आदि में वे बड़े माहिर थे। मुख्यालय में कार्य करने की वजह से वरिष्ठ अधिकारियों से उनका अच्छा-खासा परिचय था। इसका

संस्था को काफी लाभ हुआ।

हमने सर्वप्रथम 'बाल मार्गदर्शन केंद्र' शुरू किया। अर्थात उसके पीछे हमारी सैद्धांतिक भूमिका थी। उस उम्र में 'प्रिवेंशन इज बेटर दैन क्युअर' जैसी तोतारटंत कृति को क्रियान्वित करने की धुन सवार थी। 'संस्था में आनेवाले बाल अपराधियों को सुधारने की अपेक्षा बाल अपराधों पर रोक लगाना उचित होगा' इस विचार से रिमांड होम के पड़ोस की वारे कालोनी में यह केंद्र शुरू किया। वहाँ पर शिक्षा, खेल, मनोरंजन, ग्रंथालय, नैतिक शिक्षा जैसे उपक्रम चलाए जाते। दो समाजसेवक इस केंद्र का कार्य देखते। इसे नाममात्र अनुदान मिलता था। लगभग सात वर्ष यह केंद्र चला। इससे एक लाभ यह हुआ कि पड़ोस की बस्ती के बच्चे पाठशाला में जाने लगे। आगे चलकर वहाँ आँगनबाड़ी शुरू हुई और केंद्र का कार्य रुक गया।

रिमांड होम अपनी स्थापना से लड़कों की देखभाल का कार्य कर रहा था। कुछ लड़कियाँ भी रिमांड पर आतीं। लेकिन लड़कियों के आवास की स्वतंत्र व्यवस्था न होने से लड़कियों का रिमांड सेक्शन हमारी ही भगिनी संस्था अनाथ महिलाश्रम में कार्यरत था। निरीक्षक लड़कियों के लिए स्वतंत्र विभाग शुरू करने का तगादा लगाते। उस संस्था में जगह और निधि के अभाव से लड़कियों की दुर्गति होती थी। रिमांड होम के पास जगह की कमी नहीं थी अतः हमने लड़कियों का रिमांड होम शुरू करने की ठान ली। वैसे इसके पूर्व ही उसका प्रस्ताव और रूपरेखा तैयार थी। हमारे प्रयास से उसे गति मिली। शासन की तत्त्वतः अनुमति मिलते ही हमने उपलब्ध निधि से काम शुरू किया। अनुदान हेतु नियोजन मंडल को आग्रह किया।

सन् 1982 के आरंभ में बलराज महाजन की रूपरेखा के अनुसार विभा कन्स्ट्रक्शन के कैप्टन जोशी पर विधिवत काम की जिम्मेदारी सौंपी। 26 फरवरी, 1982 को पुलिस अधीक्षक राम गाँवडे के करकमलों से भूमिपूजन समारोह संपन्न हुआ। खुदाई होकर नींव डाली जा रही थी और अचानक एक दिन कैप्टन जोशी ने आकर बताया, 'लोकनिर्माण विभाग ने काम रोकने को कहा है।' पूछताछ करने पर पता चला कि हम संस्था के जिस सिटी सर्वे सं. '1925/क' पर लड़कियों के रिमांड होम की इमारत बनाने जा रहे थे वह जगह लोकनिर्माण विभाग की थी। उस विभाग द्वारा वह जगह एक रुपया वार्षिक किराए पर हमें 99 साल के अनुबंध पर दी गई थी। अनुबंधपत्र के अनुसार उस जगह पर होनेवाले इमारत की मरम्मत, रंगकाम या इमारत बनवाने के लिए लोकनिर्माण विभाग की पूर्वानुमति आवश्यक थी। संस्था की स्थापना से लेकर उस विभाग से कोई कर्मचारी कभी पूछताछ तक के लिए नहीं आया था। अचानक वे कैसे जाग गए। छानबीन करने पर पता चला कि लोकनिर्माण विभाग द्वारा वह जगह कार्यकारी अभियंता निवास के लिए मुकर्रर की गई है। उसके लिए आर्थिक नियोजन तक हुआ है। उस समय चव्हाण साहब कार्यकारी अभियंता थे। मैं, दादा और वालवेकर उनसे मिलने उनके दफ़्तर पहुँचे। काफी ऐंठकर वे कहने लगे,

''तामीर का काम रोककर तुरंत सामान हटा दो वरना हम कानूनन कार्रवाई करेंगे।'' वैसे भी सरकारी अधिकारी कागजात के सिवा क्या जानते हैं! मन, मनुष्य, समाज, सरोकार आदि से उन्हें लेना-देना नहीं होता। अब तक के अनुभव से मैं इससे भलीभाँति परिचित हुआ था।

दादा सहनशील थे। सरकारी नौकरी में होने से कानून को प्रमाण माननेवाले सज्जन थे। उन्होंने काम रोक दिया। इस दरमियान शर्वरी गोखले का तबादला हुआ था। नए जिलाधीश के रूप में दिनकरराव पाटिल तो पुलिस अधीक्षक के रूप में एम.जी. नरवणे उपस्थित हुए थे। दोनों के मन में संस्था के प्रति आत्मीयता थी। हमने पूरा माजरा उन्हें बयान किया। उन्होंने चव्हाण साहब को समझाने की कोशिश की लेकिन वे सुनने की मानसिकता में नहीं थे। उन्होंने इसे अपनी प्रतिष्ठा का प्रश्न बना दिया था। अतः हमने वरिष्ठ स्तर पर कोशिश करना तय किया। सलाह-मशविरे के पश्चात (1925 क) इस पूरी जगह की स्थायी रूप में माँग करना तय हुआ। इसके अनुसार समाज कल्याण, महसूल और लोकनिर्माण विभाग को प्रस्ताव प्रस्तुत किया। इस कार्य में दिनकरराव पाटिल का बहुत मार्गदर्शन मिला। समाज कल्याण और महसूल विभाग ने सिफारिश की लेकिन लोकनिर्माण विभाग टस से मस नहीं हुआ। इसलिए हमने मंत्रालय स्तर पर प्रयास करना तय किया।

मैं और वालवेकर प्रस्ताव लेकर मंत्रालय पहुँचे लेकिन खाली हाथ वापस लौटे। दुबारा आवश्यक कागजात और प्रस्ताव लेकर गए। उस समय हम जिस विभाग में जाते वहाँ के लिपिक और अफसर पूछते, ''क्या आप ही सुनील लवटे हैं?'' संयोग से उसी दौरान विनय आपटे द्वारा 'युवदर्शन' में लिया मेरा साक्षात्कार 'नीचे धरा ऊपर गगन' का मुंबई दूरदर्शन पर प्रसारण हुआ था। वह काफी चर्चित हुआ था। दूरदर्शन को प्रतिक्रिया के ढेर सारे पत्र प्राप्त हुए थे। पत्रोत्तर के कार्यक्रम से हटके मेरा पता प्रसारित किया था। आगे चलकर सुहासिनी मुलगाँवकर ने उस वर्ष के बेहतरीन साक्षात्कार के रूप में पुनर्भेंट कार्यक्रम में उसका पुनःप्रसारण किया था। 'स्नेहांकिता' शीर्षक चर्चित इस आत्मकथा की लेखिका स्नेहलता प्रधान ने इस साक्षात्कार पर 'दैनिक लोकसत्ता' में एक लेख लिखा था। 'नवाकाल' पत्र के 'कालप्रवाह' स्तंभ में भी एक विशेष लेख छपा था। नाटककार विजय तेंडुलकर ने तो सांगली में एक मीडिया संबंधी संगोष्ठी में इस साक्षात्कार का संदेश देनेवाले कार्यक्रम के मॉडल के रूप में उल्लेख कर विस्तार से विवेचन किया था। इसका पर्याप्त लाभ हुआ। कक्ष अधिकारी बैरट और उपसचिव चिटणीस साहब ने अनुकूल टिप्पणी लिखी और कार्यकारी अभियंता को अभिप्राय लिखने को सूचित किया। फिर भी चव्हाण साहब के कान पर जूँ नहीं रेंगी। फिर हमने भी इसे प्रतिष्ठा का प्रश्न बना दिया। मंत्रालय जाने पर लोकनिर्माण विभाग के नवनिर्वाचित राज्यमंत्री श्री रामप्रसाद बोराडे से भेंट की। ये खानदेश के एक गृहस्थ बड़े ही सज्जन थे। उनके कक्ष का माहौल काफी शांत

था। न भीड़, न उठापटक। मैंने पूरी हकीकत उन्हें बता दी। उस समय श्री अत्रे उनके सचिव थे। उन्होंने सचिव को बुलाया। सचिव ने कहा, पहले प्रस्ताव मँगवाता हूँ फिर कुछ किया जा सकता है। इस पर मंत्री महोदय ने काम करने का आदेश दिया।

इतनी दौड़धूप के बावजूद स्थिति मात्र 'जैसे थे' थी। 'इंजीनियर का बँगला या अनाथों का छात्रावास' इस प्रश्न ने मेरे मन में कोहराम मचाया था। दादा मुझे समझा रहे थे लेकिन मेरा मन नहीं मान रहा था। एक बार बैठक के दौरान दिनकर पाटिल ने क्या सोचा पता नहीं? उन्होंने फोन करके सेक्शन इंजीनियर को बुलाया। चव्हाण साहब किसकी बात मानेंगे इसकी निजी तौर पर पूछताछ की। काफी देर वे मौन ही रहे। पूछताछ करने पर पता चला कि उनके वरिष्ठ शिंपी साहब हैं। संयोग से वे इसी विभाग के दौरे पर थे। हमें खबर मिली कि दूसरे ही दिन सुबह दस बजे वे पेठ नाका का इन्स्पेक्शन कर शिराला जानेवाले हैं, हमने वहीं पर उनसे मिलना तय किया।

जिलाधीश, मैं, बापू, दादा, शहा साहब, न्यायमूर्ति पंडित आदि सब समय से पहले पहुँचे। हमने शिंपी साहब को पूरी हकीकत तथा अड़चन बता दी। दिनकरराव पाटिल ने तो यहाँ तक कहा कि, "चाहें तो जिलाधीश निवास में क्यों न हो लेकिन रिमांड होम को जगह दीजिए।" इस पर शिंपी साहब निरुत्तर हुए। उन्होंने हमारे प्रस्ताव पर मंजूरी की सिफारिश कर हस्ताक्षर किए और जगह का ग्रहण छूटा। इतना सब होने के बावजूद प्रत्यक्ष जगह अधिकार में आने के लिए लोकनिर्माण विभाग की दहलीज के चक्कर लगाने पड़े। मैं जब अपने साथ प्रॉपर्टी कार्ड लेकर आया तब दादा और बापू ने कहा, "आप ही की वजह से यह हो पाया।" यह सुनकर मुझे अपनी दौड़धूप सार्थक होने की खुशी हुई। एक रुपया खर्च किए बगैर संस्था 2195 चौरस मीटर जगह की मालिक हो गई। इस संघर्ष ने मुझे यह पाथेय दिया कि व्यवस्था में जैसे झारी के शुक्राचार्य होते हैं, वैसे संवेदनशील, दयार्द्र निर्झर भी होते हैं! इस अनुभव ने मुझे संघर्ष की घुट्टी पिलाई।

हम इस दिव्य से गुजर रहे थे और एक दिन अचानक हमारी आधी जगह पर कंक्रीट की कँटीली तार की बाड़ गड़वाई। पूछताछ करने पर पता चला कि पड़ोस के लैंडरिकॉर्ड कर्मचारियों की एक पतसंस्था है और उन्होंने अपनी जगह समझकर हमारी जगह पर कंपाउंड खड़ा किया है। यह तो बेकानूनी की चरमसीमा थी। जगह के इस महाभारत में संस्था के दफ़्तर में मुझे सन् 1949-50 का एक खत ही हाथ लगा। उसमें उन्होंने बैठने के लिए जगह मिले ऐसी विनती की थी। उसी का आधार लेकर हमने जब उनके पूरे दफ़्तर के जगह की माँग की तब उस मंडली ने चुपचाप बाड़ निकाल ली। फिर हमने लड़कियों की संस्था होने से हमारी तरफ से उनका आना-जाना तक बंद कर दिया। शासन द्वारा यह जगह 'प्लेस ऑफ सेफ्टी' जाहिर की थी। हमें पता था कि सरकारी लोगों के गले सरकारी भाषा ही जल्दी उतरती है।

हमने इमारत का काम शुरू किया। आर्थिक समस्या थी ही। वालावलकर ट्रस्ट

ने सवा लाख रुपयों का सहयोग किया लेकिन खर्चा बहुत था। गौर करने पर समझ में आया कि जगह की तरह अनुदान का इंतजाम करना भी बहुत बड़ा दिव्य है। सरकारी पत्राचार, प्रस्ताव, सिफारिश, एक विभाग से दूसरे विभाग की ओर की जानेवाली ठेलाठेली में सामान्य संस्था, कार्यकर्ता केवल स्वयं की जिद, ध्येय के बल पर ही टिके रह सकते हैं। अन्यथा यह सारा माजरा 'अव्यापारेषु व्यापार' जैसा ही होता है। आगे चलकर इस जगह पर 'कन्या निरीक्षणगृह' की शानदार इमारत खड़ी हुई लेकिन वह खून सुखानेवाली साबित हुई। उन दिनों अनाथ, निराधार, बाल अपराधियों की संस्था के बारे में न समाज को जानकारी होती थी, न उसके प्रति आस्था। संस्था की कार्यप्रणाली ऊँची दीवारों में कैद होती थी। रिमांड होम जैसी संस्थाएँ समाज से टूटे द्वीप की तरह एकांतवासी होतीं। उन्हें समाज संपर्क से 'एलर्जी' थी। ऐसे में संस्था चलाने का कार्य बड़ा जटिल और संघर्षमय होता था। उन दिनों 'कौन कहता है आकाश में सुराग नहीं, एक पत्थर तो तबीयत से उछाल के देखो यारो' जैसी काव्य पंक्तियों का साथ न मिलता तो यह जीवटता, कोशिश बिलकुल असंभव होती।

25

सन् 1982-83 का काल रिमांड होम, अनाथाश्रम जैसी संस्थाओं की प्रगति की दृष्टि से प्रतिकूल था। एकाध योजना क्रियान्वित करना या उसके लिए शासकीय अनुदान प्राप्त कराना यह आसान काम नहीं था। प्रस्ताव तैयार कर जिला कल्याण अधिकारी को भेजना पड़ता। जिला नियोजन मंडल से आर्थिक बजट की मंजूरी लेनी पड़ती। उनकी सिफ़ारिश लेकर समाज कल्याण मंत्रालय से मंजूरी लेनी पड़ती...फिर नियोजन मंत्रालय की स्वीकृति। तब जाकर अर्थ मंत्रालय से हरी झंडी मिलती। इनमें से किसी भी स्तर पर कागजात सहज ही आगे नहीं बढ़ पाते। प्रस्ताव या कागजातों में त्रुटियाँ निकालकर उन्हें वापिस भेजने पर अधिकारियों को अपवाद तक से दुख नहीं होता था। उलटे त्रुटियाँ निकालकर प्रस्ताव वापिस भेजने पर उनके चेहरे पर हम सरकार का हित देख रहे हैं ऐसा पुरुषार्थी भाव झलकता।

लड़कियों का रिमांड होम जगह के दिव्य से पार हुआ लेकिन इमारत अनुदान के दुष्टचक्र में अटक गई। शायद सन् 1983 के मार्च-एंड में इस कन्या निरीक्षणगृह के लिए अनुदान की मान्यता, सिफ़ारिश, मंजूरी आदि को लेकर मेरा मुकाम मंत्रालय में था। सभी उपचार पूरे हुए थे केवल अर्थसचिव के हस्ताक्षर शेष थे। लिपिक, चपरासी के पीछे पड़कर, उन्हें मनाकर जैसे-तैसे 27 मार्च को फाइल सचिव महोदय के सामने रखी थी। सुबह ग्यारह से शाम चार बजे तक के इंतजार के बावजूद अंततः इनकार ही सुनना पड़ा। उस समय अर्थ सचिव रघुनाथन थे। 'राज्य स्तर पर निधि मुहैया नहीं है। ऐन मौके पर यह असंभव है' इसीलिए 'सॉरी' कहकर उन्होंने

नकारात्मक हस्ताक्षर का पत्र हाथ में सौंप दिया तो चार दिन मंत्रालय की छठी मंजिल तक कई बार लगाए चक्कर की वजह से पैरों में निकल आए छाले पूरी तरह जम गए। अब न पैरों में शक्ति बची थी न वापस लौटने को मुँह!

उसी स्थिति में पूरी रात यात्रा कर सुबह कोल्हापुर पहुँचा। जिलाधीश दिनकरराव पाटिल को पूरी हकीकत बता दी चूँकि उन्होंने इस कार्य में तहे-दिल से सहयोग और मार्गदर्शन किया था। अचानक कुछ याद करते हुए उन्होंने रुकने को कहा...फोन घुमाया और किसी से बातचीत की...और उन्होंने कहा, "फ्रेश प्रस्ताव तैयार करो... उसमें पूरा ब्योरा लिखो...मुख्यमंत्री वसंत दादा पाटिल निजी दौरे पर आ रहे हैं, हम प्रयास करेंगे।" बात ऐसी थी कि वसंत दादा पाटिल 'स्वगृही' लौटकर पुनः मुख्यमंत्री बने थे। उन्होंने ज्योतिबा देवता से मनौती माँगी थी कि यदि वे मुख्यमंत्री बनेंगे तो ज्योतिबा की मूर्ति पर चाँदी की आँखें बिठा देंगे। यह मन्नत पूरी करने वे निजी दौरे पर आ रहे थे। नियोजन के अनुसार दादा आ गए। मैं जिलाधीश के साथ प्रस्ताव लेकर ज्योतिबा पहुँचा। पूजा-प्रार्थना, मनौती पूरी होने के बाद दादा देवस्थान समिति के कार्यालय में आ गए। जलपान चल रहा था...चुनिंदा अधिकारी और पुजारी मंडली ही वहाँ मौजूद थी...दादा का प्रसन्न मूड देखकर जिलाधीश ने विषय छेड़ा...प्रस्ताव सामने रख दिया...दादा बोले, "क्या लिखूँ?"...इस पर जिलाधीश ने कहा, "31 मार्च के पहले रुपए मिलें, ऐसा देखिए..." दादा ने यथावत रिमार्क लिखकर हस्ताक्षर किए और अर्थसचिव से मिलने को कहा। कुछ दिक्कतें आई तो बताने को कहा। मैं रात की गाड़ी पकड़कर मुंबई पहुँचा। 29 मार्च बीत चुका था। इस बार मैं चपरासी, लिपिक की मध्यस्थता के सिवा सीधा सचिव महोदय के पास पहुँचा। दो दिन पहले मेरी ओर देखने तक का कष्ट न उठानेवाले सचिव ने बैठने को कहा। उन्होंने कहा, 'सी.एस. से मिलकर अभी आता हूँ (चीफ सेक्रेटरी को इस मामले का बाद में पता चला)।' पाँच ही मिनट में वे वापिस आए और बोले, "आपको ड्राफ्ट ही दे देता हूँ। आप जाते ही इनकैश कर पाएँगे।" राज्य ट्रेजरी से पूरे दो लाख रुपयों का चेक मेरे हाथ में आया..."राशि उपलब्ध न होने के बावजूद यह कैसे हुआ?" ऐसा बालसुलभ प्रश्न मेरे मन में मँडरा रहा था... फिर 'सी.एम. डिजायर' प्रकरण का पता चला...सचिव ने यहाँ तक कहा, "आप वापिस कैसे जाएँगे?...आपको छोड़ने गाड़ी भेज दूँ?"...उस दिन मुझे मुख्यमंत्री के अधिकार का पता चला...लोकतंत्र में लोकप्रतिनिधि कैसे श्रेष्ठ होता है...सनदी अधिकारी कैसे गुलाम होते हैं...उनका रौब कैसे व्यर्थ होता है...यह उस दिन मेरी समझ में आया।

आगे चलकर हमारे पालकमंत्री नामदार कल्लप्पा अण्णा आवाडे के साथ जाने पर वसंतदादा ने मुँहमाँगा सीमेंट और सरिया मुहैया की। मेरी इस कोशिश में दादा मेरे हो चुके थे...आगे चलकर तो मेरा केवल अर्जी या प्रस्ताव लेकर जाना और दादा

द्वारा उस पर 'मंजूर' रिमार्क लिखना यह मानो परिपाटी ही हो गई थी। इसी कारण हम एक साल में इमारत पूरी कर 23 अप्रैल, 1985 को अक्षय तृतीया के मुहूर्त पर वालावलकर बापू और ताई के करकमलों से उद्घाटन कर लड़कियों का रिमांड होम शुरू कर पाए। हमारी संस्था के परिसर में अब चूड़ियों की खनक सुनाई देने लगी। कोल्हापुर के रिमांड होम में आरंभ से ही संस्था के कार्यालय में एक चित्रकार ने जलरंग में बनाया सुंदर पेंटिंग टाँग दिया था...मैं अपनी उम्र के दस साल से वह चित्र देखता आया था...उसके नीचे लिखा था, 'यह संस्था माता का कार्य करती है।' प्रत्यक्ष मात्र संस्था में पितृसत्तात्मक प्रशासन था...अब मैं संस्था का सहसचिव बन चुका था...कॉलेज का समय छोड़ मैं पूरे समय रिमांड होम के कार्य में जुटा रहता। ऊपर से इसी काल में संस्था ने महाराष्ट्र राज्य परिवीक्षा व अनुसरण संघटना, पुणे इस राज्यस्तरीय बालकल्याण संस्था पर संस्था के प्रतिनिधि के रूप में मेरा चयन कर मुझे अनाथ, निराधार संस्थाओं की मध्यवर्ती संस्था पर कार्य करने का मौका दिया था। यह मेरे कार्य को संस्था द्वारा मिला प्रोत्साहन ही था।

कन्या निरीक्षणगृह के कारण संस्था वाकई मातृधर्मी और मातृहृदयी हो चुकी थी। अब तक संस्था में देखभाल करनेवाले परिचारक केवल पुरुष ही होते थे। उन्हें हवलदार कहा जाता था। लड़कियों के आने से वे चाचा, मामा कब बने इसका पता तक नहीं चला। नारी परिचारिका तक चाची, मौसी, दीदी, मम्मी बन गई थी। अंजली हिरेमठ पहली अधीक्षिका थी। उन्होंने तथा पी.बी. वालवेकर ने मेरे हर सुझाव की तामील की। अब संस्था के सिलाई कला विभाग में लड़कों के साथ लड़कियों के कपड़ों के नाप लिए जाने लगे। आप रिमांड होम जैसी संस्था में जाएँगे तो सभी लड़कों के कपड़े एक जैसे यूनिफॉर्म ही पाएँगे। यदि रंगीन होंगे तो भी एक ही थान के, एक ही रंग के और एक जैसे। इसके चलते संस्था में होनेवाले सभी लड़के 'छापे के गणपति' बन जाते हैं। मैंने यहाँ काम शुरू किया तब एक दृष्टि लेकर आया था। मेरे सामने पंढरपुर वा.बा. नवरंगे बालकाश्रम का आदर्श था। बाबासाहब जवेरी और उनकी पत्नी मंजुताई को हम मम्मी-पापा ही कहते थे। पर्यवेक्षिका वनुताई सुले को हम जीजी कहते थे। बाबा, ओबा, माँ, दीदी जैसे नाम से पुकारने से तथा छोटे-मोटे पारिवारिक उपक्रमों से हमारी वह संस्था 'घर' बन गई थी। मैं कोल्हापुर के रिमांड होम को भी 'घर' बनाना चाहता था। वैसे यह आसान काम नहीं था। संस्था, अधिकारी, पदाधिकारी, भले आदमी थे लेकिन वे पिछले तीस साल की आदत के अभ्यस्त थे। मैं धीरे-धीरे फासला मिटाता गया। उन दिनों मैंने कई छोटी-छोटी बातें शुरू की, आज पीछे मुड़कर देखने पर विश्वास तक नहीं होता।

संस्था में लड़के-लड़कियों को उपनाम से पहचाना जाता, पुकारा जाता। इससे एक तरह का परायापन महसूस होता। मैं जब संस्था में था तब तो केवल नंबर से ही काम चलाया जाता था। बिछावन, कपड़े तक पर नंबर दर्ज होता। मैंने

लड़के-लड़कियों को उनके पहले नाम से पुकारना शुरू किया। रोजाना संस्था के आँगन में अल्पना सजाई जाने लगी। लड़के-लड़कियों को बाल बढ़ाने की, मनपसंद हेयरस्टाइल रखने की स्वतंत्रता दी। लड़कियाँ अच्छी हेयरस्टाइल से अवगत हों इसलिए संस्था में ही ब्यूटीपार्लर के कोर्स आरंभ किए। लड़कियाँ बॉबकट रखने लगीं। जानबूझकर रंगीन कपड़ों का इस्तेमाल शुरू किया। पाठशाला में यूनिफॉर्म और घर में (संस्था में) रंगीन कपड़े ऐसा प्रचलन शुरू किया। वह भी कटपीस लाकर, सिलवाकर, अलग हो इस पर ध्यान दिया। इसके पहले संस्था में रक्षाबंधन कृत्रिम होता था। रोटरी तथा लायंस क्लब की बहनें रक्षाबंधन का कार्यक्रम संपन्न करतीं। उसमें बेवजह भाषण होते थे। छोटी-सी मिठाई के बदले में वे लंबे भाषण सुनने पड़ते। हमने अपना रक्षाबंधन शुरू किया। उसमें क्लब को सहभागी होने को कहा। समारोह का स्वरूप ही बदल गया। फोटो खींचने पर पाबंदी लगाई तो क्लब भगिनियों का प्यार घटता गया। वही बात भाऊबीज की। दीपावली के अवसर पर लड़के-लड़कियाँ आकाशदीप बनाने लगे। पहले वर्ष तो हमने आकाशदीप बनाने के हस्तकला क्लास का ही आयोजन किया। मेहबूब शेख नामक हमारे मित्र चित्रकला के अध्यापक थे। उन्होंने लड़के-लड़कियों को कागज की सजावट सिखा दी। एक बार हमने अल्पना के क्लास का भी आयोजन किया था। पहले लड़कों की संस्था में लड़कियाँ अल्पना निकालतीं। अब लड़के भी गणेशजी के आगे अल्पना निकालने लगे। लड़के-लड़कियाँ मिलकर गणेशोत्सव की सजावट करने लगे। सजावट में स्त्रीसुलभ सुबकता आने लगी और धीरे-धीरे रिमांड होम का चेहरा बदलता गया।

लड़कों के रिमांड होम का भोजन पुरुष बावर्ची द्वारा बनाया जाता। लड़कियों की संस्था का भोजन स्वादिष्ट होता। वहाँ स्वच्छता भी होती थी। हमने सामूहिक भोजन का प्रयोग किया। सालों से चली आई नीरस पाकक्रिया बदल दी। लकड़ियों पर बनाया जानेवाला भोजन कुकिंग प्लैंट पर शुरू कर संस्था को 'धुआँमुक्त' किया। बावर्चियों को आराम मिलने लगा। भोजन में अन्नपूर्णा का संचार होने लगा। इससे लड़कों का थाली में जूठन रखना कम हुआ। हमने खाना प्यार से परोसा जाए इस पर भी ध्यान दिया। पहले खाना थाली में खड़ा रहकर ही फेंका जाता था और परोसनेवाले लड़के ही होते थे। हमने बावर्चियों को खाना परोसने के लिए बाध्य किया। पहले बार-बार वही सब्जियाँ होती थीं। मेरे रोजाना निरीक्षण से उसमें परिवर्तन हुआ। सप्ताह के भोजन का नियोजन शुरू किया। लड़कों के चेहरों पर चिकनाहट आ गई।

संस्था में नागपंचमी आदि के अवसर पर गीत गूँजने लगे। हादगा, खिराफत[1] जैसे खेल शुरू हुए। पर्व-त्यौहारों के अवसर पर चूड़ियाँ पहनाई जाने लगीं। संस्था में होनेवाली विशिष्ट बू गजरों की गंध से गुम हो गई। पहले फिनाइल अत्यंत उग्र

1. लोकसंस्कृति में प्रचलित नारियों के खेल।

होता था। इससे संस्था मानो अस्पताल ही लगती थी। हमने सुगंधी फिनाइल का प्रयोग शुरू किया। कपड़ों की सामूहिक धुलाई की पद्धति बंद की। छोटे लड़के-लड़कियों के कपड़े धोबी द्वारा धुलवाना शुरू किया तथा नहाने के लिए गर्म पानी का प्रबंध किया। छोटे बच्चों को परिचारकों से नहलाना शुरू किया। रोजाना निकर-बनियान बदलना शुरू किया। लड़कियों की संस्था में हमें सफलता मिली लेकिन मात्र पुरुष परिचारकों में मातृत्व का झरना नहीं फूटा। लड़के-लड़कियों की संस्था में मिश्र पालक वर्ग (स्त्री-पुरुष) होना चाहिए। सरकार को कई बार इस संदर्भ में लिखा, बताया लेकिन यह बात उनके गले क्यों नहीं उतरती, यह न सुलझनेवाली पहेली है।

रिमांड होम के लड़के-लड़कियों के सिर में अक्सर खुजली, जुएँ होती हैं। हमने इतवार को अभ्यंगस्नान की परंपरा शुरू की। संस्था के डॉक्टर थे लेकिन वे अपनी सुविधा के अनुसार सप्ताह में एक बार आते। हमने उन्हें रोजाना नियत समय पर आने को बाध्य किया तो वे चंपत हो गए। वे काम न करते हुए रातिब की तरह रुपए चाहते थे। फिर डॉ. विजय करंडे जैसे बालप्रेमी डॉक्टर को खोज लिया। वे बिना पारिश्रमिक लिए नियमित आने लगे। आगे चलकर तो हमने उनकी सज्जनता का अनुचित लाभ उठाना शुरू किया। लेकिन हम जब बुलाते तब वे हाजिर रहते। उन्होंने कभी शिकायत नहीं की। हमारे द्वारा दिया अल्प मानदेय तक वे संस्था को चंदे के रूप में दे देते। हमें ऐसे कई देवता मनुष्य मिले इसीलिए हम रिमांड होम को मातृमयी संस्था में परिवर्तित कर पाए। बरसों से संस्था की दीवार पर टँगा वह पोस्टर, 'यह संस्था माता का कार्य करती है' मैंने अपने कार्य का सूत्र बनाया। सभी ने तहे-दिल से सहयोग किया और रिमांड होम 'घर' बन गया।

ऐसे विधायक काम शुरू होने पर हमने संस्था के प्रारंभिक चार सालों का अर्थात मेरे कार्यकाल का (सन् 1981-1985) अहवाल बिलकुल नए रूप में प्रकाशित किया। वरना रिमांड होम के अहवाल भी उनकी परिपाटी की तरह रुक्ष होते हैं। हमने रंगीन सचित्र अहवाल प्रकाशित किया। उसमें सभी उपक्रमों का उल्लेख किया। कॉमर्शियल आर्टिस्ट विनायक धामणेकर और आनंद प्रिंटिंग प्रेस के बापूसाहब चौगुले ने इस कार्य में अमूल्य सहयोग किया। विज्ञापनदाताओं ने अहवाल का पूरा खर्चा उठाया। हम संस्था में आनेवालों को अहवाल देते रहे। संस्था में लोगों की आमदरफ़्त बढ़ती गई। संस्था के बंद दरवाजे खुले हुए। सरकारी अधिकारी पसीज गए। समाज गद्‌गद हुआ। देखते-देखते संस्था की सूरत-शक्ल बदल गई। उन दिनों की लगन और प्रयास को याद करने पर महसूस होता है कि रिमांड होम का चेहरा बदलना यह क्रांति से कम कष्टदायी कार्य नहीं होता। महाराष्ट्र के कई अनाथाश्रम, रिमांड होम्स, विशेषतः शासकीय संस्थाएँ आज भी अपनी स्वतंत्रतापूर्व सूरत सहेजकर, बनाकर खड़ी है। मैं जब यह देखता हूँ तो 'वहाँ के लड़के-लड़कियों पर क्या गुजरती होगी' इस विचार से ही शरीर पर रोंगटे खड़े होते हैं और मन शर्मिंदा होता है।

26

यद्यपि महाराष्ट्र के रिमांड होम्स बाल अपराधियों के लिए शुरू हुए लेकिन वहाँ के सभी लड़के बाल अपराधी नहीं होते। रिमांड होम में पुलिस द्वारा गिरफ्तार बाल अपराधी लड़कों के साथ ही भूले-भटके, घर-छोड़कर भागे, काला पानी या अन्य शिक्षा हुए बंदीजन भाई-बहनों के लड़के-लड़कियाँ, अनाथ, बेसहारा, कुष्ठपीड़ित, देवदासी, वेश्या के संकटग्रस्त बच्चे, मनमुटाव से विभक्त पति-पत्नी के बच्चे ऐसे कई तरह से देखभाल और संरक्षण की आवश्यकता होनेवाले लड़के एकाध संकटग्रस्त छावनी या शिविर की तरह संस्था में पलते हैं। आम लोग अनाथाश्रम, रिमांड होम जैसी संस्थाओं में कभी सायास झाँकते तक नहीं इसलिए इन संस्थाओं के बारे में समाज में गलतफहमी ही अधिक होती है। कई पालक तो घर में बात न माननेवाले, दंगा, जिद करनेवाले बच्चों को डराने हेतु संस्था में ले आते हैं जो मैंने स्वयं रिमांड होम में था तब अपनी आँखों से देखा है। उस समय स्वयं के तथा साथ होनेवाले लड़कों के बारे में काफी दुख होता। संस्था की दशा पर अफसोस होता। यह सब चुभता था।

लड़कों को रिमांड होम में कानूनन अल्पसमय के लिए ही रखा जाता है। बाल अपराध करनेवाले बच्चे मुकदमे का फैसला होने पर वहाँ से चले जाते हैं। कई बार तो छँटे बाल अपराधियों की टोली के लोग ही पालक बनकर छुड़ाकर ले जाते हैं...इसमें कुछ पुलिस और वकील उनका साथ देकर बच्चों को निरंतर अपराधी बनाए रखते हैं। तीन-छह मास उलटने पर जो लड़के अपराधी नहीं होते और संस्था छोड़कर जा भी नहीं सकते ऐसे लड़कों की जिम्मेदारी सरकार अपने ऊपर लेती है। फिर उन्हें शिक्षा देनेवाली रिमांड होम जैसी (प्रामाणिक पाठशाला, बालगृह) संस्थाओं में भेजा जाता है। सन् 1980 से कोल्हापुर के रिमांड होम का कार्य करते समय यह पुनश्च तीव्रता से समझ में आने लगा।

हमने जैसे रिमांड होम के रूप में परिवर्तन किया वैसे लड़कों की संस्था के प्रति आत्मीयता बढ़ गई। इस दरमियान लड़कों के और मेरे बीच आत्मीय रिश्ता निर्माण हुआ था। मैं जब रिमांड होम और अनाथाश्रम की मध्यवर्ती संस्था महाराष्ट्र परिवीक्षा और अनुरक्षण संघटना, पूना में काम करने लगा तो पूरे महाराष्ट्र की ऐसी संस्थाएँ देखता गया। कार्यकर्ता तथा अधिकारियों की बातचीत से ऐसे लड़के-लड़कियों का प्रश्न उपस्थित होता। हमारे रिमांड होम से दूसरी संस्था में भेजे कई लड़के-लड़कियाँ उस संस्था से भागकर हमारे पास आ जाते। कभी लड़के तो कभी पालक गिड़गिड़ाते। कानूनन वे कमिटेड (लड़कों का एक कानूनी स्तर) होने से इच्छा होने के बावजूद दुबारा उन्हें रिमांड होम में रखना असंभव होता।

सन् 1982-83 में स्थानांतर पर भेजे सभी बच्चे दूसरे ही दिन संस्था में आकर हाजिर हुए...'' 'दादा' हमें, इसी संस्था में पढ़ना है...उधर मन नहीं लगता...अक्सर

आपकी और यहाँ की याद आती है...'' हमारे दो-तीन साल में इरादतन किए प्रयासों की यह जीवंत दाद थी...। उस समय पी.बी.वालवेकर संस्था के बालकल्याण अधिकारी थे। मैंने उनसे चर्चा की। संयोग से उसी समय ऐसे लड़कों के लिए केंद्र सरकार की एक योजना आरंभ हुई थी...महाराष्ट्र की रिमांड होम चलानेवाली संस्थाएँ उन दिनों अपने सीमित कार्य में ही संतोष मानती थी...उन्हें मानो ऐसा लगता था कि रिमांड होम चला रहे हैं यही बहुत बड़ा कार्य कर रहे हैं...नई योजनाएँ उपक्रम शुरू करने की उनकी मानसिकता नहीं होती थी...हमने प्रस्ताव भेज दिया...वह मंजूर भी हो गया...हमें स्वीकृतिपत्र प्राप्त हुआ।

हमारे पास लड़कियों के रिमांड होम की जगह की लड़ाई में मिले परिक्षेत्र में पुरानी, गिरने को हुई और उपयोग न की जानेवाली कई झोपड़ीनुमा शेड्स दृश्य इमारतें थीं। उसी में बुनकर विभाग के शेड थे। उसकी मरम्मत कर (सच कहें तो जीर्णोद्धार कर) हमने केंद्रीय योजना का छात्रावास शुरू किया। योजना में उसे अनाथाश्रम ही कहा जाता था...मेरा इस नाम का विरोध था...'गोकुल', 'नंदनवन', 'वात्सल्य', 'सहारा', 'मामा का गाँव', 'ननिहाल' जैसे नाम रखने की इच्छा होती। सरकारी अधिकारी मात्र समझाते (धमकी देते!) कि ऐसा नाम रखोगे तो अनुदान नहीं मिलेगा...फिर हमने 'अनिकेत निकेतन' नाम रख दिया...कोष्ठक में योजना का छोटा नाम (होम फॉर डेस्टिट्यूट चिल्ड्रेन) रखा और कानून से बच निकले...15 अगस्त, 1985 को तत्कालीन जिलाधीश दिनकरराव पाटिल के करकमलों से संस्था का उद्घाटन हुआ...लड़कियों के रिमांड होम को अक्सर ठोस आर्थिक सहयोग देनेवाली श्रीमती नलिनी वालावलकर तथा ताई-बापू और ताई की मदद को ध्यान में रखकर सुंदर तैलचित्र का अनावरण किया...समारोह संपन्न हुआ तो दिनकर पाटिल कहने लगे, ''डॉक्टर, आप इतनी अच्छी तरह से संस्था चलाते हैं...संस्था का चेहरा बदलता जा रहा है...मैं पिछले तीन सालों से देख रहा हूँ, आप अक्सर कुछ-न-कुछ करते हैं...इस शाखा का जैसे नया नाम रखा वैसे रिमांड होम के विस्तार को देखकर एक नाम क्यों नहीं रखते?'' मुझे अनायास याद आया...'बालकल्याण संकुल'...उन्हें, बापू, दादा, नाना तथा शहा साहब को नाम पसंद आया। फिर हम रिमांड होम के बदले इसी नाम का उपयोग करने लगे...संस्था की पहचान बदलती गई...चेहरा बदलता गया...और 'रिमांड होम' 'बालकल्याण संकुल' बन गया...सूँड़ी से निकलनेवाली तितली की तरह! हमने अनिकेत निकेतन की अधीक्षिका के रूप में एम.एस.डब्ल्यू. प्राप्त मनीषा जाधव नामक युवा, ध्येयवादी, अनुभवी महिला की नियुक्ति की। वे बच्चों की दीदी बन गई। अन्य कर्मचारी वर्ग में बावर्ची और परिचारक के रूप में महिलाओं की ही नियुक्ति की। उन दिनों ऐसे छोटे-छोटे परिवर्तन सरकारी अधिकारियों के गले उतारना एक दिव्य होता था। हमने इस विभाग में रिमांड होम के अनाथ, निराधार लड़कों का चयन किया...अपना अब स्थानांतरण नहीं होगा, इससे

बच्चे खुश हुए। वे बच्चे और उनके खुशी में झूमते चेहरे आज भी याद आते हैं। वह भारत का स्वतंत्रता दिवस था...वह अनाथ लड़कों को सनाथ करनेवाला दिन साबित हुआ। मुझे अपने सपनों में सँजोई संस्था साकार होने की खुशी हुई। मैं इन बच्चों को पर्याप्त भौतिक सुविधा नहीं दे पाता...कार्यविस्तार और आर्थिक तंगदस्ती होती लेकिन मैं, संस्था और सभी कर्मचारी प्यार-आत्मीयता में कोई कोताही नहीं बरतते।

'अनिकेत निकेतन' के आँगन में हमने बगीचा बनवाया...वहाँ के फूलों के साथ बच्चों का जीवन खिलता गया...संस्था में रहकर उच्चशिक्षित बना पहला लड़का रज्जाक मुल्ला आज कंप्यूटर इंजीनियर बना है। वह कंप्यूटर पर केंद्रित 'कंप्यूटर मैगजीन' नामक मासिक पत्रिका भी चलाता है...कई संस्थाओं में जाकर वह अध्यापन भी करता है...उसे पढ़ाते समय कई दिक्कतों का सामना करना पड़ा जो मुझे अच्छी तरह से याद है...एक बार तो मैंने और जगदाले सर ने अपने घर गिरवी रखकर उसे ऋण दिलवाया था...आगे चलकर हमारे निःसंतान परिचारक मधु कांबले ने उसे गोद लिया...बहुत पहले रज्जाक के माता-पिता ने उसे बिद्री में छोड़ दिया था...इलेक्ट्रिसिटी बोर्ड के एक वायरमैन ने उसकी अपने बच्चे की तरह देखभाल की...उसके घर में जब झमेला खड़ा हुआ तो उसने उसे हमारे पास सौंप दिया...और वह पवित्र हुआ। राजेश, शैलेश और नीलेश तीन सगे भाई थे...माँ महरी का काम करती थी...पिताजी चल बसे थे! (ऐसा बताया गया था! लेकिन वे जिंदा थे!)...माँ को काम तो मिला लेकिन बच्चों को साथ न ले आने की शर्त पर...बच्चों की देखभाल हमने की...अब तीनों लड़के सुशिक्षित हो गए हैं, कमा रहे हैं। उनका अपना घर है, नौकरी-व्यवसाय कर रहे हैं...लक्ष्मी सेल्स ऍंड सर्विसेस पंपसेट्स के प्रख्यात विक्रेता अजित पाटिल को मैंने एक पत्र दिया...उन्होंने राजेश को नौकरी पर रखा...अपने लड़के की तरह उसकी देखभाल की...अब राजेश अपने भाइयों को, माँ को सँभालता है और वापस आए पिता को भी!...मिलिंद और सतीश ऐसे ही दो भाई...माता-पिता नहीं थे, भाई-बहन थे लेकिन इनकी देखभाल नहीं कर सकते थे...सतीश इंजीनियर बना...मिलिंद हार्टिकल्चर में बी.एससी. हुआ...कोल्हापुर में कई बाग खिला रहा है...बालकल्याण संकुल में यूरोटेक्स और अयोध्या डेवलपर्स की श्रीमती नंदिनी पटोदिया, नारायणभाई पटोदिया और वी.बी. पाटिल के सहयोग से पहला बगीचा, पहली हरियाली मिलिंद ने ही खिलाई...यशवंत , राजू, महादेव, आनंद इन सभी की कथाएँ भी किसी उपन्यास से कम नहीं हैं। विकास की तो हमने जब शिशु था तबसे देखभाल की...बड़ा अड़ियल...आज बड़ा जिद्दी बना है।

बड़े उत्साह से संस्था शुरू हुई। एक घर के ऐसे ही दो मतिमंद बच्चे थे...घर में गरीबी...पागल होने से पुलिस की मदद से संस्था में आए थे...कई बार पालक हमारी अपेक्षा अधिक होशियार होते हैं।...परिस्थिति उन्हें चालाक बनाती है...उनके

साथ क्या किया जाए ऐसा प्रश्न खड़ा हुआ। हमने चुनौती स्वीकारना तय किया...मनीषा जाधव काफी संवदेनशील थी। हर बच्चे का वह खयाल रखती, उनकी चिंता करती...रवींद्र और कुमार को हमने मतिमंद बच्चों की पाठशाला में भेजना तय किया...वैसे वे 'मतिमंद' नहीं थे लेकिन 'गतिमंद' (स्कोलेस्टिक बैकवर्ड) थे...कोल्हापुर में चेतना मतिमंद संस्था हाल ही में शुरू हुई थी...प्राचार्य पवन खेबूडकर को हमने पूरा माजरा बताया...उन्होंने बच्चों को प्रवेश दिया...सभी अध्यापकों ने हमारे बच्चों को अपनाया...आगे चलकर बच्चे रिक्शा से पाठशाला में जाने लगे...इन बच्चों को चेतना में भेजते समय शासकीय अधिकारी अजीब शंकाएँ उपस्थित करते...बच्चे अकेले कैसे जाएँगे? दुर्घटना हो जाएगी तो जिम्मेदारी कौन लेगा? सैकड़ों शंकाएँ...बच्चे चेतना में पढ़ने लगे और उनकी जिंदगी में चैतन्य आया। वे समझदार बन गए। वे 12-15 साल के हो गए और अचानक उनके पालक हाजिर हुए...'हम बच्चों को घर ले जाना चाहते हैं'...'हम उन्हें आत्मनिर्भर करना चाहते थे'...वे दूर के रिश्तेदार थे...वे घर में हक के मजदूर चाहते थे,...खेती के काम के लिए...उस दिन हक के आगे मेरे सपनों की हार हुई। उस दिन पता चला कि सभी रिश्ते विशुद्ध नहीं होते, रिश्तों में भी स्वार्थ छिपा होता है।

इसके बावजूद मेरी कोशिश जारी रही। मेरे लिए वे दिन बच्चों को 'अपना' बनाने के थे। उन दिनों संस्था में गुब्बारे-पटाखों की मानो एलर्जी थी...दीपावली की छुट्टी में संस्था में होनेवाले सभी बच्चे घर नहीं जा पाते। मुझे अक्सर ऐसा लगता कि पूरी तरह से अनाथ और कायम संस्था में रहनेवाले बच्चों को घर में मनाई जानेवाली दीपावली की खुशी मिले...रोटरी क्लब की सहायता से एक दीपावली में हमने 'घरौंदा' उपक्रम का आयोजन किया। घर न होनेवाले, पूरी तरह से अनाथ, घर से उपेक्षित (संस्था में जन्मे कुमारी माताओं के बच्चे) लड़कों को घर, प्रेम, आत्मीयता, रिश्ते, समाज का अनुभव देनेवाला यह उपक्रम था। हमने घर-घर बच्चे भेज दिए लेकिन वे संस्था में वापिस आने को तैयार नहीं हो रहे थे...रोटरियंस भी बच्चों के साथ घुलमिल गए थे...अब तो वे रोटरियंस के घर फोन भी लगाना सीख चुके थे...संस्था में बच्चों को फोन करने पर पाबंदी थी...फोन संस्था का था लेकिन उस पर अधिकारी और कर्मचारियों का एकाधिकार होता...मुझे लगता कि संस्था के सच्चे मालिक तो बच्चे हैं...अधिकारी, कर्मचारी अपनी परिपाटी छोड़ने को तैयार नहीं होते...फिर मैं पदाधिकारी के रूप में होनेवाले अपने अधिकार का (केवल मजबूरी से) उपयोग करता...बच्चों का दूरभाष पर संवाद शुरू हुआ और संस्था के बंदी जीवन में ढील आने लगी।

एक दीपावली में मैंने बच्चों द्वारा पटाखे छोड़ने को सूचित किया...पहले परिचारक पटाखे छोड़ते और बच्चे दर्शक की भूमिका में खड़े रहते। अर्थात संस्था में पटाखे देखने का कार्यक्रम होता, छोड़ने का नहीं। कौआ बैठा और टहनी टूटी

जैसी बात हुई। हमारे उत्साह में एक परिचारिका बहन की नजरअंदाजी से एक बच्चे की आँख को चोट पहुँची...सरकारी अधिकारियों को सफाई देते समय काफी परेशानी सहनी पड़ी...वे कहने लगे, "हम बताते थे...सुनते ही नहीं...हम पत्थर हैं...आप ही केवल सामाजिक कार्यकर्ता हैं..." आदि। मैं कह रहा था, 'आगे सावधानी बरती जाएगी' लेकिन उन्हें संतोष नहीं हुआ...वे कहते, 'कार्रवाई क्या की यह बताओ।' सावधानी को वे कार्रवाई मानने को तैयार नहीं थे...अंततः संबद्ध परिचारिका को नौकरी से निलंबित किया गया...आगे कोर्ट-कचहरी के चक्कर लगाने पड़े...मैं समझाने की कोशिश करता, 'दुर्घटना होने पर क्या कोई यात्रा रोक देता है...' वक्त के साथ व्यवस्था में भी परिवर्तन होता गया...अब वे अधिकारी राज्यस्तरीय अधिकारी बन चुके हैं...पुलिया से काफी पानी बह चुका है...वे जहाँ जाते हैं वहाँ बताते हैं...'संस्था कैसी चलानी चाहिए यह कोल्हापुर के 'बालकल्याण संकुल' में जाकर देखो'... कभी-कभार स्वयं आते हैं...और पूछते हैं, 'डॉक्टर, नया क्या चल रहा है?' मैं खामोश रहकर संस्था दिखा देता हूँ...संस्था दिखाते समय नाहक अतीत के दिव्य प्रसंग याद आते हैं!

27

रिमांड होम का बालकल्याण संकुल बनने के दौरान संस्था में डॉ. सर्वपल्ली राधाकृष्णन बालगृह, श्रीमती नलिनी शां. पंत वालावलकर कन्या निरीक्षणगृह तथा अनिकेत निकेतन इन शाखाओं का विस्तार हुआ। लड़के-लड़कियों की संख्या बढ़ती गई। सन् 1980 में मैंने जब रिमांड होम का काम शुरू किया तब 100 के आसपास होनेवाली लड़कों की संख्या 200-225 हो गई। हमने केवल संस्था का विस्तार नहीं किया अपितु छोटे-छोटे उपक्रमों में संस्था समृद्ध कैसे होगी इस पर भी गौर किया। बच्चों को अधिक सुविधाएँ कैसे मिलेगी, समाजसंपर्क कैसे बढ़ेगा इसके प्रति हम सजग थे।

26 जनवरी को कोल्हापुर के घर-घर में जलेबी होती। वालावलकर बापू हर साल 26 जनवरी को हमारी संस्था के बच्चों को जलेबी खिलाते। धीरे-धीरे संस्था का समाज संपर्क बढ़ गया और अनेक मंडल, आयकर कर्मचारी संघटना, मद्य विक्रेता संघ आदि बड़े पैमाने पर जलेबी लेकर आने लगे। हमारे सामने प्रश्न उपस्थित होता कि इतनी जलेबी का क्या किया जाए? मैंने यह रिवाज बदलना तय किया। अब तक के अनुभवों से मैं यह जान गया था कि लोग समझाने पर मानते हैं। सन् 1985 का एक प्रसंग...। कोल्हापुर मद्य विक्रेता संघटना के अध्यक्ष माधवराव घोडके 26 जनवरी को जलेबी बाँटने के कार्यक्रम का आयोजन करने हेतु 25 जनवरी को हमसे मिलने आए थे। वह कल बच्चों को निरपेक्ष सहयोग करने की अपेक्षा अनाथ, उपेक्षित बच्चों को मदद कर अपनी संघटना, दानशूर, समाजहितैषी कैसी है यह दिखाने का तथा

समाचारपत्रों में छायाचित्र, समाचार छपवाने के आग्रह का था। ऐसी मदद करनेवाली कुछ संस्थाओं की दिशा और दृष्टि बदलने में मुझे सफलता मिली थी। मैंने मद्य विक्रेता भाइयों के दिल को झकझोरने की ठान ली...उन्हें समझाया...''इतनी जलेबी आती है कि उसका क्या किया जाए ऐसा प्रश्न उपस्थित होता है।''...आप और कुछ मदद क्यों नहीं करते? उन्होंने हमारी जरूरत पूछी तो मैंने समझाया...''देखिए, हमारे घर-घर में टीवी आ गया है। संस्था में मात्र टीवी नहीं है...आप यदि बच्चों के लिए टीवी सेट भेंट देंगे तो उनका मनोरंजन भी होगा और उन्हें शैक्षिक कार्यक्रम भी दिखाए जा सकते हैं।'' ऐसा कहने पर मंडली 'बजट बहुत बड़ा है' कहकर भुनभुनाने लगी। इस पर मैंने कहा, ''वैसे तो आपके पूरे रुपयों पर हमारा ही अधिकार है। देखो, संस्था में आनेवाले अधिकांश बच्चे चोरी, मारपीट करनेवाले तथा व्यसनाधीन पालकों के होते हैं। हमारे अधिकांश पालक शराबी होते हैं। उनके शराबी होने से जैसे हमारी संस्था चलती है वैसे ही आपकी दुकानें। वैसे तो इन सभी बच्चों की देखभाल आप ही को करनी चाहिए। मैं मूलधन तो नहीं माँगता केवल एक ग्लास के ऊपर एक पैसा उगाही माँग रहा हूँ। कितने रुपए होंगे, आप ही बताएँ।'' इस पर सभी निरुत्तर हो गए। सभी ने चुपचाप अपनी जेब में जितने रुपए थे निकालकर दे दिए। 'कल का संचलन बच्चों को दिखाना ही है।' ऐसी जिद करने लगे। वह मंडली रात को ही टीवी ले आई और यहाँ तक कहा, ''सर, कोई जरूरत हो तो अधिकार से हमें बता दीजिए।'' दूसरे दिन हमने नगर निगम के आयुक्त शिवलिंग भोंसले के करकमलों से टीवी का औपचारिक उद्घाटन किया। उस दिन मैंने बच्चों के चेहरे पर जलेबी की मिठास और झंडे के रंग देखे। 'कर भला तो हो भला' यह पंक्ति हमारे कार्य का सूत्र बन गई थी। बच्चे छायागीत देखने लगे। संस्था में फिल्मीगीतों की गूँज सुनाई देने लगी।

संस्था में पुरानी इमारत के पत्थरों के बड़े ढेर थे। हमने उसे उपयोग में लाकर रंगमंच बनाया और बड़ी शान से स्नेहसम्मेलन शुरू किया। नाटक, पोवाडा, नृत्य के कार्यक्रम शुरू हुए। संस्था में तबला, हारमोनियम, घुँघरू की छमछम सुनाई देने लगी और चहल-पहल, जिंदादिली बढ़ती गई। आर.जे. शाह संस्था के कोषाध्यक्ष थे। उन्होंने इस कार्य में बड़ा सहयोग किया। उन्हीं के हाथों रंगमंच का उद्घाटन किया।

आगे चलकर हमने समाज की मदद हेतु गोहार लगाना तय किया। हमारी संस्था के बिलकुल सामने सिटीबस स्टॉप थी। 'बालदिन' के औचित्य पर हमने वहाँ सहयोग का और 'बाल हक' का होर्डिंग लगा दिया। अब बस स्टॉप संस्था के नाम से पहचाना जाने लगा था। रोजाना सैकड़ों लोग विज्ञापन पढ़ने लगे और मदद बढ़ने लगी। नगर निगम और तत्कालीन परिवहन सभापति माधवराव चव्हाण ने मुफ्त विज्ञापन की अनुमति देकर बड़ा सहयोग किया। इससे चंदा बढ़ गया और समाज में जागरूकता भी आ गई।

संस्था की शाखाओं का विस्तार होने से संस्था में छोटे बच्चों की संख्या बढ़ गई। बड़े बच्चे पाठशला में जाते तो छोटे बच्चे दिनभर मायूस रहते। परिचारिकाएँ उन्हें सँभालतीं (सच कहें, तो जानवरों की तरह निगरानी करती) थीं। उनके लिए क्या किया जा सकता है इस पर हम विचार कर रहे थे। पता चला कि संस्था में होनेवाली सामंतबाई नामक परिचारिका ने पूर्व प्राथमिक को पढ़ाने का कोर्स पूरा किया है। हमने यह नीति तय की थी कि संस्था में कोई पद निर्माण हो तो उस पर अग्रक्रम से संस्था में पले या संस्था में सेवा करनेवाले व्यक्ति की नियुक्ति की जाए। सामंतबाई को बुलाकर सब कुछ समझा दिया। मेरे साथ ही उनकी देखभाल पंढरपुर के आश्रम में हुई थी। उम्र में वे मुझसे बड़ी थीं। वे खुशी से बच्चों को पढ़ाने के लिए तैयार हुईं। फिर आँगनबाड़ी की सामग्री लाना आवश्यक था। अनाथ महिलाश्रम हमारी भगिनी संस्था थी। उसके विश्वस्त रा.कृ. करमलकर की शैक्षिक सामग्री की दुकान थी। हमने हमारी योजना उन्हें बताई तो उन्होंने प्रोत्साहन दिया। उन्होंने चंदे के रूप में पाँच हजार रुपयों की सामग्री और अलमारी खुशी से दे दी। सन् 1986 को 'गुढ़ी पाड़वा' त्यौहार के मुहूर्त पर हमारा प्ले स्कूल शुरू हुआ। संस्था में बालगीत के तुतले बोल गूँज उठे। 'शुभं करोति' सुनाई देने लगी। मायूस बच्चे 'घन बरसो, मन बरसो' जैसे गीत गाने लगे। खामोश रहनेवाले मूकनायक बच्चे मोर की तरह नाचने लगे।

धीरे-धीरे हमने कोल्हापुर की संस्था, संघटना और बैंकों के रौप्य तथा सुवर्ण महोत्सवों को संस्था से जोड़ना शुरू किया। उन्हीं दिनों 'दि. कोल्हापुर मराठा को-ऑपरेटिव बैंक' ने अपने सुवर्ण महोत्सव के अवसर पर संस्था को रंगीन टीवी भेंट दिया। इससे हमारी हर शाखा में टीवी आ गया। इससे बच्चों के चेहरों पर का हास्य 'इस्टौनकलर' बन गया। श्री महावीर बैंक ने अपने सुवर्ण महोत्सव के अवसर पर ट्यूबवेल और पंपसेट की सुविधा मुहैया की। ट्यूबवेल से निकले फव्वारे से संस्था त्वचारोग से मुक्त हो गई और बच्चों के स्वास्थ्य में सुधार आया।

इसी दौरान कोल्हापुर जनता सहकारी बैंक का सुवर्ण महोत्सव था। हमारी संस्था के कोषाध्यक्ष आर.जे. शाह के सहयोग से हमने बैंक से संपर्क किया। संस्था में ग्रंथालय नहीं था। मैं जब रिमांड होम में था तब पढ़ने के लिए बहुत ललचाता था। उस समय हमें पढ़ने को कुछ नहीं मिलता था। संस्था में 'स्त्री', 'किर्लोस्कर' जैसी मासिक पत्रिकाएँ आती थीं लेकिन साहब वे घर ले जाते। फिर कई दिन बाद उसके पुराने गट्ठर आते। वह सीढ़ियों पर रखे जाते, रद्दी में बेचने के लिए! उन दिनों, विकसन की उम्र में मैंने उन पुरानी पत्रिकाओं में से 'इंद्रधनु का पुल' जैसी धारावाहिक पढ़ी थी। उसकी लेखिका पिरोज आनंदकर थी। उन दिनों 'एल्स' नामक पालतू सिंहनी की कथा ने मुझे विलक्षण रूप से प्रभावित किया था। उसी प्रकार एक दीपावली अंक में पढ़ी रणजीत देसाई की 'विरानी' कथा भी बहुत पसंद आई थी।

हमने बैंक की ओर ग्रंथालय और सुश्रूषागृह का प्रस्ताव रख दिया। बैंक ने उसे स्वीकृति दी।

मुझे बचपन से ही लगता था कि संस्था में सुश्रूषागृह होना चाहिए चूँकि मैं अक्सर बीमार रहता था। डॉरमेंटरी में लगभग तीस-चालीस लड़के होते थे। एकांत या आराम मिलना केवल दुर्लभ होता। बुखार में मुँह का स्वाद बिगड़ जाता। संस्था में कभी पथ्य की खास व्यवस्था नहीं होती। हमने संस्था के बरामदे में पार्टीशन डालकर एक कोने में ग्रंथालय और दूसरे कोने में सुश्रूषागृह शुरू किया। दोनों केंद्र सुविधासंपन्न बनाए। इस केंद्र का उद्‌घाटन महाराष्ट्र राज्य ग्रामोद्योग मंडल के तत्कालीन अध्यक्ष बालासाहब भारदे के करकमलों से संपन्न हुआ। इस समारोह में बैंक के सभी पदाधिकारी और संचालक उपस्थित थे। संस्था का कार्य देखकर वे प्रभावित हुए। इस अवसर पर वसंत जोशी ने अपनी 'ग्रामोद्योग' मासिक पत्रिका में 'तीन सौ दो बच्चों का बाप' (संस्था के तीन सौ और मेरे दो!) यह साक्षात्कारनुमा लेख प्रकाशित किया था।

सन् 1985 समाप्ति की ओर जा रहा था। इस दरमियान जिलाधीश दिनकर राव पाटिल की जगह अ.कृ. नंदकुमार ने ली थी। मेरे तथा संस्था के मन में उनका भी एक संवेदनशील अधिकारी के रूप में स्थान बन गया। उनके कार्यकाल में हमने संस्था का बहुमुखी विकास किया। हमारी घुड़दौड़ देख वे अक्सर कहा करते, ''संस्था बैलून की तरह फूलती जा रही है। गैस भी टिकनी चाहिए और बैलून भी आकाश में जाना चाहिए।'' उन दिनों हम संस्था में निरंतर नए लोग तथा अधिकारियों को आमंत्रित करते। उनका बढ़िया स्वागत करते। नंदकुमार को आए छह मास हुए थे। हमारी कार्यप्रणाली और कोशिश से वे भलीभाँति परिचित हुए थे। हम जब उनसे किसी अतिथि को पुष्पमाला पहनाने की विनती करते तो वे शरारत से हँस देते और अतिथि के कान में कहते, ''यह पुष्पमाला बहुत महँगी पड़ेगी।'' फिर भी लोग उसे पहनते। तहे-दिल से और विश्वास रखकर सहयोग करते।

सन् 1986 का स्वतंत्रता दिवस मुझे अच्छी तरह से याद है। जिलाधीश नंदकुमार ध्वजारोहण के लिए प्रमुख अतिथि के रूप में पधारे थे। मुझे संस्था के सचिव पद का कार्यभार सँभाले छह मास गुजर चुके थे। दादाजी ने उदार मन से संस्था की बागडोर मेरे हाथ में सौंपी थी। ध्वजारोहण समारोह संपन्न होने के उपरांत जिलाधीश चेतना मतिमंद संस्था को भेंट देनेवाले थे। वे उस स्थान से अपरिचित थे। वह पाठशाला मेरे घर के पीछे ही थी। अतः मैं उनके साथ गया। गाड़ी में संस्था की समस्याओं को लेकर चर्चा शुरू हुई। 'और कौन-सी समस्या है?' ऐसा उन्होंने पूछा तो मैंने जिले के अनाथ अर्भकों का प्रश्न बता दिया।

वैसे तो संस्था की स्थापना से ही अवैध संबंधों से उत्पन्न, त्याग दिए तथा छोड़ दिए अर्भक-बच्चे पुलिस और अदालत की मार्फत आते थे। संस्था में उनकी देखभाल

की सुविधा न होने से हम उन्हें शासकीय रुग्णालय में रखते थे। महाराष्ट्र के कई जिलों में आज भी अनाथ, अनौरस अर्भक पर्याप्त सुविधाओं के अभाव में शासकीय रुग्णालय में ही रखे जाते हैं। जिस अवस्था में उन्हें माँ के प्यार की जरूरत होती है उस उम्र में वे अस्पताल के वार्ड में पुलिस, गार्ड की निगरानी में पलते हैं। लापरवाही के कारण इनकी मृत्यु का प्रमाण चिंताजनक होता है। यह सुनकर नंदकुमार गंभीर हुए। मैंने कहा, ''इन बच्चों के लिए शिशु पालनालय चलाया जा सकता है।'' इस पर वे और गंभीर हुए। उन्होंने कहा कि इसमें 'रिस्क' है। मैंने जब उन्हें आश्वस्त किया तो उन्होंने मुझे प्रस्ताव तैयार करने को कहा। आर्थिक समस्या तो थी ही। ताई और बापू ने हमेशा की तरह सहयोग किया। अपने वालावलकर ट्रस्ट से दस हजार रुपए देकर सहयोग का हाथ आगे बढ़ाया। हमेशा की तरह कुछ काम के वास्ते जिलाधीश कार्यालय में जाने पर बोंगाले नामक एक क्लर्क से मुलाकात हुई। उनके द्वारा पूछने पर मैंने उन्हें अर्भकालय को लेकर खड़ी आर्थिक समस्या बयान की। उन्होंने अपना नाम न बताने की शर्त पर अंतरराष्ट्रीय बालक वर्ष के निमित्त इकट्ठा राशि शेष होने की खबर दी। मुझे टोह मिली तो अर्भकों को स्वर्ग! 'वात्सल्य बालसदन' शुरू तो हुआ लेकिन रोजाना नए अग्निपथ से गुजरना पड़ रहा था।

28

'वात्सल्य बालसदन' अर्भकालय बड़ी प्रतिकूल परिस्थिति में शुरू किया था। मेरा उपेक्षित बचपन उसके पीछे मूल प्रेरणा थी। उन दिनों नवजात, अनाथ शिशुओं की बहुत कम संस्थाओं में देखभाल की जाती थी। ऐसे स्थानों पर भी अपवाद के रूप में ही वात्सल्यता के साथ लालन-पालन होता था। बच्चे दत्तक देनेवाली संस्थाओं को मात्र आर्थिक लाभ होता था। उन दिनों ऐसे बच्चे मूलतः विदेशों में गोद दिए जाते थे। उनसे दत्तक देनेवाली संस्थाओं को आर्थिक सहयोग मिलता। हमारी संस्था में ऐसा नहीं था। आरंभ में हमने तीन परिचारिकाएँ नियुक्त की थीं। मासिक तीन सौ रुपए हिसाब से होनेवाला उनका लगभग हजार रुपए तक वेतन अदा करने में हम असमर्थ थे। इसीलिए हमने जिलाधीश अ.कृ. नंदकुमार से अंतरराष्ट्रीय बालवर्ष निधि की राशि चंदे के रूप में माँगी। वे वह राशि देने को तत्त्वतः तैयार थे। उन्होंने उस समिति की एक बैठक बुलाई। नानासाहब पाटिल तत्कालीन जिला समाजकल्याण अधिकारी थे। वे समिति के पदसिद्ध सचिव थे। उन्होंने 'निधि हस्तांतरित नहीं किया जा सकता' ऐसा अनावश्यक सुधार बता दिया। वे अनाथों के देखभाल कार्य को अक्सर दोयम स्थान देते। पिछड़े वर्ग का कल्याण ही एकमात्र समाजकल्याण है ऐसी उनकी पक्की राय थी। नंदकुमार ने मूलधन नहीं तो ब्याज देने का प्रस्ताव रखा। ब्याज तक कर्जे के रूप में दिया जाए ऐसा कहनेवाले वे समाजकल्याण अधिकारी थे।

एक पल मैं वह नकारने के मूड में था लेकिन नंदकुमार ने चुप रहने का इशारा किया। अंततः 'निधि से मिलनेवाला ब्याज हर मास दिया जाए' ऐसा निर्णय हुआ। मैं उसी दिन समझ गया था कि यह मदद तो ओस के मोती की तरह है, हमें आत्मनिर्भर बनना होगा।

उस सहयोग से जैसे-तैसे कार्य शुरू किया। लेकिन वे अधिकारी राशि के भुगतान का तकाजा कर रहे थे। शासन की ओर से अनुदान का प्रस्ताव प्रस्तुत किया था। लेकिन केवल देखभाल का खर्चा मिलनेवाला था और वह भी अत्यल्प था। अतः हमने अन्यत्र प्रयास शुरू किया। जर्मनी की तेरेदेस होम्स संस्था ने हमें संकटकाल में बड़ा आर्थिक सहयोग दिया। जॉर्ज चिरा और हेमा भालेराव ने उन दिनों जो सहयोग और मार्गदर्शन किया उसे मैं या संस्था कभी भूल नहीं पाएँगे। एक ओर पाँच रुपए देकर पच्चीस तरह की पूछताछ और जाँच करनेवाली इस देश की सरकारी यंत्रणा! और दूसरी ओर सात समंदर पार की पाँच लाख रुपए भेजनेवाली संस्था! जो केवल प्रस्तुत जानकारी और अहवाल के आधार पर साल-दर-साल लाखों रुपए भेजती रहती है। यह जमीन-आसमान का अंतर तथा मानसिकता पर मुझे बड़ा अचरज होता। जर्मनी की तेरेदेस होम्स की संचालिका ॲनाग्रेट विंटर स्टेटिन ऐसे ही एक बार संस्था देखने आई थीं। मैंने कौतूहलवश उनसे पूछा, "आप लाखों रुपए भेजते रहते हैं। कोई पूछताछ जाँच तक नहीं करते।"

इस पर उन्होंने कहा, "हमने कुछ निकष तय किए हैं। बालमृत्यु का प्रमाण घट रहा है, बच्चे भारत में गोद लिए जा रहे हैं, संस्था में आने पर बच्चों का वजन बढ़ता है, उनके चेहरे पर हँसी-खुशी झलकती है...यही हमारे रुपयों की रसीद है। कागजी खानापूर्ति में हमें दिलचस्पी नहीं है।"

आगे चलकर हमने 'यूनिसेफ', 'अल्टरनिएटिव बैबेन हॉजन' जैसी अंतरराष्ट्रीय संस्थाओं के सहयोग से वात्सल्य बालसदन के मार्फत कई प्रकल्प और उपक्रम संपन्न किए। 'अल्टरनिएटिव बैबेन हॉजन' संस्था के अनुभव बताना अप्रासंगिक नहीं होगा। इससे समाज, शासन और व्यवस्था इन सभी को बहुत कुछ अनुकरण करने जैसा है।

'अल्टरनिएटिव बैबेन हॉजन' जर्मनी की एक स्वयंसेवी संस्था है। उसे संस्था कहने की अपेक्षा स्वयंसेवकों का गुट कहना अधिक उचित होगा। इस गुट के कुटुंबियों ने आशिया खंड के भारत, श्रीलंका जैसे विकासशील देश के अनाथ बच्चों को गोद लिया है। ये कुटुंब सच्चे अर्थ में 'वसुधैव कुटुंबकम्' का मंत्र सहेज रहे हैं। मैंने जब 1990 के दरमियान फ्रांस, इंग्लैंड, इटली, स्विट्जरलैंड, ऑस्ट्रिया, बेल्जियम, हॉलैंड आदि देश की भेंट की तो पिता जर्मन, माँ फ्रेंच, लड़का भारतीय, लड़की श्रीलंकन जैसे विश्वास न किए जानेवाले कुटुंब अपनी आँखों से देखे। उनके साथ रहकर उनका नजदीक से अनुभव लिया। इस स्वयंसेवक गुट ने इकट्ठा होकर तय

किया कि हमने जो अनाथ बच्चों को गोद लिया है उसमें कहीं तो 'अपत्य सुख का स्वार्थ' है। अतः इसके परे जाकर हम अनाथ बच्चों के लिए विशेषतः जिन बच्चों को अभिभावक नहीं मिलते, जिन्हें संस्था में ही जिंदगी गुजारनी पड़ती है, उनके लिए कुछ करेंगे। इसी के परिणामस्वरूप 'अल्टरनिएटिव बैबेन हॉजन' की स्थापना हो गई। 'बिएलेफिल्ड' नामक जर्मनी में एक छोटा सुंदर गाँव है। पालक अपने बच्चों को वहाँ के प्ले स्कूल में बिठाते हैं। जब बच्चों की कक्षा शुरू होती है तब सभी पालक दूसरी कक्षा में इकट्ठा होकर अपने खाली समय का सदुपयोग करते हैं। इस समय में वे कागज, कपड़ा, लकड़ी, रंग, ब्रश आदि विविध छोटी-मोटी उपयोगी और सजावट की वस्तुएँ बनाते हैं। इसमें भेंट कार्ड, वॉल हैंगिंग, शो पीस, कवर्स, अभ्रे, बक्से, पॉकेट, बच्चों को जन्मदिन पर भेंट दी जानेवाली वस्तुएँ, क्रिसमस भेंट, मुखौटे आदि का समावेश होता है। ये सभी वस्तुएँ मुख्यतः बच्चों के लिए तैयार की जाती हैं। वर्ष में दो बार बाजार या प्रदर्शनी का आयोजन कर उसकी बिक्री की जाती है। उससे प्राप्त होनेवाली राशि भारत, श्रीलंका, ब्राजील आदि देशों के अनाथ बच्चों की देखभाल हेतु खर्च की जाती है। जर्मनी की 'अल्टरनिएटिव बैबेन हॉजन' संस्था ने सन् 1992 से बालकल्याण संकुल को सहयोग देना शुरू किया। प्रतिवर्ष नियमित रूप से प्रतिबद्ध मानसिकता रखकर संवेदनशील व्रतोत्सव से उन्होंने संस्था को आज तक सत्रह लाख रुपयों का सहयोग किया है। पता नहीं, कोल्हापुर के बालकल्याण संकुल से जर्मनी का कौन-सा ऋणानुबंध है? लेकिन जब-जब संकुल आर्थिक कठिनाई में फँसा तब-तब जर्मनी ने सहयोग का हाथ आगे बढ़ाया।

सन् 1992 को जर्मनी की अंतरराष्ट्रीय नीति के चलते तेरेदेस होम्स द्वारा मिलनेवाला सहयोग बंद होने की संभावना थी। उस समय उनकी संस्था की एक अधिकारी एनाग्रेट विंटर हमारी संस्था को भेंट देने आई थी। उससे पहले एडॉप्शन इंटरनेशनल 'ज्युथिका' की श्रीमती एल्स ट्यूटिज ने भी इसके लिए प्रयास किया था। इन दोनों महिलाओं ने भारतीय लड़कियों को गोद लिया था। भारतीय संस्थाओं की आर्थिक दशा और सीमाओं से वे दोनों भलीभाँति परिचित थीं। एनाग्रेट ने जर्मनी वापस जाने पर बालकल्याण संकुल का सहयोग जारी रखने की अपवादात्मक सिफ़ारिश की। यह उनकी एकमात्र सिफ़ारिश थी। सन् 1992 को तेरेदेस होम्स ने भारत की सभी संस्थाओं का आर्थिक सहयोग बंद किया। इसमें केवल बालकल्याण संकुल संस्था अपवाद थी। लेकिन यह कहीं टँगी तलवार न बने इसलिए उन्होंने कोच-हॉप्ट परिवार की अगुआई से शुरू हुई तत्कालीन 'अल्टरनिएटिव बैबेन हॉजन' से संपर्क किया। उन्होंने जीवनदान दिया। मुझे 'अल्टरनिएटिव बैबेन हॉजन' के कार्यकर्ताओं का कौतूहल केवल उन्होंने आर्थिक सहयोग किया इसलिए नहीं लगता अपितु उनके जीवनविषयक तत्त्वज्ञान के कारण लगता है। 'स्व' से परे होकर जीने की वृत्ति ही मानो सच्चे सुख की खोज है। मैं यूरोप, एशिया खंड के कई देश तथा

वहाँ के लोगों से मिला, उन्हें जान सका। वहाँ के कई लोग अपनी आय तथा वेतन का विशिष्ट हिस्सा हर मास अनाथ, अंध, अपाहिज, मतिमंद बालकों की देखभाल, शिक्षा, पुनर्वासन तथा प्रशिक्षण पर खर्च करते हैं। यह राशि आयकरमुक्त नहीं होती। वहाँ की संस्थाएँ तथा उद्योग द्वारा अपने कर्मचारियों को ऐसा सहयोग करने के लिए प्रोत्साहन दिया जाता है। संस्था को नियमित रुपए मिलें इसलिए सावधानी बरती जाती है। इस परिप्रेक्ष्य में कोल्हापुर में पूरी जिंदगी बितानेवाले और संस्था की ओर भूलकर भी न देखनेवाले, न झाँकनेवाले लोगों की ओर देखता तो मैं अस्वस्थ हो जाता। इसके सिवा जर्मनी से आई राशि जमा होने का संदेश न भेजने की बैंक की सौजन्यता, अक्षर समझ में न आने का कारण बताकर (सच कहें तो बारीकी से पढ़ने की तसल्ली न लेकर) चेक, पत्र का लिफ़ाफ़ा जब वापिस भेजा जाता है, कभी गुम होता तब उससे भी ज्यादा मन अस्वस्थ होता है। आखिर हमारे ही यहाँ क्यों होती है इतनी अनास्था!

अपना परात्मभाव सहेजनेवाले एहसास जागृति के कारण 'अल्टरनिएटिव बैबेन हॉजन' के कार्यकर्ता स्वयंसेवक मुझे अक्सर स्नेहिल लगते आए हैं। एक ओर मैं अनुदान के विनियोग की जाँच संदेह और सशंकता से करनेवाले अपने अधिकारियों को देखता हूँ और दूसरी ओर पूरे विश्वास के साथ लाखों रुपयों का सहयोग करनेवाली मंडली देखता हूँ। इससे हम बहुत कुछ सीख सकते हैं। अब केवल मैं, मेरा परिवार, मेरे बच्चे जैसा कूपमंडूक जीवनवाद सहेजने के दिन बीत गए हैं। यदि इक्कीसवीं सदी को परात्मभाव वृद्धि की सदी बनाना है तो 'मैं' से परे देखने की वृत्ति (बियांड आवरसेल्फ) सहेजना आवश्यक है। केवल आयकर में '80-जी' की छूट मिले इसलिए स्वार्थ में तीर्थ न कर 'यही है जिंदगी जी' कहकर, मानकर हम कुछ सोचें, करें तो इसी जन्म में मोक्षप्राप्ति का आनंद असंभव नहीं है। तो आइए, 'डिस्क्लोज' होते हैं! और 'डिस्क्लोथ' भी! महात्मा गांधी, भगवान महावीर और गौतमबुद्ध का स्मरण हुआ न? हर साल क्रिसमस के पहले और दीपावली के मौके पर 'अल्टरनिएटिव बैबेन हॉजन' से मिलनेवाले दो-तीन लाख के सहयोग से हमने 'कोच-हॉप्ट भवन' का निर्माण किया। 'अनिकेत निकेतन' की सदनिका में शुरू किए इस भवन के नामकरण के पीछे कृतज्ञता का भाव था। इस नामकरण से संस्था में बड़ा कोहराम मचा था...हर साल 'कोच-हॉप्ट' से सहयोग मिलने पर उनकी तहे-दिल से प्रशंसा करनेवाले एक कांग्रेस कार्यकर्ता संस्था के सदस्य थे...हम उन्हें 'बाबा' कहते थे।...'कोच हॉप्ट' का विदेशी नाम छत्रपति शाहू नरेश की भूमि में नहीं चलेगा, ऐसा रुख उन्होंने अपनाया। कुछ न करते हुए अकड़ने की उनकी आदत से सभी परिचित थे...सर्वसम्मति से उन्हें सुना दिया, 'कोच-हॉप्ट देती है उतनी राशि जमा करके ले आओ, फिर आप जो कहेंगे वह नाम दे देंगे।' इस पर उन्होंने संस्था में आना ही बंद कर दिया। आगे चलकर वात्सल्य बालसदन केंद्र को सरकार का अनुदान मिला,

फिर भी 'कोच-हॉप्ट फैमिली' का सहयोग जारी रहा। उनसे नियमित मिलनेवाले सहयोग से वात्सल्य बाल सदन को ही नहीं अपितु बालकल्याण संकुल को आर्थिक परिपुष्टता मिल गई।

हमारी परिचारिकाएँ चौबीस घंटे ईमानदारी से बच्चों की देखभाल करतीं। अल्पवेतन में वे जो बालसेवा करती थीं वह अनमोल थी। सरकारी अस्पताल, वहाँ के डॉक्टर, नर्सेस, डॉ. विजय करंडे, डॉ. कारवा, डॉ. नरेंद्र नानिवडेकर, डॉ. श्रीमती भंडारकर, डॉ. गुणे आदि के सहयोग से हम बालमृत्यु का 60 प्रतिशत अनुपात 9 प्रतिशत तक लाने में सफल हुए। उस समय मेलघाट की 'मासूम पतझड़' का अता-पता तक नहीं था।

बालमृत्यु नियंत्रित करने के पश्चात हमने अपना मोर्चा दत्तक प्रक्रिया की ओर मोड़ दिया। उन दिनों अनाथ अर्भकों को गोद देना आज की तरह आसान नहीं था। वैसे पहले वात्सल्य बालसदन शुरू करने के लिए बच्चे गोद दिए जाते थे लेकिन यह अपवाद ही था। आगे चलकर उसने एक आंदोलन का रूप लिया। पहले साल बच्चे पालकों की प्रतीक्षा में रहते। दत्तक लेने हेतु जो दंपती आते वे प्रायः निःसंतान ही होते थे। बच्चों का अतीत जानने को उत्सुक यह मंडली बड़ी चिकित्सक होती थी। वे अच्छे नाक-नक्शवाला, स्वयं को सूट हो ऐसा बच्चा चाहते। और केवल लड़के ही गोद लिए जाते, 'पुत्र के बिना मोक्ष जो नहीं मिलता।'

लड़के गोद जा रहे थे लेकिन लड़कियाँ मायूस बनी रहतीं। जैसे लड़कियों की संख्या बढ़ने लगी वैसे मेरी अस्वस्थता! इसी समय बालसदन में लीना और मयूरी ये दो लड़कियाँ आई थीं। लीना की माँ ने उसका जन्म न हो इसलिए प्रसूतिपूर्व जो प्रयोग किए थे उनकी रामकहानी सुनकर मैं तो दंग ही रहा। कई दवाइयाँ, कई इलाज, पेट कसकर बाँधना...एक या दो। लेकिन लीना की डोर बड़ी पक्की थी इसलिए उसका जन्म हुआ। जन्म के बाद उसका गला दबाया गया। लेकिन परिचारिका की दक्षता से वह बच गई। लीना के साथवाली बच्चियों का स्वास्थ्य स्वाभाविक था। लेकिन लीना न हँसती, न बोलती। उसका मानसोपचार किया लेकिन लाभ नहीं हुआ। ऐसे ही एक बार मैंने उसे उठाया और घुमाया तो वह मुझसे चिपक गई। मेरी समझ में आया कि दुबली एवं काली होने से उसे कोई नहीं लेता है। दूसरे, उसने बचपन में अपनी माँ के कई अत्याचार सहे थे। अब उसको गोद में लेना मेरा क्रम ही बन गया। मेरे नियमित गोद में लेने से सदन की माताएँ भी जानबूझकर उस पर प्यार दिखाने लगीं तो उसकी कली खिल गई। सदन की माताएँ उसे मेरी बच्ची कहकर चिढ़ाने लगीं। मैंने पत्नी रेखा को उसे गोद लेने की बात कही लेकिन सफलता नहीं मिली। लीना जब बोलने लगी तब गृहमाताओं द्वारा पढ़ाया नाम बताने लगी, 'लीना सुनीलकुमार लवटे'। वाकई यह नाम सार्थक होता तो...लेकिन मैंने जिंदगी में कई असफलताओं को पचा लिया था, उसमें यह एक। आगे चलकर महत्‌प्रयास से एक

संस्था की मदद से मैंने लीना को गोद ले दिया तभी चैन की साँस ली।

उसी दौरान 'सार्क बालिका वर्ष' आया। उसके औचित्य पर लड़कियों को गोद लिया जाए इसलिए हमने चर्चासत्र, शिविर, प्रचार सभा, प्रदर्शन आदि के माध्यम से पूरी पंचक्रोशी का चक्कर लगाया। केवल लड़की हुई इसलिए उसे त्याग देने के लिए प्रायः अस्वस्थ कर देते थे। इन दिनों हमने वैशाली, दीपा, मयूरी जैसी कई लड़कियों को गोद दिया। कुछ लड़कियों को तो हमें विदेश में गोद देने में सफलता मिली। ज्योति-संतोषी, रीना-फरीना जैसी सगी बहनें तो एक ही परिवार में दत्तक दे दी। वह मेरी जिंदगी के कार्य में मिलनेवाली खुशी की चरमसीमा थी।

ज्योति-संतोषी से याद आया। वे दोनों माँ की असमय दुर्घटना में हुई मृत्यु से निराधार बनने के कारण हमारे पास आई थीं। उन्हें बड़े प्रयास से एक विदेशी परिवार में गोद दिया। उस परिवार से हमेशा पत्र आते। ज्योति बताती है कि उसकी तीसरी एक बहन थी जो गुम हो गई है। आप उसका पता करें। हम उसे भी गोद लेना चाहते हैं। ज्योति को अपनी उस बहन की याद सताती है। एक ओर हमारे यहाँ एक लड़की गोद लेने में आनाकानी की जाती है और दूसरी ओर तीसरी लड़की गोद लेने को उत्सुक परिवार! पुलिस को कई बार लिखा लेकिन उसकी बहन का पता नहीं चला। अंततः हमने माफी माँगकर उनकी प्रतीक्षा रोक दी।

रीना नीदरलैंड में कितनी खुश है यह वहाँ जाकर अचानक देखने का मौका मुझे मिला। हमारी रीना कुछ सुस्त थी लेकिन मतिमंद नहीं। एक अध्यापिका ने चुनौती के रूप में उसे गोद लिया था। मैं नीदरलैंड गया तब रीना 'स्लो लर्नर्स स्कूल' में जाती थी। मैंने अपनी आँखों से देखा कि ऐसी बच्ची तक को वह अध्यापिका अपनी बेटी की तरह प्यार करती थी।

लड़कियों को गोद देने के प्रचार के उपरांत हमने अपाहिज, मतिमंद बच्चे गोद देने पर बल दिया। उत्कर्ष पूरी तरह विकलांग था। उसके दोनों हाथ-पैर लूले थे। कपड़े में लपेटकर दिखाने पर हर पालक उसे पसंद करते। लेकिन वह अपाहिज है इसका पता चलते ही सभी पीछे हटते। मुझे अच्छी तरह याद है, अपाहिजों के लिए जीवन समर्पित करनेवाली एक समाजसेविका तक ने उत्कर्ष को गोद लेने से इनकार दिया था। एक अमीर परिवार ने मात्र अपने दो बच्चे होने के बावजूद अलग सामाजिक कार्य करने के इरादे से उत्कर्ष को गोद लिया। उत्कर्ष का गोद जाना मैं अपने गोद देने के कार्य की परिसीमा कहूँगा।

सूरदास का पुनर्वासन को भी हमारी गोद देने की प्रक्रिया का मानदंड कहना होगा। उसका 'सूरदास' नामकरण हमीं ने किया था। वह दोनों आँखों से देख नहीं पाता था। हिंदी कवि सूरदास अंधे जो थे! वह न चल पाता था न बोल पाता था। तीन-साढ़े तीन साल का सूरदास जब संस्था में लाया तब मांस का गोला था। वह ढंग से बैठ भी नहीं पाता था। उसकी माँ उसे अंबाई मंदिर में छोड़कर चंपत हो गई थी।

संस्था के डॉक्टर द्वारा हमने सूरदास की वैद्यकीय जाँच की तो उन्हें संदेह हुआ कि वह अंधा नहीं है। शायद जन्म के साथ ही उसकी आँखों में कोई दोष था। हमने डॉ. विजय करंडे की सलाह पर उसे डॉ. अतुल जोगलेकर को दिखा दिया। आगे चलकर उसका इलाज भी हुआ और सूरदास को दृष्टि मिल गई। ऐसा लगा कि हमने सूरदास नाम रखने में जल्दबाजी की। अब वह साफ देखने लगा। अब मेरे लिए वह 'कालिदास' बन गया। आगे मसाज के इलाज से वह चलने भी लगा। बच्चों में खेलने लगा। बालगीत गाने लगा। चिकोटियाँ तक निकालने लगा। इस दरमियान उसकी माँ की खोज जारी थी। अंबाई मंदिर के अहाते में उसे लेकर जिस दुकान की सीढ़ियों पर वह तीन दिन बैठी रही थी (छोड़े या न छोड़े ऐसा द्वंद्व उसके मन में चल रहा होगा।) वहाँ से मिली जानकारी के आधार पर उसे ढूँढ़ने में एक साल बीत गया। हमने जब उसे सूरदास को दिखाया तो पहले वह मुकर गई। वह कहने लगी, "मेरा बेटा तो अंधा, लूला और गूँगा था और आप तो हट्टा-कट्टा बच्चा दिखा रहे हैं।" वह किसी भी शर्त पर बच्चा अपनाने को तैयार नहीं हुई तो हमने कहा, 'तुम उसे किस नाम से पुकारती थीं?' तो उसने कहा, 'सोनू'। हमने उसे उसी नाम से पुकारने को कहा। उसने सहज आवाज दी जिसे सुनकर सूरदास चीखकर रोने लगा। उससे उसकी माँ का ही नहीं हमारा भी दिल पसीज गया। 'सूरदास' के रूप में आया बच्चा हमने 'कालिदास' के रूप में उस माँ के आँचल में सौंप दिया। हमारे पालक कर्मचारियों ने सूरदास की जो देखभाल की वह काबिले तारीफ थी। उसका मूल्य आँका नहीं जा सकता।

उन दिनों अनुराधा, सोनाली, अविनाश, रानी जैसे अंधे, अपाहिज बच्चे हमारे पास थे। उन्हें गोद देना एक चुनौती थी जो हमें निरंतर बेचैन करता था। सोनाली तो पालक (गोद लेनेवाले) की राह देखते-देखते पाठशाला में जाने लगी थी। अनुराधा चलने लगी थी। रानी के पैर सीधे हो गए। सब कुछ हुआ लेकिन उनकी जिंदगी सीधी न होना, पटरी पर न बैठना कचोट रहा था।

जिन पालकों को लड़का गोद दिया था उस लड़के को बहन गोद देना हमारे उपक्रम की अगली सीढ़ी थी। इसमें भी हमें सफलता मिली। एक दंपती ने तो पहली लड़की होते हुए दूसरी लड़की गोद ली। कुछ दंपती तो ऐसे मिले हैं जिन्होंने बच्चों को जन्म न देकर (संभावना होने के बावजूद) संस्था के बच्चे गोद लेने की भीष्मप्रतिज्ञा की है। अभी हमने उन्हें रोक रखा है। पहला जोश हवा होने पर डटे रहेंगे तो देखा जाएगा। लेकिन मुझे विश्वास है कि वे सफल होंगे।

एक बार हमने पालक शिविर आयोजित किया तब हमारे 'दत्तक आंदोलन' की सच्ची सफलता समझ में आई। इसमें लगभग तीस दंपती अपने बच्चों को साथ लेकर आए थे, जिनमें से एक भी लड़के ने या लड़की ने हमें पहचाना नहीं। उस दिन मन काफी बेचैन हुआ! उनमें से कई बच्चों को हमने चरम आपत्तियों से बचाया था...

अतीत के कई प्रसंग याद आने लगे...और यह बच्चे पहचानने तक को इनकार कर रहे हैं...लेकिन मन यह भी कह रहा था कि इसी विस्मरण के लिए तो यह दत्तक यज्ञ शुरू किया था...फिर भी दिल की कसक को भुलाना तय किया...और आँखों में आँसुओं की जगह आनंदाश्रु की गंगा बहने लगी...कागज इकट्ठा कर अपनी रोजी-रोटी चलानेवाले एक दंपती को बच्चा दत्तक देने के लिए न्यायाधीश तैयार नहीं थे। 'वे बच्चों की देखभाल कैसे करेंगे इसलिए'।...मैंने उन्हें समझाया...पैरिस के मेयर को जिस सहजता से हमने एक बच्चा गोद दिया उतनी ही सहजता से उन्हें बच्चा दत्तक दे दो...मुझे विश्वास था...वह परिवार निर्धन था लेकिन उनकी संस्कृति समृद्ध थी...आगे चलकर शिविर में वह दंपती पेड़े लेकर आया था। वे बताने लगे, ''दादा, बेटी को हम अंग्रेजी पाठशाला में पढ़ाना चाहते हैं। आपकी सिफ़ारिश चाहिए। उसकी पाठशाला के लिए हमने पाँच हजार रुपए इकट्ठा किए हैं।'' लगभग तीस नए दंपती भी आए थे। वे बच्चा दत्तक लेने को इच्छुक थे लेकिन वे डाँवाडोल, सशंक, द्विधा की मानसिकता में थे। इस शिविर ने उनके मन पर छाई घटा को दूर किया।

29

हम भारतीय पालकों को ही बच्चे दत्तक देने पर बल देते थे। वैसे वात्सल्य बालसदन शुरू होने से पहले अनाथ महिलाश्रम संस्था के द्वारा हमारे यहाँ रिमांड पर होनेवाले लड़के-लड़कियाँ अपवाद के रूप में विदेश में दत्तक दिए गए थे। वे कभी-कभार संस्था, अपनी जन्मभूमि, देश देखने आते। उन्हें अपना जन्म, माता-पिता, पालक संस्था को लेकर बड़ा कौतूहल रहता।

कुछ दिन पहले की बात है मैं हमेशा की तरह बालकल्याण संकुल के दफ़्तर में बैठा था। हमारे परिचारक मधुकर कांबले आकर बताने लगे, ''सर, विदेशी मेहमान संस्था देखने आए हैं।'' अब बालकल्याण संकुल में विदेशी अतिथियों का आना-जाना नया नहीं रहा था। मैं सोच रहा था, कौन आया होगा? इतने में मेहमान दरवाजे में 'मे आई कम इन' कहते हुए हाजिर हुए। मैंने उनका अभिवादन किया। पति-पत्नी और उनके बच्चे अंदर आकर बैठ गए। उन्हें कुछ पूछने से पहले ही वे अंग्रेजी में अपना परिचय देते बने, ''मैं पिएत्रा डी इरस्मो। यह मेरी पत्नी जेलरन। यह हमारी लड़की मारिया और यह लड़का ऑट्रिआस।'' उन्होंने तुरंत अपने बैग से एलबम निकालकर सहजता से मेरे सामने रख दिया और याद दिलाते हुए बोले, ''सन् 1979 में हमने नौ मास की आपकी अनुराधा को गोद लिया था। यह वही मारिया है जो आज सोलह साल की हुई है।''

मैं अवाक ही रहा। एक पल तो विश्वास ही नहीं हुआ। मैं जो देख-सुन रहा था वह सब सुखद और अचंभित करनेवाला था! धीरे-धीरे मुझे याद आया...

हमारा आज का बालकल्याण संकुल वैसे तो सन् 1949 में शुरू हुआ। उन दिनों बच्चों का एक छोटा रिमांड होम भी चलाया जाता था। हमारे पास रिमांड सेक्शन होने से अक्सर पुलिस की मार्फत हमारे पास अनौरस, छोड़े हुए, त्याग दिए, अनाथ, निराधार छोटे बच्चे, शिशु आते रहते। लेकिन हमारे पास इतने छोटे बच्चों की देखभाल की व्यवस्था न होने से हम इन बच्चों को सरकारी अस्पताल या हमारी ही भगिनी संस्था अनाथ महिलाश्रम में देखभाल के लिए रखते। अनुराधा जब हमारे पास आई तब बहुत छोटी थी। हमने देखभाल के लिए उसे महिलाश्रम को सुपुर्द कर दिया। उस समय भी हम अनाथ लड़के-लड़कियों को गोद देते थे। हमारे समाज में मात्र उन दिनों दत्तक प्रथा की स्थिति संतोषप्रद नहीं थी। भारत में केवल अपत्यहीन दंपती ही बच्चों को गोद लेते थे। वे भी केवल लड़के ही गोद लेते। अनाथ लड़कियाँ गोद देने में सफलता नहीं मिलती थी। उन दिनों अंतरराष्ट्रीय स्तर पर बच्चे गोद देने का कार्य करनेवाली कुछ संस्थाएँ थीं। वे लड़कियाँ गोद देने के लिए विशेष प्रयास करतीं। उन्हीं की कोशिश को मिली सफलता से हमने नौ मास की अनुराधा को इरस्मो इस नार्वेजियन दंपती को गोद दिया था। गोद दिए लड़के-लड़कियों को उस देश का नागरिकत्व मिलने तक हमारा संपर्क बना रहता है। तत्पश्चात हम अपनी ओर से गोद लिए परिवार से जानबूझकर कोई संपर्क नहीं रखते। चूँकि हरएक को ऐसा संपर्क नहीं भाता और इस संपर्क से बेवजह उनका स्वाभाविक जीवन बाधित होता है। दूसरे, हमारी यह अपेक्षा होती है कि वे बच्चे गोद लिए हैं इसे समाज के साथ वह परिवार भी भूल जाए। और हमारी ऐसी राय है कि इस प्रकार का विस्मरण और संपर्कहीनता, उस बच्चे को, उस परिवार को स्वाभाविक बनाती है। इसी भूमिका से हमारा इरस्मो परिवार से संपर्क टूट गया...इसके सिवा कार्यबहुलता, अपर्याप्त निधि और मनुष्यबल के कारण बावजूद इच्छा के हम संपर्क नहीं रख सकते।

और आज पूरे पंद्रह साल बाद अचानक इरस्मो परिवार का सामने उपस्थित होना...वाकई वह सुखद और सार्थक अनुभव था! उन दिनों दत्तक प्रक्रिया विदेश से कागजी तौर पर ही चलती थी। हमारे राजदूत मध्यस्थ का काम करते। दत्तक संस्थाएँ कोशिश करतीं। बच्चे संस्था के मार्फत ही विदेशों में भेज दिए जाते। ऐसे में जिस दंपती को कभी छायाचित्र में देखा था उन्हें प्रत्यक्ष सामने देखना, उनसे वार्तालाप करना सब कुछ सुखद और उत्साह को बढ़ानेवाला था! पिएत्रा डी. इरस्मो मेरे हमउम्र थे। पैंतालीस साल के उस सज्जन ने मैकेनिकल विषय में एम.एससी. की उपाधि हासिल की थी। पिछले कई सालों से वे नॉर्वे के नॉटडेन की ऑरगैनिक कंपनी के तांत्रिक विभाग में संचालक की जिम्मेदारी सँभाल रहे थे। मुक्त आर्थिक नीति के तहत उनकी कंपनी की हमारे देश की 'हिंदुस्तान ऑरगैनिक' कंपनी से हुई संधि से उनका अक्सर भारत में आना-जाना हो रहा था। लेकिन वे संस्था में पहली बार आए थे,

मारिया को उसकी मातृसंस्था दिखाने के उद्देश्य से। अनुराधा ने प्रथमतः भारत को नॉर्वे से जोड़ा और अब हिंदुस्तान ऑरगैनिक इन संबंधों को दृढ़ कर रही है। भूमंडलीकरण से दुनिया नजदीक जो आ रही है!

चौवालीस साल की उनकी पत्नी जेलरन नॉटडेन की मतिमंद पाठशाला में अध्यापिका थीं। इस दंपती को उस समय इडन नामक अपनी चार साल की लड़की होते हुए उन्होंने हमारी अनुराधा को गोद लिया था। मैंने उन्हें पूछा, ''इडन के होते आपने अनुराधा को दत्तक क्यों लिया?'' इस पर उनका दिया उत्तर न केवल मार्मिक और हृदयग्राही था अपितु हम सभी को अंतर्मुख करानेवाला भी था। उन्होंने कहा, ''हम दोनों ने अनाथ बच्चा गोद लेते समय पहले ही तय किया था कि हम जो बच्चा गोद लेंगे वह नार्वेजियन समाज में सहजता से घुल-मिल सके, एकरूप हो ऐसा होना चाहिए। इस दृष्टि से हमें भारत ही नॉर्वे के नजदीक लगा। हमने इस दृष्टि से भारत का काफी अभ्यास किया था। भारत के बारे में काफी कुछ पढ़ने-सुनने के उपरांत हमने तय किया कि हम बेटी ही गोद लेंगे। भारत में नारी की करुण दशा की हमें जो अनुभूति हुई उसी के चलते हमने अनुराधा का चयन किया। इडन अब बीस साल की हुई है। वह ऑस्लो यूनिवर्सिटी में पढ़ रही है। मारिया अब सोलह साल की हो चुकी है। वह नॉटडेन में ही एक कनिष्ठ महाविद्यालय में पढ़ती है। हम उसे 'अनुलता' भी कहते हैं।'' मैं यह नाम सुनकर चकित हुआ। मुझे लगा कि यह 'अनुराधा' शब्द का अपभ्रंश रूप होगा। लेकिन जब पिएत्रा 'अनुलता' शब्द की उत्पत्ति बताने लगे तो मुझे अपनी भारतीयता पर शर्म आने लगी। वह कह रह थे, 'लता' और 'अनुलता' में अंतर है। 'लता' यानी लगाई गई जगह पर बढ़नेवाली और 'अनुलता' एक जगह से निकालकर अन्यत्र लगाई गई होती है। पिएत्रा की बातों की मृदुता हम सभी को सामाजिक सरोकार का पाठ पढ़ा रही थी, ऐसा मुझे एहसास हुआ। चौदह साल का ऑड्रियास उसका छोटा भाई था। अनुराधा के नार्वे जाने के दो साल पश्चात उसका जन्म हुआ था। वह भी मारिया के साथ आया था। वह हाईस्कूल में पढ़ रहा था।

मैंने जेलरन से सहजता से पूछा, ''इडन और ऑड्रियास तथा मारिया की देखभाल करते समय आपको कोई अंतर महसूस नहीं हुआ?'' उनसे उत्तर की अपेक्षा रखनेवाले मुझसे ही उन्होंने प्रतिप्रश्न किया, ''बच्चे हमारे जाए हों या गोद लिए हों अंततः उनका वर्ताव समान ही होता है ना? फिर देखभाल में भेद करने की क्या जरूरत? इसमें कभी अंतर नहीं लगा।'' मैंने फिर उनसे पूछा, ''आपने मारिया को कब और कैसे बताया कि वह गोद ली कन्या है?'' वैसे तो मेरा यह प्रश्न बालबोध और साधारण था। लेकिन मैं दोनों स्थान पर होनेवाला अंतर जानना चाहता था। हमारे और उनके दत्तक परिवार में होनेवाली मानसिकता तथा कार्यपद्धति में होनेवाले अंतर का मैं अनुभव करना चाहता था।

जेलरन और पिएत्रा की बातों से मैं जान गया कि उन दोनों ने मिलकर सही रूप में मारिया की देखभाल की थी। हमारे यहाँ दायित्व और उत्तर माँ से अपेक्षित होता है। नार्वे में मारिया को एक दत्तक लेनेवाली संस्था द्वारा लाया गया था। वे अपने साथ मारिया के संस्था में निकाले गए दो छायाचित्र ले आए थे। उन्होंने एलबम के वे छायाचित्र भी दिखा दिए। एकाध विचार या संवेदना को सहेजने की, उसका संवर्धन करने की उनकी मानसिकता प्रशंसनीय थी। उसमें से एक छायाचित्र में आश्रम की दाई मारिया को लेकर खड़ी थी तो दूसरा आश्रमभगिनियों के साथ मारिया के ग्रुप का था। वे बताते गए, "यह छायाचित्र प्रथम लगाकर हम क्रमशः मारिया के छायाचित्र निकालते गए। वह बढ़ती गई वैसे उसे छायाचित्र दिखाते गए। वह हमारी गोद में बैठकर छायाचित्रों को निहारती थी। उसे पहलेवाला छायाचित्र देखना बहुत भाता था। हम उसे सहजता से बताते गए। और अनायास उसने यह स्वीकार किया कि वह गोद ली कन्या है।"

"मारिया हमारे आसपास के सभी की लाड़ली बन चुकी है। बिलकुल हमारे इडन और ऑड्रियास की तरह। वह हमारे परिवार में घुल-मिल गई है। वह हमारी हो गई है। न उसके व्यवहार में कोई अंतर है न औरों के। हम जहाँ रहते हैं वह 'नॉटडेन' एक छोटा-सा गाँव है। वहाँ पर कई जाति, धर्म, वंश और देश के लोग रहते हैं। इससे हमें कतई अंतर महसूस नहीं हुआ।"

"तुम्हें कभी ऐसा लगता है, महसूस होता है कि तुम दत्तक कन्या हो।" मैंने सीधा मारिया से प्रश्न किया। इस पर उसके 'नॉट एट ऑल' इस सहज प्रतिवाद ने सब कुछ बता दिया। नॉर्वे में 'अनुराधा' का 'अनुलता' होना कितना आसान है और हमारे यहाँ? मेरा कौतूहल खत्म नहीं हुआ था इसलिए मैंने फिर पूछा, "फिर इतने सालों बाद आपको संस्था को भेंट देने की इच्छा कैसे हुई? यह मारिया की इच्छा है या आपकी?" (अब मेरे प्रश्नों की बौछार से शायद वे ऊब गए थे लेकिन उनके उत्तर में थोड़ी भी नाराजगी नहीं थी।) पिएत्रा बोले, "हमने मारिया को यथासमय भारत के बारे में बहुत कुछ बताया है, पढ़ाया है। इसके लिए अनेक पुस्तकों का आधार लिया। हमने कई भारतीय प्रदर्शनी को मारिया के साथ भेंट दी। वैसे जानबूझकर नहीं लेकिन अक्सर देखते रहे। इसके पीछे मारिया को अपनी मातृभूमि, संस्कृति, प्रदेश से अवगत कराने की मूल भावना थी।" पिएत्रा बोलते जा रहे थे, "मुझे अच्छी तरह से याद है...मारिया पाँच-छह साल की होगी। वह अपने मित्र-सहेलियों के साथ खेल रही थी। उनमें गपशप चल रही थी। उसकी सहेली कह रही थी, 'हम बचपन में घोड़े पर बैठते थे।' इस पर मारिया द्वारा किया प्रतिवाद (सच कहें तो प्रत्युत्तर दिया!) मुझे अच्छी तरह याद है। उसने कहा था, "हम बचपन में हाथी पर बैठते थे।" यह संवाद वहीं पर खत्म हुआ। लेकिन इससे मारिया का 'हम भी कुछ कम नहीं' का आत्मविश्वास और 'नहले पे दहेला' मारने की ईर्ष्या स्पष्ट हुई थी। यह सब बताते

हुए पिएत्रा की आँखें भर आई थीं। वह बच्ची को दत्तक लेकर उसकी स्वाभाविक रूप में देखभाल करने की रसीद तो थी ही लेकिन उसमें एक प्रकार की धन्यता भी थी! कृतार्थता भी! ''आगे चलकर मारिया अपने भाई के साथ घोड़े पर बैठना सीख गई। मैं और जेलरन अक्सर उसे भारत के बारे में बताते थे। लेकिन उसने कभी उत्सुकता नहीं दिखाई। पिछले साल से उसमें कुछ परिवर्तन महसूस होने लगा। भारत के प्रति होनेवाली उसकी रुझान को हमने ताड़ लिया और उसे भारत दिखाना तय किया। हमें खुशी है कि हम उसे भारत दिखा पाए।''

मैं भारत और विशेषतः मातृसंस्था देखने पर मारिया की प्रतिक्रिया जानना चाहता था। मैंने जब उससे इस बारे में पूछा तो एक पल वह खामोश रही। मैंने पाया कि उसकी तनी हुई भृकुटियों पर कई दिनों के सपने साकार होने की खुशी के लाखों इंद्रधनु चमक रहे थे। एक तो उसे संस्था अच्छी लगी थी। नॉर्वे और भारत के अंतर को उसने सुना था लेकिन 'यहाँ पर लोग एक-दूसरे का इतना खयाल रखते हैं' यह अनुभव उसे चकित करनेवाला था। उसने कहा, ''हाऊ जेंटल पिपल लाइक यू, टेकिंग केअर ऑफ अदर्स! दिस इज समथिंग न्यू फॉर मी, रियली स्ट्रेंज वन।'' मारिया के लिए यह आत्मीयता की दुनिया कम आकर्षक नहीं थी। बशर्ते वह संस्था में बढ़नेवाली अन्य लड़कियों की वेदना को समझ पाए, इतनी बड़ी नहीं थी।

अनुराधा उर्फ मारिया उर्फ अनुलता की यह पुनर्भेंट! इस भेंट ने उसे क्या दिया यह तो वही जाने! लेकिन मेरे जैसे कार्यकर्ता को मात्र उसकी भेंट ने अंतर्मुख किया। उसका आना, संस्था देखना, अपने छायाचित्र में साथ होनेवाली अन्य लड़कियों की पूछताछ करना, उन लड़कियों से मिलना, उन्हें भेंट की वस्तु देना, अपनी पॉकेटमनी से संस्था को चंदा देना, दुबारा आने का, मिलने का, पत्र लिखने का आश्वासन देना यह सब कुछ उद्विग्न, बेचैन और स्तंभित करनेवाला था। हमारी ही ज़मीन में ऐसा संस्कार क्यों नहीं है? उसकी भेंट से उत्पन्न बेचैनी अभी शांत नहीं हो पाई है। और कुछ दिन तक उसका शांत होना भी मुश्किल है! यह सच है कि 'तूफान आकर चला जाता है लेकिन उसके निशान शेष रहते हैं।' और तूफान के विध्वंस को सहजता से भूला नहीं जा सकता! पिएत्रा और जेलरन द्वारा निभाई अभिभावक की जिम्मेदारी को मारिया ने सहजता से स्वीकारा। पालकत्व, यह सतही तौर पर सीधी होनेवाली बातें, 'स्व' और 'पर' का अंतर पाटनेवाली थी। मेरे जैसे कार्यकर्ता को यह असंभव लगनेवाला था। इसका कारण यह हो सकता है कि हम सच्चे अर्थ में आज भी एक-दूसरे के नहीं हो पाते? मारिया की भेंट से मेरे मन में ऐसे कई प्रश्नों ने तूफान मचाया। प्रश्नों का जंजाल बढ़ता जा रहा है। उसमें अधिक न उलझना ही ठीक होगा।

उन दिनों भारत में दत्तक प्रक्रिया 'गुप्त' चलती थी। दत्तक लेनेवाली माता पेट से रहने का बहाना करती। माँ छह मास मायके में रहती...संस्था से बच्चा गोद लेकर

घर पहुँचती और वह अपना ही ऐसा बचाव करती...आगे चलकर बच्चे को बड़ा होने पर यह बचाव समझ में आता...और फिर अरिष्ट खड़ा हो जाता। इससे हटकर हमने प्रकट तौर पर बच्चे दत्तक देने का प्रचलन शुरू किया। बच्चा दत्तक लेनेवाले पालकों को हम समझाने की कोशिश करते। धीरे-धीरे परिवर्तन होने लगा। हमने 'इंडियन एसोसिएशन फॉर प्रमोशन ऑफ एडॉप्शन (आएएपीए) और यूनिसेफ' के सहयोग से व्यापक तौर पर 'सहारा' इस दत्तक प्रक्रिया प्रबोधन प्रकल्प का आयोजन किया। इससे आज तक केवल शहरों में गोद लिए जानेवाले बच्चे देहातों में भी गोद लिए जाने लगे। हमने गायनॉकॉलॉजिस्ट एसोसिएशन के सहयोग से देहात के निःसंतान दांपत्यों तक पहुँचने का नया तंत्र विकसित किया था। इसलिए हमने डॉक्टरों के लिए कार्यशाला, व्याख्यान आदि का आयोजन किया था।

इन सभी प्रयासों के तहत बच्चे गोद जाने का प्रमाण तो बढ़ गया लेकिन केवल लड़के ही गोद लिए जाते। 'सार्क बालिका वर्ष' के औचित्य पर हमने लड़कियाँ गोद देने पर विशेष बल दिया। 'पहली बेटी तूप रोटी' यह हमारे प्रचार का सूत्र बन गया था। उसे प्रथमतः सफलता मिली और हमने दो जुड़वा बहनें दत्तक दीं। तिलवे नामक पालक बड़े ही संवेदनशील, उच्चशिक्षित थे। वे सरकारी नौकरी में थे। उस समय की उनकी उदारता ने हमारा हौसला बढ़ा दिया। उनकी मयूरी आज भी मेरी आँखों के सामने मौजूद है।

'वात्सल्य बालसदन' सच्चे अर्थ में 'बच्चों का घर' बने इसलिए हम गुब्बारे, खिलौने, बाबागाड़ी, गुड़िया, गेंद, टीवी, संगीत, फ्रीज, फर्नीचर जैसा सारा जुगाड़ करते थे। लोगों ने वात्सल्य को तहे-दिल से सहयोग दिया। संस्था के लिए वात्सल्य बालसदन मानो आर्थिक संजीवनी साबित हुआ था। हम हर बच्चे का जन्मदिन मनाते। परछन भी होता था, केक काटा जाता। गुब्बारे, गजरे, टोपी...सब कुछ होता। तालियों की गूँज में, तोतली बोली में 'हैपी बर्थ डे टू यू...' गाना भी गाया जाता। यह कल्पना हमारी परिचारिका श्रीमती शीला ओहल की थी। वे संस्था में ही पली-बढ़ी थीं। पहला जन्मदिन डॉ. विजय करंडे और उनकी धर्मपत्नी श्रीमती शालिनी करंडे की उपस्थिति में आयोजित किया था। अपने नाम की तरह वात्सल्य बालसदन 'वात्सल्य बालसंगोपन' आंदोलन का एक आदर्श केंद्र बन चुका था। मैंने उपेक्षित, अनाथ बचपन को गौरवान्वित करने का, सुनहरा बनाने का जो सपना देखा था वह मूर्त हो रहा था। इस यात्रा में कुछ लड़के-लड़कियों के निमित्त आए अनुभव आज भी मुझे गद्गद कर देते हैं।

वात्सल्य बालसदन की पंद्रह साल की यात्रा में हमने संस्था में आनेवाले हर बच्चे को नई जिंदगी देने की कोशिश की। हमारी गृहमाताएँ सोलह घंटे ड्यूटी करतीं। कभी-कभी अपने बच्चों तक की उपेक्षा करतीं। किसी बच्चे को खून की आवश्यकता होती तो डॉक्टर और नर्स तक स्वयं का खून दे देते। हमारे परिचारक मधुकर कांबले

तक ने एक बार अपना खून देकर एक बच्चे को नई जिंदगी दी। मुझे ऐसा लगता कि संस्था के सभी बच्चे गोद देने चाहिए, लिए जाने चाहिए। विदेशी पालकों की तरह भारतीय पालक अभी प्रगल्भ नहीं हैं। मुझे याद है...उन दिनों विदेशी पालकों के पत्र आते...'वुई वांट मेल बेबी' अथवा 'वुई वांट फिमेल बेबी'...बस! हमारे पालक मात्र तुनुकमिज़ाज, चौकन्ने, चिकित्सक होते हैं। जाति, धर्म, रंग तथा बच्चा स्वयं को 'मैच' होता है या नहीं यह देखते हैं। सहज ही माँ के बारे में पूछताछ करते हैं...आरंभ में ऐसे प्रश्न मुझे हरा देते। लेकिन आगे चलकर सफलता मिलने लगी। पालक हमारे द्वारा सिफ़ारिश किए बच्चे को विश्वास के साथ गोद लेने लगे। उन दिनों मेरा एक सपना था...संस्था में आनेवाला हर लड़का-लड़की गोद जाए। लेकिन वैसे नहीं हो पाता। संस्था की सभी शाखाओं में छोटे बच्चों की संख्या बढ़ रही थी। कन्या निरीक्षणगृह, राधाकृष्णन् बालगृह, अनिकेत निकेतन और वात्सल्य सदन में आँगनबाड़ी, प्राइमरी में जानेवाले बच्चे थे...पाठशाला में नहीं जा पानेवाले बच्चों की संख्या भी बढ़ रही थी। उन्हें पाठशाला में भेजने को मन नहीं करता। प्ले स्कूल की तरह संस्था में प्राइमरी शुरू की जाए ऐसा विचार मेरे मन में मँडराने लगा। सुसंस्कार ग्रंथालय, संस्कार स्कूल की तरह सुसंस्कार विद्यालय शुरू करने हेतु मैंने प्रयास, आजमाइश शुरू की वैसे मैं एक नई दुनिया से परिचित हुआ।

30

बालकल्याण संकुल में जैसे बच्चों की संख्या बढ़ने लगी, वैसे उनके प्रश्न भी बढ़ने लगे। इन्हीं प्रश्नों के चलते संकुल में प्ले स्कूल, ग्रंथालय, सुश्रूषागृह, वात्सल्य बालसदन शुरू हुआ। उस समय संस्था के बच्चे शाहू दयानंद मराठी पाठशाला में जाते थे। संस्था में छोटे बच्चों की बढ़ती संख्या को मद्देनजर रखकर मैंने संस्था में प्राथमिक पाठशाला शुरू करना तय किया। मैं पंढरपुर के आश्रम में था तब तेली गली में होनेवाली चार नंबर पाठशाला में जाता था तो कोल्हापुर में शाहू दयानंद विद्यालय में। इन दोनों स्थानों पर मैंने महसूस किया था कि अध्यापक, छात्र तथा समाज अनाथ लड़कों की ओर अलग नजरिए से देखता था और अलग व्यवहार करता था। हमारी ओर अनाथ, उपेक्षित और चोर के रूप में देखना क्लेशदायी होता। बचपन में मुझे अक्सर ऐसा लगता था कि 'तलाशी' न लेनेवाली, पीछे और अलग न बिठानेवाली, समाज के अन्य बच्चों से मेलजोल रखनेवाली पाठशाला होनी चाहिए। इसके सिवा बीच की छुट्टी में नाश्ता देनेवाली भी...अर्थात इन सभी के पीछे पढ़ाई के दौरान मैंने महसूस की हुई वेदनाओं की बेचैनी थी।

संकुल में पहली से चौथी कक्षा तक के लगभग 100-125 लड़के-लड़कियाँ थीं। संस्था से विचार-विमर्श कर सरकार की ओर प्रस्ताव प्रस्तुत किया। संस्था की

शाखाओं में चार साक्षरता अध्यापक थे, जो पढ़ाने के काबिल थे। बच्चे पाठशाला में जाते तो संस्था लगभग खाली होती। संस्था की स्थापना से ही कोल्हापुर नगर निगम से उदार सहयोग मिल रहा था। नगर निगम के प्राथमिक शिक्षा मंडल ने हमारी पाठशाला की सिफ़ारिश की। शिक्षा विभाग ने विशेष बाब के रूप में पाठशाला को मंजूरी दे दी। 30 जून, 1986 को 'सुसंस्कार विद्यालय' नाम से हमारी प्राथमिक पाठशाला आरंभ हुई। पूना विभाग के तत्कालीन आयुक्त के.एस. सिंधू के करकमलों से तथा तत्कालीन जिलाधीश अ.कृ. नंदकुमार, शिक्षा सभापति बाबूराव जाधव, महापौर ॲड. महादेवराव आडगुडे की उपस्थिति में उसका उद्‌घाटन हुआ। इन सभी ने पाठशाला शुरू करने के लिए अपनी ओर से पूरा सहयोग दिया। इन सभी के प्रति आज भी मेरे मन में कृतज्ञता का भाव है।

हमारी पाठशाला एक तरह से बिना पूँजी की व्यवस्था थी। संस्था में शिक्षा लेनेवाले छात्रों के लिए शासन नियुक्त साक्षरता अध्यापक थे। उनका वेतन सरकार की तरफ से भुगतान किया जाता। बालगृह की इमारत में दो बड़े हॉल थे। हमने दोनों में पर्दा डालकर चार कक्षाएँ तैयार की। चार रोलअप बोर्ड लाए। लड़कों को सोने हेतु लाई दरी बैठने के लिए उपयोग में लाई। टेबल, कुर्सी, फोटो आदि सामान लाया और पाठशाला शुरू हुई। आरंभ में एक साल हमारी पाठशााला अनधिकृत थी। अगले साल अर्थात सन् 1987-88 में उसे बिना अनुदान तत्त्व पर मंजूरी मिली। पाठशाला अनुदानित हो इसलिए भरसक कोशिश की लेकिन सफलता नहीं मिली। शाहू, फुले, अंबेडकर के महाराष्ट्र में इंजीनियरिंग, मेडिकल, बी.एड. कॉलेज को लिए बिना अनुदान तत्त्व पर मान्यता देनेवाले उस दौर में प्राथामिक पाठशालाएँ रौंद दी गईं। हमारी पाठशाला उनमें से एक थी। शासन स्तर पर सामाजिक न्याय के परिप्रेक्ष्य में अनाथ, निराधारों को प्रधानता या खास बाब के रूप में अनुदान दिया जाए ऐसी उपरातिया सद्‌बुद्धि अपवाद के रूप में भी नहीं हुई। यदि अनुदान मिलता तो संस्था को और चार अध्यापक मिलते। घर का अभ्यास साक्षरता अध्यापकों द्वारा लिया जाता। पाठशाला में विविध कारणों से गतिमंद रहनेवाले संस्था के अनाथ बच्चे मेधावी हो सकते थे। लेकिन यह सब मेरा स्वप्नरंजन ही रह गया।

बड़े उदात्त हेतु से पाठशाला शुरू की लेकिन समाजकल्याण विभाग की ओर से मेमो मिल गया। रिमांड होम, अनाथाश्रम शुरू करते समय एक गजट प्रकाशित होता है। उसमें राज्यपाल संस्था को सुरक्षित क्षेत्र (प्लेस ऑफ सेफ्टी) घोषित करते हैं। उसके अनुसार संस्था बच्चों की देखभाल के अलावा पूर्वानुमति लिए बगैर अन्य उपक्रम शुरू नहीं कर सकती। हमने पाठशाला शुरू की इसलिए समाजकल्याण विभाग की ओर से हमसे स्पष्टीकरण माँगा गया। कुछ अधिकारी के समझाने पर भी 'संगोपन में शिक्षा अंतर्भूत होती है' यह मानने को तैयार नहीं थे। फिर 'पाठशाला बंद की जाए' ऐसा कहनेवाले अधिकारियों के सामने मैं निरुत्तर हो गया। 'बीमारी की अपेक्षा इलाज

की भयावह' स्थिति हो गई थी। लेकिन मैंने आरंभ से ही 'लड़े बगैर हार नहीं मानना' यह अपने कार्य का सूत्र तय किया था। समाजकल्याण विभाग के संचालक, उपसंचालक सभी को समझा दिया लेकिन कोई लाभ नहीं हुआ। वैसे व्यवस्था के सामने हतोत्साह होने का यह पहला वाकया नहीं था। यों तो ऐसे प्रतिशोध की अब आदत ही बन गई थी।

इसी दौरान मैं अनिकेत निकेतन के 'अनाथ विद्यार्थी छात्रावास' के काम के लिए मंत्रालय में गया था। उस समय व.श्री केसकर समाजकल्याण विभाग में कक्ष अधिकारी थे। बातचीत के दौरान पता चला कि एक संस्था का मुआयना करने वे कोल्हापुर आ रहे हैं। मैंने उनसे संस्था को भेंट देने की प्रार्थना की। कोल्हापुर आने पर समय निकालकर वे संस्था में आए और संस्था को देखकर काफी प्रभावित हुए। मैंने उन्हें पाठशाला की समस्या बताई। उन्होंने आवेदनपत्र देने को कहा। मैंने आवेदनपत्र तैयार किया। उसी समय एक मंत्री महोदय का अखबार में भाषण छपकर आया था। उसमें उन्होंने कहा था, ''उपलब्ध साधन संपत्ति और मानव संसाधन का अधिक से अधिक उपयोग करना शासन की नीति है।'' मैंने आवेदनपत्र में इसे उद्धृत किया और बात बन गई। 'शासन नीति के अनुसार उपलब्ध अध्यापक और इमारत में विशेष धारा के तहत पाठशाला की अनुमति दी जा रही है।' ऐसा व.श्री. केसकर के हस्ताक्षर का पत्र मिला और सुसंस्कार विद्यालय को जीवनदान मिला।

नंदकुमार कुलकर्णी, डी.बी. जगदाले, श्रीमती स्वाति सामंत इन अध्यापकों ने जी-तोड़ मेहनत की और पाठशाला का नाम सार्थक बनाया। आरंभ में मैं बताता और वे अमल करते ऐसा रिवाज ही बन गया था। आगे चलकर वे स्वयं उत्स्फूर्त रूप में सब कुछ करने लगे। फिर हमने पाठशाला का स्नेह सम्मेलन शुरू किया। उसमें संस्था के सभी बच्चों के साथ वात्सल्य के छोटे बच्चे तक हिस्सा लेने लगे। लड़के दैनिक 'सकाल' द्वारा आयोजित चित्रकला प्रतियोगिता में शामिल होने लगे। नृत्य प्रतियोगिता में तो हमें चषक मिल गया। नगर क्रीड़ा प्रतियोगिता में सांघिक विजेता पद प्राप्त हुआ। आगे चलकर पूना के 'वनस्थली ग्रामीण विकास केंद्र' की निर्मलाताई पुरंदरे के सहयोग और मार्गदर्शन से 'स्वाध्याय और व्यक्तित्व विकास उपक्रम' का आयोजन किया। दस अध्यापिकाएँ बिना मानदेय लिए लड़कों का अभ्यास लेने लगीं। लड़कों को दस दीदियाँ मिल गईं। वे शनिवार, इतवार तथा छुट्टी के दिन छंद की कक्षाएँ लेतीं। उसके द्वारा हस्तकला, कतरन, सैर, प्रदर्शन जैसे उपक्रम शुरू हुए। सामूहिक भोजन का आयोजन होने लगा। वनस्थली के अध्यापकों द्वारा लड़कों पर दिखाए गए स्नेह से उनके निस्तेज चेहरे धीरे-धीरे खिलने लगे, उस पर चमक झलकने लगी। लड़कियाँ कली की तरह खिलने लगीं। लड़कों के रंगीन यूनिफॉर्म आये। दोपहर की छुट्टी में हर दिन नया नाश्ता शुरू हुआ। जयंती, स्मृतिदिन, भाषण, कथाकथन, लेखन, निबंध प्रतियोगिताओं का आयोजन शुरू हुआ।

आगे चलकर हमने शेवडे गुरुजी, वसंतराव निगवेकर, शशिकांत महाडेश्वर, रजनी हिरवलीकर आदि के सहयोग से 'फुलोरा' काव्य-संग्रह प्रकाशित किया। सुधाकर प्रभू, दत्ता टोल, राजीव तांबे, मुकुंद तेलीचरी जैसे कई साहित्यकारों को लड़कों से मिलवाया। उन्होंने लड़कों से वार्तालाप-गपशप की। कवि विंदा करंदीकर भी आए थे। उन्होंने कहा था, "मैं मधुकरी माँगकर बढ़ा-पढ़ा। आप भाग्यवान हैं। सम्मान और स्वाभिमान से जी रहे हैं।" उन्होंने बच्चों की फरमाइश पर अपनी कई बाल कविताएँ सुनाईं। एक बार नारायण सुर्वे आए थे। बच्चों से मिलकर उनका गला भर आया और उन्होंने कहा, "एक समय मैं भी आप ही की तरह अपनाया गया बच्चा था।" निशिगंधा वाड, विक्रम गोखले, विश्वसुंदरी युक्ता मुखी, प्रो. ग.प्र. प्रधान, अनुताई वाघ, डॉ. शरत्चंद्र गोखले, अनिल अवचट इन सभी की भेंट तथा वार्तालाप से सुसंस्कार के सपनों का यज्ञ मूर्त होता गया।

मैं जब पाठशाला में था तब मेरे पास बाहर के बच्चे नहीं बैठते थे। मेरे पास संस्था के ही बच्चे बैठते। अब हमारी पाठशाला में पड़ोस की बस्ती के बच्चे आ रहे थे। एक समय जो रिमांड होम समाज द्वारा बहिष्कृत था अब वह समाज ही रिमांड होम में आने लगा। 'तलाशी' न लेनेवाली, सौतेला व्यवहार न करनेवाली, अनाथों की मानसिकता समझनेवाली मेरे सपनों की पाठशाला साकार हुई और मेरी उम्मीद बढ़ गई। आगे चलकर कोल्हापुर में जब इंटरनेट आया तब हमने पहला कनेक्शन संस्था में लिया। लाडगे परिवार ट्रस्ट की ओर से सालाना मिलनेवाली मोटी सहयोग-राशि से 'ज्ञानरंजन केंद्र' (इन्फोरमेंट सेंटर) शुरू किया। गोली, गुल्ली-डंडा, कपड़ों की गेंद से खेलते हुए मुरझाया मेरा बचपन...अब हमारे बच्चे 'मल्टीमीडिया' से खेल रहे थे। स्टार टीवी पर दिए एक साक्षात्कार में मैंने यह प्रसंग बताया तो 'शोले' के दिग्दर्शक रमेश सिप्पी और किरन जुनेजा को काफी अचरज हुआ। पहले रिमांड होम के लड़कों के एस.एस.सी. के परिणाम चिंताजनक होते थे। सुसंस्कार में पढ़ी पहली बैच ने मात्र सौ प्रतिशत सफलता हासिल की। वह मेरे सपनों का 'सुवर्णमहोत्सव' था। संयोग से वह संस्था का भी सुवर्णमहोत्सवी वर्ष था।

हमने सुसंस्कार विद्यालय में 'रोनाल्ड हिल फिलैटली क्लब' का पालक नीति शिविर, सृजन आनंद केंद्र का 'सामूहिक जन्मदिन', फुलोरा का 'घरौंदा', अपाहिज संस्थाओं के सहयोग से 'साहचर्य शिविर', 'नॅब' की 'अंधगायन प्रतियोगिता', संस्कार भारती का 'रंगावली प्रशिक्षण', विज्ञान प्रबोधिनी का 'जागृति शिविर' जैसे कई उपक्रम संपन्न किए। सुसंस्कार विद्यालय को 'स्वच्छ-सुंदर पाठशाला' का पहला पुरस्कार प्राप्त हुआ। इस कोशिश के द्वारा मैं अतीत को जिंदा रख पाया। सुसंस्कार बालवाड़ी, सुसंस्कार वाचनालय, सुसंस्कार विद्यालय से पढ़कर बड़ा हुआ सोमनाथ और उसके जैसे लड़के-लड़कियों को आज कॉलेज में मैं अपनी कक्षा में सामने पाता हूँ तो मेरा एक अधूरा सपना अक्सर मुझे बेचैन करता है...मैं अनाथ बच्चों के लिए

उपक्रमशील मिडिल तथा इंटर स्तर की शिक्षा, कॉलेज, विश्वविद्यालय शुरू करना चाहता था...मेक्सिम गोर्की, नारायण सुर्वे की तरह ही मेरे सपनों का 'मेरा विद्यापीठ' था। 'तलाशी' न लेनेवाला, तलाशी (परंपरागत) न पढ़ानेवाला! यह स्वयं द्वारा किया गया 'प्रायश्चित्त' था।

31

सन् 1996-97 की बात होगी। अनिकेत निकेतन वात्सल्य बालसदन एक दशक की यात्रा पूरी कर चुका था। उसका दशकपूर्ति उत्सव भी मनाया गया। उस समारोह में दशकपूर्ति के काल में जिन सज्जनों ने यथासमय सहयोग किया था उन्हें कृतज्ञतापूर्वक आमंत्रित किया था। हमने कुछ व्यक्तियों को कृतज्ञता अभिव्यक्ति पुरस्कार देना भी शुरू किया था। संस्था के वर्धापन दिन के औचित्य पर दिए जानेवाले इन पुरस्कारों में हम जानबूझकर एक सेवाभावी कर्मचारी को भी गौरवान्वित करते थे। इसी दौरान वात्सल्य बालसदन, अनिकेत निकेतन के बच्चे बड़े हुए और उनके पुनर्वासन का प्रश्न उपस्थित हुआ। इस दरमियान अनाथ महिलाश्रम संस्था के हमारी संस्था में विलीन होने से ब्याहने योग्य, बालिग लड़कियों की संख्या बढ़ गई थी। डॉ. अहिल्याबाई शंकरराव दाभोलकर महिला आधारगृह शाखा लड़कियों तथा महिलाओं के पुनर्वासन का कार्य करती थी। उसके मार्फत सर दोराबजी टाटा ट्रस्ट के सहयोग से और 'स्वयंसिद्धा' के मार्गदर्शन से 'स्वाधार' प्रकल्प शुरू हुआ था। इसके सिवा लड़कियों के विवाह भी कराए जाते। लेकिन लड़कों के पुनर्वासन का प्रश्न जटिल था। 16 से 18 साल की उम्र के लड़के संस्था की मियाद खत्म होने से चिंतित पाए जाते। उनके व्यवहार और बातचीत तक से इसका एहसास होता। इसीलिए हमने 'किशोर अनुरक्षणगृह' शुरू किया।

उन दिनों मियाद खत्म होने पर लड़कों को ही अपना भविष्य तय करना पड़ता। जब यह समस्या मेरे सामने आई तब मुझे अपनी मियाद बढ़ाने का 'दिव्य' याद आया। अतः हमने रिमांड होम और अनिकेत निकेतन में पले लड़कों को आत्मनिर्भर बनाना ही 'किशोर अनुरक्षणगृह' का लक्ष्य तय किया। संस्था में एस. एस.सी. के उपरांत पढ़ने लायक या पढ़ाई की इच्छा रखनेवाले लड़के-लड़कियों के लिए महाविद्यालयी शिक्षा का नया पर्व शुरू हुआ। लड़के परीक्षा में असफल होते तो हतोत्साहित हो जाते। मैं उन्हें प्रोत्साहन देता रहा। उनके लिए क्लास लगाए, गाइड्स लाए, विज्ञ अध्यापकों द्वारा मार्गदर्शन शुरू किया। पर्चे हल करने पर बल दिया। अभ्यासिका की सुविधा मुहैया की। तड़के जागनेवाले छात्रों के लिए चाय का प्रबंध किया।

इसका अपेक्षित परिणाम सामने आया। फिर भी कुछ लड़के-लड़कियाँ आगे

पढ़ाई नहीं करना चाहते थे। अतः हर एक की कूवत और रुचि के अनुसार उन्हें प्रशिक्षण और नौकरी देना तय किया। लड़कों के निजी बैंक पास बुक देखते समय मुझे काफी खुशी होती थी।

हमारा मायाप्पा संस्था में आया तभी से मितभाषी था। वह पढ़ाई में मतिमंद था। लेकिन नौकरी मिलने पर उसकी जिंदगी को नया मोड़ मिला। उसी प्रकार कई लड़कों की जिंदगी बदल गई। सभी के पुनर्वासन और विवाह की कथाएँ अलग-अलग हैं... हमारी कोशिश को मिली सफलता खुशी देनेवाली थी।

एक बार हमने दो लड़कों का विवाह एक ही मांडो में कर दिया। दो दूल्हों में से एक था मायाप्पा। वह जब संकुल में आया तब केवल पाँच साल का था। शरीर पर मटमैले कपड़े...इधर-उधर घूमते समय पुलिस को मिला था। उन्होंने उसे संस्था में प्रवेश कराया। मुझे याद है...मायाप्पा जब संस्था में आया तब बोल भी नहीं पाता था। उसका नामकरण हमने ही किया। वह पाठशाला में जाने लगा। धीरे-धीरे बोलने लगा। वैसे वह आरंभ से ही मितभाषी था और आज भी वैसा ही है। उसका चेहरा पढ़ना मेरी आदत बन गई थी। किसी चीज की जरूरत हो तो वह पीछे लगा रहता...फिर मैं यह जान लेता कि उसे क्या चाहिए। वह अपनी ओर से कुछ नहीं कहता था। संस्था में रहकर ही पढ़ा और बढ़ा। लगभग आठवीं कक्षा तक पहुँचा। पढ़ा कम, बढ़ा अधिक...हट्टा-कट्टा हो गया। उस समय हमारे यहाँ बड़े लड़कों के रहने की सुविधा नहीं थी। हमारे विश्वस्त और हितैषी अविनाश वाडीकर की कॉट बनाने की फैक्टरी थी। मायाप्पा वहीं पर काम करने लगा। मेहनत और ईमानदारी से मासिक तीन हजार रुपए कमाने लगा। मायाप्पा मेहनत के काम में माहिर था। मात्र पढ़ाई में उसकी गति नहीं थी। उसकी प्रगतिपुस्तिका पर सदा 'ग्रेस' रिमार्क रहता। अर्थात इसी वजह से वह सातवीं कक्षा तक पहुँचा, साक्षर हुआ। वह बाहर रहने लगा। कभी-कभार संस्था में आता रहता। इन दिनों दुबारा वह पीछे लगा रहता...मैं समझ गया...मैंने ही एक दिन उससे पूछा, 'मायाप्पा, शादी कब करोगे?' हमेशा की तरह उसने हँस दिया। मैं आरंभ से ही मायाप्पा के कुम्हलाए चेहरे पर ताजगी पढ़ता आया था...।

उसकी जिंदगी में खिलनेवाले बसंत को मैंने ताड़ लिया। हमने उसे वैशाली को दिखाया...हमारी ही संस्था की लड़की...कुछ कारणवश संस्था में आई थी...उसे पहली दफा लड़की पसंद नहीं आई...उसे पूछा 'क्यों, लड़की पसंद नहीं है?' तो वह बोला, 'मोटी है।' इस पर मैंने कहा, 'कोई बात नहीं, कल दूसरी दिखाएँगे।' वैशाली को साड़ी पहनाकर दिखाया था। दूसरे दिन उसकी एक चोटी बनाई और ड्रेस में दिखाया। मायाप्पा की कली खिल गई। उसे लड़की पसंद आई और शादी पक्की हो गई।

वैसे वैशाली की 'रामकहानी' भी अलग है। उसकी व्यथा सुनकर आप भी व्यथित होंगे। लेकिन अब हमने जख्मों को छिपाना तय किया है, घाव भरे इसलिए!

घावों की पपड़ी निकलने पर हमारा ही खून बहता है। आपको दुख जरूर होगा, आप दया भी दिखाएँगे लेकिन 'सुवर्णमहोत्सवी यात्रा' में हमने एक नई समझ अर्जित की है! हमें दया नहीं, धीरज चाहिए! समर्थन चाहिए! हमें बैसाखी नहीं, केवल सहारा चाहिए! गिरने को हुए तो बस आधार दीजिए!

'यशवंत' हमारा दूसरा दूल्हा है। हम बच्चों का नामकरण बड़े सपने सँजोकर करते हैं...वह अनुरागी था इसलिए मायाप्पा। लेकिन उसे सभी 'माया' ही कहते थे। उसी प्रकार यह 'यशवंत' बने इसलिए इसका नाम यशवंत रखा और वही हुआ भी। माता-पिता बचपन में ही गुजर चुके थे। चार भाई, दो बड़े, दो छोटे...इनमें से छोटा कुछ दिन पहले ही भुखमरी का शिकार हुआ। (कौन कहता है कि इस देश में भुखमरी होती है, हम तो अनाज का निर्यात करते हैं!) दो भाई होटल में काम करने लगे। यशवंत भीख माँगकर पेट भरने लगा। लक्षतीर्थ वसाहत में उसकी झोपड़ी थी। बाद में पड़ोसियों ने उस पर कब्जा किया। उस पर कब्जा करना आसान हो इसलिए यशवंत को संस्था में भर्ती किया। मायाप्पा और यशवंत सहपाठी, सच कहें तो गम के साझीदार। सुविधा होने से यशवंत भी आठवीं-नौवी कक्षा तक पहुँचा...सन् 1989-90 में एक होटल में काम करने लगा। आगे चलकर नसीब आजमाने मुंबई चला गया। यशवंत की दिन-रात मेहनत से उसका मालिक यशवंत हो गया, पान का ठेला दुकान में तब्दील हुआ। अब उसे यशवंत की कोई जरूरत नहीं थी। अतः उसने यशवंत को खदेड़ दिया। चार-पाँच साल कष्ट उठाते हुए उसने कई सपने सँजोए थे... दुबारा संकुल ही उसका आधार बना। वह अब सिलाई का काम करता है...संकुल ने उसे फटे कपड़ों को धागे से जोड़ने का संस्कार दिया था...उसी धागे को पकड़कर अपनी मेहनत के बलबूते पर वह अपनी मंजिल तक पहुँचा। संकुल तो निमित्त था। हमारी होनेवाली बहू अलका गरीब परिवार की है। यशवंत जिस लक्षतीर्थ बस्ती का निवासी था, उसी के पड़ोस की, यशवंत को बचपन से पहचाननेवाली, एक कुंजड़िन ने हमारे संकुल की कुंजड़िन के सहयोग से, मध्यस्थी से रिश्ता पक्का किया। अनाथ यशवंत को सनाथ, भरे-पूरे परिवार की बहू मिली, इससे ज्यादा खुशी क्या हो सकती है! संकुल में हमेशा की तरह होनेवाला यह विवाह! केवल संदर्भ अलग! संकुल में आनेवाले हर एक का संदर्भ अलग होने से हर विवाह हमारे लिए अपूर्व होता!

दोस्तो, आपको यह रोजाना होनेवाले विवाह की तरह लगेगा लेकिन हमें संस्था में होनेवाले हर विवाह का कौतूहल होता...क्योंकि हर विवाह से हम एक नई सामाजिक सप्तपदी पार जो करते हैं! हमारे लड़के-लड़कियों ने ईश्वर-ब्राह्मण की साक्षी से चली हर भँवर संकुल की कक्षा का विस्तार किया है...नए मित्र, हितैषी, सहयोगी मिलते हैं।

पिछले पचास साल की यात्रा में हमने केवल लड़कियों के ही विवाह कराए थे। लड़के बाहर पढ़ते और आत्मनिर्भर होते। कभी किसी की मध्यस्थता से तो कभी

अपने बलबूते पर विवाह करते। लड़कियों के बाहर जाकर, आत्मनिर्भर होकर जीने की परिस्थिति अभी हमारे समाज में नहीं है। समाज के प्रगल्भ होने में अभी समय शेष है। इसी के चलते हम लड़कियों को पढ़ा-लिखाकर (सच कहें तो सँवारकर) उनका विवाह कर देते। कुछ लड़के अविवाहित रहना ही पसंद करते...उनकी खींचतान देखकर हमने उनके विवाह कराना भी तय किया! जिसका कोई नहीं उसका सब कुछ होना, सब कुछ करना संकुल ने तय किया!

इस विवाह में श्री. ज्ञानेश्वर भस्मे और श्रीमती लता भस्मे ने हमारी वैशाली का कन्यादान किया। वैशाली के माता-पिता हैं, लेकिन उन्होंने विवाह में माता-पिता के रूप में शरीक होने से इनकार किया! अपनी-अपनी मर्जी! भस्मे परिवार ने हमारे द्वारा किए जानेवाले हर विवाह में लड़की को मंगलसूत्र पहनाकर उसकी कुंडली के 'मंगल' को भगाकर उनका जीवन 'मंगलमय' किया। हर विवाह में कॉट, गद्दी, आइसक्रीम, दूध आदि का खर्चा उठानेवाले हमारे हितैषी अविनाश वाडीकर ने तो इस विवाह का लगभग पूरा बोझ उठाया...वे ही इस विवाह के 'प्रायोजक' थे, हम तो केवल संयोजक। हमेशा की तरह माननीय शां.कृ. पंत वालावलकर ने वर-वधू को 'मंगलवस्त्र' दे दिए। पुलिस हर बार पाँच हजार की हानि सहकर वाद्यवृंद लेकर आती। इन सभी का प्यार, लगन, निरंतरता, बेचैनी देखकर जी भर आता है। ऐसा शुभविवाह-पुनर्वासन कथाओं की एक स्वतंत्र पुस्तक होगी।

पुनर्वासन कार्य में हमें पर्याप्त सफलता मिल गई। इसी के चलते सतीश साखलकर इंजीनियर बन गया। कांचन वाडकर और सविता जाधव बी.एड. की डिग्री हासिल कर अध्यापिका बन गई। मिलिंद ने हार्टिकल्चर में बी.एससी. की और अब कोल्हापुर के सभी बगीचों का ठीकेदार बन गया है। अमोल इंटरनेट में दक्ष होकर शिवाजी विश्वविद्यालय का महाजाल विकसित कर रहा है। अर्जुन चूड़ियाँ बेचता है। राजेश ड्रीप सिस्टम में काम करता है। दीपा एम.एस.डब्ल्यू. हुई है। आनंदी ब्यूटीपार्लर का कोर्स कर रही है। भूषण औषध विक्रेता (एम.आर.) हो गया है। ऐसे सैकड़ों उदाहरण हैं। एक तरह से संस्था में मेरी देखभाल के दौरान रौंदे गए सपनों की पूर्णता, कई लड़के-लड़कियों की उपेक्षित जिंदगी की पूर्ति में थी। इसीलिए तो मैंने अनाथों की देखभाल और पुनर्वासन कार्य में स्वयं को समर्पित किया था।

32

शांताराम कृष्णाजी पंत वालावलकर जैसी हस्ती ने महाराष्ट्र के सामाजिक नक्शे पर अपने दातृत्व की ध्वजा गड़वाकर अपना 'करुणाकल्पतरु' नाम सार्थक किया। कोल्हापुर में खाली हाथ आए इस सज्जन ने जिंदगीभर समाज को मुक्त हाथ से सहयोग दिया। इस आदमी ने अपनी खाली कोष कई सामाजिक, शैक्षिक, धार्मिक,

वैद्यकीय संस्थाओं को गोद देकर, उन्हें अर्थाश्रय देकर समृद्ध बनाया। वैसे तो उन्हें मैं अपनी दस साल की अवस्था से पहचानता हूँ। उस समय मैं रिमांड होम का एक निराधार आश्रित था। वे संस्था में आकर हमें मिठाई खिलाते, जिसमें मातावत ममता होती थी। आगे चलकर मैंने उन्हीं के प्रोत्साहन और प्रेरणा से रिमांड होम में कार्य शुरू किया। कोल्हापुर रिमांड होम को 'बालकल्याण संकुल' बनाने में वालावलकर बापू का अहम योगदान रहा। हम उन्हें 'बापू' ही कहते थे।

मैं जब बापू के संपर्क में आया तब उन्होंने अपनी दुकान का ट्रस्ट बनवाकर समाजसेवा के कार्य में लगाया था। वे बड़े धर्मानुरागी व्यक्ति थे। मैंने अपनी आँखों से देखा है कि सहयोग माँगने आए व्यक्ति को उन्होंने कभी खाली हाथ वापस नहीं किया। उनकी इस धर्मानुरागी और दानशूर वृत्ति का कई लोग गलत लाभ उठाते थे। इससे मैं अवसादग्रस्त हो जाता। मंदिर जीर्णोद्धार को वे अधिक सहयोग देते। मैंने एक बार उनसे कहा, "बापू, मंदिर जीर्णोद्धार की अपेक्षा मनुष्य का जीर्णोद्धार महत्त्वपूर्ण नहीं है?" मेरी सहज कही बात को उन्होंने गंभीरता से लिया। उन्होंने मुझे ट्रस्ट का विश्वस्त बनाया और मेरी हर बात मानने लगे। जिंदगी के जोश के दिनों में अच्छे लोग मिलने पर जिंदगी के पाशे अनुकूल पड़ने लगते हैं। बापू के संपर्क में आने से मेरे साथ यही हुआ।

रिमांड होम ही नहीं, मैं जिन संस्थाओं से संबद्ध था उन संस्थाओं को बापू ने बड़ी उदारता से सहयोग दिया। आगे चलकर तो उन्होंने अपने अस्पताल की पाँच एकड़ ज़मीन संकुल को बख्शीश दे दी। अकाली, अचानक आई अपाहिजता से उनका पाँच सौ बेड का रुग्णालय बनाने का सपना अधूरा रहा था। उन्होंने वह जगह संकुल को देकर एक तरह से अपना अधूरा सपना पूरा करने की जिम्मेदारी मुझ पर सौंपी थी। उसकी पूर्ति के लिए वे पूरे एक करोड़ रुपए दे रहे थे लेकिन मेरे सहकर्मियों की अदूरदर्शिता के कारण बापू का सपना अधूरा रहा जिसकी सदा मेरे दिल में कसक रही।

मैं जब विश्वस्त से ट्रस्ट का सचिव बना उस काल में उन्होंने करोड़ों रुपए सामाजिक, शैक्षिक, स्वास्थ्य सेवा में लगाकर अनाथ, अंध, अपाहिज, जरूरतमंदों के लिए मानो कल्पवृक्ष ही तैयार किया। कोई भी जरूरतमंद इस कल्पवृक्ष की छाँव में आकर अपनी व्यथा बताता और निजात पाता। सभी को अभय देनेवाले बापू इसी कारण 'करुणाकल्पतरु' थे। हमने सहस्रचंद्र दर्शन योग के औचित्य पर उन्हें यह उपाधि मान्य की थी। मेरे शब्दशोध को समाज ने स्वीकृत किया।

बापू महाराष्ट्र के एक शीर्षस्थ कपड़ों के व्यापारी थे। पहले उनकी एक विविंग मिल तक थी। मैं जब उनके संपर्क में आया तब उन्होंने वहाँ धर्मशाला, कल्याण कार्यालय शुरू किया था। वहाँ पर बची जगह में छोटा अस्पताल शुरू कर उन्होंने अपना बड़े अस्पताल का सपना पूरा किया था। उन दिनों मैं उनका काफी नजदीकी

और आत्मीय बन चुका था। मानवसेवा के कार्य से उन्हें संतोष मिलता। बैंक के हर रुपए पर मिलनेवाले ब्याज का विचार करनेवाले बापू लाखों रुपयों का चंदा देते। पूछने पर वे कहते, 'कतरब्योंत से इकट्ठा करो और उदारता से दान करो।' जिंदगीभर इकट्ठा की पाई-पाई बापू ने समाज को समर्पित की और वे हम से दूर चले गए। बापू के साहचर्य में मेरी फटी जिंदगी सध गई।

उन्होंने मुझे जो दिया उसे शब्दों में समेटना केवल असंभव है। उन्होंने मुझे समाजसेवी बनाया। मंजिल प्राप्त करने के लिए अवकाश में उड़ान भरते समय ज़मीन पर पैर गड़ाकर खड़ा रहने का मंत्र दिया। मेरे हर मानसिक, भावगत तूफान में उन्होंने पतवार की भूमिका निभाई। उनकी धर्मपत्नी नलिनीताई की व्यवहारकुशलता और बापू की दयार्द्रता के मिलाप से मेरा भावविश्व समृद्ध बन गया। आज उन दोनों को याद करता हूँ...पीछे मुड़कर देखता हूँ तो...महसूस करता हूँ कि मुझे जन्म देनेवाले माता-पिता नहीं मिले लेकिन मेरा खयाल रखनेवाले, जिलानेवाले, जगानेवाले ताई-बापू थे इसीलिए मैं उबर सका, लड़ा, लड़ता रहा। बापू जैसी असंख्य सहृदय हस्तियों ने मेरे पंखों को बल दिया, इसीलिए मेरी जिंदगी का गठन हुआ तथा मैं कुछ कर सका।

33

मैंने जब वालावलकर ट्रस्ट में कार्य शुरू किया तब लक्ष्मीनारायण जनसेवा रुग्णालय और अनुसंधान केंद्र का निर्माण हो रहा था। सन् 1987 को रुग्णालय का शुभारंभ और बालकल्याण संकुल के अनिकेत निकेतन की नींव डाली गई। निधि के अभाव में अनिकेत निकेतन का काम पिछड़ गया लेकिन अस्पताल मात्र अनुकूल गति से विकसित हुआ। मरीजों की आवश्यकता को ध्यान में रखकर रेडियोलॉजी विभाग शुरू करना तय हुआ। उसके लिए अनावश्यक कीमत और क्षमता की सीमेंस कंपनी की मशीन खरीदी को लेकर तत्कालीन सचिव आबा बाबूलकर और बापू में अनबन हुई थी। आगे चलकर वह हद से बढ़ गई। ट्रस्ट ने सत्यशोधन हेतु एक सदस्य की समिति गठित की और उस पर मेरी नियुक्ति की। मैंने तटस्थता से छानबीन कर अहवाल प्रस्तुत किया। मेरे अहवाल से अनावश्यक कीमत और क्षमता की मशीन खरीदने की बात स्पष्ट हुई। बापू ने इस पर गौर किया और मुझ पर सचिव पद की जिम्मेदारी डाल दी। सचिव पद की बागडोर सँभालनेवाले श्री बाबूलकर को यह परिवर्तन अनपेक्षित था। अतः उनका नाराज होना स्वाभाविक था। इसी दौरान ट्रस्ट की कपड़े की दुकान में कुछ अवैध व्यवहार सामने आने से दीर्घकाल सेवा में होनेवाले कुछ नौकरों को सेवामुक्त किया गया था। सन् 1988 अस्त होने जा रहा था। उस समय मैं सन्मित्र बस्ती में जयंत चिटणीस के घर में किराए पर रहता था। मैंने उस घर में लगभग सात वर्ष बिताए। श्रीमती सन् 1985 से अक्सर अपना घर बनवाने की

जिद कर रही थी। वह काल आर्थिक दृष्टि से तंगदस्ती का था। लेकिन उस समय 'अपनी जमीन, अपनी छत' हो ऐसा तीव्रता से लगता था। अर्थात इसके कई कारण थे। समय-समय पर किराए का घर बदलना, बिच्छू की गृहस्थी पीठ पर लेकर घूमने से अब मैं थक गया था। अब निशांत और अंकुर की जिम्मेदारी भी थी। घर बदलने के साथ उनकी पाठशाला, दाखिला, राशनकार्ड, गैस कनेक्शन आदि बदलना मानो एक दिव्य होता। इन सभी से काफी परेशानी सहनी पड़ती। चिटणीस परिवार भले ही अच्छा था लेकिन अंततः 'अपना घर' होना चाहिए ऐसा लगता था।

सन् 1985 का काल होगा। घर में कोई भी अड़चन आती तो मैं अपने मित्र अण्णा ढणाल के पास जाता। आरंभ में श्रीमती रेखा ने मायके से लाए पाँच-सात तोले सोने के गहनों को गिरवी रखकर कर्जा निकालता और बाद में भुगतान करता। मैं आरंभ से ही उड़ाऊ तो रेखा मितव्ययी थी। कोई भी अड़चन देखने-सुनने पर मैं चुप नहीं रह पाता। आज भी नहीं रह पाता। मुझे अक्सर अपना अतीत अस्वस्थ करता है। पंढरपुर बालकाश्रम के मेरे सहपाठी, बालकल्याण संकुल के बच्चे, सामाजिक संस्था के आह्वान, घर में आने-जानेवालों की मेहमानवाजी, मान-सम्मान आदि सब कतरब्योंत के साथ करने पर भी काफी रुपए लगते। मेरा लोकसंग्रह और सामाजिक संबंध व्यापक थे। अतः श्रीमती रेखा के पूरे गहने काम आए। जरूरतें अक्सर बढ़ते क्रम से आती हैं। कमाई में अक्सर कटौती तो नहीं होती लेकिन वह कम पड़ती रहती है, यह गृहस्थी का मेरा अनुभूतिजन्य सिद्धांत है। मेरे संदर्भ में वह आज भी यथावत स्वयंसिद्ध, स्वयंभू है। बापू रुपए होने पर देते। मैं न होने पर भी उधार-कर्जा निकालकर दे देता हूँ। एक तरह से यह 'कहाँ राजा भोज और कहाँ गंगू तेली' जैसी बात थी। लेकिन मेरा उड़ाऊपन न रुकनेवाला था। आगे चलकर अण्णा की ओर अक्सर जाने से (सच कहें तो लेन-देन से) मेरी 'क्रेडिबिलिटी' बढ़ चुकी थी। एक दिन ऐसा आया कि गिरवी रखने को कोई गहना बचा नहीं। लोकलाज की खातिर रेखा के गले में केवल छोटा मंगलसूत्र बचा था। संकुल के काम के लिए अक्सर पूना-मुंबई के चक्कर लगाने पड़ते। मैं यात्राव्यय के नियम के अनुसार रुपए लेता, प्रत्यक्ष में मात्र खर्चा अधिक होता था। कार्यालय के लिपिक और अधिकारी मेरे इस व्रत से भलीभाँति परिचित हो चुके थे। ऐसी ही एक यात्रा के लिए रुपयों की आवश्यकता थी। मैं अंततः रेखा का 'वह' कीमती मंगलसूत्र लेकर अण्णा के पास गया। उन्होंने वह वापस लौटाकर रुपए दे दिए और कहा, "अबके बाद कोई गहना मत लाना।" अण्णा की इस उदारता के कारण रेखा के गले का सौभाग्य आज भी 'यथावत' बना रहा है।

ऐसे ही एक बार मैं अण्णा के पास गया (अर्थात रुपए उधार लेने ही।) तो उनके पास चिले नामक एक सज्जन प्लॉट के बारे में बातचीत कर रहे थे। अण्णा को जरूरत नहीं थी। लेकिन उन्हें क्या लगा पता नहीं, उन्होंने कहा, "चलो प्लॉट देखकर

आते हैं।'' मैं खाली था इसलिए उनके साथ चला गया। प्लॉट देख लिया। अण्णा ने 'कैसा है?' पूछा तो मैंने कहा, 'अच्छा है।' 'आपके लिए ले लेंगे' ऐसा उन्होंने कहा तो मेरे पैर लड़खड़ा गए। प्लॉट खरीदने का सपना तो था लेकिन वह अचानक ऐसा गले पड़ेगा, नहीं लगा था। सस्ते में मिला इसलिए ले लिया। अर्थात उसके लिए कई बैंक और मित्रों से रुपए उधार लेने पड़े। इस समय मेरा आश्रमीय बंधु विक्रम सालवी ने जो सहयोग किया उसे मैं कभी भूल नहीं पाऊँगा। उसने अपना प्लॉट बेचकर मुझे रुपए दिए और स्वयं मात्र बने-बनाए घर में रहने गया। उसके द्वारा किए गए त्याग का कोई मूल्य नहीं। उन दिनों मैं रोजाना घर का एक नया ढाँचा तैयार करता। बालू में किला बनानेवाले छोटे बच्चों की तरह मेरा घर होता था। मैंने घर के लिए एच.डी.एफ.सी. और कोल्हापुर जनता सहकारी बैंक से डेढ़ लाख रुपए का ऋण ले लिया। कई लोगों ने मुझे सहयोग दिया। किसी ने सस्ते में ईंट दी तो किसी ने लकड़ी। मेरे स्नेही प्रो. ए.बी. खोत की पहचान से बालू मिल गई। प्रो. विजयकुमार मगदूम ने अपने स्नेही नाना कुडालकर से सीमेंट पर रियायत दिलवाई। संस्था के लोगों से चर्चा की और घर के तामीर की जिम्मेदारी सुप्रीम बिल्डर्स के धनुभाई शाह को सौंप दी। वी.बी. पाटिल, अविनाश शिरगांवकर आदि ने बड़ा सहयोग किया और घर पूरा हो गया। मैं अपने घर में रहने लग गया। वह सन् 1988 की अनंत चतुर्दशी का दिन था। उस दिन यातायात बंद होने से वास्तुपूजा के लिए आए लोगों को जो असुविधा हुई उससे यह दिन भलीभाँति याद है।

5 अप्रैल, 1989 का दिन मैं कभी भूल नहीं पाऊँगा। मैं अपने 'निशांकुर' घर में रहने को आ गया था। छह मास भी नहीं हुए थे। कॉलेज में परीक्षा चल रही थी। मैं वरिष्ठ पर्यवेक्षक था। चपरासी मेरा फोन आने का संदेश ले आया। मैंने फोन उठाया और उधर से आवाज आई, ''मैं इनकमटैक्स अफसर सनदी बोल रहा हूँ। आप ही के घर से। मैं पूछताछ करने आया हूँ। आप तुरंत घर पहुँचें। आते समय आप कोई एक मित्र साथ ले आएँ।'' एक पल तो मैं कुछ भी समझ नहीं पाया। मैंने प्राचार्य महोदय को संदेश बताया और अनुमति ली। परीक्षा की पर्यायी व्यवस्था की और मेरे सहयोगी प्रो.ए.बी. खोत को साथ लेकर उन्हीं की जीप से घर पहुँचा।

ए.के. सनदी, आर.आर. पाटिल, चंद्रकांत कांबले, श्री मुल्ला, श्रीमती देवस्थली आदि लगभग दस अधिकारी, लिपिक और स्त्री कर्मचारियों से मेरा घर भर गया था। बच्चे पाठशाला गए थे। घर में अकेली रेखा ही थी। मैं पहुँचा तो, ''साहब, हम आयकर विभाग से आए हैं। यह जाँच वॉरंट।'' कहकर मेरा हस्ताक्षर लिया और घर की तामीर का ब्यौरा पूछा। मुझे उनके प्रश्नों से हँसी आ रही थी...गहने, डिपॉजिट, निवेश जैसे कई प्रश्न मेरे लिए अप्रस्तुत थे। मैंने अपने ऋणग्रस्त बैंक पास-बुक उन्हें सौंप दिए...पेपर्स दिखाए...अब तक महिला अधिकारी किचन में घुस गई थी...एक अधिकारी मेरे ग्रंथालय की छानबीन कर रहा था...एक अधिकारी कपड़ों की अलमारी

उलट-पुलट रहा था...बीच-बीच में मुझे फोन आ रहे थे...कभी कलेक्टर का, कभी डी.एस.पी. का, कभी संस्था का...अर्थात फोन काम के वास्ते बज रहा था...इसका उन्हें बड़ा अचरज हो रहा था...महिला अधिकारी किचन से बाहर आई...उसने कहा, "सर, पूरे डिब्बे खाली हैं, छिपाने के लिए न डिब्बे में अनाज है, न आटा..." दूसरे कमरे से एक अधिकारी बाहर आया...उसने कहा, "सर, बच्चों की मिनी बैंक में चालीस रुपए के सिक्के मिले हैं...।" 'और कुछ रुपए हैं', पूछने पर मैंने जेब में होनेवाला इकलौता दो रुपए का नोट निकालकर दे दिया...घंटे-डेढ़ घंटे बाद विभागीय आयुक्त का फोन...'ह्वाट प्रोग्रेस?' 'वुई केम एट रांग प्लेस सर...सर्च इज स्टिल गोइंग ऑन वुई लेट यू नो सर...' और घंटे भर की छीनाझपटी के बाद मंडली शर्मिंदा हो गई, उनके संपूर्ण कैरियर में ऐसी पहली ही 'रेड' होगी...बातचीत के दौरान वे मेरा इतिहास जान चुके थे...बार-बार आनेवाले फोन से मेरे कार्य से भी परिचित हुए थे...बयालीस रुपए की जब्ती के पंचनामे का कागज उन्होंने भारी हाथ से मुझे सौंप दिया...अनेक भुगतानों में से मेरे वे लाख मूल्य के बयालीस रुपए आयकर विभाग की ओर अभी भी बाकी हैं।

बाद में पता चला कि ट्रस्ट के सभी विश्वस्तों के घर छापा डाला गया था। किसी समय पैर रखने के लिए तक ज़मीन न होनेवाला मैं...ऐसा प्रतिष्ठित हो गया। अनाथ से सनाथ होने की यात्रा में आयकर छापे से ऐसी आर्थिक प्रतिष्ठा मिलना...अनाथों को घर नहीं बनवाना चाहिए...वह ठेका तो समाज ने परंपरा से केवल, सनाथ, समृद्धों को ही दिया है इसका एहसास हुआ...उस दिन घर आए उन दस अधिकारी-कर्मचारियों को जलपान दे सकें इतना हमारे घर में कुछ भी नहीं था...प्रो. खोत सर से मैंने सौ रुपए उधार ले लिए...उन्हें ही बाजार से नमकीन और केले लाने को कहा। रेखा पड़ोस से चीनी उधार लाई...उसके पीछे स्त्री अधिकारी चली गई थी। यह उधार का जलपान उन अधिकारियों के गले उतर नहीं रहा था...केवल शिष्टाचार निभाने के लिए और मुझे बुरा न लगे इसलिए किया गया जलपान वे और मैं कभी भूल नहीं पाएँगे। अंततः वे सब मनुष्य ही थे...शिकायत करनेवाले भी...जाते समय सभी ने संकुल को सहयोग करने का अभिवचन दिया और वह उन्होंने निभाया...आगे चलकर कुछ अधिकारियों का तबादला हुआ लेकिन संस्था को उनका सहयोग जारी रहा। मेरे बयालीस रुपए गए लेकिन संस्था को सालाना बयालीस सौ रुपए मिलते रहे।

इस छापे से आयकर विभाग को क्या मिला यह अलग बात है लेकिन इससे संस्था को और मुझे जो मिला वह अमूल्य है। इसके पश्चात वालावलकर ट्रस्ट को 80 जी से होनेवाली संस्था को दिया चंदा संस्था से उत्पन्न माना गया। उसके तहत ट्रस्ट को छप्पन लाख रुपए जमा करने का आदेश मिला। ट्रस्ट ने ऋण लेकर उस राशि का भुगतान किया। यह ट्रस्ट पर किया गया अन्याय था। अतः हमने ट्राईब्यूनल में अपील की। हमारा मत ग्राह्य माना गया। लेकिन हमें पाँच साल बाद न्याय मिला।

जमा की राशि से दुगुनी राशि हमें वापस मिली। लगभग एक करोड़ रुपए मिले। ट्रस्ट ने इन रुपयों पर अधिकार नहीं जताया। बापू ने यह पूरी राशि संकुल को दे दी। इससे संकुल करोड़पति बन गया। इस आयकर छापे से आयकर कर्मचारी संघटना संकुल से जुड़ गए। हर 15 अगस्त तथा 26 जनवरी को उनके द्वारा मिलनेवाली मदद इस आयकर छापे ने दी वह 'रिकरिंग' ही माननी होगी!

34

हमने सन् 1985 में लड़कियों का रिमांड होम नई इमारत में शुरू तो किया लेकिन वह इमारत अधूरी थी। दैनिक परिपाटी में कई दिक्कतों का सामना करना पड़ता। प्रसाधनगृह, किचन रूम, भोजनगृह, अधीक्षिका निवास, भांडार आदि को लेकर रोजाना परेशानियाँ आतीं। इसलिए हमने शासन को कन्या निरीक्षणगृह के विस्तार की योजना प्रस्तुत की। शासन द्वारा प्रशासकीय मंजूरी मिल गई। दो लाख रुपयों का अनुदान देने के लिए अनुकूलता दर्शाई। वालावलकर ट्रस्ट ने भी सहयोग के रूप में मोटी आर्थिक राशि दी। फिर भी बजट कम पड़ रहा था। उस समय अ.कृ. नंदकुमार जिलाधीश तो रामराव घाडगे पुलिस अधीक्षक थे। उस समय वे पुलिस वेलफेयर फंड के लिए कुछ कार्यक्रम लेनेवाले थे। उनसे चर्चा की और कन्या निरीक्षणगृह की विस्तारित इमारत के लिए कुछ कार्यक्रम लेना तय किया।

मराठी के ख्यातलब्ध अभिनेता गणपत पाटिल 'ऐका हो ऐका' ('सुनो-सुनो') इस लोकनाट्य का प्रयोग करते थे। उसके कुछ कार्यक्रम संस्था की मदद हेतु लेना तय हुआ। कागल, गडहिंग्लज, इचलकरंजी, हातकणंगले, जयसिंगपुर, कुडित्रे जैसे स्थानों पर प्रयोग हुए। उस कार्यक्रम का हमने एक सूत्र निर्धारित किया था। टिकट बेचने की जिम्मेदारी पुलिस तथा राजस्व विभाग पर थी। स्थानीय संस्था के सहयोग से कार्यक्रम का आयोजन (नाट्यगृह, स्टेज, पंडाल, कुर्सियाँ आदि) किया जाता। स्थानीय नेता, चेयरमैन आदि के हाथों नाटक का उद्घाटन किया जाता। कार्यक्रम में जिलाधीश या पुलिस अधीक्षक जानबूझकर उपस्थित रहते। उनकी उपस्थिति से राजस्व और पुलिस यंत्रणा कार्यक्षम रहती। हम लोग यानी संस्था के विश्वस्त, पदाधिकारी कार्यक्रम से एक घंटा पहले पहुँचते। तहसीलदार और पुलिस निरीक्षक से संपर्क करते। उन्हें सम्मान देते। कार्यक्रम में संस्था तथा अतिथियों का परिचय देकर अतिथियों का स्वागत करते। यह जिम्मेदारी मुझ पर ही होती थी। मैं बच्चों की व्यथा जनता के सामने प्रस्तुत करता। प्रेक्षक अफसोस जताते। मैं उनके चेहरे पर सख्ती से गले पड़ा टिकट सार्थक होने का भाव महसूस करता। आर.जे. शाह, रामभाऊ करमलकर, के.डी. कामत और बापू यात्रा के लिए अपनी गाड़ी में पेट्रोल डालकर ड्राइवर भी भेज देते। स्वयं पीछे से जाड़े में आते। भीमराव भोंसले पर

कृतज्ञताज्ञापन की जिम्मेदारी होती। उधर नाटक मंडली के प्रयोग का नियोजन होता तो इधर हमारा कार्यक्रम का नियोजन तैयार होता। पुष्पमाला, पुष्पगुच्छ तथा जलपान का खर्चा पुलिस उठाती। कार्यक्रम के अंत में निधि अर्पण किया जाता। उस समय श्यामराव घाडगे ने हमारा एक रुपया तक खर्च होने नहीं दिया और संस्था को पूरे डेढ़ लाख रुपए इकट्ठा करके दे दिए। उन दिनों उस कार्यक्रम के हमने इतने प्रयोग देखे कि मुझे तो उसके गीत, संवाद और प्रसंग तक कंठस्थ हो चुके थे। इससे मेरे सपनों का कन्या-निरीक्षणगृह का आत्मनिर्भर रूप साकार हुआ।

यह प्रकल्प जून, 1989 में पूरा हुआ और उसी दौरान तत्कालीन समाजकल्याण मंत्री नामदार सुधाकर नाइक अचानक संस्था देखने आए। पूर्वसूचना दिए बगैर, अचानक भेंट देने पर हमारी संस्था का कार्य देखकर वे काफी प्रभावित हुए। उन्होंने अपने साथ आए तत्कालीन समाजकल्याण संचालक रमेशचंद्र कानडे से मेरे बारे में पूछताछ की। उन्हें पता चला कि मैं इसी संस्था में पलकर पढ़ा हूँ और पूरे राज्य में संस्था का कार्य करता हूँ। वैसे उन्होंने कहा, "फिर दलित मित्र पुरस्कार इन्हें क्यों नहीं दिया गया?" संचालक बोले, "इनकी उम्र कम है।" वे दलित मित्र पुरस्कार वितरण समारोह में ही आए थे। उन्होंने शाम को केशवराव भोंसले नाट्यगृह के समारोह में मेरे लिए दलित मित्र पुरस्कार की पचास साल उम्र की शर्त शिथिल कर चालीस साल की जाने की घोषणा की। तत्कालीन जिलाधीश विश्वासराव धुमाल और पुलिस अधीक्षक रामराव घाडगे ने दलित मित्र पुरस्कार हेतु मेरा प्रस्ताव भेजने के निर्देश दिए। मैंने मात्र वैयक्तिक पुरस्कार लेने से इनकार किया और संस्था को पुरस्कार दिया जाए ऐसा आग्रह किया। मैंने संस्थात्मक कार्यमान्यता से मिलनेवाली पुरस्कारराशि संस्था को ही देने का रिवाज बना लिया था। वैयक्तिक पुरस्कार स्वीकार करता तो 5000 रुपए मिलते और संस्था पुरस्कार की राशि 10,000 रुपए थी। आगे चलकर संस्था को पुरस्कार प्राप्त भी हुआ। यथासमय मिलनेवाले पुरस्कार की पूरी राशि संस्था को देने के पीछे मेरी यह राय थी कि 'पुरस्कार राशि' एक तरह से 'संकल्पित पूँजी' होती है। उसके पीछे 'समाज संकल्प' होता है। एक बार तो किरन बेदी ने मेरा काम देखकर, उससे प्रभावित होकर स्वयं को मिली 'भद्रकाली पुरस्कार' की 21,000 रुपए की राशि व्यक्तिगत रूप में मुझे देने की इच्छा जाहिर की। उन्होंने वह दी भी लेकिन मैंने वह राशि तक संस्था को देने की शर्त पर स्वीकार की और संस्था को दे दी। मैंने यथासमय लगभग डेढ़ लाख की राशि संकुल और अन्य रचनात्मक कार्य को देकर अपना संकल्प पूरा किया।

मैं जो कार्य कर रहा था वह सामूहिक प्रयासों का प्रतिफलन था। उसका वैयक्तिक श्रेय लेने की स्वार्थी वृत्ति से मैंने स्वयं को दूर ही रखा। सिवा इसके मैं हर पुरस्कार की राशि में अपना छोटा-सा हिस्सा डालकर उसका प्रत्यार्पण करता रहा।

मैंने अपने कार्य में विवेक को कसौटी माना। इस पार्श्वभूमि पर मेरे कार्य से ईर्ष्यावश कुछ असंतुष्ट, अवसादग्रस्त मंडली कभी पत्रक निकालती, कभी आरोप लगाती तो कुछ सुविधाजनक मौन रखते। मुझे उनकी मौन-सम्मति में, झूठी समाजसेवा के नकाब के पीछे होनेवाली असली खाल दिखाई देती। इसके बावजूद मैं स्वयं को ही समझाता, 'माफ करो और भूल जाओ' (फारगिव एंड फारगेट)।

नामदार सुधाकर नाइक जून, 1989 में संस्था में आए तो किरन बेदी अप्रैल, 2000 में। दोनों ने संस्था को अचानक भेंट दी थी। दोनों की भेंट के समय यही प्रतिक्रिया थी, "संस्था देखकर विश्वास नहीं होता कि तुरुंगसदृश्य संस्था में इतना खुलापन, इतनी प्रसन्नता हो सकती है।" मैंने किरन बेदी से कहा था, "आप आ रही हैं इसलिए हम कुछ भी नहीं कर पाए।" इस पर उन्होंने कहा, "मुझे तिहाड़ (जेल) का अनुभव है। घंटे भर में अहाता साफ हो सकता है। बच्चों के चेहरे पर होनेवाली खुशी बरसों की मेहनत से ही संभव है।" उनका यह कहना ही मुझे अपने कार्य का सच्चा पुरस्कार लगता आया है।

35

सन् 1980 से 1990 तक का काल बालकल्याण संकुल के भौतिक विकास और आर्थिक समृद्धि का काल था। जगह उपलब्ध कराना, रूपरेखा तैयार करना, उसकी मंजूरी लेना, शासन मान्यता और अनुदान, इमारत-निधि जमा करना इन सभी मोर्चों पर काम करना युद्ध से कम नहीं था। इन सारे दिव्यों को पार कर मेरी कल्पना का कन्या निरीक्षणगृह का प्रकल्प मूर्त हुआ तो मुझे बड़ी खुशी हुई। इससे मेरा हौसला बढ़ा। इस कार्य से मुक्त होने पर ही मैंने अपना घर बनवाया था। मैं घर की जिम्मेदारी से मुक्त हुआ और हमने 'अनिकेत निकेतन' का प्रकल्प हाथ में ले लिया।

एक समय जहाँ पर घोड़े का तबेला था उसी में हमने 'अनिकेत निकेतन' या अनाथ छात्रों का छात्रावास शुरू किया था। वहाँ पर इमारत बनवाने के उद्देश्य से हमने जगह की सफाई, बाड़े की दीवारें तोड़ना शुरू किया। वैसे पड़ोस के पशु वैद्यकीय विभाग के लोगों ने आपत्ति उठाई। वे उस जगह पर अपना अधिकार बताने लगे। कोर्ट-कचहरी, शिकायत, मुकदमा, मुआयना, नक्शे आदि की प्रक्रिया के बाद पता चला कि दो विभाग में केवल 13000 चौरस फुट जगह विवादग्रस्त है। उस छोटे-से तिकोनी टुकड़े के लिए काफी लंबी लड़ाई लड़नी पड़ी। बड़ी अग्निपरीक्षा से गुजरने पर वह जगह संस्था को मिल गई। इसमें तत्कालीन जिलाधीश अ.कृ. नंदकुमार ने बड़ा सहयोग किया। 'सि.स.क्र. 1924 अ1/ख' यह उस जगह का क्रमांक आज भी मुझे अच्छी तरह से याद है क्योंकि उस समय मैंने लगभग सौ बार तो वह स्वलिखित आवेदनपत्र और निवेदन पर लिखा था।

मेसर्स सामंत, नाडकर्णी, शिराली कंपनी मुंबई ने अनिकेत की रूपरेखा बनाई। कन्या निरीक्षणगृह के विस्तार का काम उन्होंने ही किया था। काम की स्तरीयता और वाज़िब भाव को ध्यान में रखकर अनिकेत का काम सुप्रीम बिल्डर्स के धनुभाई शाह से करना तय किया। अप्रैल, 1986 को हमने देशभक्त रत्नप्पा कुभार के करकमलों से अनिकेत का भूमिपूजन किया। उस समय उन्होंने जाहिर किया किन्तु 25,000 रुपए चंदा कई बार पृष्ठपोषण के पश्चात प्राप्त नहीं हुआ। लेकिन संयोग कैसा होता है देखिए। यद्यपि 1987 को हमने नींव डाली लेकिन प्रत्यक्ष अनुदान मिलने को 1990 साल आ गया। सन् 1994-95 को अनिकेत की इमारत तैयार हुई।

अनिकेत निकेतन के औपचारिक उद्घाटन से पहले हमने पारिवारिक गृहप्रवेश और वास्तुशांति का आयोजन किया। उसके लिए निमंत्रण भी पारिवारिक ही थे। अनिकेत की इमारत के लिए सहयोग करनेवाले सभी लोग आमंत्रित थे। इस निमित्त अनिकेत निकेतन के भूमिपूजन से लेकर उसकी पूर्ति तक का विहंगावलोकन करानेवाली चित्रप्रदर्शनी का आयोजन किया था। समारोह में अचानक देशभक्त रत्नप्पा कुभार आ गए। हमने कृतज्ञता की भावना से उन्हें समारोह का अध्यक्ष बना दिया। मैंने अपने भाषण में रत्नप्पा अण्णा की ओर से शेष 25,000 रुपए चंदे की राशि का सूचक उल्लेख किया। अण्णा को बात लग गई। कार्यकर्ताओं में कानाफूसी, दौड़धूप शुरू हो गई। मैं देख रहा था। अध्यक्षीय समारोह में अण्णा ने कहा, "पाँच साल पहले जाहिर किया चंदा उसी समय दे देता तो आज दुगने 50,000 रुपए हो जाते। अतः आज उतनी राशि का चेक देकर ही मैं बच्चों से विदा ले लूँगा।" समारोह खत्म होने से पहले पंचगंगा शुगर मिल के लोग चेक लेकर उपस्थित हुए। मैंने अपने भाषण में बताया, 'जो नींव डालते हैं, वे ही कंगूरा चढ़ाते हैं' इस चीनी कहावत का अण्णा ने स्वयं पालन किया।

'अनिकेत निकेतन' के निर्माण में तत्कालीन पुलिस अधीक्षक शिवप्रताप सिंह यादव, सा.रे.. पाटिल, तत्कालीन मुख्यमंत्री सुधाकर नाइक, ॲड. श्रीपतराव शिंदे, शां.कृ. पंत वालावलकर, कोच-हॉप्ट परिवार, कोल्हापुर नगर निगम, जिलाधीश अजित कुमार जैन आदि ने बड़ा सहयोग किया। इमारत पूरी हुई तो अविनाश वाडीकर ने फर्नीचर देकर उसे समृद्ध बनाया। मुझे याद है कि उन्होंने संस्था पर होनेवाले प्यार के कारण उस वर्ष गाड़ी खरीदना तक रद्द किया था। केवल सवा दो लाख का अनुदान होते हुए हम पंद्रह-बीस लाख रुपयों का प्रकल्प खड़ा कर सके, इसका पूरा श्रेय समाजसेवी व्यक्ति और संस्था को ही देना पड़ेगा।

अनिकेत निकेतन के निर्माण के समय संस्था की आर्थिक स्थिति बड़ी नाजुक थी। दैनिक खर्चे की पूर्ति के साथ विकासकार्य के लिए रुपए जुटाना बड़ा मुश्किल हो गया था। सन् 1993-94 साल तंगदस्ती के कारण अच्छी तरह से याद है। उसी प्रकार यह वर्ष सुखद आमदों के रूप में भी अविस्मरणीय है। भैयासाहब बावडेकर

कोल्हापुर संस्थान के एक प्रतिष्ठित जागीरदार थे। वी.आर. राजंदेकर उनके स्नेही थे। मैंने जब संस्था का काम शुरू किया उस उम्मीदवारी के काल में सौ रुपए मिलना तक एक कठिन अग्निपरीक्षा होती। उस समय (1980-85) संस्था 'रिमांड होम' नाम से ही पहचानी जाती थी। कोई सदस्य होने तक को तैयार नहीं होता था। ऐसे में राजंदेकर ने सदस्यता ग्रहण की थी। 'और कौन सदस्य बन सकते हैं' ऐसा पूछने पर उन्होंने भैयासाहब का नाम सूचित किया था। मैं उनसे मिला। उन्होंने स्वीकृति दी तो मैंने तुरंत रसीद काटकर उन्हें दे दी। उन दिनों मैं रसीद बुक साथ लेकर ही घूमता था। सभा, समारोह, बैठक, संस्था में जाने पर सदस्य बनवाना तथा चंदा इकट्ठा करना यही मेरा एककलमी कार्यक्रम होता था। श्रीमंत भैयासाहब ने रसीद तो काटी लेकिन भूल से रुपए नहीं मिले। वे इतने बड़े जागीरदार ठहरे, उनकी ओर सौ रुपए की माँग कैसे की जाए? मैंने चुपचाप जेब से रुपए भरकर संस्था का हिसाब पूरा किया। वे कार्यकारिणी पर कार्यरत हो गए। इस घटना को एक दशक पूरा हो गया था। एक दिन अचानक श्रीमंत भैयासाहब का फोन आया, "रसीद बुक लेकर आ जाओ।" मैं सिटपिटा गया। वह शायद सन् 1993-94 साल होगा। इस बार कितने रुपयों का नुकसान सहना होगा इस आशंका से मैं उनके घर पहुँचा। उन्होंने कहा, "दो लाख रुपए लिखिए।" मैंने स्वयं को चिकोटी काटकर सपने में न होने की खातिरजमा की। रसीद पर, चेक पर दो लाख रुपए लिखने का मेरी जिंदगी का वह पहला ही मौका था। मैंने पसीना पोंछते हुए तीन बार शून्य गिने। उनका चेकबुक उन्हें हस्ताक्षर करने के लिए दे दिया। रसीदी टिकट पर हस्ताक्षर कर रसीद उन्हें सौंप दी। उनके द्वारा अपने श्रीधर विट्ठल दाते दत्त के आधारस्तंभ श्रीप्रसाद रायरीकर के स्मरणार्थ 'श्रीप्रसाद सदावर्त निधि' के रूप में दिए चंदे से मानो संस्था के लिए सदावर्त का द्वार खुल गया। इस अविस्मरणीय प्रसंग की कृतज्ञता हेतु हमने श्रीमंत भैयासाहब बावडेकर के करकमलों से 'अनिकेत निकेतन' का औपचारिक उद्‌घाटन किया। वह सन् 1994 साल था और संस्था का पैंतालीसवाँ वर्धापन दिन था। हमारा 'अनिकेत निकेतन' का प्रकल्प पूरा हुआ और वह पूरे महाराष्ट्र में सर्वोत्कृष्ट 'होम फॉर डेस्टिट्यूट' साबित हुआ। उस वर्ष हमने दो अमीर दातृत्ववान हस्तियों को ऋण अभिव्यक्ति पुरस्कार प्रदान किया। उनमें से एक श्रीमंत विक्रमसिंह घाटगे और दूसरे श्रीमंत भैयासाहब बावडेकर थे। यह एक गरीब संस्था की अमीर कृतज्ञता थी। वह अनिकेतों को निकेतन मिलने का एक शालीन समारोह था!

श्रीमंत विक्रमसिंह घाटगे का संस्था पर विलक्षण प्रेम था। एक वर्ष मई मास की छुट्टी में एक उपक्रम के निमित्त उनसे संस्था का संपर्क हुआ। जिन बच्चों के अभिभावक या रिश्तेदार होते वे दीपावली तथा गर्मियों की छुट्टियों में घर जाते। इससे संस्था में रहनेवाले शेष बच्चे उदास हो जाते। उनके लिए हमने मई की छुट्टी

में तैरने की कक्षा लेना तय किया। सर पिराजीराव शारीरिक शिक्षण ट्रस्ट के राजा विक्रमसिंह ने अपने पिता के स्मरणार्थ 'जलतरण तालाब' बनवाया था। उन दिनों वह शहर का एकमात्र स्वीमिंग पूल था। मई में वहाँ काफी भीड़ होती। हमने राजासाहब को आवेदनपत्र लिखा। कर्नल ए.बी. जाधव उनके मुख्य अधिकारी थे। उन दोनों सज्जनों ने उस भीड़ और कमाई के दिनों तक हमारे बच्चों के लिए एक घंटा तालाब आरक्षित रखा। वह भी मुफ्त में और हमारा समय ध्यान में रखकर! उनका यह कार्य छत्रपति शाहू नरेश की विरासत को सहेजनेवाला था। आगे चलकर उन्होंने हमारे बच्चों के लिए कसरत के शिविर का आयोजन किया। हमने जब महाराष्ट्र राज्य वंचित बालक क्रीड़ा व सांस्कृतिक महोत्सव के आयोजन की जिम्मेदारी ली तब उन्होंने अपना पूरा मनुष्यबल हमारे सहयोग के लिए भेज दिया। गुरुदक्षिणा के रूप में उन्हें दी गई 'ऋण अभिव्यक्ति' की भेंट तक उन्होंने कृतज्ञता की भावना से 5000 रुपए का चंदा देकर संस्था को वापिस की। मैंने संकुल की कार्य-यात्रा में ऐसे अनेक लोगों की 'अमीरी' देखी जो समाजसेवा का नकाब पहननेवाले, संस्था को उद्ध्वस्त करनेवाले मतलबी राजनेताओं की पार्श्वभूमि में सरस और ऊर्जापूर्ण लगती रही।

36

सन् 1984 चल रहा था। मैं कॉलेज के किसी काम में व्यस्त होने से बालकल्याण संकुल की मासिक बैठक में समय पर नहीं पहुँच पाया। कॉलेज का काम पूरा किया और बैठक के लिए संकुल की ओर जा रहा था। रास्ते में कोलेकर तिकटी के पास डॉ. जितकर अस्पताल के सामने जिलाधीश दिनकरराव पाटिल की गाड़ी खड़ी थी। वे रास्ते पर ही खड़े थे, उन्होंने हाथ से इशारा कर मुझे बुलाया। मैं रुका तो वे बोले, "डॉक्टर, बधाई हो। हमने 'स्टेट एसोसिएशन' के संस्था प्रतिनिधि के रूप में आपका चयन किया है।" मैंने 'धन्यवाद' कहकर आभार प्रकट किए। संस्था में पहुँचा तो दादा, बापू तथा नाना मेरा ही इंतज़ार कर रहे थे।

मेरे कार्य को एक नया क्षेत्र मिला था। महाराष्ट्र परिवीक्षा व अनुरक्षण संघटना, पूना राज्य में रिमांड होम्स चलानेवाली संस्थाओं की केंद्रीय संस्था है। सन् 1931 से कार्यरत इस संस्था ने राज्य में बालकल्याण का विचार प्रसारित करने का कार्य किया। उसका इतिहास बड़ा ही रंजक और रोमांचक है। मैं बड़ी आशा से उस संस्था में कार्यरत हुआ लेकिन उसकी तत्कालीन दशा देखकर शर्मिंदा होना पड़ा। उस संस्था में पूरे राज्य के बालकल्याण क्षेत्र के मान्यवर कार्यकर्ता, राज्यस्तरीय उच्च पदस्थ अधिकारी कार्यरत थे लेकिन संस्था सरकारी चौखटे में आबद्ध थी। वहाँ की स्थिति देखकर घुटन महसूस होती। मैंने मौन निरीक्षक बनकर

सक्रिय कार्यकर्ता बनना तय किया।

साल-डेढ़ साल बाद ही मैं इस राज्यस्तरीय संस्था के प्रतिनिधि के रूप में मुंबई की 'चिल्ड्रन्स एड सोसायटी' पर कार्य करने लगा। यह एशिया खंड की सबसे बड़ी संस्था है। इस संस्था में लगभग 3000 लड़के-लड़कियाँ हैं। देशभर के अनाथ, बाल-अपराधी, मतिमंद, त्याज्य, छोड़ दिए, भाग आए लड़के स्वप्ननगरी मुंबई में आते और स्वप्नभंग की कसक सहेजकर-खीझकर संस्था में दिन काटते। लड़कों के झुलसनेवाले बचपन के कारण इस संस्था का तत्कालीन रूप (और वर्तमान भी) मुझे अक्सर बेचैन करता रहता है! वहाँ पर तथा कुछ अंतर से महाराष्ट्र के अन्य रिमांड होम्स में अभी बालकल्याण की प्राथमिक किरणें तक नहीं पहुँच पाई हैं, यह मेरी सप्रमाण राय है।

इस कार्य के दौरान राज्यस्तरीय संस्था ने अपने त्रैमासिक मुखपत्र 'समाज-सेवा' के संपादन की जिम्मेदारी मुझे सौंप दी। मैंने बड़े उत्साह से जिम्मेदारी स्वीकारी लेकिन प्रत्यक्ष कार्य के दौरान पाया कि समृद्ध परंपरा की विरासत के सिवा कुछ भी न होनेवाली यह त्रैमासिक पत्रिका चलाना मानो अग्निपथ पर चलना है! मैंने पत्रिका को विचार-प्रसार के माध्यम के रूप में प्रयुक्त करना तय किया। 26 जनवरी, 1989 से 15 अगस्त, 1993 इस चार साल की अल्पावधि में मैंने उसका चेहरा बदल दिया। जब संपादन शुरू किया तब जमापूँजी शून्य थी। अधिकार के केवल 40 संस्था सदस्य थे। सन् 1950 में डॉ. शरत्चंद्र गोखले ने दूरदृष्टि से यह त्रैमासिक पत्रिका शुरू की थी। डॉ. गोखले के सिवा श.वि. जोशीराव, एस.एम. जोशी, मुकुंदराव किर्लोस्कर प्रभृति की संपादकीय परंपरा प्राप्त यह त्रैमासिक पत्रिका मेरे संपादन काल में 'ऑफसेट टच' हुई। यह केवल बाह्य परिवर्तन नहीं था। मैंने आजीवन सदस्यता शुरू की। सैकड़ों की संख्या में व्यक्ति, संस्था, महाविद्यालय, विश्वविद्यालय, सदस्य बन गए। मैंने 'बालन्याय अधिनियम', 'बाल समस्या', 'सामाजिक कार्यकर्ता अनुभव कथन', 'सार्क बालिका वर्ष', 'बच्चों की वैश्विक दशा', 'योजना सुधार', 'बालमजदूर', 'संस्थाबाह्य सेवा', 'संस्थाश्रयी बालिका के प्रश्न', 'दत्तक समस्या', 'अपाहिज पुनर्वासन', 'महिला मुक्ति', 'वंचित विकास', 'संस्था स्तर', 'संस्थाश्रयी के आत्मकथन' ऐसे एक से बढ़कर एक सरस विशेषांक प्रकाशित किए। जनमानस में त्रैमासिक लोकप्रिय बन गया। इस काल में मैं लेखन, प्रूफ, विज्ञापन, सदस्य जमा करना, प्रबंध जैसे सभी काम करता। संस्था की लिपिक सुश्री जयश्री निपाणीकर ने इस कार्य में बड़ा सहयोग दिया।

आगे चलकर शासन दरबार में 'समाजसेवा' में उठाए प्रश्न और विचारों की नोटिस ली जाने लगी। पत्राचार तथा प्रतिक्रिया से पता चला कि संचालक, सचिव के साथ समाज कल्याण, बाल कल्याण, महिला कल्याण, अपाहिज कल्याण, अधिकारी आदि 'समाजसेवा' गंभीरता से पढ़ रहे थे। इसी से हम महिला, अपाहिज और बालकल्याण विभाग का स्वतंत्र मंत्रालय, संचालनालय कर सके। इस 'समाज-सेवा'

ने राज्य को जो योगदान दिया, इसके लिए मुझे काफी कष्ट उठाने पड़े।

हम 'समाजसेवा' के लिए सरकार की ओर अनुदान की माँग कर रहे थे। हमारा रुख शासनविरोधी होने से अनुदान का मात्र आश्वासन मिलता रहा, प्रत्यक्ष अनुदान मात्र नहीं मिला। श्री रामदास आठवले जब समाज कल्याण मंत्री थे तब उन्होंने 25,000 रुपए का अनुदान घोषित किया। प्रत्यक्ष मात्र मिला नहीं। डॉ. शरत्चंद्र गोखले मेरी मेहनत, प्रयास और दौड़धूप से परिचित थे। उन्होंने 'समाजसेवा' के लिए स्वयं 25,000 रुपए चंदा देकर मंत्रियों का खोखलापन सिद्ध किया। यह रचनात्मक, विधायक प्रतिक्रिया थी। मैंने भी उस राशि को यथावत रखकर 'समाजसेवा' चलाना तय किया। आगे चलकर मैं राज्यसंस्था का अध्यक्ष बना। कार्य-विस्तार के चलते 'समाजसेवा' का प्रपंच असंभव हुआ। उसकी जिम्मेदारी लेने को कोई तैयार नहीं हो रहा था। वैसे भी आजकल ऐसे कार्य को बेकार का झंझट मानकर लोग उससे कन्नी काटते हैं। ऐसा कार्य करने का उत्साह कुछ कम ही होता है। आजकल तो पराए माल पर नाचनेवाले झींगुर ही सभी को लुभाते हैं! यह मेरा पिछले बीस-पच्चीस साल की समाजसेवा का निष्कर्ष है। पाँच साल बाद जब मैंने 'समाजसेवा' संस्था को सुपुर्द की तब पाँच सौ आजीवन सदस्य थे। जमा राशि के दुगुने दाम से मिले 50,000 रुपए संस्था को सौंप दिए। इतना सहयोग मिलने के बावजूद 'समाजसेवा' चलाने के लिए आज तक कोई 'माई का लाल' नहीं मिला। इसे हमारी बालकों के संदर्भ में संवेदनहीन निष्क्रियता का प्रमाण ही कहना पड़ेगा।

37

बालकल्याण संकुल का कार्य करते समय इस क्षेत्र के डॉ. शरत्चंद्र गोखले, शं.वि. जोशीराव, रमाकांत तांबोली जैसे दिग्गजों का साहचर्य अक्सर मुझे प्रेरक और पथप्रदर्शक रहा। यह मंडली कई बार यूरोप देखकर आई थी। मैं अक्सर उनसे वहाँ के बालकल्याण कार्य के बारे में सुनता था। अभ्यास के रूप में मेरा अध्ययन भी जारी था। 'समाजसेवा' पत्रिका का संपादन करते समय, संदर्भ ढूँढ़ते समय, यूरोपीय देशों का कार्य आदर्श के रूप में सामने आता। इसी के चलते मन में यूरोप देखने की ललक जाग गई। रमाकांत तांबोली ने एक बार चर्चा के दौरान पूना के 'फ्रांस मित्रमंडल' की जानकारी दी। इस संस्था के जरिए पिछले कई सालों से भारत-फ्रांस मैत्री का कार्य जारी था। सन् 1990 में संस्था के आवाहन पर मैंने फ्रांस जाने हेतु विधिवत आवेदन प्रस्तुत किया। संस्था की प्रधान संचालिका निर्मलताई पुरंदरे और राजाभाऊ पटवर्धन ने मेरा साक्षात्कार लिया। उन्होंने 'फ्रांस क्यों जाना चाहते हो?' पूछा तो मैंने कहा, "वहाँ अनाथ निराधारों के लिए चलनेवाला कार्य देखना चाहता हूँ। मैं पिछले एक दशक से इस क्षेत्र में कार्यरत हूँ। नई दृष्टि से कुछ करना चाहता हूँ।" इस पर उन्होंने मेरा चयन किया। रमाकांत

तांबोली का मार्गदर्शन मिला और मैंने फ्रांस के साथ यूरोप देखना तय किया।

मेरा चयन होने पर कई हितैषी, मित्र, संस्थाओं द्वारा आर्थिक सहयोग करने से मेरा यूरोप दौरा सुकर हुआ। 29 अप्रैल, 1990 से 19 जून, 1990 तक की यात्रा में मैंने फ्रांस, स्विट्जरलैंड, ऑस्ट्रिया, इटली, पूर्व और पश्चिम जर्मनी, निदरलैंड्स, बेल्जियम, लक्जमबर्ग, वैटकिन, इंग्लैंड ऐसे लगभग दस देशों का बालकल्याण-कार्य देखा। वहाँ की कला, संस्कृति देखी। यूरोप की अभ्यास-यात्रा मुझे आकाश से ज़मीन पर ले आई।

जाते समय मेरे मन में कई कल्पनाएँ थीं। वहाँ का कार्य देखकर अपनी संस्था को वैसी बनाना, संस्था के लिए अंतरराष्ट्रीय सहयोग प्राप्त करना...आदि। लेकिन इंग्लैंड देखते समय पता चला कि वहाँ तो अनाथ, निराधार लड़के-लड़कियाँ और महिलाओं के प्रश्न हल करनेवाली संस्थाएँ (इंस्टिट्यूट्स) नहीं हैं, वहाँ तो संस्थाबाह्य सेवाएँ (नॉन इन्स्टियूट्यूशनल सर्विसेस) हैं। इस अभ्यास-यात्रा ने मुझे नया एहसास, नई दिशा और नई दृष्टि दी। वहाँ पर भारतीय समाजिक जीवन में होनेवाली एकाधिकारिकता नहीं है। वहाँ संस्था में होनेवाले सभी परस्पर सहयोगी होते हैं। संस्था के पदाधिकारी, मालिक और कर्मचारी नौकरवाला अंतर वहाँ नहीं है। यूरोप में ऐसा माना जाता है कि व्यक्ति, परिवार और समाज सामाजिक प्रश्नों का निर्माण करता है अतः उन्हें हल करनेवाला केंद्र भी वही होना चाहिए। संस्था तो कृत्रिम रचना है। उसका विसर्जन ही समाज को सुदृढ़ बनाएगा। यूरोप की संस्थाएँ भौतिक दृष्टि से संपन्न हैं। हम उनकी बराबरी नहीं कर सकते। लेकिन हम उनकी कार्यप्रणाली, दृष्टि जरूर आत्मसात कर सकते हैं। हमारी संस्थाओं को भावनिक स्तर पर सहजता से समृद्ध किया जा सकता है, यह मुझे यूरोप ने सिखाया। और मैंने कई उपक्रमों से बालकल्याण संकुल के साथ पूरे महाराष्ट्र में वह क्रियान्वित करने का प्रयास किया।

यूरोप यात्रा में मैंने फ्रांस, जर्मनी, इंग्लैंड, हॉलैंड जैसे देश की सेंटर डिपार्टमेंटल, डी.एल. इन्फ्रंट्स, एसोसिएशन डी इन्फरमेशन एटडी एन्ट्राइड, लेस ऑरफलाइंस एप्रेंटिस डी ऑटेओल, मूवमेंट पुअरलेस विलेजेज डी इंफ्रंट्स, सॉलिडिरेटी जेऊनिसी, इंस्टिट्यूट मेडिकल एजूकेटिव, रडार, तेरेदेस होम्स, मल्टिपल स्कोरोसिस, कैरनेट दि सेंटस, एडॉप्शन इंटरनेशनल, ए.ओ.एस. विलेज जैसी संस्थाएँ देखी। यह संस्थाएँ देखते समय जो खुशी होती थी वह आयफेल टॉवर, पीसा की मीनार, मादाम तुसाड, लूर म्यूजियम, मोनालिसा का चित्र, माइकेल एंजेलो के शिल्प, आल्प्स पर्वत के हिमशिखर देखते समय होनेवाली खुशी से ऊँची होती थी। ये स्थल तो देखे लेकिन इन प्रेक्षणीय स्थलों की अपेक्षा मैंने यूरोप की सामाजिक संस्थाएँ देखने को प्रधानता दी।

फ्रांस के दौरे में मैंने कई संस्थाएँ नजदीक से देखीं। जिसमें कुमारी मातागृह,

निराधार महिलाओं के आवासगृह, शिशुपालना गृह, बालगृह, कुमारगृह, किशोरगृह, सुधार व्यवसाय प्रशिक्षण गृह, जैसी संस्थाओं में जन्म लेनेवाले अर्भकों से लेकर आत्मनिर्भर होनेवाले युवाओं तक विविध स्तरों पर समस्याओं की सायास पूर्ति करने के प्रयास वहाँ देखे। हर संस्था की रचना, कार्यप्रणाली, कार्य अलग-अलग था। मैं मतिमंद लड़कों की पाठशालाएँ देखने को भी अग्रक्रम देता रहा। यूरोप में इन संस्थाओं का कार्य भी अत्यंत संपन्न मिलता है। इस परिप्रेक्ष्य में हम विचार करें तो हमारे यहाँ मतिमंद बच्चों के लिए बहुत कुछ करना शेष है।

यूरोप की महिला और बालकल्याण संस्थाएँ भौतिक दृष्टि से संपन्न हैं। वे संस्थाबाह्य सेवाओं पर अधिक बल देती हैं। कल्याणकारी कार्य को सरकार अपनी जिम्मेदारी मानती है। उसकी मान्यता है कि ऐसा कार्य करने से अपना राष्ट्र 'कल्याणकारी राज्य' साबित होता है। वहाँ के अनाथालय में नवजात अर्भक विभाग, आहार केंद्र, पालक कक्ष, निर्जन्तुकीकरण व्यवस्था, पुनर्वासन केंद्र, खिलौना घर, संग्रहालय, पंछीघर जैसी सुविधाएँ होती हैं। कर्मचारियों का मोटा वेतन होता है। पितृत्व-मातृत्व कर्मचारी पालकों के लिए चयन कसौटी होती है।

यूरोप को 'बालकल्याण का विश्वगुरु' माना जाता है। अनाथाश्रम जैसी संस्था में जन्म लेनेवाले, वहीं पर पले-बढ़े मुझ जैसे पथिक को यह यात्रा करते समय मिली खुशी नई ऊर्मि और एहसास देनेवाली थी। यूरोप से वापस लौटने पर मैंने संस्थाबाह्य सेवाओं पर ध्यान केंद्रित किया। 'वनस्थली' की निर्मलाताई पुरंदरे के नेतृत्व से बालकल्याण संकुल में 'स्वाध्याय और व्यक्तित्व विकास प्रकल्प' शुरू किया। 'यूनिसेफ' के सहयोग से 'बालसंगोपन योजना' शुरू की। महाराष्ट्र के अनाथाश्रम और रिमांड होम में संस्थाबाह्य सेवाओं के विकास हेतु चर्चासत्र, कार्यशाला, दत्तक प्रबोधन उपक्रमों का आयोजन किया। यूरोप की यात्रा से मेरे मन में होनेवाली संस्था की चौखटें ढह गईं। जर्मनी की विश्वख्यात बर्लिन की दीवार गिरानेवालों में मैं एक था। उसी प्रकार महाराष्ट्र में संस्थाओं की दीवार गिराने हेतु प्रयास करनेवाले जत्थे का मैं नेतृत्व कर सका, इसकी मुझे खुशी है।

38

अपनी निजी जिंदगी में मैं मूल्यों को असाधारण महत्त्व देता आया हूँ। मैं अपना कार्य स्वविवेक की कसौटी पर ईमानदारी से करने की परिपाटी का पालन करता आया हूँ। इस कारण कोई मजाक में भी 'कामचोर' कहे तो मैं उसे गंभीरता से लेता हूँ। सन् 1998-99 की बात होगी। उस वर्ष मैं महावीर महाविद्यालय के अंतर्गत परीक्षा विभाग का प्रमुख था। वह समय महावीर के इतिहास में कसौटी का काल था। तत्कालीन प्राचार्य डॉ.बी.बी. पाटिल के ख़िलाफ़ छात्र, अध्यापक और कर्मचारियों का संयुक्त

आंदोलन शुरू था। ऐसी प्रतिकूल परिस्थिति में परीक्षा प्रमुख होना जोखिमभरा कार्य था। मैं इनकार कर रहा था लेकिन मेरे वरिष्ठ सहयोगी, मार्गदर्शक तथा प्राध्यापक संगठन के संचालक प्रो. संभाजीराव जाधव ने सूचित किया कि प्राप्त प्रतिकूल परिस्थिति में किसी वरिष्ठ प्राध्यापक को यह जिम्मेदारी स्वीकारनी चाहिए। इसलिए मैंने वह जिम्मेदारी स्वीकार ली। मैं अपने विवेक को प्रतिबद्ध मानकर कार्य कर रहा था। परीक्षा की समय सारिणी को लेकर प्रो. संभाजीराव जाधव ने 'परीक्षा समिति सुचारु ढंग से काम नहीं कर रही है' ऐसा अनौपचारिक मत व्यक्त किया। मैंने उसे गंभीरता से लेकर अपनी नौकरी का इस्तीफा कृति समिति के नियंत्रक प्रो. विजयकुमार मगदूम (मानस) की ओर सौंप दिया और उसी समय महाविद्यालय छोड़ दिया। फिर प्रो. संभाजीराव जाधव द्वारा अपना विधान अप्रस्तुत था ऐसा स्पष्ट करने पर ही मैंने इस्तीफा वापस लिया और महाविद्यालय में उपस्थित हुआ। प्रो. संभाजीराव जाधव का कार्य और कर्तृत्व अक्सर मेरे लिए आदर्श, आकर्षण और अनुकरणीय रहा है। उनका समर्पण वाकई विवाद से परे था।

देखते-देखते वर्ष बीत गया। अंतर्गत परीक्षा के परिणाम जाहिर हुए और प्राचार्य महोदय ने पूरे अभिलेख (रिकॉर्ड) मँगाए। परिणाम जाहिर होने के पश्चात अभिलेख माँगने से मेरे साथ सभी प्राध्यापक आशंकित हुए। क्योंकि उस वर्ष प्राचार्य महोदय ने सभी के सेवा अभिलेख खराब करने का इरादा कर लिया था। परीक्षा विभाग की बैठक में तय हुआ कि रिकॉर्ड नहीं देंगे। महावीर भूपाल देसाई उस समय संस्था के विश्वस्त थे। इसके सिवा वे महाविद्यालय का प्रशासन भी देखते थे। बात उन तक पहुँच गई। देसाई साहब द्वारा 'आप पर कोई आँच नहीं आएगी, उसकी जिम्मेदारी मुझ पर छोड़ो' ऐसा आश्वासन देने पर हमने उन्हीं के मार्फत रिकॉर्ड प्राचार्य की ओर प्रेषित किया। लेकिन जिसका डर था वही हुआ। उन्होंने विविध प्राध्यापकों द्वारा जाँची उत्तरपुस्तिकाएँ और अंकसूची का मिलान कर उसमें बेमेल होने का आरोप लगाया। संबद्ध प्राध्यापकों को प्रमाद के लिए ताकीद, ज्ञापन देना दूर और उन्होंने परीक्षा प्रमुख के नाते मुझे ही दोषी मानकर मेमो दिया और मेरी वार्षिक वेतनवृद्धि रोक दी। प्राचार्य महोदय का मुझ पर रोष था। मैं उनके विरुद्ध बनी कृति समिति में सक्रिय था। मैं जुलूस और निदर्शनों का नेतृत्व करता था, भाषण देता था। चोर छोड़ संन्यासी को फाँसी देनेवाले प्राचार्य के इस अन्यायपूर्ण व्यवहार के ख़िलाफ़ मैंने फरियाद की। संस्था ने तथ्यान्वेषण कर मेरे निर्दोष होने का फैसला दिया और मेरी वेतनवृद्धि रोकने की प्राचार्य की कार्रवाई अनधिकृत और अवैध होने की बात स्पष्ट की। लेकिन मुझे दी हुई चेतावनी कायम रखी। मैंने इसके ख़िलाफ़ संस्था से शिकायत की, ''यदि मैं निर्दोष हूँ तो 'चेतावनी' किसलिए।'' ऐसा सीधा मुद्दा था। यदि 'चेतावनी' देनी थी तो संबद्ध प्राध्यापक या क्लर्क को देनी चाहिए थी। उस समय डॉ.ग.श्री मिरजे संस्था के चेयरमैन तो बी.बी. पाटिल (भूतपूर्व नगराध्यक्ष)

सचिव थे। समाज में मेरा प्रतिष्ठित स्थान देखकर वे यह दोषारोपण करना चाहते थे। मैंने उनका इरादा ताड़ लिया। मैं सालभर अर्जी, विनती करता रहा लेकिन उन्होंने गौर नहीं किया।

इस पर मैंने अपनी मूल्यों की लड़ाई को अंजाम देना तय किया। एक मास की पूर्वसूचना देकर मैंने आत्मक्लेश की राह चलना तय किया। एक मास बीत गया लेकिन संस्था खामोश रही। 1 जनवरी, 1999 को मैंने सभी छात्र, प्राध्यापक और कर्मचारी भाइयों के सामने अपनी भूमिका पर प्रकाश डाला और कार्यालय के सामने आमरण अनशन पर बैठा। दूसरे दिन सभी प्राध्यापक और कर्मचारियों ने मुझे समर्थन दिया। शिवाजी विद्यापीठ शिक्षक संघ (सुटा) ने जुलूस निकाला। शहर के सभी लोकप्रतिनिधि, सामाजिक संस्थाएँ और संगठनों ने सद्यःस्फूर्त समर्थन दिया। तीसरे दिन सभी छात्रों ने मिलकर कॉलेज बंद कर दिया और रास्ते पर आ गए। अनशन के तीसरे दिन जब मेरी तबीयत चिंताजनक होने लगी तो संस्था की मंडली ज़मीन पर आ गई। तत्कालीन संस्था के कार्यकर्ता तात्यासाहब पाटणे आदि ने मेरी रोकी हुई वेतनवृद्धि मुहैया करना और चेतावनी खारिज करने की दोनों माँगें मंजूर कीं और महावीर के 'महाभारत का शल्यपर्व' खत्म हुआ। आगे चलकर प्राचार्य को घर भेज दिया गया। संस्था में परिवर्तन हुआ। इन सभी में प्राध्यापक, कर्मचारी, छात्र-संगठन, सामाजिक संस्थाओं की सक्रियता उल्लेखनीय रही। इस 'शल्य पर्व' ने मुझे और भी कार्यप्रवण तथा कर्तव्यदक्ष बनाया। लोकविश्वास के बल से मेरा विवेक अधिक स्पष्ट हुआ। उस काल में प्रो. संभाजीराव जाधव का मार्गदर्शन और सहयोग न मिलता तो मेरा ही नहीं अपितु संस्था का अस्तित्व टिक पाना असंभव था। मूल्याधिष्ठित शिक्षा की सायास पराकाष्ठा की जाती है, इसीलिए आज मेरा महावीर महाविद्यालय कोल्हापुर में एक आदर्श महाविद्यालय के रूप में पहचाना जाता है। एकाध मनुष्य की छोटी लड़ाई यह समाज और संस्था की दृष्टि से बड़ी चढ़ाई होती है, यह 'शल्यपर्व' ने मुझे सिखाया। मेरी हर छोटी लड़ाई व्यापक चढ़ाई की सीढ़ियाँ साबित होती आई हैं। और मेरी यह राय है कि ऐसे प्रश्नों को सामने लाने से ही समाज और देश का निर्माण होता है। तत्त्व और मूल्यों की ऐसी कई लड़ाइयाँ मैंने अकेले लड़ीं। मेरी अलग संरचना और निजता का श्रेय मेरे इन्हीं प्रयत्नों में पाया जाता है।

39

कई सामाजिक संस्थाएँ उदात्त उद्देश्य से स्थापित होती हैं लेकिन उतने ही उदात्त हेतु से या ध्येय से प्रयत्न करनेवाले कार्यकर्ता यथासमय संस्था को नहीं मिलते तो उस संस्था की दुरावस्था होने में देर नहीं लगती। कोल्हापुर की अनाथ महिलाश्रम

संस्था के साथ यही हुआ। सन् 1937 में चित्रतपस्वी भालजी पेंढारकर, प्रिंसिपल शं.गो. दाभोलकर आदि हिंदू महासभा के कार्यकर्ताओं ने कुँआरी माता, परित्यक्ता, विधवाओं के रक्षणार्थ 'हिंदू वीमेन्स रेस्क्यू होम सोसायटी' की ओर से 'करवीर अनाथ हिंदू महिलाश्रम' की स्थापना की। पहले मोर्चे के कार्यकर्ताओं ने सन् 1977 तक निष्ठा से कार्य किया और नई सहयोगी पीढ़ी पर जिम्मेदारी सौंपी। नई पीढ़ी ने जैसे-तैसे संस्था के सुवर्ण महोत्सव तक (1987) जिम्मेदारी निभाई। और सन् 1989 को सुवर्ण महोत्सव मनाकर मंडली ने रुकने का निर्णय लिया।

इसी दरमियान अर्थात सन् 1985 से बालकल्याण संकुल में महिलाश्रम के कार्यकर्ता सक्रिय होने पर दोनों संस्थाओं के गुणात्मक अंतर की चर्चा शुरू हुई। मैं महिलाश्रम के कार्य में भी सक्रिय था। वहाँ की परंपरागत मंडली को मेरे सुधार मान्य होते लेकिन पसंद नहीं आते। तेरेदेस होम्स (जर्मनी) संस्था से मिलनेवाला अनुदान बंद हुआ और संस्था की आर्थिक नाकेबंदी हुई। अहंकार और व्यवहार में अक्सर व्यवहार बाजी मारता है। वैसा ही हुआ। एक बार अनाथ महिलाश्रम के पदाधिकारी और कार्यकर्ताओं ने अनौपचारिक रूप में मेरे सामने संस्था के विलीनीकरण का प्रस्ताव रखा। मैंने जब प्राथमिक पूछताछ की तो पता चला कि संस्था पर बहुत कर्ज है। हिसाब अधूरा है। लड़के-लड़कियों की बड़ी दुर्गति हो रही है।

अनाथ बच्चे मेरे कार्य का 'वीक प्वाइंट' हैं। फिर वे रिमांड होम के हों या अनाथाश्रम के। मैंने बापू के साथ चर्चा की। संकुल के पदाधिकारियों से बातचीत की। एक पदाधिकारी के अपवाद को छोड़कर सभी ने स्वीकृति दे दी। तत्कालीन जिलाधीश शिवाजीराव देशमुख की सकारात्मक भूमिका से हम 10 जून, 1991 से विधिवत उस संस्था का कारोबार देखने लगे। संस्था का कार्यभार लेने पहुँचा तो पता चला वहाँ की अधीक्षिका उमा शिंदे ने रात को रिक्शा से संस्था का काफी सामान नदारद किया है। हिसाब पूछा तो काफी गड़बड़ी थी। उपस्थिति पंजी के अनुसार लड़कियों की गिनती की तो पूरी दस-पंद्रह लड़कियाँ गायब थीं। संस्था की लड़कियों से ही पता चला कि अमुक लड़की फलाने के घर काम करती है। संस्था ने चंदे की लालसा से उन लड़कियों को घर-घर में काम के लिए रख दिया था। मैं हर घर जाकर उन लड़कियों को इकट्ठा कर संस्था में ले आया। उस दिन उनके चेहरे पर वेठबिगारी से मुक्त होने की खुशी झलक रही थी। वह मोक्षानंद नर्क से मुक्त होने से कतई कम नहीं था।

अनाथ संगोपन और पुनर्वासन कार्य की मेरी यात्रा में अनाथ महिलाश्रम संस्था का बालकल्याण संकुल में विलीनीकरण एक अविस्मरणीय आह्वान साबित हुआ। अनाथ महिलाश्रम के कार्यकर्ता समाज की प्रतिष्ठित मंडली थी। अनाथों के संगोपन को लेकर उनकी भावना में कोई खोट नहीं थी। लेकिन संस्था संचालन में प्रसंगवश परिवर्तन का शिवधनुष उठाना उनके बस की बात नहीं थी। उसमें महिला कार्यकर्त्री

अधिक थीं। उनकी अपनी सीमाएँ थीं। इधर स्वगृही कुछ पदाधिकारियों का विरोध था। निर्णायक समय पर तो उन्होंने विरोध तक प्रकट किया। मैं इन सभी को पार कर पाया। महिलाश्रम के संबद्ध पदाधिकारियों के कई सालों के हिसाब पूरे किए तो स्वगृह की मंडलियों ने भ्रष्टाचार को छिपाने का आरोप लगाया। हिसाब पूरे न किए जाते तो लाखों का अनुदान खोना पड़ता। संस्था के ऊपर जो कर्ज था उसे चुकाने का यक्षप्रश्न अलग से था। कुछ महिला पदाधिकारियों ने घाटे की पूर्ति के लिए भरसक चंदा दे दिया। वक्त आने पर अपनी जेब से रुपए दिए, जिसका मैं गवाह था लेकिन हम चाहते हैं वस्त्रहरण! 'गैरजिम्मेदारी से आरोप करनेवाले पर जिम्मेदारी सौंपना यही सामाजिक लोकशिक्षा का रामबाण इलाज हो सकता है।' इस यात्रा के अनुभव ने मुझे यह पाठ पढ़ाया। संस्था में होनेवाले सहकर्मी जब कार्य किए बिना प्रतिष्ठा उठाने लगते हैं, तब उन्हें वस्त्रहरण के खेल सूझते हैं ऐसा मेरा सामाजिक कार्य का अनुभव है।

अनाथ महिलाश्रम के एकीकरण से कोल्हापुर में अनाथ लड़के-लड़कियाँ और महिलाओं का एकछत्र संगोपन और पुनर्वासन कार्य शुरू हुआ। महिलाश्रम के अनाथ बच्चे, लड़कियाँ और महिलाओं की दुर्गति बंद हुई। कुँआरी माताओं को अभय शरणस्थल मिला। लड़कियों को स्वस्थ माहौल मिला। हमने ठगाई गई तथा पैर फिसली कई बहनों के विवाह कराए। लड़के दत्तक दे दिए। एक संस्था को जीवनदान मिला लेकिन उसकी अपेक्षा सौ से ज्यादा लड़कियाँ और महिलाओं के चेहरों पर मैंने मायका मिलने की खुशी देखी। भाऊबीज, नागपंचमी, नामकरण, दोहद, विवाह, पहली जचगी, दीपावली त्यौहार, मायका, परिवार नियोजन, शल्यक्रिया इन सभी से उन्हें मिला अभय तथा सांत्वना उनसे कौन छीन सकता था? हमने जब महिलाश्रम को अधिकार में लिया तब वह पुरोहित के बँगले में किराए पर था। पुरोहित परिवार ने केवल 75 रुपए मासिक किराए पर पूरे 35 साल के लिए अपना घर संस्था को सौंप दिया था। पुरानी संस्था कोर्ट-कचहरी में गई थी। संस्था हमारे अधिकार में आने पर पहले साल की दीपावली की पूर्वसंध्या को दीपावली का दीया जलाने के लिए मैंने पुरोहित परिवार को उनके घर की चाबी सौंपकर कहा, "संस्था का कार्य निराधारों को आधार देना है। आपने इतने साल हमें आधार दिया। बुढ़ापे में हम आपको घर दे पाए, साधार कर सके, इसकी खुशी तो संस्था चलाने से इतनी ही बड़ी है।" मेरा यह निर्णय कई सहकर्मियों को रास नहीं आया। सब कुछ रुपए और पैसों में गिननेवाले मेरे उन सहकर्मियों को मनुष्यता समझाना बड़ा कठिन था। दूसरे, वह छोटे मुँह बड़ी बात थी। चूँकि हमारे सहकर्मियों में मैं ही उम्र में सबसे छोटा था। यदि आपकी महान लक्ष्य पर अटल श्रद्धा हो, आपमें पारदर्शी व्यवहार का नैतिक बल हो तो आप कठिन से कठिन समर से, अग्निदिव्य से सही-सलामत पार हो सकते हैं यह महिलाश्रम के एकीकरण से मुझे मिला लोकशिक्षण विलक्षण था!

40

मैं सन् 1983-84 से महाराष्ट्र राज्य परिवीक्षा और अनुरक्षण संघटना, पूना जैसी संस्था का कार्य नजदीक से देख रहा था। यह महाराष्ट्र में अनाथ, निराधार, बाल अपराधी बच्चों की देखभाल, शिक्षा, सुसंस्कार और पुनर्वासन कार्य करनेवाली केंद्रीय संस्था है। वहाँ पर पूरे राज्य के संस्था संचालक, संस्था प्रतिनिधि, बालकल्याण विभाग के सचिव, संचालक जैसे राज्यस्तरीय अधिकारी, पुलिस, गृह, कारावास, शिक्षा विभाग के सचिव, संचालक आदि बैठक के निमित्त मिलते थे। मैंने देखा इस भीड़ में ऐरे-गैरे लोगों की कमी नहीं है। उनमें अनाथों के बारे में आत्मीयता अपवाद से ही मिलती थी। मुझे आरंभ में बड़ा अचरज होता। मैं कई सपने, उम्मीदें लेकर इस राज्यस्तरीय बालकल्याण संस्था में आया था लेकिन पूरा मामला 'अंधेर नगरी अनबूझ राजा' जैसा था। मैंने निराश न होकर सीमित अपेक्षा से कार्य करना शुरू किया। और मैंने पाया कि यदि आपकी प्रयास और तथ्य पर अटल श्रद्धा हो तो असंभव भी संभव होता है।

इसका प्रथम साक्षात्कार मुझे 'समाजसेवा' त्रैमासिक पत्रिका के संपादन के दौरान हुआ। आगे चलकर मेरी कोशिश से प्रभावित मेरे सभी सहयोगियों ने मुझे संस्था के उपाध्यक्ष के रूप में चुन लिया। वह सन् 1989 का साल था। संस्था का अध्यक्ष पद शासन द्वारा नियुक्त होता था। यह नियुक्ति संभवतः राजनीतिक ही होती थी। कई सालों से यह पद रिक्त था। उपाध्यक्ष ही प्रभारी अध्यक्ष के रूप में जिम्मेदारी सँभालता था। उस समय बालकल्याण कार्य को लेकर डॉ. शरत्चंद्र गोखले हम सभी के प्रणेता थे। मैंने उनकी औपचारिक सम्मति ली और शासकीय प्रस्ताव प्रस्तुत किया। उस समय डॉ. गोखले 'केसरी' के संपादक थे। मेरी कोशिश सफल हुई और शासन की ओर से डॉ. गोखले के नाम को हरी झंडी मिल गई। और संस्था का कई सालों का अनाथपन दूर हुआ।

डॉ. शरत्चंद्र गोखले संस्था के अध्यक्ष बने और राज्य संस्था में समाजसेवा का चैतन्य आ गया। विभाग के अधिकारी उनकी इज्जत करते थे। यह काल बालकल्याण क्षेत्र में 'नवक्रांति युग' था। इसी काल में बाल अधिकार के घोषणापत्र को संयुक्त राष्ट्र संघ (यूनो) की आम सभा ने मंजूरी दे दी। दो साल बाद भारत ने भी उसको स्वीकार किया। इसी काल में 'बाल न्याय अधिनियम' (1986) जैसा राष्ट्रीय स्तर का कानून बना, जिससे अंतरराष्ट्रीय, राष्ट्रीय और राज्य स्तर पर बालकों के बारे में नई दृष्टि और समझ विकसित हुई। योजना सुधार, संगोष्ठी, कार्यशाला आदि के माध्यम से बालकों के अधिकार, कानून, योजना आदि के संदर्भ में नवजागृति के नए पर्व का उदय हुआ। डॉ. गोखले यानी चैतन्य! जबरदस्त लोकसंग्रह! उम्दा स्वभाव! उनके साथ उपाध्यक्ष के रूप में कार्य करते समय मैं बहुत कुछ सीख पाया। 'सकाल' के

संचालक प्रतापराव पवार, शिक्षणमहर्षि डी.वाई. पाटिल, भूतपूर्व कारावास महानिरीक्षक राम बेलवडी, प्रो. तारा शास्त्री, प्रभृति के साथ संस्था का काम करने से मुझे नई दृष्टि मिली। इस संस्था के जरिए श्रीमती कुमुदताई रेगे, विजयलक्ष्मी पंडित, डॉ. मु.न. पानवलकर, डॉ. श्याम तोष्णीवाल, डॉ. मीनाक्षी आपटे, माधवराव गायकवाड़, तथा यूनिसेफ, यूनेस्को, कैनसेव, तेरेदेस होम्स जैसी संस्था के राष्ट्रीय प्रतिनिधि, विविध शासकीय विभागों के सचिव, संचालक और जिलास्तरीय अधिकारियों से संपर्क आया। कई संस्थाएँ देखीं। इससे शासकीय कार्यप्रणाली से परिचय हुआ। और मैंने पाया कि हमारे शासकीय यंत्रणा की लौहकारा दूर कर काम करना यूरोप जितना आसान नहीं है।

डॉ. गोखले के नेतृत्व में हमने बोरीवली, चेंबूर, महाबलेश्वर के पुनर्वासन छात्रावास के विकास की योजना बनाई। संस्था को शासकीय लालफीता से मुक्त करने के लिए हमने संस्था की घटना का लोकतांत्रिक प्रारूप तैयार किया। संस्थाबाह्य सेवाएँ शुरू करने हेतु अंतरराष्ट्रीय संस्थाओं से समर्थन प्राप्त किया। कार्यकर्ताओं में असीम उत्साह था लेकिन राजनीतिक इच्छाशक्ति के अभाव में शासकीय यंत्रणा अजगर-सी सुस्त थी। बकौल डॉ. गोखले, 'शासकीय अधिकारी' बिनौले से भरे बोरे थे। कैप्टन एस.एस. पांडे, दी.आ. बोरखंडे, जे.के. सावंत, सुरेश गोखले जैसे संवेदनशील अधिकारी इसके अपवाद थे लेकिन बालकल्याण विभाग के सचिव, संचालक पद पर नियुक्त आई.ए.एस. अधिकारियों के सामने इन दूसरे वर्ग के अधिकारियों का कुछ नहीं चलता। अधिकांश अधिकारी समाज कल्याण, महिला और बालकल्याण विभाग की नियुक्ति को सजा माननेवालों में से थे। अनाथ लड़कों से उन्हें कुछ लेना-देना नहीं होता। डॉ. गोखले ने तीन साल पत्थर पर सिर टकराया लेकिन कोई लाभ नहीं हुआ। अंततः हारकर उन्होंने इस्तीफ़ा दे दिया। यह बालकल्याण कार्य की न भर पानेवाली हानि थी।

आगे चलकर महाराष्ट्र में सत्तांतर हुआ और युक्त शासन ने बागडोर थाम ली। नए मंत्रिमंडल में कुछ नया कर दिखाने का जोश था। राज्य शासन ने कई दिनों से रिक्त अध्यक्ष पद पर मेरी नियुक्ति की। अनाथाश्रम, रिमांड होम जैसी संस्था में पढ़कर बड़े हुए मुझ जैसे व्यक्ति की राज्य के अनाथों के प्रथम पालक के रूप में होनेवाली नियुक्ति से केवल मैं ही नहीं तो राज्य के सभी अनाथ लड़के-लड़कियाँ खुश हो गए। राज्य के इतिहास में यह पहली घटना थी। उस समय युक्त सरकार के श्री बबनराव घोलप राज्य के समाजकल्याण मंत्री थे। बालकल्याण विभाग उन्हीं के अधिकार में था। उन्होंने प्रारंभ में हमारे द्वारा प्रस्तुत हर प्रस्ताव को मंजूरी दे दी। हमारी नई घटना को मंजूर कर उन्होंने राज्य संस्था को सरकारी यंत्रणा से मुक्त किया। यह क्रांतिकारी पहल थी। आगे चलकर वे समाज कल्याण के विस्तार में उलझ गए। फिर हम अपने बलबूते पर कार्य करते रहे।

मैंने सभी को साथ लेकर काम करने की नीति अपनाई। उसके अनुकूल परिणाम सामने आए। मैंने सीधे बच्चों से संबद्ध सुधार और सेवाओं पर बल दिया। संस्था के चेंबूर, बोरीवली में स्थित छात्रावास में मूलभूत सुधार किए। अध्यक्ष का सीधा लड़कों से संवाद शुरू हुआ। मैंने इस काल में हर जिले में सभा, बैठक लेने पर बल दिया। इससे सभी संस्थाओं को अभ्यास करने का मौका मिला। स्थानीय कार्यकर्ताओं का राज्यसंस्था से संपर्क बढ़ गया। कई नए कार्यकर्ता सभासद हुए। मैंने शासकीय योजनाओं का अभ्यास कर एक ही प्रकार के लड़कों के लिए होनेवाली विषम योजनाओं के एकीकरण की प्रक्रिया शुरू की। समान उद्देश्यवाली संस्थाओं को समान अनुदान् का सूत्र क्रियान्वित किया। कर्मचारियों के लिए अवकाश वेतन और उपादान योजनाओं के लिए जी-तोड़ प्रयास किया। इसी काल में कर्मचारियों के राज्यस्तरीय हड़ताल का आयोजन किया। लेकिन हमारे वरिष्ठ सहयोगियों की दब्बू मानसिकता के कारण मुँह की खानी पड़ी। अन्यथा कर्मचारी अन्याय से मुक्त हो जाते। उस क्षण की अभी प्रतीक्षा है! मैंने अध्यक्ष के कार्यकाल में लड़के, लड़कियाँ और महिलाओं की पूरे राज्य में कार्यरत संस्थाओं का अभ्यास तथा निरीक्षण किया। उसका विस्तृत अहवाल शासन को प्रस्तुत किया। अर्थात मैं यह जानता था कि शासन अहवाल स्वीकृत नहीं करेगी। उसमें निर्दिष्ट शासकीय संस्थाओं की विदारक दशा में आज भी बिलकुल परिवर्तन नहीं हुआ है, इसका खेद है। इससे यही एहसास हुआ कि शासनयंत्रणा केवल रूखी ही नहीं तो बेहया भी होती है।

अभ्यास दौरे के दौरान का एक प्रसंग तो अविस्मरणीय है! मैं सचिव सुरेश गोखले को साथ लेकर धुलिया की संस्था देखने गया था। धुलिया के रिमांड होम में हम अचानक गए थे। मई की छुट्टियाँ चल रही थीं। संस्था में केवल चार ही लड़के थे और वे भी जेरबंद! मुझे अपना बचपन याद आया। मैं जब कोल्हापुर के रिमांड होम में था तब कोई अपराध न होने के बावजूद पूरा बचपन ऐसे ही जेरबंद माहौल में बिताया था। यदि मेरा कोई अपराध ही था तो मैं अनाथ था। वहाँ के रिमांड होम के एक कमरे में आयुब नामक एक छोटा बच्चा लोहे की छड़ पकड़कर खिड़की में बैठा था। अध्यक्ष के ऐसे अचानक आने से सभी परेशान हो गए थे। मैं आयुब के साथ खड़े-खड़े गपशप कर रहा था। मैं संस्था में जाने पर फाइलें जाँचने की अपेक्षा सीधा लड़कों से बातचीत करता, व्यवस्था, सुविधा देखने को प्रधानता देता। स्वच्छतागृह, भोजनकक्ष, भंडारगृह को उस संस्था के स्तर और कार्य का परिमाण मानता। आयुब संस्था में पुलिस द्वारा लाया गया था। वह निराधार था, यही उसका अपराध था। वह हिंदी में बोलता था। मैंने पूछा, "बेटा, पढ़ोगे?" उसका उत्तर 'हाँ' था। मैंने फिर प्रश्न किया, "क्या बनोगे?" इस पर उसने कहा, " रिमांड होम का हव़लदार!" मुझे अचरज हुआ। मैंने पूछा, " क्यों बेटा?" तो वह बोला, " चाबी लेके ताला खोलूँगा। सब बच्चों को छोड़ दूँगा।" उसके इस सपने में मैंने अपना बचपन

देखा। इस उम्मीद से मैं जब अध्यक्ष था तब क्रीड़ा महोत्सव के बहाने राज्य की सभी संस्थाओं के लड़के-लड़कियों को प्रसंगानुरूप क्यों न ताला खोलकर बाहर निकाल सका।

41

उन दिनों केवल रिमांड होम का क्रीड़ा महोत्सव होता था। मैंने अध्यक्ष बनने पर इसका स्वरूप बदल दिया और 'महाराष्ट्र राज्य वंचित बालक क्रीड़ा और सांस्कृतिक महोत्सव' का आयोजन किया। सन् 1995 में कोल्हापुर में वह बड़ी सफलता से संपन्न हुआ। राज्य के सभी तरह से वंचित, उपेक्षित, निराधार बालकों की संस्था के लड़के-लड़कियों को तीन दिन कोल्हापुर में लाकर समाज को दिखाया कि उनका 'अनाथपन' छोड़ें तो वह भी हमारे लड़के-लड़कियों की तरह ही होते हैं। उनके सपने, सुप्त गुण आम लड़कों की तरह ही होते हैं। करवीरवासियों ने पूरे राज्य के दो हजार लड़कों का पूरे तीन दिन बहुत हिफाजत और प्यार से खयाल रखा। वह दृश्य बड़ा अविस्मरणीय रहा।

ख्यातिलब्ध मार्क्सवादी कथाकार यशपाल की 'दुख का अधिकार' नामक एक दिलकश कथा है। उन्होंने इस कथा के द्वारा हमारी समाजरचना में सुख और दुख के अधिकार का ठीका अनायास संपन्न वर्ग के पास होने की मार्मिक विवेचना की है। सब्जी, फल आदि बेचकर पेट भरनेवाले भगवान की साँप के काटने से मृत्यु होती है। उसकी रोज कुआँ खोदकर पानी पीने की दशा होती है। घर में उसकी माँ, सद्यप्रसवा पत्नी और नवजात शिशु है। बेटे की मौत के दूसरे ही दिन भगवान की माँ उस शिशु की जान-अस्तित्व बचाने हेतु रोती-कराहती खरबूजे बेचने बैठती है और लोकक्षोभ की शिकार होती है। दूसरी ओर एक संपन्न परिवार की माँ पुत्र-वियोग के कारण ढाई मास रुग्णशय्या पर होने का चित्रण है। भगवान की माँ को पुत्र-वियोग से दुख हुआ नहीं, ऐसी बात नहीं है। मजबूरी के तहत घर में मातम होने के बावजूद वह भरे बाजार में खरबूजे बेचने को विवश है। वह समाज की आलोचना का लक्ष्य बनती और उसे ताने सहने पड़ते हैं और दूसरी ओर संपन्नता के कारण पुत्रशोक का प्रदर्शन करनेवाली माँ की समाज द्वारा प्रशंसा की जाती है। हमारे समाज में चाहे सुख हो या दुख उसके अधिकार का ठीका संपन्न वर्ग के पास होता है। सामाजिक सरोकार रखनेवालों को जब वंचितों के सभी उत्सव अनावश्यक लगते हैं, तब यशपाल की उपरोक्त कथा का अनायास स्मरण होता है।

इस कथा का स्मरण होने का कारण भी वैसा ही है। महाराष्ट्र राज्य बालक्रीड़ा व सांस्कृतिक महोत्सव के स्तरीय आयोजन के पश्चात मित्रमंडलियों द्वारा उठाए प्रश्न संयोजक के नाते आज भी मेरे कानों में गूँजते हैं...ऐसे आयोजन का क्या

प्रयोजन है? क्या यह फिजूलखर्ची नहीं है? लाख रुपयों की राशि उड़ाकर खेलेंगे क्या तो नीबू-चम्मच! एक नहीं कई प्रश्न! इन सारे प्रश्नों के पीछे प्रश्नकर्ता की मनोवृत्ति वंचितों को खुशियाँ मनाने के अधिकार से वंचित रखने की होती है। यह सब देखने पर, सुनने पर मुझे एक समय लिखी अपनी ही पंक्तियाँ अनायास याद आती हैं–

जन्मतः ही जो होते हैं वंचित और उपेक्षित
उन्हें सजाने नहीं चाहिए उत्सव के मांडो
गाँव के बाहर की बस्ती की तरह
उन्हें सहलानी चाहिए उपेक्षा ही।
दशहरा, दीवाली, मेजबानी, आतिशबाजी का
किसने दिया उन्हें अधिकार?
चारदीवारों में, सलाखों के पीछे हाथ बाँधकर, खामोश रहकर
उन्हें खोना चाहिए सुनहरा बचपन
वंचितों का शाप भुगतनेवालों को
अटल होती है अस्पृश्य अहल्या की उपेक्षा।

इस पार्श्वभूमि पर पूरे राज्य के अनाथाश्रम, निरीक्षणगृह, बालसदन, निराश्रित लड़कों के छात्रावास आदि 85 संस्थाओं ने क्रीड़ा और सांस्कृतिक महोत्सव के निमित्त जब कोल्हापुर में प्रवेश किया तब उनके पर निकल आए...इन बच्चों के स्वागत से इन बच्चों के वंचित, उपेक्षित विशेषण पूरी तरह गल गए। अतिथि के रूप में पधारे पुलिस उपमहानिरीक्षक की भाषा में यह बच्चे 'वांछित' हो गए... करवीरवासी तहे-दिल से उनकी आवभगत कर रहे थे जिसका हर पल एहसास हो रहा था...

27, 28 और 29 अप्रैल, 1995 को महिला बालकल्याण संचालनालय, महाराष्ट्र राज्य, पूना, महाराष्ट्र राज्य परिवीक्षा और अनुरक्षण संघटना, पूना तथा जिला परिवीक्षा और अनुरक्षण संघटना, कोल्हापुर इन संस्थाओं के संयुक्त तत्त्वावधान में कोल्हापुर में 'महाराष्ट्र राज्य वंचित बालक क्रीड़ा और सांस्कृतिक महोत्सव,' संपन्न हुआ। संयोजकीय नियोजन के तहत एक दिन पहले ही संघ कोल्हापुर में पहुँच रहे थे। पनघट पर जमा होनेवाले पंछियों के रेवड़ की तरह! और समय संस्था का कड़ा अनुशासन, कारावास-सी दीवारें, समाज की उपेक्षा से मायूस बने बच्चे जब कसरत के लिए मैदान में उतरे तब उनके रोम-रोम में दबाए रखी ऊर्मि फूट पड़ीं। माटी की गंध से बेहोश होनेवाले गाय के बछड़े की तरह वे रँभाकर चौकड़ियाँ भर रहे थे। उनकी हँसी-खिलंदड़, मस्ती सब कुछ लोमस और मनमोहक था! उनके चेहरों पर खोया हुआ बचपन मिलने के भाव झलक रहे थे...कोई विश्वास नहीं कर रहा था कि ये बच्चे वंचित, उपेक्षित, अनाथ, निराधार हैं। महोत्सव की पूरी सफलता उनके प्रसन्न

चेहरों पर प्रतिबिंबित हो गई थी...

बच्चे कोल्हापुर में पहुँचने से उनकी विदाई तक के हर पल एवं प्रसंग का सुचारु नियोजन ही नहीं बल्कि बरहुकुम क्रियान्वयन हुआ था। कोल्हापुर नगर निगम के परिवहन विभाग ने इन बच्चों को महोत्सव स्थल पर लाने की और वापस पहुँचाने की जिम्मेदारी कुशलता से निभाकर इन बच्चों के साथ हार्दिक रिश्ता जोड़ दिया था। इसके लिए नगर निगम ने विशेष बसों का प्रबंध किया था।

महापौर द्वारा बच्चों को दिए निमंत्रण ने स्वागत-समारोह को चार चाँद लगा दिए। उन्होंनें अपने सहयोगी नगरसेवक और अधिकारियों के साथ आकर जब साग्रह निमंत्रण दिया तो बच्चों ने तालियाँ बजाकर उसका स्वागत किया। इस दृश्य से उपस्थित समूह की आँखें भर आईं। नेहरू बालोद्यान बच्चों के स्वागत के लिए सज गया था। नगर निगम ने गुलाबपुष्प, गुलाबपानी, इत्र और पुलिस बैंड की सुनहरी लहरों में बच्चों का जो स्वागत किया वह उनकी जिंदगी की एक अनमोल निधि थी! इस महोत्सव से कोल्हापुर नगर निगम और वंचित बालकों का रिश्ता और भी दृढ़ हो गया। मैदान, वॉटर सप्लाई, सफाई, स्वागत, परिवहन जैसे कई मोर्चों पर नगर निगम की यांत्रिकता कार्यरत थी। यह स्वागत-समारोह औपचारिक नहीं था। महापौर श्रीमती जयश्री जाधव के भाषण और प्यार से खिलाए अल्पाहार में मातृत्व का स्पर्श था। मान्यवरों की अनौपचारिक उपस्थिति ने इस स्वागत समारोह को एक अनूठी स्तरीयता प्रदान की।

स्वागत समारोह के पश्चात आयोजित 'कला रजनी 95' बच्चों के लिए सुनहरा अवसर साबित हुआ। सिने अभिनेत्री निशिगंधा वाड और सिने कलाकार भालचंद्र कुलकर्णी की उपस्थिति से बच्चों की खुशी दुगुनी हो गई। अंध पाठशाला के वाद्यवृंद से और अन्य शैक्षिक, सामाजिक संस्थाओं द्वारा प्रस्तुत कार्यक्रमों से सांस्कृतिक माहौल में रंग भर गया।

कोल्हापुर के जिलाधीश राहुल अस्थाना ने 'महाराष्ट्र राज्य वंचित बाल क्रीड़ा व सांस्कृतिक महोत्सव 1995' का औपचारिक उद्घाटन किया। आरंभ में 85 संघों के 2000 बालकों ने अनुशासनबद्ध संचलन से अतिथियों की मानवंदना की।

औपचारिक उद्घाटन के बाद क्रीड़ा प्रतियोगिताओं की शुरुआत हुई। सोमनाथ, राहुल, मनीषा जैसे हजारों लड़के-लड़कियों ने दौड़, गोलाफेंक, रिले, छलाँग, खो-खो, कबड्डी, शतरंज जैसी स्पर्धाओं में महारत दिखाकर 'हम भी कुछ कम नहीं' का सबूत दिया। सांस्कृतिक महोत्सव का उद्घाटन गडकरी सभागार में संगीत शिरोमणि पंडित सुधाकर बुवा डिग्रजकर ने दीप प्रज्वलन से किया। डॉ. भारती वैशंपायन, संगीतज्ञ राम जोशी, जे.बी. अष्टेकर, पी.डी. देशपांडे आदि के मार्गदर्शन में नाच, गीत, स्वाँग, समूहगायन, कव्वाली, गजल, वादन जैसे कई प्रकार पेश किए गए।

विदाई के दिन बच्चों की खुशी से महोत्सव को मेले का रूप मिल गया। सुबह

के सत्र में बालकुमार साहित्य सम्मेलन, पूना और बालकुमार साहित्य सभा, कोल्हापुर के संयुक्त तत्त्वावधान में आयोजित साहित्य सम्मेलन से बच्चों का मनोरंजन हुआ। सुधाकर, प्रभु, मुकुंद तेलीचरी, दत्ता टोल, श्रीधर राजगुरु, गोविंद गोडबोले, शशिकांत महाडेश्वर, प्रो. टी.आर. गुरव, मुकुंद निगवेकर, श्रीमती मंजुश्री गोखले, मोहन जोशी आदि बाल साहित्यकारों द्वारा प्रस्तुत कथा-कविताओं ने बाल साहित्य सम्मेलन में रंग भर दिया। इसके पश्चात वी.टी. पाटिल, फाउंडेशन, कोल्हापुर और पूना की 'उनके उज्ज्वल भविष्य के लिए' इन संस्थाओं ने अनाथाश्रम, निरीक्षणगृह में पढ़कर बड़े हुए व्यक्तियों के प्रकट साक्षात्कार लिए। 'हम ऐसे बने' कार्यक्रम में 'सकाल' के संपादक अनंत दीक्षित ने न्यायाधीश सुधाकर पाध्ये, अधीक्षक पुष्कर वाघ, संस्थाश्रयी सुकन्या श्रीमती संजीवनी चव्हाण, श्रीमती अर्चना सेठ, दत्तात्रेय भोंसले के साक्षात्कार लिए। जिससे बच्चों में जिद, सचोटी और मेहनत से जिंदगी प्रकाशमान की जा सकती है, इसका आत्मविश्वास आया।

महोत्सव संपन्न होने से पहले आयोजित शोभायात्रा नेत्रदीपक साबित हुई। रावसाहब चौगुले और उनके सहयोगियों ने इसे सफल बनाने के लिए काफी कष्ट उठाया। इस शोभायात्रा में हर संघ अलग और अनोखी वेशभूषा में शामिल हुआ था। मावले, परियाँ, आदिवासी, कोल, गुजराती, जैसी कई मनोहारी वेशभूषाओं के साथ ही बैंड, बैंजो, लेजिम, झाँझ पथक, रंग-बिरंगे ध्वज तथा जनता को अंतर्मुख करने को बाध्य करनेवाले फलक आदि से इस शोभायात्रा ने पूरे शहर को बच्चों की समस्याओं के प्रति जाग्रत बनाया।

शोभायात्रा के पश्चात संपन्न समारोह के अवसर पर वंचित बच्चों की आँखें भर आना स्वाभाविक था। पिछले तीन-चार दिनों में उनकी हर अड़चन दूर करनेवाले इस संयोजक शहर ने, संस्थाओं ने और कार्यकर्ताओं ने उन्हें अपना बना दिया था। समारोह के समय पुलिस बैंड पर साज देनेवाली 'सायोनारा' की धुन ने सभी को हिला दिया। श्रीमती रजनी करकरे देशपांडे के गाए 'देश के लाल तुम, जहान को ललाम तुम', इस गीत से दबी हुई सिसकियाँ निकल पड़ीं। 'अँधेरे का घेरा है, शमा शाबूत रखो यारो' इस गीत ने तो सभी को गंभीर बना दिया। पारितोषिक वितरण, आतिशबाजी, पटाखे आदि से रंग भरे इस समारोह में प्रमुख अतिथि के रूप में उपस्थित लेकिन पिछले चार दिनों से बच्चों में घुल-मिल गए पुलिस उपमहानिरीक्षक अजित पारसनीस के भाषण ने चिंतन के स्तर पर इस समारोह को कंगूरे पर विराजमान कर दिया। 'पुनरागमनाय' का संदेश देनेवाला यह समारोह खत्म होने पर भी बच्चे मैदान से हिलने को तैयार नहीं थे, इससे ज्यादा इस महोत्सव की सफलता क्या हो सकती है?

इस अनुभव के उपरांत हमने कोल्हापुर में 'बाल मजदूर विरोधी विश्वयात्रा' का आयोजन किया। इसके लिए पूरी दुनिया से बालमजदूर तथा उनके लिए कार्य

करनेवाले कार्यकर्ता कोल्हापुर में दाखिल हुए थे। मैंने अपने अध्यक्ष पद के कार्यकाल में ऐसे कई उपक्रमों से संस्था के पुख्ता बुर्जों को हादसे पहुँचाए। बर्लिन की दीवार की तरह उन्हें जमींदोज करने का मेरा सपना मात्र सपना ही रह गया। उस समय मुझे विश्वास हुआ कि आज की तारीख में तो शासकीय यंत्रणा का बच्चों के प्रति दिल पसीजना असंभव है। और अंततः मैंने भी डॉ. गोखले की तरह हथियार डाल दिया। नाटककार विजय तेंडुलकर के सपने की तरह जिस दिन इस राज्य का मुख्यमंत्री, बालकल्याण मंत्री संस्था में पला-बढ़ा बच्चा होगा उसी दिन राज्य के अनाथ बच्चे सच्चे अर्थ में सनाथ होंगे। आज मैं जब बीस साल की निरंतर कोशिश और मेहनत से निर्मित हुई शिक्षित, संस्कारित होकर प्रौढ़ बनी अनाथों की पीढ़ी को देखता हूँ तो मेरे सपनों को एक साधार, आश्वासक बल मिलता है। मैंने जो दौड़धूप की उसकी सार्थकता से खुशी होती है।

42

महाराष्ट्र परिवीक्षा व अनुरक्षण संघटना, पूना इस संस्था के शासन द्वारा नियुक्त अध्यक्ष के रूप में मैंने शासकीय बालकल्याण योजना का एकीकरण और सुधार का कार्य हाथ में लिया। इस संदर्भ में मैंने जून के मध्य में कोल्हापुर के बालकल्याण संकुल में उच्चस्तरीय शासकीय अधिकारियों की बैठक का आयोजन किया था। बैठक चल रही थी, उसी समय हमारे संस्था के कर्मचारी 'दो महत्त्वपूर्ण टेलिग्राम हैं' ऐसा कहते हुए डाकिया को साथ लेकर अंदर आए। टेलिग्राम भारत सरकार के कल्याण मंत्रालय से थे। जापान सरकार के निमंत्रण पर जानेवाले शिष्टमंडल में केंद्र सरकार ने मेरा चयन किया था और लौटती डाक से स्वीकृति भेजने को कहा था। एक पल मुझे विश्वास ही नहीं हुआ। लेकिन यह पिछले पंद्रह साल के निरंतर, सेवाभावी, निरपेक्ष बालकल्याण कार्य की रसीद थी।

'फाउंडेशन फॉर दि वेलफेयर एंड एजूकेशन ऑफ द एशियन पीपल' यह जापान की एक सेवाभावी संस्था है। इस संस्था ने जापान में देखभाल, शिक्षा, प्रशिक्षण और पुनर्वास का उल्लेखनीय कार्य किया है। अब इस संस्था ने अपने कार्य का विस्तार कर एशियाई देश के कल्याणकारी कार्य में समन्वय और विचार-विमर्श का कार्य हाथ में लिया है। यह संस्था हर साल विभिन्न देशों से कार्यकर्ताओं का चयन कर उन्हें जापान के बालकल्याण कार्य की जानकारी देती है। पूरा खर्चा जापान की सरकार उठाती है। ऊपर से वैयक्तिक खर्चे के लिए पचास हजार येन बख्शीश दिया जाता है। जापान को जानेवाले भारतीय शिष्टमंडल में मेरे सिवा और भी प्रतिनिधि थे।

जापान की यात्रा में मैंने 'फुकुई-काई' वृद्ध और अपाहिजों का कल्याण तथा

इलाज केंद्र, अंतरराष्ट्रीय निर्वासित सहयोग केंद्र, क्योटा का बालकल्याण कार्य, अपाहिज पुनर्वासन केंद्र, नाटा का मतिमंद विकास केंद्र, वृद्ध सेवा संस्था, बालकल्याण केंद्र, महिला समुपदेशन केंद्र, सामाजिक बीमा कार्य, तोडाजी का अपाहिज बालकों के इलाज का कार्य, 'एरिन काई' का वृद्ध सुश्रूषा केंद्र, मतिमंद विकास संस्था, अनाथ छात्रगृह, प्ले स्कूल, अनाथ छात्रसेवा केंद्र, एक सदस्यीय परिवार सहयोग केंद्र, बालरंजन केंद्र आदि को बारीकी से देखा, उसका अभ्यास किया। इससे जापान के कल्याणकारी कार्य का विस्तार मेरी समझ में आया और मैं अवाक हो गया।

मैंने यूरोप और एशिया खंड के जिन देशों का कार्य देखा, उसका अध्ययन किया। इससे यही स्पष्ट होता है कि हमारा कल्याणकारी कार्य प्राथमिक स्तर पर ही चल रहा है। विदेशी सेवा तथा सुविधाओं की ओर हम केवल अचरज से देखकर स्वप्नरंजन करते हैं। हमें संस्था, समाज, शासन इन तीनों स्तर पर अपना अज्ञान दूर करना चाहिए। हम जो कर रहे हैं वही पर्याप्त है इस अभिनिवेश से संस्थाओं को मुक्त होना चाहिए। संस्थाप्रमुख और कर्मचारियों के बीच होनेवाली स्तर की अनबन या अंतर कम कर सहकारी भाव (कलीग से/फेलो वर्कर) विकसित करना चाहिए। संस्था को परिवार मानने की प्रक्रिया शुरू होनी चाहिए। उसी प्रकार कार्य की द्विरुक्ति टालनी होगी। हमारे यहाँ मतिमंदों का कल्याण कार्य शोध, पंजीकरण, शिक्षा और प्रशिक्षण तक ही सीमित है। प्रतिबंधन, इलाज, सामान्यीकरण जैसे महत्त्वपूर्ण पहलू पूरी तरह उपेक्षित है। हमारे आज तक के कार्य की यह सीमा है। पालकों का प्रशिक्षण (केवल पालक सभा लेना नहीं) यह भी पूर्णतः उपेक्षित पहलू है। हम जापान जैसी सुविधाओं की संपन्नता तो नहीं दे सकते लेकिन सुविधाओं का जाल तो जोड़ा जा सकता है। इस संदर्भ में पहल करना आवश्यक है। एक ही प्रकार का काम करनेवाली संस्थाओं में सुसंवाद होना आवश्यक है। इससे सेवावैविध्य मुहैया कर सकते हैं। हमें इस पर गौर करना होगा कि जब तक हम मतिमंदों की निवासी पाठशालाओं का शिवधनुष नहीं उठाएँगे तब तक शोध, मार्गदर्शन, इलाज, शिक्षा, प्रशिक्षण, पुनर्वासन जैसा एक छत्र में सेवाकेंद्र नहीं शुरू कर पाएँगे। और तब तक हमारा कार्य विश्व की तुलना में केवल मरहमपट्टी ही साबित होगा। हमारे यहाँ साधनसामग्री की कमी के साथ ही योजकता, कल्पकता और निगरानी की कमी है। हमें अंतर्मुख होकर यह स्वीकारना होगा।

मैंने समय-समय पर की विदेश यात्राओं से संसार के लगभग पंद्रह देशों का कल्याणकारी कार्य देखा, उसका अभ्यास किया। मुझे इनमें सबसे अधिक प्रभावित-प्रेरित करनेवाला देश जापान ही मिला था। मेरे मतानुसार जापान 'जनसमृद्धि का देश' है। इस देश ने हर 'वंचित' को 'वांछित' बनाया है। ऐसा लगता है कि यदि अनाथ, अपाहिज, वृद्ध जीवन नसीब में आए तो वह जापान में ही आना चाहिए। जापानी लोगों की संस्कृति और शिष्टाचार से मैंने बहुत कुछ सीखा। यदि पूरे संसार

में कार्यनिष्ठा कार्यसंस्कृति विकसित करनी है तो मुझे जापान के अनुकरण के सिवा कोई विकल्प दिखाई नहीं देता। जापान ने चरम समृद्धि अर्जित की लेकिन अपनी संस्कृति नहीं छोड़ी। परंपरा से चटाई पर सोनेवाला जापानी आदमी समृद्धि के बावजूद चटाई से रिश्ता बनाए रखता है, जिससे उसके जीवनविषयक वास्तव का पता चलता है। अमरीका से युद्ध न करने की संधि करनेवाले जापान की परराष्ट्रीय नीति में उसकी समृद्धि का रहस्य है। पुलिस, सेना की अपेक्षा नागरिक जीवन के अनुशासन का पालन करनेवाला, सहेजनेवाला जापान कल्याणकारी जीवन की महत्ता को जानने के कारण ही महान है। वे कभी 'उद्ध्वस्त जापान' को भूलते नहीं इसलिए उनके यहाँ 'निरंतर समृद्धि' बनी रही है। जापान के आज के प्रश्न उनकी समृद्धि से निर्माण हुए हैं। जापान अपने राष्ट्रगीत में समृद्धि की ओर जाने का सपना देखता है। हम मात्र 'पत्थर का देश' कहने में गर्व महसूस करते हैं। उनके और हमारे यहाँ समृद्धि में जो अंतर है उसके लिए हमारी मानसिकता मूल कारक है।

जापान ने मुझे समयपालन का पाठ पढ़ाया। उसी प्रकार नियोजन का महत्त्व सिखाया। कार्य पर प्रेम करने के लिए जापान ने ही सिखाया। मैंने जब जापान देखा तबसे मेरी वर्तमान समृद्धि भारत की दरिद्रता की पार्श्वभूमि पर अपराध-सी लगने लगी। इसी देश ने मुझे समृद्धि के बावजूद नम्र रहने की सीख दी। विभिन्न देश के प्रतिनिधियों के साथ मैं नाटा के 'तोडाई-जी' मंदिर का 'जम्बो बुद्ध' देखने गया था। वहाँ लगभग डेढ़ सौ फुट ऊँची और दो सौ फुट चौड़ी बुद्ध की विश्वविख्यात विशाल मूर्ति है। वहाँ का मुख्य पंडित मेरे भारतीय होने का पता चलने पर मुझे ऊपर प्रदक्षिणा के लिए ले गया। 'सभी लोग तलहटी से ही दर्शन करते हैं। फिर मुझे यह सम्मान क्यों?' मैंने प्रश्न किया तो उसने गद्‌गद होकर कहा, 'भारत ने जापान को बुद्ध दिया।' जापान ने अपनी जीवनशैली और कार्य से जो आदर्श निर्माण किए हैं, वे हमारे लिए पाथेय है। उस दिन से मैं एक ही विचार करता हूँ, 'जापान ने मुझे क्या दिया?'

43

बीस वर्ष (सन् 1980 से 2000) के निरंतर सेवाभावी कार्य के पश्चात 6 मई, 2000 को मैंने अनाथों की देखभाल और पुनर्वासन कार्य से स्वेच्छानिवृत्ति ली। उसके पहले ही मैं महाराष्ट्र राज्य परिवीक्षा व अनुरक्षण संघटना, पूना के अध्यक्ष पद की जिम्मेदारी से मुक्त हुआ था। तत्पश्चात मैंने बालकल्याण संकुल के मानद कार्यवाहक पद से स्वेच्छा से इस्तीफ़ा दे दिया। मेरे कार्य और कर्तृत्व से आतंकित मेरे सहयोगियों ने उसे अत्यंत तत्परता से मंजूर किया। कई लोगों ने कई बार मुझे सार्वजनिक, निजी तथा लिखित और मौखिक रूप में पूछा कि 'मैंने इस्तीफ़ा क्यों दिया?' मैंने आज तक

संस्था के हित का विचार कर इस प्रश्न का उत्तर टाल दिया था। लेकिन सामाजिक जीवन में संशय का कोहरा ज्यादा दिन घना नहीं रहना चाहिए। समाजविघातक गोवेल्स का, उनके तंत्र का पर्दाफाश कर उनका असली चेहरा सामने लाने हेतु उसे हटाना ही बेहतर होता है।

मैंने जापान से वापस लौटने पर महाराष्ट्र परिवीक्षा और अनुरक्षण संघटना के लोकतांत्रिकीकरण की प्रक्रिया पूरी की। तत्पश्चात संस्था का कारोबार अन्य सहयोगियों के हाथ में चला जाए इसलिए चुनाव घोषित किया और मैं जानबूझकर अनुपस्थित रहा। उसी दिन मैंने बालकल्याण संकुल की आम सभा का आयोजन कर वहाँ भी नई रचना की। कई साल से कार्यरत वरिष्ठ कार्यकर्ताओं को मौका मिले, इसलिए घटना में संशोधन कर उन्हें सलाहकार बनाया। उधर कार्यकारी मंडल में व्यापक सामाजिक संस्था और व्यक्ति की भागीदारी बढ़े इस पर बल दिया। यह करते समय पता चला कि कुछ सहयोगी केवल पद की आशा रखकर कार्य कर रहे थे। लोकतांत्रिक पद्धति से पद न मिलने पर कुछ अशांत, असंतुष्ट सहकर्मियों ने कागारोल, शिकायतें कीं जो तीन साल तक जारी रही थी।

वैसे अनाथाश्रम, रिमांड होम जैसे संस्थाओं में कार्य का अंबार होता है। ऐसी संस्थाओं में सालों से काम करने का डंका पीटनेवाली मंडली अचानक सजग होकर मुझसे पूछने लगी, ''संस्था में हमारी भूमिका क्या है? हमें निश्चित क्या काम करना चाहिए?'' फिर मैंने संस्था की विश्वस्त योजना का निर्माण किया। इस दरमियान संस्था में कई प्रकल्प, शाखाएँ शुरू हुई थीं। हर किसी के कर्तृत्व को पर्याप्त अवसर था। संस्था में विभाजन किए छह मास बीत गए, लेकिन डॉ. विजय करंडे जैसे सामान्य अपवाद को छोड़ किसी ने कर्तव्यदक्षता से अपनी जिम्मेदारी नहीं निभाई। जो सक्रिय हुए उन्होंने नए ही प्रश्न निर्माण किए। विश्वस्त अविनाश वाडीकर पर 'अनिकेत निकेतन' के छात्रावास की जिम्मेदारी सौंप दी थी। वे उसे छोड़ 'महिला आधारगृह' में ही अधिक दिलचस्पी दिखाने लगे। उन्हें यह समझाया तो उन्हें चोट पहुँचना स्वाभाविक था। भीमराव भोंसले नामक दूसरे विश्वस्त पर संस्था के अंतर्गत हिसाब जाँचने की जिम्मेदारी सौंप दी थी। वे 'कन्या बालगृह' में ही 'फील्डिंग' लगाकर बैठने लगे। चाय, नाश्ते की बैठक रंग लाने लगी। जिस स्त्री लिपिक के कार्य को लेकर शिकायत थी उसे ही प्रतिवेदन में निर्दोष और उत्कृष्ट कार्य का सम्मान मिलने लगा। यह अनुचित होने की बात जब उन्हें समझाई गई तो समय-समय पर आहत इन सहयोगियों ने अवैध नियुक्ति, पदोन्नति चाहनेवाले कर्मचारियों से हाथ मिलाया। अचानक उनका कर्मचारी प्रेम उफन आया था। विश्वस्त ही कर्मचारियों की मार्फत संस्था के ख़िलाफ़ शिकायतें लिखवाकर देने लगे। मैंने जब इस पर चिंता व्यक्त की तो उलटे मुझसे ही पूछा गया, 'इसमें क्या गैर है?'

विष्णु शेटे बालकल्याण संकुल में परिवीक्षा अधिकारी थे। वे मेरी तरह ही संस्था

में पढ़कर स्वयं के बलबूते पर योग्य बने थे। वे संस्था का हर काम तन, मन, धन लगाकर करते। हमने कई आश्रितों को संस्था की सेवा में समाविष्ट कर लिया था। वह पूरी मंडली आपबीती के एहसास से समर्पित भावना से कार्य करती थी। इधर अविनाश वाडीकर, भीमराव भोंसले, बाबूराव चौगुले, सुरेश शिपुरकर, रा.कृ. करमलकर, शकुंतलाबाई पाटिल, डॉ. सविता जोशी जैसे छह-सात सहकर्मियों पर व्यक्तिदोष का भूत सवार था। मैं मजाक में उन्हें 'विश्वस्त सप्तर्षि' कहता था। हमारे पैंतीस लोगों के सलाहकार और कार्यकारी मंडल में वे अक्सर अल्पमत में ही होते थे। मैंने मात्र उनके हर मत का, हर सूचना का आदर किया। बात बन नहीं रही है यह देख उन्होंने काल्पनिक आरोप, बदनामी करना शुरू किया। उसमें विष्णु शेटे की पहली बलि चढ़ाई गई। वाडीकर, शिपुरकर, शकुंतलाबाई पाटिल आदि ने उनके खिलाफ शिकायतें की थीं। मैंने उन्हीं की पूछताछ समिति नियुक्त की। लोकतांत्रिक न्यायव्यवस्था में इससे अधिक पारदर्शिता क्या हो सकती है? पूछताछ की पूरी स्वतंत्रता देने के बावजूद वे आरोप सिद्ध नहीं कर सके। 'नाच न आवे आँगन टेढ़ा'... उन्होंने प्रतिवेदन में यहाँ तक कहा कि कर्मचारियों पर किसी का दबाव है, अतः पुलिस द्वारा जाँच की जाए। वह भी हो गई। पुलिस द्वारा जब शेटे निर्दोष साबित हुए तब शिकायतखोर विश्वस्त कहने लगे कि मैंने पुलिस अधीक्षक को अपने पक्ष में कर लिया है। ऐसा कहकर उन्होंने अपनी असफलता का दोष मेरे मत्थे मढ़ दिया। आगे चलकर उन्होंने शेटे पर दायर एक पुरानी शिकायत ढूँढ़ ली। न्यायप्रविष्ट प्रश्नों पर सहकर्मी विश्वस्तों ने अधिक और अनधिकृत सहभाग लेना शुरू किया। मुझे परास्त करना उनका एककलमी कार्यक्रम था। विष्णु शेटे जब अदालत में बाइज्जत बरी हो गए तब मैंने मानव अधिकार की असीम तबाही होने पर जिलाधीश का लक्ष्य केंद्रित किया और शेटे को सेवा में लेने को बाध्य कर दिया। इससे सप्तर्षि विश्वस्तों का अचंभित और आक्रामक होना स्वाभाविक था। यद्यपि मैं उम्र में उनसे छोटा था लेकिन उनकी पीड़ा, हतोत्साह समझने जितना निश्चित ही समर्थ था।

फिर इन सप्तर्षि विश्वस्तों ने मोघे और देसाई नामक संस्था की स्त्री कर्मचारियों से मिलीभगत कर धर्मदाय आयुक्त की ओर की गई शिकायतों को खाद डालने का उद्योग शुरू किया। उसकी विधिवत पूछताछ हुई। धर्मदाय आयुक्त ने मुझे लक्ष्य कर की गई शिकायतों में कोई तथ्य न होने का फैसला सुना दिया। सप्तर्षि विश्वस्तों की यह साजिश भी व्यर्थ साबित हुई।

उन दिनों संस्था में शिकायतें, पूछताछ, आवेदन, निवेदन आदि का मानो बवाल ही उठा था। मुझे रोजाना पुलिस थाने में जाकर जवाब देना पड़ता। यह देख एक दिन पुलिस को ही मुझ पर तरस आया । उन्हें सच्चाई का पता चला तो वे घर पर, दफ़्तर में आकर जवाब लेने लगे। पुजिस विभाग का यह व्यवहार मेरी दृष्टि में 'सत्यमेव जयते' की प्रतीति थी। उधर भीमराव भोंसले जैसे शिकायतखोर मात्र जवाब

देना टाल रहे थे। अंततः भ्रष्टाचार विरोधी शासन समिति की ओर से जिलाधीश ने पुलिस और धर्मादाय आयुक्त की ओर की गई शिकायतों के प्रतिवेदन पर गौर कर यह सिफ़ारिश की, 'विश्वस्त झूठी शिकायत कर रहे हैं' इसलिए कार्यकारी मंडल बरखास्त कर प्रशासक की नियुक्ति की जाए।' इस दरमियान मैंने संकुल की जिम्मेदारी से स्वेच्छयामुक्ति ली थी। बरखास्तगी और प्रशासक नियुक्ति का यह अहवाल अभी गुलदस्ते में ही है। जिलाधीश की ओर इसकी प्रति माँगने पर गोपनीयता की सबब बताकर टाल देना सूचना अधिकार की लिखित पामाली थी। यह हमारे ही देश में हो सकता है। और वह भी मेरे जैसे राष्ट्रीय मानव अधिकार आयोग के जिला प्रतिनिधि के रूप में कार्य करनेवाले व्यक्ति के साथ! वहाँ आम आदमी पर क्या बीतती होगी इसकी कल्पना न करना ही बेहतर होगा।

इसी दौरान यानी सन् 1999 के मध्य संस्था का सुवर्णमहोत्सव नजदीक आया था। हमने एक साल पहले ही उसका नियोजन शुरू किया था। संस्था की स्थापना के समय उपराष्ट्रपति डॉ. राधाकृष्णन आए थे। वे राष्ट्रपति बनने पर भी एक बार आए थे। हमने आरंभ की संस्था उन्हीं के नाम समर्पित की थी, इसलिए राष्ट्रपति को बुलाना तय हुआ था। इस निमित्त रंग सफेदी, नए उपक्रम, कारावास-मुक्ति, कार्यकर्ता गौरव, इतिहास-लेखन जैसी कई योजनाएँ बनाई थीं। सुवर्ण महोत्सव निधि जमा की। वह इकट्ठा करने का प्रस्ताव रखनेवाले सप्तर्षि विश्वस्तों में से कुछ लोगों ने ही वह दिया लेकिन इस निधि के हिसाब को लेकर मात्र पूरी मंडली काफी सचेत थी। कोल्हापुर के आर्किटेक्ट्स, बिल्डर्स और प्रमोटर्स एसोसिएशन ने संस्था का रंगकारी और मरम्मत करने का आश्वासन दिया था। उनके यहाँ सत्तांतर होने से वे अपना आश्वासन पूरा न कर पाए। संस्था द्वारा नियुक्त समिति ने निधि इकट्ठी कर वह काम पूरा करने की जिम्मेदारी स्वीकार की। ऐसे में इस कार्य में सहयोग करनेवाले चंद्रकांत वायचल जैसे सदस्य को ही सप्तर्षि विश्वस्तों ने अपराधी के कटघरे में खड़ा करने का साहस किया। ऐसी घिनौनी हरकत केवल वे ही कर सकते थे।

ऐसी शिकायतें, आरोप, तोहमतें रचने में माहिर सहकर्मियों के विध्वंसक कारनामों का रोजाना मुकाबला करना मुझे असंभव लगा। एक दिन तो उन्होंने मुझे ही 'चले जाव' (गेट आउट!) कहा। मैं पिछले तीन सालों से (1997-2000) संस्था तथा बेसहारा बच्चों के लिए सब कुछ सह रहा था। इस दौरान मैंने कई बार इस्तीफ़ा देकर अपनी नाराजगी सभ्य और विधिवत रूप में व्यक्त की थी। बालदिवस के अवसर पर तो मैंने संस्था के सामने लाक्षणिक उपोषण कर आरोपों के छानबीन की जाहिर माँग की। वे निष्पक्षता से छानबीन कर सके (फिर संस्था पर मेरा दबाव है ऐसी शिकायत न हो), इसलिए मैंने स्वेच्छा से निवृत्ति लेना स्वीकार किया और इस्तीफ़ा दे दिया। आगे चलकर उन्होंने कई बार इस इस्तीफ़े का आधार लेकर मेरी सदस्यता रद्द करने का बेहयापन किया। लेकिन उन्हें मन की तो नहीं लेकिन समाज

की परवाह थी। फिर कई तरह से उठापटक कर उसमें संशोधन किया। लोकलाज के डर से मेरी सदस्यता सुरक्षित रखी गई। आज उन सप्तर्षियों में बिलकुल नहीं पटती। सभी प्रत्यक्ष या अप्रत्यक्ष रूप में मुझे दुबारा संस्था की बागडोर सँभालने का संदेश भेजते हैं। लेकिन इतनी बेइज्जती के बाद घर की रोटी खाकर बेकार का झंझट कौन मोल लेगा? अनाथों को भी स्वाभिमान होता है! मैं जो कार्य कर रहा था वह भोग का उदात्तीकरण था। उसको यदि कोई मेरी कमजोरी मानकर मुझे परास्त करने का प्रयास करना होगा तो इन लोगों को इस काम की गंभीरता के बारे में जिम्मेदारी सौंपकर ही समझाया जा सकता था। इसी बात को मद्देनजर रखकर मैंने जिम्मेदारी से स्थायी रूप में मुक्त होना तय किया।

मुझे यह लिखना अनिवार्य था। बुढ़िया की मौत का दुख नहीं लेकिन काल तगड़ा न हो। सामाजिक जीवन में मैंने जब कामचोर मंडली को सुधारक का नकाब ओढ़कर घूमते देखा तब मैं उनसे दो गज दूर ही रहा। अनंत दीक्षित, कॉमरेड गोविंदराव पानसरे जैसे कई सज्जन संस्था को बचाए रखने के लिए मैं बना रहूँ इसलिए प्रयास कर रहे थे। लेकिन अपनी जिद पर अड़े रहनेवालों को ऐसे समय विध्वंस ही विकास लगता है। आग बुझने पर ही उन्हें अपने काले हाथ और मुँह दिखाई देता है। लेकिन तब तक काफी देर हुई होती है। 'जो बूँद से गई वह हौजे से थोड़े ही भर पाएगी।' सामाजिक जीवन में मनुष्य को चाहे जितनी कीमत चुकानी पड़े लेकिन मनुष्यता और मूल्य सहेजने चाहिए। वह सहेजने और जिंदा रखने हेतु मैंने बालकल्याण जैसे अपत्य को त्यागना पसंद किया। मनुष्य की मौत के बाद भी मूल्य जिंदा रहे, इसलिए मजबूरन यह किया।

आज रोजाना समाचारपत्र में बालकल्याण संकुल के बारे में अनाप-शनाप छपकर आता है। मेरी बीस साल की मेहनत और विरासत मेरे उत्तराधिकारी बीस मास भी सँभाल न पाए इसकी कचोट सताती है। उससे भी ज्यादा पीड़ा अनाथ बच्चों के बारे में होती है। ईर्ष्या और व्यक्तिद्वेष के चलते लोग कितने निष्ठुर और गैरजिम्मेदार होते हैं! उनके द्वारा अनाथों को बेसहारा करने का शल्य अधिक अस्वस्थ करता है!!!

44

मुझ जैसे व्यक्ति को अपना पूरा बचपन और जवानी में कोई अपराध न होने के बावजूद रिमांड होम, अनाथाश्रम में जेरबंद होकर बितानी पड़ी...उसी का जिंदगी के एक मोड़ पर राष्ट्रीय मानव अधिकार आयोग का जिला प्रतिनिधि के रूप में चयन होना...इसे काव्यगत न्याय ही कहना होगा?

31 दिसंबर, 1997 का दिन मुझे अच्छी तरह से याद है। इसी दिन महाराष्ट्र

सरकार के गृह मंत्रालय द्वारा प्रकाशित वह महत्त्वपूर्ण अध्यादेश मेरे हाथ आया। इस अध्यादेश के द्वारा मैं राष्ट्रीय मानव अधिकार आयोग, नई दिल्ली का 'कोल्हापुर जिला प्रतिनिधि' नियुक्त हुआ...मेरी आँखों के सामने तुरंत अपनी पिछली जिंदगी के 47 साल गुजर गए...मुझे अपनी जिंदगी करुणा और क्रौर्य का धूप-छाँव का खेल लगती आई है...जन्म देनेवाली कुँवारी माँ ने समाज के भय से अनौरस अपत्य होने से मुझे त्याग दिया। वह पल मेरी जिंदगी का (और शायद उस भूमिगत माता का भी!) अक्षम्य ऐसा चरम क्रौर्य था...जिस आश्रम में उसने मुझे छोड़ा, वहीं की एक परित्यक्त्या माता ने गोद में पोलियोग्रस्त मतिमंद बच्ची होते हुए मुझे मानसपुत्र के रूप में अपनाया...वह पल मेरी जिंदगी का (और शायद उस मानस माता के भी!) चरम करुण क्षण था! वह बुद्ध को भी पराजित करनेवाली करुणा थी।

आगे चलकर मैं रिमांड होम में पला! अपराधी बालकों के साथ मेरा निरपराध बचपन मेरी जिंदगी का अविस्मरणीय 'क्रौर्यकांड' था। मेरे कौमार्य, कैशौर्य और जवानी का वह बसंत...मेरी तरह ही अनाथ होनेवाली उस अनामिक प्रियतमा ने अपनी अबोधता के कारण बेवजह दिया। इनकार का वह क्षण ऐसा ही वेदना, करुणा से भरा था।

प्रौढ़ बना तो मैं रिमांड होम, अनाथाश्रम जैसी कारावास सदृश संस्थाओं का कार्य करने लगा...गुजरे हुए 'बीस बरस' का हर दिन, हर प्रसंग मुझे करुणा और क्रौर्य के तांडव से कम नहीं लगता। इस पार्श्वभूमि पर मेरी पूरी जिंदगी मानो मानव अधिकार की अक्षम्य पामाली थी...ऐसे में मेरा राष्ट्रीय मानव अधिकार आयोग का जिला प्रतिनिधि होना...वह पल अतीत की क्षतपूर्ति करनेवाला, गौरव और अधिकारों का एक अध्याय था।

मेरी नियुक्ति के उपरांत मैं पहली बार कारावास को भेंट देने गया...'गार्ड ऑफ ऑनर' के रूप में सलामी देकर मेरा स्वागत किया गया। रिमांड होम नामक बाल कारावास के विकट गेट (छोटा दरवाजा) से रोजाना झुककर अंदर-बाहर करने की आदत से धनुषवत बनी मेरी कमर...कलंबा जेल का वह पूरा पचास फुट ऊँचा गेट...वह 'बुलंद दरवाजा' खोलकर मेरा होनेवाला स्वागत मैं कभी भूल नहीं पाऊँगा। मैंने जब रिमांड होम में प्रवेश किया तब मुझे बाल अपराधी समझकर बाल न्यायालय में शर्मिंदा होकर खड़ा रहना पड़ा था...आत्महंता वह पल...आज जिलाधीश, जिला न्यायाधीश, जिला पुलिस अधीक्षक, जिला शल्य चिकित्सक, पुलिस महानिरीक्षक इन सभी के साथ मेरा सम्मान से बैठना...मैं राज्य के अनाथाश्रम, रिमांड होम का अध्यक्ष बना उन दिनों तो मंत्री, सचिव, संचालक, महानिरीक्षक ऐसे कई अधिकारियों की भीड़ के केंद्र में होता था...।

लेकिन इन सुखद, सम्माननीय प्रसंगों में मैंने कभी स्वयं को उद्धत नहीं बनने

दिया...मेरी जिंदगी के हर क्रौर्य का करुणालय बने इसलिए मैं कोशिश करता रहा...

कैसा विलक्षण संयोग होता है देखिए...आज ईद ही के दिन यह लिखने जा रहा हूँ। चार-पाँच साल पहले ईद ही के दिन मुझे कलंबा जेल के अधीक्षक का फोन आया था। वे दूरभाष पर कह रहे थे, ''कारावास में कैद गैंगवार में घमासान शुरू हुआ है...गोली चलाने के सिवा कोई विकल्प नहीं है...आपको खबर देना वाजिब लगा...'' कारावास से पाँच मिनट की दूरी पर ही मेरा घर है। इसलिए मैंने कहा, ''मैं पाँच मिनट में पहुँच रहा हूँ।'' मैं जेल में पहुँचा...बैरक की ओर चल दिया...''उधर मत जाइए। कुछ होगा तो हमारी जिम्मेदारी नहीं होगी।'' कहकर अधिकारी, पुलिस मुझे रोकने की कोशिश कर रहे थे। बावजूद इसके मैं सशस्त्र अधिकारी और पुलिस के साथ पहुँचा...एक गैंगवार में नेतृत्व के चलते घमासान शुरू था। दो गुट निर्णायक स्तर पर पहुँचे थे...उनकी दाढ़ी, टोपी, लुंगी देखकर मैं जान गया था कि उनमें से अधिकांश मुसलमान भाई हैं...कुछ कैदी जेल की वर्दी में भी थे...फिर भी उनका मुसलमान होना छिपा नहीं था...प्रसंगानुसार से मैंने सभी को नमस्ते कर 'ईद मुबारक' कहा...और चमत्कार हुआ...माफिया के सरगना ने 'डिसिप्लिन' का आदेश दिया और पलभर में कारावास का माहौल खामोश हो गया। अब तक मैं यह जान चुका था कि माफिया, आतंकवादी, मटकाकिंग इन सभी की अपनी यंत्रणा, अनुशासन, नियम होते हैं...बिना लाठी उठाए शांत हुए बवाल को देखकर सशस्त्र सिपाही, अधिकारी और पुलिस तक को यह मानना पड़ा कि शांति, सदिच्छा, सदाचार, अहिंसा भी एक हथियार है! बिना बल का उपयोग किए कारावास शांत होने का वह प्रसंग जैसे क्रोध का करुणा में रूपांतर होने का चमत्कार था। उसी प्रकार यह मानव अधिकार की सफलता का पल था!

इसी दौरान महाराष्ट्र में तेरह बालकों की अमानुषिक हत्या का 'बाल हत्याकांड' घटित हुआ। अंजनाबाई गावित, रेणुका शिंदे, सीमा गावित आदि संदेहास्पद अपराधियों को जेल में बंद किया था। पूरे महाराष्ट्र को झकझोर देनेवाले इस हत्याकांड की तहकीकात करनेवाले पुलिस अधिकारी काफी दबाव में थे। मैं राज्य की बालक संस्था का अध्यक्ष था। हम महाराष्ट्र के सभी संस्थाओं के गुमशुदा बच्चों की खोज कर रहे थे। इन दिनों मैंने दयार्द्र और स्नेहिल पुलिस, न्याय, कारावास यंत्रणा का भी अनुभव किया। अंजनाबाई की अकाली मौत से लड़खड़ाई यंत्रणा भी मुझे अच्छी तरह से याद है। मैं इसका भी स्मरण दिलाना चाहूँगा कि कुछ आतंकवादी कैदी अपना मुकदमा जल्द शुरू हो इसलिए आमरण अनशन करते हैं, फिर कभी-कभार यंत्रणा को ही जिलाधीश को, अदालत को विनतीपत्र लिखना पड़ता है।

पिछले कुछ सालों से राष्ट्रीय मानव अधिकार आयोग के जिला प्रतिनिधि के रूप में कार्य करते समय मैंने स्वयं को पूरी तरह से बदल दिया। सन् 1980 के दौरान

अर्थात आरंभिक काल में मैं अक्सर शासन यंत्रणा को अपराधी के कटघरे में खड़ा करता था। आज मात्र मैं शासकीय यंत्रणा की ओर तटस्थ दृष्टि से देखता हूँ। मैं जान गया हूँ कि पूरी व्यवस्था को कोड़े लगाना केवल पक्षपात होता है। मैंने दुनिया के कई देश के कारावास, अनाथाश्रम देखे। उसकी तुलना में हमारे यहाँ बहुत कुछ करना शेष है। लेकिन मेरे सामने बिहार के कारावास भी हैं। उसकी तुलना में यहाँ की स्थिति बेहतर कहनी होगी।

मानव अधिकार रक्षा के कार्य में हमें काफी कार्य करना होगा। समाज में सामान्यतः मानव अधिकार के संदर्भ में सजगता आ रही है लेकिन उस गति से मानव अधिकार के रक्षा की यंत्रणा मात्र कार्यरत नहीं है। स्वयंसेवी संस्था के लिए पर्याप्त अवसर होनेवाला यह क्षेत्र अज्ञान और उपेक्षा के चलते दुर्लक्षित है। पुनर्शोध की ज्यों नई धुन मुझ पर सवार हुई हैं उसमें इस कार्य का द्वीप मुझे अक्सर इशारा करता है...अस्वस्थ कर देता है...कारावास में न्याय की प्रतीक्षा में जिंदगी के पल गुजारनेवाले, गिननेवाले कैदी...उन्हें देख मैं बेचैन होता है...केवल खानापूर्ति के लिए क्राइम ऐंड डिटेक्शन रेशो (अपराध और अन्वेषण प्रमाण) पालने के लिए 'संशयित' के रूप में बार-बार गिरफ्तार किए जानेवाले युवा सुधार की संभावना होने के बावजूद यंत्रणा और व्यवस्था के अभाव में छँटे अपराधी, शूटर्स बनते जब मैं देखता हूँ तो बेचैन होता हूँ...रोजाना संशोधित कानून...सुधारित यंत्रणा...चोरी के तंत्र, मंत्र सुधारते हुए मैं अनुभव करता हूँ तब समझ में आता है कि 'समाज की मूल चुनौती मनुष्य का निर्माण करना है। यंत्रणा में संशोधन करने से काम नहीं चलेगा। वह तंदुरुस्त होने का बुनियादी विचार हमारी शिक्षा, बुनावट के केंद्र में होना चाहिए'। यह मानव अधिकार रक्षा के कार्य ने मुझे दिया नया एहसास है। इस एहसास ने मेरे अंदर की भावुकता की जगह व्यवहार ने ली है। यह जैसे बढ़ती उम्र का असर होगा वैसे ही अनुभव की समृद्धता होगी ऐसा लगता है।

45

मैंने बालकल्याण संकुल छोड़ा वैसे लोग मुझे पूछने लगे, 'अब क्या चल रहा है? आगे क्या करोगे?' निष्क्रिय व्यक्ति को सतानेवाला 'क्या करना चाहिए?' जैसा सवाल मुझे अपनी पचपन साल की जिंदगी में कभी नहीं पड़ा।

जिंदगी के हर मोड़ पर मुझे नया कार्य इशारा करता है। सच कहें तो कई जिंदगियाँ कम पड़ेंगी इतने काम मेरे मन में मचलते हैं। सन् 1980 से सन् 2000 तक के दो दशकों में मैंने प्रमुखता से सामाजिक कार्य किया। लेकिन मेरे अंदर का लेखक, चिंतक, वक्ता, वाचक मुझे अक्सर अस्वस्थ करता रहा है। विशेषतः पीएच.डी. के शोधकार्य के बाद इसी कारण में मूलभूत अनुसंधान की ओर आकर्षित

हुआ। नाटककार शंकर शेष, विश्व हिंदी प्रचारक और पत्रकार अनंत गोपाल शेवडे के व्यक्तित्व और कृतित्व पर मैंने मौलिक अनुसंधान किया। तत्पश्चात हिंदी साहित्य में उन पर अनुसंधान हुआ तथा शोध-प्रबंध और पुस्तकें प्रकाशित हुईं। खांडेकर की कई रचनाएँ मैंने हिंदी में अनूदित की। मेरे द्वारा अनूदित और समीक्षा ग्रंथ को भारत सरकार ने दो बार राष्ट्रीय पुरस्कार देकर गौरवान्वित किया।

मैंने अपनी उपजीविका अध्यापक के रूप में शुरू की। आगे चलकर प्राध्यापक बना। निरंतर लेखन, वाचन, चिंतन का परिणाम होगा, जब मैं सामाजिक कार्य से स्वेच्छयामुक्त हुआ तब साहित्य से संबद्ध कई शोध प्रकल्प मुझे आकर्षित करने लगे। वि.स. खांडेकर, प्रेमचंद, यशपाल, जैनेंद्रकुमार, सानेगुरुजी, खलील जिब्रान ये मेरे पसंदीदा लेखक हैं। खांडेकर जी का तो मुझे साहचर्य भी प्राप्त हुआ। खांडेकर जन्मशताब्दी के अवसर पर श्री जया दडकर द्वारा प्रकाशित खांडेकर की रचनाओं की अप्रकाशित, असंकलित 'साहित्य सूची' हाथ लगी। मन में विचार आया, यदि यह पूरा साहित्य पुस्तक रूप में प्रकाशित हो तो! जैसे बालकल्याण संकुल छोड़ा वैसे उस चिनगारी ने दावानल का रूप धारण किया। मैंने महाराष्ट्र के पूरे ग्रंथालय छान मारे। इसमें खांडेकर परिवार और विशेषतः उनकी कन्या मंदाकिनी खांडेकर ने बड़ा सहयोग और प्रोत्साहन दिया। 'मेहता पब्लिशिंग हाऊस' के अनिल और सुनील मेहता ने प्रकाशन का आश्वासन दिया। कुलपति द.ना. धनागरे ने अनेक विश्वविद्यालयों के पुस्तकालय उपलब्ध कराए। इससे मेरा हौसला बढ़ गया। मैं कथा, कविता, लेख, भाषण, प्रस्तावना, समीक्षा, अनुवाद सभी क्षेत्रों में मुसाफिरी करता आया हूँ। खांडेकर की उर्वरित, साहित्य संपदा का शोध करते समय इन सभी प्रकार के वैविध्यपूर्ण माणिक हाथ आए और मेरी खुशी का ठिकाना नहीं रहा।

पिछले पाँच सालों की शोध-यात्रा में मुझे खांडेकर का विपुल अप्रकाशित, असंकलित साहित्य प्राप्त हुआ। मंदाताई से महत्त्वपूर्ण संदर्भ, संकलित फाइल्स, टिप्पणी, पत्राचार आदि सूत्र मिले। उससे मैंने 25 पुस्तकों का नियोजन किया। सन् 2000 को शुरू हुई यह शोध-यात्रा! वर्ष के अंत में संयोग से 'वि.स. खांडेकर रजत स्मृति वर्ष' आ धमका। उसके औचित्य पर 25 ग्रंथों की निश्चिति की। मेहता पब्लिशिंग हाऊस, पूना के अनिलभाई और सुनीलभाई मेहता ने प्रकाशन की जिम्मेदारी समर्थता से निभाई। जिससे अब तक 'नवी स्त्री' (उपन्यास), 'भाऊबीज', 'स्वप्न आणि सत्य', 'विकसन', 'सरत्या सरी' (कहानी संग्रह); 'क्षितिज स्पर्श' (रूपक कथा संग्रह); 'रानफुले', 'अजून येतो वास फुलांना', 'मुखवटे', 'सांज सावल्या' (निबंध संग्रह); 'अज्ञाताच्या महाद्वारात', 'वन्हि तो चेतवावा', 'दूसरे प्रॉमिथियस : महात्मा गांधी' (लेख संग्रह) जैसी तेरह पुस्तकें पाठकों को सौंप दी हैं। जिनका अच्छा-खासा स्वागत हुआ है। यह पुस्तकें पढ़ने पर प्रा.ग.प्र. प्रधान सर का जो पत्र मिला उससे मेहनत सार्थक होने की खुशी हुई। उसमें उन्होंने लिखा था, ''खांडेकर जी की संपादित पुस्तकें पढ़ते समय मेरी 81 साल की

उम्र 18 साल कब हुई इसका पता तक नहीं चला।''

उर्वरित पुस्तकों का संपादन कार्य जारी था। मई, 2003 में मंदाताई का बुलावा आया। उस समय वे बीमारी से उठी थीं। घर में होनेवाले भाऊ के पारितोषिक, मानपत्र, स्मृतिचिह्न आदि का क्या किया जाए, उसका प्रबंध किस प्रकार करें यह उनके लिए चिंता और चिंतन का विषय बन गया था। हमने विचार-विमर्श के उपरांत वह सामग्री शिवाजी विश्वविद्यालय को सुपुर्द करना तय किया। मैंने वैसा पत्र तैयार किया और मंदाताई ने उस पर हस्ताक्षर किए। शिवाजी विश्वविद्यालय ने खांडेकर के 'रजत स्मृति वर्ष' के निमित्त भाषा भवन का नामकरण 'वि.स. खांडेकर भाषा भवन' ऐसा कर दिया था। 3 दिसंबर, 2001 को तत्कालीन कुलपति मु.ग. ताकवले जी ने और मैंने नारियल चढ़ाकर उसका अनौपचारिक उद्घाटन किया। उसी दिन 'खांडेकर स्मृति व्याख्यानमाला' के अंतर्गत सीनेट हॉल में मेरा 'वि.स. खांडेकर का अप्रकाशित साहित्य' विषय पर जाहिर भाषण हुआ। भाषा भवन कुलपति द.ना. धनागरे के कार्यकाल में निर्माण हुआ था। वि.सं. खांडेकर जन्मशताब्दी वर्ष में ही वहाँ पर खांडेकर की स्मृति जतन करने हेतु एकाध उपक्रम शुरू किया जाए ऐसा तय हुआ था। लेकिन वह केवल सपना था। मैं उसके लिए निरंतर प्रयास करता रहा। कुलपति डॉ. मुरलीधर ताकवले को राष्ट्र सेवा दल और अंतरभारती संस्कारों के चलते वह होना चाहिए ऐसा लगता था। उधर न्यायमूर्ति चंद्रशेखर धर्माधिकारी ने भी तगादा लगाया था। पुरातत्त्व विशेषज्ञ प.ना. पोतदार से हमने 'वि.स. खांडेकर स्मृति संग्रहालय' की रूपरेखा तैयार करवाकर ली। विश्वविद्यालय ने इसके लिए भाषा विभाग के अध्यक्षों की एक अस्थायी समिति नियुक्त की। सभी ने मुझे समन्वयक बना दिया। विश्वविद्यालय व्यवस्थापन समिति ने बड़ी उदारता से लगभग साढ़े सात लाख रुपयों की निधि मंजूर की। इसी दौरान अचानक कुलपति मु.ग. ताकवले द्वारा अपने पद से इस्तीफ़ा देने की खबर मिली। इससे मैं डाँवाडोल हो गया। नए कुलपति कौन होंगे? कैसे होंगे? प्रकल्प पूरा होगा या नहीं? इस डर से मैं ताकवले सर से मिलने गया। उन्होंने कार्यमुक्ति से पहले विधिवत संग्रहालय की कार्य समिति, सलाहकार समिति नियुक्त की और मुझ पर संचालक पद की जिम्मेदारी सौंप दी। उनके पदमुक्त होने के दिन ही हमने साधन-सामग्री के संग्रह का शुभारंभ किया। तत्पश्चात डॉ. माणिकराव सालुंखे कुलपति बन गए। उन्हें वि.स. खांडेकर जी के प्रति पूर्व कुलपति जितनी ही आस्था और श्रद्धा थी। आज संग्रहालय पूरा हो चुका है। उसके पीछे कुलपति डॉ. सालुंखे जी के हार्दिक प्रयास अहम रहे हैं।

वि.स. खांडेकर स्मृति संग्रहालय का कार्य शुरू हुआ और उसके प्रारंभिक निवेदन के साथ ही खांडेकर परिवार की शिकायतें शुरू हुईं। हमने निवेदन द्वारा जनता को अर्थसहायता का आवाहन किया। वह खांडेकर के तत्त्व के ख़िलाफ़ होने की बात निदर्शन में लाने पर हमने पीछे लिया। खांडेकर परिवार, खांडेकर प्रेमी, मराठी भाषा

प्रेमी ऐसे लगभग सौ-डेढ़ सौ लोगों को वह निवेदन भेजा था। 'लोकसत्ता', 'महाराष्ट्र टाइम्स', 'सकाल', 'लोकमत' आदि समाचारपत्र, चैनल, दूरदर्शन, आकाशवाणी ऐसी व्यापक प्रसिद्धि के बावजूद विश्वविद्यालय को सहयोग देनेवाले केवल तीन ही सज्जन मिले। फिर प्रारंभ में स्वेच्छा से साधन-सामग्री सौंपनेवाले खांडेकर परिवार ने सुरक्षा का प्रश्न उपस्थित किया। विश्वविद्यालय ने बीमा, अलार्म, सुरक्षा आदि का आश्वासन दिया, फिर भी नए प्रश्न उपस्थित किए जाने लगे। पत्राचार से कटुता बढ़ने लगी। खांडेकर परिवार की इच्छानुसार परामर्श समिति नियुक्त की लेकिन उन्हें संतोष नहीं हुआ। इस पर विश्वविद्यालय ने ज्ञानपीठ, साहित्य अकादमी, फेलोशिप आदि की प्रतिकृतियाँ बनाने का निर्णय लिया। मूल स्मृतिचिह्न प्राप्त करने हेतु प्रयास जारी रखा। विश्वविद्यालय ने अपनी सामर्थ्य के अनुसार वह किया लेकिन वि.स. खांडेकर की प्रतिष्ठा बाधित न हो इसकी पूरी सावधानी बरती। इस कार्य में हमें भारतीय ज्ञानपीठ, साहित्य अकादेमी, मुंबई विश्वविद्यालय, मुंबई, पूना और कोल्हापुर नगर निगम, कुसुमाग्रज प्रतिष्ठान, नासिक आदि से अनमोल सहयोग मिला। खांडेकर के जीवन और साहित्य के अभ्यासी और संग्राहक जया दंडकर ने 'वि.स. खांडेकर सचित्र चरित्रपट' ग्रंथ के सभी छायाचित्र उपयोग में लाने की अनुमति दे दी। सिनेसाहित्य संग्राहक शशिकांत किणीकर ने अपने पास होनेवाली सभी पटकथा-पुस्तिकाएँ और छायाचित्र दिए। टिकट संग्राहक दत्ता धर्माधिकारी ने खांडेकर जन्मशताब्दी के उद्घाटन अवसर पर अतिथियों द्वारा हस्ताक्षर किए आवरण टिकट दिए। इस निमित्त यह पता चला कि वि.स. खांडेकर जी को माननेवाला, चाहनेवाला एक बड़ा वर्ग पूरी दुनिया में फैला है। इस वर्ग ने निरपेक्ष और उत्स्फूर्त सहयोग किया। अनिलभाई मेहता ने खांडेकर साहित्य का पूरा मंच दे दिया। आगे चलकर खांडेकर परिवार से कुछ कतरन और पाँच-छह पुस्तकें मिल गईं। उसके पहले मंदाताई ने 'अश्रु' उपन्यास की मूल प्रति और 'पद्मभूषण' प्रशस्तिपत्र देकर उम्मीद बढ़ाई थी। सभी उतार-चढ़ाव में विश्वविद्यालय के प्रशासन ने तथा कलाकारों ने तहे-दिल से सहयोग दिया। प.ना. पोतदार, मनोहर सुतार, बालासाहब निचिते, हरीश गड़करी, संजीव संकपाल आदि का सहयोग तो केवल शब्दातीत है! संग्रहालय की सफलता के सही हकदार वे ही हैं!

इस यात्रा में खांडेकरप्रेमी अनिवासी भारतीय डॉ. अनंत लाभसेटवार से भेंट हुई और इस प्रकल्प को नया मोड़ मिला। इससे मैंने शुरू किए खांडेकर साहित्य के पुनर्शोध को वैश्विक समर्थन और मान्यता मिलने की खुशी हुई। डॉ. लाभसेटवार प्रतिष्ठान, अमरीका और डॉ. लाभसेटवार प्रन्यास, नागपुर ने एक लाख रुपए का निधि देकर शिवाजी विश्वविद्यालय में 'वि.स. खांडेकर जयंती व्याख्यानमाला', शुरू की। हाल ही में उन्होंने और एक लाख रुपए देकर वि.स. खांडेकर के अभ्यास के स्वागतार्थ एक राष्ट्रीय संगोष्ठी लेने को प्रोत्साहन दिया। इससे प्रेरणा लेकर शिवाजी विश्वविद्यालय ने 'वि.स. खांडेकर अंतरभारती अध्ययन केंद्र' विकसित करना तय

किया है। इसके पीछे कुलपति डॉ. माणिकराव सालुंखे की दूरदृष्टि और डॉ. चंद्रशेखर जहाँगीरदार का मार्गदर्शन अहम रहा। खांडेकर परिवार और अंतरभारती शिक्षण संस्था, कोल्हापुर का और सहयोग मिलता तो यह कार्य अधिक स्तरीय हो जाता।

वि.स. खांडेकर के पुनर्शोध कार्य से एक बात मेरी समझ में आई कि किसी भी प्रकल्प या संस्था की निर्मिति में समर्पित हुए बगैर आप कुछ निर्माण नहीं कर सकते। हम जिन लोगों को गृहीत मानकर समर्पित होते हैं, तन, मन, धन खर्च करते हैं, वह कार्य आकार लेने लगता है, व्यक्ति का नाम होने लगता है तो लोग खुराफात निकालते हैं। महाराष्ट्र के सामाजिक जीवन में विशुद्ध सहयोग और सहयोग की उदारता विकसित होने की जरूरत है। हमारा समाज-मन अक्सर व्यक्ति (द्वेष) केंद्रित रहने से हमारा विकास बाधित हुआ है। हमें अपने मन को पीछे खींचनेवाले केंकड़े के जहरीले काँटे तोड़ देने चाहिए। किसी कार्य में टाँग अड़ाना छोड़ देना चाहिए।

दूसरे, हम अपनी ऐतिहासिक विरासत की अक्षम्य उपेक्षा कर रहे हैं। हमारी अनास्था के कारण हमारे ग्रंथालय को घुन लग गई है। ग्रंथालयों का व्यवस्थापन मंडल तथा कर्मचारियों की अनुदारता, अनास्था, असहकार, नियम पर उँगली रखकर सेवा न देने की धन्यता इससे महाराष्ट्र को निजात पानी होगी। यदि पुस्तकालयों का व्यवस्थापन होटल के वेटर की तरह अनुसंधान के अभ्यास के साथ व्यवहार करेगा तो महाराष्ट्र में पुनः अनुसंधान का सुवर्णयुग अवतरित होगा।

घर-घर में पुरानी चीजें, पत्रव्यवहार, पुस्तकें, फर्नीचर, कागजात आदि रद्दी या कबाड़खाने में फेंकने की हमारी बेफिक्री वृत्ति से महाराष्ट्र ने इतिहास, साहित्य, संगीत, संस्कृति की समृद्ध विरासत खो दी है। हमें अपने पास होनेवाली ऐसी साधनसामग्री, उदारता से अनुसंधाता, अभ्यासक, सार्वजनिक संस्था, ग्रंथालय, संग्रहालय को सौंपने की आधुनिकता अपनाना आवश्यक है। सांस्कृतिक विरासत को निजी, पैतृक संपत्ति न मानकर उसका सार्वजनिक मूल्य तथा कालातीत महत्ता को ध्यान में रखकर उसकी रक्षा और संवर्धन करना चाहिए। ऐसा होगा तो कल का महाराष्ट्र अपनी शेष विरासत सहेजकर भी दुनिया का संस्कृति संपन्न प्रदेश साबित होगा।

46

मेरा जन्म हुआ तब 'नीचे धरा और ऊपर गगन' था। आज मैंने अपनी जिंदगी के पचपन साल पूरे किए हैं। इतनी लंबी यात्रा के बावजूद 'मैं कौन हूँ?' इसका शोध मैं नहीं कर सका हूँ। इस प्रश्न का निश्चित उत्तर नहीं मिला है। रोजाना नई लगन, नए शोध से मात्र मुझे नए प्रकाश किरण दिखाई देते हैं और धीरे-धीरे उसका सूर्य बन जाता है। जिंदगी का इस तरह सूरज में तब्दील होना अब मेरा जीवनक्रम ही बन गया है। अब यही देखिए; इतनी मुसाफिरी के बाद मुझे चुप रहना चाहिए ना?

लेकिन नहीं। 'चल अकेला, चल अकेला' की तरह मेरा गति के सिद्धांत का पालन जारी है।

वि.स. खांडेकर स्मृति संग्रहालय पूरा होते ही भारतरत्न धोंडो केशव कर्वे जी का स्मृति संग्रहालय निर्माण करने की मुझ पर धुन सवार हुई है। इधर मेरे महावीर कॉलेज का प्राचार्य पद संकेत कर रहा है! आज तक लिखा फुटकर साहित्य-पुस्तक रूप में प्रकाशित करने का भी मानस है। खांडेकर के शेष अप्रकाशित साहित्य का संपादन भी जारी है। बड़ा बेटा निशांत विवाहित होकर पापा बन गया है इसलिए मैं दादाजी बन गया हूँ। उसने अपनी दोस्त शीतल से अंतरधर्मीय विवाह कर मेरा घर साने गुरुजी की 'अंतरभारती' बना दिया है। छोटा बेटा अंकुर मरीन इंजीनियर बनकर दुनिया की सैर कर रहा है। उसने भी अपना विवाह स्वयं तय किया है। पहला सागर पर्यटन करने के बाद उसका विवाह हुआ। अब वह भी पापा बन गया है। अब घर में बच्चों की किलकारियाँ, उछलकूद गूँजती हैं। महाविद्यालय के व्यवस्थापन और सहकर्मियों के इच्छा के चलते मैंने महावीर महाविद्यालय के प्राचार्य पद की बागडोर सँभाली है। महावीर '2010' इस मिशन पर अब जुट गया हूँ।

सुख-दुख, धूप-छाँव की आँखमिचौनी में मेरा सूरज रोजाना नई चमक लेकर उदित होता है। समाज, शासन सभी से तहे-दिल से मिलनेवाली शाबाशी से तो मैं कभी-कभी अचंभित होता हूँ। हाल ही में महाराष्ट्र राज्य हिंदी साहित्य अकादेमी ने एक्यावन हजार रुपए और प्रशस्तिपत्र देकर किए गए हिंदी प्रचार-प्रसार के जीवित कार्य को 'अनंत गोपाल शेवडे हिंदी सेवा विशेष पुरस्कार' देकर गौरवान्वित किया। वह भी सह्याद्रि अतिथिगृह में और साक्षात मुख्यमंत्री के हाथों...यकीन नहीं होता!

इधर मेरी कर्मभूमि करवीर नगरी में कोल्हापुर नगर निगम ने मुझे 'कोल्हापुर भूषण' पुरस्कार से सम्मानित किया...समय-समय पर मुझे इतने पुरस्कार मिले कि उनकी सूची हनुमान की पूँछ की तरह लंबी होगी। मैंने विविध क्षेत्रों में जो कार्य किए उनकी सूची भी वैसी ही है। कभी 'नेम नॉट नोन' होनेवाला मैं...मेरा ऐसा 'वेलनोन' होना...इसमें मेरे पुरुषार्थ की अपेक्षा मुझे शासन और समाज की उदारता अहम लगती है। अतीत की जिंदगी अविश्वसनीय लगे इतना सारा परिवर्तन एक जन्म में हो, यह सच नहीं लगता लेकिन वह मेरे जीवन की वास्तविकता है। पीछे मुड़कर देखता हूँ तो पता चलता है कि हर आघात का मैंने डटकर मुकाबला किया, स्वयं को उखड़ने नहीं दिया। जिंदगी के चीथड़े न हों इसकी खबरदारी लेकर मैं निरंतर विधायक वृत्ति सहेजता आया। यह बिना धागे की सामाजिक क्रिया मुझे आज तक की उठापटक ने ही सिखाई। इसी कारण मेरे पूरे जीवन में सामाजिक कलात्मकता आई। रोजाना मुझे नए छोटे-छोटे ताजमहल दिखाई देते हैं...इशारा करते हैं...नई रचना के लिए!... नवनिर्मिति के लिए!! इसीलिए मुझे 'क्या करूँ?' ऐसा निरर्थक प्रश्न में नहीं पड़ता। प्रश्न की अपेक्षा मेरे सामने विकल्पों की बौछार होती है...वे मुझे चुनने का इशारा

करते हैं...मैं कालसापेक्ष विकल्प चुनता हूँ...चयन में विचार की प्रधानता होती है... उलटे जो रास नहीं आया उससे मैंने डटकर इनकार किया...उसे त्याग दिया। क्यों त्याग दिया उसका मुझे अफसोस नहीं हुआ। जब मेरी समझ विकसित हो रही थी तब मेरे लिए हर प्रश्न यक्ष प्रश्न था...अब प्रश्न याचक बनकर सामने आते हैं। तब मैं उनकी ओर उद्धतता से नहीं देखता अपितु आर्जव और ऋजुता से उनका सम्मानपूर्वक स्वागत करता हूँ। इसीलिए मेरी ओर आए प्रश्नों के प्राजक्त-फूल बन गए...उनकी बौछार होती है...चुनते समय साँस उखड़ती है!

'आपको सच बता दूँ तो' 'प्रश्न प्राजक्त' मेरी आत्मकथा नहीं है, यह एक 'कन्फेशन' है...वह आपके सामने प्रकट करते समय मुझे ज्वाइग की 'द वर्ल्ड ऑफ यस्टरडे' आत्मकथा याद आती है। उसने लिखा था, ''मेरी कल की और आज की दुनिया में बड़ा अंतर है। यह अंतर-फर्क देखकर विश्वास नहीं होता कि वह अतीत मेरा ही था।'' ऐसी अचंभित जिंदगी हर वंचित के हिस्से में आए, ऐसा मन से मुझे लगता है।

●●●

रामनाथ शिवेन्द्र

रामनाथ शिवेन्द्र का जन्म सोनभद्र, उत्तर प्रदेश में हुआ। उन्होंने समाज कार्य में एम.ए.एस. किया और एल.एल.बी. की डिग्री भी ली। एक साल तक उन्होंने कल्याण अधिकारी के रूप में कार्य किया और आठ साल तक वकालत की।

उनकी प्रमुख कृतियाँ हैं—'सहपुरवा', 'हरियल की लकड़ी', 'तीसरा रास्ता', 'दूसरी आज़ादी', 'अन्तर्गाथा', 'धरती कथा' (उपन्यास); 'पनसाल', 'डफली बजाए जा', 'दूसरी परम्परा' (कहानी-संग्रह); 'कथा का समाजशास्त्र' (कथा-आलोचना); 'सोनभद्र प्राचीन', 'समय, समाज और हस्तक्षेप' (इतिहास); 'समय और सपने' (निबन्ध-संग्रह); 'सोनभद्र का भूमि प्रबन्धन' (प्रबन्धन)।

सम्प्रति : कृषि-कार्य एवं 'असुविधा' त्रैमासिक पत्रिका का प्रकाशन।

हरियल की लकड़ी

रामनाथ शिवेन्द्र

राजकमल पेपरबैक्स

पहला पुस्तकालय संस्करण
राजकमल प्रकाशन प्राइवेट लिमिटेड द्वारा
2006 में प्रकाशित

राजकमल पेपरबैक्स में
पहला संस्करण : 2023

राजकमल पेपरबैक्स : उत्कृष्ट साहित्य के जनसुलभ संस्करण

राजकमल प्रकाशन प्रा.लि.
1-बी, नेताजी सुभाष मार्ग, दरियागंज
नई दिल्ली-110 002
द्वारा प्रकाशित

शाखाएँ : अशोक राजपथ, साइंस कॉलेज के सामने, पटना-800 006
पहली मंजिल, दरबारी बिल्डिंग, महात्मा गांधी मार्ग, प्रयागराज-211 001

वेबसाइट : www.rajkamalprakashan.com
ई-मेल : info@rajkamalprakashan.com

बी.के. ऑफसेट
नवीन शाहदरा, दिल्ली-110 032
द्वारा मुद्रित

मूल्य : ₹ 250

HARIYAL KI LAKDI
by Ramnath Shivendra

ISBN : 978-81-19159-75-8

अनुक्रम

मालिक आप

बसमतिया मड़हा में थी, थकी-थकी, हालाँकि पसीना बहानेवाला कोई काम उसने नहीं किया था। फिर भी उसे थकान थी, शायद स्मृतियों को वर्तमान में ढालते रहने की निरर्थक कोशिशों के कारण। कोशिश के रूप में, उसके पास सोने जैसे जगदा के साथ गुजरे रात-दिन होते, कुछ गोपन हँसियाँ, बतकहियाँ, चहचहाटें होतीं तथा वे साज व संगीत होते जो शायद औरत बननेवाली हर लड़की के पास होते हैं। जगदा के साथ गुजरे तीन-चार साल के दिन-रात इधर के पाँच सालों को एकदम लील जाते। ये दिन खतम-खतम से हो जाते, इनकी बहुत दुखद स्थिति होती तथा ये खबर बनने लायक भी न होते कि चलो खबर तो है, अच्छी या बुरी, झूठ या सच।

जगदा के घर छोड़ देने के बाद के दिन व रात के झूठों, सचों, का कोई मुकम्मल हिसाब न था, हिसाब होता भी तो बसमतिया के पास कहाँ औकात थी कि वह उन्हें किसी क्लासिक या साधारण ही सही 'शोक कृति' में रूपान्तरित कर पाती। वैसे स्मृतियों की सोहबत उसे थका-थका देती जबकि कड़ा-से-कड़ा काम भी उसे थका न पाता, चाहे धान का बड़ा-बड़ा बोझ ढोना हो, सिर पर पलरा (टोकरी) उठाकर मिट्टी-बालू फेंकना हो, जंगल से लकड़ी लाना हो, गिट्टियाँ तोड़नी हों, कुछ भी। वह कभी न थकती तथा काम को बोझ न समझती।

छठ व्रत का पहला अरघ समाप्त होते ही उसे थकान महसूस होने लगी थी, सो तुरन्त ही मड़हा में चली आई थी। दूसरी बनिहारिनें तथा उसकी सासू धान काटने के लिए जा चुकी थीं। थका होने के कारण बसमतिया काम पर नहीं गई थी। सासू ने चालाकी भरा अनुमान लगाया था कि वह महीने में होगी। महीने लड़कियों को काफी दुख देते हैं। बसमतिया की थकान महीने की तकलीफों से भी बड़ी थी।

बसमतिया मड़हा में अकेली थी जैसे मड़हा भी अकेला-अकेला हो गया हो दूसरे घरों का साथ छोड़कर या दूसरे घरों ने ही उसे उपयोगी न मानकर छोड़ दिया हो। छोड़ने-पकड़ने की सामान्य संस्कृति के कारण। उनमें सिर्फ एक साथ होने, एक

जगह रहने की औपचारिकता ही बची हुई हो। औपचारिकताएँ तो वैसे भी कुछ-न-कुछ बची रहती हैं भिन्न-भिन्न समाजों में। आर्थिक रूप से उपेक्षित स्तरोंवाले समाजों में दिखावे के रूप में कुछ इतना सक्रिय जैसी दिखती हैं जैसे वे आर्थिक बराबरी के लिए मरी जा रही हों, लगता है कि गरीबी, बेरोजगारी, शोषण अब मिटे तब मिटे।

बसमतिया के पास गरीबी, बेरोजगारी जैसी चीजों के लिए सिर्फ यह था कि वह खूब-खूब पसीना पिए, पसीना बहाए सो उसके पास औपचारिकताएँ भी काम के बाबत थीं। धान, गेहूँ की गन्ध थी। काली, बलुई मिट्टी की ठसक थी। जंगलों की खुद में डूबे रहने की आदतें थीं, पहाड़ों के सिर उठाए रखने का साहस था। उसकी औपचारिकताएँ उन बातों से काफी दूर थीं जो उस समय पूरे देश के लिए चिन्ता बनी हुई थीं—आखिर क्या होगा ?

तेरह दिन, तेरह माह, क्या तेरह वर्ष भी ? तेरह दिन राज करनेवाली पारटी दुबारा तेरह माह का राज करके टूट चुकी थी। चुनाव घोषित था, पारटी का नारा था कि वह तेरह वर्ष तक राज करेगी। बसमतिया के पास जो कुछ था, था ही, पर खबरें न थीं कि चुनाव कब होंगे ? बाबरी मस्जिद कब टूटी थी ? विजयगढ़ किले पर वारेन हेस्टिंग्स का हमला कब और कैसे हुआ था ? तत्कालीन राजा चेत सिंह हमले में मारे गए थे या भाग गए थे ?

बसमतिया की तरह ही उसके दिन व रात भी सीमित दायरोंवाले थे, सीमित इतना कि जब उन्हें रोटी मिल जाती तब वे ऊँघने लगते पर जाने क्या था कि छठ के पहले अरघ का दिन ऊँघ नहीं रहा था, वह ताक झाँक कर रहा था, यह बचाते हुए कि बसमतिया उन का ताकना झाँकना समझ न ले। समझ लेगी तो जगी ही रह जाएगी यह देखने के लिए कि दिन में क्या-क्या किया जा सकता है, कामधन्धे के अलावा। कामधन्धे के अलावा बनिहारिनों की आप-बीती सुनी जा सकती है, अपनी सुनाई जा सकती है। चोर-निगाहों से दो-चार हुआ जा सकता है, नहाते समय या सोते समय देह को खुद से अलग होता हुआ भी देखा जा सकता है।

देह का अलग होकर किसी अश्लील पोस्टर में बदलना, किसी की वासना-भरी आँखों में उतरना या लेवा-कथरी पर बाएँ-दाएँ होकर ऐंठना, किकुड़ियाना बसमतिया को सपने तक में भी काफी कष्टकर लगता था पर उसे क्या पता...

उसे पता होता तो बखरी में क्यों जाती ? जिसकी बाहरी चमक-दमक बखरी के अंतःपुरों में भयानक अँधेरा बरसाती हो अँधेरे के खौफनाक पंजे किसी लाचार की प्रतीक्षा में हों कि कोई आए, फिर वे उसे जकड़ लें। खौफनाक पंजे ज्योंही बसमतिया की ओर बढ़े, उसने उसी समय उसके कोमल अंग को पकड़कर ऐंठ दिया था। फिर तो पंजे चीखने लगे थे। चीख की भाषा समझने लायक थी, भले

ही चीखें बनावटी रही हों। अँधेरों की भाषा की तरह उनमें भी उलझाव था। उलझाव के कारण ही बतमतिया फँस गई थी, पंजों की तरह उसने भी चीखा 'मालिक आप'।

मालिक की चीखें बढ़ती जा रही थीं जिनके पंजे फँसे हुए थे। अंतःपुर के अँधेरे अपनी भयावहता बढ़ाने में जुटे थे सो अँधेरे एक तरह से बसमतिया के अनुकूल हो गए थे। चीखें किसी तरह से अँधेरा चीरकर बाहर निकलीं तो सीधे मलकिनी की तरफ गईं। मलिकिनी छठ व्रत के उपवास में थकी-थकी थीं। पलंग पर उनकी थकान पूरी लम्बाई में पसरी थी—एकदम से गुमसुम।

चीखें हड़बड़ी में थीं सो कर्कश भी खूब थीं, जिससे मलिकिनी की थकान छू-मन्तर हो गई थी। मलिकिनी चट-पट फुर्तीली गति से चीखों की तरफ बढ़ीं। चीखें अँधेरों में वेवश-सी फँसी थीं। पंजों का जमीन पर छटपटाना, चीखों में बदलना, बसमतिया जैसी औरत का पंजों की नकेल थाम चढ़ बैठना, ऐसा मलिकिनी ने कभी सोचा भी न था, भला दृश्य कैसे देखतीं !

दृश्य देखकर मलिकिनी को लगा कि उनका सिंदूर चीख रहा है तथा बसमतिया उनकी चूड़ियाँ फोड़ रही है, किसी अनहोनी या असम्भव-सा देखकर मलिकिनी बेहोशी की हद तक घबड़ा गईं। जब थोड़ी होश हुई तो उन्होंने घबराहट को जाँचा। मालिक को बेदम पाया तथा बसमतिया को हाँफता हुआ देखा। पंजों का वह सबसे छोटा हिस्सा भी शिथिल होकर बसमतिया की मुट्ठी से बाहर हो चुका था। हालाँकि मालिक बेदम था पर उसकी साँसें चल रही थीं। बसमतिया मालिक को मार डालने की मनःस्थिति में थी लेकिन मलिकिनी को सामने देखकर सहम-सी गई, इसलिए कि उसे वह नहीं करना चाहिए था जो कर चुकी थी, सिर्फ इस कारण से कि मालिक को मार डालने की उसकी मुद्रा अश्लील थी। दिक्कत थी कि वह मालिक की गर्दन तो ऐंठ नहीं सकती थी, वही तथा वैसा ही कर सकती थी जो कर चुकी थी। किसी अश्लील हरकत को मौत में बदलने का काम। उसे भी अन्दाजा हो चुका था कि मालिक भले ही जीवित बच जाए पर मुँह दिखाने लायक तो नहीं ही रहेगा। मलिकिनी मालिक के मुँह पर पानी के छींटे देने लगी थीं। तभी बसमतिया मालिक को चित्त छोड़कर वहाँ से मड़हा चली आई—मुड़-मुड़कर देखती भी रही कि कहीं बखरी के अँधेरे भी अंतःपुर छोड़कर उसके पीछे-पीछे न आ रहे हों।

बसमतिया अकेली ही मड़हा तक आई थी, पीछे-पीछे कोई न था। पीछे-पीछे आनेवाला अपने ही अन्तःपुर में बेहोश पड़ा था जिसका दवा-इलाज मलिकिनी कर रही थीं तथा चिंता में थीं कि बसमतिया मालिक के कुकृत्य को किसी से कह न दे। हालाँकि बसमतिया ने अपनी हिफाजत खुद कर ली थी फिर भी डरी हुई थी कि अधमरा साँप फिर फुँफकारेगा तथा काटेगा, यदि वह थोड़ा भी असावधान रही।

चोटिल साँप अक्सर बदला लेते हैं। इस सोच के कारण बसमतिया डरी हुई थी। मड़हा में अकेली थी। बनिहारिनें काम पर से वापस न आई थीं। बाहर जाड़े

की धूप थी, धूप का असर मड़हे में भी था। फिर भी वह मलेरिया बुखारवाली कँपकँपी में थी। अप्रत्याशित डर मड़हा के भीतर तथा बाहर तने खड़े थे जैसे वे किसी से न डरते हों।

भीतर-भीतर ही बसमतिया की कोशिश थी कि 'डर' को दबा दिया जाए तथा बखरी एवं मालिक को एक ही साथ किसी धमाके में उड़ा दिया जाए पर धमाका...धमाका कौन करेगा ? धमाके तो मालिक करवाते हैं, सरकारें करवाती हैं। वह बेचारी...

फिर तो खूब रोई थी, बिना आँसू, बिना कराह, बिना सिसकी, मड़हे की जमीन भीग गई थी, सिसकियाँ मड़हे से चिपक गई थीं। यदि सम्भव होता तो बसमतिया सिसकियों को साथ लेकर, आनन-फानन में जगदा की खोज में निकल जाती।

जगदा की खोज में निकलती न निकलती, मड़हे से तथा ऐसे भयानक मालिक के दायरों से तो अवश्य निकल जाती। पर मजदूरी, पेट, पन्द्रह दिन के पसीने। सब डूब जाएँगे। मालिक कुछ न देगा। खाली हाथ लौटना ठीक न होगा। बसमतिया जब काल्पनिक डरों से थोड़ा मुक्त हुई तब मजदूरी के बाबत सोचने लगी थी। लौटना तो निश्चित कर लिया था कि अब काम नहीं करना, घर वापस जाना ही ठीक होगा।

छठ व्रत के दूसरे व अन्तिम अरघ को देखने का उसका निश्चय मालिक के डरों में समा गया—मलिकिनी व्रत में रहेगी ? उनका व्रत भंग नहीं हुआ होगा। बाल-बुतरु के लिए व्रत कर रही हैं, दो दिन से निर्जला हैं, पर उनका देवता, उनका पति ! भूखा रहना जानता ही नहीं, दूसरे का पेट भी अपने पेट में रखता है, दूसरे का दिमाग, तर्क, भाषा, सपने अपने दिमाग में रखकर बुद्धिमान बनने व साबित करनेवालों की तरह। बसमतिया सवालों को उगाती, उन्हें हल करने व समझने की अनथक कोशिश में लगी पर सवाल लम्बे, विकराल तथा भयानक होने लगते। दुनिया की खूबसूरती, सपनों की ताजगी, दिनों की स्फूर्तियाँ सब बासी जान पड़ते, फिर वह खुद अपनी खोल में दुबक जाती जहाँ पहले से ही तमाम निराशाएँ, उदासियाँ किलबिला रही होतीं।

वह मलिकिनी का किलबिलाना ही था जो मालिक बच गया, नहीं तो अपनी बला से चला जाता। बसमतिया को बस इतना ध्यान रहा कि मलिकिनी रांड़ हो जाएँगी, उन्हें रांड़ बनाने से उसे क्या मिलेगा ? वैसे उसे छोड़ देने तथा भावुक बन जाने से भी बसमतिया को कुछ नहीं मिलनेवाला। उसे बहुत-बहुत मालूम है किस्सा बनी औरतों के बारे में। कहते हैं एक जमाना था जब किसी गरीब औरत को मालिक के यहाँ पनाह मिल जाती थी, फिर तो उस औरत के हाथ-पैर-मुँह मालिक जैसे हो जाते थे, दिल-दिमाग भी। कभी-कभार बाल-बुतरुओं की शक्ल पर मालिक का चेहरा ही चिपका होता था। चेहरे तो मलिकिनों के बच्चों पर भी चिपकते हैं। पता नहीं चलता कि असली चेहरा कहाँ गुम गया, कब, कैसे मार दिया गया। मलिकिनें

मालिकों की अय्याशियों, असामाजिक हरकतों, उपेक्षाओं की घुटन व कुंठाएँ पीती-पीती भोले-भाले, सरल दिलवाले चरवाहों, घर के नौकरों की गोदी में बैठ जातीं, वहीं बची-खुची खुशियों, उमंगों को दुलारने लगतीं। वहाँ उनका आकाश होता, दिल की गंभीर बदरियाँ होती, बीते दिनों के संत्रास हल्की बरसात में बहने लगते। मड़हा में अकेली-अकेली बसमतिया सुने-सुनाए किस्सों की तहें खंगालती रहती, उसे यह डर भी पछियाता रहता कि सासू आएँगी तो बीती बताएगी कि नहीं, वह कैसे कहेगी कि मालिक हरामी है, इसका काम छोड़ देना चाहिए।

बसमतिया के पास यह डर भी कुछ भयानक था कि सासू उसी पर शक करेंगी,—आखिर वह क्यों काम पर नहीं गई थी ? सोचा होगा कि जब बनिहारिनें काम पर चली जाएँगी फिर एकान्त मिलेगा। एकान्त में दिल की किलकारियाँ सुनेगी, बैठी है पाँच साल से इसीलिए न।

बसमतिया परेशान-परेशान थी। परेशानियों से उबरने के लिए उसने चुप रहने व यथास्थिति को झेलते रहने के विकल्प को समसामयिक माना, फिर उसे थोड़ी-सी राहत मिली लेकिन नींद उसे फिर भी न आई। वह इधर-उधर कभी बाएँ तो कभी दाएँ अपना पसरना ही तजबीजती रही तथा खूँखार पंजों के कष्टकर दबावों को सहलाती रही। यदि ऐसा उसे महसूस न हो रहा होता तो वह छठ व्रत के दूसरे अरघ की तैयारियों के बावत सोच रही होती तथा मलिकिनी के साथ रहते हुए छठ की पवित्रताओं का आनन्द ले रही होती, मलिकिनी की तरह। मलिकिनी तो मालिक की सेवा-सुश्रुषा में लगी हुई थीं ताकि वे अपने प्रयासों से अपने सुहाग को बचा सकें जो जमीन पर पड़ा-पड़ा छटपटा रहा था। उनके सुहाग को पहली बार शायद इस कष्टकर अनुभव से दो-चार होना पड़ा होगा वरना बनिहारिनों की क्या औकात ? जो अपना सारा गोपन मलिकारों के सामने उघार न दें तथा एक साड़ी या कुछ रुपयों पर रीझ न जाएँ।

मालिक के अनुसार बसमतिया को भी रीझ जाना चाहिए था। रीझने की परिस्थितियों में बसमतिया हर कोणों से थी। पहला कोण था उसका अकेले रहना, पति का कई सालों से गायब होना। दूसरा था उसकी गरीबी तथा जीवन जीते रहने की लालसाएँ। अभिजात्य जीवन के प्रति कौन नहीं ललचाता ? फिर देह की भूख सबसे बड़ी तो होती ही है।

फिर भी मालिक के सारे तार्किक अनुमान बिना गतिशील व सक्रिय हुए ही दम छोड़ चुके थे जबकि बसमतिया ने मालिक की अय्याशियों में पनाह लेकर मिलनेवाली खुशियों, हँसियों से खुद को स्वेच्छा से वंचित कर लिया जो उसके लिए नई विपत्तियों के निमन्त्रण जैसा था। जिसके लिए वह खुद को मड़हा में अकेले-अकेले रहकर तैयार भी कर रही थी तथा सम्भावित-विपत्तियों के बारे में अनुमान लगा रही थी।

विपत्तियाँ तो तब तक रहेंगी, जब तक जगदा मिल नहीं जाता। जगदा का मिल जाना किस तरह से किसी औरत पर औकातवालों द्वारा जायी गई विपत्तियों का हन्ता बनेगा बसमतिया नहीं जानती। उसके जानने के भीतर मर्द की वह पनाह थी जिसमें औरत खुद को सुरक्षित समझकर रहे तथा जियै। मर्द को वह पनाह देने के मामलों में जरूरी मानती थी खासतौर से वह मर्द जिससे शादी हुई हो। उसका मानना बिलकुल पुराना था कि बिहुअता मर्द देवता होता है। दूसरे मर्दों के बारे में सोचना, उनसे संपर्क साधना पाप जैसा होता है। एक बार जिससे शादी हो गई, हो गई। औरतें विधवा तब होती हैं जब कोई पाप वगैरह किए होती हैं। सो उन्हें पाप को झेलते हुए विधवा बनी रहना चाहिए। इसी तरह बसमतिया जीवन जीने के दूसरे मामलों में भी जड़ तथा अपरिवर्तनीय विचारोंवाली थी—सो गाढ़े वक्त जगदा का रोना लेकर बैठ जाती। जगदा को देवता मानती, उगते हुए सूरज की मुलायम आभा में जगदा को तलाशती, कभी-कभी तो छतनार पेड़ों, पहाड़ों के घुमावदार मोड़ों से भी बतियाती जैसे उनमें कोई जीवन हो, स्पंदन हो...तथा दूसरों के रहस्यों को उद्घाटित करने व हरण करने की क्षमता हो।

क्षमता तो बसमतिया में भी न थी। जो थी वह जगदा में सिमटी हुई थी जिसे वह सम्मानजनक भी मानती थी, सो गौरवान्वित भी थी कि उसका मर्द ऐसा, तो वैसा। पति की पनाह में रहनेवाली वह जैसे कोई देवी हो, कुछ इस तरह। सो बनिहारिनों के काम पर से वापस मड़हा में आने तक वह जगदा की स्मृतियों को ही कुरेदती रही थी, कभी-कभी बद्दुआएँ भी दे देती थी 'मुआ', 'हत्यारा' जैसे औरतों के लोक-प्रिय सम्बोधनों को उचारते हुए।

बनिहारिनें काम पर से किसिम-किसिम के सम्बोधनों को उचारते हुए मड़हा में आई थीं। शाम का किशोर अँधेरा चढ़ने लगा था, उसमें इतनी रोशनी थी जिससे एक-दूसरे को देखा व पहचाना जा सके। बनिहारिनों के संबोधनों में काम के कष्टकर दबावों के प्रतीक होते मसलन काफी दूर से धान के बोझ को खलिहान में लाना फिर भी मजदूरी वही सोलह बोझ में सिर्फ एक बोझ। मालिक जिस बोझ को चाहे दे, अगर अधिक दिखे तो कुछ निकाल भी ले। मालिक से बड़ा तो 'करिंदवा' हो गया है, मुस्किया कर ही बतियाता है मेहरमौग कहीं का।

बनिहारिनें मन की भड़ासों में थीं सो बसमतिया की तरफ कैसे देखतीं ! बसमतिया अपने यथार्थ को विस्थापित करना चाहती थी, इसलिए बनिहारिनों तथा सासू की ओर एकटक देख रही थी। सासू हाथ, मुँह धोने के लिए चापाकल की तरफ चली गई थीं—चापाकल से वापस जब मड़हा की तरफ आईं तब उनके चेहरे पर धान के बोझों को अकेले ढोने का तनाव था तथा गहरी उलाहना थी बसमतिया के लिए कि, 'तूँ तो आराम कर रही है तूँ का जाने।'

बसमतिया तो आराम करने के लिए ही मड़हा में रुकी हुई थी पर औरतों के

साथ सम्भावित घटितों के यथार्थ किसी किस्से में न बदलते तब न ! बसमतिया तो अखबारी घटना बनी हुई थी जिसे पहले पेज पर छापा जाता, पाठक पढ़कर झूम-झूम जाते कि एक औरत ने एक बलात्कारी पुरुष के साथ अपनी हिफाजत में यह किया, वह किया। थाने के लिए भी जरूरी सूचना थी यह, इसलिए नहीं कि बसमतिया को राहत मिलती, इसलिए कि मालिक से वसूलते बनता थानेदार को।

खाना बनाते समय भी बसमतिया तनावों से मुक्त न हो पाई थी। चावल का भात बनना, आलू का चाकू से कटना,चूल्हे पर डबडबाना, सब उसके लिए अचरज जैसा था। सब बदल रहे थे, रूप, रंग, स्वाद सबमें तथा वह कोशिश में थी कि उनमें स्वाद आ जाए, रंग-रूप भी ठीक रहे। अपनी पनाह में रखकर मालिक भी तो चाहता था बसमतिया को रूपान्तरित करना, बसमतिया सोचती तथा कष्टकर थकानों से जकड़ जाती। चूल्हे की आग की तरह हर जगह आग होती है धुआँ छोड़ते हुए। उसे लगा कि वह धुएँ में घिर गई है, कोई तेज आग उसे भस्म कर डालेगी। चूल्हे के बाएँ-दाएँ जब उसने देखा तो मड़हा, बखरी तथा गाँव से निकलनेवाली आग उसकी ओर बढ़ रही है, सासू व जगदा के हाथ में मशाल है तथा वे उसे जलाना चाहते हैं।

अचानक बसमतिया कल्पनातीत चीख बन जाती है। भय, जो उसके पीछे मालिक के अन्तःपुर से ही लगा था, अट्टहास करने लगता है...हा हा हा हा...। उसे भयभीत करनेवाली अनुभूतियाँ ऐसी महसूस होती हैं जैसे वह कोई नाटक या फिल्म देख रही हो जिसमें उसका पति उस पर चरित्रहीनता का आरोप लगाकर जला डालना चाहता हो, गाँव भर इकट्ठा हो गया है, बिरादरी की पंचायत जुट जाती है—पंचायत बसमतिया को गाँव में नंगा घूमने के लिए विवश करती है तथा मालिक से क्षमा माँगती है कि बसमतिया ने गलत आरोप लगाया, देवता जैसा मालिक किसी की इज्जत भला कैसे ले सकता है जो सबकी इज्जत बनाता है। पूरी पंचायत मालिक के चरणों पर, चेहरा देखते हुए गिरी हुई है। मालिक पंचायत का चेहरा नहीं देख रहा, उसकी आँखें किकुड़िआई बसमतिया की ओर हैं, बसमतिया को नंगा देखने के लिए। भयानक सपना अधिक देर तक नहीं ठहरा, आया और चला गया।

खाना बना लेने के बाद बसमतिया ने सासू को जगाया। वह नींद में थीं, काम की थकान के कारण, उम्र भी तो ढलान पर थी। आर-पार वाली। अचकचाकर सासू जगीं जैसे बकाया नींद उन्हें छोड़ ही न रही हो या वह खुद भी नींद में डूबी रहना मुनासिब समझ रही हों। हल्के से सवाल-जवाव के बाद वह रसोई तक आईं—जहाँ ढेर सारी रसोइयाँ थीं, सभी बनिहारिनों की अलग-अलग। ईंटों के सहारे चूल्हे माफिक आकृतियाँ रची गई थीं, जिनके पास अल्युमिनियम की डकलियाँ, कटोरे व थालियाँ थीं, कुछ एक चमकदार स्टील के भी थे, अपनी चमक छोड़ते हुए।

बनिहारिनों में सुबहवाली चमक न थीं। कुछ एक के सिन्दूर काफी फैले हुए थे। बाल हालाँकि काले थे, फिर भी न सुलझे होने के कारण झकराए हुए थे, जो भद्दे दिख रहे थे। होंठों पर सुबह का लगाया गया रंग या लिपिस्टिक उड़ा हुआ था, काजल तो आँखों के आस-पास कतई न था जिससे उनकी आँखें धँसी-धँसी दिख रही थीं। उस वक्त उनके द्वारा सायास या अनायास किए गए आँखों के इशारों में चाहे जो होता, मादकता तो न होती। वैसे भी बनिहारिनें दिन भर की खटी (परिश्रम) से दब भी गई थीं, सो उनकी देह, उनके चेहरे निचुड़े हुए से लग रहे थे।

बसमतिया तो पहले से ही निचुड़ी हुई थी जिसका उसे लाभ भी मिला। लाभ यह कि किसी को भी उस पर संदेह नहीं हुआ जबकि बसमतिया संदेहों में ही घिरी थी। निचुड़ी-सी न दिखती तो शायद, सासू की शक्की निगाहें उसके आर-पार हो जातीं फिर तो भंडाफोड़ हो जाता कि बसमतिया के साथ यह, तो वह। बनिहारिनें भी देह की भाषा, कुभाषा समझने में कम माहिर नहीं होतीं।

बसमतिया की चिन्ता थी कि हर हाल में देह की भाषा नहीं छूटनी चाहिए, मन की तरह इसे भी दबाकर रखना ही होगा, जबकि पहले सोच रही थी कि सासू को साफ-साफ बता देगी। फिर उसे समझ आई, साफ-साफ या पर्दे में भी बताना उसके खिलाफ होगा, बदनाम सिर्फ एवं सिर्फ औरतें होती हैं, यह उसके भीतर रहनेवाली दूसरी बसमतिया की समझ थी। यही कारण था कि उसने चुप रहना तथा अपनी हिफाजत करना ही जरूरी मान लिया था। सो वह जरूरत से अधिक चुप-चुप थी। सासू के कहने पर बसमतिया भी उनके साथ खाने लगी थी। थाली में दो-दो रोटियों की पहली खेप थी तथा आलू व प्याज की रसदार तरकारी थी। हरी मिर्च और नमक की चटनी भी थोड़ी-थोड़ी थी। सासू के मुताबिक खाना जायकेदार बना था, रोटियाँ मुलायम थीं जो उनके दाँतों को तकलीफ नहीं दे रही थी। सासू रोटियों का परोसा लगातार ले रही थीं, उसी के अनुसार तरकारी भी। बसमतिया ने सासू के पेट की तात्कालिक क्षमता का अनुमान कर अपनी थाली में रोटियाँ डालना बन्द कर दिया था। ऐसा करना वक्ती जरूरत थी, नहीं तो रोटियाँ घट जातीं। सासू के लिए जबकि वैसा हुआ नहीं। सासू के आठ रोटियाँ खाने के बाद भी तीन बची थीं जिसे खा पाना भी बसमतिया के लिए कठिन था।

बसमतिया खाना चाहती, रोटी तोड़ती, टुकड़ा बनाती, तरकारी में डालती, आलू के टुकड़ों को रोटी के साथ उठाती, मुँह में रखती तभी भीतरवाली पर्दा-नशीन, मध्यवर्गीय संस्कारोंवाली दूसरी बसमतिया उसे फटकारने लगी, उसके चाल-चलन को केन्द्र में रखकर उलाहनाएँ देने लगी। दूसरी बसमतिया के उलाहनों से बसमतिया की भूख उड़नछू हो गई, जैसे उसे भूख ही न लगी हो। आँतों ने साफ-साफ इंकार कर दिया कि उन्हें नहीं चाहिए कुछ। यह स्थिति बसमतिया के लिए भूख की मौत

जैसी थी, जिसके गम में उसका तन-मन दोनों अर्धविक्षिप्त जैसे हो गए थे। सबसे बड़ी बात कि वह भूख को तड़प-तड़प कर मरते हुए देख रही थी। भूख को मरते हुए महसूसना दोबारा उसे पहले से कुछ अधिक भयग्रस्त बना गया।

वैसे बसमतिया न तो विक्षिप्त थी, न ही मूर्ख पर उसके पास आधुनिकाओंवाली क्षमता न थी। सब कुछ खुला-खुला कर डालने फिर बाद में यह किया, वह किया जैसा प्रचार करने की कला भी उसे न आती थी, न ही वह इस पचड़े में पड़ती थी कि दुनिया कितना आगे बढ़ गई है, खासतौर से औरतों ने कितनी तरक्की कर ली है। औरतें मुँह-तोड़ जवाब देने लगी हैं। उसके लिए पति, विवाह, परिवार, वंश, खानदान जैसी बातें वेवजह दकियानूसी हैं। यदि वह इन आधुनिक जानकारियों से लैश होती तो शायद घटित हादसे से बाहर निकलने में या दबाने में उसे सहूलियत होती। वैसे भी आर्थिक विसंगतियोंवाले समाजों में जहाँ मालिक होंगे, सरकार के अधिकारी होंगे, उद्योग धंधों का संचालक, भूपति, लोकशाह, नौकरशाह होंगे उस समाज में तो अनिवार्य रूप से वह सब होगा ही, जिसे बसमतिया के मालिक ने करना चाहा था। आखिर बखरियों जैसे पनाहगाहों में ही तो वह सब होगा जो नहीं होना चाहिए—मसलन, बलात्कार, सूटकेसों की अदला-बदली, फैसला बदलवाने की साजिशें, विदेशी एजेंटों को फौजी सूचनाएँ, देश को विदेशी कंपनियों के हवाले करने के पक्के इन्तजाम। आखिर ये सब भी तो काम ही हैं—बखरियों में ही तो निपटाए जा सकते हैं।

बसमतिया ही नहीं उसकी रातें भी दकियानूसी थीं। उसकी रातें होटलों, कैफों, बारों, सेमिनारों, हवाई यात्राओं, म्यूजिकल प्रोग्रामों, फैंसी परेडों, विश्व सुन्दरी चयन कार्यक्रमोंवाली न थीं। दकियानूसी इतनी थीं कि उनमें बदरियों का उमड़ना, घुमड़ना, बिजलियों का चमकना, गरजना, जंगल का सांय-सांय करना, पहाड़ों का निरन्तर घूरना, बारिश का टप-टप बोलना, नदियों का हहराना सारा कुछ होता। मजे की बात यह कि सोनेवाले खामोश रहते, नींद में होते पर रात जागती रहती, सबको नींद में पाकर खुश-खुश होती तथा सूरज को बदरियों में रोके रहती। तात्कालिक घटना ने उसकी रात को कुछ अधिक दकियानूसी बना दिया था, सो वह रात भर इधर-उधर होती रही, कभी इस किनारे तो कभी उस किनारे नींद को ही टटोलती रही। नींद थी कि उसे टटोल रही थी। यह देखने के लिए कि नींद में जाने के लिए वह क्या-क्या कर सकती है ? अमूमन नींद में जाने के लिए देह से बाहर निकलना होता है ताकि मन के गहरे में उतरकर उसे एकाग्रता की हद तक साध लिया जाए। बसमतिया मन को दबाना तो जानती थी पर उसे साधना नहीं आता था, सो भटकती रहती बासी हो जानेवाली कष्टकर स्मृतियों में। मालिक की तात्कालिक बर्बरता ने उसके पीछे के बुरे दिनों को भी सामने ला खड़ा कर दिया था—जंगल दरोगा तो...नया था, पढ़ा-लिखा था, उसकी शक्ल भी फनियर (फनवाले

साँप की लहर) थी, सो फू-फू किया करता था। अपनी पनाहगाह की रखैल बनाने का लालच दिया करता था, न मानने पर जोर-जबरदश्ती। पहले मुस्कुराहटें, हँसियाँ परोसता था, फिर कटार छूरे भोंकता था...। उसे सरकारी पनाहगाह का जिम्मेवार आदमी होने का गुमान भी कम न था। सबसे खास बात उसमें यह थी कि वह जंगल का खुद को राजा समझता था, राजा की तरह रहता भी था, रोज दारू, मुर्गा, अय्याशी तथा जंगली लोगों की प्रताड़ना।

उसने जगदा को भी प्रताड़ित करना चाहा था, उसकी सोच थी कि जब जगदा प्रताड़ना की विपत्तियों में घिरेगा, लकड़ी काटना व बेचना उसका छूट जाएगा, तब निश्चित रूप से बसमतिया उसके हरम की संख्या बढ़ा देगी, फिर वह गिनेगा इतनी हो चुकीं...। पर जगदा ने उसे खोल से बाहर झाँकने ही नहीं दिया...।

पंजों वाला गाँव

छठ व्रत का दूसरा अरघ समाप्त हो चुका था फिर भी मन्दिर परिसर पूजा अराधना, मनौतियों की धुनों, सरगमों से भरा हुआ था। हालाँकि बनिहारिनों का मड़हा मन्दिर परिसर से दूर था फिर भी धुनों का दबाव वहाँ तक था। बसमतिया आराधना की सम्मोहक धुनों से जानबूझकर बेखबर थी क्योंकि उसके विश्वास कदम दर कदम टूट रहे थे। भगवान, देवता वगैरह उसके लिए बेकार के प्रयोजन जैसे जान पड़ने लगे थे, उसकी समझ थी कि जिसकी बिहुअती (विवाहित) पुत्र प्राप्ति के लिए छठ का कठिन व्रत कर रही हो उसका पति, उसी दिन किसी कमजोर के साथ बलात्कार करने पर उतारू हो गया हो, ऐसे में कैसा व्रत, किसकी साधना ? मलिकिनी आखिर किसके लिए व्रत करेंगी ? किसका पुत्र जनेंगी, कैसा पुत्र जनेंगी।

बसमतिया मड़हा के सामने बैठकर रात का बर्तन माँजने में लगी थी। उसे यह अनुमान तक नहीं था कि मलिकिनी आएँगी वह भी मड़हा की तरफ, जबकि सामान्य स्थितियों में कभी नहीं आती थीं। मलिकिनी ने बसमतिया को पुकारा था।

'आ ! परसाद ले ले।'

जाने क्या था मलिकिनी की पुकार में कि बसमतिया ने तुरन्त हाथ साफ किया तथा आँचल में परसाद ले लिया। परसाद में आटे व गुड़ से बना अगरासन (खुर्मा) था जिस पर साँचे की खूबसूरत कारीगिरी, बिस्कुट माफिक ढली थी, साथ में लाची दाना भी था। मलिकिनी की आँखों में मालिक की करतूतें उतराई थीं, मलिकिनी बेवश-सी दीख रही थीं, सो उनकी आँखें बसमतिया की तरह न थीं हालाँकि बसमतिया भी बिना गुनाह के ओढ़े गए गुनाहों से ढकी थी सो उसकी आँखें भी मलिकिनी को न देख पा रही थीं। दोनों एक-दूसरे के आमने-सामने खड़ी होकर औरत होने की तकलीफों के कारण गुप-चुप थीं। उन दोनों की आँखों में कमजोरों, मजबूरों, असहायों, प्रताड़ितों की वह जुबान थी, वह भाषा थी, जिसकी कोई ठोस या कमजोर लिपि भी आज की चाँद, तारों, ग्रहों, बमों, धमाकों, सूचना-विस्फोटों वाली कथित आधुनिक दुनिया नहीं बना पाई है। बनाना भी नहीं चाहती क्योंकि उस भाषा में निश्चित रूप से चाँद की चमक, ग्रहों के रहस्य, बमों के आतंक, सूचना

के चमत्कारों जैसी बातों के लिए कोई जगह ही न होती।

उन दोनों औरतों के लिए इस चमकती रंगीन दुनिया में कहीं जगह नहीं थी, सो वे जहाँ खर्च होतीं, उठती, बैठतीं, सोतीं, वे सारी जगहें दूसरों की होतीं, दूसरे के होने में ही वे अपना होना न होना तजबीजतीं, सो वे गुप-चुप थीं। कितनी देर तक गुप-चुप रहीं, नहीं मालूम। बसमतिया मलिकिनी का जाना अन्त तक देखती रही, फिर बर्तन माँजने लगी। दो-तीन दिन तक के लिए ही धान की कटाई शेष थी। धान की मड़ाई साथ चल रही थी। धान की कटाई का काम जैसे-जैसे समाप्त होता जाता बनिहारिनें अपनी गृहस्थी की चिन्ताओं में लौटने लगतीं जैसे घर के मड़हे, टटरे (बाँस की किवाड़ें), सेहन, एक-दो मवेशी, बच्चे, बूढ़े वाली उनकी दुनिया ताने मार रही हो 'खूब मजे में हो, लूट मजा। खा दाल-भात, लगा पैरों में महावर, बना कजरारी आँखें।' जिनके पति काम पर न आए होते वे पतियों में खोई रहतीं, देह की गुदगुदियाँ फिर तो बेवश-सी हो जातीं।

बेवश-सी बसमतिया धान काटने के लिए बनिहारिनों व सासू के साथ निकलने ही वाली थी कि उसका भाई चला आया। भाई उससे उम्र में छोटा था, देखने में बड़ा दिखता था। औसत कद, काठी थी, चेहरा औसत नहीं था, यदि होता तो बसमतिया से छोटा दिखता या यह भी हो सकता है कि बसमतिया बाल-बच्चों वाली न थी, सो ठर्रा होने के कारण अपनी उम्र से कम दीखती थी, वैसे भी आकर्षक चेहरों में उम्र खोई-सी रहती है। भाई को देखते ही बसमतिया रुक गई थी, बनिहारिनें काम पर चली गई थीं। सासू भी उसके भाई से घर का कुशल-क्षेम पूछकर चली गई थीं—सासू का उसके भाई से कुशल-क्षेम पूछना 'हलो हाय' से थोड़ा उम्दा था पर तर्ज 'हेलो हाय' वाला ही था। बसमतिया का काम 'हेलो हाय' वाले तर्ज से कतई न चलता। वह भाई के आने के उन कारणों में थी जो बाजारुओं तक को भी सदमे में डाल जाते हैं। उसने भाई को बगैर नाश्ता या चाय-पान की अभिजात्य शिष्टता के निमित्त एक लोटा ताजा पानी और गुड़ का एक बड़ा टुकड़ा जो किसी बड़ी मिठाई के वजन का रहा होगा, दिया। भाई गुड़ चबाने, खाने के बाद भरा लोटा पानी, गटागट पी गया, फिर बसमतिया ने लोटे में पानी डाला। उसे भी उसका भाई पी गया—अब भाई राहत में था, उसके होठों का सूखापन मिट चुका था, चेहरे पर से प्यास के तनाव गायब थे। भाई को राहत में पाकर बसमतिया ने पूछा था :

'गाँव से आ रहे हो, वहाँ का हालचाल, कैसा है बपई, अइया (माँ) कैसी है ?'

'सब ठीके है लेकिन...' भाई लेकिन के आगे वाक्य पूरा न कर पाया। बसमतिया ने ही लेकिन को आगे बढ़ाया...

'लेकिन क्या...बता न, कोई झगड़ा-झंझट...'

'झगड़ा-झंझट कुछ भी नहीं, बपई को बैंक के अमीन ने पकड़ लिया है, तहसील ले जाएगा हवालात में बन्द करवाने, कर्जा बाकी है।'

बपई पर कर्जा ! चौंक गई बसमतिया, जैसे उसे यकीन ही न हो। फिर ढेर सारे सवाल एक ही साँस में पूछ बैठी। कैसा कर्जा, काहे लिया था, कब लिया था, फिर बैंक तो गरीबों को कर्जा देता नहीं। बैंक का गरीबों से का मतलब ? उसे हँसी आ गई।

'तूँ मजाक कर रहा है, साफ-साफ बता...'

'नहीं दिदिया, मजाक नहीं है, सही है। वह जो दुलरी भैंस थी नऽ वह कर्जे वाली थी। बैंक के कर्जे में आई थी।'

'नहीं तो, उसे सरकार ने दिया था, उससे बैंक का क्या मतलब ?' बसमतिया ने कर्जा के बाबत भाई को बताया तथा भाई के सामने बैठी-बैठी ही गुजरे आठ सालों के पीछे चली गई, उस साल जब उसके घर 'दुलरी' आई थी।

उस भैंस का नाम 'दुलरी' यूँ ही नहीं पड़ गया था। घुरहू, फेंकू, चरित्तर, पेवारु की तरह या रसबसिया, सजनकी, बिगनी, देवनी, दीहली वगैरह की तरह। जिस दिन भैंस आई थी, उसी दिन से उसका चारा-पानी, भूसा सब बपई करने लगा था। भैंस के साथ ही बपई का उठना-बैठना, सोना तक हो गया था कुछ ऐसा जैसे भैंस की नींद, उसकी भूख ही बपई की हो, देह तो थी ही। बपई का भैंस से लगाव देखकर अइया ने ही उसका नाम 'दुलरी' रखा था। थी भी वह दुलरी ही, जो पूरे घर की दुलरी थी, बाद में तो टोले की भी हो गई थी। बीस महीनों के भीतर ही बच्चा दे देना, महज तीन-चार महीने तक ही दूध न गिराना, दूध में ज्यादा घी का होना, किसी भी ऐरे-गैरे को दुहने देने से इनकार न करना ये सब कुछ ऐसे कारण थे जो भैंस को 'दुलरी' बनाते थे, नहीं तो वह देखने में दुलरी नहीं थी। उसका रंग हल्का भूरा था जिस पर एक-दो जगह गहरे काले छाप चिपके हुए थे। सींघें बड़ी-बड़ी तथा बेढब थीं, मुर्रा भैंसों की तरह सींघों में खिंचाव न था—देह हालाँकि गद्देदार, मुलायम थी पर उन भैंसों की तरह नहीं जिनकी पीठ पर कम चौड़ाई की छोटी चारपाई रखी जा सकती हो।

बसमतिया तब छोटी थी, छोटी इस मायने में कि भैंस कर्ज में थी कि नहीं याद ही न हो। पर इतनी छोटी भी न थी कि बपई का भैंस के बारे में कहा-सुना भूल जाए—उस पर ध्यान ही न दे। बपई का कहना था कि उसे नहीं मालूम कि उसके खानदान में किसी ने भैंस भी खरीदी थी। माँ भैंस खरीदने के लिए जमीन हटाना नहीं चाहती थी, अइया (माँ) ने बपई का विरोध भी किया था पर बाप ने समझाया था कि भैंस तो सरकार दे रही है, आधे दाम के छूट पर, सो आधा दाम तो चुकता ही करना पड़ेगा—केवल आधे दाम की जरूरत थी, सिर्फ दो हजार रुपए जो बसमतिया के बपई के लिए लाख-करोड़ जैसे थे। रुपयों की अर्थवत्ता का जंगली रूपान्तरण बसमतिया के बपई के लिए पूर्ण रूप से असम्भव जैसा था। कहते हैं कभी असम्भव भी सम्भव हो जाते हैं। गरीबों से हमदर्दी जतानेवाली पारटी के एक

कामचलाऊ नेता ने उसके बपई के काम को आसान बना दिया था। एक महीने के भीतर ही भैंस दरवाजे पर बँध गई थी।

अब दरवाजों के टूटते टटरों (किवाड़ों), बरसात में चूते छाजनों को क्या पता कि भैंस नहीं कर्जा बँध रहा है दरवाजे पर, जो सात-आठ साल में बढ़कर बसमतिया की उम्र से भी बड़ा हो जाएगा, भयानक एवं डरावना। बँधी वाली जमीन का मुआवजा दो हजार रुपये नेता.जी ने ही लिया था तथा मुआवजा पानेवाले कागजों पर बपई का अँगूठा निशान भी लगवा लिया था—कोई अकेला बसमतिया का बपई नहीं था, गाँव के अधिकांश गरीब-गुरबा नेता जी को अपना रहनुमा मानते थे। भैंस के सपनों में कुछ लोग नहीं थे सो वे बेचारे अपना मुआवजा, थोड़ा कम-अधिक निकाल पाए थे, पर भैंसोंवाले सपने तो बिखर गए थे तथा बैंक का अमीन सबको दगदगाते हुए हवालात दिखा रहा था।

हवालातों एवं जेलों की गन्ध गाँवों में बाजारों की तरह नहीं फैल पाती जितनी कि ईमानदारी। अमूमन गाँवों में ईमान एवं मनुष्यता बेचने का कारोबार पहले नहीं होता था। उसकी दूकानें या व्यावसायिक केंद्र भी गाँवों में नहीं पाए जाते थे पर अब तो बाज गाँवों में ईमानदारी बेचने व खरीदने की दूकानें भी दिखने लगी हैं खासतौर से उन गाँवों में जहाँ कोई अधेड़ शहर या जवान होता कस्बा घुस जाता है। कालीन बुनाई केंद्रों, हथकरघा उद्योगों आदि के नाम पर या कि गाँव में कोई सामन्त बनता ऐसा मध्यमवर्गीय हो जिसकी पहुँच दलाली के कारण, जनप्रतिनिधियों, अधिकारियों तक हो, इन जगहों पर बेहूदे किस्म की बेईमानियों को सलोनी ईमानदारियों में कुशलतापूर्वक ढाल दिया जाता है। कुत्ते, बिल्लियों के नाम पर जमीन की बेनाम खतौनियों का चलन भी कुछ-कुछ कानूनी-सा हो गया है। इनकी संख्या अब तो जंगलवाले गाँवों में उल्लेखनीय है। मूल निवासियों का जमीन पर कहीं नाम नहीं।

बसमतिया भैंस खरीदे जानेवाले साल के दिनों, महीनों को टटोलकर क्या करती ? सो वह अतीत की परिक्रमा कर सीधे वर्तमान में चली आई। अब तो जेल व हवालात गाँवों में डरों को बदरियों माफिक लादे रहते हैं। मारपीट, थाना-पुलिस, कचहरी क्रूरतम रूपों में अपना आभास कराते हैं कि डरो, चुप रहो, तुम्हें डरना चाहिए व चुप रहना चाहिए। शहरी या नेता बने कुछ थोड़े-से लोग थाना, कचहरी व हवालातों को गाँवों में बुलाने की कला में मर्मज्ञ होते हैं—बसमतिया का सोचना था गाँव के प्रधान के बावत जो थाना, कचहरी का नामी दलाल था। शायद प्रधान के द्वारा कर्जे की वसूली में उसके बपई को कुछ राहत मिल सके। गाँवों में अब वो सुख-चैन कहाँ ? जिसे बचपन में बसमतिया सुना करती थी। अब तो जेल व कचहरियों के अड्डे भी दिखते हैं।

बसमतिया का भाई कर्जा की वसूली का समाचार देकर खुद इतना चिन्तित

हो गया जैसे उसके बपई ने राजद्रोह जैसा अपराध कर दिया हो, या कोई शर्मनाक कृत्य, जिसके कारण मुँह छिपाना आवश्यक हो गया हो। बसमतिया कुछ असम्भव से समाधानों में थी। जितने भी समाधानों के बारे में सोचती वे सारे के सारे क्षमता के बाहर होते—जैसे गहना बेचकर कर्जा दे दिया जाएगा, पर जब गहनों को गिनती तब ले-देकर सिर्फ अइया (माँ) का एक 'बेखा' ही दिखता, बेखा के अलावा, पैर में एक छागल भी था जिस पर शक था कि शायद वे चाँदी के न हों—गिलट के हों। वैसे भाई ने उसे आश्वस्त करना चाहा था कि अइया 'बेखा' बेचने के लिए कह रही थी। 'आज रात में अमीन गाँव में ही ठहरेगा' भाई ने उसे यह भी बताया था जिसका आशय था कि हर-हाल में बसमतिया गाँव में शाम तक अवश्य पहुँचे। नैहर तो बसमतिया को पहुँचना ही था पर उसकी चिन्ता थी कि बपई पर पड़ी विपत्ति का क्या समाधान निकाले।

कर्ज चुकता करना ही एकमात्र समाधान था, विपत्तियों के मारे आम लोगों की समझ कर्ज चुकता करने के बावत कुछ हद तक आध्यात्मिक होती है, उनके लिए पुनर्जन्म में बैल, गधा या कोई परिश्रमी पशु जैसा बन जाने का डर समाया होता है, हालाँकि बसमतिया कर्ज चुकता करने की आध्यात्मिक या व्यावहारिक तर्कों के पचड़ों से बाहर थी, उसे डर था कि बपई को जेल हो जाएगी, मारा-पीटा जाएगा, घर कुर्क हो जाएगा। एक-दो बार गाँव के अहिरान टोला में कुर्की हुई थी जिस दौरान घर का सारा सामान ट्रैक्टर ट्राली में लादकर थाने ले जाया गया था, कुछ औरतें जो अपना निजी सामान कुर्क किए जाने से रोक रही थीं उन्हें सिपाहियों ने मारा-पीटा भी था। सो बसमतिया भाई से बतियाते हुए भी अपने डर को छुपाने की कोशिश में थी कि भाई उसका डरना महसूस न कर ले, नहीं तो वह भी डर जाएगा, उससे कहीं अधिक। बपई को मारा-पीटा या जेल में बन्द होता देखकर अइया तो शायद...।

वह जाड़े की धूप थी फिर भी काफी गर्म थी, सूरज अपने परिक्रमा पथ पर तेजी से पश्चिम की तरफ बढ़ रहा था, इसलिए उस गाँव के ऊपर के आकाश में बदरियाँ नहीं थीं। सो सूरज को अवरोधों से निपटना नहीं था। बखरी भी चुपचाप खड़ी थी, अपने रंग-रूप, मजबूती तथा धन के खेलों से कुछ-कुछ बोझिल व थकी हुई। मन्दिर के परिसर में इतना सन्नाटा था जैसे वहाँ सूरज की किरणें सो रही हों तथा एकाग्र मन्दिर उन्हें लोरियाँ सुना रहा हो। चुपचाप तो वह बदकिस्मत कुआँ भी था तथा छठ के पहले ही पम्पिंग सेटों ने उसके पानी को सोख लिया था—ऐसे में मड़हा ही बेचारा एक दर्शक की तरह वहाँ खड़ा था, मड़हा के साथ बसमतिया व उसका भाई था। सतघरिया (नाश्ते का समय) हो चुकी थी। बनिहारिनें अस्थायी निवासों की तरफ लौटने लगी थीं।

बसमतिया की सासू थोड़ा पहले आ गई थीं, उन्हें चिन्ता थी कि बसमतिया

धान काटने क्यों नहीं आई—शायद किसी विपत्ति में आया हो भाई—यह ख्याल उन्हें तब आया जब वे काम पर चली गई थीं तथा धान काटने लगी थीं। उस समय उन्हें मुनासिब न लगा था कि वे काम छोड़कर बसमतिया के भाई से हाल-चाल पूछने के लिए मड़हा तक आएँ क्योंकि सतघरिया में तो आना ही था।

कर्जा व जेल का नाम सुनकर बसमतिया की सासू माथा पीटने लगी थीं क्योंकि उन्हें पता था कि भैंस का रुपया, मुआवजावाले रुपयों से चुकता कर दिया गया था। बँधी वाली डूब की जमीन का रुपया मिला था समधी को। उन्हें यह भी मालूम था कि भैंस की खरीदारी, रुपयों का लेन-देन, मुआवजा निकासी का काम किसी नेता ने करवाया था हालाँकि उन्हें वह साल या महीना जब भैंस ली गई थी याद न था।

सासू काम पर से लौटकर बसमतिया के भाई से बतियाने लगी। बसमतिया को भाई से अलग होने का जो थोड़ा-सा अवसर मिला उसमें वह भात व तरकारी बनाने का जुगाड़ करने लगी। बर्तन तो रात में ही मँजे हुए थे। बसमतिया ने मिट्टी के तेल से चूल्हा जलाया, आग पर चार-पाँच पतली-पतली सूखी टहनियाँ रखीं तथा चूल्हे पर पानी भरा डेकची रख दिया। आग जलने लगी थी, टहनियाँ सूखी थीं। थाली में चावल निकाला जो किसी पुरानी गन्दी-सी साड़ी में गठरी की तरह बँधा हुआ था, साड़ी के दूसरे किनारे से आलू, प्याज व गोभी का आधा टुकड़ा निकाला। चावल का अनुमान लगाया कि कहीं अधिक न हो, सो अँजुरियों से नापा तथा चूल्हे के पास रखी हुई बाल्टी में से पानी निकालकर चावल धोने लगी। चावल को पानी के साथ हथेलियों से रगड़ने के बाद उसमें उसने दो-तीन बार पानी डाला तथा उतनी बार ही चावल को हथेलियों से रगड़ने की क्रिया भी दोहराई ताकि चावल धुल कर साफ हो जाए तथा उसमें चमक आ जाए।

चूल्हे के पास डेकची में उबाल खाते पानी की आवाज थी, तथा टहनियों के जलने की सू-सू जिसे बसमतिया ध्यान से सुन रही थी तथा तरकारी काट व छील रही थी। पानी के गर्म होने की मात्रा का अनुमान कर बसमतिया चूल्हे के पास गई, थाली में से चार-छह दाना चावल निकाला, डेकची का फेरा बँधी मुठ्ठी से लगाया फिर मुठ्ठी में बन्द चावल को आग के हवाले चूल्हे में कर दिया। इस क्रिया (जो रहस्यमय थी) के बाद थाली के चावल को अँजुरियों के सहारे उसने खौलते पानी में डाला। जब तक चावल पककर तैयार होता बसमतिया ने तरकारी काट व छीलकर धो भी लिया तथा मसाला पीस लिया जिसमें चार-छह दाना लहसुन, थोड़ा लाल मिर्च, धनिया तथा एक-दो कुछ दूसरी चीजें भी थीं। जीरा व काली मिर्च की तरह महँगी। जीरा व काली मिर्च को बहुत ही सावधानी से बसमतिया ने सिल-बट्टा पर पीसा तथा अल्मुनियम के एक कटोरे में हथेली के सहारे कुछ कलात्मक ढंग से उठाया था। बसमतिया की फुर्ती तथा खाना बनाने की कुशलता

देखने लायक थी इसलिए कि पहले जंगल में चूल्हे ही कहाँ होते थे ? कहाँ होती थीं डेकचियाँ ? जब फूल के बर्तन होते थे तो जंगल के गाँव भी उड़न्तू व घुमन्तू हुआ करते थे।

जंगल में निवास करनेवाले चेरो, कोखा आदि कुछ जातियाँ ऐसी हैं, जिनके लिए घूमन्तू न होना अभिशाप-सा होता है। अकसर इन जातियों के लोग बँधकर, काम करने में विश्वास नहीं करते, जैसे स्थायी रोजगारों से इन्हें घृणा हो। वैसे इधर के पचास वर्षों में इनके खान-पान, रहन-सहन में काफी फर्क आया है, जिसका कारण देहात के मैदानी इलाकों के शहरीकरण से भी जुड़ा हो सकता है किन्तु स्वतन्त्रता प्राप्ति की चाहना से तो कतई नहीं। बसमतिया चेरो जाति समूह की आदिवासी होते हुए भी आदिवासियों से कई मायनों में भिन्न दिखती तथा उसके गाँव के बिरादरी के लोग भी। इस जाति-समूह के लोग इस बात से गौरवान्वित रहते कि ये लोग ही विजयगढ़ व अगोरी के राजाओं के पुरोहित हुआ करते थे, जब उसके राजा खरवार जाति समूह के लोग हुआ करते थे। पुरोहिती के कारण ही इस जाति के लोगों को बैगा कहा जाता है—जो झाड़-फूँक, ओझाई, टोना-टोटका में माहिर हुआ करते हैं तथा करम देवता के प्रमुख पुजारी होते हैं।

चावल पक चुका था। बसमतिया ने एक छिछले कटोरे के सहारे से भात के अतिरिक्त माड़ को थाली में धीरे-धीरे गिराया फिर डेकची को आग पर बिठा दिया ताकि बचा-खुचा माड़ भी सट जाए और चावल के दाने एक-दूसरे से न सटने पाएँ। तरकारी छौंक लेने के बाद उसने भाई से नहाने के लिए कहा जो उसकी सासू से उस वक्त हँस-हँसकर बतिया रहा था, जैसे सारा तनाव खत्म हो गया हो।

खाना-पीना समाप्त होने के बाद बसमतिया भाई के साथ मायके के लिए चल पड़ी। मड़हा के बाहर निकलते समय उसे मलिक का ख्याल आया 'बचा कि मर गया'। यह कौन-सी सम्वेदना थी जिससे उसके ध्यान में मालिक आया ? बहुत देर तक वह इस सम्वेदना के कारणों को समझने की कोशिश करती रही पर उसकी समझ में कुछ न आया। खुद को उस शर्मनाक घटना से विस्थापित करते हुए बसमतिया ने भाई से पूछा—

'दुलरी की पड़ेरवा (भैंस की बच्ची) होगी न। का लगती है ?'

'पड़िया है।' भाई ने बताया।

गाँव की पगडंडी पीछे छूट रही थी। पंजोंवाला गाँव दूर होता जा रहा था। बसमतिया के लिए नैहर किसी दृश्य-सा दीखता फिर छुप जाता। धूप तेज थी, परछाईं सिकुड़ चुकी थी, जैसे हो ही नहीं। पगडंडी खुली-खुली थी, उसका बाँया-दाँया, आगा-पीछा मालिक की बखरी माफिक बन्द था। ऊपर का आकाश भी खुला-खुला व चमकदार था, एक तरह से पगडंडी अँधेरे एवं रोशनी की क्रीड़ा से बाहर थी फिर भी वह लगातार पीछे मुड़-मुड़कर देख रही थी, 'कहीं बखरी के पंजे उसका

पीछा न कर रहे हों' जबकि वह भी समझती थी कि कुत्ते भी अपने गाँव में शेर जैसे होते हैं। वैसे वह खुद को आश्वस्त कर चुकी थी कि पंजोंवाला गाँव अब उसकी तरफ कभी नहीं ताकेगा। तभी उसे लगा कि मुँह में थूक भर गया है, भाई का देखना छिपाकर उसने पगडंडी के किनारे आक-थू किया, फिर भी थूक मुँह से बाहर पूरी तरह नहीं निकला, सो उसे दो-तीन बार आक-थू, आक-थू करना पड़ा था।

नीली छतरी

'पंजों वाला गाँव' पूरी तरह से अदृश्य हो गया था, दूसरे मैदानी गाँवों के ताजे दृश्यों में। दृश्यों में खड़ंजावाली गलियाँ, सड़कें तथा कुछ पक्के मकान दिखते जो इतने आकर्षक होते कि दूसरे कच्चे मकान, फूस के घर या इन्दिरा आवास जैसे दरबे दिखते हुए भी न दिखते, जैसे वे हों ही नहीं। यदि हों भी तो चमकते एवं आकर्षक दिखते मकानों की खूबसूरती पर धब्बा छोड़ते हुए। खेत समतल थे, जिनमें क़ियारियाँ रची हुई थीं तथा मेड़ें हरियाई धरती के हरे-हरे बालों की माँग की तरह अलगियाती-सी थीं। कहीं-कहीं पकी हुई धान की फसल भी आसमान ताकती खड़ी थी तथा बनिहार उन्हें काट लेने में भिड़े दिखते थे। इन्हीं खेतों के बीच से वह चकरोड भी था जिस पर बसमतिया पैदल चल रही थी, भाई आगे-आगे था। चकरोड समाप्त होने के बाद आगे एक हल्की-सी तड़प पैदा करनेवाली नदी थी जो बरसात में नदी जैसी जान पड़ती थी क्योंकि तब उसमें मैदानी इलाकों का मटमैला पानी कुछ तेज गति से फुफकारते हुए बहता था। बारिश खत्म, नदी का फुफकारना ही नहीं नदी का नदी होना भी खत्म।

नदी बिना पुल वाली थी। उत्तर की तरफ का चकरोड नदी के उत्तरी किनारे तथा दक्षिण की तरफ का चकरोड दक्षिणी किनारे पहुँचकर ठहरे हुए थे, पुल होता तो चकरोड का उत्तर-दक्खिन हिस्सा आपस में गुँथ जाते। पुल का नदी पर न बनना दूसरी बातों के अलावा, क्षेत्र के लिए बहुत बड़ा राजनैतिक मुद्दा था। पुल के मुद्दे पर क्षेत्र की छोटी-बड़ी राजनीतिक पार्टियाँ समान विचारधारा वाली थीं तथा वे मौके-गैर मौके भू-भू करने व चिंचियाने में चूकती न थीं। स्थानीय तथा कुछ बड़े अखबार पुल के समाचार को दो-तीन कॉलम में तब लिखते थे जब उनके पास कुछ विशेष न होता था। कहते हैं कि शिलान्यास प्रेमी कुछ मन्त्रियों ने एक-दो बार इस पुल का शिलान्यास भी किया था। कहने-सुनने से क्या होता है, आने को तो कुँवरसिंह भी इसी चकरोड से, इसी नदी को पार करते हुए रामगढ़ आए थे। अब तो स्थानीय लोगों की राय है कि यदि गांधी भी इसी नदी से होकर गुजरे होते, यहाँ प्रार्थना सभा की होती या *हरिजन* का एक-दो अंक ही निकाले होते तथा

इस क्षेत्र को चंपारण बना दिया होता तो भी कुछ फर्क न पड़ता।

मौसम जाड़े का था पर पैदल चलने से शरीर पर जाड़े का असर न था। धूप गर्म नहीं थी तथा सूरज उनके सिरों की सीध में भी न था। ऐसे में शरीर को बिना पसीनेवाला रहना चाहिए था पर ऐसा न था, वे दोनों पसीना-पसीना थे। कुछ ही देर बाद वह पक्की सड़क आनेवाली थी जिसने किसी समय शक्तिशाली समझी जानेवाली प्रधानमन्त्री इन्दिरा गांधी को बीच रास्ते में ही रोक दिया था। जब वे इस सड़क के आधे हिस्से पर थीं, जहाँ से मुख्यालय अधिक-से-अधिक पन्द्रह किलोमीटर की दूरी पर स्थित था, तत्कालीन जिलाधिकारी ने अपने सुरक्षा इन्तजामों का मैदानी इलाकों की तरफ न होना बताया था तथा भावी आशंकाओं से स्वयं को बरी कर लिया था। तब श्रीमती गांधी वहीं रुक गई थीं, एक कदम भी आगे न बढ़ सकी थीं, जबकि स्थानीय कांग्रेसियों की रिरियाहटों से वह प्रभावित जान पड़ती थीं कि उन्हें मैदानी इलाकों के छोटे-छोटे बाजारों तक पहुँचना चाहिए। यह सड़क भी तब उनके ठहराववाले स्थान से पूरब की ओर एकदम कच्ची थी तथा धूल से भरी हुई थी जिसकी धूल गर्मियों में हवा के झोंकों के संग उड़ती तो लोग अनुमान करते कि धूल बिहार तक जाती होगी।

कच्ची सड़क की भूरी धूल तो तत्कालीन प्रधानमन्त्री पर भी पड़ी थी, एक तरह से धूल कणों ने उन्हें अपने में ढँक लिया था जैसे वे कहना चाह रही हों कहाँ जाएगी तू। तू तो भारत है 'आ तू भी मुझमें समा, जिसमें पूरा भारत समाया हुआ है, चल थोड़ा आगे बढ़—पहाड़ों की तरफ, वहाँ देख भूख और बेकारी का खेल, वे भी तुझे देखेंगी, तुझ पर झूम-झूम जाएँगी। तुम्हारा वहाँ जाना, पहाड़ों, जंगलों—वहाँ के जीवन तक किसी मृग मरीचिका का जाना होगा। फिर भी चल थोड़ा आगे बढ़। तू वहाँ जाकर, पसीने की गन्ध व भूख की ऐंठन महसूस कर नारा लगा सकती हो—'दूसरी आजादी का', भूख एवं बेकारी तथा भय से मुक्ति का। खुले आकाश में तुम्हारा यह नारा, भूत बने तमाम नारों को रौंदता हुआ सिर्फ एवं सिर्फ हो जाएगा। पर इन्दिरा जी धूल में कुछ ऐसा घिर गई थीं, कि एक कदम भी आगे न बढ़ पाई थीं, सारा प्रशासनिक इन्तजाम भी वहीं से पीछे लौट चुका था। एक अतीत, दूर खड़ा था, जो किसी चौकीदार की तरह खड़ा ही रह गया था।

अतीत के इस पड़ाव से बसमतिया कब निकल गई, उसे कुछ याद न रहा, भाई तो सिर्फ गाँव देख रहा था तथा उसकी दूरी नाप रहा था। बसमतिया के लिए यह सड़क इसलिए महत्त्वपूर्ण नहीं थी कि इस पर कोई प्रधानमन्त्री आई थीं या कि कुँवर सिंह इधर से होते हुए बड़हर रियासत तक गए थे। उसके लिए महत्त्वपूर्ण यह था कि यह सड़क पहाड़ व जंगल के लोगों को शहरों से जोड़ती थी। इस सड़क के दो-तीन किलोमीटर के बाद वह बाँध था जिसे अंग्रजों ने बँधवाया था। एक जमाने की मशहूर नदी घाघर को कुछ इस तरह बाँध दिया गया था कि वह

किकुड़ियाकर बन्धे की मोटी-मोटी दीवारों से चिपक गई थी। नदी की तूफानी गति को रोकने एवं उसका मनचाहा उपयोग करने की इस कला को उस जमाने के लोग देखकर घबरा गए थे। आज के लोग तो कलाओं को सिर्फ मनोरंजन का उद्दीपन मानते हैं। धंधरौल नामक बन्धे के करिश्मों के बाद क्षेत्र के लोगों की आँखें सीमेंट के कारखाने की ऊँची चिमनियों पर टिक गई थीं जो निरन्तर अलग किस्म की बदरियाँ आसमान में रचा करती थीं। मजे की बात यह कि धंधरौल बन्धे से निकाली गई नहर का पानी सोनभद्र के इलाकों को बहुत कम मिलता था, वह दूर जाकर मीरजापुर को सिंचित करता था। यही हाल था चुर्क से निकलनेवाले सीमेंट का। आज तो फैट्री के खंडहर ही बचे हैं।

सोनभद्र का इलाका तब भी रोटी की लड़ाई लड़ रहा था तथा आज भी।

बसमतिया तथा उसका भाई दोनों के लिए धंधरौल बाँध या चुर्क सीमेंट फैक्टरी दोनों ही कोई ऐसी विषय-वस्तु नहीं थे जिस पर वे सोचते, न ही वे दोनों शहरियों माफिक इस स्थान को पिकनिक की जगह ही मानते थे, उनके लिए ये दोनों मानव बुद्धि की उपलब्धियों तथा प्रकृति के उपादेयों जंगल, पहाड़, नदियों में कोई अन्तर न था सो वे इनकी उपस्थिति से बेखबर थे। बन्धे का विस्तार तीन-चार किलोमीटर के बाद समाप्त होता था, जहाँ घाघर का वह किनारा था जिससे उसका अतिरिक्त बरसाती पानी निकलता था। उसके बाद से बाँस के जंगल आरम्भ होते थे। इन्हीं जंगलों के बीच में बसमतिया का नैहर (मायका) था।

जहाँ तक बसमतिया का सवाल था, वह उन हलचलों में डूबी हुई पैदल चलने में मगन थी कि बपई का, का होगा ? का होगा कर्ज का ? भाई जल्दी में था कि कब घर पहुँचे तथा अमीन से मिले जो प्रधान जी के यहाँ ठहरा था। उन दोनों को उस दूसरी दुनिया का कतई पता न था जिसके भीतर मनुष्यों को पशु बनाने का कारबार चलता रहता है और सामाजिक, आर्थिक व राजनीतिक व्यवस्था का नाम दिया जाता है। उनके पास न तो अन्याय की समझ थी, न ही मनुष्यों के प्राकृतिक अधिकारों की कोई जानकारी थी सो वे प्रकृति के किसी जड़ उत्पादन की तरह महज एक उत्पादन थे, जिनकी चेतना, सिर्फ पसीनों की गन्ध में सराबोर होने तक सिमटी हुई थी। व्यवस्था का विरोध नाम की चीज उनके पास न थी कि दूसरी दुनिया में, शान्तिपूवर्क या नरमी से कुछ भी हासिल नहीं किया जा सकता।

बसमतिया नैहर की गन्ध में थी, जो ममतामयी तथा सोंधी थी। परिचित पगडंडियों का आकर्षण उसे प्रभावित नहीं कर रहा था। हाँ, पहाड़ों के ढलानों व चट्टानों को देखते ही वह घबरा जाती थी। घुमावदार पहाड़ों की सरकती देह भी उसके लिए परेशान करनेवाली बात थी, नहीं तो पहले वह घुमावदार पहाड़ी मोड़ों को किसी मोटी औरत के पेट के मोड़ों की तरह कल्पना करके रोमांचित होती थी। सामनेवाले दोनों पहाड़ के सिर ऊपर आसमान में जाकर एक-दूसरे से मिले हुए

दिखते थे। वह उन दोनों को एक स्त्री-पुरुष या पागल प्रेमी-प्रेमिका मानती थी जो खुलेआम, बिना लोक-लाज देह-यात्रा के लिए तत्पर जान पड़ते थे। एक क्षण के लिए उसे लगा कि उस पहाड़ी में से जगदा निकल रहा है तथा उसकी तरफ उसे ढूँढ़ते हुए चला आ रहा है। जबकि ऐसा नहीं था फिर भी उसने भाई की ओर देखा जो रास्ता चलने में तल्लीन था। उसे प्रसन्नता हुई कि भाई उसके मन की हलचलों को नहीं समझ रहा है, हो सकता है कि वह भउजाई के मन की तहों को खँगाल रहा हो। इधर के वर्षों में बसमतिया मन की हलचलों को विस्थापित करने में निपुण हो चुकी थी फिर भी जगदा की स्मृतियाँ उसे हिला-हिला जातीं। वह स्थिति उसके लिए ऐसी होती जैसे वह किसी पेड़ माफिक कट-सी गई हो, जिसकी डालें लोग-बाग काट रहे हों तथा पेड़ के जरूरी उपयोगों के लिए तत्पर हों।

बसमतिया जब बाँस के जंगल से गुजर रही थी ठीक उसी पल वह जंगल भी उसके भीतर गुजर रहा था। पहाड़ियाँ जो बाहर दिखतीं, उनकी ऊँचाइयाँ तथा जड़ताएँ भी उसके भीतर जगह बना रही होतीं। उसे लगता जैसे वे ताना मार रहे हों, बीते दिनों की तरह लौटा रहे हों। साखू-मछुआ, शीशम के पेड़ों को देखकर उसे कतई एहसास न होता कि इनमें कई-कई कुर्सियाँ, मेजें, पलंगें या कि खिड़कियाँ, दरवाजे हैं। जिन्हें खूबसूरत मकानों में सजाकर रखा जाएगा, इनकी बिक्री होगी तथा यह भी कि ये बाजार हैं, नोट हैं। उसे तो लगता कि ये मजबूत हैं तथा इनकी मजबूती बिना किसी के सहारे है। इस पहाड़ की कठोर धरती को चीरकर इनकी जड़ों ने अपने लिए जगह बनाई है। जबकि आदमी अपने दुखों को भी चीरना नहीं जानता।

जंगलों से गुजरते हुए कुछ एक बार जगदा की ओझल स्मृतियाँ भी आईं जो उसके लिए इस माने में उल्लेखनीय थी कि रास्ते से कुछ दूर वाली खोह जैसी जगह पर एक बार अचानक जगदा की देह उसके नियन्त्रण से बाहर हो गई थी फिर तो...वह सब हुआ था जिससे उसे आनन्द की अनुभूति तो कतई न हुई थी, हाँ घृणा भी नहीं हुई थी। तभी उसे यह भी महसूस हुआ था कि जगदा के पंजों तथा मालिक के पंजों में कोई फर्क न था। फर्क था तो सिर्फ यह कि उसने जगदा के पंजों का विरोध नहीं किया था फिर भी उसका मन देह कौतुक की चरम स्थिति से जुड़ नहीं पाया था, जो कुछ हुआ था वह जवानी की जोशीली व स्व-स्फूर्त दुनिया में लौटने जैसा था जो चित्ताकर्षक होते हुए भी आकर्षण-हीन था।

जंगल का विस्तार काफी था, कम-से-कम दो-ढाई घंटे की यात्रा शेष थी। जब बसमतिया स्मृतियों के आलिंगन से थोड़ा मुक्त हुई तो उसे लगा कि वह तनावग्रस्त है तथा बपई के कर्ज की चिन्ताओं से परेशान भी, सो आसान-सी तथा मँजी हुई यह पैदल यात्रा उसे काफी कष्टकर लगने लगी है। जैसे पैर थकानों में हों तथा आँखें जंगल की उन्मुक्तता देखने से इनकार कर रही हों। तभी उसने यह

भी महसूसा कि भाई भी थक गया होगा, आगेवाले नाले पर रुकना ठीक रहेगा। सूरज अभी पश्चिम की अपने डूबवाले स्थान से काफी पीछे था, वह भी थक गया हो शायद। बसमतिया ने भावुकतापूर्ण ढंग से भाई से पूछा तथा आग्रह भी किया–

'आगे नाले पर रुकोगे क्या ? वहाँ आँगनबाड़ी केंद्र वाला चापाकल ठीक है न। वहीं थोड़ा रुक लिया जाए।'

भाई भी रुकना ही चाहता था, उसे भी प्यास लगी थी–उसने चापाकल के बारे में बताया कि ठीक है, अब आज कैसा है क्या मालूम, वह तो कभी भी बिगड़ सकता है, चलो वहीं रुकते हैं, पास ही में गवहां (यादव) का कुआँ है, पंपिंग सेट वाली टंकी में पानी भरा होगा।

पैदल यात्रियों के स्थायी ठहराव जैसा केंद्र आँगनबाड़ी जब आया तब वे दोनों वहीं रुक गए, आँगनबाड़ी का बरामदा चौड़ा तथा लंबा था, उसकी फर्श उखड़ी हुई थी तथा दीवारें मौसम की मार से जर्जर हो चुकी थीं। हालाँकि गिरनेवाली न थीं। छत की स्थिति भी ठीक न थी। ब्रामदा देखकर अनुमान होता था कि वह बिना निगरानीवाला कोई भवन था। फर्श पर जगह-जगह गोबर पड़ा था–जिससे घिन होना स्वाभाविक था तथा प्रथमदृष्टया वह बैठने या सुस्ताने लायक जगह न थी। सो वे दोनों आँगनबाड़ी के दक्षिणवाले महुआ के पेड़ के पास गए। वहीं सुस्ताना उन्हें ठीक लगा। आँगनबाड़ी के सामने वाला चापाकल चालू था। थोड़ा सुस्ताने तथा पसीना वगैरह पोंछ-पाछ लेने के बाद उन दोनों ने पानी पिया। बसमतिया के झोले में गुड़ था तथा भूना हुआ दाना था जो जस-के-तस पड़ा रह गया, उसे किसी ने नहीं खाया। खाने या चबाने की इच्छा ही समाप्त थी। जबकि बसमतिया ने भाई से दो-तीन बार चबाने के लिए आग्रह भी किया था। अकेले बसमतिया चबाती नहीं, उसे भूख होती तब भी संस्कारों के विस्मयकारी दबावों के कारण, जिसके कारण आदमी अक्सर परेशान व हताश रहा करता है। मन व तन के मामलों में भी वह काफी कुछ जड़ जैसी थी। दुखों, घुटनों व संत्रासों से संतापित रहना उसकी नियति बन गई थी, जैसे वह खुद द्वारा निर्णीत नैतिकता को सारी दुनिया की नैतिकता समझ रही हो तथा खुद को नैतिक कहलाए जाने का प्रचार कर रही हो। जबकि सचाई यह थी कि वह 'प्रचार' की व्यावसायिकता को कतई नहीं जानती थी।

उन दोनों के सुस्तानेवाली जगह जहाँ थी, वहाँ से गाँव की दूरी करीब थी जिसे तय करने में आधा घंटे का समय लगता, वह एक पहाड़ीनुमा जगह थी–उसके नीचे ढलुआ स्थान था जो काफी विस्तृत तथा घना दिखता था, जिसमें बाँस के पेड़ न दिखते थे लेकिन मोटे-मोटे दरख्तों की झलक दिखती थी। इस स्थान की सबसे बड़ी विशेषता थी कि यहाँ से जंगली गाँव के टोले दिखते थे जो पहले बाँस के जंगल में अदृश्य से हो गए थे। इस पहाड़ी पर जंगली टोलों से छनकर निकलनेवाली जीवनदायिनी हवा की खुसुर-फुसुर व सरसराहटें थीं। चिड़ियों की

चहचहाटें भी यहाँ पहले से तेज थीं तथा आकाश साफ दिखता था। अलबत्ता सूरज का दिखना साफ न था, वह पहाड़ों की ऊँचाइयों में कहीं फँसा हुआ था। जबकि सूरज की रोशनी आसमान में थी। कुछ देर सुस्ताने के बाद वे दोनों पगडंडी पर चलने लगे। पगडंडी यहाँ से पूरब की तरफ मुड़ी हुई थी।

उन दोनों की यह पैदल यात्रा उन बातों से भरी हुई थी जिनके सरोकार बपई के कर्ज चुकता करने से थे—जैसे उन दोनों के पास उसके अलावा कोई बात ही न हो। बातें होतीं तो वे इतनी थकाऊ व लम्बी यात्रा के दौरान देश की हालत, राजनीतिक पार्टियों के वादों, बंजर जमीन के बँटवारों, जंगल विभाग के बद-इन्तजामों आदि के बावत बातें कर रहे होते पर ये बातें तो तथाकथित सभ्य कहे जानेवाले लोगों के बीच, किसी चायखाने, ऑफिस, क्लबों आदि में होती हैं। वैसे मोटेतौर पर बसमतिया वाकिफ थी कि जो जितना बड़ा व धनी है उसका पेट व फेंटा भी उतना ही बड़ा है। सो वे दोनों सिर्फ कर्ज के बोझ से बरी होने के बारे में ही सोच सकते थे। उनकी रोजी-रोटी तथा मिहनत-मजूरीवाली एक अलग दुनिया थी जिसके बारे में उन्हें केवल यह मालूम था कि वे उस दुनिया के जन्मना नागरिक हैं तथा पूर्वजन्म के प्रतिफल हैं, सो उन्हें अभिशप्त एवं अभिशापित रहना है। अपने अभिशाप को उदात्त एवं हसीन बनाने की उनकी कोशिशें भी सीमित थीं जिनके निमित्त वे अपने मानसिक व दैहिक शोषण को भी भाग्यफल समझते थे। बसमतिया का मिजाज थोड़ा अलग था सो वह उन लोगों के विरुद्ध बेरहमी से पेश आती थी जो दूसरों को मूर्ख बनाने की कला में माहिर होते थे तथा अपना व्यक्तिगत काम भी दूसरों से करवा लेना अधिकार समझते थे। बसमतिया इसी उधेड़बुन में थी 'आखिर अमीन से वह किस तरह की बातें करेगी ?'

गाँव नजदीक आता जा रहा था, जिसकी अनुभूति उन दोनों तक पहुँच रही थी। गाँव तक की पहुँच के सारे निशान कभी बाएँ तो कभी दाएँ दिखते, जैसे वह बुढ़वा पीपर, सती माई वाला चबूतरा सब पीछे छूटते जा रहे थे। पगडंडी की बाईं ओर वह सरकारी बन्धी थी, जिसमें उसके बपई का खेत डूब गया था तथा उसका रुपया नेता जी के पेट में चला गया था। कर्जदार बनाने व जमीन लीलनेवाली वह बन्धी देखते ही बसमतिया गुस्से में आ गई। मुँह के भीतर बुदबुदाने या भला-बुरा कहने के अलावा उसके पास था ही क्या... ? बन्धी के बगल से चलते हुए उसे गाँव तक पहुँचना था जो बन्धी के पास से एकदम सामने था। उसे लगा कि वह गाँव में है, अपने घर में है तथा पूरा गाँव किसी नीली छतरी से ढँका हुआ है जबकि वहाँ सिर्फ आकाश का घेरा था, भला नीली छतरी जंगली गाँवों पर कैसे होती !

बसमतिया के मुँह से आह निकली जो मायके तक उसके साथ चली आई।

इन्द्रधनुष

बसमतिया जब अपने मायके पहुँची उस समय सूरज अँधेरे में डूबनेवाला था। गाँव में शाम के आने की खबरें थीं। गायों, बछड़ों, बैलों का झुंड गाँव में यत्र-तत्र से दाखिल हो रहा था। लोग-बाग शाम के उन कामों को निपटा रहे थे जो ज्यादातर बँधुआ पशुओं के बावत हुआ करते हैं। मसलन, सानी, भूसा, चारे का इन्तजाम। गाँव की गलियाँ पहले जैसी थीं, पतली-सिकुड़ी तथा अस्त-व्यस्त। जगह-जगह उन पर खड़ंजा की शक्ल में ढोकें बिछे थे, कहीं-कहीं उखड़े हुए थे। गलियाँ थकी हुई तथा अलसाई जान पड़ रही थीं, उनमें शाम का स्वागत करने जैसा उत्साह कतई नहीं दिख रहा था।

बसमतिया इन गलियों का दुआ-सलाम लेती हुई कुछ मन्थर गति से गुजर रही थी जैसे उसका इन गलियों से नाता टूट गया हो या हो भी तो उसमें बदलाव आ गया हो। गाँव के पूर्वी किनारे पर बसमतिया का मायका था, उसे गाँव के पश्चिमी किनारे से होते हुए पूर्वी किनारे तक पहुँचना था...रास्ते में लोग उसके भाई से पूछते...'कब चले थे'। वे अन्दाजा लगा रहे होते कि भाई बसमतिया के गाँव से आ रहा होगा उसकी विदाई करा कर। भाई बसमतिया के आने-जाने के बारे में कुछ न बताता, सिर्फ कहता, 'सुबह चला था'। एक छोटा-सा जुमला, लम्बी बातचीत रोकने में समर्थ था।

थोड़ी ही देर में बसमतिया अपने घर में थी जहाँ उसके शुरुआती सोलह साल बीते थे। घर में दाखिल होते ही भउजाई मिलीं, उसे लगा जैसे उसकी उम्र सामने खड़ी हो उसके स्वागत में। भउजाई उस समय घर का काम निपटा रही थी। उसके हाथ में सींक का झाड़ू था, दूसरे हाथ में पलरा था, शायद घर बुहार रही थीं। बसमतिया अपनी 'अइया' को देख रही थी, अइया वहाँ न थीं—'कहीं गई होंगी, अगल-बगल।'

भउजाई ने बसमतिया के हाथ से झोला ले लिया तथा आँगन के एक कोने में बोरा बिछाते हुए बसमतिया से बैठने के लिए कहा। भाई बाहर खटिया निकालकर उस पर पसर गया था। बसमतिया बोरे पर बैठी ही थी कि पासवाले बरामदे से

भउजाई गुड़ और एक लोटा पानी ले आई...'ले पी ले दीदी भाई को भी गुड़ देकर आती हूँ।' भउजाई तेज थी। कब गई, कब आई बसमतिया के लिए अन्दाज लगाना मुश्किल था। बसमतिया बोरे पर बैठे-बैठे कुछ गुन रही थी कि भउजाई एक बाल्टी पानी और एक अल्युमिनियम का बड़ा सा भगौना ले आई। बसमतिया ने यन्त्रवत अपने पैरों को भगौने के ऊपर चढ़ा दिया। यह देहाती परम्परा थी जो अब भी जीवित बची हुई थी। बसमतिया का पैर भउजाई धोने लगी थी। धूल से सने पैरों में चमक आ गई तथा बसमतिया को लगा कि वह थकी हुई नहीं है।

'बाबू कहीं गया है का'—बसमतिया ने पूछा।

'हाँ दूकान की तरफ थोड़ा सरसों था ले गए हैं, उन्हें सुबह ही जाना था पर अमीन के यहाँ से देर में लौटे थे।' भउजाई ने बताया। भउजाई की बोली पतली व मीठी थी, जैसे कम उम्र हो जबकि वह एक बच्चे की माँ थी।

बसमतिया यादों के बरामदे में पहुँचकर खुश-खुश थी कि कुछ भी बदला नहीं है, भउजाई पहलेवाली ही है। अइया और बपई के बदलने का सवाल ही नहीं।

'अमीन कहाँ रुका है ?'

बसमतिया के पूछने पर भउजाई ने बताया कि 'प्रधान जी के यहाँ...'

बसमतिया सोचने लगी कि रात में जाना ठीक नहीं होगा, उसने भाई से पूछा...भाई ने भी रात में अमीन के यहाँ जाना ठीक नहीं बताया...।

आँगन में एक किनारे पर खटोला पड़ा था, जिस पर उसका भतीजा सोया हुआ था—उसके बगल में जाकर बसमतिया पसर गई—भउजाई ने बसमतिया का लेटना देखकर पूछा—

'खटिया लाती हूँ दीदी ! घर में पड़ी है।'

'नाही भउजी ! रहने दो बस यूँ ही...सोना नहीं है।' कहते हुए बसमतिया ने करवट ली। भउजाई फिर खाना बनाने के इन्तजाम में लग गई थी। घर में चावल व आटा था, थोड़ा-सा आलू भी बचा हुआ था। समय इतना था कि वह सास के आने की प्रतीक्षा कर सकती थी—जाने उसकी खाना बनाने के बारे में क्या राय हो ! यह पक्का नहीं था सो भउजाई ने चूल्हे में गोइठा (उपला) व लकड़ी लगाकर उस पर बोरसी में से आग का दहकता अंगारा निकालकर रख दिया जिससे चूल्हे में आग दहकने लगे, खुद भगौनों पर लेव लगाने लगी। लेव में पहले उसने गीली मिट्‌टी की एक पर्त लगाई फिर उस पर गोइठा की राख चढ़ा दी।

सास आ चुकी थीं तथा बसमतिया से हाल-अहवाल का लेन-देन कर रही थीं, उसी समय भउजाई ने सास को अलग बुलाकर पूछ लिया कि खाने में क्या-क्या बनेगा ? इस तरह के सवाल घर के भीतर तब उठा करते जब कोई विशेष मेहमान आया होता है। बसमतिया सदैव विशेष मेहमान की तरह इस घर में सम्मानित रही है जबकि गाँव के घर में ऐसा आम तौर पर नहीं होता; विवाहित लड़कियाँ भी

सामान्य सदस्यों की तरह घर में समझी जाती हैं।

बैंक का कर्जा तथा अमीन की सख्त वसूली से पूरा घर आतंकित था। आतंकित वैसे सभी घर नहीं होते, कुछ तो ऐसे होते हैं जहाँ भयानक से भयानक आतंक भी काँपते रहते हैं, उनके पैरों से धरती खिसक रही होती है तथा बिना पाँखवाले परिन्दे की तरह हर उड़ान में गिर-गिरकर चोटिल हो रहे होते हैं। बसमतिया का घर उन लौह शिकंजों वाला न था। न ही उसमें लोहे तथा गिट्टी के खजाने को गाड़ा गया था। वह पुरातत्व का कोई नमूना भी न था। घर की दीवारें बीसवीं शताब्दी को चिढ़ाती हुई-सी थीं। छाजन का खपैरल, विज्ञान की तरक्की का कोई भद्दा नमूना था जो शताब्दियों पुराना था। शायद आदमी ने जब घर बनाने की अनिवार्यता महसूस की होगी, गुफावाली कष्टकर जिन्दगी से परेशान हुआ होगा तब जो उसने माटी जोड़ने, जोड़-तोड़कर दीवार बनाने की कला का ईजाद किया होगा। वह आदिम घर। फिर भी बसमतिया का घर इस मायने में ठीक था कि बहुतों के पास भले ही घर बनाने की कला हो पर जमीन नहीं थी जिस पर वे इस तरह का आदिम घर भी बना पाते। अभी तक हवा में लटके हुए लोगों की तरह हवा में झूलते घरों को बनाने की कला का ईजाद करना विज्ञान ने अपनी कार्य-सूची में शामिल नहीं किया है।

आतंकित घरों के दरवाजे चीख रहे होते हैं, रातें नशीली दवाओं की गिरफ्त में होती हैं तथा नींद लोकतान्त्रिक बनने की फिराक में न घर के भीतर होती है न बाहर। कानूनों के कारिन्दे आतंकित घरों की विवेचना कर रिपोर्ट तैयार करते हैं कि मुल्क में कानूनों की अवज्ञा का कोई खतरा नहीं। राजाज्ञाओं के अनुपालन करने व कराने में तथा विशेषज्ञता हासिल करने की कामना में वह सब भी वे भूल जाते हैं जिन्हें एक मनुष्य होने के नाते उन्हें याद रखना चाहिए कि जहाँ कहीं भी राजाज्ञा की अवज्ञा होती है वह महज अभिव्यक्ति की एक किस्म होती है, जिसमें विरोध तो होता है पर राजाज्ञा के प्रति विद्रोह कतई नहीं होता।

विरोध या विद्रोह जैसी कोई भी चीज बसमतिया के घर में नहीं थी। बसमतिया के बपई के घर में ही नहीं पूरे गाँव व जवार में शासितों की वह जुबान थी जो आदिम थी, जिसमें स्वतन्त्रता के बाद भी रंच मात्र बदलाव नहीं आया था सो पूरा घर बैंक के आतंक से बचने की चिन्ता में था कि उसे नीलाम न होना पड़े, बपई को जेल न जाना पड़े। यह इक्कीसवीं शताब्दी की वह चिन्ता थी जो छोटे व प्रभावहीन लोगों के घरों को लूटने जैसी थी।

घर में यह उम्मीद भी कहीं कोने में पड़ी थी कि बसमतिया शायद लूटे जाने से घर को बचा सके, यदि ऐसा न भी सम्भव हुआ तो कम-से-कम घर को मूर्खताएँ नहीं ओढ़ाई जाएँगी कि अमीन ने नेता जी की तरह ठग लिया। बसमतिया इसी उधेड़बुन में थी। उसके लिए बैंक के कर्ज से निपटारे का मामला उलझन भरा व

तनावपूर्ण था। भाई, बपई तथा अइया सभी आश्वस्त थे कि बसमतिया तेज-तर्रार है, निश्चित रूप से कोई हल निकालेगी जिसमें ठगी या धोखाधड़ी किस्म की कोई बात न होगी।

अमीन दूसरे दिन प्रधान के दरवाजे पर मिला था। वह एक खुशगवार सुबह थी, दरवाजे पर रेडियो तेज आवाज में खबरें बाँच रहा था कि बाबरी मस्जिद का मामला आम सहमति से ही निपटाया जा सकता है। मामले की जाँच करनेवाले आयोग ने कई वर्तमान व निवर्तमान मन्त्रियों को बयान देने के लिए तलब किया है। देश की आर्थिक व्यवस्था मौजूदा साल में सुधरी है तथा मन्दी की रफ्तार कम हुई है, रोजगार के अवसर बढ़े हैं एवं शिक्षा व स्वास्थ्य के क्षेत्र में मौजूदा सरकार ने पिछली सरकारों की तुलना में काफी प्रगति की है—फिर बार-बार रेडियो कह रहा था कि प्रधानमन्त्री ने यह कहा है, प्रधानमन्त्री ने वह कहा है...पन्द्रह मिनट का यह समाचार अंश प्रधानमन्त्री से ही भरा था जैसे प्रधानमन्त्री के अलावा देश में दूसरे समाचारों की कमी हो। फिर भी रेडियो का समाचार अखबारों की तुलना में काफी प्रभावकारी होता है, कम-से-कम उसमें बलात्कार के किस्से, भ्रष्टाचारियों की तस्वीरें वगैरह तो नहीं होतीं। वैसे प्रधान जी के यहाँ उपस्थित लोगों के कान अमीन की तरफ ही थे, रेडियो तो यूँ ही बक-बका रहा था, उसका काम है बक-बकाना।

प्रधान जी के यहाँ भैसों के कर्जे वाले पाँच जन और थे, बसमतिया का बपई छठा आदमी था। अमीन कर्जदारों को सख्त हिदायतें दे रहा था। एक तरह से वह कानून को परिभाषित कर रहा था कि कानून के हाथ शान्तिप्रिय व न्यायप्रिय लोगों के लिए लम्बे व मजबूत होते हैं। फिर वह किसी पैगम्बर की तरह समझाने लगा कि समाज में रहने के लिए जरूरी शर्त होती है, कर्जों से उऋण होना। कर्ज का भुगतान न करना पाप है। इसी तरह बहुत कुछ जो बसमतिया को रुचिकर नहीं लग रहा था।

बसमतिया के बपई को देखकर अमीन उनकी ओर मुड़ा...'भाई, तूँ का कर रहा है, जेल चलेगा कि कर्जा देगा ?' अमीन की आवाज में सख्ती थी जो सरकारी लोगों की पुरानी धुन की तरह ही थी, उसमें कोई बदलाव न था।

'कितना कर्जा है साहब ?' यह बसमतिया की निरीहता भरी आवाज थी जो अमीन के लिए बेअसर थी, चूँकि आवाज में नर्मी व स्वर में सन्तुलन था जिसने अमीन को प्रभावित किया। फिर तो अमीन बसमतिया को देखने लगा जैसे वह देखने के लिए ही बनी हो। हो सकता है अमीन तजवीज रहा हो 'यहाँ कौन माई का लाल है जो सारा कर्जा चुका दे वह भी एक बार में'। भारत सरकार तो सरकार है, कर्जे में डूबी हुई, उसके वश का नहीं कि कर्जा चुकता कर दे। अमीन ने प्रति सवाल किया, जो अमीन की कुटिल हँसी से निकला—

'देना है क्या ?'

'बिना दिए भी काम चल जाएगा क्या ?' बसमतिया ने पूछा...वह पूछकर अमीन को देखने लगी—बसमतिया द्वारा फटाका पूछना, अमीन के मुँह लगने जैसा था जिसे देहाती समाज में 'मनबढ़ों' के काम जैसा माना जाता है, सो वहाँ उपस्थित लोगों में कानाफूसी चलने लगी कि यह कब आई ? पर पूछे कौन, क्योंकि प्रधान जी के दरवाजे पर अमीन की उपस्थिति से गाँव का भाई-चारा छिन जैसा गया था, लगभग आतंक जैसा वहाँ था कि चुप रहो और देखो...

अमीन ने बसमतिया को फिर ऐसे देखा जैसे उसका अपमान वगैरह हो गया हो, पर करता क्या ?

'कुल आठ हजार हो गए हैं' अमीन ने बताया।

अमीन के बताने के बाद बसमतिया ने कर्ज के बाबत वह कहानी कहना शुरू किया जिसे वह जानती थी। वह क्या सारे कर्जदार जानते थे कि मुआवजे के एवज में भैंसें मिली हैं। कहानी का पहला हिस्सा जो नेताजी से जुड़ता था, उसे बसमतिया ने कहा ही था कि अमीन ने रोक दिया—'बस करो...यह सब मैं कल से सुन रहा हूँ, तुम सभी लोग मैनेजर साहब के यहाँ चलो, वही कुछ रास्ता निकाल सकते हैं, इस मामले में मैं कुछ नहीं कर सकता।'

अमीन की यह ऐसी कानूनी लाचारी थी जो उसे पद नियोजन में छोटा बनाती थी तथा सीमित अधिकार देती थी कि तुम उतना ही कर सकते हो जितना तुम्हें निर्देशित व आदेशित किया गया है। तुम्हें अपने स्तर से उस विवेक व सहानुभूति के प्रति कतई नहीं सोचना चाहिए जो आदमी होने के नाते तुम्हें प्रकृति द्वारा स्वतः प्राप्त है।

अमीन के कहने के बाद दरवाजे पर कुछ देर के लिए जो खामोशी पसर गई उसी दौरान अपनी लोकप्रियता का निर्वाह करते हुए प्रधान जी ने कर्ज की उस कहानी को अमीन को सम्बोधित करते हुए पुष्ट किया जिसे सुनकर अमीन अपनी गर्दन बाएँ-दाएँ हिलाता रहा, हाँ हूँ करता रहा तथा चेहरे पर सहानुभूति का भाव चस्पां करता रहा।

अमीन ने ही कर्जदारों को अवसर दिया कि वह एक घंटे बाद मैनेजर के यहाँ पहुँच जाएगा, तब तक वे लोग बैंक पर आ जाएँ, वह इन्तजार करेगा।

सारे कर्जदार किसी परिन्दे की तरह बैंक पर पहुँचने के बारे में सोचने लगे थे जबकि सच यह था कि सिवाय पैदल चलने के उन्हें दूसरे किस्म का साधन उपलब्ध नहीं था। सड़क थी वह भी कुछ इस तरह की, जैसे कोई खेत हो, पर यह था कि सड़क के नाम पर जमीन बची हुई थी जिस पर कब्जा करनेवालों ने कब्जा नहीं जमाया था। बैंक तक पैदल जाने में कम-से-कम डेढ़ घंटा तो लगता ही सो, समय इतना भी न था कि वे कुछ दूसरी बातें सोचते, नहाना-खाना वगैरह

के बारे में।

जो जिस हाल में था उसी तरह उन्हें बैंक पहुँचना था। उनमें कुछ ऐसे थे जो लेन-देन करके मामले को निपटाने की चिन्ता में थे। प्रधान ने उन्हें आश्वस्त भी किया था...कोई भी कानूनी संकट ऐसा नहीं जिसे लेन-देन के जरिए न निपटाया जा सके। यह बात कर्जदारों को जँच गई थी। बसमतिया को अलग बुलाकर प्रधान ने समझाया था–

'देख बिटिया ! सरकारी आदमियों से लड़ा नहीं जाता, कुछ ले-देकर मामला निपटा लिया जाता है। तू न जानती होगी ट्रैक्टर वालों, पम्पिंग सेट वालों के यहाँ लाख-लाख बाकी हैं वे जेल कहाँ जा रहे हैं जबकि उन लोगों का कागज पत्र भी बैंक ने तहसील भेज दिया है। अमीन आता है, कुछ पा जाता है, लौट जाता है।'

यह कर्ज के आधार पर आर्थिक स्थिति सुधारे जाने की कला थी जो काफी लोकप्रिय थी तथा मृग-मरीचिका की तरह गाँवों की आँखों पर थी। ज्यादातर कर्जदार कर्ज चुकता करने की स्थिति में न थे, सो वे सरकारी प्रताड़नाओं के चलते सस्ते दामों पर जमीनें बेच रहे थे। सबसे मजेदार बात यह कि कर्जदारों की जमीनें वे खरीद रहे थे जो प्राइमरी पाठशालाओं के मास्टर, लेखपाल, दारोगा, खाद्य विभाग में इंस्पेक्टर, क्लर्क जैसे पदों पर कार्य करते हुए सरकार के वेतनभोगी थे जिनके पास पहले से ही जमीन काफी थी। इन सब बातों के अलावा कर्जा देने से सरकारी दबदबा में इजाफा होता था क्योंकि लोग-बाग डरते थे तथा हुकूमत के सख्त होने की कल्पना करते थे। भयभीत प्रजा पर हुकूमत करने में हर किसी को सहूलियत थी, सो अधिकारी, कर्मचारी जो भी इस जिले में आते, जाने का नाम न लेते। आजादी के बाद जैसे कुछ अंग्रेज भी इंग्लैंड वापस नहीं गए उसी तरह कई अफसर रिटायर होने के बाद यहाँ के औद्योगिक क्षेत्रों में उद्योग, व्यापार आरम्भ कर आबाद भी हो गए हैं, हालाँकि अपने रहने-बसने, उद्योग करने की नींव वे तभी डाल चुके थे जब यहाँ तैनात थे। इस नई आर्थिक दुनिया के दाँव-पेचों में बसमतिया के मायके के लोग वैसे थे जिनके लिए रोटी का भी जुगाड़ मुश्किल था पर वे कर्जवाले कानून के शिकार थे जिसका हाँका हर तरफ चल रहा था। जब भी तहसीलदार या जिलाधिकारी द्वारा हाँके की घोषणा होती, इस तरह के लाचार, असहाय, शिकार फँस ही जाते जिससे सरकार का कम-से-कम यह लाभ तो होता ही कि अंग्रेजों के बनाए इस वसूलीवाले कानून के विरोध में कोई नहीं है। जो विरोध की हैसियत रखते भी हैं वे कर्ज के जालों की या तो मजबूत रस्सियाँ हैं या तो जाले ही हैं। भला वे विरोध क्यों एवं किस तरह करते ? बैंकों द्वारा इकरारनामे एवं बन्धक की बिना पर दिया गया कर्ज कलक्टर या तहसीलदार द्वारा लगान के बकाए के तौर पर (As an arear Revenue) वसूल किया जाता।

बसमतिया का बपई साढ़े छह एकड़ भूमि सीमा के भीतर था सो उसे लगान

नहीं देना पड़ता था। यह सरकार द्वारा प्रदान की गई वह कृपा थी जो पट्टेदारों या कम जोतवाले किसानों को, जनतन्त्र की लोकप्रियता के तहत प्राप्त हो गई थी। फलस्वरूप करोड़ों लोग जो सरकार की दमनात्मक कारगुजारियों की परिधि से बाहर थे उन्हें भैंस, गाय, बकरी आदि श्वेत क्रान्ति के प्रोत्साहन हेतु अधिक दूध उत्पादन के लिए बतौर ऋण दिया गया। वह एक ऐसा ऋण था जो सरकार की दमनात्मक कारगुजारियों के प्रचार-प्रसार के लिए काफी उपयोगी था। इस कारगुजारी से आम जनता सरकार के बारे में वह विचार बनाने से डर जाती थी जिससे सरकारें सुधरा करती हैं। ऐसे में जनतन्त्र की सरकार का कलक्टर या तहसीलदार एकदम से अंग्रेजी राज का कलक्टर बनकर हर तरफ भू-भू करने की आजादी का उपयोग करने में निरंकुश हो चुका था।

आर्थिक दाँव-पेचों के कारोबार में बसमतिया एकदम से लाचार थी। वह उस अपाहिज सोच-विचार में थी जिससे उसके बपई को लाभ मिलनेवाला नहीं था। बसमतिया की चिन्ता थी कि वह बपई से कैसे कहे कि 'वह कुछ नहीं कर सकती ?' उसे लगता कि चलो जो होगा देखा जाएगा, कम-से-कम बपई को तो यह विश्वास है ही कि बसमतिया कुछ-न-कुछ करेगी, जो भला होगा।

बसमतिया अपने बपई के साथ परधान जी के दरवाजे से मायके वापस लौटी—क्योंकि बैंक जाना था, अमीन ने सहेजा था।

बसमतिया कई तरह से डरों को ओढ़े थी, उसका बपई निश्चिन्त था, बपई के पास जीवन जीने के सपने मिट चुके थे, वहाँ प्रकृति में विलीन होने की खामोशी थी...तथा वह इन्द्रधनुष जो जीवन को सँवारता-दुलारता है वह नहीं था।

इन्द्रधनुष तो बसमतिया के पास भी नहीं था, हो सकता है कि वह इन्द्रधनुष का होना महसूसने में असमर्थ रही हो।

नोटों की फसल

प्रधान जी के दरवाजे पर कर्जदार अलग-अलग थे। रंग, रूप, विचार सब में। बैंक पहुँचने के लिए सभी लोग गाँव से निकले तब वे अकेले न थे, किसी भीड़ की तरह थे। कर्जदार तो सिर्फ छह ही थे जबकि भीड़ बीस से ऊपर की थी। घर के जितने भी बारीक बुद्धि के थे सभी भीड़ में थे। सबका सोचना था कि कहीं वे ठगे न जाएँ, दूसरे किस्म के धोखों की तरह। अमूमन समाज सेवा या परोपकार के नाम पर जितने लोग गाँव में आए सबने कहीं न कहीं ठगा ही। 'इन्दिरा आवास का घोटाला तो जग जाहिर है, ग्राम सेवक फरार हो गया है, जाने नौकरी बहाल हुई कि नहीं,' यह गाँव की हर जुबान पर था। स्वतन्त्रता के बाद गाँव में कुछ दूसरे किस्म के राग व सुर घुसे थे जिससे उम्मीद जगी थी कि अंग्रेजों के जमानेवाली हालतें गाँवों की न रहेंगी, कम-से-कम हर आदमी को काम तथा हर खेत को पानी तो अवश्य ही मिलेगा।

मिला कुछ नहीं, गाँव के बुद्धिमानों एवं धनवानों ने मान लिया था कि सरकारें कुछ नहीं करतीं, व्यक्ति अपना विकास खुद करता है, इस तरह की शिक्षाएँ गाँवों में मन्दिर, मस्जिद तथा नेता, समाज सेवक जैसों की तरफ से हमेशा आती रहतीं, यकीनन इन शिक्षाओं के पाँव लम्बे थे तथा भुजाएँ बलिष्ठ थीं। जिसे भी किसी दूसरे की हालत पर कुछ कहना होता, वे कहते कि तुम चाहो तो अपनी हालत बदल सकते हो। तुम्हें खाने, पहनने की दिक्कत भी न होगी। जबकि दिक्कतों में सभी फँसे होते पर वे कबीर की उलटवाँसी की तरह एक-दूसरे को धिक्कारते रहते। गाँव था कि अपनी जड़ता से एक इंच भी आगे न खिसकता। गाँव में गली-गली भूख व बीमारी होती—ऐसे में भला पढ़ाई-लिखाई के बावत किसे सूझता...। गाँव के लोगों को सूरज, चाँद व मौसम के बारे में उल्लेखनीय जानकारियाँ थीं, तथा उन्हें यह भी ज्ञान था कि चीते या शेर गाँवों में क्यों एवं कैसे घुसते हैं ? यदि अहिंसक ढंग से किसी जंगली जानवर को पकड़ना हो, तो उसके लिए कितने परिश्रम की खाइयाँ खोदनी चाहिए, जब जंगली जानवर खाई में गिर जाए फिर उन्हें क्या करना चाहिए ?

स्वतन्त्रता मिलने के बाद बुद्धिमानों ने बौद्धिक श्रम करते हुए देश का कितना भला किया इसकी जानकारी गाँव के तमाम लोगों को नहीं थी। वे समझते हैं कि कोई शक्ति है, पारलौकिक किस्म की, जो दुनिया चलाती है तथा इस दुनिया में पिछड़े या कमजोर वे हैं जो अज्ञानी हैं तथा ज्ञानी होना सर्वशक्तिशाली प्रभु की कृपा पर निर्भर करता है। सो, जो गाँववाले खुद को ज्ञानी समझते थे तथा उनका रिश्ता कर्जदारों से भी जुड़ता था वे सभी भीड़ की शक्ल में बदल गए थे—उनके सामने दूसरा कुछ न दीखता, हर अगले कदम पर वे बैंक देखते तथा किसी गद्‌देदार कुर्सी पर चिकने व थुलथुल चेहरेवाले मैनेजर का बैठा होना महसूसते, कभी डर भी जाते—'गरियांएगा', फिर वे समाधान निकालते कि बैंक मैनेजर दरोगा-सिपाही से छोटा होता है सो 'गरियाएगा' नहीं। हालाँकि वे रास्ता चलने में थे फिर भी उन्हें खुद की पड़ताल करने में दिक्कत न थी।

गाँव काफी पीछे छूटकर जंगल में कहीं खो गया था। पगडंडी जंगल के बीचोबीच थी। हर तरफ झाड़ियाँ, बँसवारियाँ दिखतीं तथा उनके बीच कटे हुए पेड़ों के खुत्थ भी दिखते पर यह न दिखता कि उन पेड़ों को काटनेवाले लोग कौन थे तथा किस प्रगतिशील समाज के थे, उनके ऊपर किस तरह की सम्प्रभु सरकार का कानून लागू होता था ? फिर वे किस तरह की सामाजिक संरचना के निर्माण में लगे थे ? पगडंडी की धूलों तथा सूरज की धूप को भी कुछ नहीं पता। सूरज अभी सिर पर नहीं था, वह पीछे की ओर किसी निगरानीकर्ता की तरह चमक रहा था। कर्जदारों की चाल में काफी तेजी थी क्योंकि उन्हें शीघ्र बैंक तक पहुँचना था जहाँ अमीन इन्तजार में होगा। अमीन तो मोटर साइकिल से पहुँच ही गया होगा। जंगल भयानक तथा आतंककारी न था क्योंकि धूप उसमें हर तरफ थी, पेड़ों के नीचे की घासें भी चमक रही थीं। जैसे उनकी चमकों को किसी ने छीना न हो या वे अपने जीवन के प्रति आश्वस्त हों कि पेड़ों के नीचे जब घासें नहीं उगती थीं तब नहीं उगती थीं, अब तो विज्ञान ने सबको जीवन दान देने की योजनाएँ बना ली हैं।

रास्ते में जगह-जगह ढूह जैसे दिखते...लगभग समतल। जिन पर टूटी-फूटी मूर्तियाँ होतीं—आगे जाने पर सहस्रमुखी शिव की साविक मूर्ति थी जिसे दीवारों से घेरा गया था कर्जदारों में उस सहस्रमुखी शिव के बारे में जाने क्या खयाल हो पर बसमतिया उस मूर्ति के ध्यान में थी, तथा मनौती कर रही थी कि उसके बपई को कर्ज से मुक्ति मिले। बसमतिया सहस्रमुखी शिव की मूर्ति मिलने से पहले ही देवी-देवताओं की पारलौकिक ताकतों में अपने लिए गलियारे की तलाश में लगी थी।

बसमतिया प्रार्थना करते हुए पगडंडी पर चल रही थी, यह ध्यान रखते हुए कि ट्रैक्टर के पहियों द्वारा जो धसान बन गए हैं कहीं उनमें फँस न जाए, ठोकर लगेगी या मुँह के बल गिरेगी। उस समय उसे कतई जगदा की यादें परेशान न

कर रही थीं। वह उस वक्त जगदा से काफी दूर थी। कर्जदार अपने में खोए हुए से चल रहे थे, सो उनमें जो बातें होतीं वे गाँव-घर के बाबत होतीं या प्रधान के चुनाव के बारे में। देश या प्रदेश के किसी राजनीतिक, सांस्कृतिक मुद्दे से उन्हें कुछ लेना-देना न था। अठारह पार्टियों के सहयोग से चलनेवाली सरकार के बारे में भले ही अखबारों में कुछ-न-कुछ छपता रहा हो पर जंगल के पेड़-पौधों, नालों, पहाड़ों पर तो वही अंग्रेजी राज वाली खबरें थीं कि...'जो शक्तिशाली नहीं हैं, मारे जाएँगे।' पगडंडियों पर फौजी बूटों के निशान दिखते तथा जंगल की खामोशी में बन्दूकों की धाँय-धाँय...सो कर्जदारों की भीड़ दहशत में थी, जैसे उन्होंने मनुष्य होने के अधिकार ही खो दिया हो तथा मरे जा रहे हों। उनमें ऐसा कुछ नहीं बचा था जो उन्हें साहसी एवं धैर्यवान बनाता तथा अपने होने के लिए संघर्षशील। वे भीड़ में थे, भीड़ से ही उनमें साहस आया था कि वे बैंक तक पहुँचना चाह रहे हैं।

भीड़ में दो-चार बुजुर्ग भी थे जिनके पास तलछट के अनुभवों का जखीरा न था पर जो था वह ठोस तथा बिना लाग-लपेटवाला। उनमें से एक बुजुर्ग ने बसमतिया को प्यार से बताया कि 'बिटिया कर्जा तो पहले भी लिया जाता था पर जेहल में कोई बन्द न होता था...हमेशा कुछ-न-कुछ घटा रहता था, बनिया या जमीनदार कर्ज देता था। उस जमाने में शादी व बीमारी के लिए ही कर्जा लिया जाता था। दस-बीस रुपया उधार से ज्यादा देना होता था—फिर पैसों का आज की तरह से कारबार भी नहीं था। सामानों का ही लेन-देन होता था, उसी का सवाई या डेढ़ा साल भर में वापस करना होता था। चाहो तो वापस करो या काम करके मजूरी में पटा दो...'

'मजदूरी करने पर कर्जा पट जाता था बाबा।' साश्चर्य बसमतिया ने जानना चाहा।

'हाँ-हाँ ऐसा तो आज भी है पर सरकार से डरकर कोई देता नहीं, कि बँधुआ मजूरी में फँसकर मुकदमा लड़ना पड़ेगा।' बुजुर्ग ने स्पष्टीकरण दिया...कुछ देर रुककर बुजुर्ग ने फिर कहा—

'बेईमान तो तब भी होते थे, दस का पन्द्रह करनेवाले...पर आज तो तीन हजार का पन्द्रह हजार हो गया है, उस जमाने में जमीनदार भी हजार के नोट नहीं गिनता था...आज तो नोट जैसे झरा हुआ पत्ता हो, सूखकर गिरा हुआ।

बसमतिया को जैसे कुछ समझ में आ गया हो, उसने झट बाबा से पूछा...'बाबा ! तब तो हम लोगों का कर्जा भी काम करके मजूरी में पटाया जा सकता है।'

'नाहीं बिटिया, नाहीं...यह दुनिया रुपयोंवाली है तब अन्न, धन्नवाली थी। तुम्हें चावल दिया, दूध, तरकारी, गेहूँ ले लिया। दूकानें नहीं होती थीं। हमारे गाँव में एक

भी दूकान नहीं थी, आज तो तीन-तीन दूकानें हैं...। कोई दूकानदार चावल-गेहूँ खरीदता तक नहीं, सभी रुपया माँगते हैं, कल ही चार रुपया किलो चावल बेचा है मंसूरिया का...खूब गिड़गिड़ाना पड़ा...।'

फिर जोर देकर बाबा ने कहा, 'अब यदि कोई अपना कर्जा मजूरी काटकर वसूल लेने को कहे भी तो लोग बेइज्जती समझते हैं... 'साला कर्जा पटा रहा है।' जमाना बदल गया है बिटिया।'

'बाबा ! जो बाबू साहब या पंडी जी लोग हैं इनके पास काफी जमीनें हैं, हम लोगों के पास क्यों नहीं है ? क्या हम लोग पहिले से ही गरीब हैं।' बसमतिया ने आर्द्र भाव से बाबा से पूछा जैसे वह कुछ भी न जानती हो तथा अबोध बच्ची हो, जबकि उसे सब मालूम है—जैसे बाप राजा तो बेटा राजा, बाप धांगर तो बेटा-बेटी सब धांगर...यही दुनिया है, इसके अलावा उसने अइया से सुना है...'सब मांगन होता है, पूरुब जनम का फल होता है।'

'नहीं बिटिया ! पहिले हम लोग गरीब नहीं थे। हमारी जाति पहले विजयगढ़ राजा की गुरु थी, बिना हम लोगों की सलाह के राजा कुछ भी न करते थे, चाहे लड़ाई करना हो या कोई परब मनाना हो। अब हमने तो कुछ नहीं देखा, कुछ नहीं जाना, हमारे एक बाबा थे जिनकी उमर सौ साल से ऊपर थी, वही यह सब बताते थे कि पहले विजयगढ़ के राजा खरवार थे, खरवारों के गुरु तो हम लोग हैं ही। जब विजयगढ़ राजा मारे गए फिर हमें भी जंगलों में खदेड़ दिया गया तथा नौका राजा का हुकुम हुआ कि जो भी अब विजयगढ़ राज में दिखेगा उसे फाँसी पर चढ़ा दिया जाएगा।' कहकर बाबा उदास से गए, फिर छाया देखकर रुक गए, बसमतिया से बोले 'थोड़ा ठहर जा बिटिया। चला नहीं जाता अब...पहिलही तोहरे बपई से बोला था कि भैंस-वैस के चक्कर में न पड़ो...अब ठोकर खाओ...इस उमर में छुछुआओ'...बाबा पेड़ की छाया में, उसकी बाहर निकली जड़ों पर उकड़ूँ बैठ गए...बसमतिया सामने बैठी...बाबा थक से गए थे, दूसरे कर्जदार आगे-पीछे थे, बीच रास्ते में ही भीड़ बिखर गई थी...अपनी जैविक क्षमतानुसार लोग आगे-पीछे थे। बसमतिया का बपई, अइया भी कुछ आगे निकल गई थी। बसमतिया बाबा के साथ थी, क्योंकि वह अपने बारे में सोचते हुए मानसिक रूप से अपाहिज हुई जा रही थी। बाबा की बातों से उसे कुछ राहत मिलती तथा पूर्व जन्म के बारे में सोचने लगती—

कैसा था पूर्व जन्म ? इस जन्म में तो उसने ऐसा कुछ नहीं किया कि पति ही छोड़कर भाग जाए...एक-से-एक हैं जो क्या-क्या नहीं कर रही हैं फिर भी अपने घर में, परिवार के साथ सुखी हैं...बसमतिया हाँफने तक खुद को थका लेती...पूर्व जन्म के बारे में वह बेचारी क्या सोचती ? किस शास्त्र का पन्ना पलटती, ज्योतिष के किस सूत्र को विश्लेषित करती..समर्थवानों की तरह वह किन आचार्यों के पास

जाती, तन्त्र-मन्त्र जाप करवाती या मनोविश्लेषकों से अपने स्वभाव, आचरण एवं दिमागी गतिविधियों का विश्लेषण करवाती ? वह थक-थक जाती मनहूस होने तक कुछ इतना कि रातें भी उसे कोसने लगतीं, उसकी जवानी को उघार-उघार किसी सफल दूकानदार की तरह ग्राहकों को दिखाने लगतीं, ग्राहक उसे माल की तरह देखते, कुछ तो 'मेड इन' तक जा पहुँचते, कुछ क्वालिटी देखते, जिससे गढ़न, चलन, मजबूती तथा टिकाऊपन न मालूम हो, फिर मूल्य... । दूकानदार की सफल कला की तरह रातें कलाकार बन जातीं, उनमें व्यावसायिक कुशलता इतनी आ जाती कि ग्राहक को दूकान से माल खरीदकर ही निकलना पड़ता।

फिर बसमतिया के लिए मुश्किल हो जाता पूर्व जन्म के अनुमानों के साथ निकलना, सो वह माल की तरह बँधने व बिकने से बिदक-बिदक जाती, रातें उसे धिक्कारने लगतीं, कोसने लगतीं, रंग-बिरंगे श्रापों से नवाजने लगतीं...बसमतिया किसी पागल सरीखा अपने में केन्द्रित हो जाती...निश्चित करती कि उसे उन सपनों के साथ कतई नहीं टहलना है जो सिर्फ गुदगुदाते हैं, चिकोटियाँ काटते हैं तथा अपने-अपने घरों की तरफ लौटते समय गुदगुदियों एवं चिकोटियों को बटोरकर ले भी जाते हैं।

बसमतिया पूर्व जन्म के अनुमानों से निकल, बाबा की तरफ लौट आई जो उसे अपनी यादों की तरफ लिए जा रहे थे। बाबा के पास तब और अब का वह खजाना था जिसे उन्होंने अपने अनुभवों से भरा था। जिसे बनाने में न किसी किताब की भूमिका थी न ही किसी ऐसी मशीन की जिसकी फुफकारें हर दिशाओं में फैली हुई होती हैं।

'बाबा ! मैनीजर नहीं माना फिर का होगा ?' बसमतिया ने जब पूछा, बाबा खड़े हो चुके थे...तथा पगडंडी पर चलने भी लगे थे...

'होगा का बेटा ? बहुत होगा तो जेहल हो जाएगी। एक बात बताऊँ बिटिया यदि कोई मार-पीट न करे तो चाहे हो जेल या घर। जेहल भी तो घर जैसा ही होगा, वहाँ भी बहुत लोग मिलेंगे।' पगडंडी पर चलते हुए बाबा ने बताया...

अमीन बैंक पर ही मिला...बैंक के सामने पान-चाय की दूकान थी, उसी दूकान पर अमीन चाय पी रहा था...कर्जदारों को देखकर अमीन ने कहा, 'अभी थोड़ा रुकना होगा, दो बजे के बाद मैनेजर साहब खाली होंगे।' फिर वह चाय पीने लग गया...

कर्जदार मैनेजर को बतौर घूस रुपया देने के इन्तजामों में थे जिससे उनकी पकड़-धकड़ न हो। यह सुलभ तात्कालिक राहत थी जो मैनेजर एवं अमीन की सहानुभूति से क़र्ज़दारों को हासिल होनेवाली थी जिसकी उपयोगिता के बारे में अमीन ने कर्जदारों को कुछ-कुछ फुसलाने जैसा सुझाया भी था।

कर्जदार घर से कुछ-न-कुछ लेकर चले थे, जो उनके लिए बहुमूल्य जैसा था, बाजार में आकर पहले उन लोगों ने अपने बहुमूल्यों को बेचा, किसी के पास बिहुअती वाला चाँदी का कड़ा (पैर में पहननेवाला आभूषण) था तो किसी के पास चाँदी का बेखा (हाथ में पहननेवाला आभूषण)। एक दो के पास चाँदी का फूल (कान का आभूषण) भी था। बहुमूल्यों के बेच लेने के बाद जो कीमत मिली हालाँकि अमीन के मुताबिक कम थी पर उससे अधिक वे कुछ कर भी तो न सकते थे—रुपया हासिल करने का उनके पास इससे अलग कोई दूसरा तरीका था भी तो नहीं। बसमतिया बेखा बेचने के खिलाफ थी, उसका मानना था कि मुश्किल से सौ दो सौ रुपए मिलेंगे, उससे का होगा, अमीन को पाँच सौ रुपया चाहिए, अब जो कुछ भी होगा वह मनीजर के कहने के बाद होगा, सो वह जल्दी में थी कि मनीजर से मुलाकात हो ताकि सांसत खत्म हो, ऐसे में धुक-धुकियाँ चलती रहती हैं जो ठीक नहीं।

अमीन के साथ ही सारे कर्जदार बैंक के सामने खड़े बैठे थे। बैंक किराए के मकान में था—जिसके आगे चैनल लगा था जो आधा खुला तथा बन्द था...सिर्फ एक आदमी के आने-जाने की जगह थी...जिसके ऊपर जंजीर बँधी थी, बैंक का पूरा दृश्य सामने था—दस-बीस आदमी बैंक के भीतर थे, जो लेन-देन कर रहे थे। प्रथमदृष्टया देखने से लगता था कि बैंक भी चोर-चाइयों, धोखेबाजों से भयभीत है, क्योंकि बैंक के सामने अलग-अलग कुर्सियों पर बैठे दोनों सिपाही चुस्त दिख रहे थे।

चुस्त तो अमीन भी दिख रहा था, क्योंकि छह कर्जदारों से कम-से-कम तीन हजार रुपया उसे मिलना था जिसे आनुपातिक ढंग से वह बाँटता, हो सकता है मनीजर का उसमें आधा हो, या उससे कम। ठीक दो बजे बैंक का दरवाजा बन्द हो गया, बसमतिया को लगा कि आज का काम हवा में गया—पर अमीन ने बताया कि ऐसा सुरक्षा के लिए किया जाता है कि जितने बैंक के भीतर हैं उनका काम हो जाए, दूसरे न घुस पाएँ। दरवाजा (सटर) तीन बजे खुल जाएगा।

यह एक घंटा काफी भारी था, सांसत एवं विपत्ति से भरा हुआ—बसमतिया अलग ढंग से परेशान थी—कहीं सब लोग कुछ दे-देकर बच गए और बपई फँस गया तो...उसने बेखा भी बेचने नहीं दिया...फिर उसने खुद को भरोसे में लिया कि कैसे बन्द करवा देगा मनीजर, वह है न ? यह उसका ऐसा आत्म-विश्वास था जिसकी क्षमता उसके पास न थी फिर भी प्रकृति के इस उपहार का उसे गुमान था कि विपरीत परिस्थितियों से निपटना ही तो मनुष्य का काम होता है। फिर वह आश्वस्त हो गई।

इस घंटे के दौरान लोग बैंक से बाहर आते पर जाने किसी को न दिया जाता। ठीक तीन बजे अमीन बैंक में दाखिल हुआ, बाहर का शटर आधा खुला। थोड़ी

देर बाद कर्जदार भी अमीन के बुलाने पर बैंक में दाखिल हुए। बैंक में चमक थी, नोटों की दमक भी थी। वहाँ किसी विशेष किस्म की महक थी जो पैसेवाले धन-कर्मियों के लिए आरक्षित थी। वहाँ जंगलवाली गन्ध न थी, न ही वह सरसराहट थी जो पेड़ों जैसा शरीर को हिला-हिला जाती है। बसमतिया की समझ में न आया कि वह कहाँ है ? हो सकता है ऐसा सभी ने महसूस किया हो...वहाँ जो भी था, सभी के चेहरों पर नोट चिपके हुए थे, वहाँ न गेहूँ था न चावल। महुआ वगैरह का तो सवाल ही नहीं। नोटों की फसल देखकर बसमतिया आँखें मलने लगी थी।

मनीजर एक कमरे में बैठा हुआ था। बीच में एक मेज थी, मेज के सामने आठ-दस आरामदेह कुर्सियाँ थीं...इस कमरे से निकलकर मनीजर उस बरामदे तक आया जहाँ काउंटर वगैरह बने थे, वहाँ दस-पन्द्रह आदमियों के बैठने के लिए जगह थी, पाँच-छह की संख्या में वहाँ लम्बे-लम्बे बेंच थे। मनीजर ने सबको बैठने के लिए कहा...कर्जदार एक-एक करके बैठ गए। अमीन ने विस्तार से मैनेजर को समझाया कि सभी गरीब हैं साहब ! ये सब एक नेता जी द्वारा ठगे गए हैं, इनकी जमीनों का मुआवजा वह नेता लेकर चला गया, कर्जा भी नहीं पटाया। फिर बसमतिया के बपई को दिखाते हुए बताया कि इस बेचारे की भैंस तो साल के अन्दर ही मर गई थी जिसका बीमा था—वैसे भैंसें तो सबकी मर गईं, किसी की साल भर पर तो किसी की उसके भीतर।

मैनेजर गम्भीर था। उसकी निगाहें प्रश्नसूचक थीं तथा यह भी था कि वह क्या कर सकता है ? किसी भी तरह से वह अपने अधिकारों को फैला नहीं सकता था सिवाय इसके कि वह अमीन को कुछ माहों तक वसूली स्थगित रखने के लिए कहे। इसके लिए गैर-कानूनी पर लोकप्रिय तरीका कुछ लेन-देन का था ही, जो अब किसी के लिए नया जैसा नहीं था। मैनेजर ने बारी-बारी से सभी कर्जदारों की तरफ अपनी आँखों को फिराया। ऐसा करते समय उसे बसमतिया के चेहरे पर चमक दिखी जिसमें उसकी जवानी की गाढ़ी घोल थी, एकदम ताजा तथा स्वादिष्ट। बसमतिया उस समय चुप तथा मैनेजर की तरफ एकटक देख रही थी मैनेजर अधेड़ एवं साफ चेहरे वाला था। उसके चेहरे पर झुर्रियाँ थीं जो अच्छे स्वास्थ्य के कारण अदृश्य जैसी थीं। मैनेजर के होंठ पतले थे तथा नाक थोड़ी नुकीली थी। आँखों के नीचे स्याही जैसा उभार था जो उसके चेहरे की सफेदी के संग बेमेल था फिर भी अनाकर्षक नहीं था। मैनेजर की बोली पतली एवं मीठी थी, हो सकता है कि उसे उसने अनगढ़ रियाज से हासिल किया हो।

मुद्दा कर्जदारों से कुछ हासिल करना था जिसे मैनेजर तजवीज कर रहा था, वैसे अमीन की भी यह साझी चिन्ता थी। बसमतिया समझ चुकी थी कि मनीजर की आँखें ओझाओं जैसी हैं, जो पहले पूजा-पाठ करते-करवाते हैं फिर मौका देखकर देह साधना करने लगते हैं। मनीजर भी ओझाओं माफिक हवन कराएगा, किसी मुर्गे

या बकरे को काटेगा फिर...। बसमतिया सावधान हो गई थी जैसे उसके हाथ में सूजा हो तथा वह झोंक देगी मनीजर की आँखों में। मनीजर इधर-उधर देखते हुए बसमतिया की तरफ एकटक हो जाता...

अन्त में बसमतिया भी मैनेजर की तरफ एकटक हो गई थी कि साहब ! हम लोग गरीब हैं, कैसे कर्जा देंगे ?

इसी दौरान बसमतिया ने अपने रूप का ख्याल किया था जो उसे भद्दा लगा था, चलते समय उसे वह साड़ी पहन लेनी चाहिए थी जिसे सँभालकर उसने रखा है। सिन्दूर व काजर ठीक से लगा लेना चाहिए था, बालों में तेल लगाकर तो बाहर नहीं निकलना चाहिए। इसी उधेड़बुन में थी बसमतिया...। उधेड़बुन में तो इसलिए भी थी बसमतिया कि मनीजर को मोहना ही होगा, यदि वह मोहा जाएगा तो बपई का कर्जा माफ हो जाएगा...जबकि ऐसा नहीं था। मैनेजर ऐसा नहीं कर सकता था। सभी कर्जदारों ने अमीन को वह रुपया दिया जिसे वे इन्तजाम करके अमीन को देने के लिए लाए थे—बसमतिया के पास रुपया न था...अमीन ने उसे डाँटा...हालाँकि डाँटा तो उसने सभी को क्योंकि किसी ने भी पचास रुपए से अधिक उसे नहीं दिया...

बसमतिया अमीन से लड़ गई...देखो साहब ! कायदे से बोलो, हम कर्जदार हैं गुलाम नहीं, बन्द कर दो जेहल कौन हमरे घर में सरग है ? गारी-फारी मत दो साहब !

बसमतिया की आवाज कर्कश थी जिसने मैनेजर को खींचा, जबकि मैनेजर अपने आफिस की तरफ जा रहा था। सारा अधिकार अमीन को देकर वह चाहे जैसे निपटाए, कर्जा तो माफ होगा नहीं। मैनेजर ने बसमतिया की रोषभरी बातों को सुन लिया था, जब वह वापस हुआ उसने अमीन को डाँटा—'क्या यह तुम्हारा घर है, तुम पढ़े-लिखे हो, भद्दी जुबान नहीं निकालनी चाहिए।'

बाद में बसमतिया ने अपना दुखड़ा मैनेजर से बताया, बसमतिया के बताने का अन्दाज उसका अपना था जो साहबों को आकर्षित करने के लिए काफी था। सच तो यह था कि मैनेजर पहले से ही उस पर आकर्षित था पर उसकी समझ थी कि पढ़े-लिखों की तरह, गँवारों में सौन्दर्य की समझ कम होती है तथा उनमें आकर्षण या विकर्षण जैसा कुछ नहीं होता।

बसमतिया के पास सौन्दर्य की समझ थी पर बहुत ही क्षीण तथा कमजोर, इतना नहीं कि हुकूमतें पलट जाएँ, क्रान्तियाँ आ जाएँ, घर में दूसरा घर घुस जाए...यदि ऐसा है भी तो वह सावधान थी तथा सायास मैनेजर की तरफ थी—'देह थाली में परोसी रोटी नहीं, तोड़ा और खा लिया', पहले काम हो फिर लतियाने में कितनी देर लगती है !

देर तो मैनेजर ने भी कुछ नहीं की...उसने बसमतिया को बताया कि उपभोक्ता

फोरम में मुकदमा करना होगा जिसके लिए वह मदद कर सकता है, अमीन ने भी मैनेजर की हाँ में हाँ मिलाई, वहाँ मुकदमा दाखिल करा देगा, तब तक के लिए वसूली पर दबाव नहीं देगा। मुकदमा के बाबत विस्तार से मैनेजर ने बसमतिया को बताया...इस दौरान वैसे तो बसमतिया चुप थी पर मैनेजर...शायद वह भी चुप रहा हो बतियाते हुए भी...तथा उसका चुप रहना...बसमतिया को टटोल रहा हो गुपचुप। बसमतिया की चुप्पी गर्म-गर्म तथा उन्माद भरी थी जो मैनेजर को खंड-खंड तोड़ रही थी।

मैनेजर ने मुकदमा दाखिल कराने के लिए कचहरी का तौर-तरीका बताया। कर्जदार खुशी-खुशी अपने गाँव लौट रहे थे...सामने गाँव की पगडंडी थी। अब वे रोटीवाली फसलों के बीच नोटों की फसलों से काफी फासले पर थे।

उबलते पानी के बुलबुलों के संग

बसमतिया अपनी अइया, बपई तथा दूसरे कर्जदारों के साथ गाँव देर रात तक वापस आई। रास्ते भर उसकी आँखों में दस, पाँच, सौ के नोट तैरते रहे, 'अजीब होती है नोटों की फसलें', फिर उसे लगा जैसे वह बैंक में न होकर किसी खतरनाक गुफा में पहुँच गई हो।

गुफाएँ तो पहले होती थीं, जब आदमी असभ्य था, जानवरों की तरह वह गुफाओं में ही रहा करता था। अब वैसी गुफाएँ कहाँ ? बैंक जैसी गुफाएँ रात में नहीं दिन में खुलती हैं—उनके कार्यक्रम घोषित होते हैं तथा बेहद लोकप्रिय भी। बसमतिया शायद जंगलवाली गुफाओं के बारे में सोच रही होगी क्योंकि उसे क्या पता कि जंगली गुफाएँ आदमी को बचाती भी थीं, इन गुफाओं में फँसा कोई भी बचता नहीं। जो बचा हुआ मानकर खुद पर इतराते हैं, वे मुफ्त में ही बैंक की ताकत अपने को डरपोक तथा कमजोर करके बढ़ा देते हैं। सोचते हैं, उनका रुपया सुरक्षित तो वे भी सुरक्षित। सभी जानते हैं कि सुरक्षा महसूस करना तथा सुरक्षित रहना अलग-अलग बातें हैं। जो जितना सुरक्षा घेरों में है वह उतना ही असुरक्षित है। शायद उन्हें नहीं मालूम कि भूखा आदमी धर्म तथा कानून का प्रवक्ता या भेड़ों की तरह अनुयायी नहीं होता। सो वह भूख मिटाने के लिए संसदीय कानूनों के अनुपालन में असंसदीय होने तक की मूर्खताएँ कर सकता है। ऐसे में कहाँ सुरक्षा, कैसी सुरक्षा ?

दो दिन की लगातार पैदल यात्रा से बसमतिया थक गई थी। थक तो सभी गए थे सिर्फ भउजाई को छोड़कर। अइया ने छिपाकर महुआ की एक बोतल दारू रखी हुई थी, यह बात बपई को नहीं मालूम थी न ही भाई को, नहीं तो बची न रहती। भउजाई ने उसी दारू में से एक गिलास बसमतिया को दी थी, साथ में भूना चना था जो नमक से सना हुआ था। हरा मिर्चा भी था।

मिर्चा कड़वा था जहर माफिक। थोड़ी सी दारू भउजाई ने भी पी...बसमतिया को राहत मिली। खाना-पीना समाप्त हो जाने के बाद, बसमतिया भउजाई के साथ हो ली। कुछ ऐसी विवशता भी थी। मौसम जाड़े के उतार का था, घर में

लेवा-कथरी तथा भड़ेहवाँ कम्बल की कमी थी—जमीन पर बिछौने की दिक्कत न थी। भउजाई के कमरे में पुआल का मोटा बिछावन था, पुआलों को फैला-फैलाकर बराबर अनुपात में बिछाया गया था जो किसी गद्दे की तरह बन गया था, काफी आरामदेह। इस प्राकृतिक गद्दे पर खादवाली बोरियों की प्लास्टिकें सिलकर बिछाई हुई थीं जो डबल बेड की चादर जैसी दिख रही थीं। सामने टिमटिमाती सी ढिबरी जल रही थी। तेल न होने के कारण या बत्ती का काला गुल ही ऊपर आ गया हो जिसने रोशनी रोक ली हो। बाहर के ओसारे पर बपई और भइया का इन्तजाम था। अइया अँगना के ओसारे में लेवा बिछा कर खाट पर लेट गई थी तथा ऊपर से दूसरा लेवा डाल लिया था। पुआल के मोटे बिछाबन पर वे दोनों लेट गईं। बसमतिया का लेटना अजीब था, आपस में मुड़ा-तुड़ा। शरीर भारी होता या पेट पर मोटे वलय होते तो घुटने ऊपर तक न आ पाते, फिर मुड़-तुड़ कर सोना मुश्किल होता। भउजाई ने साश्चर्य बसमतिया को देखा तथा अपने मुटाते जिस्म को कोसा जो सीधे उतान रहता है, छत ताकता हुआ...अगल-बगल किकुड़ियाकर सोना-लेटना मुश्किल।

भउजाई के लिए घर में दूसरी मुश्किलें नहीं थीं। मिल बैठ कर, बाँट-बाँट कर खाने-पीने की आदत से मालूम ही नहीं चलता कि उपासा (भूखा) कैसे गुजर जाता है, जबकि वह अक्सर ही किसी ठीकेदार या जंगल के अधिकारी की तरह घर में घुसा रहता है। जंगल के करीबी गाँवों में शान्तिपूर्वक रहने व साल भर खाते-पीते जीवन जीने के लिए जरूरी है कि घर के चौखट-दरवाजे-टटरा वगैरह ठीकेदार, पुलिस, जंगल कर्मचारी या दबंग किस्म के लोगों के लिए सदैव खुले रखे जाएँ फिर तो बेचारे 'उपासा' की क्या हिम्मत जो ऐसे घरों की चौखट तक को झाँके। किसी दूसरे किस्म की रोबदार आवाजें घर में घुसें।

'इस घर में दूसरी आवाजें नहीं घुसतीं दीदी।' भउजाई ने हँसते हुए बसमतिया को बताया...

'तभी तूँ पीली पड़ गई हो भउजी, हरदिया गई हो, नहीं तो चमकती आइना माफिक।' बसमतिया ने भउजाई की प्यार भरी चुटकी ली...भउजाई कम न थी, या हो सकता है कि लड़कियाँ माँ बनते-बनते सारे गुपचुपों, चुटकियों वगैरह को समझ जाती हों या उनकी दुनिया को प्रकृति द्वारा मिला यह कोई विशेषाधिकार हो जिसे पुरुषों की बद्‌जात दमनकारी प्रवृत्तियाँ नाश न कर पा रही हों... किसी-न-किसी रूप में वे बची हुई हों दूसरी तमाम बची हुई चीजों, बातों, कामों की तरह। घोड़ों, साँड़ों की तरह अखड़ियाना लड़कियों को न पहले आता था न आज ही।

भउजाई कुछ मायनों में अक्खड़ थी, अक्खड़ इतनी कि मुँह नोंच ले। जिस किसी ने भी अपनी जीभ पर फूहर हँसी-मजाक चढ़ाया, वह बारुद हो जाती थी...

'का रे ! मुँह फुकना ! अपनी बहिनिया से काहे नाही तीन-पाँच करता, वहीं जाकर काहे नाही कुत्तों की तरह लार टपकाता।'

बीते किस्सों का ख्याल कर दोनों बेतहासा हँसने लगी थीं। उनकी हँसी में कमरे का एकान्त, पुआल का गद्दा तथा रात का सन्नाटा शामिल था, शामिल तो डर भी था कि कहीं अइया जगी न हो, बपई जगा न हो...औरतों की हँसी को परिन्दों माफिक आजाद ख्याल नहीं होना चाहिए। यदि वे छिन गईं, लुट गईं फिर तो तीन लोकवाली धरती पर कुछ भी न बचा रहेगा। अचानक दोनों की हँसियाँ रात के सन्नाटे की तरह खामोश हो गईं, साँय-साँय...एकदम डरावना

भउजाई ने साँसें लीलते हुए कहा—

'दीदी ! जमाना बहुत खराब है, वह जो चरितर कक्का हैं न उनकी छोटकी लड़किया...'

'हाँ हाँ का हुआ—लड़किया का—का तो नाम है, गुलबिया न...का हुआ बोल न...'

'मुश्किल से बारह साल की होगी, छातियाँ चुटकी भर की भी नहीं होंगी, जाती है 'गारड' के यहाँ, एक दिन तो बुधनी ने दोनों को नंगा देख लिया था, बुधनी भी जंगल चौकी पर काम करती है न...'

अरे ! गुलबिया ! वह जवान हो गई ? गारड तो चालीस-पैंतालीस का होगा...चौंकते हुए बसमतिया ने भउजाई से पूछा...

फिर तो भउजाई किसी मुनीम का खाता खोलकर बैठ गई...छोटे से अन्तराल में ही जाने कितनी बार समय का मुँह लाल-पीला हुआ, कुछ बार तो काला भी हुआ। समय की गतिमानता पर पंचायत बैठी, भात-माड़ हुआ पर...जो किस्से हवा में उड़े, सबके झरोखों से अन्दर घुसे, जिसके बुलाने पर थाना आया, कचहरी के अहलकारानों ने अपनी बौद्धिक परिपक्वताएँ दिखाईं, गाँव के बुद्धिमानों ने जो तर्क गढ़े, सुलह, सफाई वगैरह किए...सबका सधा, जाँचा-परखा लेखा भउजाई ने देर रात तक बसमतिया को सोदाहरण बताया। बसमतिया जमाने को कोसते हुए अचरज में थी...

'जमाना, इतना बदल गया, भउजाई, काकी, बहन...सबका फरक भाप की तरह उड़ गया आसमान में, 'धरती गरम व लाल-लाल हो गई है का...' इतनी गरम कि देह भी लाल-लाल होकर तपने लगी। गर्म पानी में इतना उफान... ।'

'गालियाँ दे दो, भला-बुरा बक लो, दिमाग ठंडा जाता है पर गरम देह आखिर कैसे ठंडाए दीदी ! भउजाई ने आह भरते हुए कहा...जैसे वह कोई भोक्ता हो तथा परेशान कि देह के दाह को कैसे मिटाए...? जबकि कहीं भी कुछ ऐसा उसके साथ न था, हो सकता है ऐसा इसलिए हो कि कुछ अन्यथा प्रचारित न हुआ था। भउजाई के किस्से अधिकतर गोपनीय ही रहे तमाम शिष्ट व विशिष्ट लोगों की तरह।

बसमतिया भी भउजाई के उत्तेजक व गर्म किस्सों को नहीं जानती, जानती भी कैसे...कुछ लोग किस्सों की हत्या करने में माहिर भी तो होते हैं...

बसमतिया भी तो माहिर ही थी...तभी तो मालिकवाला किस्सा जहाँ उगा वहीं दबकर सड़-गल गया, अँखुआ भी नहीं पाया, 'पताने' का सवाल ही न था। कहा जा सकता है कि औरतें ही नहीं, औरतों के किस्से भी पुरुषों के मुकाबिले में दबे-सिकुड़े होते हैं, इनके पास अपने हाथ, पैर, मुँह नहीं होते। औरतों के किस्से किसी पुरुष के सहारे ही आसमान तक चढ़ते हैं, फिर चाँद-तारों की तरह मुस्कुराते हैं या विलाप करते हुए नदी, कुआँ वगैरह की तलाश करते हैं। वे दोनों रात गिरने तक बतियाती रहीं, मुस्कियाती रहीं, इधर-उधर होती रहीं पर सावधानियाँ बरतते हुए कि कहीं कुछ उघर न जाए, बार-बार वे हर उघरते, नंगा होते किस्से को बुद्धि की अप्रतिम चालाकी से ढँक देतीं पर किस्से पके चावल की तरह गर्म पानी में माड़ छोड़ते रहते...एकदम लस-लस...नमक डाल दो तो जायकेदार, सूप पीनेवाले भी तरस जाएँ।

तरसने को तो रात के सन्नाटे भी तरसते रहे। काश ! उन्हें वह तकनीक मालूम होती जिससे वे उन दोनों को समझा सकते, या उनका मनोवैज्ञानिक इलाज कर सकते कि...स्त्री-पुरुष के बीच जो प्रेम, काम, वगैरह जैसा होता है वह तो तुम दोनों के बीच भी सुलभ है, एकदम सुरक्षित, लोक-लाज, शर्म-हया से बचा हुआ। जरूरत के हिसाब से चालाक पुरुषों की तरह तुम लोग भी चालाक बन सकती हो। देखो, तुम दोनों के बीच भी बहुत कुछ ऐसी क्रियाएँ-प्रतिक्रियाएँ, हाव-भाव हैं जिनका बहुत ही सहजता से, लगभग प्राकृतिक ढंग से एक-दूसरे के साथ आदान-प्रदान कर सकती हो।

पर वे दोनों देह-कौतुकों की विशिष्टताओं से कोसों दूर थीं, एक तरह से आदिम थीं, गुफा मानवों की तरह। उन्हें जंगल, पहाड़, बंसवारियों ने आधुनिक ढंग से शिक्षित-प्रशिक्षित नहीं किया था। वे दोनों स्त्री-पुरुष के रिश्तों के मकड़जालों में फँसी हुई कोई ऐसी जड़ उत्पाद थीं जिनके भीतर आधुनिकता कतई न थीं। बस उन्हें यह मालूम था कि वे स्त्री हैं तथा उनके पास बहुत कुछ ऐसा है जिस पर सिर्फ एवं सिर्फ पति का अधिकार होता है। पति द्वारा रचे गए खेलों में उन्हें लजाते हुए प्रतिस्पर्धी बनना है तथा अन्त तक उसे निभाते हुए, उसमें से वह मनोरम, चित्ताकर्षक, गुदगुदी, रोमांच, आनन्द निकालना है जब तक पति खेल के अन्त की घोषणा नहीं कर देता।

बसमतिया बतकहियों के आपसी खेल के अन्त की घोषणा करना चाहती है, उसे थकान के कारण नींद भी परेशान कर रही थी पर भउजाई थी कि देह की सैद्धान्तिकी में फँसी हुई थी...उसने देह सौद्धान्तिकी के प्रति अपनी अज्ञानता बताते हुए पूछा...

'दीदी ! क्या एक ही लड़का के बाद इसे बैगन माफिक लटक जाना चाहिए ? चाहे इसमें दूध भरा ही क्यों न हो। तुम्हारा तो ठस व ठोस है।'

बसमतिया के लिए भउजाई का खुला सवाल अप्रत्याशित था। वह कुछ बोले या न बोले इसी के बीच फँसी हुई थी कि भउजाई ने उसके दोनों गुदाजों को मर्दाना अन्दाज में कुछ ऐसे दबाया जिससे बसमतिया चिहुँक गई...उसके मुँह से बोल तपाक से निकली...

'अरे ! भउजी !' फिर उसने भउजाई के नरम हाथों को एक तरफ हटा दिया...भउजाई खिलखिलाने लगी थी...भउजाई की खिलखिलाहटों का रात के सन्नाटे में कितना असर था, वह कितना कुंठाजनित था, उसमें आनन्द, उत्साह का कितना दमन था जो एकान्त पाकर खिलखिलाहट बन रहा था शायद। इन सबसे भउजाई अनभिज्ञ थी। अनभिज्ञ तो बसमतिया भी थी—क्योंकि दोनों रति-क्रिया के सीधे रास्तों पर चलने की अभ्यस्त थीं। विद्वानों का मानना है कि सीधे रास्तों पर चलनेवालों में दूरदर्शिता का अभाव होता है, उसमें जड़ता एवं जाहिलपना दोनों होता है।

जाहिलपना एवं जड़ता तो उन किस्सों-कहानियों भी होते हैं जिनमें घटनाओं की गुरगुराहटें नहीं होतीं, भाषा व अभिव्यक्ति की कड़क नहीं होती तथा कुलीनता का प्रतिकार नहीं होता पर व्यावहारिक रूप में भउजाई या कि बसमतिया उन दौड़ों में कैसे शामिल होतीं जिनमें रुपया दौड़ रहा होता है। अनाजों, तरकारियों की दौड़ तो बदबूदार पसीनों से शुरू होती है, वह भी सीधे रास्तेवाले पगडंडी या जंगली रास्तों पर।

बदबूदार पसीनों की गन्ध में बसमतिया थी सो उसे यह न आया कि वह तत्काल भउजाई के झूले हुए बैंगन को हिला दे या कि जाँघों के बीच उँगलियों का वयस्क खेल खेले तथा जानबूझकर ओढ़े गए ब्रह्मचर्य का उत्सर्जन करे। वह अवाक् व निष्क्रिय हो गई थी कि भउजाई क्या कर रही है ?

बसमतिया की निष्क्रियता को विखंडित करते हुए यह अर्थ निकालना गलत न होगा कि आज की स्त्री-पुरुष सम्बन्धों की बदलती दुनिया में वह कोई चेतनाहीन महिला थी जो कथित शुचिता व आचरण के दबे मनोभावोंवाली थी जिसके सामने वर्तमान की हँसियाँ, खुशियाँ न थीं, न ही उसके पास वह क्षमता थी जिससे वह आनन्द, मनोरंजन व उत्साह के अलौकिक अवसरों का अनुकूलन कर पाती। सो वह भउजाई द्वारा उपलब्ध कराए गए आनन्दायक अवसरों से खुद को वर्जित करते हुए कुंठित हुई जा रही थी।

वैसे कुंठित होना, कुंठित रहना बसमतिया का स्वभाव न था। कुछ मायनों में वह काफी खुली-खुली-सी थी पर सेक्स से सम्बन्धित मामलों में उसका रंग-रूप हाव-भाव सुख-बखुद ऐसा बदल जाता जैसे वह किसी कुंठित सेक्स वाली फिल्म में अभिनय कर रही हो तथा निर्देशक ने उसे जोर देकर समझाया हुआ हो कि उसे

हँसियों एवं गुदगुदियों से बचकर रहना है ताकि उसे इस तरह के अभिनय में सर्वश्रेष्ठ की श्रेणी हासिल हो सके जब कि ऐसा कुछ भी नहीं था उसके पास, उसे तो फिल्म के बारे में चुटकी भर ही जानकारी थी कि फिल्मों में परियाँ काम करती हैं तथा जब वे पर्दे पर आती हैं तब वे नहीं उनकी रूहें वहाँ होती हैं। उनकी असली देह तो किसी आरामगाह में पसरी होती है तथा मन सारी दुनिया को फलाँग रहा होता है।

भउजाई ने बैंगन के लटकने का मुद्दा जिस फार्मूले की तरह उठाया था, वह रात के सन्नाटे में हर लटकनेवाली चीजों की तरह लटका ही रह गया। पर बसमतिया ने भी ध्यान न दिया जबकि किसी ब्रह्मास्त्र की तरह भउजाई ने इस फार्मूले को आजमाया था तथा बसमतिया के गुदाजों को दबाया था। भउजाई आशंकित भी हुई थी कहीं बसमतिया को बुरा न लग जाए। ऐसा उसने सोचा भी था फलस्वरूप उसने दूसरे किस्म की लीला नहीं की, वर्ना बसमतिया क्या, सौ-दो सौ बसमतियाएँ लोट-पोट हो जातीं—हँसियाँ पेट तक फुला डालतीं। देह का पानी गर्म होकर भाप बनने लगता। उबलते पानी के बुल-बुलों के संग दिमाग भी उबल जाता। फिर तो देह को सन्न तथा सुन्न होना ही था। भउजाई बसमतिया की उदास व थकी प्रतिक्रिया से कुछ-कुछ निराश-सी हुई। फिर तो वह यूँ करवटिया गई जैसे वहाँ हो ही नहीं, वहाँ केवल बसमतिया हो तथा उसकी साँसें हों।

साँसें भउजाई की भी लौटी थीं, लेकिन काफी देर बाद, जब बसमतिया ने चुप्पी तोड़कर कहा था—

'भउजी, जब से तुम्हारा ननदोई भागा है तब से जाने क्या हुआ कि मेरी देह भी उसके साथ चली गई है। समझ में नहीं आता कि देह कैसे चली गई ? मेरी खुशियाँ लेकर। अब मैं किसे बिछाऊँ, किस पर लेटूँ, किसके साथ चुम्मा-चाटी करूँ, किससे बतियाऊँ। मुई देह भी गुसिया गई है मुझ पर नहीं तो क्या था चर्खी बनने में, बँसुरी की तरह बजने में, झूले की तरह कभी इधर तो कभी उधर पटेंगियाने में। एक घर से उड़ती, दूसरे की मुँड़ेर पर जा बैठती, किसी तीसरे के यहाँ दीया-बाती करती, चौथे के यहाँ आँखें नचाती और करमा पर 'हे करम देवता' वाला गीत भी गाती...अपनी करनी का अच्छा भरनी माँग लेती।'

रात के गहरे सन्नाटे में बसमतिया के लम्बे बयान ने भउजाई को सोचने के लिए मजबूर कर दिया कि 'अकेला रहना कितना मुश्किल होता है ?' भउजाई के मन में विचार आया कि वह सलट जाने (दूसरा विवाह) के लिए बसमतिया से कहे पर कहने के लिए उसे कोई सूत्र न मिला। बसमतिया की जिदें पूरे घर में हवा की तरह फैली रहती हैं। सलटना होता तो कब की सलट चुकी होती पर वह तो ठकुराइनों, पंडिताइनों की तरह जोगिन बनी हुई है। वह भी दिखावेवाली नहीं, असली जोगिन। भउजाई ने मन-ही-मन आह भरते हुए भगवान को याद किया—'किसी को

ऐसी जिन्दगी न देना भगवान ! किसी का जोड़ा मत तोड़ना।' तत्काल भउजाई ने जगदा के लिए भी अपने भगवान से प्रार्थना की कि उसे कुछ न हो तथा वह जल्दी ही घर लौट आए...फिर उसने जम्हाई ली जिसमें नींद थी तथा सुबह की गमक भी...

बारीकी से चिकनाया हुआ, चुन-चुनकर शब्दों से गढ़ा हुआ, गूढ़ार्थों तथा गम्भीर भावोंवाला संवाद बोलकर खामोश हो गई थी बसमतिया। जगदा की लगातार अनुपस्थिति से उपजे विषाद व वियोग ने शायद उसे गम्भीर संवाद बोलने व समझने के योग्य बना दिया था वर्ना जंगली समाज के लोगों की बातचीतों में वह ताकत कहाँ जो किसी मजबूत भाषा की बातचीतों में पाई जाती है। बसमतिया के लम्बे संवाद के बाद वे दोनों रात के मुँड़ेर पर जा बैठीं जहाँ पहले से ही रात उनकी प्रतीक्षा में आकुल थी...रात ने विनोद भरी नजर से उन दोनों को देखा। जब तक वे समझ पातीं कि रात उन्हें देख रही है, तब तक उनकी आँखें भारी हो चुकी थीं, पलकें ढकने लगी थीं तथा आँखों के भीतर कुछ उगने लगा था, शायद वह नींद थी, सजी, धजी, मोहक, एकदम तन्हा...उसके साथ न जगदा था, न गुलबिया थी...न भाई था, न बपई...नींद के संग मस्त-मस्त वाह-वाह थी, हाय-हाय थी...जो लगभग उन्मत्त थी। शायद मिलते ही नींद ने ही 'हेलो डार्लिंग' कहा था, तभी तो वे दोनों नींद के संग गुत्थमगुत्था हो गई थीं। हो सकता है कि तब पानी उबलने लगा हो, बुलबुलों ने उन्हें आवेशित भी किया हो।

सुलह

सूरज के उगने की खबरें भउजाई के कमरे में तेजी से घुसीं, घुसने के लिए खबरों को महज छोटा-सा आँगन पार करना था। घर के छाजन पर तो स्वाभाविक रूप से उनका कब्जा था ही। वे दोनों जब नींद से अलग हुईं तथा उन्हें महसूस हुआ कि नींद उनके साथ अब नहीं है तब उन्हें अपने होने का ध्यान आया, फिर तो दोनों ने देखा कि वे अस्त-व्यस्त हैं, दोनों की टाँगें एक-दसूरे से उलझी हुई हैं तथा पंजे वहाँ हैं जहाँ अश्लीलता जैसी चीज होती है। हालाँकि बसमतिया के हाथों व पैरों के आचरण ठीक थे, उनमें अनैतिकता जैसी कोई बात न थी। भउजाई ने भी अपने पंजों की हरकत की नोटिस नहीं ली पर जब उसे ख्याल आया कि उसने बसमतिया के गुदाजों को रात में दबाया था फिर तो वह चिहुँक गई। चिहुँक में अपराधबोध था जैसे उसने कुछ ऐसी क्रिया कर दी हो जिससे दुनिया दागदार हो जाए, जिसका दाग कभी भी न मिट पाए।

बसमतिया की जिनगी दागोंवाली दुनिया की न थी। वह जल की तरह चमकदार थी तथा पारदर्शी भी। भउजाई के जाग जाने के बाद भी वह नींद में ही थी...'थकान के कारण' भउजाई ने मन में सोचा...जब भउजाई अपना कपड़ा-लत्ता ठीक कर, गोपनों को तोप-ताप कर पुआल के बिछावन पर से उठने को हुई, ठीक उसी समय बसमतिया की आँखें खुल गईं। उसकी आँखें पूरी खुली भी न थीं कि सूरज के उगने के अहसासों ने उसकी आँखों को घेर लिया, फिर तो वह सायास अपने उघरे हुओं को तोपने-तापने लगी ताकि वे सुबह की नजर में न आएँ। तोपना-तापना-ढँकना अश्लीलता प्रदर्शित करने व महसूस करनेवाले अंगों, स्थानों को सुरक्षित बचाए रखना तमाम औरतों की तरह उन दोनों की आदतों में शामिल था—भले ही सभ्य कहे जोनेवाले समाजों की औरतें अश्लीलता ओढ़ने-बिछाने को बड़प्पन समझती हों। गाँव की औरतों की देह अँधेरे में या रोशनी में किसी दूसरे की आँखों में किकुड़ियायी ही दीखती हैं।

सुबह की ताजगी, उठते ही बसमतिया ने महसूसा। अपने अदृश्य भगवान से जगदा के बारे में माँगन माँगा...फिर वह आँगन की तरफ निकली। आँगन में ताजे

दिन की धमक पसरी थी। बपई और भाई दोनों खेत की तरफ काम करने चले गए थे। दुलरी भैंसवाली जगह खाली थी, उसका छप्पर टूटा-फूटा वहीं पड़ा था, सामने खाली चरन थी जो मिट्टी से बनाई गई थी चारा-भूसा के लिए। चरन को देखकर बसमतिया को लगा कि वह तेरह-चौदह हजार के नोट देख रही है जो मनुष्य का रूप धारण कर कर्जा वसूली के लिए उसके घर पर धावा बोल चुके हैं। क्षण भर बाद ही वह सामान्य हो गई...फिर सीधे नाले की तरफ निकल गई जिधर पानी था। दैनिक क्रिया से निवृत्त होने के पुरातन जोगाड़ की तरफ।

घर में बसमतिया के आने के बाबत घुसुर-फुसुर थी कि उसके स्वागत में कुछ विशेष पकवान जैसा बनाया जाए। भउजाई व अइया विचारमग्न आँगन में बैठी हुई थीं। आँगन में घर का सामर्थ्य भी कराहता खड़ा था। आटा था, मटर की दाल थी, एक पुराना कोहड़ा था। तेल न था, थोड़ा-सा महुआ का बीज (डोरी) बचा था...तेल तो मिल जाएगा...गुड़ दूकान से लाना होगा...दूध...परधान जी के यहाँ से...रसियाव-पूड़ी बनाए जाने का कार्यक्रम काफी देर बाद तय हो पाया। बीच में बपई भी आ गया, उसने भी सोत्साह विशेष पकवान के कार्यक्रम का समर्थन किया...तथा मन में खुश भी हुआ कि वह दूसरे जंगलियों की तरह नहीं है जो महीनों बाद आई बिटिया के लिए कुछ विशेष न करे, उसका स्वागत न करे तथा आते मान उसे मजूरी कमाने भेज दे...बपई का मानना है, 'साले ! बिटिया की कमाई खाते हैं तथा लौटते समय एक ठो लुग्गा (साड़ी) भी विदाई में नहीं देते।'

हालाँकि बसमतिया के लिए वे भी कुछ विशेष नहीं कर पाते पर सोचते जरूर हैं कि लड़की पराया धन होती है, उसके लिए कुछ अवश्य करना चाहिए।

भउजाई ने सतघरिया के लिए सतुआ चलनी से चाल लिया था तथा प्याज, नमक व हरा मिर्च एक थाली में रख दिया था। बपई व भाई दोनों खेत की ओर से लौट आए थे। वे दोनों सतुआ लेकर सतघरिया (नाश्ता) करने लगे थे। भउजाई बसमतिया की प्रतीक्षा कर रही थी कि वह आए तब नाश्ता हो। अइया ने नाश्ता के लिए मना कर दिया था—उनका कहना था 'नाश्ते के बाद भूख मर जाती है।'

बसमतिया नाले की तरफ जानेवाली दूसरी औरतों के सुखों-दुखों में उलझी थी। सबके अपने-अपने दुख थे, सुख थे, उन्हीं के अनुसार उनमें हँसियाँ थीं। वे कभी हँसती तो कभी सुबकने लगती। एक-दो जिनका सुखों पर अधिकार था वे कड़क में थीं। उनमें खुश होने की रोबदार कड़क थी, चेहरे पर दिनों की चमक तथा रातों की चाँदनी थी। मौसम की वह खनक भी थी जो दिल को धुकधुकाने से हिफाजत करती है। थोड़ी ही देर बाद वह भी मिली जो किसी कॉलोनी वाली थी, उसका बाप कोलयरी में काम करता था, जिसके बारे में भउजाई ने तौल-तौलकर चुहलें की थीं, जिनका स्वरूप आधुनिकों के लिए नोट्स या टिप्पणी जैसा था। चुहलों में खास बात यह थी कि वह ससुराल तभी आती है जब पेट भरा होता है, यहाँ खाली

हो जाने पर कोलयरी लौट जाती है। पंगा लेने में इतनी तेज है कि किसी को फाँस ले–फँसने-फँसाने के ढेर सारे किस्से। बहुत जोरदार ढंग से वह बसममिया से मिली...पहले तो किसी अनजान की तरह उसने बसमतिया की कदकाठी देखी, फिर शायद खुद से मिलान करने में लग गई। गर्दन से ऊपर वह चमकदार थी, खासतौर से उसने ऊपरी हिस्से को सँवारा भी था। नीचे की संरचना कुछ-कुछ ढीली थी जिसे उसने अच्छे पहनावे से छिपा लिया था...कुल मिलाकर आकर्षक थी। उसने बसमतिया से हाल-चाल पूछा तथा ननदोई के बारे में भी जानकारी ली। ननदोई की जानकारी लेते समय वह काफी गम्भीर थी जैसे उसे काफी चिन्ता हो, ननदोई तथा बसमतिया की भी। बसमतिया को लगा कि अन्य बातों के अलावा वह एक व्यावहारिक औरत थी, जिसे बातचीत का तौर-तरीका निभाना आता था। बसमतिया उस चुहलवाली औरत से मिलकर खुश-खुश थी कि उसे क्या लेना-देना...'उसकी जिनगी है, वह जो चाहे करे, चाहे जैसे खुशियाँ इकट्ठी करे।'

बसमतिया सूरज चढ़ने तक घर लौटी थी। धूप आँगन में उतर आई थी। भउजाई उसका इन्तजार करती मिली। अइया दूध लेने चली गई थी। थोड़ी देर में भउजाई सतुआ ले आई, जो पीतल की पुरानी थाली में कुछ गोल-गोल सना हुआ रखा हुआ था आटे की लोई की तरह। नमक-प्याज थाली के एक हिस्से में था। बसमतिया ने पहले मुँह धोया, मुँह पर पानी के छींटे मारे फिर आँचल से पोछा। आँगन के एक कोने में बैठते हुए बसमतिया ने भउजाई को भी बुलाया जो रसोईवाले बरामदे की तरफ चली गई थी। रसोई से ही आने के लिए भउजाई ने कहा–फिर वह बसमतिया के साथ थी। दोनों ने साथ में नाश्ता किया....नाश्ते के समय रातवाली चुहलें गायब थीं...वहाँ कुछ घर की बातें दर्ज थीं...कैसे काम चलेगा ? यह एक अनुशासित वाक्य था जब कि सच यह था कि दो-तीन साल से यहाँ अकाल पड़ रहा है, जंगल का सारा काम बन्द है, गाँव सभा का काम चलता है पर आजकल तो सारा काम बन्द है। बड़हर विजयगढ़ के इलाकों में धान की रोपाई या कटाई के लिए जा नहीं पाती, सासू बीमार रहती हैं...भइया इधर-उधर जो काम मिलता है उसे करते हैं पर हमेशा काम नहीं मिलता...उस अनुशासित वाक्य 'काम कैसे चलेगा' का भाष्य बहुत ही जटिल था। जिसका सरल अर्थ था कि घर में भोजन का संकट फाकों तक पहुँच चुका है–'ऐसा भी नहीं कि रोज कमाओ, खाओ। काम ही नहीं है दीदी ! सोच रही हूँ अगले साल क्रेशर पर चला जाए।' आह भरते हुए भउजाई फिर रसोई की तरफ चली गई।

भउजाई के जाने के बाद बसमतिया पहले दरवाजे के सहन की तरफ गई फिर वहाँ से लौटकर सीधे भउजाई के पास चली आई। भउजाई कोहड़ा छील रही थी तथा चूल्हे में आग सुलगा चुकी थी। यहाँ बसमतिया को मालूम हुआ कि पूड़ी-रसियाव बन रहा है। बसमतिया ने भउजाई से कहा भी कि 'इसकी का जरूरत, मैं मेहमान

तो नहीं।'

'अरे ! साल भर बाद आई हो दीदी...इतना भी नहीं, कैसे चलेगा ?' भउजाई ने विनम्रता से कहा।

बसमतिया ने देखा कि भउजाई समर्पित भाव से उसके स्वागत के लिए विशेष आयोजन में लगी थी। उसे वैसे तो बहुत अच्छा लगा कि उसकी मर्यादा घर में परायों की तरह या दिखावे की तरह नहीं है। जो भी है, जैसा भी है अपनापन है...फिर भी उसने भउजाई को सुझाया।

'भउजी ! ऐसा है न, एक तो हम लोग खुद ही दाने-दाने को मोहताज हैं उस पर यह सब...दो पैसा रहेगा तो गाढ़े समय पर काम देगा...'

'अरे दीदी ! का है, कौन पकवान बन रहे हैं, जो हो जाए वही ठीक। कल का क्या है ? रहेगा खाएँगे, नहीं रहेगा पानी पी-कर सो लेंगे...पानी तो खरीदना नहीं है न भउजाई' कहते हुए वह आटा चालने में लग गई।

भउजाई के साथ बसमतिया भी रसोई के काम में लग गई। उसी समय डेकची में दूध लेकर अइया भी आ गईं। उन्होंने बताया कि 'एक किलो मिल गया है, दाम नहीं लिया है परधान ने...कहा ले जाओ...तोहसे का दाम लेना।'

रसियाव बनाने के लिए अइया चावल बीनने लगीं ताकि उसमें अँकड़ी-पत्थर वगैरह न रहे। बसमतिया भउजाई के साथ थी तभी भइया को ध्यान आया कि महुआ का तेल तो नहीं है फिर पूरी कैसे बनेगी ? उन्होंने कहा—

'डोरी पेरवाकर कल ही तो लाया है चरित्तर..उसके यहाँ से बदलवन पर ले आती हूँ, हमारा पेराएगा वापस कर देंगे।' कहते हुए अइया झट से उठीं तथा आँगन से बाहर निकल गईं, उन्होंने हाथ में एक लोटा लिया, फिर अनुमान किया कि एक किलो तेल में तो काम चल जाएगा।

मटर थी घर में, दाल नहीं थी। बसमतिया ने मटर की अँकड़ियों को निकाला तथा गाँव की ओर चल पड़ी ताकि मटर से दाल बना ले। मटर को जँतियाना (दरना) पड़ेगा। जाँत शायद बगल में ही किसी के पास था, अइया होती तो बताती, भउजाई को नहीं मालूम...बसमतिया घर से निकल रही थी ठीक उसी समय तेल लेकर अइया आई। उसने बसमतिया को रोक दिया तथा मटर लेकर खुद चली गई।

रसोई में पूरी तैयारी हो चुकी थी। मटर की दाल घर आने की देरी थी। दाल होती तो उबल गई होती, असल में पहले दाल पर ध्यान ही नहीं गया। पूरी बनने में कितनी देर लगती है ? देर तो दाल के उबलने में ही लगती है, उसे सिल पर पीसना भी पड़ता है। जीरा, मिर्च वगैरह उसमें डालना होता है। पिसी हुई दाल को आटे में भरना होता है। यह सब हाथ की कलात्मकता से बनाया जाता है। औरतें कुछ विशेष बनाने में हर्षित होती हैं, उस वक्त उनके चेहरों पर रंग-बिरंगी खुशियों का खेल चल रहा होता है। भउजाई के चेहरे पर खुशियों का नाच जारी था जबकि

वह नाच से अनभिज्ञ थी कि उसके चेहरे पर समय का कौन-सा टुकड़ा लिख रहा है—आजवाला या कलवाला। बसमतिया खुशियों का नाच देखकर भूल गई थी कि जब वह अपने घर पहुँचेगी तब वहाँ समय उसका स्वागत किस तरह करेगा ? उसका जेठ किन-किन षड्यन्त्रों को रचेगा। उसे यह ख्याल बाद में आया कि उसे ननकी के यहाँ भी जाना है।

भउजाई ने बसमतिया को रोका—'दीदी, सासू को आ जाने दो फिर ननकी के यहाँ जाना...'

अइया जब मटर की दाल लेकर आई तथा उसे उबलने व पकने के लिए एक डेकची में रखकर चूल्हे पर चढ़ा दिया गया तब बसमतिया ननकी के घर की तरफ चल दी।

ननकी का घर दूर नहीं था। वहाँ तक जाने के लिए दो रास्ते थे—दूसरावाला रास्ता बरसात के दिनों में काम आता था। दूसरेवाले रास्ते पर लकड़ी का पुल बना था। पुल आज भी विकसित तकनीक के युग में एकदम आदिम था, जैसे उसे खास तौर से किसी आदिम कला को सुरक्षित रखने के लिए बनाया गया हो कि कहीं पुरातनता समाप्त न हो जाए। दो लम्बे पेड़ों को एक-दूसरे से सटाकर रख दिया गया था...दोनों किनारे पर बाँस लगा दिए गए थे जो रस्से का काम करते थे।

बसमतिया पहलेवाले रास्ते पर थी, जो पुलवाले रास्ते से कम पड़ता था। बीच में धांगरों के घर पड़ते थे। घर छोटे-छोटे थे। माटी की दीवारें चिकनी व साफ थीं। सामने टटरा लगे थे जो वाउंड्री की तरह सेहन की जमीन पर घेरा बनाते थे। देखने में कम आकर्षक न थे। बाँस की कनकइयों को सुलझा-सुलझाकर उन्हें बाँधा गया था फिर उन्हें मजबूत बल्ली के सहारे खड़ा किया गया था। सेहन में कुछ फलदार पौधे भी थे। हरी सब्जियों की लतरें उन टटरों पर चादर की तरह फैली हुई थीं। दूर से देखने पर लगता था कि हरे रंग की साड़ियाँ खुले में धूप ले रही हैं।

धांगरों के घरों के आगे ननकी का घर था। ननकी भी बसमतिया की बिरादरी की है, रिश्ते में भउजाई लगती है, उम्र में बड़ी है। बातचीत के तरीके में कुशल तथा दिल मोहनेवाली है। बसमतिया से खूब-खूब पटती है। वह इस गाँव में तब आई थी जब बसमतिया को मालूम नहीं था कि वह लड़की क्यों है तथा उसकी समाज में क्या भूमिका है। धीरे-धीरे जब उसके शरीर में दूसरे तरह के परिवर्तन होने लगे तथा उसे अइया द्वारा यहाँ-वहाँ आने-जाने से मना किया जाने लगा एवं एकाएक हर महीने पेट में मरोड़ होने लगे फिर वह समझने लगी कि वह इस दुनिया की कोई दूसरी चीज है जो लड़कों से अलग है तथा उनमें यह सब नहीं होता जो-जो लड़कियों में होता है। यद्यपि उसे मालूम था कि बच्चे औरतों के पेट से निकलते हैं पर उसे तकनीक न मालूम थी। पूरी जैविकी उसके लिए बेकार की चीज थी।

ज्यों-ज्यों वह उम्र के साल लाँघने लगी, उसे उन अहसासों ने घेरना शुरू कर

दिया जो आम तौर से उस उम्र की सभी लड़कियों को घेरते व परेशान करते हैं। परेशानी के मुद्दे पर बसमतिया परेशान होनेवाली लड़की न थी सो वह लड़कों के समाज में किसी उपेक्षित, उदंड एवं झगड़ही के रूप में जानी जाती थी पर जाने क्या था कि ननकी उसे इज्जत देती थी तथा उसके व्यवहार की तारीफ भी करती थी। ननकी अक्सर उसे अपने घर बुलाया करती थी।

यह तो लम्बे समय के बाद बसमतिया की समझ में आया कि ननकी उसे क्यों बुलाया करती थी। ननकी एक आत्मजीवी औरत थी, उसकी दुनिया उसके भीतर उगती थी तथा वहीं अस्त होती थी। ननकी का मरद देखने में डील-डौल आकार-प्रकार सब से मरद ही दिखता था पर ननकी के लिए मरद जैसा न था वह उसके साथ किसी मुर्दा जैसा था। ननकी ने अपने तईं मुकम्मल कोशिश की थी कि मरद का कुछ तो मर्दानापन वह देखे, जाने, समझे, एक-दूसरे से चिपक कर दुनिया-जहान की बातें करें, कुछ फूलों के बारे में, रात के सन्नाटों के बारे में, जंगल की हवाओं के बारे में पर ननकी की कोशिश का परिणाम असन्तोषजनक ही रहा। एक बार तो उसने...। उसने वह सब भी करने की कोशिश की थी जो सामान्य रूप से स्त्रियाँ नहीं करतीं—उसने सोए हुए मरद को जगाया था। उसे नंगा किया था—उसके सुप्त पड़े शरीर में चेतना भरने की जुगत लगाई थी कि स्वस्थ पुरुषोंवाली विशेषताएँ जागृत हो जाएँ पर उसका मरद जागा हुआ मरद न था। वह पूरी तरह से सोया हुआ या पागल भी न मालूम पड़ता था फिर वह क्या था या क्या है ? ननकी के लिए यह रहस्य ही है। हो सकता है इसके मरद की समस्याओं का समाधान विज्ञान के पास हो पर उस विज्ञान तक की पहुँच ननकी की न थी।

ननकी की पहुँच ओझाओं तक थी। सो वह मरद को लेकर ओझाओं के पास गई। ओझाओं के यहाँ जुगत थी, तन्त्र-मन्त्र था, पूजा-पाठ था, मुर्गा व बकरे की बलि थी। उसने वह सब किया, वैसा-वैसा किया जैसा ओझाओं ने बताया व समझाया। परिणाम फिर भी निराशाजनक ही रहा। वह जब-जब ओझाओं के यहाँ से लौटती निश्चित रूप से पूरी तैयारी के साथ मरद को जाँचती-परखती, देखना चाहती कि मन्त्रों, पूजाओं का कितना असर पड़ा है। उसका वह प्रयोग जो रात के अँधेरे में घटित होता पूरी तरह अश्लील, भद्दा व न लिखने, कहने योग्य होता फिर भी वह अपनी सीमित जानकारी के अनुसार मरद की चेतना जगाने के लिए किसी भी तरह की तकनीक या कला का उपयोग करना न भूलती। वह उन सुझावों का भी ध्यान रखती तथा उन्हें आजमाती जिन्हें उसके अन्तरंगों ने सुझाया होता।

अन्तरंगों के सुझावों में था...कि रात भर मरद के साथ नंगे होकर ही सोया करो तथा उसे भी नंगा कर दिया करो...जब वह नंगा हो जाए तब उसके साथ...। सुझावों में तेल की मालिश होती, वह तेल जिसे फेरीवाले सड़कों पर चिल्ला-चिल्लाकर बेचा करते हैं। ननकी जब बाजार गई थी तब उसे वहाँ बाजार

न दिखा था। बाजार की चकाचौंध में उसकी आँखें चुँधियाई न थीं। बाजार में हर तरफ चल रहे नोटों के खेलों की तरफ उसका ध्यान न था। वह तो पूरे दिन सड़क की पटरी ही देखती रह गई थी। दो-तीन घंटे गुजर जाने के बाद उसे पटरी पर वह दूकान जैसी कोई चीज दिखी थी, जहाँ ध्वनि विस्तारक उक्त तेल के बावत चिल्लाने में लगा था...ननकी पहले लजाई थी कि वह उक्त तेल कैसे खरीदे... दूकानदार क्या समझेगा ? पर उसकी सहेली ने ही उसे उकसाया...। उसी ने सुझाया भी था तेल के बारे में...दूकानदार चाहे जो समझे वह कम-से-कम यह तो नहीं समझेगा कि वे दोनों छिगनी (हिजड़ी) हैं, तेल तो मर्दों के लिए है। मरद तो थोड़ा-बहुत छिगने भी होते हैं। छिगने न होते तो जो नाटक बाहर करते हैं बहादुरी के नाम पर घर में न करते। कुछ इसी तरह के तर्कों के सहारे ननकी दूकान तक जाकर तेल खरीद पाई थी। इस तेल का असर भी दूसरे तेलों की तरह बेकार साबित हुआ।

बेकार तो ओझा का तन्त्र-मन्त्र, पूजा-पाठ भी साबित हुआ पर ओझा बातचीत में प्रभाव उत्पन्न करने में माहिर था तथा अपनी कला से निराश नहीं था। उसने ननकी को बताया कि तुम्हारे मरद के साथ चुड़ैल लग गई है...वह चुड़ैल तभी उसका साथ छोड़ेगी जब रात के अँधेरे में तुम नंगा होकर, अमावस्या के दिन ठीक बारह बजे श्मशान पर पहुँचने की हिम्मत करो, वहाँ डर लगेगा, घबड़ाने की बात नहीं...तुम्हें मालूम होगा कि वहाँ बहुत भूत-प्रेत चुड़ैलें हैं, सब गूँ-गा कर रहे हैं, किसिम-किसिम की आवाजें हर तरफ से आ रही हैं। तुम उस तरफ सीधे जाना जिधर 'जम्म' की चौरी है...पीछे कतई न देखना, नहीं तो खेल बिगड़ जाएगा। चौरी के पास खड़ी होकर उस जिन्न का ख्याल करना जिसके साथ तुम्हारे मरद वाली चुड़ैल रहती थी। आजकल उन दोनों में झगड़ा हो गया है। थोड़ी देर में तुम्हें लगेगा कि खीं-खीं, हीं-हीं, चीं-चीं करता वह जिन्न किसी मरद का रूप धर तुम्हारे नजदीक आ रहा है। वह तुम्हें वहाँ पाकर बहुत तेजी के साथ चिंचिआएगा, तुम्हें झन्नाटेदार तमाचा मारेगा, पर तुम रोना नहीं क्योंकि भूत-प्रेत रोने से गुसियाते हैं, वे हमेशा खुश-खुश रहनेवाले होते हैं, उनमें भाईचारा, प्रेम-मुहब्बत जैसा भी कुछ नहीं होता, समझ लो किसी मशीन की तरह वह तुम्हारे पास आएगा और अपनी चुड़ैल समझ तुम्हें पकड़ लेगा फिर तुम देखोगी कि उसकी शक्ल तुम्हारे मरद की हो गई है और वह...। वह मौज नसीब वाले को ही मिलती है।

दो साल की नियमित ओझाई, हर नवरात्र तथा हर अमावस्या पर नियमित पुजहाई से जब ननकी के मरद के व्यवहारों में किसी भी तरह का मर्दाना परिवर्तन न आया तब ननकी थक-थक गई थी। कुछ गहना वगैरह भी बिक गया था, ससुर ने भी आर्थिक सहायता की थी, इसी दौरान सासू भी किसी अज्ञात बीमारी से मर चुकी थीं। ननकी के पास जीवित रहने के लिए न तो साधन थे न ही खुशियाँ

या कोई सपना वगैरह भी न था।

इन्हीं दिनों चुड़ैल की पुजहाई के बावत ओझा ने ननकी को बताया था—जो किसी सपने से कम न था। ओझा ने सपने के अनिष्टकारी परिणामों को बताते हुए सावधान किया था कि जब तुम्हें जिन्न पकड़ लेगा फिर तुम न तो चीखना न चिल्लाना, वह जैसे चाहेगा तुम्हारे शरीर का इस्तेमाल करेगा। अरे ! वह काटेगा थोड़े...बस वह वही करेगा जो एक पुरुष जवान औरत के साथ करता है। उस दिन के लिए तुम्हें सिर्फ एक बोतल महुआ की दारू का इन्तजाम करना पड़ेगा। चुड़ैल की पुजहाई का दिन कभी न आया, इसी बीच ननकी का ससुर एक अँधेरी रात में जिन्न की तरह उसके कमरे में घुस गया...कमरे में वह सोई हुई थी, सुधबुध खोकर। जब उसे सुधबुध हुई तब तक काफी देर हो चुकी थी। ससुर जिन्न की तरह दिखा था...।

ससुर देह की गुफा के मुहाने पर अपना पौरुष सँवार रहा था तभी ननकी ने उसे ऐसी लात मारी कि वह धड़ाम से पीछे की तरफ लुढ़क गया...फिर तो जो हुआ...उसका परिणाम ननकी के लिए आत्महत्या करने के योग्य था तथा ससुर के लिए...ससुर जाने। इस पर ननकी ने गौर नहीं किया। सुधबुध आने पर ननकी को लगा था कि दाँत ही सबसे धारदार हथियार होते हैं, लात-मुक्का तो सामान्य होते हैं। उसने आनन-फानन में ससुर को यत्र-तत्र काटना शुरू कर दिया। दो उँगली तो उसके मुँह में घुस गई थी जिसके खून का स्वाद महज थूकने लायक था। ससुर तो ससुर था, उसने भी पहले मर्दाना झपट्टा दिया पर उससे ननकी कहाँ डरनेवाली थी। किसी पगलाई जंगली बन्दरिया की तरह वह ससुर के शरीर के जिस हिस्से को पाती, काट खाती। फिर भी ससुर सफल साधक की तरह देह साधना में तल्लीन था जैसे उसने कसम खा ली हो कि बन्दरिया को नचाकर छोड़ेगा—तभी ननकी चीखने व चिल्लाने लगी...रात के अँधेरे में वह कर्कश आवाज थी जिसे अगल-बगल के लोगों ने सुना हो, न सुना हो—पर ससुर ने सुना, सुनते ही वह पुरुष होने के दूसरे विनम्र उपायों में जुट गया जो औरतों को छलने व मोहने के लिए काफी होते हैं।

दूसरी औरतें जो तेज-तर्रार या तीखे तेवरों से लैस होती हैं जाने वे ऐसी विषम स्थितियों में क्या करतीं, या क्या करना चाहिए जैसे उपदेश देतीं लेकिन यह सब ननकी को मालूम न थे। सो वह ससुर की बातों में आ गई तथा ससुर ने ननकी का मूत पीते हुए कसम खाई कि वह कभी अब ऐसी गन्दी हरकत नहीं करेगा पर ननकी न चीखे, न चिल्लाए, न किसी को बताए, यहाँ तक कि अपने पागल मरद को भी, जो उस समय घर पर नहीं था। ननकी सुन्न व सन्न थी। वह उस स्थिति में न थी जो उल्लेखनीय या चुनौती पूर्ण होती—उसे ससुर के विनम्र सुझाव ठीक जान पड़े—कहा जा सकता है 'जो होना था हो चुका था'। उसके बाद जो

होना था—वह होना भी हो सकता था तथा मनुष्य की चालाकी से न होना भी हो सकता था। ससुर चालाक ही नहीं निर्लज्ज तथा पशु प्रवृत्तियों का भी था। सो ननकी ने महसूसा कि 'मूत पीने जैसी' सुलह कोई बुरी नहीं है।

ननकी घर में थी पर घर में होते हुए भी घर से बाहर होने की स्थिति में थी क्योंकि उसके चेहरे पर घुटन व निराशा की गाढ़ी रेखाएँ थीं। वह थकी-थकी व सुस्त थी। ससुर से जो सुलह हुई थी उसे साल भर हो चुका था फिर भी किसी हादसे की तरह ननकी उसमें घिरी थी जैसे वह अब भी कहीं असुरक्षित हो। ननकी की बातचीत में वह तल्खी न थी जिस तल्खी ने बसमतिया को कितनी बार प्रभावित किया था। वह डरी-डरी थी फिर भी ननकी आश्वस्त थी कि यदि पहले जैसा कुछ हुआ तो वह हँसुआ से ससुर का गला रेत देगी तथा खुद सल्फास खा लेगी।

ननकी के लिए सबसे बड़ी खुशी यह थी कि 'पाप का लड़का गिरवाना नहीं पड़ा'। उसे इसका बहुत डर था क्योंकि पाँच-छह दिन की महिनवारी के तत्काल बाद ही यह घटना घटी थी। पूरे महीने वह परेशान-परेशान थी तथा मनौतियों में थी...। मरद को ठीक होने के लिए, ननकी ने ओझा के षड्यन्त्र के बारे में विस्तार से बसमतिया को बताया, फिर दोनों ठठाकर हँसी भी...बसमतिया ने ननकी से मजाक भी किया...

'मरद ठीक होता न होता, तूँ जरूर ठीक हो जाती, तुम्हारी कमर सीधी तो हो ही जाती।'

'कमर ऐसी टेढ़ी तो नहीं...होती तो ससुर क्या बुरा है ? घर की बात घर में...न खिड़की खोलनी थी न दरवाजा...न जमीन देखनी थी न आसमान...' ननकी ने थोड़ा रुखाई से कहा...

बसमतिया मजाक में थी, 'होता तो ठीक है, गाँव की आँखें मुँदी रहती हैं तथा कान बन्द रहते हैं, नहीं तो हर तरफ खुसुर-फुसुर चलता रहता है।'

ननकी के घर पर दोनों के सुख-दुख एक-दूसरे से लगभग घंटे भर तक टकराते रहे तभी ननकी का ससुर चला आया...बसमतिया ने 'पालागी' बोलकर प्रणाम कर आचार पूरा किया तथा उसी के साथ कहा भी...

'का कक्का, काकी के बिना बहुत सुन्न लग रहा है घर...हमें तो मालूम ही न था...'

'हाँ बिटिया चली गई छोड़कर' कक्का ने बताया...

'काकी बहुत अच्छी थीं कक्का ! पतोहू तो ठीक है न कक्का...। बसमतिया ने कक्का से पूछा...

कक्का ने जैसे सुना ही न हो, वह जैसे आँगन में आया वैसे ही सरपट निकल गया...। ननकी तो समझ चुकी थी कि बसमतिया ससुर की ऐसी-तैसी कर रही है। ससुर के जाने के बाद वे दोनों अपने-अपने दुखों-सुखों से दो-चार होने लगी

थीं तभी ननकी को महसूस हुआ कि...चलो जो हुआ ठीक ही हुआ...उसने बसमतिया से पूछा भी...

'आखिर का करती उस दिन...जब पापी घर में ही हो तब तो सुलह ही करना ठीक था न...'

'फिर इधर कभी कुछ...' बसमतिया ने पूछा...

'अरे नहीं, अब तो आँगन तक में भी नहीं आता, हँसुआ रखकर सोती हूँ, बस काटना ही है' ननकी ने बताया।

'हम औरतों का मन हँसुआ की तरह धारदार होना चाहिए भउजी' कहते हुए बसमतिया अपने विगत में उलझ गई। रास्ता चलते हुए उसे लगा कि वह उस दृश्य को देख रही है जिसमें ननकी का ससुर (उसका चाचा) कितनी बेहयाई से 'मूत' पी रहा है तथा ननकी...उसे कैसे ख्याल आया कि मूत पीने से सुलह हो जाएगी !

मुद्दा

आँगन में धूप होने की आहटें, चुलबुली थीं, किसी हद तक अवज्ञाकारी काफी तेज। बसमतिया पुआल के बिछावन पर ही पड़ी थी, हाथों, पैरों की कसरत करते हुए। अइया ने बचपन में ही सिखाया था कि कसरत से हड्डियाँ मजबूत रहती हैं तथा फुर्ती बनी रहती है। वह खुद भी कमर दर्द के लिए कसरत करती थीं। भउजाइ खटर-पटर में थी, आवाजों में घिरी हुई, कभी बाल्टी तो कभी डेकची या थाली ही झनझनाती—'इतनी सुबह—अभी तो सूरज देवता कहीं लुकाए हुए हैं' बसमतिया ने मन-ही-मन सोचा तथा बिछावन पर पसर गई। दरअसल आँगन में झीना अँधेरा था फिर भी घना इतना था कि उसमें अँधेरे की अधिकांश विशेषताएँ बची थीं, सो उजाले का होना छिपा हुआ था। बसमतिया उजाले के छिपे हुए हिस्से की प्रतीक्षा में थी कि उजाला सामने आए तथा सुबह को ऐसा सजाए कि चीजें साफ-साफ दिखने लगें। दिखने में अँगना हो, घर का खपरैल हो, मौसम की मासूमियत तथा जंगल का नखरा भी हो।

सुबह नखरेवाली न थी जबकि उसके सारे लक्षण उसी में समाए थे, सूरज कहीं बदरियों में उलझा हुआ था, थोड़ा उजाला दिखता फिर खत्म हो जाता...बसमतिया कुछ तो थकान तथा रात के चुहल के कारण जागने के मामले में नियमित न रह सकी थी। भउजाई ने उसे जगाया भी नहीं...। जागते ही बसमतिया को ख्याल आया कि वह रात में सपनों के साथ थी, फिर उसे लगा कि नहीं सपने ही उसके साथ हो गए थे, गुदगुदाने लगे थे...। सपने तो जैसे तैयार बैठे थे, कोई गम्भीर कार्य-योजना लेकर। लेकिन वे गुमसुम अपने में खोए। शायद उन्हें कार्य योजना की सफलता पर सन्देह था...सो सपने कार्य-योजना को वह रूप न दे पाते जो समय के मुताबिक जरूरी था, उन्हें सन्देह था कि परिस्थितियाँ अनुकूल नहीं। सो वे टाल जाते। बसमतिया सपनों के बावत सोचकर हँसने लगी—वह भी बचपन में कुछ इसी तरह का खेल खेला करती थी। माटी का बैगा बनाती थी—बैगा को आम के पत्ते पर बिठाती थी, फिर पूछती थी...कैसा घर-बार मिलेगा ? खुद जवाब देती...अच्छा मिलेगा और कैसा ?

घर-बार तो अच्छा मिला ही...। जागते ही बसमतिया खटर-पटर में लगी भउजाई के बावत सोचने लगी, पूरी गृहस्थी सँभाल ली है भउजाई ने नहीं तो अँधेरा रहते नौहरें (नई दुल्हनें) तो नहीं जागतीं। अइया को आराम मिल रहा है।

अँगना में खटर-पटर जारी थी, जैसे कोई हड़बड़ी हो...अँगना में भउजाई थी, उसके हाथ में एक खाली कनस्तर था तथा दूसरे कई सामान भी वहीं छितराए थे...अनुमान लगाना सहज था कि भउजाई दारू चुआने की तैयारी में है। खाली कनस्तर, उसके बगल में हँड़िया, चूल्हा तथा महुआ। महुआ का खमीर तैयार था, चौथा दिन बीत चुका था पानी में, गाँज पानी पर छछाने लगे थे, तथा वह गन्ध भी कुछ कड़वी थी, जिससे आभास होता था कि महुआ सीझ चुका है तथा दारू चुआने के काबिल हो चुकी है। कनस्तर में सीझा हुआ महुआ डाल चुकी थी भउजाई। सिर्फ कनस्तर को एयर टाइट बनाना बाकी है। यह एक पारम्परिक विज्ञान था जो परिवार में कब से चला आ रहा है, बसमतिया को नहीं मालूम।

बसमतिया को सिर्फ इतना मालूम है कि सरकारी भट्ठी से जो दारू मिलती है, काफी नुकसान करती है। आँत खराब हो जाती है, लगातार पीते रहो तो कई तरह की बीमारियाँ घेर लेती हैं। जगदा कभी भी सरकारी दारू नहीं पीता था, उसने कभी कहा था...महुआ की दारू के बारे में,

'जानती हो इसे हमारे ऋषि, मुनि 'आसव' कहा करते थे। यह एक पुरानी परम्परा है, देवी-देवता भी, उत्सवों-त्योहारों पर छककर आसव पिया करते थे। सूई, टिकिया जैसी दवाइयाँ तो अंग्रेजों के आने के बाद हमारे यहाँ आईं, पहले सत्त, भस्म और जड़ी बूटियों का काढ़ा चलता था। आज भी देखो बपई बेमार होने पर करवन की 'सोर' (जड़) का काढ़ा ही पीता है। कितना हू तेज बेमारी हो, उड़न छू हो जाती है।'

बसमतिया दारू चुआने की तैयारी देखकर खुमारी में चली गई। उसे लगा कि अभी झूमने लगेगी...घर की बनाई दारू पिए बहुत दिन हो गए। ससुराल में तो सासू थाना-सिपाही के डर से कभी चुआने ही नहीं देती थीं। जगदा होता था तब चुआता था, बनाता भी मजेदार था। बसमतिया बीते दिनों से अचानक वापस आ गई, तभी उसने कुछ देखा जो अचरज भरा था...अपने को रोकते हुए भी न रोक पाई। पूछ ही बैठी...

'भउजी...कुछ है का... ?'

'कैसा कुछ ?' भउजी ने जानना चाहा...

'अरे ! चिक्कन-चुक्कन दिखाई दे रहा है' बसमतिया ने इशारा किया...तभी भउजाई ने देखा कि उसका पेट उघर गया है, अँचरा काफी नीचे सरक गया है, तथा ब्लाउज के नीचे का हिस्सा...तथा गोल सी बोड़री जो किसी हुंटी की तरह साफ दिख रही थी तथा पेट की मोटाईवाली सतहों का घेरा घुमाव लिए स्पष्ट देखने

में था...। कुछ बताने के पहले भउजाई ने अपने पेट के उघरे हुए हिस्से पर आँचल चढ़ाया फिर...

'हमने सोचा कि तूँ जान गई होगी। पाँचवा चल रहा है।' भउजाई ने स्थिति साफ की...

'काहे, रोका नहीं... मुन्ना तो अभी बहुत छोटा है...दूध खतम हो जाएगा...' बसमतिया ने समझाया।

'दूध तो पिछले महीने ही सूख गया है, तभी तो माड़ पिलाती हूँ मुन्ना को...दूध किस कमाई पर पिलाना, भैंस थी वह भी चली गई साथ छोड़कर।'

'चलो ! इसके बाद अपरेसन करवा लेना' बसमतिया ने सुझाया...

'काहे का अपरेसन...कौन सी जमीनदारी पड़ी है जो बँट जाएगी, जितने रहेंगे, सब अपना-अपना देखेंगे, खटनी करेंगे, खाएँगे तो कमाएँगे... सासू भी तो मना करती हैं। कहती हैं, भगवान की लीला में खलल डालना ठीक नहीं...सब उन्हीं की किरपा पर है...'

विषय बदलते हुए बसमतिया ने जानना चाहा...

'महुआ कब भेंवाया (भिगोया) था भउजी...'

'जिस दिन तूँ आई थी उसके दो दिन पहले ही...' बसमतिया ने भेंवाया महुआ देखा...खमीर बहुत अच्छी बन गई थी, महक इतनी थी कि नाक सूँघने से इनकार कर दे। नाक का यह इनकार अच्छे खमीर का सबूत था। बसमतिया ने कहा भी—

'दारू अच्छी बनेगी भउजी, सलाई मारो फुर्र से जल जाएगी सारी एकदम तयावन जैसी...बस ध्यान रखना कि महुआ टीन में जलने न पाए नहीं तो सारी दारू जरठाइन हो जाएगी।'

'अच्छा ! देख तो कितना पानी दूँ खमीर में...पाँच किलो महुआ है, पाँच बोतल तो बन ही जाएगी।' भउजाई ने बसमतिया से पूछा।

बसमतिया खमीर देखने लगी...फिर बताया कि दो लोटा पानी मिला दे... 'दीदी... थोड़ा रुक जाओ...बाद में नदी की तरफ जाना...थोड़ा कनस्तर को ठीक-ठीक बन्द कर दो...इस पीपे को भी कनस्तर पर लगा दो। यदि थोड़ा बहुत भी गड़बड़ हो गया तो सारी भाप निकल जाएगी पर दारू नहीं टपकेगी...इस हँड़िया को भी पानी भरकर पीपे के ऊपर रखना होगा जिससे भाप ठंडाए फिर बूँद-बूँद गिरे।'

बसमतिया रुक गई हालाँकि उसे नदी की तरफ जाना था, दैनिक क्रिया-कर्म के लिए। उसने कोई जल्दीबाजी नहीं महसूसी। टीन का ऊपरी ढक्कन गोलाई में कटा था जिससे लोहे का पीपा (पाइप) ऊपर की तरफ निकाला जा सके तथा उसका दो इंच की लम्बाई का हिस्सा टीन के भीतर भी व्यवस्थित किया जा सके। इसी पाइप को ऊपर ले जाकर टीन के ऊपर रखे जाने वाले हँड़िया में से गुजारना था।

पाइप हँड़िया में से बाहर निकालकर दो-तीन फीट लम्बा करना था ताकि दारू की भाप हँड़िया में रखे ठंडे पानी से ठंडा होकर आगे के सिरे से टप-टप टपके बूँद माफिक।

बसमतिया ने टीन में पाइप लगाकर उसके चारों ओर गुँथे आटे की मोटी पर्त जमा दी तथा पाइप को हँड़िया में डालकर बाहर निकाल दिया। हँड़िया में पहले से ही आमने-सामने दो छोटे-छोटे गोलाकर छेद किए हुए थे। पाइप का पिछला हिस्सा एक छोटे से साकेट से जुड़ा था जो 'वी' की आकृति बनाता था। इस साकेट के बाद पाइप कहीं मुड़ा नहीं था। हँड़िया में से पाइप गुजार लेने के बाद बसमतिया ने गुँथे आटे से दोनों छेदों को जाम किया जो हँड़िया में पहले से थे, जिससे पाइप गुजरा था। हँड़िया को टीन के ऊपर रख दिया गया तथा हँड़िया व पाइप सबको बारीकी से गुँथे आटे से जाम करते हुए बसमतिया ने भाप निकलने का अनुमान किया कि थोड़ी-बहुत भी भाप बाहर से निकलेगी तब तो दारू नहीं चूएगी। अब उसे शक न था...हँड़िया भी टाइट हो गई थी।

इस तरह दारू बनाने में जुटी दोनों औरतें अपनी कला में समाती जा रही थीं। उन्हें प्रतीक्षा थी कि चूल्हे में आग जले, टीन चूल्हा पर चढ़े फिर भाप का करिश्मा देखा जाए। थोड़ी ही देर में टीन में रखा महुआ डब-डब करने लगा पर दारू नहीं चू रही थी। सो भउजाई ने हाथ में पानी लगाकर जाम किए गए हिस्सों पर दरारें देखने लगी—कहीं भाप तो नहीं निकल रही ?

पर भाप नहीं निकल रही थी—सारा कुछ भीतर-भीतर बन्द था टीन के भीतर। सब कुछ दुरुस्त होने के बाद भी भाप का न निकलना, तथा हँड़िया के ठंडे पानी का ठंडा होकर टप-टप न टपकना यह ठीक नहीं था। तभी बसमतिया ने देखा कि पाइप के किनारेवाले हिस्से पर जिसके नीचे एक बोतल रखी हुई थी, कोई बुलबुला बन रहा है..अचानक वह बुलबुला बूँद बनकर टप से बोतल में टपका...बसमतिया उछल पड़ी...

बसमतिया का उछलना, भउजाई की तरह ही था...फिर दोनों असली बूँदों की प्रतीक्षा करने लगीं। पहली बूँद के बाद दूसरी बूँद गिरने में हालाँकि थोड़ी देर हुई पर जब भाप गाढ़ी और लगातार होने लगी तब तो बूँदें लगातार हो गईं तथा हँड़िया का पानी भी कुछ सुसुम (गरम) जैसा हो गया जिसे भउजाई ने तुरन्त बदलते हुए गरमाए पानी को छोटे से कटोरे से निकालकर उसमें ठंडा पानी डाला। अब दारू की बूँदें लगातार थीं, जो खाली बोतल में टप-टप गिर रही थीं।

बूँदें तो उन दोनों महिलाओं के अन्तर्मन में भी आकार ले रही थीं...उनके आकार उन दोनों की क्षमता के अनुसार थे। बसमतिया उन बूँदों में अपने मिजाज से थी जो उसका अपना नहीं था। वह सीधे जगदा से जुड़ा हुआ था। बूँदों को गिरता देख वह खुशी-खुशी नदी की तरफ निकल गई। भउजाई कभी चूल्हे की आँच देखती,

कभी अँचरा ठीक करती, कभी सूखी लकड़ियाँ चूल्हे में लगाती जिससे धुँआ न निकले।

सदी का गुजरना इस गाँव में गायब था। यहाँ परम्पराए थीं उनका दबाव था, दूसरी कोई चीज थी तो वह था जंगल, नदी-नाले पहाड़। जंगल में महुआ, कखन, बेर, हर्रा, बहेरा जैसे कुछ जंगली फल-फूल थे। सतावर, कखन तथा सोर, गुरुच जैसी जड़ियाँ तथा आँवले जैसे फल थे जिन्हें अपने उपयोग के लिए प्रयोग में लाना कानून प्रतिबन्धित एवं दंडित करता था। गाँव हजारों साल की परम्पराओं में कुछ इस तरह ढका था कि नई सदी की चमक का कहीं पता न चलता था। एक तरफ धांगरी बोलते हुए करम देवता खड़े थे तो दूसरी ओर मैदानी इलाकों के राम-कृष्ण, शंकर जैसे देवता भी पुजहाई करवाने में कम न थे। हाल के सालों में कुछ नेताओं-परेताओं के नाम भी गाँव में घुस चुके हैं।

बसमतिया जब नदी की तरफ से वापस लौटी तब गाँव में सिपाही के आने की खबर सार्वजनिक हो गई थी। सिपाही सीधे बसमतिया के घर की तरफ गया था—तथा दारू बनाने की भट्ठी को पकड़ लिया था। बसमतिया यह सब देखकर खूब-खूब घबराई कि थाना-पुलिस का झमेला विपत्ति बनकर घर में घुस चुका है। किसी को क्या पता कि सिपाही रंगीन-मिजाज है तथा कुछ रुपयों के बदले कानूनी कार्यवाहियों को स्थगित करने में माहिर था। घर के सभी लोगों के चेहरे उखड़े हुए थे जैसे पुआल को आग की लपट लग गई हो या किसी जलते हुए घर की आग ने ही चेहरे को जला दिया हो।

सिपाही बड़बड़ा रहा था, बड़बड़ाने में माँ-बहन की गालियाँ किसी गीत की टेक की तरह थीं जो टूटती तुकों को बारीकी से जोड़ रही थीं। बसमतिया अवाक् थी—अवाक् तो सारे लोग थे जिन्हें थाने की निर्मम यातनाओं की जानकारियाँ थीं। थाना और प्रजा का विविध-रंगी रिश्ता पूरे उन्माद पर था, अकड़ा हुआ और तना। कुछ देर बाद ही दूसरा सिपाही भी चला आया। उसका चेहरा रोबदार था तथा उसकी कड़क मूँछें सिपाहीनुमा जटिल एवं रहस्यमयी थीं। पूरा चेहरा किसी यातनादायी कानून की धाराओं से लिपा-पुता था।

दोनों सिपाहियों के अगल-बगल गाँव के लोग प्रकृति के वे अवरोध थे जिनका रिश्ता गुफा मानवों से जुड़ता था जब कानून नाम की कोई चीज न हुआ करती थी। सिर्फ कबीलाई समाज हुआ करता था तथा प्रकृति द्वारा प्रदत्त पेड़-पौधे, मौसम किसी संसाधन की तरह हुआ करते थे। वे उस खोज की कार्यवाहियों में थे कि क्या खाद्य है तथा क्या अखाद्य है ? पर दोनों सिपाही प्रगतिशील इक्कीसवीं सदी के थे। एक ऐसी सदी जो तमाम बीती सदियों को रौंद चुकी है तथा आचार-विचार को अपने ढंग से स्थापित करने में सबसे आगे निकल चुकी है। एक ऐसी सदी जिसका घोषणापत्र है कि जीवन चलानेवाले सारे तत्त्व सम्पत्ति (Property) हैं जो

कानून द्वारा संचालित हैं। कुछ भी ऐसा नहीं है जिसका कोई मालिक न हो तथा मालिक बनने की क्रिया पूरी तरह कानून द्वारा संचालित न हो। गाँव के लोग बसमतिया के घर के सामने अपनी निरीहताओं के पाठ में थे तथा विचार कर रहे थे कि क्या होगा ? क्योंकि वे उस समूह के थे जिसमें मालिक नाम की कोई अवधारणा न थी, न कोई मजूर था न कोई मालिक; लेकिन अब वे मालिकों के दायरों में थे, अवश।

सिपाही आने का अर्थ गाँव वालों को मालूम था कि बसमतिया का बपई थाने के जालों में घिर गया है तथा जेहल जाना पड़ेगा उसे। इस तरह बसमतिया के ओसारे पर नई सदी का कानूनी रिश्ता कुलाँचें भर रहा था।

सिपाही, भाई तथा बपई से सवाल दर सवाल पूछ रहे थे, तभी बसमतिया आई थी। बसमतिया ने हस्तक्षेप करते हुए कहा था कि 'दारू नहीं बनाएँ तो का करें, कहाँ जाएँ पैसा फूँकने, ऐसी सरकारी दारू का पीनी जो आँत खराब कर दे हम इसका रोजगार नहीं करते, दवाई की तरह बनाते हैं तथा पीते हैं।' सिपाही जो कड़क था, वह अपनी तेजी में था जिसे दूसरे सिपाही ने रोका, 'थोड़ा आहिस्ते...धीरे-धीरे...जंगल में हो...जंगल में सिर्फ एक बोल होती है, जो यहीं उठती है तथा यहीं खत्म भी हो जाती है।'

गाँव में किसी भी तरह की खबर छोटी उतनी ही होती है जितना छोटा गाँव होता है पर होता है पूरे गाँव को ढकनेवाला बदरियों माफिक। खबर प्रधान जी को बुला लाई जो थाना तथा थाने के सिपाहियों को खुश व दुरुस्त रखने में माहिर थे। प्रधान जी के आने के पहले बसमतिया के दरवाजे पर कड़ियल कानून था, उसकी क्रूर भाषा थी तथा प्रजा को यातना देकर मार-पीट करनेवाली कार्य-योजनाएँ थीं पर जब प्रधान जी आए तब जाने किस रहस्य से कानून लचीला हो गया। उसकी भाषा भाईचारे की भाषा में बदल गई तथा यातनादायी कार्य-योजना पारम्परिक रस्म की तरह हो गई। वैसे भी सामान्य चेहरे वाला सिपाही पुराना था तथा इस क्षेत्र के बावत जानकार था कि यहाँ अपराधी किस्म के लोग नहीं बसते। बहुसंख्यक, शान्तिप्रिय, अपने में खोए तथा भेड़ों की तरह कानून व सरकारी अहलकारानों के पीछे चलनेवाले। यहाँ जो अपराध होते भी हैं उनकी प्रवृत्ति स्वस्फूर्त होती है तथा उसके पीछे किसी तरह की साजिश नहीं होती।

प्रधान जी के आने के बाद बसमतिया का पूरा घर आश्वस्त हो गया था कि विपरीत परिस्थितियों पर किसी भी तरह से प्रधान जी नियन्त्रण कर लेंगे। हुआ भी यही। प्रधान जी ने बसमतिया के भाई से फूलवाली दारू (पहली बोतल) लाने के लिए कहा तथा साथ में चना-मटर, जो भी हो। चना या मटर बसमतिया के घर नहीं था, उसे तत्काल ही प्रधान जी ने अपने घर से मँगवाया। इस बीच गाँव के लोग अपने-अपने घरों की तरफ यह सूचना लेकर लौट चुके थे

कि 'प्रधान जी के रहते गाँव में पुलिस क्या कर सकती है !'

नई सदी के लिए प्रधान जी की भूमिका किसी शक्तिशाली पुल की तरह थी जो राजा और प्रजा के बीच टिका था। बसमतिया के यहाँ 'दारू' कांड उगा और वहीं दफन हो गया थाने तक नहीं गया, जाता तो कचहरी भी बीच में चली आती या दरोगा एक तीसरे आदमी की भूमिका में होकर उसे निपटा देता।

प्रधान जी का सोचना था, गाँव की बातें गाँव में ही निपटा लेनी चाहिए। यह समझौता या सुलह भी प्रधान जी की सोच की एक कड़ी थी। बसमतिया तथा बसमतिया का बपई व पूरा घर खुश था कि सौ रुपए में बहुत बड़ा बवाल निपट गया। जबकि यह सौ रुपया चार दिनों की मजूरी के बराबर था। चार दिन का मेहनताना खत्म हो गया था फिर भी पूरा घर सुलह पर प्रसन्न था। घर के लोगों का मानना था कि खराब सुलह भी कोरट-कचहरी थाने के परपंचों से अच्छा है। यह भी था कि थाने पर जाना शरीफों का काम नहीं।

चना चबाते हुए तथा दारू के घूँट भरते हुए रोबदार चेहरेवाला सिपाही बसमतिया की तरफ लगातार देख रहा था। उम्र के हिसाब से वह चालीस के आस-पास रहा होगा। उसकी आँखों में बसमतिया तैर रही थी जो सुलह में मिले सौ रुपयों से अलग मुद्दा बन रही थी। एक-दो बार उसने मर्द होने तथा शक्ति सम्पन्न होने के गुमान में बसमतिया से कुछ इस़ तरह की बतकही की जो न केवल भद्दी थी बल्कि गन्दी भी थी। प्रधान जी ने उसे तुरन्त समझाया कि 'यह जंगल है, जंगल में मंगल तो होता है पर मर्जी से; नहीं तो आदमी चाहे कितना ही ताकतवर हो वह लाश भी होता है, सो आदमी बने रहने के लिए जरूरी है कि लाश बनने से इनकार कर दिया जाए। अच्छा हो कि आप लोग उजाला रहते ही यहाँ से निकल लें, नहीं तो जंगल में से जाने कौन सी हवा आए और आप लोगों को लाश में बदल दे।'

प्रधान जी ने रंगीले मिजाज के सिपाही को समझाया अवश्य पर सिपाही दारू की खुमारी में विक्षिप्त कामुक बन चुका था...दारू सिपाहियों के गिलासों में प्रधान जी भर रहे थे। प्रधान जी के लिए एक दूसरा गिलास था जो शीशे का न था। सिपाही ने अचानक बसमतिया का हाथ पकड़ लिया जब वह सामने रखी थाली में प्याज का कटा टुकड़ा रख रही थी—बसमतिया झटका देकर अपना हाथ छुड़ाते हुए कुछ कहने ही वाली थी कि तभी प्रधान जी का लड़का हाँफते हुए बसमतिया के ओसारे पर दाखिल हुआ...।

'बाबू वे लोग आए हैं...बन्दूकों वाले...पुरनका बन्धा पर रुके हैं आप को बुलाए हैं।'

'कैसे मालूम ?' प्रधान जी ने पूछा...

'कक्का गया था उधर...वहीं भेजे हैं आपको बुलाने के लिए...'

दोनों सिपाहियों का नशा फुर्र हो गया...तथा वे दोनों अपनी रायफलें कन्धे पर चढ़ाकर प्रधान जी से गिड़गिड़ाने लगे...

'प्रधान जी...हम लोगों को इस गाँव से निकलवाइए... देखिए हम लोगों की किसी से दुश्मनी नहीं।' तभी बसमतिया ने उन्हें छेड़ा...

'अब नहीं पकड़ोगे हाथ। जाऊँ उन्हें बता दूँ कि सिपाहियों के लिए औरतों का इन्तजाम करो भाई। उनमें भी औरतें हैं, जवान, दुरुस्त व खूबसूरत।' सिपाही अवाक् थे..

सिपाहियों का गिड़गिड़ाना बच्चों की तरह काफी हास्यास्पद था जिसमें प्रशासन की प्रतिबद्धताओं की कराह थी, 'हम क्यों मरे ?' जैसे व्यक्तिगत निहितार्थ थे। सिपाहियों का कहना था कि बाल-बच्चों के लिए वे नौकरी करते हैं नहीं तो रायफल ढोने की का जरूरत ?

प्रधान जी ने बहुत गम्भीरता से सिपाहियों की गिड़गिड़ाहटों को लिया तथा वह रास्ता बताया जो सिपाहियों को भागने के लिए सुरक्षित था।

सिपाहियों के चेहरे कुछ देर पहले जो ताकतवर दिख रहे थे, क्षणभर में ही भयग्रस्त हो गए, तथा जुबान में यातना दाखिल हो गई। किसी कुशल याचक की तरह उनका गिड़गिड़ाना अभिनय न था वरन् वह यथार्थ जो उन्हीं की तरह दूसरे बन्दूकधारियों से डरने में संकोचहीन था। वहाँ डर था, कर्तव्यपरायणता तो जैसे कोई किताबी चीज हो।

सिपाहियों के जाने के बाद, प्रधान जी खूब-खूब हँसे थे तथा उनके साथ वे सभी हँसे थे जो बसमतिया के ओसारे पर थे। अब बसमतिया सिपाहियों के मुद्दे से बाहर थी।

समय के एकान्तों पर

ऐसा कभी नहीं होता, कि गाँव में सिपाही आएँ, किसी के घर छापा मारें, अपराध को अँखुआता या कानून की किसी गिरफ्तारी योग्य धारा में फल लगने की संभावना हो और बिना हुकूमती दाँव-पेंच का खेल खेले वे गाँव से चले जाएँ। लेकिन सिपाही चले गए, चले ही नहीं गए वरन् खुद को बचा लेने की चिन्ता में गिड़गिड़ाने भी लगे थे। बहरहाल सिपाही तथा उनकी हरकतें देखते-ही-देखते विगत हो गईं। बसमतिया के ओसारे पर गिरफ्तार हँसियाँ हँसते हुए लोट-पोट हुई जा रही थीं जो सिपाहियों के रहते कहीं गुम थीं। प्रधान जी को जब सूचना मिली कि भट्ठी पकड़ा गई है बसमतिया के यहाँ, तभी उन्होंने इस नाटक को रच डाला था, केवल अभिनीत करना बाकी था। लड़के को सहेज दिया कि कुछ देर बाद बसमतिया के यहाँ आ जाना और हकलाते हुए कहना कि बन्दूकधारियों ने बुलाया है।

हँसियों के भीतर ओसारे पर बैठे हुए सभी समाए थे, प्रधान जी के खुलासा करने के बाद तो जैसे उड़नछू हँसियाँ सज-धजकर पुनः वापस लौट आई हों।

'तो ये सिपाही उनका मुकाबिला करेंगे जिन्होंने जंगल पकड़ लिया है तथा जो सिपाहियों की तरह ही बारूद की आग पर विश्वास करते हैं...।'

'बारूदी कलम से सामाजिक, राजनीतिक कानूनी सम्बन्धों की व्याख्या करनेवाली जमातें भी एक-दूसरे से इतना भयभीत रहती हैं ? आखिर वे चाहती क्या हैं ?'

इस तरह के सवाल बसमतिया के ओसारे पर न थे, वहाँ तो सिर्फ यह था कि जंगल में रहनेवाले बन्दूधारियों की बन्दूकों से केवल वे ही नहीं डरते जो निहत्थे एवं शान्तिप्रिय हैं। वे भी डरते हैं जो हथियारबन्द हैं तथा जिन्हें कानून का संरक्षण भी प्राप्त है। बल्कि वे ज्यादा डरते हैं।

बसमतिया के बपई ने प्रधान जी को अपनी टूटी हुई, कमजोर भाषा में हार्दिक धन्यवाद दिया कि उनके सहयोग से बहुत बड़ा अशुभ बच गया नहीं तो थाना जाना पड़ता, दरोगा हजार रुपयों से कम में न छोड़ता, जाने छोड़ता भी या नहीं।

भाई को जंगल में चल रहे काम पर जाना था, एक दिन की मजूरी हवा में उड़ गई। दो-तीन महीनों के बाद तो जंगल में सड़क बनाने का काम शुरू हुआ है। गारड कहता था कि फंड नहीं आया था सो काम नहीं हो रहा था। रुपया आ गया है तब भी पन्द्रह दिन में मजूरी चुकता करता है...पाँच-पाँच रुपया हर मजदूर की मजूरी में से काट लेता है। बोलता है साहब को देना है—बिना दिए फंड नहीं आता।

बसमतिया का भाई अपनी तरह परेशान था। घर का सारा खर्च उसके ऊपर खड़ा था। इस साल फसल भी ठीक नहीं हुई। मक्के की खेती रोज-रोज की बरसात के कारण न हो पाई...सीजन आए तो साग-सब्जी की खेती हो। वह भी खुश था, उसके चेहरे पर चमक आ गई थी, चलो सौ रुपए में ही काम निपट गया। बसमतिया का बपई, सिपाहियों को देने के लिए रुपयों के बारे में सोच ही रहा था कि प्रधान जी ने बवाल ही दूर कर दिया...मैं दे दूँगा, खड़ँजा पर काम लगेगा तब पट जाएगा।

'दिया भर के दिया भर' के मुहाविरा में गाँव के बहुसंख्यक थे, जिनके पास खेती के लिए न तो जमीन थी, न नौकरी। जात-पाँत का सवाल उस गाँव में सम्पत्ति के बावत न था। चेरो, धांगरों की इस बस्ती में गिने-चुने पंडित जी व यादव जी लोगों का कारोबार ठीक था, लम्बी खेती व ट्रैक्टर वगैरह भी उनके पास थे। यादवों में भी दो-तीन परिवार ऐसे थे जो पसीने पर आधारित थे। पसीना ही उनके लिए सुरक्षित पूँजी था जिससे आटा, कपड़ा, नमक, तेल वगैरह आता।

कुल मिलाकर बसमतिया का मायका पुरातत्त्व का एक नमूना था जो नई सदी में भी अपने पुरातन पर काबिज था। बदलाव था तो केवल इतना कि यहाँ भी भूमि व्यवस्था वाले सारे कानूनी दाँव-पेंच लागू हो गए थे। गाँव की जमीन, नदी, बगीचा, कुआँ आदि को सरकारी सम्पत्ति के रूप में दर्ज कर लिया गया था तथा अंग्रेजी व्यवस्था में भी संशोधन कर दिया गया था। अंग्रेजों ने तो पूरे जिले को अनुसूची में डाल दिया था जिसका मतलब होता था विशेष व्यवस्थावाला जिला तथा जिले के गाँव। अंग्रेजों की व्यवस्था पुराने की अपेक्षा आधुनिक थी जबकि कथित आधुनिक व्यवस्था अंग्रेजोंवाली दो सौ साल पुरानी थी। सभी गाँव, सभी जातियाँ, सभी समूह केवल कानूनी रूप से बराबर बना दिए गए थे। 'समता' का अनूठा प्रयोग। यानी कि पूरा देश बराबर।

पर गाँव समान न थे। यहाँ हर वह विकृति थी जिसे दूर करने के लिए सरकारें कसमें खाया करती हैं। गाँव के आकाश का सूरज, गाँव के हिस्से की जमीन, धूप, हवा, जंगल, पहाड़ सभी कुछ गाँव में होते हुए भी गाँव से बाहर थे, उन पर दूसरों का कब्जा था। नदी का पानी दूर जाकर नहर में गिरता था जिससे गाँव का रिश्ता नहीं। गाँव का पहाड़ टूट-टूटकर ढोंका पटिया, चूना, सीमेन्ट, अल्युमिनियम

बनता था, जंगल कटकर पलंग, कुर्सी, मेज, किवाड़ वगैरह में ढलता था पर बसमतिया का मायका...बिना नहरवाला, बिना कुर्सीवाला, बिना सीमेन्टवाला था जो आज भी है। इतिहास की बनती-बिगड़ती स्थितियों ने कभी भी इस गाँव का भला नहीं किया।

चेरो, धांगर, खरवार जैसी जातियों को बसानेवाला यह गाँव कभी भी अपने अतीत की व्याख्याओं में मशगूल न रहा। गाँव में मौसम की तरह मुसलमानी, अंग्रेजी, कांग्रेसी हुकूमतों का आना-जाना लगातार रहा। बसमतिया का घर अपनी परम्पराओं में खोया हुआ जीवन जीने के संसाधनों, उपायों की तलाश में परिश्रम करते हुए लगा रहा। कभी उपासे की डबारों के साथ तो कभी दाँत खोदते हुए।

बसमतिया ससुराल लौटने के लिए तैयारी कर रही थी तभी बपई ने रोका...'आज नहीं कल चली जाना।' बपई क्या पूरे घर ने बसमतिया को रोक लिया, नहीं तो बसमतिया ननकी से मिलकर ससुराल लौट जाती। कचहरी जाकर उपभोक्ता फोरम में मुकदमा दाखिल करने के लिए बात हो गई थी कि बपई उसकी ससुराल आएगा फिर वहाँ से जाना होगा।

बसमतिया को चिन्ता थी कि उसके घर पर जाने क्या हो रहा हो ? जेठ का मिजाज हमेशा आसमान पर चढ़ा रहता है। वह समझ नहीं पाती आखिर इतने छोटे से घर में किस बात के लिए झगड़ा होता रहता है ! जगह-जमीन, सम्पत्ति-दौलत हो, तब तो झगड़ा भी भला लगे; पर है कुछ नहीं फिर भी रोज-रोज की किच-किच।

इधर बसमतिया का बपई परेशान था कि बसमतिया खाली हाथ ससुराल न जाए। उसकी अइया उसी दिन से परेशान थीं कि दो-तीन बार आई बसमतिया, पर एक ठो कपड़ा भी न दिया जा सका...अइया ने आह भरते हुए बपई से कहा भी था पर बपई करता क्या—घर में तो 'रोज कुआँ खोदो पानी पियो' की भयावह स्थिति थी। बसमतिया का भाई तथा उसकी भउजाई भी परेशान-परेशान थी। इस परेशानी में भउजाई ने ही समाधान निकाला था कि 'पिछले साल तीज पर जो कपड़ा उसके लिए आया था वह जस-का-तस पड़ा है वही दे देगी तथा खोंइछा में कुछ रुपया बाँध देगी। उसके यहाँ दस-पाँच रुपया भी होगा।'

अइया, पतोहू की इस सदाशयता पर लोट-लोट थी, 'दुलहिया समझदार है, घर गृहस्थी चला लेगी...नहीं तो वह परेशान थी लड़के पर। लड़का जरूरत से अधिक सीधा है, जिसने जैसा समझा दिया वही ठीक, अपना भला-बुरा नहीं देखता—वह अपने एकमात्र लड़के को अभी पन्द्रह-सोलह साल का लड़का ही समझती हैं—भोला-भाला सीधा।

भउजाई के द्वारा बसमतिया की विदाई के लिए कपड़ा वगैरह देने की बात में पूरे घर की इज्जत समाई थी 'लड़की आए और खाली हाथ लौट जाए' यह वह

भावना थी जिसकी हिफ़ाजत के लिए बसमतिया के बपई के पास अनुकूल परिस्थितियाँ न थीं। जंगली गाँवों पर गरीबी का क्रूर यथार्थ छाया हुआ था फिर भी उसमें वह ताकत न थी कि जंगली लोगों से भावुकता छीन ले, प्रेम-मुहब्बत को दफन कर दे तथा लोगों को किसी यान्त्रिक रिश्ते में बाँध दे। गाँव में परम्पराएँ जीवित थीं—जबकि विद्वान से विद्वान लोगों के लिए कठिन था कि वे बसमतिया के मायके तथा ससुराल के गाँव को कोई श्रेणी दे पाते। विधि सम्मत, संस्कृति सम्मत वाला गाँव या यथास्थितिवाला तटस्थ एवं जड़। एक ऐसा जड़ गाँव जहाँ इतिहास की सारी गतिविधियों के दम टूट चुके हों। यह निश्चित रूप से विशेष अध्ययन की माँग करेगा जिसमें सुनिश्चित करना होगा कि कानूनी समाज एवं सांस्कृतिक व पारम्परिक समाजों में आवाजाही या पारेदर्शिता क्यों नहीं है। घर की जिदों ने बसमतिया को एक दिन और मायके में रोक लिया। जिदों में पूरे घर का प्यार था तथा माँ-बाप का वह दुलार था जो आज के पूँजीवादी समाजों में दुर्लभ होता जा रहा है। बसमतिया घर के इस प्यार को पाने के लिए अपनी ससुराल में तरसती रहती है हालाँकि सासू व ससुर ने कभी उस तरह का सलूक नहीं किया जो आजकल आमतौर पर पाया जाता है, जिसमें पतोहू को गरियाना, मारना-पीटना भी शामिल होता है। बसमतिया मार-गारी से बची रही, जिसे वह करम देवता की किरपा (कृपा) मानती है। देर से जागने व काम पर न जाने के कारण अकसर सासू मुँह फुला लेती है, गुप्पा ऐसी हो जाएगी कि घर की सभी चीजों को झनक-झनककर इधर-उधर करने लगेंगी, ताना ऐसा कि न रोते बनता न हँसते। दुलरी (भैंस) को ताने मारतीं, 'ले खूब खा...तुझे काम से का मतलब, दूसरा घास-भूसा लहाए (इन्तजाम करे) फिर सानी लगाए...खूब लील ले कचर-फचर...इसी तरह बहुत कुछ कहती रहतीं सासू...पर गारी, या मार कभी न करतीं।

गारी-मार तो जगदा भी न करता, एक बार किसी बात पर दो-चार झापड़ मार दिया था जगदा ने, सासू मियान से बाहर हो गई थीं—'मुअना किस बात पर मारता है रे ! जा किस्मत थी कि ऐसी मेहरारू मिली नहीं तो—छाती पर कोदो करनेवाली मिल जातीं न फिर मारता तब देखती। खबरदार अब कभी हाथ उठाया। तो, इसी खातिर पढ़ाया-लिखाया था का रे...पढ़-लिखकर तो आदमी नरम होता है...तूँ तो सियार की तरह कच्चा मांस नोचना चाहता है रे...'

गाँव के दूसरे घरों को देखकर बसमतिया काँपती रहती है, बिना मार-गारी के जहाँ कोई बात ही शुरू नहीं होती...शादी के पहले इसी बात की मनौतियाँ बसमतिया करती रही। किसी ने बताया था कि 'जोगिनी' के नाम पर नहाने के बाद अरघ दिया करो, ससुराल ठीक मिलेगी प्यार-मुहब्बतवाली।

ससुराल जाने के बाद भी वह अरघ देना न भूलती। इस पर उसे किसिम-किसिम के ताने भी मिलते...'रोज-रोज नहाती है, देखो तो सेन्दुर कैसे लगाती है, काजर

भी खूब गाढ़ा व मोटा...जाने बाएँ गाल पर तिल है या गोदना गोदवाई है...तानेवालियाँ खुद जवाब भी देतीं—काहे न लटकाए सेन्दुर, काहे न रँगे होंठ, सुगना पढ़ाकू है, राम-राम बोलता है, हो सकता है कि रात में भी पहाड़ा लगाता हो...।'

बसमतिया बीती यादों के पहाड़ों से दूर होकर ननकी के घर की तरफ चल दी। भाई नदी की तरफ गया था मछलियाँ पकड़ने। बपई सुतरी कात रहा था तथा अइया घर में पोतना चला रही थीं, भउजाई खाना बनाने की तैयारी में थी। उसके हाथ में आधा सूप चावल था जिसे बीनना था ताकि साफ हो जाए व घुन आदि निकल जाएँ।

ननकी के घर जाते समय अइया ने बसमतिया को घोरा (पुकार) कर कहा था—

'जल्दी आना, मछरी ले आया तेरा भइया तो तुझे ही उसे बनाना होगा...'

'जल्दी लौट आऊँगी' बोलते हुए बसमतिया ननकी के घर जानेवाली पगडंडी पर चलने लगी थी।

पगडंडी थी बहुत पुरानी, जानी-पहचानी पर बसमतिया को लग रहा था कहीं वह दूसरे रास्ते पर तो नहीं चल रही...फिर ननकी को आना चाहिए था उसके घर। आई नहीं...। ननकी का बसमतिया के घर न आना वह कारण था जिससे बसमतिया ननकी के घर की तरफ जाते हुए भी समझ रही थी कि उसे नहीं जाना चाहिए उसके यहाँ। पर रुक नहीं रही थी, रुकने के लिए जाना स्थगित करना पड़ता। हो सकता है ननकी किसी परेशानी के कारण उसके घर न आ पाई हो...उसने सोचा...।

'ऐसा ही होगा नहीं तो भला ननकी मानती' धूप दिखे न दिखे ननकी जरूर दिखती...उसका सोचना था कि ननकी उससे अलग नहीं एक ही फाँक है दोनों।

दिन उफान पर था, सूरज सीधा हुआ जा रहा था, आदमी की परछाइयाँ छोटी होने लगी थीं, आसमान में कहीं भी बदरियाँ न थीं, उतरते जाड़े के मौसम में धूप भली लग रही थी पर अब धूप का रुख पुलिस की तरह कड़ियल हो रहा था, उबाऊ एवं गरियाने लायक। देह के स्तर पर पसीने भीतर कहीं किकुड़ियाए हुए थे जैसे उन्हें मालूम ही न हो कि उनकी जगहें पूर्ण देह में सुरक्षित हैं चाहे जहाँ से चिपचिपाहटें छोड़ें।

बसमतिया ननकी की उलझनों को ओढ़े हुए उसके घर की तरफ जा रही थी जैसे उसके ही वश में हो ननकी की उलझनों का उन्मूलन करना पर ऐसा नहीं था। वह किसी गवाह या दर्शक की तरह ननकी की उलझनों को ग्रहण करती फिर भावुकता की मजबूत दीवारें उठाती, और तमाम सहानुभूतियों का उसमें बसेरा डाल देती या दिल-जलियों की तरह खुश-खुश होती कि, बहुत ऐंठती थी ननकी, बनती

थी, ऐसा जैसे केवल वही किस्मत लेकर आई हो, तथा हल-बैलवाले के घर में ब्याही हो जिसकी अपनी खेती-बारी हो तथा मजूरी न पाने के कारण आँतें सिकुड़नेवाली न हों, कंठ सूखनेवाला न हो। पर बसमतिया ननकी के दुखों के संग हमेशा चलती रही, आज भी चल रही थी।

ननकी घर के सामने थी, जूठे बर्तनों से खेलती हुई। किसी ईंट के टुकड़े से हुमच-हुमचकर करहिया (कड़ाही) माँज रही थी, जो काफी जली हुई थी। उस पर चढ़ाया गया लेव (राख और पानी की पर्त) बेकार हो गया था। बसमतिया ने सहजता से पूछा—'कुछ छाना-पुआ हुआ था का ? जो करहिया इतनी जल गई।'

'हाँ ठोकवा (महुआ के रस से बनाई गई मीठी पूड़ी) बना था। फूफ्फा आया था...चल तूँ भी खा ले अच्छा हुआ जो चली आई।'

'हाँ, हाँ काहे नाहीं, न आती तो...बुलाती नहीं न...'

'का-का करूँ बसमतिया...अकेली हूँ। तूँ तो जानती है' कहते हुए रुआँसी हो गई...फिर तो जूठी करहिया पर उसके हाथ किसी मशीन की तरह एकदम से ठप्प हो गए, वह अचानक मर्द को लेकर बैठ गई...

'कल से ही बीमार है, मलेरिया हो गया है, काँप रहा है, गुलबिया की मतारी कह रही थी खून जाँच करवाओ, मलेरिया की दवाई स्वास्थ्य केन्द्र से मिलेगी, सामनेवाले गाँव में, जहाँ लड़का जन्मानेवाली बहन जी रहती हैं, पर वहाँ कौन जाए...रापटगंज जाना होगा खून जाँच करवाने...रामगढ़ के सरकारी अस्पताल पर तो भूत रहते हैं।'

'कुछ दर-दवाई दिया है कि नहीं,' बसमतिया ने पूछा...

'हाँ, करवन की सोर पिलाया था। आज गुरुच ले आई हूँ, मरीच (काली मिर्च) नहीं है, मँगा लूँ तो काढ़ा बनाकर पिलाऊँ। कुछ पीता भी तो नहीं, एकदम पगलेट है बसमतिया...वैसे बोखार कम है, चल तूँ भी देख ले...' ननकी ने कहा।

ननकी ने बर्तन माँजकर साफ कर लिया था। दोनों साथ-साथ घर में घुसीं। ननकी का ससुर घर पर नहीं था। उसका मरद खटिया पर उतान पड़ा था, दो-तीन लेवों (पुराने कपड़ों को जोड़-जोड़कर सिला हुआ दरी जैसा) से दबा हुआ। शायद नींद में था, साँसों की घुरुर-घुरुर वहाँ नहीं थी। बसमतिया ने उसका हाथ और माथा छूआ...पसीने-पसीने पूरा शरीर था, बुखार का ताप कम था फिर भी धाह (गर्मी) थी, एकदम से जलता हुआ शरीर।

'तूँ करवन की सोर ही पिला...उसको दो-तीन टैम कर दे। बोखार तेज है, एकदम से लस्त पड़ा है...' बसमतिया ने सुझाया। उसका सुझाव कितना सही या गलत था यह समय पर निर्भर था वैसे वह पारम्परिक था। गाँव की विशेषताओं में। बर-बीमारी की बात चले, सामनेवाला, जड़ी-बूटी या तन्त्र-मन्त्रवाला इलाज न बताए, मानना पड़ेगा कि सामनेवाला गाँव का नहीं, वह किसी ऐसे समाज का है

जहाँ गोबर, कीचड़, माटी, गाय, बैल, भैंसें नहीं होतीं, जिनकी देह धूप की गरमी नहीं सोखती, बरसात की बूँदें देह नहीं भिगोतीं, तथा ठंड से रोएँ तने नहीं होते।

'अभी ससुर नहीं आया है, गया है सोर लाने ही, आजकल तो वह भी नहीं मिलती दो-तीन कोस जंगल में घूमो तो कहीं दो-चार पेड़ करवन के दिखेंगे। वह भी जब खोदने लगो तो जंगल के दरोगा को लगता है, कि देश खोदा जा रहा है, लगता है मार-गारी करने...'

'अरे सोर में का है, दरोगा के बाप का का जाता है ?' बसमतिया ने कोसा...

'उसके बाप का का जाएगा, किसी के बाप का कुछ नहीं आता-जाता, पर रुपया-पैसा कैसे मिलेगा–कहता है...जंगल में रहो, तो यहाँ का खर्चा कैसे चलेगा, तनखाह से तो घर का ही खर्चा नहीं चलता। जाने घर का खाता है ? सोना-चानी खाता है का ?'

ननकी ने आश्चर्य प्रकट करते हुए दरोगा की बात बताई...जिसे उसने दरोगा से ही सुना था। फिर भी उसे इतना मालूम था कि कोई सोना-चाँदी नहीं खाता, किसी के घर के चूल्हे सोने के नहीं होते, कोई चाँदी की लकड़ियाँ नहीं जलाता...सोने-चाँदियों की थालियों में खाता होगा, गहने पहनता होगा। पर खाने-पीने में कितना खर्च करता होगा...इसका अनुमान जंगल में नहीं था...खर्च व सुविधाओं की कलाबाजियों के बारे में जंगल जानता भी तो कैसे। वहाँ तो वही पारम्परिक समाज था जो भोजन तक ही सीमित था। उस समाज के लोगों को क्या मालूम कि नई सदी ने खरीददारी की क्षमता को विज्ञान के सूत्रों की तरह एक विज्ञान व कला बना दिया है। सारी दुनिया खरीददारी की क्षमता ओढ़ने, बिछाने के लिए परेशान है तथा बाजार, जहाँ खरीददारी होती है वह तो जैसे फेफड़ा हो गया हो। बाजार में जाना, खड़ा होना, टहलना, लिफाफा, पोलिथिन, कार्टून, पैकिंग बनाना, आज के लिए जरूरी समझ है।

ननकी थाली में ठोकवा तथा नमक-मिर्च ले आई–अचार नहीं था नहीं तो उसे भी लाती...फिर दोनों खाने में जुट गईं। ठोकवा अच्छा बना था, मीठा तथा मुलायम। महुए की महक से सराबोर...बसमतिया ने ननकी को न्योता भी दिया...चल आज चुआया है...'

'हाँ मुझे भी मालूम हुआ कि सिपाही आए थे, मामला सलट गया, प्रधान जी ने सलटा दिया था–काढ़ा पिलाकर आती तेरे यहाँ।'

'हाँ सलट तो गया, प्रधान जी ने अच्छा खेला किया, बेचारे सिपाही जीव बचाकर भागे, वे भूल गए थे डर के मारे कि वे सिपाही हैं तथा बन्दूकें उनके पास भी हैं। वे जंगलवालों से खूब डरते हैं...बसमतिया ने घर की स्थिति साफ किया–कि सारा मामला सौ रुपयों में निपटा–प्रधानजी ने ही रुपया दिया–घर में तो मूस (चूहे)

कलैय्या मार रहे हैं।'

'नाही बसमतिया, कैसे जाऊँगी, इसको बेमार छोड़कर...' ननकी ने विवशता बताई।...

दोनों ठोकवा खाती रहीं, बतियाती रहीं। समय आगत का खेल खेलता रहा। दोनों औरतें थीं, उनके पास व्यतीत एवं भविष्य का समय था, वर्तमान जंगल से निकलकर आता, पहाड़ों से आता, नदियों के कल-कल या सूखे से आता। फिल वक्त वे दोनों एक ऐसे एकान्त में थीं जहाँ उनका समय किसी तानाशाह की तरह उदंड था तथा वे दोनों समय के एकान्तों पर काबिज थीं।

समय के एकान्तों से ही यह भी छनकर आया कि ननकी की कोयलरीवाली बहिन का देवर रापटगंज में वकील है उसी के यहाँ चली जाना, वह तुम्हारा मुकदमा कर-करा देगा...बसमतिया के लिए ननकी का सुझाव बहुत जरूरी सहारा था 'कोई तो अपना है वहाँ' नहीं तो सुनने में आता है कि कचहरी में ऐसे-ऐसे होते हैं जो बाल तक बीन लेते हैं।

'का नाम है उसका ?' बसमतिया ने पूछा।

'देवनाथ'

'कहाँ का है...'

'सिरवनिया का'

'वह तुमको जानता है। साहब सूबों के यहाँ 'करमा' नचवाने के लिए बोला था, मैंने तुम्हारा नाम बताया था कि वह सारा इन्तजाम कर देगी। तुम्हारे बारे में सारा कुछ बता दिया था—यह भी कि उसका मरद 'जगदा' घर से नाराज होकर भाग गया है, अभी तक नहीं आया है...वह चकरा गया था, चौंकते हुए पूछा था...

'कहीं सलटी नहीं ?' कैसी औरत है, अभी तक पड़ी है हारिल की लकड़ी थामे हुए।

'वह भी बेचारा अकेले है, मेहरारू भाग गई है डम्फरवाले के साथ, तब वह पढ़ रहा था, छोटा था और मेहरारू पाठा थी, एकदम मस्त और...वो तो ऐसी-ऐसी थीं।' नकल बनाते हुए तत्काल ही ननकी ने हथेलियों को ऐसा गोला बनाया जैसे उनमें कोई कट्दू समा गया हो...'तो का उसने विभाह नहीं किया !' बसमतिया ने पूछा...?

'अरे कहाँ, सात-आठ साल हो गए, कहता है औरतों का का ठिकाना ? कब गाना गुनगुनाना शुरू कर दे, फिर फुर्र हो जाए इस डार पर से उस डार पर।' ननकी ने बताया। साथ ही साथ यह भी बताया कि 'वेवहार' (व्यवहार) का ऐसा है कि कोई भी उसके लिए पराया नहीं।

बसमतिया मानसिक रूप से सन्तुष्ट हुई कि कचहरी में उसे दिक्कत न होगी।

ननकी के घर पर काफी देर हो चुकी थी, बतियाने में सूरज सिर पर चढ़ चुका था, सो ननकी से विदा लेकर बसमतिया अपने मायके चली आई। अब वह अपने समय के एकान्त में थी। दूसरे दिन ससुराल लौटना था, सो ससुराल की हवा, मौसम, पेड़-पौधे सब उसके जेहन में इधर-उधर डोलने लगे थे। उसे लगा कि उसका एकान्त भी हिल रहा है तथा उससे कुछ पूछ रहा है।

पंचाइत

ससुराल में कलह; थाने की तरह चौकस खड़े थे कि बसमतिया आए फिर उसे मार-पीटकर जेहल के हवाले कर दिया जाए। जेठ, अपनी मर्दानियत के गुमान में था कि—बसमतिया कौन होती है जगदा का करम (मृत्यु के बाद किया जानेवाला संस्कार) रोकनेवाली ? यह जेठ का आखिरी दाँव था जो बसमतिया को निश्चित रूप से मँझधार में डुबानेवाला था। वैसे भी जेठ इस सुरक्षित एवं सर्वमान्य दाँव का इस्तेमाल न करता, करने की जरूरत भी नहीं थी पर बसमतिया जेठ के फेंके गए जालों को बार-बार तोड़कर किसी चालाक चिड़िया सी फुर्र हो जाती थी। बसमतिया का फुर्र हो जाना, यह कोई विशेष न था। फुर्र हो जाने को उसने जो पूरे गाँव में डुगडुगी पिटवा दी। गाँव की जुबान पर भी आह, ओह छा गया, कोई-कोई तो इतना गुसिया गए कि—

'साला जेठ है अउर अपनी भयहु (छोटे भाई की पत्नी) को ही पटक रहा था, वह बेचारी मजबूत कलेजे अउर हाड़-काठवाली न होती या सनो, पावडरवाली होती तब तो, अब तक दो-तीन गिरवाने पड़ गए होते।'

जेठ अपना मुँह अपने से ही देखने लगा था तथा गुनने लगा था कि गाँव में किसका मुँह गंगा-जल से धुला हुआ शीशे की तरह चमक रहा है, कोई पतोहू के साथ तो कोई भउजाई के साथ...अउर प्रधानवा का भतिजवा तो परधाइन के साथ ही...

जेठ, की अच्छे-बुरे के बावत अपनी व्याख्याएँ थीं। उसका मानना था 'आखिर बसमतिया ऐसे तो रहेगी नहीं, देह का जोड़-घटाना अपने आप ही जुड़ता रहता है, वह किसी गैर से देह का तार जोड़े फिर तो घर की इज्जत जाएगी कि नहीं। हम भी तो आखिर बैगा हैं, पुरोहित हैं।' जेठ की बसमतिया के बारे में सारी सोचें आत्मगत थीं, वह किसी से उनका खुलासा भी नहीं कर सकता था क्योंकि वह समाज के नियमों से डरनेवाला आदमी था, उसके पास वह साहस या दुस्साहस नहीं था जो परम्परातोड़क लोगों के पास होता है, पूरी तरह निरंकुश, आकाशचारी...।

बसमतिया जब ससुराल आई, सूरज ढलान पर था। गाँव के आकाश की आखिरी सीमा पर लटका हुआ। उसका लाल-लाल भभोका आश्चर्य रच रहा था 'आखिर वह किस सहारे आकाश से लटका हुआ है ? सासू ओसारे पर बैठी थीं, उदास-उदास। बसमतिया को देखते ही फफक पड़ीं–'भला आ गई तूँ, नहीं तो किसी को भेजती, पता लगाने के लिए कहीं बेमार तो नहीं।' इसी के साथ सासू ने तमाम-तमाम खुसुर-फुसुर किया। बसमतिया को सासू ने ही बताया कि बड़कू जगदा का करम करना चाहता है, किसी पंडित से पूछ-पाछ आया है।

सासू भी जगदा की आस नहीं छोड़ पाई थीं, सो वह भी करम के लिए सहमत न थीं। उनका यकीन था कि जगदा आएगा जरूर। पिछले पख (महीने का पक्ष) में ही उन्होंने टोटका किया था। भात को गूँथकर आदमी का आकार बनाया था तथा फूल की बड़ी बटलोही में पानी भरा था, उसमें तुलसी का पत्ता डाला था फिर भात वाले आदमी की संरचना को शंकर बाबा का नाम लेकर बटलोही में डाला था। भात की उक्त संरचना पहले तो डूब गई फिर पानी में उतरा गई–जब तक संरचना पानी पर नहीं उतराई सासू शंकर बाबा का नाम भजती रहीं–

जगदा जब से घर छोड़कर गया है तब से ही बसमतिया उसे भज रही है, सो 'करम' करने का प्लान सुनकर वह आग-बबूला· हो गई...पर आग कैसे बुझाए...घर पर न तो जेठ था न ही जेठाइन थी। उनके आधे हिस्से पर टटरा फँसा था, बच्चे भी साथ गए थे नहीं तो छोटका बसमतिया की बोल सुनकर भागा चला आता।

सासू बसमतिया के जाने के बाद से ही एक जून खाना बनाती रहीं...सुबह का भात बचा था तथा अरुई की तरकारी थी। शाम के खाने में सासू नाश्ते की तरह उसे खातीं तथा बीते दिनों के बारे में खुद से बतियाते-बतियाते सो जातीं। उन्हें कब नींद लग जाती पता न चलता। कभी जागी रह जातीं रात भर। मच्छरों या खटमलों का काटना तो बहाना होता, उन्हें नींद ही न लगती। जगदा के बपई के बारे में कहती–'छोड़कर चला गया, जाना चाहिए था मुझे।'

जगदा का बपई तन्हा गया था, जाना ही पड़ता है सबको। जो कुछ भी पूरे जीवन में जगदा के बपई का हासिल था, वर्तमान का जितना सत्त बचा पाए थे, वह सब बचा पड़ा था। किसी तरह धूप और बरसात से बच पाने की घर जैसी जगह भी थी जो गुफा-निवासों से थोड़ी बेहतर थी पर दुनिया की तकनीकी व आर्थिक बेहतरी के मुकाबिले कुछ भी नहीं थी। जगदा की अइया को सिर्फ उसका बपई दिखता, उसके बाद तो लगता कि बगलवाली नदी का पानी बढ़ रहा है जो कभी भी लील सकता है सारा कुछ।

नदी तो सूखी थी पर बाढ़ थी उसमें झगड़े की कलह की। घर की लगातार नदी की तरह बढ़ियाता जाना...घर का सुख, शान्ति, आशा, विश्वास लीलते जाना

जारी था। बसमतिया की सासू कभी जगदा के बारे में गुनतीं तो कभी जगदा के बपई के बारे में। उनका मानना था जगदा का घर से भाग जाना, उसके बपई को भी लेता चला गया। उसे बहुत भरोसा था कि जगदा कुछ-न-कुछ बनेगा...'बड़ा आदमी' बनकर घर-परिवार चलाएगा...वह पिछड़ा हुआ भेड़ की तरह नहीं रहेगा, गुर्राएगा किसी बाघ की तरह। इतना न भी हो तब भी कम-से-कम इतना तो होगा ही कि कोई सता नहीं पाएगा...।

बसमतिया सासू के साथ खुश-खुश थी। वह भूल चुकी थी कि ससुर के मरते ही जेठ घर से अलग हो चुका था। ससुर के करम में खर्चा-बर्चा भी कुछ न दिया था। बसमतिया तथा उसके सासू को ही सारा खर्च जुटाना पड़ा था। कर्जा जो चढ़ा था सब पट भी चुका है, थोड़ा-बहुत बाकी देकी है तो कमाकर भरा जाएगा।

जीवन चलाने की मजबूत आश्वस्ति लिए बसमतिया, सासू के साथ जीवन के मोर्चे पर डटी थी...उसका मानना था कि 'जब जान है तो भगवान उसे बचाएगा ही' उसे भगवान के होने न होने की बहस से कुछ लेना-देना न था। वह अपने जीवन को परिन्दों या जंगली जीवों का जीवन मानती तथा खुद को आश्वस्त करती कि वे न तो खेती-वारी करते हैं न ही काम-धाम। उनका घर-वार भी कोई खास नहीं फिर भी उनमें जीवन विहँसता है, गुनगुनाता है, हरा-भरा रहता है।

जगदा के मामा आए थे बटवारा करने। उन्होंने तो साफ-साफ कहा था 'का बाटना है, कोई रियासत है का ?' जेठ को समझाया भी था पर जेठ मानने के लिए कतई तैयार न था। जेठाइन तो जेठ से भी आगे थी—'जो है, वही बाँटो मामा।' मामा ने सारा अलगियाया था। घर, जमीन सारा कुछ आधा हो गया था। बपई को कुछ नहीं मिला था...मामा ने कहा भी था—'तुम्हारी अइया और बपई का का होगा... ?'

जेठ तुनक गया था...'उन्हें का चाहिए, वे जिसके साथ रहेंगे वह सँभालेगा। मेरे साथ रहें दोनों लोग।'

'तो क्या छोटकी (बसमतिया) अकेली रहेगी ?' मामा ने पूछा था।

'रहे अकेली, काहे अकेली रहने में का है ?' जेठ ने ताना मारा था।

जगदा का बपई बीच में बोल पड़ा था, अपने साले को रोककर कहा था—'मुझे कुछ नहीं चाहिए, केवल छोटकी ही काफी है। जिनके पास कुछ भी नहीं है आखिर वे भी तो जी रहे हैं। अइया ने तो जोर-जोर इस बावत हल्ला भी किया था।'

बसमतिया ससुराल में आने के बाद से ही, जगदा के करम करने की बातें सुनकर दो वर्ष पूर्व की स्थितियों में पहुँच गई थी या वह स्मृति की कोई अयाचित भूमिका थी जो स्वतः उसके जेहन में उतराती जा रही थी...सम्भवतः हादसे या दुख भुलाए भी नहीं भूलते। सासू लगातार कहतीं रहीं—'कैसे भूखी रहेगी रात भर, दो

रोटी बना ले, प्याज के चोखे के साथ खा लेना, मुझे तो भूख नहीं लगी।'

'मैं भी कुछ नहीं खाऊँगी' बसमतिया ने कहा था। फिर सोने चली गई थी। सासू सो न पाई थीं। रात जब ढल रही थी तथा अँधेरे की ताकत कमजोर हो रही थी, तभी सासू ने जम्हाई ली, जम्हाई के साथ असहाय सी बसमतिया का चेहरा निकला 'बेचारी किस्मत की मारी है।' सासू सीधे बसमतिया की खटिया की तरफ गईं। खटिया पर बसमतिया थी। उसकी साँय-साँयवाली पराई साँसें थी, तथा वह भूख भी थी जिस पर बसमतिया का कब्जा था। सासू, बसमतिया को अकेले देखकर जीवन का बकाया हिसाब लगाने लगीं। तभी अचानक उन्होंने बसमतिया को जगाया...

गनीमत थी कि बसमतिया नींद के गहरे में नहीं थी, जिसका आभास सासू को हुआ था।

'खाली पेट मुई नींद भी नहीं आती' यह सासू के लिए आजमाई हुई बात थी।

'का है अइया ?' पूछा बसमतिया ने।

'कुछ नहीं रे भूख लगी है, दो रोटी बना दे, पेट फूल गया है रे, दरद हो रहा है...' सासू ने दर्द होने का अभिनय करते हुए कहा।

'हींग की एक गोली खाइए अइया' हींग होगी नऽ। बसमतिया ने पूछा...

'तूँ थी ही नहीं, कौन जाता बाजार, यहाँ हींग तो मिलती नहीं, सब ठीक हो जाएगा, बस तूँ रोटी बना दे मैं चूल्हा जलाती हूँ। बर्तन साफ है तथा चूल्हा भी पोता हुआ है...' सासू बसमतिया से कहते हुए उस ओर निकल गई जिधर लकड़ियाँ तथा उपलियाँ रखी थीं—बाहरी ओसारे की ठीक बगल में किनारे की तरफ। लकड़ियों पर फूस का एक टट्टर, टुटहे आकाश की तरह कटा-फटा पड़ा था।

बसमतिया ने जब खटिया छोड़ा तब तक सासू सूखी लकड़ियाँ तथा उपले ले आई थीं। आँगन के एक किनारे आकाश की भूख व प्यास का परताल करते हुए हालिया बना मिट्टी का एकमुहा चूल्हा पड़ा था। बसमतिया ने सासू को रोका कि वे आराम करें, छट-पट न हों, वह बना देती है रोटियाँ। आँगन में टटरे की दीवार थी, दीवार के उस पार जेठ का रहन-सहन, रात के सन्नाटे में गुम पड़ा था। दीवार पार जीवन होने की कोई आहट न थी पर वह सब कुछ था जिससे उक्त टटरे की दीवार खड़ी थी कि इतनी बड़ी दुनिया में सभी अकेले हैं, सभी के बीच, विभाजित करनेवाली कोई दीवार है, चाहे टटरे की हो या कंकरीट की। अपनी-अपनी दीवारों के भीतर ही जीवन के अतिरिक्तों पर इतराने का हक है सबको।

जिन्होरी (मक्का) बची थी। अधिक बरसात होने के कारण उसकी बुवाई न हो पाई थी। सासू ने जाँत पर उसे पीस लिया था, उसी का पिसान उपयोग में

लाया जा रहा था। बसमतिया ने जिन्होरी का पिसान देखते ही पूछा—'इसी की रोटी बनाऊँ या भात बना दूँ...'

'नाही रे जिन्होरी की ही बना दे...नून से ठीक लगती है'...सासू ने बताया...बसमतिया ने थाली में निकाला...उसको धीरे-धीरे गूँथा...गेहूँ के पिसान से अलग तरह से। इस पिसान को उतना ही गूँथना होता है जितनी लोई से एक-एक रोटियाँ बनती हैं...।'

चूल्हे में आग दहकने लगी...चूल्हे के बगल में पत्थर का तावा रखा था। लोहे के तावे पर जिन्होरी की रोटियाँ जल जाती हैं। पत्थर का तावा देर में गर्म होता है, देर तक गर्म बना रहता है। बसमतिया ने जब पहली रोटी सेंक ली तब सासू को बुलाया तथा खुद नून व पियाज निकालने लगी। सील पर लोढ़े से नून तथा हरे मिर्च को पीसा, पियाज को छोटे-छोटे टुकड़ों में किया...

सासू का कहना था, सब रोटियाँ सेंक ले, साथ ही खाना है, आगी बुझाना नहीं...

रोटी खाते समय बसमतिया ने कहा था...'अइया ! भूख तो मुझे भी थी पर अकेले का खाना, सो नहीं बनाया, सो गई।'

'हाँ रे मुझे नींद नाही लगी,' मैं सोचती रही कि तू भूखे सो रही है...

खाना खाते समय टटरा के भीतर का आँगन सास-बहू का वह सम्बन्ध देख रहा था जो दुलार से भरा था। आँगन का बँटा हुआ हिस्सा भी सास-बहू के मधुर रिश्ते पर कुछ गुन रहा होगा, आकाश के छितराए तारों ने शायद कुछ संकेत पकड़े हों कि ऐसे-ऐसे भी होते हैं जिनके जीवन की विसंगतियाँ, उन्हें प्यार-मुहब्बत के नैसर्गिक सुखों से वंचित नहीं कर पातीं।

रोटी का पहला कवर (टुकड़ा) जब बसमतिया ने अपने मुँह में डाला था, सासू को लगा था कि वही खा रही हैं, कितना मीठा है...उन्होंने सोचा था, तथा बसमतिया को दुलार से निहारती रह गई थीं...सास-बहू का रिश्ता घर के बाहर उस तरह से नहीं जाना जाता था जिस तरह से घर के भीतर था। बाहर की चर्चाएँ तमाम नुक्ताचीनियों से अटी पड़ी थीं। मसलन, दोनों 'राँड़' जैसे साँड़ हैं, दोनों का मिजाज सातवें आसमान पर टँगा रहता है, खास तौर से ऐसी टिप्पणियाँ उन जड़ घरों के भीतर होतीं जिनमें जीवन चलाने के बावत मुश्किलें तमाम-तमाम होतीं, लोग लगे होते कि दोनों जून की रोटियाँ सिंके, चूल्हा जले, बर-बीमारी में सूई-दवाई हो पर ऐसा सम्भव न हो पाता। इस तरह के समाज में बसमतिया का घर, कुछ ऊँची कुर्सी पर था। वे दोनों मजूरी करतीं, खान-पान में भी जरूरी कटौतियाँ करतीं, हर हाल में कुछ-न-कुछ बचा लेने का जुगत लगाती रहतीं, सो उन्हें कभी-कभार ही दूसरे का दरवाजा खटखटाना पड़ता।

जेठ तो जाने कितनी बार दूसरों का दरवाजा खटखटाता। दरवाजा खटखटा

लेने के बाद भूल भी जाता कि उसने किसी का दरवाजा खटखटाया था। उसे बसमतिया से इसलिए भी चिढ़ थी कि वह दोनों जून पेट कैसे भर लेती है। पहले तो उसकी सोच थी कि बँटवारा हो जाएगा तब वह खाए बिना मर जाएगी, फिर उसके लिए बसमतिया आसान हो जाएगी। उसकी गदराई देह जो दूर से आँखों में छलकती रहती है, बाँहों में छलकने लगेगी पर ऐसा हुआ नहीं। हो तो जाता सब वैसा ही जैसा जेठ चाहता था पर बसमतिया जेठ के अनुसार कजहा (झगड़ालू) थी। बँटवारा का जाल टूट चुका था, बसमतिया सासू के साथ खुश-खुश रहने लगी थी...

बसमतिया का खुश-खुश रहना, अपने बँटे हुए घर की दीवारों को लीपना-पोतना, आँगन को सूखा रखना तथा घर की झाड़, बुहार करना यह जेठ के लिए असह्य था, जेठानी तो जेठ से भी दो बाँस आगे थी। जेठ ने अपनी पत्नी से मिलकर जगदा का करम करने का प्लान बना लिया था। प्लान को कार्य रूप में ढालने की जुगत में लगा था। बसमतिया जब से नैहर में थी तभी से जेठ गाँव तथा बिरादरी का करम के बावत जनमत तैयार करने लगा था। एक तरह से बिरादरी की स्वीकृति उसे जगदा के करम के बावत मिल भी गई थी...लोगों का कहना था...

'पाँच साल जब हो गए, जगदा नहीं आया तब कब करम होगा, दो-तीन साल जोहना काफी होता है...बिन करम किए पुरखे कैसे तरेंगे ?' (उद्धार होंगे)

कुछ जो ब्राह्मणों, राजपूतों की परम्पराओं (मरनी करनी के बावत) को ज़ानते थे, उन लोगों ने तो बहुत ही जोर देकर सुझाया था कि 'करम' बहुत जरूरी है।

प्रधान जी बेचारे अकेले पड़ गए थे, वे दूसरी बिरादरी के थे, कुछ जो उनके मन में उठता विचारों का धुँआ बनता, फुर्र से हवा में मिल जाता फिर भी उन्होंने पंचाइत में ही पूछा था बसमतिया के जेठ से...

'का हो ! जगदा के बपई का करम किसने किया था, तुमने या बसमतिया ने...बाप का करम तो नाही किए, भाई का करम करने के लिए तुम्हारा पेट दुख रहा है, का बात है ? कोई चाल-चूल है का ?'

फिर तो बिरादरी की पंचाइत कानाफूसी में बदल गई थी। मुँह तथा कान के बीच कोई जगह शेष न थी। अगल-बगल के मुँह-कान प्रधान जी की बात पर निष्क्रिय जैसे हो गए थे।

'हाँ भाई ! प्रधान जी की बात तो ठीक लगती है, जिसने बाप का करम नहीं किया, भाई का करम करने के लिए काहे परेशान है ?'

पंचाइत, कानाफूसियों में उलझ गई थी। बिरादरी प्रमुख हालाँकि पढ़ा-लिखा न था पर समाज की पढ़ाई का अनुभव उसके पास था कि लोग अपनी बातें मनवाने के लिए किस तरह से समाज की आँखों में धूल या मिर्चा डालते हैं ? सो प्रमुख ताड़ते ही बोला—'हाँ भाइयो...परधान भइया की बातें सही जान पड़ती हैं।' फिर

प्रमुख ने बसमतिया के जेठ से उसी क्रम में पूछा...'क्यों भइया...जब तुमने बाप का करम नहीं किया था फिर भाई का करम कैसे करोगे ? यह बसमतिया का मामला है, फिर जगदा की मतारी जिन्दा है वह जैसा कहेगी वही होगा।' प्रमुख का इतना कहना था कि बिना छल-छद्मवाली, गैर-व्यावसायिक पंचाइत में से कई तरफ से आवाजों ने जोर पकड़ा...

किसी ने कहा...'कि जगदा की जमीनिया का चक्कर है, आजकल लेखपाल के यहाँ गोटी बैठा रहा है, बेचारी बसमतिया को परेशान करने के लिए।'

'हाँ-हाँ लेखपलवा हरामी है, कुछ ले-देकर जगदा का नाम काटकर बसमतिया के जेठ का चढ़ा देगा फिर दौड़ो कचहरी।' यह एक पतली-सी आवाज पंचाइत के पीछे से उठी थी...

'मामला खाली जमीनिया का थोड़य है...बसमतिया जमीनिया से ऊपर है, मिल जाय घर का झगड़ा-झंझट खत्म। जाने कब से तार भिड़ा रहा है, बेचारी जान बचा रही है किसी तरह। साला हरामी।' पंचाइत की गर्म हवा में यह आवाज कुछ ऐसे घुल गई कि लोग पीछे मुड़कर ताकने लगे—कि कहाँ से जनमती हैं इस तरह की सोचें। भला जेठ अपनी भयहु को हमबिस्तर करेगा—उसे सिर्फ मादा समझेगा, पशु है ? हरदम सींगें चोखी करता रहता है।

पंचाइत में नर ही नर थे, उनके सोचने-विचारने के पंजे, नाखून व बाँहों के उभार काफी मजबूत थे। मादाएँ तो दर्शक व श्रोता की तरह दूर खड़ी थीं, खुद को खँगालती तथा डराती हुई। पंचाइत ने मर्दाना फैसला सुनाते हुए कहा कि 'करम करने या न करने का मामला जगदा की मतारी का है, वह चाहे तो करे, चाहे तो जोहे, हो सकता है जगदा जिन्दा हो।'

जेठ का आखिरी दाँव भी सिमट गया, उसे इसका अन्दाजा न था कि पंचाइत में परधान जी बाप के करम का मामला उठाएँगे...वह थक-हार गया। उसका झंझटिया दिमाग मशीन माफिक फिर भी चलता रहा, वहाँ लज्जा या पीड़ा न थी। दिमाग में बसन्त जैसी योजनाएँ चुहल करने लगीं। उसने खुद को धिक्कारा 'जमीन है ही कितनी ? असल तो बसमतिया है।'

पंचाइत खत्म हो गई थी पर जेठ का दिमाग नए किस्म की पंचाइत में लगा था जिसमें वासना थी, लालच था, प्रलोभन था, तथा वह धूर्त कला थी जिससे औरतें अपना जिस्म खुला छोड़ देती हैं। ऐसा सोचते ही जेठ को अपनी मूर्खताओं पर कोफ्त हुई...। तत्काल ही उसने राहत महसूस किया क्योंकि दिमागी खेलों में जीत सकने की सम्भावना उसके मन में उभरी...

अब वह ऐसा कुछ नहीं करेगा जिससे बसमतिया को तकलीफ हो...

वह बसमतिया के जैविक सुखों का ध्यान रखते हुए उसके लिए हर वह चीज उपलब्ध कराएगा जो आवश्यक है, मसलन, साड़ी, ब्लाउज, पाउडर वगैरह...

जब भी वह बात करेगा उसमें अतिरिक्त मिठास घोलकर...

वह बसमतिया की हर बात का समर्थन करेगा तथा मेला-ठेला नाच-गाना में साथ चलने के लिए कहेगा तथा अपनी पत्नी को दबाकर रखेगा जिससे वह बसमतिया से लड़, झगड़ न पाए, कदाचित ऐसा हुआ भी तो वह पत्नी को मारेगा-पीटेगा तथा बसमतिया को उत्साहित करेगा। अपने लिए विविधरंगी आचार संहिताएँ बनाते हुए बसमतिया का जेठ पंचाइत से लौटा था। फिर भी उसके चेहरे का रंग उतरा हुआ था, वहाँ बारिश की कीचड़ थी जो किसी गम्भीर धूप की प्रतीक्षा में थी।

बसमतिया खुश-खुश थी कि कोई आवारा-बदचलन समय उसकी जिन्दगी में आया तथा अपनी करतूतों से लात खाकर भाग गया।

प्रधान जी यह सोचते हुए पंचाइत से वापस लौटे थे कि आखिर कब लोग अकेले में, 'कुछ और' पंचाइत में 'दूसरा कुछ' कहना बन्द करेंगे ?

दूध को दूध, पानी को पानी कहनेवालों का समाज आखिर कहाँ डूब गया ?

घोड़-नाच

जगदा का 'करम' करने-कराने की बातें पंचाइत में खंड-खंड विखंडित हो चुकी थीं। जेठ की षड्यन्त्रकारी कार्य-योजना को परधान ने ध्वस्त कर दिया था। पंचाइत के सहभागियों ने जेठ के षड्यन्त्र को समझ लिया था कि वह लेखपाल से मिलकर जगदा के हिस्सेवाली आधी जमीन पर अपना नाम चढ़वा लेगा तथा बसमतिया पर आरोप लगवा देगा कि उसने दूसरा कर (विवाह) लिया है। परधान को खबर थी कि जेठ जगदा की जमीन हड़पने के लिए चार सौ बीसी के किन-किन जालों को लेखपाल से मिलकर बुन रहा है ?

करम करने की जाल की बुनाई खत्म हुई तो जेठ दूसरी जाल बुनने की तैयारी में जुट गया। अब वह बदला हुआ जेठ था, सहृदय, उदार, प्रेमी तथा बसमतिया का हित-साधक। अपने पहलेवाले रूप को उसने बहुत ही कुशलता से धूल-धूसरित कर दिया था...बसमतिया कई-कई अचरजों में थी...

उसे अचरज लगा था कि जेठ ने उसका आलूवाला खेत कैसे जोत दिया ? सासू से पूछने भी आया था... सारी घास साफ कर दी थी...अब जो जामी है वही है।

'सुरहिया दीदी' के मेले से लौटकर गुड़वाली जिलेबियाँ दी थीं, कम-से-कम दस रुपया तो खर्च हुआ ही होगा। सोचकर बसमतिया मुस्कराई...

बरसात उतार पर थी। बसमतिया नैहर से बहुत दूर अपने घर की स्थितियों, परिस्थितियों में थी। नैहर पीछे था स्मृतियों में। बपई आएगा तब उसे कचहरी जाना पड़ेगा। कचहरी और पंचाइत का फर्क हालाँकि उसे नहीं मालूम, फिर भी किसी अनजान किस्म के कई-कई डर उसे घेरे हुए थे।

वहाँ साहब लोग होते हैं, उनकी आँखें बड़ी-बड़ी होती हैं, आवाज कड़क होती हैं। दूसरे किस्म की बोली सरपट बोलते हैं, समझना चाहो तो गिड़-बिड़, गिड़-बिड़।

सामने पड़ो तो...दिल धक-धकाने लगता है, अब पकड़ा तब पकड़ा...

इसी तरह ढेर सारे डरों के बीच बसमतिया अपने ओसारे में बैठी हुई थी कि सासू आए फिर आलूवाले खेत पर चला जाए। सासू जंगल की ओर गई

थीं...। उन्हें मालूम था कि जंगल में काम शुरू हो चुका है। नगद मजूरी मिल रही है। पेड़ लगाने के लिए गड्ढों की खुदाई हो रही है ताकि अगले साल बरसात शुरू होते ही उन गड्ढों में पेड़ लगा दिए जाएँ। इस बार हर गड्ढे पर पाँच रुपया दिया जा रहा है चाहे जितना दिनभर में खोद लो।

सासू देर से आईं। जंगल में काम शुरू है। मजूरी की बात भी ठीक है। बसमतिया खुश-खुश थी कि महीने भर का काम मिल गया, अब रुपए जुट जाएँगे फिर तो सारे कर्जे चुक जाएँगे। सासू ने विस्तार से बताया, साथ-ही-साथ पूछा...

'अरे ! का हुआ ? बैंक के कर्जे का...'

बसमतिया ने सासू को आह भरते हुए बताया 'कुछ भी नहीं, मुकदमा लड़ना पड़ेगा...अमीन बता रहा था कि फोरम में मुकदमा कर दो, वहाँ जाना होगा। अगले मंगल तक बपई आएगा तब जाऊँगी।'

'तूँ का करेगी कचहरी जाकर...' सासू ने साश्चर्य जानना चाहा...।

'यही तो सोच रही हूँ मैं भी, हमारा वहाँ का काम...पर बपई और भइया मानते ही नहीं...उनका सोचना है कि मैं रहूँगी तो गड़बड़ न होगी।' बसमतिया ने उन्हें बताया—

'कचहरी में गड़बड़ के अलावा और क्या होता है ? अहिरान में तेरे विआह के साल जो कतल हुआ था उसमें का हुआ ? सब तो छूट गए। अहिरों का कहना है कि वे अब खुद कचहरी करेंगे। इस कचहरी से कतल करनेवाले नहीं बचेंगे, उन सबों को काट-काटकर घाघर में न फेंका तो...यह नहीं वह नहीं, लड़के हमेशा ताक में पड़े रहते हैं, पढ़ाई-बढ़ाई तो कब की छूट गई है।' सासू ने कचहरी पर अपने ढंग से असन्तोष जाहिर किया।

बसमतिया चुप-चुप थी, उसे भी यह विश्वास घेरे हुए था कि कर्जा कभी माफ नहीं होता। भगवान के यहाँ भी उसे भरना होता है...। कचहरी से तो वह स्वयं ही काँपती रहती है। पर करे क्या...अपनी विवशता का पाठ करते हुए बसमतिया ने कहा—'अइया ! कुछ हो न हो, पर जाना तो पड़ेगा ही...फिर डरने से तो काम नहीं चलनेवाला...वहाँ साहब लोग ही तो होंगे। का वे लोग खा जाएँगे। जो बड़ा साहब होगा, उसके सामने रोऊँगी-गिड़गिड़ाऊँगी, बपई की गरीबी को बताऊँगी, का वह थोड़ा-बहुत भी नहीं पसीजेगा...सुनती हूँ साहब लोग दयावान होते हैं, वे गरीबों की मदद करते हैं।'

'सुनती हो न कि साहब लोग गरीबों की मदद करते हैं, कभी देखा है, पाला पड़ा है उनसे। अरे पगली...तूने साहबों को नहीं देखा...। अब तोसे का कहूँ...बस यही समझ ले कि बर-बीमारी, दुख-सुख में कभी किसी तरह की मदद कर भी दी तो दूना-तिगुना वसूल लेते हैं। मतारी की मदद की तो बिटिया-

पतोहू से वसूल लिया, भाई की मदद की तो बहिन से...अब तक तो हमने यही देखा है...'

'मैं मना नहीं करती कि न जा...पर पानी सिर पर न चढ़ने देना। तूँ समझेगी कि पानी में नहा रही है...बढ़िया लग रहा है...पर नहाने के बाद...। उनका काम तो हो जाएगा, पर तुम्हारा कभी नहीं होगा...' सासू ने बतौर नसीहत बसमतिया को समझाया।

फिर बसमतिया के साथ खेत की तरफ निकल गई...।

खेत पर जेठ पहले से था...। घास निकालते हुए। बसमतिया सासू के साथ जोते गए खेत में से घास निकालने लगी। खेत कैसा था ? दूब के जंगल जैसा, चारों तरफ मोथा, कास दूब की जड़ें काफी गहरे तक...घोड़ घास काफी थी... चौड़ी-चौड़ी छितराई...। प्रकृति का स्वान्तः सुखाय उत्पादन...। बसमतिया के हाथ में खुरपी थी। उसे वह जमीन में गहरे तक धँसाती, घास की सघन जड़ें थोड़ा अपनी जगह से ऊपर उठतीं, खुरपी को थोड़ा और धँसाकर बसमतिया जड़ों से ऐसी छेड़-छाड़ करती कि बेचारी जड़ें बिना किसी शोर-गुल के जमीन से ऊपर आ जातीं। जड़ों का जाला देखने लायक होता। कुछ-कुछ तो जमीन के भीतर इतनी धँसी होतीं, जिसमें खुरपी असहाय हो जाती, फिर उस जड़ को कुदारी (कुदाल) से निकालना पड़ता। गनीमत थी कि बलुई-मिट्टीवाली जमीन की जोताई हो चुकी थी तथा बरसात का पानी उसे लबालब भी कर गया था नहीं तो जंगली पेड़ों की जड़ों की तरह घास की जड़ों को भी निकालना आसान न होता। सासू भी खुरपी के खेल में अपनी सामर्थ्यानुसार तत्पर थीं—

'अइया !' एक मीठी सी बोल...बसमतिया ने सासू को पुकारा—सासू थोड़ा आगे थीं, करीब बाँस भर की दूरी पर...

'इस साल आलू ठीक होनी चाहिए, खेत पानी खा चुका है...'

'हाँ रे ! होनी तो चाहिए' यह सासू का उत्तर था चिड़-चिड़ा सा तथा प्रश्नवाचक धुन लिए हुए।

सासू का कहना था...'उम्मीद तो थी मकई की भी। खेत तैयार था, पर क्या हुआ ? पानी पर पानी। एक बदरी जाती दूसरी चली आती। पानी की बड़ी बूँदें टप टपाना बन्द करतीं तो छोटी-छोटी बूँदें चुहल करने लगतीं—सारी दीवारें सल-सला (सील) गईं, आँगन में नीचे से पानी ऊपर आने लगा। ऐसे में 'मकई' कैसे बोवाती (बुनोती)। मकई से कपड़े-लत्ते का काम चल जाता था।'

बसमतिया ने सासू को दूसरी तरफ मोड़ा...यह जानते हुए कि हिसाब-किताब में वे माहिर हैं, हमेशा उनके सामने कल किसी भूत की तरह खड़ा होता है—

'अइया कुल कितनी बनी मिली धान की कटाई में...'

'कहाँ रे, इस साल पाँच दिन कम हो गया, परसाल तो पचीस दिन की कटनी

थी...अभी वइसहीं पड़ा है धान, अब तूँ आ गई है...सबका हिसाब लगा, हाँ धान कुटवाना भी है...आठ-दस मन (लगभग दो क्विंटल) से कम तो न होना चाहिए।

धान की कटनी में भी वही पाँच किलोवाली मजूरी ही तो है, मान लो थोड़ा-बहुत अधिक होगा...'

सास-बहू का वार्तालाप, गृहस्थी की जरूरतों पर टिका हुआ था। बसमतिया तथा सासू दोनों अपने परिश्रम एवं कमखर्ची की आश्वस्ति पर जीवन के संघर्षों को टिकाए हुए थीं—किसी सर्कसी खेल की तरह। उन्हें नहीं पता था कि उनके यहाँ 'विकसित' बुरी तरह अनुपस्थित हैं तथा जो अविकसित उपस्थित है वह भी मनोरम है तथा जहाँ विकसित ही उपस्थित हैं वहाँ जो अनुपस्थित है वह है प्रेम, सहभागिता, लगाव। पर वे तो जंगली थीं, जंगलपना बचाए हुए सारी दुनिया को ठेंगा दिखाते हुए कि 'तूँ जानता है तो मरेगा।' जनम और मरण के बीच आज की दुनिया का सर्कस रुपयों के तमाशों से भरा है। रुपए ही महलों में हैं, कुर्सियों पर हैं, बाजार में फैशनेबुल बने हैं। मंचों पर वक्ता, अध्ययन केन्द्रों पर प्रवक्ता, कचहरी में वकील, जमीन पर जमीनदार, कारखानों में उद्योगपति...अजीब सर्कस है...तरह-तरह के खेल हैं...रुपया हवा का, जमीन का, आकाश का, जीवाश्मों, कोशिकाओं का जाने कितने भाँति के करतबों को दिखा-दिखा लुभा रहा है...आ तूँ भी डूब जा इसके प्रेम में, छोड़ दे सभी को, अकेले बढ़, मरने दे लोगों को, बिना खाए, बिना दवाई।

सासू के साथ बसमतिया भी साल भर तक जीवन गुजार लेने के हिसाब में थी। उन दोनों की संयुक्त सोच थी कि घर में किसी भी तरह से खाने भर के लिए साल भर का गल्ला (राशन) जुट जाए फिर तो वे खुशी-खुशी दिल से बोलते-बतियाते समय को भूत बना देंगी। भूत बना समय हताश-सा घर की चहारदिवारी से भाग निकलेगा। रही बात कर्ज की तो उसे नगदी मजूरी के हिसाब में से चुका दिया जाएगा।

कर्ज तो चुक जाएगा पर दवा-दारू, कपड़े-लत्ते, नून-तेल, सोरा-साबुन यह सब...। बाजार से खरीदी जानेवाली चीजें काफी महँगी होती हैं कि औकात ही डूब जाए...। उन्हें अपने ऊपर विश्वास था कि बाजारू चीजें उन्हें नहीं लुभातीं। जरूरी चीजें ही वे खरीदती हैं नहीं तो खरीदने के लिए तो हजारों रुपए भी कम पड़ जाएँ।

दो साल से सासू सोच रही हैं कि कम-से-कम एक रजाई तो बन ही जाए पर कहाँ हो पाया। न कभी पाँच सौ रुपया इकट्ठा हुआ, न बना। समधी वगैरह को कमरा (कम्बल) देना अच्छा नहीं लगता। दो-तीन बार बसमतिया का बपई आया...कोई खातिरदारी नहीं हो पाई...जगदा होता था तब मुर्गा तो कटता ही था...दारू भी आती थी।

अजीब तरह की आश्वस्ति उन दोनों औरतों को जीवन दिए हुए थी। वे अपने दायरे में खुश-खुश थीं तथा अपने-अपने भगवानों के प्रति प्रार्थनारत कि उन्हें किसी दूसरे तरह की विपत्तियाँ न घेरें। आलू के खेत का यह टुकड़ा उनके पास कब से था यह वे नहीं जानतीं। सासू को केवल इतना ध्यान था कि इस गाँव (टोले) के चारों ओर सेखुआ (साखू) का जंगल था। जिस साल उनका वियाह (विवाह) हुआ था उस साल सारे पेड़ कटे थे। ठेकेदार का मुंशी, चेरवान के पास ही रहता था। कटान का काम खत्म होते ही मुंशिया, अहिरान की एक जवान लड़की को भी भगा ले गया था, उस बेचारी का कुछ अता-पता न चला। लड़की भागने के साल भर के भीतर ही उसका बाप भी गाँव छोड़कर कहीं चला गया।

अहिरान तो हाल का बसा है, पहले सुनती थी कि पूरबवाले धान के खेत अहिरों के हैं पर वे लोग कहाँ के हैं यह न मालूम था। जिस साल जगदा जनमा था उस साल एक-दो लोग यहाँ आकर बसे। यहाँ के अहीर एक ही कूरी (जाति) के हैं। सामनेवाले जो पंडित जी हैं वे राजा साहब के पुरोहित हैं। इस गाँव में चार आना जमीन उन्हीं की है, बड़के राजा साहब को जब लड़का हुआ था तब उन्होंने पंडित जी को दान में दिया था।

दोपहर हो चुकी थी पर घासें कम न हुई थीं, लगता था कि उन्हें कोड़ (खोद) कर जितना निकालो उतना ही बढ़ती जा रही हैं। हरी-हरी लहलह आसमान को चिढ़ाती हुई...घासें खेत से न निकलीं फिर तो आलू का नाश...जितनी बोओ उतना भी न मिले...।

बसमतिया हाउर-हाउर कर रही है। साड़ी का कछार मार लिया है, आधे जंघे से पाँव तक की चमड़ी धूप में चम-चम कर रही है। माथे पर छलछलाए पसीने की बूँदों में किसिम-किसिम के इन्द्रधनुष घर-गृहस्थी बसा लिए हैं। हाथ में खुरपी ऐसी पड़ी हुई है जैसे कोई दूसरा हाथ हो...खुरपी जमीन में धँसती, भीतर तक जाती, दूसरे हाथ में छितराई घास अपनी जड़ों के साथ होती। दूर से देखने पर लगता कि मिहनत करने का यह खेल दूसरे तरह के अन्य खेलों को बर्बाद कर देगा। खास तौर से उन खेलों को जिनमें पसीने जबरन सुखा दिए गए होते हैं तथा पसीने की चिपचिपाहटों, गन्धों से जिन उत्तेजक खेलों को दूर रखा गया है।

सासू ने पसीने में नहाई बसमतिया को देखा, हालाँकि उनकी देह भी खूब चिपचिपाई हुई थी लस-लस। उन्हें लगा कि बसमतिया कुम्भला गई है, कुम्भलाई न होती तो पसीने बूँद तो बनते पर चेहरे पर डेरा न जमाते। छलक जाते...। गाल पर झुर्रियाँ तो हैं नहीं, फिर जाने उन्हें क्या लगा कि बसमतिया के चेहरे पर किसी विधवा का चेहरा चस्पां हुआ है...वे निराश हो गईं जबकि बसमतिया पैर से लेकर सिर तक हूबहू बसमतिया थी। 'औरत मरे न मरे पर विधवा होते ही उसका चेहरा मर जाता है' इस तरह की धारणा जाने कब से बसमतिया की सासू के भीतर जमी

हुई थी जिसका आशय था कि विधवा औरतें पति की मृत्यु के बाद महज जीवित रहती हैं। साँसों का खेल खत्म हो चुका रहता है। फिर खुद ही उन्होंने अपने को आश्वस्त किया कि 'जगदा मरा तो नहीं है।' यह एक ऐसी आशा थी जगदा के बावत जो बसमतिया के लिए भी जीवन जीते रहने की सम्भावना से भरपूर थी...सासू भी यही सोचती थीं कि 'जगदा आएगा किसी-न-किसी दिन।'

दिन बीतते जा रहे थे। बीतते-बीतते जुटकर साल बन जाते पर 'जगदा' के आने की बातों पर दिन के गुजरते जाने का कुछ भी असर न था। बसमतिया तो जगदा के आने की सम्भावनाएँ, उठते-बैठते, सोते-जागते सदैव पीती रहती, यही हाल सासू का भी था। जब भी कोई तीज-त्योहार आता...सासू अपने ढंग से जगदा के बारे में सोचने लगतीं...सोचों में होता...

'नाती इतना बड़ा हो गया होता...का चार-पाँच साल में दो-तीन बाल-बुतरु भी न हुए होते ? यह सब जो खाने के लिए बन रहा है, कौन खाएगा ?'

बसमतिया सोचती...

'फागुन की वियरी उसे गुदगुदाती क्यों हैं ? सावन का रिमझिम...कितना लहक-लहक दिल को ठंडियाता है ? और पूस का जाड़ा...तो हाड़ तक हिला जाता है...पहले कहाँ ठंड लगती थी, एक ठो कम्बल भी बोझा लगता था...'

वह एकान्त में होकर, कभी गौरैय्यों का तो कभी चेखुरों (गिलहरियों) का खेल देखती, फिर खुद लजा जाती...धत्...ऐसा तो नहीं होता बार-बार...जबकि...याद आते ही उसे लगता 'कितनी अकेली हो गई है।'

अकेली इतना महसूसती कि दुनिया को होने से इनकार कर देती...खुद को भी नकारते हुए सोचती...बेकार है जीना...। दूसरे तो दूसरे जेठ भी डोरे डाल रहा है...पहले तो तंग करके फाँसना चाहा अब...फुसलाकर।

सासू बसमतिया के उतरे चेहरे की तरफ एकटक थीं, 'कितना काम करती है ? दूसरी होती तो थकने का बहाना बनाकर आज काम पर नहीं आती। कह देती...आठ-दस कोस पैदल चलकर आई हूँ...'

'बसमतिया छोड़ काम...चल जुआर (दोपहर) हो गई है...आज तो आलू बोना नहीं है, अभी आलू का बीहन भी नहीं खरीदाया है। तीन-चार सेर पुराना होगा तो उससे काम नहीं चलेगा। कम-से-कम पन्द्रह सेर रहेगा तब बोआई होगी।'

'बस अइया थोड़ा रुक जा, यह पैंड़ा तो पूरा हो जाए।' बसमतिया ने कहा।

'नाहीं रे...चल कब खाना बनेगा, तूँ कुछ खाई भी नहीं, मकई की रोटी तो तूँ खाती भी नहीं...आज भात बना ले, आलू की तरकारी...सवेरे ही गाँव में से मठा (माण) ले आई हूँ।' सासू ने जोर देकर कहा...लगभग मुलायम आदेश की तरह।

बसमतिया भी थकान में थी पर दूसरे दिन भी तो घास बीनने के लिए थकना ही होता...सो आज ही क्यों नहीं ? कल खुला-खुला मिलेगा। काम रहने पर तो दिन

के मुँह पर ताला पड़ जाता है, न हवा का पता चलता है न उसकी गुदगुदियों का।

बसमतिया काम छोड़कर खड़ी हो गई। उसे अपनी वेश-भूषा अजीब लगी। हाथ में खुरपी...दोनों हाथ धूल में नहाए हुए जैसे धूल की कोई मोटी पर्त चढ़ी हो, सबसे गजब था पैरवाला हिस्सा जो जाँघ के गुदाजों से नीचे तक खुला-खुला था...माटी की धूल जो घास की जड़ों से झरतीं उड़कर वहाँ तक जमी हुई थीं, जहाँ से देह के गोपनीयों का प्रारम्भ होता है। सामान्यतया औरतें उस हिस्से पर धूप या बारिश की बूँदें नहीं पड़ने देतीं। अपने को खुद देखकर बसमतिया ने तुरन्त सासू की ओर ताका... 'कहीं अइया ने देख तो न लिया, नहीं तो का सोचेंगी कि बसमतिया कितनी फूहर है सारा उघार देती है।'

सासू उघरे हुए हिस्सों की तरफ ताक नहीं रही थीं, वे अपने को सँभाल रही थीं। उनकी शक्ल-सूरत भी बसमतिया की तरह ही धूल से ढकी हुई थी...तथा वे हाथ, पैर व साड़ी झाड़ रही थीं—सामान्य होकर बसमतिया सासू के साथ घर की तरफ चलने लगी। सासू आगे-आगे थीं। वह लड़की, औरत के बजाय आज्ञाकारी बहू की शक्ल व पहनावा धारण कर सासू के पीछे-पीछे थी...ऐसा उसे सायास करना पड़ता जब भी उसे सास के साथ गाँव में कहीं से भी गुजरना होता। औरत वह तब भी रहती बस थोड़ा-सा बदलाव करना होता घूँघट में। घूँघट को नाक तक नीचे लाना होता, उतना नीचे जिससे आँखें रास्ता देख सकें तथा ठोकरों से बचा जा सके। घूँघट के अलावा चाल में भी नामालूम परिवर्तन करना पड़ता। पैरों को धीरे-धीरे जमीन पर जमाकर रखना होता जिससे उछल-कूद या तेज-तेज चाल में अन्तर जान पड़े। अगल-बगल से आने-जानेवालों के लिए छुई-मुई जैसा बनने का प्रयास करना पड़ता। सासू के साथ चलते हुए बसमतिया बहू बनी हुई थी एकदम असलीवाली।

रास्ता चलते हुए बसमतिया को आहट हुई कि पीछे कोई आ रहा है। उसने मुड़कर पीछे देखा। पीछे जेठ था, हाथ में कुदारी लिए...दूरी इतनी थी कि आगे का सब साफ-साफ हो...साफ तो यह भी था कि जेठ दूसरी दुनिया में था...उसके खेत में घासें तो थीं नहीं पर वह अपने खेत पर तब तक रहा जब तक बसमतिया काम छोड़कर खेत से निकल न पड़ी...। बसमतिया की जनाना आँखें, मर्दाना आँखों को समझने में काफी चतुर हैं। पंचाइत से हारकर जेठ अब फुसलाने, बहलानेवाली तकनीक को आजमाना चाहता है।

खेत की जोताई कर देना, जलेबियाँ ले आना यह तो प्रारम्भ था, इसके आगे बात बढ़ती तो शायद वह साड़ी-ब्लाउज, पेटीकोट, चोली, पावडर, तेल वगैरह भी लाता। मर्दों को विश्वास होता है कि औरतें सिंगार व खाने-पीने के सामानों को पाकर खिंच जाती हैं।

बसमतिया ने जेठ के अपवित्र इरादों को भाँप लिया था...सो उसने सासू से

कहा—'अइया...आगेवाले महुआ के नीचे थोड़ा ठहर जाओ...पैर में दरद हो रहा है।'

महुआ का उक्त पेड़ सामने ही था, वहाँ जाकर वे दोनों ठहर गईं...बसमतिया ने सोचा था कि जेठ आगे निकल जाएगा पर वह भी उनके साथ ही ठहर गया...बसमतिया को अपना सन्देह पक्का लगा, उसने सोचा और निश्चित किया कि बच्चू ! डालो डोरे...देखती हूँ तुम्हारे डोरे में कितनी ताकत है...

कुछ देर सुस्ताने के बाद दोनों औरतें घर आ गईं। रास्ते में जेठ ने अइया को आश्वासन दिया कि 'अइया आलू का बीहन मँगवा लो, खेत मैं जोत दूँगा तथा बोवाई भी करा दूँगा।'

अइया भी स्वाभिमानी थीं। उन्होंने साफ-साफ कहा...'तूँ अपना देख...अपना सम्भाल। तूँ हमारा खेत काहे जोतेगा ? काहे बोवेगा ? यही करना था तो बाप के मरते ही बँटवारा काहे कर लिया ? चल अपना देख...हमारा सब हो जाएगा...।'

बसमतिया के मुँह की बातें सासू ने छीन ली थी। वह खुश थी कि सासू जेठ की नीयत समझती है। जेठ आगे-आगे चल रहा था। उसके पापों के निशान पगडंडी पर पड़ते, बसमतिया पीछे थी, कुछ निशान तो सासू के पाँव मिटा देते, कुछ को बसमतिया मिटाती चलती, सोचते हुए कि जब तक इस कमीने के पैर नहीं कटेंगे तब तक यह एक घर फलाँगकर दूसरे घर में घोड़-नाच नाचता ही रहेगा।

अंकुर

'करमा' बीत जाने के दूसरे दिन ही बपई, बसमतिया के घर आ चुका था। दिन का गुजरना शायद दिनों को भी पता नहीं होता। बैंक के कर्जे के बारे में कोई गड़बड़ न थी। अमीन ठंडा गया था, उसे उम्मीद थी कि कुछ-न-कुछ होगा। वह बसमतिया के आकर्षण परिधि पर इधर-उधर अपनी जगह टिकाने की फिराक में था। बसमतिया भी पुरुषों की उस नियति को जानती थी जिससे पुरुष किसी औरत को महज बिस्तरे की चुलबुली फिसलनवाली चीज समझता है। बसमतिया सामान्य रूप से फिसलनों से दूर थी; पता नहीं क्यों उसे घिन आती थी। उसका सोचना था कि चिड़ियों की तरह मन को बहकाना ठीक नहीं। इस डार से उस डार पर फुदकना फिर घर में आकर कोयल की तरह कूँ-कूँ करना...यह सब ठीक नहीं होता। उसे वे औरतें जो फुदकने में माहिर थीं, तथा सिंगार-पटार करने में कुशल, लगती तो ठीक थीं पर...। इस पर को बसमतिया कभी नहीं पकड़ पाई...जबकि जगदा के भाग जाने के बाद से अब तक कई बार उसे लगा कि उसे अकेले नहीं रहना चाहिए। देह की माँग भी होती कि किसी के साथ हो जाने में का हर्जा है...अब तो पेट फूलने का भी डर नहीं...जब चाहो दो-तीन सौ रुपयों में सफाई करा लो...

'सफाई कराओ न कराओ यह उसका निजी मामला है।' बसमतिया ज्योहीं इस तर्क को ओढ़ती उसे लगता कि कीड़े काट रहे हैं।

दूसरे दिन बपई के साथ बसमतिया कचहरी चल पड़ी इस अनुमान के साथ कि दोपहर तक वह पहुँच जाएगी। देवनाथ का पता ननकी से ले लिया था जिसे उसने परधान के छोटे लड़के से कागज पर लिखवा लिया था। लिखना-पढ़ना बसमतिया को नहीं मालूम पर इतना जानती है कि कागज पर लिखा-पढ़ा ठीक होता है। कागज पर लिखा क्या जाता है, पढ़ा क्या जाता है, पढ़कर समझा क्या जाता है, इस प्रपंच से बहुत दूर थी बसमतिया।

बसमतिया तो बहुत सारे प्रपंचों से दूर रहनेवाली थी। गाँव में झगड़े-रगड़े सदैव मुँह खोले खड़े रहते पर बसमतिया उन्हें सुनकर ही डर-डर जाती। उसकी समझ

थी कि लफड़े हमेशा आदमी को लील जाते हैं। फिर वह इस बात से भी डरती कि ज्योंही वह किसी रगड़े में पड़ेगी उसे किसी से जोड़ दिया जाएगा कि बसमतिया का फलाँ से तो फलाँ से...सो वह बच-बचाकर रहती। न तो किसी पेड़ के नीचे सुस्ताने का नाम लेती न किसी पर चढ़ती। पेड़ों पर फले हुए फलों को देखकर उसे लगता कि वे जहर से भरे हैं। वह खुद अपने देह-दाह के खिलाफ खड़ी हो जाती तथा खुद से कहती...'तूँ पागल है का ! छन्न भर के लिए तेरा मदाना ठीक नहीं, तूँ मदाई नहीं कि मर्दा तुझे रौंद डालेंगे।'

जगदा के भाग जाने के बाद से ही वह अपने दिमाग के उपेक्षित गलियारों में भटकती रहती, किसी अपरिचित की तरह या किसी अनाधिकारी की तरह जो सदैव अधिकारियों द्वारा दुत्कारे जाने के डरों में घिरा हो। इधर-उधर बाँहें फैलाने के मामले में या गूँ-गाँ करने के बावत वह किसी बीमार अन्तर्मुखी महिला में बदल चुकी थी। उसने कई बार अपने बदलाव के बारे में महसूसा भी कि उसे मजाक या चुहलें अच्छी क्यों नहीं लगतीं जिन्हें वे खुद जवान होने तक करती रही है। उस दिन भी उसे चिढ़ सी हुई थी कि भउजाई इतना खुली-खुली सी क्यों हैं, क्यों उसके गुदाजों को ही निशाना बना रही हैं। यह भी कोई बात हुई ? हालाँकि उसने प्रत्यक्ष विरोध भउजाई का नहीं किया था।

कचहरी में बसमतिया दो बजे तक पहुँची, वहाँ मालूम हुआ कि वकीलों की हड़ताल है। हड़ताल क्यों है तथा हड़ताल का मतलब क्या होता है, उसे नहीं मालूम...वह तो जो भी पैंट-शर्ट और काले कोटवाला वहाँ दिखता उससे देवनाथ के बारे में पूछती। पूछने में भी उसे संकोच होता क्योंकि काले कोटवाले खुद अपने में डूबे होते तथा खुद को इतना चमकदार महसूसते कि सारी कचहरी उन्हीं के कारण गब-गब चमक रही है। कुछ तो देवनाथ के बारे में ही सवाल करने लगते...कि कौन देवनाथ, कहाँ का देवनाथ, फिर देवनाथ के गाँव का नाम पूछते।

पूछने में काले कोटवालों की आँखें भी लग जातीं जो बसमतिया पर सीधी टिकी होतीं तथा उसके भीतरी कौतूहलों को परख लेना चाहतीं कि वहाँ क्या है...बहके हुए दरिया का तूफान है कि नहीं। यह मुवक्किल है कि औरत ! यदि दोनों है तो...फिर तो तूफान...

तूफान अगर है तो किनारों की क्या स्थिति है ? वे किन शर्तों पर भहरा सकते हैं ? बसमतिया आश्वस्त थी कि मर्दाना आँखें लड़ने-लड़ाने पर ज्योंही आमादा होंगी वह उनसे बच-बचाकर निकल जाएगी। मर्दाना आँखों की औकात ही कितनी होती है, थोड़ी सी मुस्कुराहट और आँखों का नाच, बहुत हुआ तो देह को टेढ़ा झटका दे दिया। आँखें उसी में गुमसुम...।

लगभग घंटे भर अपने बपई के साथ बसमतिया कचहरी में इधर-उधर भटकती रही। वह कभी तहसील की तरफ जाती तो कभी ट्रेजरी की तरफ। मुंसफी

की तरफ से वापस लौटती तो जजी के मुहाने पर ठहर जाती...देवनाथ का होना उसे मालूम न था, न ही ननकी ने बताया था कि वह कहाँ मिलेगा, तहसील, मुंसफी या जजी में। वह कचहरी के विभिन्न अवयवों के आस-पास होकर भी उससे काफी दूर थी।

दूर तो वह न्याय व्यवस्था के रहस्यों से भी थी, मोटे तौर पर उसने कचहरी के भटकाव को जंगल में भटकने जैसा महसूसा। जंगल में भटक जाने पर जो हाल होता है कुछ वैसा ही बसमतिया महसूस रही थी।

तहसील के सामने चाँपाकल था। वहीं बसमतिया ने पानी पिया तथा बपई से कहा...खा लो कुछ ठोकवा है...बपई ने इनकार कर दिया, फिर वह बपई के साथ तहसील के बरामदे में बैठकर सुस्ताने लगीं, इस डर के साथ कि सीमेंटवाली बेंच पर से कोई उठा न दे फिर तो वे दोनों गलियारेवाले फर्श पर बैठ गए।

फर्श पर बैठे हुए भी बसमतिया आश्वस्त नहीं थी कि वह जगह बैठने के लिए सुरक्षित है। जंगल से कचहरी तक वह पहली बार आई थी...कभी कभार बस वगैरह में जाना होता है...वहाँ भी तो सीट पर से उठा दिया जाता है 'जा पीछे बैठ।' बस वगैरह में तो वह लड़ जाती पर कचहरी में कचहरी की धमक के कारण डरी हुई थी कि यहाँ उसकी 'का औकात'। कचहरी में भीड़-भाड़ थी। लोगबाग इधर-उधर आते-जाते। उनके चेहरे चमकदार दीखते पर घबराहट व जल्दबाजी के कारण तनावग्रस्त भी।

तनावग्रस्त बसमतिया भी थी 'जाने देवनाथ मिले न मिले, कहीं अपने गाँव न गया हो।' तहसील के बरामदे में बैठी-बैठी जब उसे ऊब होने लगी तब पास से गुजरते हुए एक वकील को उसने रोका। वकील उम्रदराज था। उसके बाल पके हुए थे, तथा देखने में भला-मानुष लग रहा था। चेहरे पर प्राकृतिक गम्भीरता थी, तथा आँखें औसत से छोटी थीं जंगली लोगों की तरह।

बसमतिया ने देवनाथ का पता लिखा कागज वकील की तरफ बढ़ाया, बिना कुछ बोले...

वकील ने कागज देखा...कुछ काम है क्या ? उसने पूछा...

काम तो है, जब वह मिल जाए...बसमतिया ने कहा...

मैं नहीं जानता...उसके कमरे का पता है, तुम वहीं जाकर मालूम करो, हो सकता है हड़ताल के कारण आज वह न आया हो। वकील कहते हुए आगे बढ़ गया...

गनीमत थी कि उसने रास्ता बता दिया था जिससे बसमतिया को सहूलियत हुई। कचहरी के पास ही देवनाथ का डेरा था, किसी जमाने में वहाँ हरिजन बस्ती थी, अब हरिजनों का जमावड़ा खत्म हो चुका है। कुछ शहर के व्यवसायी तथा कुछ ग्रामीण किसानों ने अपने मकान वहाँ खड़े कर लिए हैं। ऐसे ही किसी सम्भ्रान्त

किसान के मकान में देवनाथ रहता था...

देवनाथ क्या है ? यह उसकी पहचान थी। इसी पहचान के कारण बसमतिया उसका कमरा ढूँढ़ पाई। तरकारीवाले दूकानदार ने देवनाथ के बावत इतना बताया कि 'एक वकील रहते जरूर हैं, सामनेवाले मकान में, कभी-कभार हमारे यहाँ तरकारी भी खरीदते हैं, पर हमें उनका नाम नहीं मालूम, जा उस तरफ पूछ।'

बसमतिया देवनाथ के किराएवाले कमरे के बाहर थी..कमरे के सामने जो आदमी बैठा था, उसी से उसने देवनाथ के बावत पूछा...संयोग ठीक था, वह आदमी देवनाथ था जो उस समय कोई पत्रिका पढ़ रहा था...

'हाँ मैं ही देवनाथ हूँ। आइए, आप लोग कौन हैं, कहाँ से आई हैं... ? आइए बैठिए न...' सामने पड़ी चारपाई की ओर देवनाथ ने इशारा किया...

बसमतिया देवनाथ के पास जाकर खड़ी हो गई...पर चारपाई पर बैठी नहीं, अलबत्ता बपई से बैठने के लिए कहा...खुद देवनाथ के सामने जमीन पर उकड़ू बैठ गई। उसके बैठने की जगह शाश्वत थी, जो पारम्परिक रूप से एक पीढ़ी फलाँगते हुए दूसरी पीढ़ी तक स्वतः पहुँच जाया करती है। जमीन पर बैठने से कोई उठा नहीं पाता, ऊपर की जगहें तो औकातों पर टिकी होती हैं।

जमीन पर बसमतिया बैठने जा रही थी तभी देवनाथ ने उसे चारपाई पर बैठने के लिए कहा...पर बसमतिया तो बैठ चुकी थी।

बसमतिया ने देवनाथ को सारा प्रयोजन संक्षेप में बताया। उसके पहले उसने अपना परिचय भी दिया कि ननकी से उसका रिश्ता ननद और भउजाई का है। देवनाथ ने बसमतिया के बपई से दुआ-सलाम किया तथा बसमतिया से भी...जिसे बसमतिया ने रोक दिया...'नाहीं आप हमसे बड़े हैं, यह ठीक नहीं होगा।'

देवनाथ क्षण भर के लिए ठिठक गया 'क्या मैं बूढ़ा हो रहा हूँ...ये पकते हुए बाल मुझसे पहले ही अपना हाल-अहवाल बतियाने लगते हैं।'

कमरा खुला था। स्टील के कटोरे में गुड़ के कुछ टुकड़े तथा एक बाल्टी पानी, लोटा व गिलास, कमरे में से देवनाथ ने बाहर निकाला जहाँ बसमतिया बैठी थी...

'आप लोग पहले पानी पी लीजिए...भूख भी तो लगी होगी...खाना बन जाएगा। चार बज रहा है...पैदल आना हुआ होगा।' देवनाथ एकालाप में था बिना उत्तर सुने...

'खाना नहीं बनाना, ठोकवा है, उसी से काम चल जाएगा...' बसमतिया भी अपनी मधुर बोल में संक्षिप्त थी...संक्षिप्त इतना कि बोल के एक भी अक्षर बेकार न साबित हो...

बसमतिया को बैठा देखकर दुबारा देवनाथ ने पानी पीने के लिए कहा...तथा खुद बाल्टी में से पानी निकाला...बसमतिया ने लोटा व गिलास को बपई की तरफ

बढ़ाया...बपई के पानी पी लेने के बाद खुद भी पानी पिया...बसमतिया का पीछे की तरफ मुड़ना तथा कुर्सी के एकदम पीछे जाना कुछ ऐसा कि उसका पानी पीना न दिखे देवनाथ को अजीब लगा...कि अभी बहुत कुछ ऐसा है जो बचा हुआ है। औरतें अमूमन निर्लज्ज नहीं होतीं। हालाँकि मर्दों के सामने पानी पीना ऐसी कोई क्रिया नहीं है जो उनकी लज्जता को दबोच ले।

देवनाथ बसमतिया के इर्द-गिर्द था। बसमतिया के इर्द-गिर्द ने देवनाथ को देखते ही प्रभावित कर लिया था। प्रभावों में अहम था बसमतिया का रुक-रुककर बतियाना तथा कर्जे के बावत साफ-साफ कहना...उसका बपई तो तमाम उपेक्षितों की तरह बिना मुँह के था, मुँह था भी तो शायद उसमें बोल न थी...वह किसी तटस्थ की तरह बसमतिया की बातों में हुंकारी भरता तथा रह-रहकर कहता—'हाँ सरकार।' देवनाथ ने उसे सम्बोधित करते हुए एक-दो बार मना भी किया कि 'यह सरकार-फरकार क्या है ?' कचहरी में बसमतिया अमीन को भी देखती रही, पर वह कहीं भी दिखने में न आया। अनुमान तो बसमतिया को भी था कि वह नहीं आएगा। गाँव के दो-चार दूसरे लोगों को भी कचहरी आना था, वे लोग भी नहीं आए। अमीन ने सम्भवतः उन्हें रोक दिया होगा कि मुकदमे से कर्जा थोड़य माफ होता है। फिर मुकदमा में नोट लगती है, तुम लोगों के पास कहाँ है नोट ? बसमतिया भी सन्देह में थी—'देखो मुकदमे में का होता है ? गाँव के लोगों ने अमीन को घूस पेश दिया होगा सो वह काहे आता, मुझसे तो कुछ मिलनेवाला नहीं।' देवनाथ ने स्वाभाविक स्थिरता से बसमतिया की बातों को सुना। इस तरह की कानूनी धोखा-धड़ी अँगूठों के जाली निशानों की कलाबाजियाँ आज के जमाने में किसी विचारणीय घटना का कारण नहीं थी। 'ऐसा हुआ करता है या ऐसा हो जाया करता है' इसी सोच में लोगों का डूब जाना, फिर निष्क्रिय हो जाना उनकी प्रवृत्ति में था। सो देवनाथ बसमतिया की बातों से विचलित न होकर कानूनी उपायों की खोज में लग गया।

खोज में सबसे अहम सवाल था...आखिर कैसे सिद्ध होगा कि बसमतिया के बपई ने कर्ज नहीं लिया या लिया भी तो उसका कर्जा उसी समय चुका दिया गया था, कागजातों में हेर-फेर करके केवल कर्जा को ही बनाए रखा गया किन्तु भुगतान को उसके साथ नहीं जोड़ा गया। इसके अलावा यह भी तय था कि भैंस साल भर के भीतर ही मर गई थी तथा उसका बीमा भी हुआ था। बीमा हुआ था कि नहीं ? देवनाथ ने सोचा तथा तुरन्त बसमतिया से पूछा...

'भैंस का बीमा हुआ था कि नहीं...'

'हुआ था, उसके लिए भी बीमावाले ने रुपया लिया था...' बसमतिया के साथ उसके बपई ने भी हामी भरी। कानूनी दाँव-पेंचों के हिसाब से भैंस का बीमाकृत होना बसमतिया के पक्ष में इसलिए जाता था क्योंकि कर्ज के भुगतान

की जिम्मेवारी बीमा कानून के मुताबिक बीमा कम्पनी पर टिकती थी। देवनाथ को बसमतिया के मामले में कुछ शुभ सा प्रतीत हुआ कि हो सकता है फोरम, देवनाथ के तर्क को मान ले तथा कर्ज के भुगतान की जिम्मेवारी बीमा कम्पनी पर डाल दे...

मुकदमा जीत सकने की सम्भावना देवनाथ के चेहरे पर टिक गई थी—उसने तुरन्त बसमतिया से कहा...'उम्मीद है कि मुकदमे में हमारी जीत होगी।'

'हमारी जीत होगी' सुनते ही बसमतिया के चेहरे पर जमी थकान फुर्र हो गई। फिर तो उसका चेहरा चहचहा उठा...गब-गब चमक वहाँ जम गई, वही बसमतिया जो कुम्भलाई हुई थी, उसने अपने कुम्भलाने को इनकार कर दिया। अब वह दूसरी बसमतिया थी, चिड़ियों की चहचहों, कूँ-कूँ वाली पत्तों की हरियाली सोखनेवाली, धूप की वह आहट पीनेवाली जहाँ धूप का कड़ियलपना खुद समाप्त हो जाता है।

बसमतिया से बातें करते हुए देवनाथ की सोचों के चोर दरवाजे खुले थे। चोर दरवाजों पर किसी भी तरह का पहरा न था सो उसकी आँखें बसमतिया की सदैव जासूसी करती रहीं कि बसमतिया का मतलब क्या है ?

वैसे औरतों के मतलबों को निकालना देवनाथ की आदतों में न था। सामान्यतया वह संकोची स्वभाव का था, खासतौर से अपने इर्द-गिर्द केन्द्रित रहनेवाला। मौसम, खिलखिलाते फूल, हरी-भरी वादियाँ उसके मन को उस तरह आवेशित नहीं करती थीं जैसा अमूमन किया करती हैं। हो सकता है देवनाथ किसी दूसरे तरह के सौन्दर्य का गुलाम हो जो अत्याधुनिक सभ्यता के विकास के कारण आम-प्रचलन से गायब हो गया हो।

वैसे भी बसमतिया के पास आधुनिकता के टिकने का सवाल न था। वहाँ वह पुरातन था जो घिसट-घिसटकर सरकता हुआ उस तक पहुँचा था। पुरातन में स्वाभाविकता से अधिक लज्जा का घुला होना उसके भीतर भरा हुआ था तथा वे आदतें भी कमोवेश थीं जो साफतौर से किसी औरत को मर्द से अलग कर देती हैं, मसलन, संकोची होना, विनम्रता वगैरह। जाहिर है ये लक्षण किसी को भी डरपोक बना सकते हैं, बसमतिया डरपोक थी या नहीं, इसका अनुमान देवनाथ को नहीं।

बसमतिया से बातचीत करने में एक घंटा कुछ यूँ गुजरा जैसे कुछ गुजरा ही नहीं। बातचीत तो अब भी जारी है। देवनाथ को खुद पर अचरज हुआ, आखिर ऐसा क्यों हो रहा है ? पहले तो कभी भी ऐसा नहीं हुआ कि कोई औरत उसे बेहोशी तक बेहोश कर जाए। वह यह भी भूल जाए कि औरत के बावत उसकी सोच इस मायने में गलत है कि औरत सिर्फ बिस्तरे की चीज नहीं होती, वह समग्र रूप से जो होती है वैसा सोचना चाहिए तद्नुरूप व्यवहार करना चाहिए।

किसी के साथ भी सन्तुलित व्यवहार रखना देवनाथ की विशेषताओं में था पर बसमतिया से मिलते ही उसे लगा कि उसका दिल-दिमाग किसी नाटक की भूमिका निभा रहे हैं, फिर उसने खुद को निर्देशित करते हुए निर्णय लिया कि बसमतिया न केवल रिश्तेदार है वरन् मुवक्किल भी है...सो दोनों स्थितियों में उसके साथ उस व्यवहार की अपेक्षा नहीं करनी चाहिए जो सिर्फ पति-पत्नी, प्रेमी-प्रेमिका के बीच शाश्वत रूप से स्वीकृत है।

देवनाथ जैसे-जैसे खुद को रोकता उसकी आँखें बिदक जातीं, उनमें दूसरे दृश्य तैरने लगते। फिर वह जो अपनी आँखों से देखना चाहता वह वहाँ अदृश्य रहता या बैक ग्राउंड में चला जाता। प्रमुख दृश्य होता कि बसमतिया जवान है...तथा जवानी से जुड़ी सारी खुशियाँ हरी-भरी हैं फिर भी वह सायास कोशिश करता कि उसे तटस्थ रहना चाहिए। इस दौरान उसे अपने ऊपर निराशा भी हुई कि वह निहायत कमजोर आदमी है जिसका खुद पर कोई नियन्त्रण नहीं। यह स्थिति देवनाथ के लिए ग्लानिपूर्ण व अपमानजनक थी...।

देवनाथ ने खुद को नियन्त्रित करते हुए बात को आगे बढ़ाया...

'मुकदमा तो हड़ताल खत्म होने पर ही होगा...अभी निश्चित नहीं है कि हड़ताल कब खत्म होगी।'

'फिर अमीन कैसे रुकेगा, वह तो हड़काएगा...बसमतिया ने आद्रभाव से कहा...'

'नहीं ऐसा नहीं होगा, अमीन तहसील जब आएगा, उससे बात कर लूँगा...हाँ कुछ लेन-देन तो करेगा...पर कोई बात नहीं, देखता हूँ, इसमें मैं क्या कर सकता हूँ।' देवनाथ ने बताया...

'ऐसा करता हूँ कि आज रात में मुकदमे का सारा कागज-पत्तर तैयार कर लेता हूँ, उस पर दादा का अँगूठा निशान लगवा लेता हूँ। जब कचहरी खुलेगी दाखिल करके आप लोगों के यहाँ खबर भेज दूँगा या दस-पाँच दिन में कोई आकर पता कर लेगा कि कौन तारीख पड़ी...।'

यह देवनाथ था, कचहरी की व्यावहारिक कार्य संस्कृति के साथ...जहाँ सब कुछ अनिश्चित सा...क्या होगा ? क्या होना चाहिए के बीच भयानक धुन्ध, इस धुन्ध में कुछ भी नहीं दिखता...न वकील, न मुवक्किल, न कानून न अदालतों की सीढ़ियाँ, ऊँची कुर्सियाँ या मोटी-मोटी किताबें कुछ भी नहीं। अँधेरे में मुवक्किलों की चीखों का संघर्ष भी गुम-सुम...

बसमतिया हताश...'अब क्या होगा ? यह मुई हड़ताल क्या है ?'

'हड़ताल में वकील काम नहीं करते ?'

'वकील काम भी करते हैं क्या ? हल जोतते हैं कि फावड़ा चलाते हैं।'

'वकील कानून का हल जोतते हैं तथा तर्क का फावड़ा चलाते हैं। दोनों

को जोड़कर बहस करने का काम करते हैं...यह दुनिया कानून के फन पर टिकी है...समता, समानता का मुकुट ओढ़े हुए।'

देवनाथ एकाएक चुप हो जाता है, फिर उसे ख्याल आता है कि ये लोग गाँव से चले होंगे...भूख तो लगी ही होगी।

'आप लोग कुछ खा-पी लें, चावल-दाल है, बर्तन जूठे हैं, साफ कर देता हूँ...' कहते हुए देवनाथ कुर्सी से उठा सीधे कमरे में चला गया।

यह एक छोटा सा कमरा था, उसी में चौकी, कुर्सी-मेज भी पड़े थे...खटर-पटर सुनते ही बसमतिया उठी तथा कमरे में चली गई, उसने सोचा कि 'देवनाथ रिश्तेदार ही तो है' फिर तो वह गाँव ओढ़कर रोकने लगी देवनाथ को...

'यह क्या...आप रहने दीजिए... बर्तन मैं माँज देती हूँ, खाना नहीं बनाना... ठोकवा है, काम चल जाएगा' बसमतिया ने देवनाथ के हाथ से थाली, कटोरा, कड़ाही तथा कूकर खुद थाम लिया। ऐसा यूँ ही नहीं हो गया। ऐसा करने के दौरान गन्ध उठी, हवा उठी तथा कुछ-कुछ चेतना व उत्तेजना भी...देवनाथ अवाक् इन्हीं के बीच खड़ा था सोचते हुए कि बसमतिया भले गँवई है पर समझदार कम नहीं।

सामने चाँपाकल था, जहाँ बर्तन माँजना देवनाथ को ठीक नहीं लगता था कि 'कोई देख न ले', जैसे बर्तन माँजना कोई शर्मनाक काम हो...पर बसमतिया तो हुमच-हुमच कर बर्तन माँज रही है, पानी भरनेवाले पानी भी भर रहे हैं, वह कतई लजा नहीं रही है...

बसमतिया दृश्यों की तरह दृश्य हो गई है, कुछ भी अदृश्य नहीं। कछार बाँधकर कुछ ऐसे बैठी है चाँपाकल के सामने जो देवनाथ को नायाब लगा...एक ऐसा दृश्य जो उसे गहरे तक हिला रहा है...यह कोई फिल्मी कलाबाजी न थी...एकदम सामने घटित हो रहा है। फिर भी जो अदृश्य था उसमें देवनाथ था।

बर्तन माँजकर लौटती हुई बसमतिया के चेहरे पर पसीने की बूँदें जगह-जगह थीं...उन बूँदों में देवनाथ का चेहरा उतराया था कि नहीं...देवनाथ न देख सका...। बसमतिया न बर्तनों को कमरे में यथास्थान रख दिया, फिर उसने फर्श धोया। कमरे से निकलते समय उसके हाथ में थाली थी तथा उसमें ठोकवा रखा हुआ था, एक-दो फाँकी आम का अचार भी था...

'लीजिए आप, थोड़ा सा खाइए तो...देखिए खाने लायक है भी या नहीं...'

देवनाथ के यहाँ सांस्कृतिक औपचारिकता थी तथा यह भी था कि गरीब लोग हैं कितना बनाए होंगे ? लेकिन बसमतिया ने सब ध्वस्त कर दिया। फिर तो देवनाथ बिना बोल के हो गया...हालाँकि उसकी जीभ भी छिपकर हरकत में थी, उसे ठोकवा अच्छा लगता है।

देवनाथ ने बसमतिया को अपने यहाँ ठहरने के लिए उस दिन रोक लिया...जिसके लिए वह पहले से ही तैयार थी...आखिर गाँव लौटना भी मुश्किल

होता...रात में पैदल जाना ठीक नहीं होता। मुकदमे का कागज भी तैयार होना था। सो बसमतिया देवनाथ के यहाँ ही रुक गई कि दूसरे दिन घर चली जाएगी। बसमतिया के रुक जाने पर देवनाथ को लगा कि कुछ-कुछ ऐसा है जो उसे भीतर गुदगुदा रहा है, कई तरह के सन्देशों को सुना रहा है। देवनाथ नहीं समझ पाया कि आखिर क्या है जो उसके मन के गहरे में अँखुआ रहा है...कहीं प्यार तो नहीं...या केवल वासना ही जो प्यार के खोल में अंकुर बन रहा है।

नो मैन्स लैंड

बसमतिया तथा उसके बपई से कहते हुए देवनाथ कमरे से बाजार की तरफ निकल गया कि वह करीब सात-आठ बजे रात तक वापस आएगा, तब तक वे लोग कमरे में आराम करें, या बाजार जाना हो तब कमरे में ताला लगा देंगे। देवनाथ ने बसमतिया को बताया कि ताला मेज पर रखा हुआ है।

'बाजार का करने जाना है' बसमतिया ने कुछ इस तरह कहा जैसे बाजार का कोई मतलब ही न हो...या हो भी तो बाजार सबके लिए नहीं होता। वहाँ खड़ा होना भी कीमत माँगता है तथा पूछता है कि भाई ! तूँ क्यों खड़ा है यहाँ ? टुकुर-टुकुर दूकानों को काहे देख रहा है ?

देवनाथ का कमरा बाजार में होते हुए भी दूकानों की छुअन से दूर था। उस पर खरीददारी के नखरों का प्रभाव न था। सामनेवाले मोड़ पर एक परचून की दूकान थी तथा उससे थोड़ा हटकर सब्जी की। कमरे से निकलते-निकलते देवनाथ ने सहेजा कि 'कोई आए, पूछे तो बता दीजिएगा कि दो घंटे में आ जाएँगे।'

बसमतिया ने चुपके से कहा था...'हाँ कह दूँगी। इन्तजार करने के लिए भी बोल दूँगी।'

देवनाथ पहले कमरे से बाहर निकला, फिर मकानवाली मंजी हुई गली से। सामने वह सड़क थी जो कचहरीवाली सड़क के नाम से जानी जाती थी...उस पर रेंगने लगा। वह ज्यों-ज्यों रेंगने के लिए पाँव उठाता, लगता कि कमरे की तरफ वापस हो रहा है, जबकि ऐसा न था। पाँव आगे पड़ते रास्ता कम होता जाता। सड़क आधी कम हो गई थी पर सड़क का कम होना उसे महसूस न होता। 'घिर घिर आएँ बदरियाँ' की तरह कमरा उसके सामने चला आता 'आखिर कहाँ जा रहा है तूँ ?'

बसमतिया सड़क के कभी बाएँ तो कभी दाएँ नजर आती...माथे का सिन्दूर जो उसके काले-काले बालों को किसी पगडंडी की तरह अलगियाए था उस पर चलने लगता देवनाथ...फिर महसूसता कि यह पगडंडी सार्वजनिक तो नहीं, सार्वजनिक भी होगी तो बाहुबलियों के आगे उसकी एक भी न चलेगी...

तभी उसे ठोकर लगी, पैर का चप्पल ठोकर से सिकुड़ गया तथा उसका एक फीता भी टूट गया, गनीमत थी कि चप्पल पहनकर चलने लायक था...। देवनाथ ने ठोकर को किसी निर्देश की तरह समझा तथा 'बुरी नीयत का बुरा फल' के मुहाविरे में सराबोर हो गया। यह उसके लिए पाप का प्रायश्चित करने जैसा था।

'पाप' किसी पुण्य के लिए हो तो बुरा नहीं, उसका मस्तिष्क पाप, पुण्य के सूक्ष्म सूत्रों के उत्पादन में लगा हुआ था। एक तरफ 'पाप' से जुड़ी स्थितियाँ-परिस्थितियाँ चीखतीं तो दूसरी ओर पुण्य के शालीन व सदाचारी संचित मनोभाव। ऐसे में वह कितना आगे खिसकता ? थोड़ी दूर पर पान-चाय की दूकान थी—वहाँ बैठकर शायद वह अपने मानसिक उथल-पुथल से दूर हो सके ऐसा सोचते ही वह दूकान की ओर तेजी से बढ़ने लगा...तभी उसने सुना कि कोई बुला रहा है...

देवनाथ आवाज की तरफ मुड़ा जो गोहार जैसी कर्कश व रूखी थी...

सामने रिक्शे पर उसके सीनियर वकील पांडे जी थे तथा उनके साथ फौजदारी के वरिष्ठ वकील श्रीवास्तव जी...वह सड़क पारकर रिक्शे तक पहुँचा...दोनों वरिष्ठों को दुआ-सलाम किया...

वे दोनों वरिष्ठ काफी घबराए हुए थे...'दो वकीलों की कोतवाली में पिटाई हो रही है।'

'कौन लोग हैं ? आखिर क्यों ?' देवनाथ ने जानना चाहा।

यह सब बाद में पूछना, पहले कोतवाली चलो...रापटगंज में जितने भी वकील हैं सबको कोतवाली पहुँचना है...'रास्ते में जो-जो मिलें सबको लेते चलो...हाँ कहीं बहकना नहीं...वहाँ पहुँचना जरूरी है, वकीलों की इज्जत का सवाल है।'

रिक्शा दोनों वरिष्ठ वकीलों को लेकर आगे बढ़ गया। देवनाथ जहाँ खड़ा था, खड़ा था—रिक्शे को विपरीत दिशा में बढ़ता हुआ देखते हुए। फिर वह सड़क के दाहिने से बाईं और मुड़ा। उक्त सड़क आगे पड़नेवाले चौमुहानी को पार कर कोतवाली से होते हुए दूसरी चौमुहानी पर जाकर चारों दिशा में बड़ी होती थी। इतनी बड़ी कि दूसरे प्रदेशों की सीमाएँ तक छू लेती थी।

देवनाथ संकट में था 'इस समय क्या करे ? कमरे पर मेहमान हैं, गृहस्थी का सामान भी नहीं है। ऐसे में देवनाथ ने गृहस्थी का सामान नमक, तेल, मसाला, चीनी व सब्जी खरीदना जरूरी समझा। कोतवाली थोड़ी देर में जाएगा। वहाँ पहुँचकर किसी तरह अपना होना दिखाएगा, फिर उसने सोचा कि अवसर बहुत ही अच्छा मिला है, उसे अपनी काबिलियत वहाँ दिखानी चाहिए कि वह अपनी जमात की भलाई के लिए लड़ने के मुद्दे पर भगोड़ा नहीं है...'

सबसे पहले उसने गृहस्थी का सामान खरीदा तथा एक रिक्शा लिया कि जल्दी कमरे पर पहुँच जाए। हुआ भी यही...

वह कमरे पर था...बसमतिया तरकारी काट रही थी तथा उसका बपई खर्राटों

में था। जमीन पर उसे सोया देखकर देवनाथ ने कहा...'अरे ! चौकी पर सोना चाहिए था।' दरअसल कमरे की जगह भी उसके सोने से कम हो गई थी, मेज के बगल से थोड़ी जगह बची थी। दूसरी तरफ खाली जमीन पर बैठी हुई बसमतिया नेनुआ काट रही थी। उसकी बगल में एक बड़ा सा झोला था, जिसमें एक किलोग्राम के लगभग पिसान (आटा) था तथा दूसरे थैले में दो किलोग्राम के लगभग चावल था। सारा सामान देखकर देवनाथ विचार-मग्न हो गया, जो उसकी भावुकता थी कि 'गरीबी...में विचार पोख्ता होते हैं। वे चावल वगैरह लेकर चलते हैं।'

देवनाथ ने बसमतिया के बपई को जगाना चाहा कि चौकी पर सोएँ, पर बसमतिया ने रोक दिया...'नींद उखड़ जाएगी, उखड़ी नींद के बाद वह फिर न सो सकेगा।'

'थोड़ा चावल व पिसान है कहाँ रख दूँ ?'

'वहीं बगल में टीना है।' कहते ही देवनाथ को अपनी गलती समझ में आई...फिर उसने गलती दूर करते हुए कहा...'अरे ! नहीं, उसे गठिया लीजिए, हमारे यहाँ राशन है, उसे यहाँ न रखें।'

'काहे ! हम लोग नहीं खाएँगे क्या ? टेशन पर होते तो खाना बनाते कि नहीं...आपके यहाँ रहने की जगह मिल गई यह बहुत है।' बसमतिया ने कहा...

दरअसल देवनाथ बसमतिया से मिलते ही सिकुड़ गया था सो वह सोचता कुछ, कह जाता कुछ, बातें बढ़ाना चाहता, पर बातें घट जातीं, फिर वह चुप हो जाता जबकि बसमतिया बेबाक थी—उसके भीतर इधर-उधर या ऐसा-वैसा कुछ नहीं था, सो वह फटाका बोल जाती यह है, वह है...देवनाथ ने सोचा था कि खाना बनाने तथा सामान वगैरह के बावत सब कुछ वह अपनी तरफ से करेगा, सो सारा सामान खरीद भी लाया था। गृहस्थी का सारा सामान उसने यथास्थान रखते हुए...स्टोव निकाला...

'स्टोव जलाना आता है।'

'नहीं...'

'खाना इसी पर बनेगा...सामनेवाला बर्तन कूकर है...उसमें चावल पक जाएगा, कूकर में खाना पकाया है कभी...'

'नहीं...'

'फिर तो दिक्कत होगी...'

'दिक्कत काहे होगी ? रोटी-तरकारी तो बना ही लूँगी...'

'स्टोव कैसे जलता... ?'

यही दिक्कत थी...सो देर कर रही थी कि आप आ जाएँ फिर खाना पके।

देवनाथ स्टोव जलाने लगा...स्टोव भी शरारती था। तेल फँसा था, पिन करने पर निकला... । पहले तेजी से भभका...फिर...गैस बनी आगवाली...देवनाथ ने स्टोव में हवा भरी...बसमतिया ने स्टोव तो देखा था जलाया कभी नहीं था..स्टोव को भभकता देख...सबसे पहले उसने ऊपर की तरफ देखा 'घर का छाजन तो जल ही जाता... ।' मिट्टी का तेल जब ढिबरी भर के लिए ही नहीं मिलता फिर स्टोव के लिए कहाँ से मिलेगा ? स्टोव उसे आसमान की किसी चीज जैसा लगा...

स्टोव पर देवनाथ ने चाय का पानी चढ़ा दिया...कमरे पर वह काली चाय ही पीता है...चीनी व चाय डालकर वह कुर्सी पर बैठ गया...चाय खौलने लगी...

दो गिलासों में देवनाथ ने चाय निकाली...बसमतिया ने इनकार कर दिया कि वह चाय नहीं पीती...

'क्या हुआ ? नुकसान नहीं करेगी, पी लीजिए...आखिर फेंकना भी तो ठीक नहीं...'

'होंठ जल जाता है...' मुस्कराते हुए बसमतिया ने कहा...

फूँक-फूँककर चाय पीते हुए बसमतिया ने पूछा...

'तो रोटी-तरकारी बना देती हूँ। नेनुआ तो है ही, का आलू की तरकारी भी बनेगी ?'

'स्टोव कैसे जलेगा ?'

'आप जला दीजिए...हवा खोलना आता है...तवे पर रोटी भी सेंक लूँगी।'

दोनों बातें कर रहे थे। समय कमरे में उपस्थित था। वह कभी बातों का लिंग परीक्षण करता, कभी बातों का वजन तौलता...फिर खुद पर दुखी होता कि वह समय को नहीं जानता, समय तो बसमतिया है। वह क्या है ? कुछ नहीं किसी कल्पना की क्रियाएँ-प्रतिक्रियाएँ ही तो। देवनाथ के लिए समय, स्थान व परिस्थिति सब काल्पनिक थीं...वह कल्पना में था सोचते हुए कि क्या वह जो महसूस रहा है, वैसा ही है...बसमतिया भी तो कुछ सोच रही होगी... ? आखिर वह क्या सोच रही होगी। बसमतिया ने तरकारी काट लिया था...

पिसान निकालने लगी थी...

गृहस्थी में डूबी हुई बसमतिया वह गृहस्थी थी, जो देवनाथ की कल्पना में थी...उसे लगा कि कल्पनाएँ केवल कल्पनाएँ नहीं होतीं यथार्थ भी कभी-कभी कल्पना जैसा दीखता है एकदम अद्‌भुत, अद्वितीय। बसमतिया जिस देवनाथ के साथ थी वह देवनाथ नहीं था जबकि बसमतिया उसे देवनाथ ही समझ रही थी, ननकी का देवर, एक वकील, रिश्तेदार... । देवनाथ कल्पना लोक का जीव बन चुका था भावुक, समर्पित। दूसरे पुरुषों की तरह उसके लिए वह भी गन्धहीन था, उससे टकराकर हवा मीठी नहीं हो रही थी, न ही बिजली के बल्व की चमक में उसका चेहरा भभोके छोड़ रहा था सो उसमें देव-पुरुष के करिश्मे न थे वर्ना बसमतिया खिंच-खिंच जाती।

वैसे वह देवनाथ से इस हद तक प्रभावित थी कि पढ़ा-लिखा होने के बाद भी देवनाथ का घमंड या घमंडों से कोई नाता नहीं। सामान्य पुरुषों की तरह उसके व्यवहार में मिठास व नातेदारी है, सो वह देवनाथ से मिलकर खुश-खुश थी। उसे देवनाथ की आँखों में हिंसक जाति न दिखी जो पुरुषों की आँखों में आम होती है।

देवनाथ को कोतवाली पहुँचना था, वहाँ से वापिस होने का निश्चित समय न था, सो देवनाथ परेशान था। देवनाथ ने भात बनाने के लिए सोचा, वह कूकर उतार देगा फिर बसमतिया तरकारी बना लेगी, कुछ दस-पन्द्रह मिनट में हो जाएगा...ऐसा ही देवनाथ ने किया भी, भात का कूकर उतारकर देवनाथ कोतवाली के लिए निकल पड़ा...।

कोतवाली में भीड़ थी, नारे थे, हल्ला-गुल्ला था, वर्दियाँ थीं, बन्दूकें थीं। कोतवाली की बाउंड्री पर एक फाटक था, पेड़ थे, चबूतरे थे...बगल के खाली खेत में फूल थे, एक गोल चबूतरा था जिस पर साहब लोग थे, उनकी साहबियत कुर्सियों पर थी। बाउंड्री में नीली बत्तियोंवाली जीपें थीं, एक अम्बेसडर थी तथा, मुँह चढ़ाती जिप्सी थी, उनके इर्द-गिर्द। कन्धों पर टँगी रायफलें निगरानी में थीं कि कहीं कुछ गैरकानूनी न हो जाए। कोतवाली के ऊपर का आसमान, कोतवाली की बाउंड्री के भीतर घुसने की फिराक में था पर ऊपर अँधेरा था नीचे बिजली के बल्व तथा ट्यूबलाइट जग-मग थे...। बाउंड्री में रात-रानी की महक थी, महक कानून व व्यवस्था की ठसक घुली-मिली थी। देवनाथ इसी कोतवाली में दाखिल हुआ तथा उस तरफ बढ़ा जिधर काले कोटवाले थे हालाँकि वे रात में कोट न पहने हुए थे पर चेहरों पर काले कोटवाली चमक थी। हो सकता है देवनाथ को ऐसा मात्र आभास हुआ हो जबकि हकीकत में वकीलों के चेहरे सिविल थे। भीड़ चबूतरे के अगल-बगल सघन थी कि चबूतरा नहीं दीख रहा था, सिर्फ कुर्सियाँ तथा उस पर बैठे हुए कुछ महत्त्वपूर्ण ही दीख रहे थे। उनका दीखना दूर से नहीं के बराबर था, मात्र वहाँ देखने व सुनने का आभास था कि कुछ दीख रहा है तथा सुनाई भी पड़ रहा है।

कुछ लोग उस तरफ भी थे जिधर वह हवालात थी जो सिर्फ अपराधियों को अपने भीतर रखती थी वह भी जब किसी सक्षम कानूनाधिकारी का आदेश या मर्जी हो। हवालात का काम सिर्फ यह था कि जो भी उसमें बन्द किए जाएँ वे भाग न निकलें। आदेश व मर्जी में फर्क करने का जिम्मा हवालातों का नहीं। बेचारा हवालात तो हवालात था, एकदम से उपेक्षित। मूत्र और गन्दगी से गन्धाता हुआ, गन्ध इतनी कि कानून का निर्माता भी हवालात के सोहबत में पड़े तो मूत्र के सड़ान की तरह गन्धाने लगे, कानून तो गन्धाता ही। देवनाथ उस तरफ जब गया तब तक हवालात में बल्ब जल चुका था। बेचारे कानून के जानकार वकील कानून का प्रयोग बनते हुए उसमें बन्द थे। कानून का यह प्रयोग देखकर देवनाथ की

उँगलियाँ बँधने को हुईं पर कोतवाली का समय बन्द मुट्ठियों का नहीं था, वहाँ तो खुले हाथ काम करते। खुले हाथों के खेल से बन्दियों के हाथों से हथकड़ियाँ गायब हो जातीं। चूँकि कोतवाली में भीड़ थी, नारे थे सो वहाँ खुले हाथ का खेल असभ्यता का प्रतीक होता। सो वहाँ कोई भी हाथ की सफाईवाले खेल को खेलने के पक्ष में न था। देवनाथ ने हवालात में बन्द वकीलों से बातचीत की। बातचीत में गालियाँ थीं, गुस्सा था तथा हिजड़ा प्रतिरोध भी था कि वे लोग बाहर निकलते ही ए.डी.एम. को आसमान दिखा देंगे तथा खुद धरती की वीरता का मुकुट पहन लेंगे...।

देवनाथ हवालात के लोहे के मजबूत दरवाजे के शिकंजों के पास खड़ा था। बन्द वकील इन्हीं शिकंजों के पास सीधी लम्बाई में देवनाथ की तरह खड़े थे। बाहर से खड़ा होने पर भी स्थिति यह थी कि देवनाथ महसूसता वह हवालात के अन्दर है। हवालात का अन्दर उसके बाहर था। जब तक कानूनी अंकुशों को झेलते रहो तब तक ठीक नहीं तो हवालात। यह हवालात का अन्तःविषय था। उसका बाहरी पाठ था कि अपराधियों के लिए है। अपराध क्या है ? यह बहस की बात है। देवनाथ तर्कों की परिधि पर घूमते हुए चोटिल हो रहा था। निष्कर्ष स्वरूप उसके विचार में आया कि 'तटस्थता किसी भी हस्तक्षेप से कल्याणकारी होती है, सो खिसको यहाँ से।'

वकीलों से मिलकर देवनाथ ने उन्हें 'धीरज' रखने और इन्तजार करने का सुझाव दिया। कुछ क्षण बाद वह साहबोंवाले गोल चबूतरे की तरफ चला आया जिधर मौजूदा विवाद पर विमर्श हो रहा था। आधे घंटे गुजर गए पर देवनाथ यह भी न जान पाया कि आखिर वकीलों को काहे गिरफ्तार किया गया ? क्या कर दिया उन्होंने जिससे सर्वशक्तिशाली कानून की धाराएँ चरमरा गईं ?

देवनाथ वकीलों के बन्द होने का कारण जानना चाहता था। जिस किसी से भी पूछता सभी खुद को अज्ञानी बताते, 'यार यही तो मालूम नहीं।' मालूम किसी को नहीं फिर भी भीड़ दो-तीन सौ की हो गई। तमाम सीनियर वकील चबूतरे के मंच पर थे जहाँ वकीलों की गिरफ्तारी की वैधता-अवैधता पर भिन्न-भिन्न किस्म के तर्क, प्रति तर्क उछल-कूद कर रहे थे। नजदीक से देखने पर वहाँ कबड्डी के खेल जैसा माहौल था जहाँ प्रशासनिक कर्मचारियों व अधिकारियों की टीम वकीलों व सभ्य नागरिकों के मुकाबिले काफी शक्तिशाली दीख रही थी। जूनियर वकीलों तथा दूसरे नागरिकों के पास केवल हल्ला था तथा कुछ रटे-रटाए पुराने नारे थे जिसका उपयोग प्रशासनिक लोग भी कर सकते थे सो वहाँ नारों की भी कोई उल्लेखनीय स्थिति न थी हाँ हल्ला, भगदड़, मारपीट, फायरिंग में कुछ ताकत थी जो स्थगित था।

पूरे सोनभद्र का कथित ज्ञान विमर्श फिलवक्त चबूतरे पर विचार मग्न था आखिर

होना क्या चाहिए ? काले कोटवालों की समझ थी कि उन्होंने जनता का दबाव अपने पक्ष में कर लिया है—जबकि अधिकारी समझ रहे थे...कि लाठी व बन्दूकें किसे खदेड़ नहीं सकतीं। पुलिस सोच रही थी कि वकीलों से हमारा सीधे तौर पर कोई झगड़ा नहीं, उसका झगड़ा तो ए.डी.एम. से है...चबूतरे पर जो समय था इन्हीं बिन्दुओं में जकड़ा पड़ा था। सो किसी भी तरह का निर्णय स्वतः अँखुआने में असमर्थ था...

चबूतरे पर से किसी वकील की चीख बाहर निकली 'आखिर वकीलों की गलती क्या थी, पहले गाली तो ए.डी.एम. ने दी, बाद में वकीलों के एकाध झापड़ मार दिया होगा, इसका मतलब तो यह नहीं कि केवल वकीलों को बन्द कर दिया जाए, ए.डी.एम. को नहीं ?'

वकील की चीख सुनकर देवनाथ ने अनुमान पक्का किया कि झगड़े तो हमेशा कलह के शून्य डिग्री से शुरू होते हैं। वकील तो बन्द होते नहीं ? यदि उनका झगड़ा किसी मुवक्विल वगैरह से हुआ होता, वे भी तो विशेषाधिकारोंवाले हैं—यह विशेषाधिकार बनाम विशेषाधिकार का झगड़ा है। रात के दस बज गए, पर चबूतरे की पंचाइत जस के तस थी...। एस.पी. साहब तथा डी.एम. साहब की प्रतीक्षा की जा रही थी कि वे लोग अन्य मामलों की तरह इस मामले को भी देखते, सुनते ही उड़न-छू कर देंगे...।

देवनाथ के लिए वहाँ अधिक देर तक रुकना मुश्किल था। मंच पर किसी तरह पहुँचने में देवनाथ कामयाब हुआ। वह उस तरफ गया, जहाँ धीर गम्भीर बने पांडे जी वकील साहब थे...उनके कान में उसने अपनी विवशता डाली; पांडे जी की सीधी गर्दन ने उसका सकारात्मक उत्तर दिया, फिर देवनाथ मंच से उतर आया...।

मंच से उतरते ही दिमागी रूप से वह अपने कमरे में था। उसे याद करने पर याद आता कि वह कोतवाली पर भीड़ बनने के लिए गया था तथा उसकी भूमिका वहाँ पर मात्र संख्या गिनाने के लिए थी। अमूमन इस तरह के विशेषाधिकारों के झगड़े रोज ही मुँह बाए कहीं-न-कहीं खड़े होते हैं जिसमें वास्तविक संघर्ष तो कतई नहीं दिखता पर महसूस होता है संघर्ष जैसा। खाते-पीते, लाभ कमाते लोगों के इन संघर्षों से हालाँकि उसे घृणा न थी पर वह इनमें थके मन से रुचि लेता था, जिससे इतना तो साबित हो ही कि वह अलग-थलग नहीं है।

कमरे में ताजे खाने की छौंक थी, तथा बसमतिया कुर्सी पर बैठे-बैठे ऊँघ रही थी। बपई, चौकी पर पसरा हुआ था पर खर्राटों में नहीं था। दरवाजे का एक पल्ला आधा खुला हुआ था। कमरे में घुसते ही बसमतिया जाग गई...जागते ही उसने कहा...

'काफी अबेर हो गई ? रोज ही अबेर को आते हैं का...मुझे तो जम्भाई लग

गई थी...।'

'नहीं आज देर हो गई कोतवाली में, दो वकील लोग बन्द हैं, ए.डी.एम. से झगड़ा हुआ था'—संक्षेप में देवनाथ ने बताया...

'वकील लोग बन्द है...' बसमतिया ने अचराजते हुए पूछा...उसे ताज्जुब हुआ कि वकीलों को सिपाही काहे बन्द करेगा, जैसे वकीलों का बन्द होना वह पहली बार सुन रही हो...

'खाना...परोसूँ ?'

'हाँ...'

स्टील की थाली थी, पाँच रोटियों के साथ एक कटोरी में तरकारी थी, कटे हुए प्याज के टुकड़े तथा एक हरी मिर्च...थाली साफ पोछी हुई, उसमें रोटियाँ मोड़कर रखी देखने में कतई ऐसा नहीं कि खाने से सजी यह थाली जंगली हाथों द्वारा सजाई गई है...देवनाथ पहले खाना परासेने के तरीके पर मगन हुआ फिर तरकारी के स्वाद तथा रोटी के मुलायम होने पर...। अचानक उसके अपने जीवन के अभाव भी खाना खाने के दौरान इधर-उधर होने लगे...फिर तो अकेले रहते हुए जीवन गुजार देने के अपने कठोर फैसले पर उसे कुछ सन्देह जैसा हुआ। खाना खाते समय अतीत का वह काला हिस्सा उससे टकराने में लगातार था जिसके कारण उसने अकेलापन ओढ़ लिया था तथा निश्चित किया था कि विवाह तो कभी नहीं करेगा...।

विवाह न करना तो देवनाथ ने उसी दिन निश्चित कर लिया था जिस दिन उसे खबर मिली थी कि उसकी पत्नी किसी डम्फर ऑपरेटर के साथ जालन्धर भाग गई है। रपट घरवालों ने लिखाया होता पर उसने रोक दिया था...उसका कहना था—कोई जबरदस्ती तो उसके साथ हुई नहीं, मर्जी से भागनेवाले के बारे में काहे के लिए थाना-पुलिस...।

उस समय देवनाथ बी.ए. दूसरे साल में था तथा बनारस में पढ़ रहा था। पढ़ाई के लिए उसे बनारस ही रहना होता था। उसकी पत्नी कोयलरी की कॉलोनी वाली थी। उसका बाप जमीन अधिग्रहण के बदले कोयलरी का छोटा कर्मचारी था। पास ही के दूसरे क्वार्टर में डम्फर ऑपरेटर रहा करता था...देवनाथ के अतीत को काले रंग से रँगनेवाली कहानी कोयलरी से आरम्भ हुई थी जो जालन्धर तक गई थी, अब तो वह कहानी उसके भूतपूर्व ससुर के क्वार्टर के अगल-बगल के डम्फर ऑपरेटरवाले क्वार्टर में बाल-बुतरू वाली भी हो गई है।

रोटी के हर कौर के साथ अतीत के काले टुकड़े को भी देवनाथ ने कूच-कूचकर तार बनाना चाहा...पर ऐसा वह न कर सका—फिर तो वह खुद के अस्तित्व से टकराने लगा...

थाली में परोसी हुई रोटियाँ उसे गन्धाने लगीं...वह अतिरिक्त संवेदनों में घिर

गया, जानते हुए कि उसे ऐसा नहीं करना चाहिए...अतीत पर रोना या लड़ना दोनों बेवकूफी हैं।

बसमतिया कभी रोटी तथा कभी तरकारी के बारे में पूछती, आग्रह करती कि रोटियाँ लीजिए...देवनाथ नहीं-नहीं करता...।

'सात-आठ रोटियाँ भी नहीं खा सकते आप, कैसे मरद हैं ? दिमाग से काम करना है, खाना-पीना ही काम देगा...' बसमतिया का अपनापन स्पष्ट रूप से बोली के स्वरों के साथ उभरा...

देवनाथ को सुखद लगा 'जिससे कोई स्पष्ट नाता नहीं, उसमें इस तरह का अपनापन...'

बसमतिया का रंग, रूप, विचार, बिजली की रोशनी में उसे काफी चमकदार दिखा...तथा वह अहसास भी उसे कुलबुलाने लगा जिस पर औरतों का अधिकार होता है, भावुकता, कोमलता तथा निश्छलता उन्हें प्रकृति ने उपहार में दिया हुआ है।

हालाँकि देवनाथ अवाक था, पर भीतर विमर्श चल रहा था, वह कभी अतीत से टकराता तो कभी वर्तमान से दुखी होता, फिर आँखें चुराकर बसमतिया को निहारता कुछ इस तरह कि बसमतिया उसका निहारना देख न ले।

बसमतिया गृहस्थी में थी, मसलन थाली साफ करना, चाँपाकल से पानी लाना, खाना परोसना, थाली पोंछने के लिए अँचरा के खूँट का प्रयोग करना, बार-बार रोटी लेने के लिए आग्रह करना...यह सब सामान्य-सी क्रियाएँ देवनाथ के लिए असामान्य थीं, असामान्य इतनी जैसे वह पहली बार किसी औरत के सम्पर्क में आया हो तथा उनके द्वारा निपटाए जानेवाले कामों को करते हुए देख रहा हो।

रात में ही उसने फोरम के मुकदमे का कागज तैयार किया। बसमतिया ने बपई का अँगूठा निशान लगवाया। कागज पत्तर का काम निपट जाने के बाद कमरे से बाहर जाने के लिए तैयार हुआ, बसमतिया को सहेजते हुए कि 'कमरा भीतर से बन्द कर लीजिएगा, यहाँ सोने में दिक्कत होगी, मैं सुबह आऊँगा।'

'काहे आप कहाँ सोएँगे ?' बसमतिया ने सवाल किया...

'बाहर एक दोस्त के यहाँ।' देवनाथ ने बताया।

'यहाँ दिक्कत न होगी चौकी निकल जाय तो। या आप चौकी पर सोएँ, हम और बपई जमीन पर सो लेंगे...जगह बहुत है, कोई चारपाई तो लगाना नहीं। यह अच्छा नहीं कि आप बाहर सोएँ और हम लोग आपके कमरे में।'

देवनाथ दुविधा में था। जाए न जाए, बाहर जाकर भी कमरे में ही होता, सोचते हुए कि बसमतिंया...जगी होगी, सो गई होगी...कल्पना की उड़ानें उसकी नींद छीन लेतीं। सो रुक गया, बसमतिया कह भी रही थी...उसका कहना देवनाथ के अनुरूप था।

रात का सन्नाटा जोरदार था, कमरा चुप था, नीम उजाले में देवनाथ की आँखें छत की तरफ थीं। जग-मग करती बसमतिया किनारे की तरफ, बीच में बपई फिर देवनाथ। तीनों एक कतार में, एक छत के नीचे सोए थे पर देवनाथ छत पर उड़ रहा था। छत में सूराख कर बसमतिया को देख रहा था, उसकी साँसें, तथा नींद पी रहा था, उसी की तरह जम्भाई ले रहा था। परकाया प्रवेश की यह लीला देवनाथ को हास्यास्पद भी लगी...उसने खुद को समझाया...'ऐसा नहीं होता। कल्पना की यह उड़ान उसे जादुई बना देगी। ऐसी मनःस्थिति हर हाल में कामुकता है, चाहे इसे प्यार कहो या कुछ दूसरा। इस तरह मुहब्बत की माला गले में डाल यथार्थ को कल्पनाओं की ताकत से जीत लेने की कोशिश महज निरर्थक कार्य योजना है।'

फिर देवनाथ किसी 'नो मैन्स लैंड' की तरह न इधर का न उधर का जैसा हो गया। नींद के गहरे में उतरता हुआ। उसकी आँखें बन्द होने लगीं। आँखें जब खुलीं तब सुबह की धमक तेज होने लगी थी। बसमतिया ने बर्तन वगैरह माँज लिया था, उसका बपई दतुअन कर रहा था। आँखें मलते हुए देवनाथ सोचता रहा कि वह जो कुछ देख रहा है, बसमतिया के संग वह जिस तरह तृप्त हो रहा है क्या यह सब कल्पना है ? यथार्थ कोई ठस व ठोस चीज है...। तभी उसने देखा कि बसमतिया भरी बाल्टी पानी लिए आ रही है, एकदम भरी हुई...फिर वह उसे देखता ही रह गया, देखना तब स्थगित हुआ जब बसमतिया ने उससे स्टोव जलाने का आग्रह किया...

देवनाथ ने स्टोव जलाया तथा दैनिक क्रिया-कर्म में लग गया...।

चाय-नाश्ते की औपचारिकता के बाद, बसमतिया अपने बपई के साथ घर वापस होने के लिए तैयार हो गई। बचा-खुचा राशन वगैरह उसने वहीं रख दिया था। बसमतिया देवनाथ के कमरे पर से सामनेवाली सड़क पर आ गई—देवनाथ उसका जाना देखता रहा कि उसके जाने में शायद आना बाकी हो, पर वह तो जा रही है। पर यह क्या ! देवनाथ मुश्किल में था, वह भी तो उसके साथ नहीं जा रहा ?

बलगम का भभोका

फोरम के मुकदमे का काम कर-कराकर बसमतिया अपने ससुराल चली आई। बपई गाँव पर रुक गया था। भाई बसमतिया को पहुँचाकर वापस हो चुका था। रास्ते भर देवनाथ का चेहरा आगे-पीछे होता रहा। पहली बार उसे लगा कि सारे मर्द एक तरह से औरतखोर नहीं होते। देवनाथ मर्दों की जमात में उसे कुछ अलग किस्म का लगा। रात में सोते समय यदि कोई दूसरा इतना बगल में सोया होता तो कुछ इधर-उधर अवश्य करता। कुछ ऐसा, जिससे साबित होता कि वह कुछ चाहता है पर ऐसा भी नहीं कि जो चाहता है मालूम हो जाए, सो कम-से-कम पैरों के द्वारा, हाथों से छू-छा तो जरूर करता। देवनाथ पूरी तरह भुर्रा बना सोया था जबकि वह आहट पी रही थी। पराए मर्द के बगल में सोकर वह सो नहीं पाई थी। स्त्री-पुरुष के बीच होनेवाली हर सम्भव क्रियाएँ-प्रतिक्रियाएँ मन के भीतर चालू थीं, तथा एक डर भी—कहीं कुछ हुआ तो...

पर हुआ कुछ नहीं, बसमतिया के लिए यह महत्त्वपूर्ण बात थी। सो वह घर पहुँचकर भी देवनाथ के पुरुष मन के अगल-बगल थी, यह मूल्यांकन करते हुए कि उसने कितना मान-सम्मान दिया, पढ़ा-लिखा होकर भी। एक घसकट्टिन मजदूरिन को आखिर कोई इतना मान-सम्मान क्यों देगा ?

घर में अइया बीमार पड़ी थीं। उनकी बीमारी की आहट घर में पहले से थी क्योंकि बाहर ओसारे पर सुन्न था, यदि वे ठीक होतीं तो ओसारा चहक रहा होता। अइया की खाँसी बढ़ गई थी, बलगम निकल रहा था। चुड़िहारिन काकी जड़ी-बूटी वाली दवा लेने के लिए गाँव में गई थीं। गुरुच की डार व बहियार की पत्तियाँ एक साथ पकाकर उसका काढ़ा पीने से खाँसी समाप्त हो जाती है। किसी तरह अइया ने कई-कई खाँसियों के बीच उसे बताया...पूछने पर मालूम हुआ कि वे तब से बीमार हैं जब से वह गई है यानी तीन दिन से। इस बीच झाँकने की लिए भी जेठ व जेठानी नहीं आईं तथा अइया ने उन्हें बुलाया भी नहीं।

बसमतिया अइया को देखकर सुन्न हो गई। उसे लगा कि यह सहारा भी खत्म हुआ चाहता है, आगे क्या होगा ? फिर वह दर-दवा के बारे में विचारने लगी। अइया

से पूछताछ करने पर बीमारी के बावत उसे कुछ खास समझ में न आया। खाँसी-बुखार तो उन्हें बरसात और जाड़े में हो ही जाया करता है। अजबाइन का सत्त काम करता है या तो सींग (शृंग) भस्म, पर इस समय घर में नहीं होगा। अभी तो जाड़ा भी नहीं है फिर काहे की खाँसी ?

बसमतिया ने अइया को सहारा देकर उठाया ताकि चारपाई के नीचे पड़ी राख पर वे खँखार लें पर वे उठ न पाईं। कमर व पीठ में काफी दर्द था। किसी तरह बसमतिया ने उन्हें करवट किया, कुछ इस तरह कि वे आराम से खँखार सकें। बलगम काफी पीला, गाय के घी की तरह जमा हुआ था। हुच-हुच करके जैसे-तैसे अइया ने खँखारा फिर उन्हें कुछ आराम हुआ पर गले की नली खरखरा ही रही थी जिसकी खरखराहट बगल से सुनने में आ रही थी।

कुछ देर बाद चुड़िहारिन काकी गुरुच व बहियार की जड़ व पत्तियाँ ले आईं। बसमतिया काढ़ा बनाने के लिए घर में चली गई। काढ़ा पिलाने के बाद बसमतिया को क्षणिक राहत मिली फिर उसे ननकी का ध्यान आया कि उसे देवनाथ के बारे में बताए तथा यह भी कि मुकदमे का कागज-पत्तर तैयार हो गया है, अब उसे बाद में जाना पड़ेगा।

इधर बसमतिया अइया की सेवा-टहल में लगी थी, उधर उसका जेठ, अपने आधे हिस्से में जाने क्या-क्या बकबका रहा था। जेठ की बोल काफी भारी थी जो छाजन से बाहर निकल बसमतिया को भी खींच रही थी पर यह समझ के बाहर था कि बोल क्यों भारी हुआ जा रहा है। बोल इतनी भारी थी जिसकी सीमा पत्नी के मामले में मार-पीट तक थी पर ऐसा कुछ न हुआ जबकि बसमतिया के कान बोल के पीछे-पीछे थे। उसे नहीं पता कि वह उस भारी बोल में शामिल मार की सम्भावना पर खुश क्यों हो रही है। यह शायद उसके मन की भीतरी दबी हुई प्रतिक्रिया थी जो जेठानी के क्रूर एवं विघटनकारी व्यवहार के कारण उगी थी। बहरहाल बसमतिया जेठ की बोलों के प्रति असंवेदन होकर अपनी गृहस्थी में लग गई।

अइया ने इस बीच खाना वगैरह नहीं बनाया था। चुड़िहारिन काकी के यहाँ से ही रोटियाँ चली आती थीं। शाम होने में देर न थी। महीना गर्मी का था फिर भी समय तो अपना करतब दिखाता ही रहता है। चुड़िहारिन काकी भी घर-गृहस्थी के लिए घर जाना चाहती थीं। चुड़िहार काका मनिहारी सौदा लेकर बेचने गए हैं, हालाँकि काकी का कहना है कि वे टहलने जाते हैं। 'मरद का बेचेगा चूड़ी, लहठी, फीता-चोली' नबा-नौहरें कभी लिपिस्टिक माँगती हैं तो कभी नहों (नाखूनों) का पालिश, कभी कुछ तो कभी कुछ, चोली की साइज मिलाना हो तो भकुआ जाएँ।'

बसमतिया खूब-खूब हँसती है, 'काकी ऐसा सौदा काहे बेचती हो, लौकी, भंटा नेनुआ, कोहड़ा बेचो नऽ।

'हाँ रे। कहती तो तूँ ठीक ही है, उसमें पराफिट ज्यादा है, काका भी कहता है पर कभी बेचा नहीं। अब तरकारी का बेचना, जिसने माँग लिया उसे दे दिया पर जमाना आ गया है बेचने का।

चुड़िहारिन काकी के जाने के बाद बसमतिया गृहस्थी के काम में लग गई। अइया ने उसे बुलाकर सहेजा था, 'देख ! आज कंडा की तरकारी अउर भात बनाना।'

'भात जीन खाइए अइया !' बसमतिया ने सुझाया था कि खाँसी में रोटी खानी चाहिए।

अइया कनकना गई थीं। 'काबिलियत जीन झाड़, अब मुझे ज्यादा जीना नहीं जो खिलाना-पिलाना हो खिला दे, काहे मन मारती है।'

अइया की कड़वी झिड़की से बसमतिया चकरा गई थी। उसका चकराना इसलिए था कि कभी भी अइया इस तरह से गुसियाती न थीं। वह चुप हो गई थी तथा आँगन में लौट गई थी।

कंडा की तरकारी और भात बना लिया था बसमतिया ने, पर अइया खाँसी से बेहाल थीं। लगातार खाँसे जा रही थीं, बसमतिया आँगन में चूल्हे के पास ही बने खाने की बटलोही वगैरह छोड़कर अइया के पास चली आई और पीठ सहलाने लगी ताकि किसी तरह खाँसी कम हो पर खाँसी कहाँ कम होनेवाली थी। रात भी अपने क्रूर नखरे पर थी, एकदम काली, कहीं कुछ न दिखता, ऐसे में क्या करे ? वह सोच ही रही थी कि तभी अइया ने खून का भभोका उगला जिसके साथ भयानक किस्म की खाँसी थी। बसमतिया ने आदमी की इतनी बड़ी बेवशी कभी न देखी थी। वह डर गई आगत भविष्य से।

अइया को किसी तरह खाट पर लिटाया, अगल-बगल गिरे खून को साफ किया तथा झाड़ू लगाकर जमीन पर खून को पोता, फिर उस पर राख डाला। चूड़िहारिन काकी को बुलाना आवश्यक समझकर वह उनके घर की तरफ दौड़ गई।

चूड़िहारिन काकी के घर में कोहराम मचा था। उनकी पतोहू गला फाड़कर तथा पुरानी बातों की कोरामिन पिलाकर खूब चीख-चिल्ला रही थी तथा उलाहने दे रही थी कि जब घर में खाने के लिए भी कुछ नहीं जूरता (अटता) तो काहे विआह किया ? इसी तरह ढेर सारी बातें तथा यह भी कि उसका मरद एकदम से कमीना है, कुछ कमाता नहीं, कुछ सहूर नहीं। सहूर होता तो किसी बाजार में न कमाता, मनिहारों का का ? कहीं सड़क पर भी दूकान लगा लिया तो इस खेती-बारी से जादा कमाई तो हो ही जाती। चूड़िहारिन काकी की पतोहू चमकदार व हसीन होते कस्बे वाली थी जिसे तहसील का दर्जा मिलनेवाला था। बसमतिया तो पहले अवाक् हो गई, उसका सोचना था आखिर गाँव क्यों बुरा है ? बहरहाल वह चूड़िहारिन काकी को बुलाने तथा लिवा ले जाने के लिए आई थी, सो वह अपने इरादे की तरफ थी पर झगड़े के दौरान कहाँ मौका था कि वह काकी से कुछ कहे...

दो-चार मिनट गुजर गए, किसी तरह काकी थोड़ा अलग हुई और घोरान की तरफ गईं तथा वहाँ थोड़ा आड़ देखकर बैठ गईं, बसमतिया उसी तरफ गई, जब काकी लौटीं तब उसने अइया का हाल उनसे बताया तथा अइया को देखने के लिए आग्रह किया।

'जादा खाँस रही है, खँखार आ रहा है क्या ?'—चूड़िहारिन काकी ने पूछा।

'हाँ, साँस धक-धक है'...'अच्छा'...काकी ने आह भरी...

'चल चलती हूँ अभी...'

थोड़ी देर में काकी बसमतिया की अइया के सामने थीं...

अइया हाँफ रही थीं, उनका हाँफना एक खौफनाक दृश्य था। जीवन वहाँ डूब-उतरा रहा था। जीवन का होना मृत्यु की जालों में फँसा पड़ा था, जो खुद मृत्यु के जालों को तोड़ने में अक्षम था। अइया के पूरे चेहरे को मृत्यु ने मानो ढँक लिया हो। काकी उन्हें देखते ही अवाक् हो गईं...फिर किसी तरह भीतर पड़े सुरक्षित बोलों को उन्होंने निकाला...

'बसमतिया ! इन्हें अस्पताल ले चलना होगा...जल्दी कर...तूँ कुछ सर सामान, बिस्तरे वगैरह का इन्तजाम कर, मैं परधान के यहाँ जाती हूँ ट्रैक्टर लेने के लिए...घर में कुछ रुपया-पैसा हो तो ले ले...सौ दो सौ मेरे यहाँ भी होंगे, मैं ले लूँगी।'

बसमतिया को बतौर संरक्षक सहेजते हुए काकी ओसारे से निकल गई...

अब वहाँ केवल बसमतिया थी तथा उसकी सोचें थीं कि वह जब से इस घर में आई है कुछ-न-कुछ बुरा ही हो रहा है। पहले जगदा भागा, फिर ससुर मरा अब सासू...कहीं जेठानी ठीक तो नहीं उलाहती ?

'वह पापिन है, कोई नहीं बचेगा घर में, ससुर तो गए ही, यह बुढ़िया भी जाएगी। जगदा अब बचा थोड़े है। सावित्री बनती है। का मुझे नहीं मालूम कि बाल-बुतरू न हों तो का गलबहियाँ भी न हो। आजकल तो तीन रुपए में कोई भी महीने भर की दवाई ले ले—खाए फिर काहे को बाल-बुतरू ?

जेठानी की उलाहनाओं का आधा हिस्सा ठीक लगने लगा बसमतिया को कि जरूर कहीं वह कुलक्षिनी है।

परधान का ट्रैक्टर फटफटाते हुए बसमतिया के घर से थोड़ी दूरी पर खड़ा हो गया, क्योंकि सड़क वहीं तक खतम होती थी, आगे की जमीन पर झगड़ा चल रहा था। चूड़िहारिन काकी हाउर हाउर थीं तथा घबड़ाई भी।

'जल्दी कर...अस्पताल जाने में देर हो जाएगी।'

बसमतिया ने दरवाजों पर ताला चढ़ाया। राशन-पानी की गठरी ट्रैक्टर पर रखी। करीमन काका तथा गाँव के दो-तीन दूसरे लोगों ने काकी को खटोला सहित ट्रैक्टर की ट्राली पर लाद दिया। चूड़िहारिन काकी व चूड़िहार काका दोनों ट्रैक्टर पर सवार

हो गए। जब ट्रैक्टर चलने को हुआ तब चूड़िहारिन काकी की पतोहू भी आई, उसने बसमतिया से पूछा—

मैं भी चलूँ का। वहाँ मेरा घर है, कोई तकलीफ न होगी।

'नाहीं रे, तूँ यहीं रह घर भी तो सँभालना है, यहाँ कौन देखेगा ?'

ट्रैक्टर चल पड़ा...चेरवान भर में में शोर भर गया था कि बसमतिया का जेठ अस्पताल नहीं गया। लोग जानते थे कि उसके लिए न कोई माँ, न कोई बाप।

अस्पताल खुला था। अस्पताल की सरकारी बिल्डिंग देखने में भव्य थी, बिल्डिंग के सामने खाली पड़ी जमीन थी, जो बड़ी-बड़ी घासों से ढँकी पड़ी थी, उन्हें देखकर लगता था कि जहाँ अस्पताल हो वहाँ सफाई की क्या जरूरत। चूड़िहार काका ने अस्पताल की पर्ची बनवाई। पर्ची आसानी से बन गई—पर्ची की फीस पाँच रुपए थी जो पहले से तीन रुपए अधिक थी। अस्पताल में भीड़ नहीं थी, अस्पताल देखकर लगता था कि इस इलाके में मरीज ही नहीं हैं या हैं भी तो उसका सरकारी अस्पताल पर विश्वास नहीं।

चूड़िहार काका पर्ची लेकर डॉक्टर के कमरे की तरफ बढ़े, डॉक्टर कमरे के बाहर बैठा हुआ गप्पें लड़ा रहा था, उसके सामने दो-तीन लोग और बैठे थे जो गप्पों में डूबे हुए थे। उनकी शक्ल देखने से जाहिर होता था कि वे मरीज नहीं हैं तथा मरीज के साथ भी नहीं हैं। काका ने डॉक्टर को पर्ची दी...

पर्ची लेते हुए डॉक्टर ने काका को घूरा...'मरीज भी तो दिखाओ मान्यवर !'

'हाँ हुजूर,' काका कहते हुए ट्रैक्टर की तरफ दौड़ पड़े। बसमतिया और काका ने मिलकर बसमतिया की सासू को ट्रैक्टर से उतारा। धीरे-धीरे रेंगते हुए सासू को डॉक्टर तक लाया गया। सासू की खाँसी लगातार थी। खाँसी आते ही वे खड़ी-खड़ी बैठ जाती थीं, जब कफ बाहर निकल जाता तब उन्हें कुछ राहत मिलती।

डॉक्टर ने सासू की नब्ज, फिर आला से सीना आदि देखा, फिर अस्पताली सवाल...

'कब से खाँसी है ?'

'पहले कहाँ दवा हुई ?'

'घर में क्या किसी दूसरे को भी थी ?'

इस तरह के जाने कितने सवाल डॉक्टर ने पूछे। बसमतिया ने कुछ का जवाब दिया, तथा कुछ पर खामोशी चढ़ा दी। डॉक्टर अधेड़ होनेवाला था पर भरा-पूरा मरद था, रंग साँवला, कदकाठी मजबूत, आवाज में खराश, चेहरे पर कथित सभ्यों की चमक। डॉक्टर ने बसमतिया की सासू को देखने में काफी समय लगाया जिससे लगता था कि वह गम्भीरता से अपने डॉक्टरी ज्ञान को परख रहा है तथा प्रकृति से लड़ते हुए सासू की बीमारी का हल निकालना चाहता है...

'तुम लोग कहाँ से आए हो ?'

'पहाड़ से।'

'इलाज लम्बा चलेगा पर ये ठीक हो जाएँगी, कुछ टेस्ट तथा एक्सरे भी कराना होगा। मैं दवा लिख दे रहा हूँ। कुछ अस्पताल से मिल जाएँगी, कुछ खरीदना पड़ेगा। आज ही एक्सरे करा लो...।' कहते हुए डॉक्टर पर्ची लिखने लगा...।

'एक्सरे कहाँ होगा डॉक्टर साहब।' बसमतिया ने पूछा...

'टेस्ट व एक्सरे तो रापटगंज ही होगा, अस्पताल में इस तरह की सुविधा नहीं है...इन्हें यहीं भर्ती करा दो, दवा यहाँ हो जाएगी...हाँ दवाई में लापरवाही नहीं होनी चाहिए...।'

दूसरे दिन एक्सरे तथा टेस्ट रिपोर्ट चूड़िहार काका ने डॉक्टर को दिखाया...

डॉक्टर ने रिपोर्ट देखकर काका को बताया कि 'घबराने की आवश्यकता नहीं है। इस्नोसोफीलिया बढ़ गई है जो चार-पाँच दिन में ठीक हो जाएगी। इन्हें ठंड से हमेशा बचाना जरूरी है...'

डॉक्टर की बातें सुनकर बसमतिया को खुशी हुई कि चलो सासू साथ नहीं छोड़ रही है। चूड़िहार काका व काकी भी खुश हुई।

चार-पाँच सौ रुपए जो बसमतिया के साथ थे हवा में उड़ गए...अभी पाँच-छह दिन तक या जाने कब तक दवा चलनी थी, बसमतिया इस उधेड़बुन में थी। बुरी हालत में उसको अनुभवों ने सिखाया है कि कोई करिश्माई ताकत भी मदद नहीं करती।

किसी तरह दूसरा दिन गुजरा, पर सासू की बीमारी में कोई विशेष फर्क न था, हाँ खून की उल्टी बन्द थी तथा कफ रुक-रुककर निकल रहा था। सासू अस्पताल के बेड पर पड़ी थीं। उनके अगल-बगल के बेड खाली थे जिन पर बसमतिया, चूड़िहारिन काकी और काका बैठा व सोया करते थे। पास का रखा रुपया समाप्त हो चुका था, सासू की हालत पहले जैसी ही थी। बसमतिया रुपयों के बारे में सोच रही थी 'अब कहाँ से आएँगे ?' उसे ख्याल आया कि घर पर पचास किलो के आस-पास चावल पड़ा होगा, छह रुपया किलो भी बिकेगा तो तीन सौ रुपयों का तो होगा ही। जवाहर रोजगार का काम भी शुरू होगा ही, नहीं तो ननकी के साथ क्रशर पर जाएगी गिट्टी तोड़ने।

अगला दिन आया। डॉक्टर का दौरा था। उसने मरीज को देखा, डॉक्टर को अपने निदान पर प्रसन्नता हुई तथा उस नए सस्ते एंटीबायटिक कैप्सूल पर उसका विश्वास बढ़ा जिसकी सरकारी अस्पतालों में खपत कराई जा रही थी। दवा कम्पनी वाला ऊँची पहुँच का था जिसकी दूसरी कई दवाइयाँ विश्वसनीय नहीं जान पड़ती थीं।

डॉक्टर ने पुर्जे पर कुछ लिखा तथा दो दवाइयाँ बजार से मँगवाने के लिए

निर्देशित किया...

काका अस्पताल में उस समय नहीं थे। बसमतिया अकेली थी। उसने दवाइयों का दाम जानने की गरज से डॉक्टर से पूछा—

'साहब कितने रुपए में मिलेंगी दवाइयाँ ?' पूछना तो उसे सिर्फ इतना ही था पर जाने कैसे वह उससे अधिक कह गई—

'साहब हमारे पास अब रुपए नहीं हैं, चार-पाँच सौ था, दो दिन में खत्म हो गया—हम लोग मिहनत-मजूरी करते हैं, रुपए कहाँ हैं हमारे पास।'

थोड़ा रुककर बसमतिया ने बात जोड़ी...'हमरा कोई नहीं है, केवल सासू भर हैं जो यहाँ बीमार पड़ी हैं, मुझे रुपया तो मिल जाएगा पर देनेवाला जाने हमसे का-का वसूले'। कहते-कहते बसमतिया की बोली भारी हो गई जिसमें दुख व संताप घुला-मिला था...

डॉक्टर अवाक् खड़ा था, जैसे वह संवेदित हो रहा हो, या उसे अपना बीता याद आ रहा हो...

उसकी माँ भी तो दवा के अभाव में दम तोड़ चुकी थी। डॉक्टर ने बसमतिया को देखा...

'तुम्हारा पति तो होगा ?'

'नहीं साहब वह पाँच साल से लापता है।'

डॉक्टर बसमतिया की तरफ लगातार देख रहा था, बसमतिया की कद-काठी हालाँकि प्रभावित करनेवाली थी पर डॉक्टर उससे दूर उसकी संवदेनाओं में था, जो खुद जैसी थीं।

'किस जाति की हो तुम लोग...'

'चेरो'

'यानी आदिवासी ! तुमने विवाह नहीं किया...पाँच साल तो बहुत होते हैं।'

'विवाह का करना साहब ! दूसरा भी छोड़कर भाग जाए तो...' बसमतिया ने डॉक्टर को अपने मन की बताया।

डॉक्टर भावुक था, डॉक्टरी ने उससे इंसानियत न छीनी था। इस अस्पताल पर उसके यहाँ मरीज भी बहुत कम आते थे क्योंकि वह भावुकता के कारण, सरल व सस्ते व्यवहार का डॉक्टर बन चुका था जो पेशे के लिए एक खतरनाक बात थी।

वह भावुकता में बोल गया—'अच्छा दवाई मैं बाजार से मँगवा देता हूँ।' फिर उसने सोचा कि परेशान हाल इस औरत को कम-से-कम सौ रुपए नगदी तो दे ही दिया जाए पर उसे खुद अपने पर हँसी आई—यह लेन-देन उसके चरित्र को लांछित भी कर सकता है। डॉक्टर ने वार्ड से लौटने के पहले एक बार फिर बसमतिया को देखा..

बसमतिया के चेहरे पर जीवन जीने की कलाएँ संघर्षशील थीं, तथा उसकी आँखों में दहकते अंगारे थे, जो हाथों के परिश्रम व दिल की ईमानदारी से पैदा होते हैं...

डॉक्टर बसमतिया को देखकर सहज न रह सका। उसे यह सरकारी अस्पताल किसी मौत घर सा लगा जहाँ लोग जीने के लिए नहीं विवशता की मौत के लिए आते हैं। आखिर यह गरीब औरत डेढ़-दो हजार रुपये सासू की दवाई के लिए कैसे इन्तजाम करेगी ? क्या... ? फिर डॉक्टर कुछ आगे न सोच पाया। डॉक्टर बसमतिया को तब तक देखता रहा जब तक वह अदृश्य न हो गई। उसे लगा कि बलगम के किसी भभोका में वह डूब गया है।

हमारा बयान लिखिए

चुड़िहार काका के साथ बसमतिया आठ दिन तक अस्पताल के वार्ड में पड़ी रही। दर-दवाई के लिए डॉक्टर ने काफी सहयोग किया। डॉक्टर का सहयोग बसमतिया के लिए किसी कौतुक जैसा था क्योंकि उसे सदैव यह डर सताता रहता था कि डॉक्टर पढ़ा-लिखा है, पैसेवाला है, अस्पताल पर अकेले रहता है—उससे कुछ-न-कुछ चाहेगा। डॉक्टर क्या चाहेगा, वह जानती थी तथा सासू को बचाने के लिए तैयार भी थी, उसका मानना था—'देह' का क्या...यह तो जल जाएगा किसी-न-किसी दिन, अगर सासू के काम आ जाएगा तो कुछ-न-कुछ हासिल हो जाएगा।

चुड़िहार काका ने भी अपनी तरफ से कुछ रुपयों का इन्तजाम किया था, जो काफी कम था। सासू की खाँसी समाप्त हो गई थी, तथा उन्हें कुछ खाना भी दिया जाने लगा था। बीच में परधान जी आए थे, पर परेशानी पूछकर चले गए थे। बसमतिया ने सासू तथा परधान जी के बीच फैले हुए संकेतों को नहीं देखा क्योंकि परधान जी में बीमार सासू को देखकर कोई विशेष प्रतिक्रिया जैसी चीज नहीं हुई, मसलन कुछ रुपयों का इन्तजाम आदि। सारा कुछ दिखावट की तरह ही था। आठवें दिन डॉक्टर ने सासू को देखकर अस्पताल से छुट्टी देने की बात कही थी—दवाई के लिए निर्देशित किया था कि कम-से-कम दस दिन तक और चलेगी। रोग के बावत डॉक्टर ने बताया था कि इन्हें टी.बी. नहीं है। यह खुशी की बात है, नहीं तो तीन साल तक बिना नागा दवाई खानी पड़ती।

अस्पताल से लौटते समय चुड़िहार काका व बसमतिया, दोनों डॉक्टर से मिले थे। डॉक्टर अस्पताल परिसर में स्थित अपने कमरे पर था। कमरा था तो बहुत बड़ा पर सादगी से पूर्ण था। इसी कमरे में डॉक्टर एक चौकी पर बैठा हुआ था, चौकी के आस-पास तीन-चार प्लास्टिक की कुर्सियाँ थीं—चौकी पर झालरदार पलंगपोश था जिसके नीचे कपड़े का गद्दा पड़ा था—बसमतिया ने महसूसा कि इनसे बढ़िया रहन-सहन तो फारिस्टर का था जिसके कमरे में टी.वी. भी था यहाँ तो कुछ

नहीं...पर कहाँ ये कहाँ फारिस्टर ! वह दोगला था।

इन दोनों को देखते ही डॉक्टर ने बुलाया...

'आओ आओ काका।' चुड़िहार काका को डॉक्टर भी काका ही कहने लगे थे...उन दोनों को खड़ा देखकर डॉक्टर ने दुबारा कहा था...

'बैठो ! बैठो तुम भी बैठो बसमतिया...मैं अपने यहाँ देखता हूँ शायद तुम्हारे काम की दवाइयाँ मेरे पास हों...' कहते हुए सामने की दिवलिहा अलमारी में से दवाइयाँ ढूँढ़ने लगे...

कुछ दवाइयाँ मिल गईं जिन्हें देते हुए डॉक्टर ने काका को सहेजा...'दवाई में कोताही न करना...नहीं तो इनके फेफड़े में बीमारी लग सकती है।'

बसमतिया डॉक्टर के व्यवहार से हतप्रभ थी; ऐसा तो नहीं होता।

काँपती आवाज में चुड़िहार काका ने डॉक्टर को बहुत-बहुत धन्यवाद दिया। फिर उन्हें लगा कि कम पढ़े-लिखे होने के कारण उनके पास धन्यवाद देने का प्रभावकारी तरीका नहीं है। बसमतिया अपनी खामोशी से डॉक्टर को धन्यवाद दे रही थी तथा सोच रही थी—यदि सारे मर्द डॉक्टर की तरह होते तो जिसने दुनिया बनाई है उसका क्या बिगड़ जाता।

ऐसा कहाँ सम्भव था ! बसमतिया काका के साथ डॉक्टर से छुट्टी लेकर गाँव चली आई। सासू की दवा-दारू, सेवा-सुश्रुषा करने लगी। दस-पन्द्रह दिन बीतते-बीतते सासू टन-टन होने लगी थी—दवाई बन्द हो चुकी थी। उन्हें भूख भी लगने लगी थी। गाँव की किसी अनुभवी महिला ने बसमतिया को सहेजा था कि असली वाली महुआ की दारू सासू को पिलाया करो। दारू हर रोग का इलाज है। बसमतिया जानती है।

बसमतिया ने देखा भी है कि बच्चा होने के तत्काल बाद औरतों को दारू भरी परात में बिठाया जाता है। दो बोतल तक दारू देह में चढ़ जाती है, लोगों का कहना है परसूत आदि का रोग नहीं होता...

'दारू जरूरी है सासू के लिए' पर मिलेगी कहाँ ? आजकल तो ऐसा दरोगा आ गया है जिसने कोहराम मचा रखा है, हो सकता है एकाध महीने की गीदड़ भभकी हो। जब सभी जगहों से सौदा हो जाएगा फिर तो सभी कुछ जायज हो जाएगा।

घर आने पर जेठानी के ताने बसमतिया की प्रतीक्षा में बैठे थे। चुड़िहारिन काकी की पतोहू बताने लगी कि 'बुढ़िया बीमार थोड़य थी, वह तो नाटक था। कुछ जो छिपाकर रखी होगी वही सब कलमुँही को देने के लिए गई थी।' इसी के साथ बहुत कुछ, जो आम तौर पर नहीं कहा जाता।

सासू ठीक तो आठ-दस दिनों में ही हो गईं पर गाँव-घर के हिसाब से जब तक हाथ काम करने लायक न हो जाएँ तब तक कहाँ ठीक होना। ठीक होने में

इतना था कि सासू थोड़ा टहल लिया करती थीं तथा अपना निजी कार्य निपटा लिया करती थीं।

जेठ ने अपने खेत का आलू कोड़ लिया, मौसम ठीक होने के कारण सत्तर-अस्सी किलो आलू की पैदावार हो गई थी। बसमतिया ने आलू पकने के लिए छोड़ दिया था। पका आलू बरसात में नहीं सड़ता। ननकी को बुलाकर बसमतिया ने भी अस्पताल से लौटने के बाद आलू कोड़ा था, पैदावार ठीक थी, किनारे के युकिलिप्टिस के पेड़ों के कारण आलू की पैदावार कुछ दब गई थी। कुल साठ किलो ही हुई। तीस किलो आलू चुड़िहार काका को देना था। सो उसने उन्हें दे दिया था।

परधान ने जवाहर रोजगार का काम शुरू करा दिया था। सामनेवाले नाले पर पुल बनना शुरू हो गया था। गाँव के पंडितों ने विकास खंड अधिकारी के यहाँ विरोध किया था कि परधान अपनी सड़क बनवा रहा है जिससे गाँववालों का कोई मतलब नहीं...परधान चेरवान में सुबह ही आए थे यह बताने के लिए कि आज बी.डी.ओ. साहब आएँगे जाँच करने के लिए...

'काहे की जाँच काका...' बसमतिया ने पूछा...

'पुल की तथा इस सड़क की जो बन रही है...' परधान ने बताया।

'काहे इसमें का हो गया, इससे किसका झगड़ा... ?' बसमतिया ने पूछा।

'पंडितों को, उनका कहना है कि उनके घरों के सामनेवाला जो चक रोड है उसे बनाया जाए तथा उसको जंगलवाली सड़क से जोड़ दिया जाए। तुम सभी लोग लकड़ी वाले पुल के पास जमा रहो, वहीं कोई अधिकरी आएगा...'

परधान बसमतिया को सहेजते हुए जाने लगे थे, फिर जैसे उन्हें ध्यान आया हो...

'क्यों, भउजाई की का हालत है ? उनकी तबियत ठीक हुई कि नहीं...' बसमतिया यही तजबीज रही थी कि परधान सासू के बारे में कुछ जानना चाहते हैं कि नहीं...परधान की सामान्य-सी औपचारिकता से हालाँकि बसमतिया प्रभावित होनेवाली नहीं थी...

बसमतिया सासू की देखभाल करके, जवाहर रोजगार योजनावाले काम पर चली जाती थी। चालीस रुपया रोज की मजूरी थी, पुरुषों को पैंतालीस रुपया दिया जा रहा था। गाँव में सामान्य रूप से काम करने पर औरत-मरद सभी को पाँच किलो धान या चार किलो गेहूँ एक दिन की मजूरी मिलती थी।

धान का भाव पूरे क्षेत्र में तीन रुपए किलो से कहीं भी अधिक न था, लोगों का कहना है कि राशन के दूकानदार जब गरीबी रेखा के नीचेवालों का सारा गल्ला खुले बाजार में बेच दिया करते हैं तब धान व चावल का भाव स्वतः गिर ज़ाता

है। बसमतिया को हालाँकि खाने के लिए गल्ला नहीं खरीदना पड़ता, सो वह वहीं काम करना चाहती है जहाँ मजूरी रुपयों में मिलती हो।

ग्रामीण अर्थव्यवस्था तथा वहाँ का श्रम बाजार देश के स्तर पर किस तरह का था यह सब बसमतिया को ही नहीं, उन लोगों को भी पता होता था जो गाँव के श्रमिकों के बावत लड़ाई लड़ रहे थे कि मजूरों को उचित परिश्रमिक मिले तथा उनकी अर्थव्यवस्था सुधरे। बसमतिया वर्तमान में जीनेवाली औरत थी। उसके पास न तो अतीत की आनन्ददायी स्मृतियाँ थीं न ही भविष्य का मनोरम सपना था। सो वह जरूरत के अनुसार काम करने जाती तथा जो कुछ हासिल हो जाता उसी में सन्तुष्ट होने को जीवन समझती।

गाँव में हल्ला फैला था कि कोई साहब आ गया है, उसकी जीप लकड़ीवाले पुल के पास खड़ी है—परधान ने आज का काम रोक दिया था कि जाँच हो जाने के बाद ही काम प्रारम्भ होगा। गाँव के बहुसंख्यक किसी शान्त भीड़ की शक्ल में पुल के पास इकट्ठे हो चुके थे। ब्लाक का साहब लोगों से पूछताछ करने में लगा था...वह लोगों की राय जानना चाहता था कि लोग क्या चाहते हैं... ?

साहब ने बननेवाली सड़क को भी घूमकर देखा तथा यह अनुमान किया कि क्या यह बहुसंख्यक लोगों के लिए लाभप्रद है ? पर उसका अनुमान उसके भीतर कहीं कमजोर था, पंडितों का दबाव अलग ढंग से काम कर रहा था।...

भीड़ में कानाफूसी थी कि पंडितों ने पाँच हजार रुपया घूस दिया है जाँच करनेवाले को तथा साहबनुमा यह आदमी ब्लाक का नहीं है, मुख्यालय से आया है, जो न केवल परधान पर वरन् बी.डी.ओ. पर भी भारी पड़ेगा...जाँच का तो नाटक चल रहा है, यह सड़क अब रुक गई तो रुक गई।

पंडितों ने अपना पक्ष मजबूती से रखा तथा वे साहब के साथ ऐसे चल रहे थे जैसे उन्हें साहब की आँच से जलन न हो रही हो। परधान तो भुक्का पड़े थे उनका कहना था कि सड़क गाँव की है, गाँववाले जैसे चाहें बनवाएँ, केवल कुछ लोगों की बात तो नहीं चलनी चाहिए।

परधान हालाँकि शरीर के अनुसार बलिष्ठ व्यक्ति की हैसियत रखते थे पर उनकी बातचीत में वह प्रभाव नहीं था जो चुने हुए प्रतिनिधियों की बातचीत में होने की संकल्पना की जाती है, जिसे जनता की आवाज कहा जाता है। परधान का बार-बार कहना कि—

'यह जो सड़क बन रही है, गाँव भर की राय ली गई थी।'

'यह पुल बरसात के दिनों में गाँव को बाहरी सड़क से जोड़ता है।'

दरअसल गाँव के बाहरवाले नाले पर पुल बनना था जिस पर अस्थायी रूप से दो यूकिलिप्टस के पेड़ रख दिए गए थे, उसी के सहारे आर-पार होना

पड़ता था। बरसात के दिनों में गाँव न तो जंगल से जुड़ पाता था न ही दूसरी जगहों से...वैसे हर तरफ कच्चा रास्ता ही था पर थोड़ा सुविधाजनक तो था ही।

जाँच करनेवाला साहब जाँच कर लेने के बाद पूछताछ में था...

गाँव के सरकारी सेक्रेटरी ने उसे बताया था कि कार्यसूची में यह कार्य प्रस्तावित है, केवल पुलवाले कार्य में दिक्कत है, क्योंकि जो ग्रामसभा के लिए धन आवंटित किया गया है वह सिर्फ मिट्‌टी के कार्य के लिए है जबकि पुल पर सीमेंट व ईंट या ढोकें का पक्का कार्य होगा...

जाँच अधिकारी ने परधान से पूछा...

'आपको जो धन आवंटित किया गया है वह किस काम के लिए है...?'

'मिट्‌टी के लिए, पर बिना पुल के सड़क का मतलब साहेब। हम परधान हैं, हमारी जवाबदेही पूरे गाँव के प्रति है, गाँव चाहता है कि पुल बने, सड़क बने या न बने, बिना सड़क के काम चल सकता है पर बिना पुल के दिक्कत होती है।' परधान न बताया।

'पहले कैसे काम चलता था ?' जाँच अधिकारी की कुटिलता बाहर निकली जो सीधे पंडितों से जुड़ी थी जिसके दबाव में जाँच हो रहीं थी।

'पहले तो ग्राम सभा को धन ही कहाँ आवंटित होता था ?' परधान ने तर्क दिया।

'तो क्या धन आपको इसलिए मिला है कि आप उसका जो चाहें करें...।' जाँच अधिकारी का यह कटाक्ष परधान की हैसियत को चोटिल करनेवाला था।

परधान तो परधान ! 'हाँ साहब ! मेरा क्या, गाँव का काम है, गाँव की जरूरतें गाँव नहीं तय करेगा तब क्या आप तय करेंगे ?' कहते हुए परधान गाँव के लोगों की तरफ मुड़ गए। गाँव तो पहले से ही जाँच अधिकारी व परधान की तरफ एकटक था। गाँव ने देखा कि जाँच अधिकारी की आँखें लाल-लाल डोरों से भरी जा रही हैं, जो क्रोध का सृजन करती हैं तथा उस कदाचार का निर्माण करती हैं जिसके वशीभूत होकर अधिकार सम्पन्न आदमी दूसरे सामान्य आदमी के प्रति बर्बर व आक्रामक हो जाता है।

परधान अपना पक्ष बताकर जाँच अधिकारी की तरफ एकटक हो गए थे, क्योंकि उन्हें मालूम था कि ये अधिकारी जब तक हाँ, ना नहीं करेंगे, एक पत्ता नहीं हिलेगा, सड़क क्या बनेगी, गबन वगैरह का इल्जाम भी लग सकता है...

जाँच अधिकारी, परधान की बातें सुनने के बाद जरूरत से अधिक गम्भीर हो गया था, उसने सेक्रेटरी को पकड़ा—

'आप तो सरकारी कर्मचारी हो, कायदा-कानून जानते हो फिर यह पुल कैसे बन रहा है ? जितना इसमें खर्च लगेगा उतने में तो दूसरी सड़क बन

जाती।'

सेक्रेटरी चुप था। उसे नौकरी पाने के दिन से ही सिखाया गया था कि बड़े अधिकारी के सामने चुप रहना, आज्ञाकारी होने का स्वस्थ उपाय है। थोड़ी देर बाद–

सेक्रेटरी ने अपनी सफाई दी–

'साहब मैंने परधान जी को बता दिया था कि इस आवंटन की धनराशि से पुल का निर्माण किया जाना गलत है।'

सेक्रेटरी सफाई देने के मामले में नया था, सो जिस चालाकी की दरकार सफाई में होती है वह उसके पास न थी। नहीं तो वह कहता कि 'क्या करें साहब ! परधान अक्सर डराते-धमकाते रहते हैं।' निश्चित रूप से यह बात परधान को आतंकी जन प्रतिनिधि की श्रेणी में ला खड़ा करती। परम्परा के अनुसार जाँच अधिकारी ने अपनी जाँच के बावत गाँववालों को कुछ नहीं बताया। जब परधान ने जाँच के बारे में जानना चाहा तो जाँच अधिकारी ने उन्हें घुड़क दिया...

'आप इतना भी नहीं जानते। मैं अपनी जाँच की रिपोर्ट तैयार करूँगा फिर डी.एम. साहब को भेज दूँगा, फैसला तो उन्हें ही लेना है...'

'हाँ साहब... ! पर गाँववालों के बयान तो आप लिख लें। गाँव सभा के सभी सदस्य भी यहाँ आए हुए हैं' कहते हुए परधान ने गाँववालों से पूछा..

'भाई ! आप लोग क्या चाहते हैं ?'

'हमारा बयान लीजिए और लिखिए।' एक सम्मिलित हल्ला गाँववालों की तरफ से उठा। एक ऐसा हल्ला जो प्रतियोगिता परीक्षा के रटन्तुओं को डराने में काफी था। जाँच अधिकारी हल्ला में डूब गया, उसे लगा कि यहाँ से निकल भागना चाहिए...उसे अपनी गलती का भी ध्यान आया कि थाने पर से दो सिपाही ले लेना चाहिए था, अब पहलेवाला जमाना नहीं रहा, लोग गाय की तरह खूँटे से नहीं बँधना चाहते।

'हमारा बयान लिखिए, हमारा बयान लिखिए, हमारा बयान लिखिए...' हर तरफ से यह वाक्य चौकस खड़ा हो गया, क्या पूरब, क्या पश्चिम, उत्तर, दक्षिण हर तरफ। यह वाक्य तो उन पंडितों की तरफ भी तनना था जो पुल का निर्माण रुकवाना चाहते थे। लगभग तीन-चार सौ लोग पुल के पास जमा थे। जाँच अधिकारी कभी सामने तो कभी आकाश की तरफ देखता तथा अपनी निरीहता पर चिन्तित भी हो जाता। उसे अपना कद व पद दोनों गाँव की भूखी जरूरतों द्वारा नोचा-खसोटा जाने लगा। फिर तो उसे लगा कि वह अपना होश गवाँ बैठेगा पर ऐसा हुआ नहीं।

परधान ने गाँव के आठों ग्राम सभा सदस्यों को जाँच अधिकारी के सामने उपस्थित कर दिया, दो सदस्य तो पंडित थे जाँच अधिकारी के साथ थे ही... 'साहब इनका भी बयान ले लें।' परधान हालाँकि सरल स्वभाव के आदमी थे पर

जाने कैसे उनके भीतर साहस उत्पन्न हो गया था कि वे गाँव के परधान हैं, या तो उनकी बात या गाँव की बात। यही चलेगा। पुलवाले मामले में तो पूरा गाँव साथ है। सिर्फ पंडितों को छोड़कर, वे हैं भी तो कुल पच्चीस-तीस। 'जो फैसला करना हो यहीं कर लें साहब' अतिरिक्त साहस बटोरकर परधान ने साहब को जैसे आदेशित किया। गाँव वाले परधान की इस साहसिक कार्यवाही पर वाह-वाह कर रहे थे और साहब था कि धँसने के लिए उसे पुलपुली जमीन भी नहीं मिल रही थी...

जनशक्ति का मतलब जाँच अधिकारी समझ चुका था तथा सबका बयान लेना विवशता समझकर उसने बयान के बावत परधान से पूछा...

'सदस्यों के बयान से तो काम चल जाएगा...?'

'हाँ साहब ! वही हो जाए, यहाँ जितने लोग इकट्ठा हैं सब अँगूठा लगा देंगे।' परधान ने साहब की बात में अपना सुझाव जोड़ा—

मजबूरन जाँच अधिकारी को सदस्यों का बयान लेना पड़ा तथा बयानवाले कागज पर गाँव के लोगों का दस्तखत भी बनवाना पड़ा। दोनों पंडित सदस्यों ने अपना बयान गाँव के विपरीत लिखवाया कि पुल नहीं बनना चाहिए। परधान ने चालाकी बरतते हुए यह बयान भी लिखवा दिया कि पूरे गाँव की मर्जी से सड़क व पुल दोनों बन रहे हैं।

बसमतिया अपने सरीखी औरतों के साथ हल्ला बोल से सराबोर थी, उसे अनुमान था कि जाँच के बाद तो सड़क व पुल बनेगा ही, क्योंकि गाँव का हल्ला ताकतवर था...जब जाँच अधिकारी द्वारा जाँच के बावत गाँव के सामने कुछ नहीं बताया गया तब बसमतिया ने साहब से पूछा...

'का हुआ साहब ! अब तो सड़क बनेगी नऽ। हम लोगों का पेट कैसे भरेगा ? आज तो हम लोगों की मजूरी चली गई, आप तो मजूरी लेकर ही जाँच कर रहे हैं।'

साहब बोला, 'हमारा काम था जाँच करना तथा जब तक डी.एम. साहब आदेश न देंगे तब तक के लिए काम रोकना। अब इस पर काम न होगा, हम जाँच की रिपोर्ट कल तक साहब को दे देंगे...।'

साहब बोलते हुए बसमतिया की ओर था जैसे वह प्रतिपक्ष को राजी कर सकने या धमकाने के मुद्दों को तलाश रहा हो...

'तो क्या साहेब, हम लोग भूखे रहेंगे...आखिर आपको का दिक्कत है...सुनती हूँ कि जवाहर रोजगार का काम पेट जिलाने के लिए होता है, काम वही होना चाहिए जिसे गाँव चाहे तथा मजूर जिसे अपना समझकर करें भी।'

फिर बसमतिया ने जाने क्या समझकर कहा, 'काम तो यही होगा साहब, हमारी भी कुछ इज्जत है साहब ! यह हमारा काम है, हम इसे तय करेंगे ?'

साहब बसमतिया को घूरता हुआ बोला, 'तुम लोग चाहे जो करो...मैं कुछ नहीं जानता।'

पर आप अब तो जान गए कि नहीं...कि यह सड़क जरूरी है'—परधान के साथ कई स्वर एक साथ उठे...'बोलिए—जरूरी है कि नहीं...बोलिए, बोलिए...?'

लाल-डोरे

जाँच अधिकारी पुल व सड़क के निर्माण की जाँच कर लौट चुका था। गाँव के हल्ला में जाँच अधिकारी ऐसे डूब-उतरा रहा था कि वह कोई खिलौना हो।

का बोले—'जरूरी है कि नहीं ?'

मजबूर होकर उसे बोलना ही पड़ा कि यह सड़क तथा पुल दोनों इस गाँव के लिए जरूरी हैं। परधान को भी इस तरह का अनुमान न था कि गाँव के अनपढ़ व गरीब लोग साहस पूर्ण ढंग से अपने पक्ष में खड़े हो सकेंगे तथा गाँव के फैसलों को अधिकारी के फैसलों पर लाद देंगे। परधान को अपनी चिन्ता थी...

ये साले अधिकारी मुझे सस्पैंड कर, मुकदमे वगैरह में फँसा देंगे। जाँच के बाद परधान का साहस बढ़ गया था। जब गाँव की जनता साथ में है तब चाहे जो हो, वे लड़ेंगे तथा सड़क का बनना नहीं रोकेंगे, पुल बनाने के लिए भी उपाय करेंगे।

परधान को अपने गाँव की जनता पर थोड़ा गर्व भी हुआ विशेषकर उन अर्थों में जिसे लोकप्रियता कहा जाता है। जनता ने उनका खुल्लमखुल्ला साथ दिया, वहीं पंडितों के मन में दूसरे विचार थे जो जनता के बावत शिकायती अधिक थे कि 'कैसा जमाना आ गया, गूँगे भी बोलने लगे।' पंडित लोग आश्चर्यचकित थे जनता का खुला समर्थन देखकर। पंडितों को आश्चर्य इसलिए भी था कि जनता नाम की चीज अपने अतीत के दौर में मात्र भोक्ता या दर्शक ही थी, उसकी ऊपरी कोई आवाज न थी। इन्हीं गूँगी आवाजों में से ही परधान भी निकला था। परधान और जनता के साहस के बारे में गम्भीर चिन्ताएँ लिए हुए पंडितों का दलबल जाँच अधिकारी के चले जाने के बाद अपने-अपने घरों की तरफ जाँच स्थल से लौट चुका था...।

बसमतिया गाँव के तमाम लोगों के साथ थी, वे सभी लोग परधान के साथ वापस लौटे। परधान के दरवाजे पर अगले कार्यक्रम की रूप-रेखा बनी। सड़क व पुल निर्माण कार्य स्थगित होने की दशा में गाँव भर डी.एम. साहब के यहाँ चलेगा—आमने-सामने बातें होंगी।

सूरज पश्चिम की तरफ लटक चुका था, बसमतिया सीधे घर की तरफ मुड़ गई। परधान ने उसे घर का रास्ता पकड़ता देख रोका...

'घर जा रही हो का ?'

'हाँ अइया की देखभाल करनी है, जूस (खाना) भी तो देना है...'

'हाँ जाओ, काफी अबेर हो गई है, पर ख्याल रखना, पंडित गाँव फोड़ने के लिए जाल फेकेंगे, सबसे पहले अपने खेत की घास वगैरह काटना रोकेंगे, हो सकता है कि पशुओं का आना-जाना भी रोकें...।'

'हम लोग आपके साथ हैं काका, कोई नहीं फूटेगा, आप हम लोगों के लिए ही तो लड़ रहे हैं, नहीं तो पहले काहे नाहीं यह सड़क बन गई जब पंडित परधान थे...गाँव सभा का रुपइया भी तो खा गए, का काम हुआ उनके जमाने में ?'

बसमतिया सीधे घर आ गई, चुड़िहारिन काकी उसके साथ थीं...। सासू नींद में थीं...तथा आराम से सो रही थीं। उनकी चारपाई के नीचे लोटा पड़ा था। सासू ने पानी पिया होगा, बसमतिया को अपनी गलती का अहसास हुआ कि उसने उनकी चारपाई के नीचे पानी नहीं रखा था...

'अइया अबेर हो गई वहाँ जाँच में, खिचड़ी बना दूँ का ?' बसमतिया ने जोर देकर पूछा...जिसे सासू ने सुन लिया...।

'आ गई रे ! का हुआ जाँच में। सड़क का काम बन्द हो गया नऽ। यही होता है, जब भी जाँच होती है, काम रुक जाता है।' सासू ने एकालाप किया जैसे उन्हें सब मालूम हो। हुआ भी वैसा ही...

'हाँ काम तो साहब ने रोक दिया है, पर गाँव नहीं मानेगा, सभी लोग कल से काम पर फिर जाएँगे।' बसमतिया ने सासू को बताया...।

'तो का जबरी काम होगा ?' सासू ने आश्चर्य प्रकट किया...

'और नहीं तो का अइया ! बहुत होगा तो मजूरी न मिलेगी, हमारी सड़क है, हमें चिन्ता करनी होगी, सरकार को क्या, मुँह पर घीउ पोतकर बैठी है।'

'कहती तो ठीक है पर पेट कैसे चलेगा ? यह भी तो सोच...।' सासू ने चिन्ता प्रकट की...।

'सब परमात्मा चलाएगा अइया' बसमतिया ने सासू को रहस्यवादी दुनिया में धकेल दिया जहाँ सब कुछ स्वीकार-ही-स्वीकार है तथा खुद भी आश्वस्त है कि बिना उन (परमसत्ता) की मर्जी से पत्ता भी नहीं हिलता। आस्था, विश्वास व यथार्थ के द्वन्द्व में बसमतिया का पक्ष जिस विश्वास की तरफ जा चुका है वह उसके बारे में खुद भी नहीं जानती, जानती तो पेट के सवाल पर मजूरी करने मैदान की तरफ क्यों जाती। सासू की बीमारी को किसी परमात्मा ने क्यों नहीं ठीक कर दिया ?

डॉक्टर बनकर परमात्मा ही तो अस्पताल में खड़ा था, विश्वास की इस गहरी झील से निकल पाना संघर्षों से जुड़े विपरीत परिस्थितयों वाले के लिए सम्भवतः सम्भव नहीं, बसमतिया भी इसी झील में डूबने-उतरानेवाली औरत थी...सो वह सासू को आश्वस्त कर खिचड़ी बनाने चली गई। जाते समय सासू की दरी को भी झाड़ कर दुबारा बिछा दिया जो बीच में सिकुड़ गई थी। सासू की सुधरती सेहत से वह खुश-खुश थी।

बसमतिया खुश-खुश थी तथा उन विश्वासों में भी थी कि बड़े-बूढ़ों की सेवा करो तो दुआएँ जीवन जीने के तरीकों में खुशहाली व प्रसन्नताएँ लाती हैं, फिर ऐसा कुछ सोचकर वह चोटिल हो जाती–आखिर क्या मिला उसे..., जगदा जैसा पति मिला...वह नहीं जान पाई कि विवाहित है या अविवाहित ? सेवा-सुश्रूषा तो सबकी की–क्या माँ-बाप, सास-ससुर सबकी, किसी का बुरा नहीं चाहा कभी।

रुआँसे मन से वह रसोई की तरफ बढ़ी चूल्हे को देख, लकड़ियाँ थीं...अकेले होती, तो ऐसे में खाना न बना पाती। पर सासू भूखी रह जाएँगी।

भूखी तो खाना खाकर भी वह रह जाती है। खिचड़ी जब डेकची में डबडबाने लगी तब उसे लगा कि भीतर कुछ डबडबा रहा है। गर्म-गर्म साँसें बाहर निकलकर आह बन रही हैं...कोई है जो उससे पूछ रहा है–

'अकेले ठीक लगता है बसमतिया ? जगदा की यादों में कब तक खोई रहोगी ? पाँच साल गुजर गए। जगदा को तुम्हारी परवाह होती तो क्या वह अब तक छिपा रहता...कहीं ऐसा तो नहीं कि तू पतिव्रता होने की मुहर लगाना चाहती है अपनी पीठ पर।'

किसी की आँखें उसे घूर रही हैं...

फोरमवाले मुकदमे से लौट आने के बाद से उसका मन डाल-डाल फुदकने लगा था जैसे वह कि कोई पाखी हो, कभी उस डार पर तो कभी उस डार पर। देवनाथ का चेहरा उसके एकान्त को छीन लेता, उसकी खामोशी से दो-चार होने लगता। देवनाथ के व्यवहार में गहरे तक बैठी आत्मीयता उससे कूँ-कूँ करने लगती–अरे छोड़ भी...तूँ अपना देख। देख तेरी देह आग का भभोका बनी जा रही है। तूँ किसी ज्वालामुखी में तब्दील होने के पहले किसी दूसरे से नहीं अपनी देह से ही बोल-बतियाकर देख। तूने तो उससे बातें करना ही छोड़ दिया है। तूँ समझती है कि पति एक ही होता है जो परमेश्वर होता है।

बसमतिया, देवनाथ की यादों के वृत्त पर ऐसा घूमने लगी कि खिचड़ी महक उठी। चूल्हे में आँच तेज थी, पुराना चावल था, सो उसे जलना ही था। गनीमत हुई कि जलने की गमक ने बसमतिया को चौकन्ना कर दिया। तुरन्त उसने डेकची में एक लोटा पानी डाला...तब जाकर खिचड़ी का जलना रुक पाया।

बसमतिया के भीतर का उथल-पुथल नहीं रुक पाया था। वह शतरंज के घोड़े की तरह ढाई घर छलाँग लगाता तो, कभी बेदम होकर बिदक जाता तथा चाल चलने से इनकार कर देता...क्या चलना जब सवार ही दुधमुँहा हो, जिसे अपना ही ख्याल न हो...

बसमतिया को सासू का ख्याल था तथा अपनी इज्जत का...वह समझती थी कि दूसरी शादी कर लो तो इज्जत गिर जाती है...क्या होती है इज्जत ?

इज्जत के बारे में उसने कभी किसी से नहीं पूछा था, न ही किसी ने उसे समझाया था। वह सिर्फ कुछ किस्से जानती थी जो उसने गढ़े थे...

देह में होनेवाले परिवर्तनों ने उसे सिखाया था कि वह एक औरत है तथा किसी-न-किसी दिन उसे पति रूपी कोई अज्ञात पुरुष मिलेगा जो उसे अहसास कराएगा कि वह औरत है जो पत्नी बन चुकी है। इसके अलावा जो दूसरा पुरुष मिलेगा वह उसकी इज्जत ही लूटेगा तथा वह बेइज्जत हो जाएगी। तभी तो अइया ने खूब-खूब मारा था जब वह एक दिन फारिस्टर के काम पर से अँधेरा होते-होते तक घर लौटी थी। उसके साथ चेरवान का एक दूसरा लड़का भी था जो उसका हमउम्र था। उस दिन खूब-खूब मारा था अइया ने, वह तो सिउंठा आग में गरमाकर उससे दागनेवाली भी थी पर बपई ने रोक दिया था, 'जाने भी दो बच्ची है, दुबारा गलती नहीं करेगी।'

साल-दो साल तो उसे कुछ समझ में न आया कि लड़कों के साथ खेलने, आने-जाने से कैसी गलती हो जाती है ? विवाह हो जाने के बाद वह समझने लगी थी कि लड़कों की आँखें उस पर क्यों टिकी रहती थीं, क्यों वे चाहते थे कि बसमतिया भी, उनके साथ खेले, जंगल चले, उनके साथ वह खुला-खुला रहे...

खुली-खुली तो बसमतिया शुरू से है, अब सोचती है कि यदि मुँहफट्ट या खुली न होती तो शायद जो विवाह के बाद वह पति की बाँहों में फँसी, झूली, पहले ही झूल गई होती तथा वह झूलना, फाँसी का फन्दा बन गया होता... बहुत हरामी है लोग।

फाँसी का फन्दा देवनाथ भी तो बनता जा रहा है। उसकी आँखों में हालाँकि दूसरे मर्दोंवाले लाल डोरे नहीं तैरते फिर भी मर्द तो वह भी है...पता नहीं कब छलाँग लगा दे, छलाँग के बाद फिर भूल जाए कि उसने छलाँग भी लगाया था।

सासू को खिचड़ी खिला लेने के बाद बसमतिया ने खुद खाया था। खिचड़ी जरठाइन महक रही थी—सासू ने कुछ कहा नहीं।

'ख्याल रखती हैं सासू' ऐसा सोचते ही उसके मन में गर्वीला भाव आया कि उसकी सासू उन सासुओं की तरह नहीं हैं जो घर की किच-किचों, उलाहनों में डूबी रहती हैं।

रसोई पोत लेने तथा जूठे बर्तन माँज लेने के बाद बसमतिया सासू के पास

आई थी, तथा वहीं खटोला बिछाकर लेट गई थी...

'साठ किलो आलू हुआ' बसमतिया ने सासू को बताया तथा यह भी कि तीस किलो आलू उसने चुड़िहारिन काकी को भी दे दिया है।

'चलो ठीक ही किया...' सासू ने हामी भरते हुए कहा...फिर पूछा...

'एक बात पूछूँ बसमतिया ! बुरा तो न मानेगी... ?'

'नाहीं, बुरा का मानना, आप हमारा बुरा तो कभी भी न सोचेंगी, पूछिए का पूछना है ?' बसमतिया ने नम्रतापूर्वक कहा...

'जब तूँ नैहर चली गई थी...फोरम वाले मुकदमे के लिए तो बड़कू के यहाँ काना-फूसी चल रही थी...एक दिन मुझे सुनाई पड़ा। मैं ठमक गई...

'कौन है देवनाथ रे ?' सासू ने पूछा...

'का बात है अइया ? देवनाथ ही हम लोगों का वकील है जो फोरम का मुकदमा लड़ रहा है। पर बात का है ?' जोर देकर बसमतिया ने पूछा...

'वही जो हर जगह होती है, मैं तुझे जानती हूँ, तूँ ऐसा-वैसा कुछ भी नहीं करेगी जिससे बदनामी हो पर सच-सच बता...का देवनाथ तुझे चाहता है ?' पूछते हुए सासू बसमतिया की तरफ देखने लगीं...

बसमतिया सासू की तरफ तो एकटक थी ही, आखिर देवनाथ का नाम यहाँ कैसे उतरा गया ?

कोई भी हो, कितनाहू बुद्धिमान हो वह भी नहीं बता सकता कि कौन चाहता है, तथा क्या चाहता है ? बसमतिया अवाक् थी, वह क्या बताती ? बताने के लिए उसके पास देवनाथ के साथ गुजरी एक रात थी वह भी तन्हा नहीं। हाँ इतना जरूर था कि देवनाथ उसे भला आदमी लगा था, उसकी बोलचाल में मिठास थी तथा यह भी था कि जब वह कचहरी से वापस घर आई थी तब देवनाथ का भोला चेहरा, उसका मुस्कियाना, हिलते होंठे सबके सब उसके साथ आए थे, एकबारगी उसे लगा था कि कोई काना-फूसी कर रहा है।

'मुझे नहीं मालूम' कहते हुए बसमतिया खटोले पर से उठी ही थी कि सासू ने उसे रोक दिया...'बैठ तो, जा कहाँ रही है ?'

सासू के पास गुजरे साठ साल थे। इनकार या स्वीकार के भेदों को सासू ने बखूबी देखा व समझा था। सासू ने उन औरतों को भी देखा था जो फर्जी मुहब्बतों के जरिए माला-माल हो गई थीं तथा अपने घर को नहीं छोड़ा था। सासू ने बसमतिया को दुबारा छेड़ा—

'मुझे नहीं मालूम ? यह तो कोई बात नहीं हुई...'

'हाँ अइया ! सही कह रही हूँ मुझे कुछ भी नहीं मालूम। देवनाथ से तो बस एक ही मुलाकात है...मैं कैसे कह सकती हूँ कुछ...वैसे यह सच है कि वह आदमी ठीक है...ठीक इसलिए है अइया कि उसकी आँखों में ठंडा पानी है। देवनाथ को

तूँ कैसे जानती है अइया ?' बसमतिया ने साश्चर्य सवाल किया...

'तुम्हारे बपई ने बताया था, तुम्हारा बपई भी तो मिला था देवनाथ से...कह रहे थे कि दोनों ऐसा दिखते थे जैसे अपने हों।'

'बपई ने बताया था।' बसमतिया अपने भीतर उतर गई...क्या कुछ बपई ने देखा...या यूँ ही...देवनाथ के साथ कुछ ऐसा-वैसा तो था नहीं फिर बपई ने शक क्यों किया ?

'का सोच रही है तूँ। बपई के बारे में...अरे। हर माँ-बाप अपने बाल-बच्चों को खुश देखना चाहते हैं। तुम्हें इस तरह से देखकर मुझे तकलीफ होती है। वे तो बाप हैं...सुनती हूँ उसकी मेहर भाग गई है...'

'हाँ अइया।'

'मैं तो कहूँगी कि तूँ कहीं सलट ले जहाँ तुम्हारी मर्जी हो, पूरी जिनगी पड़ी है तेरी...हम पंडिताइन, ठकुराइन नहीं जो जगह-जगह लार टपकाती रहें। हमारे यहाँ तो एक-दो नहीं, तीन-तीन विआह चल जाता है लेकिन छुछुआने के लिए नहीं, जरूरी होने पर।'

'छोड़िए भी अइया। जो किस्मत में होगा वह हो ही जाएगा। मैं सोचती हूँ जगदा अवश्य लौटेगा।'

सासू ने बसमतिया को रोकते हुए कहा, 'देखो उसे लौटना होता तो अब तक लौट आता। वह लौटे-न-लौटे तूँ अपना देख, पाँच साल कम होते हैं का बसमतिया ? अब तक तूँ बाल-बुतरु वाली हो गई होती।'

सासू गहरे संताप में चली गई। बसमतिया देह की सुरंग में कुछ ढूँढ़ने लगी...उसे सुरंग का रास्ता खतरों भरा लगा। जिधर जाओ उधर ही खतरा। यदि जगदा लौट आया तो वह क्या जवाब देगी, उसके सामने कैसे खड़ी होगी ?

लेकिन कब तक...जगदा वापस न आया तब...? सोचते हुए बसमतिया ने देवनाथ की तरफ देखना चाहा पर वहाँ देवनाथ नहीं था—यदि देवनाथ वहाँ होता तो वह पूछ भी लेती...

क्या तूँ मुझे चाहता है ? चाहता है तो क्या चाहता है ?

बसमतिया फोरम के मुकदमे के बारे में सोचने लगी...बपई आता ही होगा।

तभी सासू ने बसमतिया को टोका...

'इस बार तुम्हारे बपई से बोलूँगी...दो-चार दिन में ही तो तूँ सब मुकदमे के लिए जाओगी। कब आएँगे तुम्हारे बपई...'

'अगले मंगल को जाना है अइया।'

सासू को बताकर बसमतिया आँगन में चली आई। घर में पिसान नहीं था। पिसवाने के लिए अहिरान टोला जाना था। परधान जी के घर के पास। प्लास्टिक की बोरी में बसमतिया ने भउकी में रखा हुआ गेहूँ भर लिया जो पहले से ही धोकर

सुखाया हुआ था। साड़ी गन्दी थी उसे बदला, माँग-टीका किया तथा शीशे में उतराए चेहरे को देखा, खासतौर से आँखों को कि कहीं उनमें मर्दों की आँखोंवाले लाल डोरे तो नहीं ? वहाँ डोरे न थे...डोरों की जगह पर कुछ और था जिसे देखते ही वह शर्मा गई...

शर्माई हुई ही बसमतिया गेहूँ की बोरी सिर पर लादकर आटा चक्की की तरफ चल पड़ी...।

का अमेरिका यहीं का था ?

फोरम के मुकदमे के लिए बसमतिया का बपई एक दिन पहले ही बसमतिया के घर आ गया था। यहाँ आने पर बसमतिया के बपई को मालूम हुआ कि समधिन काफी बीमार थीं तथा खाँसी से परेशान थीं।

बसमतिया के बपई ने समधिन से दुख व्यक्त किया तथा यह भी कहा कि यदि उन्हें मालूम होता तो वे लड़के को जरूर भेजते। समधिन से जिन्दगी जीने के बावत तमाम बातें बसमतिया के बपई ने कीं तथा सासू ने भी उन्हें बहुत कुछ बताया। जगदा के करम की पंचाइत एवं जेठ के कुटिल व्यवहार के बारे में भी।

देवनाथ के बारे में भी सासू ने बसमतिया के बपई से खुली बातें कीं। खुली इतनी कि यदि वे लोग मन बैठा लें तो वे अपने घर से ही बसमतिया को विदा भी करेंगी। सासू का यहाँ तक कहना था कि बसमतिया उनके लिए जगदा की तरह है।

'अब बिना बाल-बुतरू के बसमतिया के चेहरे से भाप उड़ती रहती है।'

बसमतिया का बपई भी बसमतिया के कारण परेशान-परेशान था। बसमतिया कहना ही नहीं मानती। वह एक घर से दूसरा घर पकड़ने का मतलब कुत्तों का खेल समझती है। उन्होंने समधिन को साफ-साफ बताया...

'देखिए समधिन ! अगर जोग होगा तब सब ठीक हो जाएगा। इस साल करम देवता से हमने यही माँगन माँगा है, जहाँ तक देवनाथ की बात है, वह पढ़ा-लिखा है, वकील है, कमा रहा है, उसे बसमतिया से का मिलेगा ? फिर वह दुआह से शादी काहे करेगा ?'

'दुआह तो वह भी है' समधिन ने जोड़ा।

'हाँ वह भी दुआह है पर मर्दों का दुआह होना तो कोई बात नहीं।' बसमतिया का बपई अपना पक्ष रखकर चुप हो गया।

'अरे ! हम लोगों की बिरादरी में का पहिलौठा का दुआह कोई बात नहीं, सब चलता है...।' सासू ने तर्क दिया...

'सो तो है समधिन ! पर मरद तो दूध का धोया ही चाहता है न।' बसमतिया के बपई ने मर्दों का चिट्ठा-खोला...

समधिन चुप हो गईं, इसके आगे उनके पास शायद कुछ न था। मर्दों की चाहनाओं को वह जानती थीं जो समान रूप से सबमें पाई जाती है, चाहे वह जिस स्तर का हो, वहाँ वर्ग या वर्ण अन्तर की भिन्नता नहीं होती...

रात चढ़ान पर थी, बसमतिया ने खाना बना लिया था। बपई को खाना खिलाकर उसने सोने के लिए बाहरी ओसारे में खाट बिछा दी थी। खाट पर एक दरी बिछाकर भेड़िहवा कम्बल रख दिया था। बसमतिया के बपई खाट पर पसर चुके थे।

सासू ने समधी को कम्बल ओढ़े हुए जब देखा तब उन्हें काफी तकलीफ हुई। बसमतिया से उन्होंने दुख प्रकट किया, 'इस साल रजाई जरूर बनेगी।'

'काहे चिन्ता करती हैं अइया ! जब रुपया होगा तब बनेगी, नहीं होगा नहीं बनेगी...' बसमतिया ने सासू को सहलाने की कोशिश की...

'नाहीं रे ! लोग कहेंगे कि जब कोई मरद होता तब न खातेदारी होती। बेचारी औरतें का-का करें, हमारी बदनामी है कि नहीं।'

बसमतिया सासू को ऐसे देखने लगी जैसे उसके दिमाग का बन्द दरवाजा खुल गया हो...

'हाँ अइया। यह सब हम लोगों पर आएगा...अच्छा इस साल रजाई ही नहीं एक तोसक भी बनेगी, बस परधान वाला सरकारी काम न बन्द हो...'

सासू के साथ ही बसमतिया ने भी रात का खाना खाया। दूसरे दिन बसमतिया को बपई के साथ निकलना था। उसने झोले में जरूरत का सामान रात में ही रख लिया फिर सोने के लिए अपने कमरे में चली आई जो कभी जगदा का कमरा हुआ करता था, खपरैलिया छाजन वाला, मिट्टी की छोटी-छोटी दीवारों पर टिका आसमान व धरती को अलगियाता हुआ। मेहमानों के आ जाने पर यही कमरा जनानखाना में बदल जाता था। सासू भी बसमतिया के साथ पुआल के बिछावन पर सो गईं।

बसमतिया की आँखें नींद से बाहर थीं। बाहर काली रात की धमक थी पर उसे लगता था कि उसकी आँखें कुछ देख रही हैं। आँखों का देखना हालाँकि किसी यथार्थ को देखने जैसा न था फिर भी बहुत कुछ यथार्थ जैसा ही था क्योंकि देवनाथ का कमरा, देवनाथ की बातचीत, उसके साथ एक रात का बीत जाना सारा कुछ जैसे गुजरा था, सब दीख रहा था। इस तरह पहले तो कभी न होता था, सो बसमतिया के लिए देवनाथ का आँखों में उतराना सवाल की तरह था। सवाल इसलिए भी कि बसमतिया खुद भी हलचल बनती ज़ा रही थी, उसे लग रहा था कि जिस देह को वह अपना तथा अपने नियन्त्रण में समझती है, वह उसका साथ नहीं निभा रही है, वहाँ बगावत है, अजीब तरह का आन्दोलन है, देह की जरूरतें मुँह बाए खड़ी हैं किसी भूखे की तरह।

जगदा की यादें जाने कहाँ खो गई थीं, सो बसमतिया स्मृति-कुंठाओं से मुक्त थी, उसके सामने आनेवाले दिनों का सपना साकार हो रहा था। कहते हैं सपने जब साकार होने लगते हैं या साकार होने की कोई मजबूत सम्भावना दिखती है वह स्थिति मन के लिए मन और देह से बाहर होने की होती है, सारी स्मृतियाँ लुप्त हो जाती हैं। बसमतिया भविष्य में गोता लगाने लगी थी...उसे कब नींद आई, कब भविष्य सोने चला गया, कुछ नहीं मालूम।

सुबह तड़के ही बसमतिया नींद से बाहर हुई। सासू खर्राटों में थीं। बसमतिया सीधे बाहरी ओसारे की तरफ आई। चारपाई पर बपई नहीं था। वे दैनिक क्रिया-कर्म के लिए नाले की तरफ चले गए थे...

सुबह जल्दी निकलना था, सो बसमतिया ने सासू के लिए रोटी बनाई, खुद खाई तथा बपई को खिलाया। चुड़िहारिन काकी को घर सौंपकर बसमतिया बपई के साथ मुकदमे के लिए निकल पड़ी—कचहरी पहुँचते-पहुँचते दिन ढलान पर आ चुका था। सबसे पहले बसमतिया कचहरी पहुँची। कचहरी में भीड़ पहले जैसी ही थी। जगह-जगह कारें, स्कूटर, मोटर साइकिलें तथा साइकिलें थीं। कचहरी की चमक भी पहले जैसे ही थी जिस पर भागती, कूदती काले कोटों की छायाएँ...थिरक रही थीं। कचहरी की परछाईं में कंजड़ान (कंजड़ों की बस्ती) किकुड़ियाया पड़ा था। बसमतिया कचहरी पहुँचकर कचहरी की भीड़ का एक हिस्सा बन गई जिसे यह भी न मालूम था कि वकीलों के बैठने की जगह कहाँ-कहाँ है ? उसका मुकदमा किस अदालत में है—दक्षिण तरफ वाले टीन शेड में या दुतल्ला में...

बसमतिया दुतल्ला के सामने चापाकल की बगल में रुक गई। रुककर कोशिश करने लगी कि वह कचहरी की दुनिया से परिचित हो जाए तथा फौरन देवनाथ से मिलकर अपने मुकदमे का हाल-चाल ले ले...

भीड़ में तमाम चेहरे थे, उन चेहरों में देवनाथ न दिखता। चेहरों को वह गम्भीरता से देखती तथा कामना करती कि इनमें से देवनाथ का चेहरा निकल आता। एक तरह से यह बसमतिया की निरर्थक कोशिश थी।

लाइब्रेरी के सामने थोड़ी छायादार जगह थी, वहाँ चार-पाँच महिलाएँ बैठी हुई थीं। देवनाथ की प्रतीक्षा करने के लिए तथा आराम से बैठने व सुस्ताने के लिए यह जगह अच्छी थी, सो बसमतिया वहीं जाकर बैठ गई। वह तो एकदम से पसरकर बैठती पर उसके पास जो महँगी वाली साड़ी थी उसे ही पहना हुआ था...। उसे पसरकर बैठना उचित न जान पड़ा। सो वह उकड़ूँ बैठ गई। जब काफी देर तक बैठना हो गया तब उसने सूती चादर निकालकर जमीन पर बिछा ली। अगल-बगल वाली औरतें जो उकड़ू बैठी थीं, उनमें से दो औरतें भी आकर बसमतिया के साथ पसर लीं—बपई अपना गमछा बिछाकर अलग लेट गया था। उन दोनों औरतों में एक तो औरत जैसी थी पर दूसरीवाली औरत बनने की प्रक्रिया में थी,

मसलन जवान हो रही थी, तथा जवानी की आँच बुझी नहीं थी, हो सकता है सुलगी भी न हो।

बसमतिया ने जवान होनेवाली को गहरे तक देखा। वह औसत कद साँवले रंग, भरी देह तथा उम्र से सोलह-सत्रह साल की लग रही थी। औरत तो चालीसा पार थी जिसने गाढ़ी बिन्दी, गाढ़ा सिन्दूर तथा गाढ़ा काजल लगा रखा था। बाल कहीं-कहीं सफेद हो रहे थे। मुँह पर ताजगी थी, तथा आँखों में वे नखरे थे जिनसे मर्द प्रभावित हो जाया करते हैं। वह एक बक-बक करनेवाली चालाक महिला थी...

उसी ने बसमतिया से कचहरी आने का कारण पूछा था। वह क्यों कचहरी आई थी ? बसमतिया को बताते हुए उसने जीवन जीने के रहस्यों को खोला था...। साथवाली जवान होती औरत उसके गाँव की है तथा उसका विवाह हो चुका है पर उसका मर्द निकम्मा है—बम्बई रहता है। पाँच-छह साल हो गए विवाह के अभी तक घर नहीं आया। हमारे गाँव के बगल में कोयलरी है, वहाँ का एक आदमी जो कोयलरी में सरकारी जीप चलाता है, वह इससे शादी करना चाहता है। आज यहीं इन दोनों का सलटना हो जाएगा। कागज-पत्तर बन गया है, पर आज तो हड़ताल है न...वकील लोग मीटिंग कर रहे हैं, आज काम नहीं होगा...

चालीसा वाली औरत बात खत्म भी नहीं कर पाई थी कि एक जीप आ गई। उसमें से एक अधेड़ किस्म का दाढ़ीवाला आदमी उतरा। उसने चालीसा वाली औरत से वापस चलने के लिए बोला...जाते-जाते चालीसा वाली बताती गई कि—'यही है वह आदमी ?'

बसमतिया ने देखा कि जवान होती औरत, सकुचाते हुए जीप पर बैठ रही है तथा सीट पर बैठते हुए ड्राइवर के बगल में सरक आई है—ड्राइवर ने जीप स्टार्ट कर दी है तथा चालीसा वाली औरत को भी जीप पर लाद लिया है। बसमतिया ने महसूसा कि मर्द के जोड़ के लिए चालीसा वाली ही ठीक थी, फिर यह जवान होती दूसरी क्यों ?

'यह दुनिया है', रहस्यों, कहानियों से भरी हुई...बसमतिया मुकदमे के बारे में सोचने लगी—तथा मनौती भी करने लगी कि हे करम देवता ! सब ठीक करना...। वह कुछ देर के लिए अन्तर्मन में चली गई थी तभी दो-तीन औरतें और वहाँ आकर बैठ गईं, बसमतिया ने किसी को नहीं रोका, औरतें तो औरतों के पास ही बैठेंगी नऽ।

तीनों औरतें कचहरी अपने-अपने काम से आई थीं। उनमें दो अधेड़ थीं तथा तीसरीवाली पचीस से तीस के भीतर तथा दो बच्चों की माँ थी...। पहली अधेड़ औरत का पति मर चुका था तथा वह बिना बाल-बच्चों वाली थी—उसके पति की

जगह जमीन उसका देवर हड़प चुका था सो वह बँटवारा तथा अपने हिस्से का मुकदमा लड़ रही थी...

दूसरी नीम अधेड़ औरत तीसरी शादी रचाने आई थी। बातचीत में मुँहफट्ट थी तथा टन-टन इतनी कि उसके यहाँ कुछ छिपा न था। उसने बताया था कि पहली शादी उसकी तब हुई थी जब वह मासिक धर्म के बारे में भी न जानती थी। उसका पति बीस साल का था जो गल्ला मंडी में पल्लेदारी करता था तथा हाड़-मांस से मजबूत था। घर दारू पीकर आता था तथा वह सब निपटाता था जो रात में निपटाया जाता है। वह डरकर खामोश रहती थी, एक दिन घर से भाग निकली...

रास्ता मायकेवाला ही था पर किस्मत ने रास्ते को एक अधेड़ आदमी की तरफ मोड़ दिया। अधेड़ आदमी ने एक भले आदमी की तरह का व्यवहार किया तथा अपने घर ले गया। उसका घर एक कस्बे में पड़ता था। उस अधेड़ आदमी का घर पक्का था तथा अकेले रहता था। उसने अपने घर ले जाकर गाय-गेरू की तरह खूँटे से बाँध दिया। उसी में हगो, मूतो, चाहे जो करो...। वह हमेशा ताव में रहता। जब आता, जहाँ पाता वहीं गुत्थम-गुत्था हो जाता। बच्चा न होनेवाली दवाई अपने सामने खिलवाता। जब घर से बाहर निकलने लगता तब ताला लगा देता। घर में तीन कमरे थे, टी.वी. थी, मैं दिन भर टी.वी. देखती तथा किस्मत को कोसती। घर से बाहर निकल सकने की जगह कहीं न थी। वह एक छत वाला मकान था जिसमें धूप व बरसात की बूँदें भी न घुस पाती थीं।

पीछेवाले कमरे में एक छोटी सी खिड़की थी जिसे उस अधेड़ आदमी ने लकड़ी की पट्टी से जड़ दिया था। उस पट्टी को किसी तरह निकालकर लगभग दो साल बाद मैंने सूरज भगवान को देखा। यह क्रम लगातार हो गया। उसके घर आने के पहले मैं उस पर पट्टी लगा देती थी। रोज-रोज गुत्थमगुत्था होने से मैं बीमार भी रहने लगी थी। यह पीछेवाला कमरा जिसमें मुझे कैद किया गया था उससे जुड़ा हुआ था। मैं जब ऊब जाती तब खिड़की खोलकर बाहर देखती...बाहर जंगल जैसा था, चारों ओर लिप्टस के पेड़ ही दिखते। एक दिन एक जवान लड़का उधर से आता दिखा। संयोग से वह खिड़की के बगल से ही गुजरनेवाला था कि मैंने अपना हाथ खिड़की से बाहर निकाला तथा चिल्लाई...

वह जवान लड़का रुक गया...फिर तो कहानी लम्बी हो गई...जो तनकर कचहरी चली आई...तीसरीवाली जो तीस के भीतर थी उसकी कथा काफी दर्दनाक थी...वह विवाहित थी तथा दो बच्चों की माँ थी। उसका विवाह रीति-रिवाज से हुआ था। माँ-बाप ने कन्यादान दिया था। दहेज वगैरह भी औकात से अधिक खर्च हुआ था। शादी के तीन-चार साल में ही वह दो बच्चों की माँ हो गई थी—दोनों बच्चे, बच्चियाँ थीं। दोनों बच्चियाँ खूबसूरत तथा प्यार करने लायक थीं—यही बच्चियाँ

उन कारणों में थी जिससे उसे मारा-पीटा जाता था तथा कुलच्छिनी कहा जाता था। रोज-रोज की मार-पीट व तानों से वह परेशान-परेशान हो जाती थी। एक-दो बार आत्महत्या की भी कोशिश की...ऊब कर जब वह आखिरी बार मायके चली आई फिर ससुराल न गई। माँ-बाप ने उसकी ससुरालवालों से सुलह की कोशिश की पर सुलह न हो पाई। जवान बिटिया को बुढ़ाती देख बाप-माँ का दिल पिघल गया तथा उसकी ससुरालवालों को सबक सिखाने की इच्छा से 'गुजारा' का मुकदमा दाखिल हुआ और अब तिलाक (तलाक) का मुकदमा चल रहा है...

वकीलों की मीटिंग समाप्त हो चुकी थी, इसी तीसरी औरत के बाप ने बसमतिया को बताया तथा पूछा भी 'तूँ काहे आई है बिटिया ?'

'फोरम में मुकदमा है काका' बसमतिया ने बताया...

'अच्छा ! मैं समझा तूँ भी किसी झंझट से कचहरी आई है। चलो अच्छा है भगवान किसी को झंझट में न डाले।'

कचहरी खाली होने लगी थी, लोग अपनी जड़ों की तरफ लौटने लगे थे। बसमतिया देवनाथ का इन्तजार करते-करते थक चुकी थी, 'कहीं बाहर न गया हो।'

बसमतिया कचहरी के लिए एक ऐसी पतली व कमजोर जड़ थी जिससे कचहरी का पेट कभी नहीं भर सकता था। कचहरी की डालें ऐसी जड़ों से मजबूत नहीं होतीं। कचहरी की जड़ें तो हर जगह फैली होती हैं, गाँव-गाँव, पहाड़-पहाड़, जंगल-जंगल। पूरे क्षेत्र, पूरे देश, पूरे समाज की नमी सोखती हैं।

नमी कहाँ नहीं है ? हर जगह दुख, कराह वह आँसू हैं, खून की उल्टियाँ हैं। तभी बसमतिया की आँखों से लोर झरने लगे, बसमतिया ने उन्हें जबरन रोका तथा आँचल से पोछा, कहीं कोई देख न ले...।

साथ बैठी औरतों की कहानियों के साथ बसमतिया घुल-मिल गई थी—फलस्वरूप सुन तो सब रही थी पर देख, अपनी किस्मत रही थी...आखिर मैं भी तो इन्हीं में हूँ...

गुजरा पाँच साल भूत की तरह खड़ा था...डरावना, भयावह...। गाली देता, ताने मारता...। अन्धकारपूर्ण भविष्य के बारे में उलाहता। बसमतिया उन औरतों की गुजरी सुनती तथा खुद से मिलान करती। उसे कुछ न सूझता...बपई सुर्ती ठोंक रहा था, बसमतिया ने तभी देखा कि देवनाथ की कद-काठी का कोई आ रहा है...

वह देवनाथ था...

देवनाथ कई वकीलों से घिरा था, जिनके चेहरे देवनाथ से अलग थे हालाँकि काला कोट सबने पहन रखा था तथा गले को सफेद पट्टियों से बाँधा हुआ था। देवनाथ के चेहरे पर कचहरीवाली जोड़-तोड़ न थी सो उसका चेहरा जमीन की तरह सपाट था, जिसे लीप-पोतकर चिकना बनाया गया था...

'वकील साहब ! वकील साहब !'

यह बसमतिया की आवाज थी जो देवनाथ के लिए थी पर सामूहिक बन गई थी क्योंकि देवनाथ के साथ चलनेवाले सभी वकील थे, तथा सभी को वकील साहब से ही सम्बोधित भी किया जाता रहा होगा...

'अरे ! बसमतिया तूँ कब आई ?'

देवनाथ के इस डायलाग-नुमा सवाल पर साथ चलनेवाले सभी वकील ठमक गए। किसी ने अस्पष्ट ढंग से कहा भी...

'वाह गुरु ! भगवान देता है तो छप्पर फाड़ के।'

देवनाथ ने सुना हो न सुना हो पर बसमतिया को उस वकील की यह बात बेध गई—कितने हरामी होते हैं लोग...पर बसमतिया ने अनसुनी करते हुए देवनाथ को अपना आना तथा दो-तीन घंटे से यहीं बैठकर प्रतीक्षा करना बताया...

देवनाथ ने बसमतिया को हड़ताल होने की सूचना दी तथा यह भी बताया कि अमेरिका की एक बड़ी बिल्डिंग, जिसमें विश्व व्यापार का केन्द्र था, उसे आतंकवादियों ने कल ध्वस्त कर दिया था, सो आज यहाँ उसी के कारण हड़ताल थी...

'का अमेरिका यहीं का था ? कहाँ थी उसकी बिल्डिंग...कोई नेता था का कि कचहरी बन्द हो गई ?'

बसमतिया ने साश्चर्य पूछा...

'तू नहीं समझ पाएगी कि अमेरिका का है ? समझने को तो हम भी अब तक नहीं समझ पाए हैं कि अमेरिका किसी व्यक्ति का नाम है, कि किसी देश का। बस यही समझ लो कि बिना अमेरिका की मर्जी से न कोई बोलता है, न सुनता है, न चुप रहता है। आओ क्वार्टर चलें, बपई नहीं आया है का ?'

'आया है...।'

कुछ देर बाद बसमतिया बपई के साथ देवनाथ के कमरे पर थी...सोचते हुए कि अमेरिका कोई बहुत बड़ा आदमी होगा, पुराना राजा-महाराजा होगा।

हाथों का मजाक

क्वार्टर पर आने के बाद देवनाथ को बसमतिया के मुकदमे के बारे में बातें करनी थीं पर उसके दिमाग पर वकीलों की मीटिंग चढ़ी हुई थी। मीटिंग थी तो कचहरी बन्द होने के बावत, पर इतनी ही बात न थी–बातें ढेर सारी थीं जिनके कुछ सिरे अतीत से जुड़ते थे तो कुछ भविष्य की कल्पनाओं से। मीटिंग में कोई इस्लाम परिभाषित करते हुए उसे नकारा बना रहा था जो कोई सैद्धान्तिक रूप से सारी दुनिया में चल रही कथित आतंकवादी कार्यवाहियों की भर्त्सना कर रहा था।

देवनाथ के लिए यही संकटपूर्ण स्थिति थी, वह नहीं समझ पा रहा था कि विचारों की किस चर्खी पर बैठे तथा चर्खी की तरह घूमे, या फिर यही कि हड़ताल से क्या आतंकवाद रुक जाएगा ? अधिक से अधिक आतंकवाद के विरोध में कोई प्रस्ताव पास करके कलक्टर के माध्यम से भेज दिया जाना चाहिए। आखिर यह भी तो सोचना चाहिए कि उन मुवक्किलों का क्या होगा जो आज की तारीख पर आए हैं।

बसमतिया भी तारीख पर ही आई थी। देवनाथ ने बसमतिया को बताया–

'बहुत प्रार्थना करने पर कल की तारीख पड़ी है।'

'कल हो जाएगा फैसला ?' बसमतिया ने खुश होकर पूछा...

'अरे नहीं। इतना जल्दी फैसला कहाँ ? कल जवाबदेही है, फिर बात साफ करते हुए देवनाथ ने बताया कि कल बैंक वाले व बीमा वाले आएँगे, अपना जवाब देंगे। असल काम बीमावालों से है। जब भैंस का बीमा हुआ था फिर बकाया उन्हें ही चुकता करना चाहिए।

बसमतिया का बपई कमरे में खामोश बैठा हुआ था, खामोश इतना कि उसे भी पता न हो कि वह खामोश है तथा उसके पास खामोशी तोड़नेवाली मशीन भी है। वैसे भी गाँवों के बूढ़े खुद को अनुपस्थित करने की कला जानते हैं।

देवनाथ ने ही बसमतिया के बपई की खामोशी तोड़ते हुए पूछा...

'अमीन तो नहीं गया था काका...'

'नाहीं, अमीन नहीं गया था' बसमतिया के बपई ने बताया।

'हाँ मुझसे अमीन मिला था, कचहरी का कागज मैंने उसे थमा दिया था और कह भी दिया था कि परेशान मत होना।' किसी विजेता की तरह देवनाथ बोला।

देवनाथ, जब कोट वगैरह उतारने लगा था तभी बसमतिया ने झोले में से चूड़ा और गुड़ निकाला तथा बपई को दिया। देवनाथ को चूड़ा-गुड़ देने के लिए कमरे में से थाली निकाली। देवनाथ घरेलू पहनावे में होकर नीचे लुंगी में समा गया था।

'अरे चूड़ा भी लाई हो का ?'

'हाँ, और हम लोगों के पास का है ?'

'काहे ! ठोंकवा...'

'नहीं बना पाई। सासू की तबियत ठीक नहीं थी फिर...' कहते हुए आगे कुछ भी बसमतिया न बोल पाई। 'अब कैसी है तबियत उनकी ?'

'ठीक है, लीजिए चूड़ा खाइए...'

देवनाथ चूड़ा खाते हुए ही स्टोव जलाने लगा...चाय बन जाती तो ठीक रहता, पहले तावा पर इसे भूँज लेता हूँ...

'आप स्टोव जला दीजिए, मैं भूँज देती हूँ, आपसे जल जाएगा...'

स्टोव जल जाने के बाद बसमतिया ने देवनाथ को आग्रहपूर्वक वहाँ से हटा दिया। देवनाथ चौकी पर लेट गया, सामने कुर्सी पर बसमतिया का बाप चूड़ा खाने में हाउर-हाउर था। देवनाथ कभी एक गाल चूड़ा खाता तो कभी बसमतिया की तरफ से आती सोन्ही गन्ध को सूँघता।

बसमतिया चूड़ा भूनने में तत्पर थी। उसकी चूड़ियाँ खनकतीं। चूड़ियों का खनकना देवनाथ को खनकाता। खनकता हुआ देवनाथ खुद से दो-चार होने लगता। कभी आचार-विचार की तलवार से खुद को काटता तो कभी खुद को प्यार के जाले में फँसा पाता।

भुना हुआ चूड़ा खाते समय भी वह स्थिर न था। अस्थिर मन से ही उसने चाय भी पी, उसके आग्रह पर बसमतिया को भी चाय पीनी पड़ी, बपई तो सुड़क्का ले ही रहा था...

देवनाथ को बाजार जाना था पर नहीं गया। अक्सर रात में उसके लिए समय की लम्बाई बढ़ जाती थी पर समय छोटा लगने लगा था।

ढेर सारी बातें करनी हैं बसमतिया से। बसमतिया उसके सामने है, खाना बना रही है, बपई ऊँघ रहा है पर वे बातें वहाँ नहीं हैं जिन बातों को करने के लिए वह सोच रहा था। बसमतिया के आने के बाद उसकी सारी बातें जमींदोज हो चुकी थीं...। शायद यह निम्न-वर्गीय कुंठा हो, जो भीतर है उसे बाहर न ला सके...देवनाथ गुम-सुम हो गया—

बसमतिया भी सहज न थी। उसने भी निश्चित किया था कि देवनाथ की

पहिलौठी के बारे में पूछेगी तथा यह भी कि विआह काहे नहीं कर रहा है ?

रात सजकर आई पर न तो बसमतिया देवनाथ से कुछ पूछ पाई, न ही देवनाथ कुछ पाया, इतना जरूर हुआ कि दोनों एक-दूसरे की उपस्थिति पीते रहे, एक-दूसरे की गन्ध सूँघते रहे, दोनों के दिल रात भर धड़कते रहे।

कमरे की हवा, जीरो वाट के बल्ब की मद्धिम रोशनी, चुहियों की सरसराहटें, रात का सूनापन सबके सब मादक बन चुके थे, तथा सभी आपस में गलबहियाँ डाले झूम रहे थे जैसे करमा नाच रहे हों। रात की मादक आँखें बसमतिया की तरफ एकटक थीं, आँखों में लाल-लाल डोरे तैरने लगे थे—बसमतिया जवान होने से अब तक इन लाल-लाल डोरों से हमेशा भयभीत रहनेवाली औरत थी, उसके सामर्थ्य में दुनिया की रंगीनियाँ पकड़ने तथा उस पर झूमने व रीझने जैसा न था—या यह भी नहीं था कि वह किसी मजबूत बाँहों में झूलती रहे तथा खाने-पीने, पहनने का हुनर सीखती रहे...रात की आँखों में तैरनेवाले लाल-लाल डोरों से वह डर गई, भयभीत इतनी हुई कि देवनाथ को तलाशने लगी...जीरो वाट के बल्ब में साफ-साफ कुछ न दिख रहा था...।

देवनाथ कमरे के दरवाजे के पास बपई के बगल में सोया हुआ था। बपई के खर्राटे साफ थे जबकि देवनाथ खर्राटों की पकड़ में तथा वह इस तरह सोया हुआ था जैसे वहाँ जीवन की कोई सम्भावना ही न हो, सूती चादर में लिपटा हुआ किसी लाश की मानिन्द जिसकी आँखें कमरे की छत से सवाल दर सवाल पूछती में तल्लीन हों...।

यह अनजानी तल्लीनता ही थी जिसने बसमतिया को चेताया था क्योंकि देवनाथ का रूप बदल रहा था तथा वह बसमतिया की देह व दिमाग पर काबिज होता जा रहा था...

बसमतिया अपनी भीतरी आवाजों के कारण, देवनाथ को धोखा नहीं देना चाहती थी। उसकी सोच थी कि देवनाथ निश्छल तथा सहज आदमी है, इसके यहाँ दूसरे मर्दों की तरह फाँसना, फाँस कर चूसना तथा दूध की मक्खी की तरह निकाल फेंकने जैसी स्थिति न होगी...

मर्दों के बारे में बसमतिया के पास खास किस्म के कई अनुभव थे। फारिस्टरवाला अनुभव तो बासी पड़ चुका था तथा वह तरीका भी पुराना एवं घिसा-पिटा था। वह तब जानने लगी थी कि स्त्री-पुरुष के रिश्तों में जो अदृश्य रहता है उसकी जड़ें कहाँ तक होती हैं ? फारिस्टर उसे रोज पेड़ा खिलाता, उसके काम की खूब-खूब तारीफ करता, खूब-खूब बातें करता और एक दिन फारिस्टर ने न केवल उसकी पीठ ठोंकी वरन् सहलाया भी...।

फिर तो बसमतिया को लगा कि वह अंगारों में से नहा कर निकल रही है, उस दिन अइया ने भी मारा-पीटा था, कि देर से क्यों आई, अब तक कहाँ थी ?

पंडितान में तो वह चिड़िया-चुनमुन बन गई थी गौरयों की तरह। बड़का पंडित का पक्का मकान बन रहा था। बसमतिया मकान पर ईंट-गारे का काम करती थी, साथ में उसकी माँ भी होती थी। पंडित का परिवार छोटा था। एक बीवी जो उम्र से अधेड़ थी तथा दो बच्चे थे। एक की उम्र दस वर्ष के नीचे रही होगी तथा दूसरावाला पन्द्रह-सोलह साल का रहा होगा। स्कूल से छुट्टी होती तब वह घर पर ही रहता तथा मकान के काम को देखता। बड़का पंडित भी गृहस्थी में लगा होता। पंडित का लड़का कभी बालू का पतरा उठाता तो कभी सीमेंट का गारा। एक दिन गारा उठाते समय बहुत ही सफाई से उसने अपने हाथ को उभारों पर लगा दिया, कुछ-कुछ मलने जैसा, जो हुआ सो हुआ...बात आई गई खतम हो गई पर अपने लड़के की तरह ही बड़का पंडित ने भी वही किया। फिर तो बात खत्म ही नहीं हुई। बात गौरयों की तरह डाल-डाल फुदकने लगी, कभी नीचे तो कभी ऊपर।

बसमतिया किस डाल पर बैठे... ? हाल वाला किस्सा तो पंजोंवाले गाँव का है...बसमतिया ने अपनी उम्र का हिसाब लगाया। सात-आठ साल के भीतर मर्दों की मर्दानियत के इतने कठोर, कुटिल एवं जटिल अनुभव, सारे के सारे उसकी देह पर उछलते-कूदते, लार-टपकाते। किसी की आँख में ठंडा पानी नहीं।

आँखें गर्म पानी का कुँआ तो नहीं, देह कोई चक रोड भी नहीं, चाहे जो आए-जाए, कच्चा से पक्का बनाए। अन्तर्मन से निकलकर बसमतिया ने देवनाथ की तरफ देखा...

देवनाथ चादर में लिपटा, रात के सन्नाटे में, अपनी नींद के साथ था। बसमतिया ने अनुमान किया कि मुर्गों के कूँ-कूँ करने का समय होगा यह। फिर तो सूरज उगने तक उसकी आँखें खुली की खुली रह गईं जिनमें देवनाथ तैरता रहा था। बसमतिया को अचानक यह सब अटपटा तथा एकतरफा लगा कि आँखें तो देवनाथ के पास भी हैं क्या उनमें वह तैर रही है ? यदि वह देवनाथ की आँखों में तैर भी रही होगी तो आँखों की बोलचाल को किस तराजू से तौला जाएगा ? बाहर सूरज अँधेरे से बाहर निकल रहा था, अन्दर बसमतिया दिल के अँधेरे में डूबती जा रही थी अच्छा...'दिल जो कहेगा...'

सुबह बसमतिया का दिल फुदक रहा था, देवनाथ जिन्दगी की आनन्दायी सम्भावनाओं के खेल में था। खेल के नियम उदार तथा आसान थे, क्रिकेट की तरह नहीं कि किसी को आउट कर दो। मात्र दो खिलाड़ियों के इस खेल में से किसी को कभी आउट नहीं होना थे, जो आउट होना भी चाहे उसे रोको मत जाने दो।

बसमतिया व देवनाथ दोनों संयोगवश खेल तो खेल रहे थे पर अकेले-अकेले किसी पूर्वाभ्यास की तरह। दोनों की समझ थी कि उनके खेल का प्रदर्शन कोई

शर्मनाक बात है सो उनमें से किसी के पास भी वह साहस नहीं था जो दीवारें फलँगवाता है, नदी-नाले पार करवाता है। वे दोनों प्रकृति के स्वाभाविक आचरण के वृत्त पर अकेले-अकेले उछल-कूद कर रहे थे...

बर्तनभड़वा तथा रसोई का काम निपटाकर बसमतिया खाली हो गई थी। देवनाथ मुकदमे की फाइलों में डूबा हुआ था जिनमें किसिम-किसिम की कहानियाँ अपनी किस्मत पर आँसू बहा रही थीं या तो अदालत से भीख माँग रही थीं। बसमतिया की फाइल थोड़ा हँसमुख वाचाल थी...

'भैंस जो मर गई, जिस पर लोन था, उसका बीमा हुआ था'

'बीमे का कागज मौलिक था...'

'भैंस के कान की मुनरी जमा नहीं की गई थी।' यह कानूनन गलत था, नियम के मुताबिक मरी भैंस की मुनरी अस्पताल में जमा होनी चाहिए तथा पोस्टमार्टम भी करवाया जाना चाहिए।

अदालत में डॉक्टर व बीमावालों का इन्हीं मुद्दों पर बयान होना था। देवनाथ जिरह की रूपरेखा के बारे में सोचता हुआ बसमतिया की फाइल के साथ था कि वह कानून को अन्धा होने से बचाएगा।

देवनाथ फाइल से तब अलग हुआ जब बसमतिया ने खाना बन जाने की सूचना देते हुए समय के बारे में बताया...'दस बज रहा होगा।'

'आ...दस बज गया ?' साश्चर्य देवनाथ ने बसमतिया की बात दुहराई...

'हाँ तब का ? अकेले का करते होंगे वकील साहब। जब घाम माथे पर चढ़ जाता होगा तब जाते होंगे न।' बसमतिया ने बहुत ही स्वाभाविक ढंग से पूछा जिसमें वह सहजता थी जो दिखावटी नहीं होती...

देवनाथ बसमतिया को भौंचक्क ताकता ही रह गया...

कचहरी जाते समय देवनाथ बसमतिया को सहेजता गया कि वह दो बजे लंच के समय कमरे पर वापस आएगा तथा वहाँ मालूम कर लेगा कि फोरम की अदालत बैठेगी कि नहीं, जब अदालत बैठेगी तब कचहरी चलना होगा...।

गनीमत थी कि अदालत बैठनेवाली थी। अदालत के बैठने का समय चार बजे निश्चित था...देवनाथ कमरे पर डेढ़ बजे ही आ गया। बाहर तार की अरगनी पर बसमतिया की साड़ी, साया तथा ब्लाउज सूख रहे थे, बगल में उसके बपई की धोती भी फैली हुई थी। इन सबके बीच देवनाथ का नेकर भी उदास पड़ा था।

देवनाथ ब्लाउज के लाल रंग से साड़ी का हरा रंग मिला रहा था। साया का रंग उदास पीला था। कहीं कोई मैच न था, कन्ट्रास्ट भी घटिया दर्जे का था फिर भी देवनाथ के लिए ब्लाउज का लाल रंग प्यार की संभावनाएँ लिए हुए था। अकेले ब्लाउज तो न होगी...छिः। किसी प्रशिक्षित शर्म ने देवनाथ को पानी-पानी कर दिया

फिर तो वह सीधे कमरे की तरफ बढ़ गया...।

कमरे का दरवाजा ओंठगाया हुआ था, दरवाजे के ठीक सामने बसमतिया छत ताकते हुए लेटी थी...दरवाजा खुलते ही वह उठ-बैठी पर उठना-बैठना आसान नहीं होता–उठना फिर बैठना तथा सिर पर आँचल डालना, सबसे जरूरी उन जगहों को मर्दों की आँखों से छिपाना जो बात बसमतिया ने परम्परा से सीखी थी...देवनाथ को देखते ही झट-पट पूछ बैठी :

'आप चले आए। दो बज गया का ?'

'नहीं अभी डेढ़ बज रहा है, सोचा आराम कर लूँ। वहाँ काम न था, रात में नींद नहीं आई...माथा घूम रहा था।'

'अरे ! आप तो सोए थे रात भर, हाँ खर्राटे नहीं चल रहे थे...।'

'तू कैसे जान गई कि मैं सोया हुआ था। मैंने तुम्हें देखा था कि तूँ नींद पी रही है।'

'सच्ची...'

'हाँ सच्ची...'

'काका कहाँ गए...'

'बाजार में थोड़ा काम था, जड़ी-बूटी खरीदनी थी।'

'काहे की जड़ी-बूटी ?'

'अरे कुछ नहीं एकाध भर गांजा और सुर्ती।'

'जल्दी आ जाएँगे न, चार बजे कचहरी पहुँचना है...'

'हाँ, अउर नाहीं तो का ?'

'अरे ! बर्तन वगैरह मँजा गया।' देवनाथ ने अचरज से पूछा...

'हाँ का करती, खाली थी, हाथ को कुछ काम न दो तो मजाक पर उतर आते हैं...'

'हाथ मजाक करते हैं।'

'हाँ-हाँ आँखों की तरह।'

देवनाथ को हँसी आ गई, एक तरह से वह हँसी में डूब गया, बसमतिया भी हँस दी। दोनों हँसियाँ अपने-अपने तौर-तरीके से हँसने लगीं इस सावधानी के साथ कि बाकी हँसियों का अपहरण न हो जाए। दोनों की आँखों ने खूब सोच-समझकर हँसियों का अर्थ लगाया।

सभी जानते हैं कि हँसियाँ बहुभाषी तथा बहुलार्थी हुआ करती हैं, चित्त भी मेरी पट्ट भी मेरी जैसी। देवनाथ ने महसूसा कि वह जो देख रहा है, जो समझ रहा है कहीं यही आँखों का मजाक तो नहीं। एकाएक वह कहीं खो गया...

खोने को तो बसमतिया भी खो गई, वैसे उसके पास खोने के लिए कुछ न था। सभी ऐसे तो नहीं होते जो हाथों का मजाक करें...पंडित की तरह...

देवनाथ कचहरी से बातों की गठरी लेकर चला था, गठरी बन्द पड़ी थी, किसी तरह उसने खोला...

'जगदा का कहीं पता चला...।'

'जेठ कुछ बदला कि नहीं।'

सबका उत्तर बसमतिया के पास नकारात्मक था सो वह हाँ-न को गर्दन हिलाकर बता दी...। देवनाथ देह की भाषा समझता था, रात से ही उसके व्याकरण के इर्द-गिर्द था। सावधान इतना था कि देह उससे अलग होकर हमलावर न हो जाए सो उसकी देह भाषागत अनुशासन में थी, यही हाल बसमतिया का भी था क्योंकि देह की भाषा से काले अक्षरों का कोई रिश्ता नहीं, काले अक्षरों जैसी जटिलताएँ नहीं सो वह देह को बखूबी समझती थी तथा देह भी उसे समझती थी।

बसमतिया ने ही कमरे में कुछ देर के लिए बैठी खामोशी को तोड़ा...'चाय बनाती हूँ, आप स्टोव जला दें, पढ़े-लिखे लोग खूब चाय पीते हैं।'

'हाँ चाय तो पीनी ही है, अभी स्टोव जलाया...'

'एक बात पूछूँ बुरा तो न मानोगी ?' देवनाथ ने बसमतिया से जानना चाहा...

'पूछिए, आप से बुरा का मानना, पर बात बुरी न हो' बसमतिया ने चालाकीपूर्ण ढंग से स्वीकृति दी...'क्या तुम्हारा मन कहता है कि जगदा लौटेगा ?' देवनाथ ने पूछा...

'का बताऊँ वकील साहब। करम का खेल मुझे नाहीं मालूम,' रुआँसा सा उत्तर बसमतिया ने दिया फिर थोड़ा संयत होकर उसने कहा...

'अब टूट चुकी हूँ, कहाँ जाऊँ, कहा निकलूँ, किससे बातें करूँ, जेठ तक भी हमारी देह पर उछलना चाहता है, गाँव-घर के लौंडों की आँखें मुझमें कुछ खोजती रहती हैं। मैं तो मर्दों में वह नहीं खोजती जो जगदा में था फिर मर्द मुझमें वह सब काहे खोजते हैं जो उन्हें अपनी मेहरारुओं में खोजना चाहिए। क्या मैं आपको मर्द-खोर लगती हूँ।'

'नहीं तो...। मुझे तो तुम जो लगती हो वह बताने की बात नहीं...'

'का लगती हूँ, दस-बीस रुपयों में देह फैलानेवाली, बहते पानी में गोता लगानेवाली।'

'बता दूँ...' कहते हुए देवनाथ बसमतिया को पढ़ने लगा...। देवनाथ के होंठ हिले, देह ने अँगड़ाई ली इसके पहले कि होंठों पर कोई गीत आए वह ठहर गया...

'यही तो मैं नहीं बता सकता कि तूँ मुझे बहुत अच्छी लगती हो...'

'अच्छा तो आप मुझे खूब-खूब लगते हैं पर इस अच्छा लगने का का

मतलब। जगदा की तरह आप भी भूल जाएँगे किसी दिन...

'भूलेगी तू मैं नहीं।'

'सच्ची...'

'हाँ सच्ची...' झटके से बसमतिया बोल तो गई फिर उसे मनौती का ध्यान आया, छठ एवं करम देवता की, पुजहाई का, कहीं जगदा आ गया तो।

बसमतिया ने 'सच्ची' को अगले साल के छठ तक बढ़ा दिया...जिसके लिए देवनाथ जैसे पहले से ही तैयार था...।

लोक-धुन

कचहरी खचाखच भरी थी। उसका हर कोना अमेरिका में हुई आतंकवादी हमले की चर्चाओं में मशगूल था। कचहरी में एक तरह से चर्चाओं एवं विचारों का आतंक था कि इक्कीसवीं सदी का भविष्य आतंकों एवं हमलों से भरा होगा। इन चर्चाओं में देवनाथ जैसे लोगों का मानना था कि व्यक्ति ही नहीं राष्ट्र भी आतंकवादी होते हैं तथा हथियारों की ताकत पर गुंडागर्दी करते हैं।

गुंडागर्दी के अवयवों ने नया कपड़ा पहन लिया है। आतंकवाद गुंडागर्दी का कुछ सभ्य तार्किक स्वरूप ही जान पड़ता है...

देवनाथ अपनी बात को दूसरी तरफ मोड़कर बसमतिया के साथ फोरम की अदालत की तरफ बढ़ गया—साथ के दूसरे वकील बहस को बढ़ाना चाहते थे। उनका मानना था कि राष्ट्र को सैन्य दृष्टि से इतना ताकतवर होना चाहिए कि उसके भूगोल की सीमाएँ थरथराती रहें तथा परिन्दे भी आकाश में उड़ते समय राष्ट्र के आकाश से डरते रहें...

देवनाथ अदालत में था, अदालत बैठ चुकी थी। अदालत के सामने दसियों फाइलें थीं। अदालत का ध्यान फाइलों में फँसा पड़ा था। इन्हीं फाइलों में से लोकप्रिय निर्णय निकलने थे जो उपभोक्ताओं को लूटे जाने से बचाते...।

वह फाइल जो अदालत में अपना पक्ष रख रही थी, वह बिजली के किसी उपभोक्ता की थी। फाइल के अनुसार उसका कहना था कि उसके यहाँ मीटर लगा है, जो ठीक भी है फिर भी बिजली खपत की रीडिंग नहीं ली जाती, मीटर को बिल पर खराब दिखाया जाता है। उसके यहाँ बिजली की खपत बहुत कम है जबकि दह महीनों का बिल चार हजार रुपया पहुँच गया है। उसकी अदालत से माँग थी कि जाँच करके उसे राहत प्रदान की जाए...नहीं तो अँधेरा ठीक, बिजली का उजाला नहीं...

बिजली की फाइल अदालत के सामने फड़फड़ाई। अदालत ने बिजली विभाग के किसी कर्मचारी के हाजिर होने के बावत पूछा...

बिजलीवाला हाजिर था...

बिजली वाले का बयान अस्पष्ट था तथा ठीक-ठीक सुनने में नहीं आ रहा था।

अदालत की आवाज स्पष्ट तथा कड़कदार थी...।

'फिर मीटर क्यों लगा है ?'

'जब मीटर लगा है फिर तो रीडिंग के अनुसार ही बिल भेजना चाहिए...।'

लगभग पन्द्रह मिनट बाद बिजलीवाली फाइल पर अदालत ने तारीख देकर खामोशी चढ़ा ली...बसमतिया अपनी फाइल की सोच रही थी, देवनाथ अदालत के सामने काले कोट में खड़ा था, वहाँ दस-बारह दूसरे वकील भी थे। पीछे से देखने में अदालत के सामने वकीलों के काले कोट का दृश्य पर्दे जैसा था। कमर के नीचे का हिस्सा भीड़ में खोया हुआ था। सो वकीलों का आधा हिस्सा अदृश्य था। वकीलों के इसी आधे हिस्से में बसमतिया थी जो अदालत के लिए फिलहाल अदृश्य थी...।

आधा घंटा गुजरा होगा कि अदालत में हंगामा जैसा दृश्य उपस्थित हो गया...।

अदालत का गुस्सा पूरे कमरे में भर गया...

'यह क्या है एक तो तू नकली जूता बेचता है जो दूसरे दिन ही फट गया, और जब यह गरीब आदमी वापस करने गया तो तूने इसे मारा पीटा...।

'इसे कस्टडी में ले लो, सदर कोतवाल से इसकी दूकान की जाँच करवाओ कि इस फटे खड़ के जूते की कम्पनी के जूते इसकी दूकान में हैं कि नहीं ? कोतवाल को फोन करो...

जूतेवाले दूकानदार के वकील ने अदालत से अपनी बात कहना चाहा लेकिन अदालत के पास न तो समय था न ही उचित...अदालत ने वकील को रोकते हुए कहा–

'महोदय ! पहले दूकान की जाँच हो जाने दें...।'

वकील कहता रहा कि हुजूर अपराध तो जूता बनानेवाले का है यह तो केवल बेचता है। भला वकील के इस तर्क को कौन मानेगा...कि हथियार बनानेवाले दंडित किए जाएँ, उसके ऑपरेटर तो दूसरे नम्बर के अपराधी हैं।

वकील की बात अदालत के जरूरी कार्यों में गुम हो गई। कुछ वकीलों की बातें अदालत को अपनी तरफ खींचतीं तो कुछ की बातों से अदालत के हाथ-पैर सूज जाते, आँखें भारी हो जातीं।

अदालत जारी थी। आखिरी समय बसमतिया के मुकदमे का नम्बर आया...बसमतिया का बपई अदालत के सामने हाजिर हुआ, साथ में बसमतिया भी खड़ी हुई...

उसे तो डर लग रहा था 'जाने अदालत का पूछ दे', दो घंटे से बसमतिया अदालत की अदब ही सोख रही थी कि 'यहाँ आकर सिर-फिरे भी ठीक हो जाते हैं।'

अदालत का पूछना था...

'आपने भैंस का बीमा किया था ?'

'हाँ हुजूर।'

'आपको मालूम है कि वह भैंस मर गई ?'

'नहीं हुजूर।'

फिर आपको कैसे मालूम होगा कि वह भैंस अब जीवित नहीं है ?

'पोस्टमार्टम से...।'

'पोस्टमार्टम कौन कराएगा ?'

'जिसकी भैंस थी।'

'उसने नहीं कराया, उसे मालूम भी नहीं था कि अब भैंसों, गायों, बछड़ों के भी पोस्टमार्टम होते हैं, फिर किसकी जिम्मेवारी बनती है ? जिसकी भैंस थी, क्या वह आपके यहाँ बीमा कराने गया था...'

'नहीं हुजूर...यह सब बैंक पर ही हो जाता है...'

'अच्छा !' अदालत थोड़ा गम्भीर हो गई...।

'फिर तो आप जान लो कि वह भैंस मर गई है। आपने भैंस का बीमा किया था इसलिए आपकी जिम्मेवारी बनती है कि आप बीमाकृत वस्तु या जीवन के बारे में जानकारियों लेते रहें...। आपकी इस तरह की लापरवाही से होनेवाली क्षति की भरपाई की जिम्मेवारी आप की ही है...इस बारे में आप अपना लिखित बयान अगली तारीख तक दे दें, नहीं तो एकतरफा कार्यवाही होगी...।'

'कोई बैंक का आया है ? इस मामले में...'

'हाँ हुजूर...'

'आप बैंक के क्या हैं ?'

'मैनेजर हूँ सरकार...'

'आपने किस बात के लिए कर्जा दिया था...?'

'भैंस खरीदने के लिए...सरकार'

'भैंस क्या हुई ?'

'नहीं मालूम सरकार...'

'कर्जा तो भैंस के दूध से ही न पटता, जब भैंस ही मर गई तब कर्जा कैसे पटेगा ? बोलिए कर्जा पट जाएगा ?'

'नहीं सरकार...'

'आपने बीमा वालों से कुछ पूछा।'

'नहीं सरकार।'

'बीमावालों को नोटिस दीजिए कि वे बैंक का कर्जा पटाएँ तथा भैंस की देखरेख में बरती गई लापरवाही का हर्जाना दें...समझे, अगली तारीख तक मौका दिया

जाता है...'

'हाँ हुजूर...'

बसमतिया की फाइल पर अगली तारीख पड़ गई।

देवनाथ खुश-खुश था कि अदालत का रुख ठीक है। खुशी उसके चेहरे पर से तीन घंटे की थकान मिटा चुकी थी। अदालत के कमरे के पीछे तक 'भैंस' की चर्चा थी तथा अदालत के प्रति लोगों की धारणा में मजबूती आई थी।

अदालत उठने के बाद किसी ने देसी ठहाका मारा था–

'ये साले बीमा वाले...बीमा तो कर देते हैं, जब रुपया वापस करना होता है तब इनकी...फट जाती है, अब पड़ा है पाला ईमानदार आदमी से...।'

बसमतिया बपई के साथ देवनाथ के बगल में खड़ी थी। उसको कुछ समझ में आया, कुछ नहीं। इतना समझ में अवश्य आया कि अदालत बीमावाले से पूछताछ कर रही थी जो उसके बपई के हित में था। बपई भी अदालत की भाषा कुछ समझ पाया, कुछ नहीं। उसके समझने में था कि अदालत भैंस के मरने के बारे में कुछ पूछ रही है...

मुकदमा जीतने की खुशी पीते हुए देवनाथ बसमतिया के साथ कचहरी से बाहर निकला...यह सोचते हुए कि वह कमरे पर जाकर आराम करेगा। अदालत के फैसले भी सुबह दस बजे तक या तो आराम करेंगे या खुद को जायज सिद्ध करने के लिए तर्कों, बहसों का सहारा लेंगे।

कचहरी के बाहर कोलतार की सड़क थी जिसके दोनों तरफ चाय-पान की दूकानें थीं–देवनाथ बसमतिया के साथ कचहरी के सामने से थोड़ा पूरब वाली चाय की दूकान में चला गया...वहाँ दो-चार लोग पहले से ही थे जो लाई-चना चबाने में मशगूल थे। ये लोग बार ऐसोसिएशन के जिम्मेवार वकील थे–लाई-चना चबाते हुए वे लोग इस्लामी आतंकवाद की जड़ों तक अपने-अपने तर्कों के माध्यम से पहुँचना चाहते थे...। उन लोगों ने देवनाथ की उपस्थिति को नोटिस में कतई नहीं लिया जब कि देवनाथ उन लोगों की तरफ कान लगाए था हालाँकि उसकी आँखें कोलतार की सड़क की तरफ थीं।

बसमतिया तथा उसका बपई इसलिए उस दूकान में थे कि वहाँ देवनाथ था। बसमतिया अगर पुराना मुवक्किल होती तो वह चाय की दूकान में किसी वकील के साथ बैठने का मतलब समझती पर वह तो अनजान थी तथा उसकी सोच में चाय की दूकान पर होनेवाले खर्चों की बात भी न थी, सो वह असावधान थी कि जब देवनाथ चलेगा तब वह भी दूकान से चलेगी।

वकीलों के समूह की तरफ से सवाल उभरा जो चाय की दूकान में भर गया...?

'जेहाद का होता है गुरु ?'

'का होता है दारुल हरम ?'

'ये मध्यकाल की बातें हैं, कबीलाई समाजों की, जो लड़ाकू थे, मरना, मारना जिनका धर्म-कर्म था। मध्यकाल की बातें आज दो-ढाई हजार साल बाद क्या उसी तरह चलेंगी जैसे पहले थीं ? 'जेहाद' का घिसाव आजकल के लोग नहीं देख पा रहे हैं। आज का आधुनिक आदमी राजनीतिक प्राणी है। वह जेहाद व दारुल हरम का राजनीतिक अर्थ ले रहा है। वैश्वीकरण के इस युग में धर्म का राजनीतिकरण हो रहा है, सो जेहाद का अर्थ भी राजनीति में उलझ गया है...।'

'यह साला हर बात में सिद्धान्त व इतिहास घुसेड़ देता है...'

'जेहाद का मतलब है कि काफिरों को मार डालना, काफिर वे हैं जो इस्लाम को नहीं मानते या कि मूर्तिपूजा करते हैं...मध्यकाल का यह जेहाद नया अर्थ धारण करके जुनूनी बन गया है।'

'धर्म जब निजी क्रिया कर्म था तब था, अब तो धर्म के जरिए समाज का राजनीतिकरण हो रहा है। कुछ राष्ट्र तो धर्म के आधार पर ही टिके हैं, कुछ धार्मिक राष्ट्र बनने के लिए संघर्षरत हैं...'

'गोया वर्ग संघर्ष नहीं, इक्कीसवीं सदी धर्म संघर्ष की तरफ बढ़ रही है...'

'छोड़ भी यार दिन भर कचहरी में किच-किच, फिर यहाँ। चाय तो ठंडे दिमाग से पीने दो...'

उन्हीं में से किसी ने पूछा...

'कलवाली मीटिंग में मुल्लाजी वकील साहब थे कि नहीं...और वह नमाजी रहमनवा...'

'वे लोग अध्यक्ष जी की बगल में ही तो बैठे थे...'

'अच्छा...'

देवनाथ की चाय समाप्त हो गई थी। बसमतिया ने चाय लेने से इनकार कर दिया था। बपई के लिए एक पुरवा चाय का मतलब कुछ नहीं था, उसने सुड़क लिया था।

देवनाथ अँधेरा होते-होते तक कमरे पर चला आया। रास्ते में ही देवनाथ ने बसमतिया को मुकदमे की अगली तारीख बता दी थी...

कमरे पर पहुँचकर बसमतिया ने देवनाथ से घर लौटने के बावत पूछा था। देवनाथ ने बसमतिया को रोकते हुए कहा था, 'कल चली जाना, ऐसा भी क्या... ?'

बसमतिया महज औपचारिकता का निर्वाह कर रही थी, नहीं तो गाँव पर कौन स्वर्ग उतरा था या उसके पहुँचते तक उतर जाता, यहाँ तो कम-से-कम गाँव की किच-किच या जेठ की घूरती आँखें नहीं हैं।

'फैसला कब तक हो जाएगा वकील साहब। यहाँ आओ तो सत्तर-अस्सी रुपया खरच हो जाता है, दो दिन का नुकसान अलग से। रोज कमाओ तो खाओ नहीं तो फाँका—आप हैं कि कुछ भी खर्चा नहीं लेते, दूसरा होता तो जाने क्या लेता ?' बसमतिया ने देवनाथ से पूछा।

'अगली तारीख तक फैसला हो जाएगा। मैं तुम लोगों को तारीख पर न बुलाता पर कचहरीवाले समझते हैं कि वकीलवा ने अपना ले लिया है तथा हम लोगों का हक हड़प रहा है। अब तो सब जान गए हैं कि कि तू मेरे नाते में है।' कहते हुए देवनाथ ने देखा कि बसमतिया के होठों पर हँसी तैरने लगी है...

'कौन नताई बताया आपने वकील साहब ?'

'अरे ! नताई का बताता, बता दिया कि 'साली' हैं।'

'मैं तो आपकी साली नहीं, साले तो आप हैं मेरे भाई के...'

'का मतलब ! मैं तुम्हारा साला हुआ कि नहीं, जब मैं तुम्हारे भाई का साला फिर तू का हुई मेरी...?'

'साली...' मुस्कियाते हुए बसमतिया ने बताया।

बसमतिया का बपई, अपनी लड़की के चेहरे पर थिरकती खुशियों को कल से ही पछिया रहा है...

'कितनी खुश-खुश है बसमतिया। दोनों की जोड़ी फब रही है' लेकिन देवनाथ कहीं धोखा दे गया तो...का बसमतिया लापरवाही बरतेगी ? बसमतिया धोखा खा जाएगी...?

बसमतिया के बपई के पास अनुभवों का हिसाब था कि पढ़े-लिखे, धोखेबाज होते हैं चाहे वे जिस जाति-बिरादरी के हों...वे करम देवता से मनौती करने लगे, कहीं बसमतिया के पैर नीचे-ऊपर न पड़ें, वह लड़खड़ाए नहीं...।

बसमतिया तथा उसके बपई को कमरे पर पहुँचाकर देवनाथ बाजार निकल गया, बसमतिया से पूछा था बाजार चलेगी ?

'नाहीं, का बाजार जाना...'

साग-सब्जी खरीदकर देवनाथ जल्दी ही कमरे पर वापस लौट आया। यहाँ बसमतिया टीन में से रखा चावल निकालकर बीन रही थी, उसमें छोटे-छोटे कुछ कंकड़ थे। बसमतिया के घर का आटा तो सुबह ही खतम हो गया था। आटे का कनस्टर खाली था। चीनी भी टीन के डिब्बे में कम थी, चाय का आधा खाली पैकेट पड़ा था। किनारे की तरफ रखा मिट्टी के तेल का गैलन थोड़ा-सा खाली था। देवनाथ की गृहस्थी बसमतिया के सामने थी—बसमतिया ने यह भी देखा कि बिस्तरों की खोलियाँ काफी रीठी हुई हैं...आखिर ये सब मरद कैसे करेंगे ?

देवनाथ कमरे पर लौटकर ही आश्वस्त हुआ कि वह कहीं गया नहीं था, नहीं तो बाजार जाते समय उसे लगा था कि वह जा रहा है जब कि उसे नहीं जाना

चाहिए, उसके यहाँ मेहमान आए हैं। बसमतिया देवनाथ की तरह भावुक न थी सो वह अपनी सीमा में थी तथा देवनाथ की सोचों से अलग थी। उसे वे आवेग प्रभावित नहीं कर पा रहे थे जो देखने में तो प्यार लगता है पर थोड़ा आगे चलकर स्वतः फिस्स हो जाता है जब कि हकीकत यह थी कि बसमतिया को खुद पर नियन्त्रण रखने में दिक्कत हो रही थी। उसका मानना था कि बारूद के पास चिनगारी नहीं होनी चाहिए...देवनाथ उसे कभी-कभार चिनगारी जैसा दिखता, वह खुद को आग में जलता पाती पर उसे खुद पर विश्वास था कि वह बारूद और चिनगारी से बच निकलेगी। देवनाथ महज मरद होने के नाते चिनगारी जान पड़ता जबकि वह स्वयं किसी अभद्र व्यवहार के प्रति सचेत रहता था।

देवनाथ व बसमतिया दोनों ऐसे परिवारों से थे जहाँ स्त्री-पुरुषों के बीच के रिश्तों में सामान्यतया आचरण की शास्त्रीयता नहीं पाई जाती। स्त्री-पुरुष के आचरणों में लोक धुन की मधुर ध्वनियाँ होती हैं, लोकोत्सवों जैसे आनन्द होते हैं। यह खोज का विषय हो सकता है कि बसमतिया व देवनाथ लोकधुनों से खुद को क्यों बचा रहे थे। विवाह की रीतियों व परम्पराओं ने उन्हें इतना विवश कर दिया था कि वे देह-क्रीड़ा पर घिना रहे थे...जैसे यह उनसे भी बुरी हो।

'छठ कब पड़ेगा ?' देवनाथ ने बसमतिया से पूछा।

'वह तो बरसात में पड़ता है...' करम देवता करें कि जगदा लौट आए, कहते हुए देवनाथ को लगा कि उसका यह आचरण दिखावटी व थोथा है। वह जो आदर्श अपने चरित्र पर चढ़ा रहा है इसका यथार्थ से कोई जुड़ाव नहीं।

देवनाथ ने बसमतिया को देखा...देखने में वहाँ केवल बसमतिया थी, बसमतिया का रूप था, उसके व्यवहार में जो देखने में नहीं आ रहा था वह था बसमतिया किसी की पत्नी है, उसका पति होना समय की उत्तेजना में गुम था, समय तो उसे जवान औरत बनाकर ही प्रस्तुत कर रहा था...

देवनाथ की आँखें जमीन पर उतर गईं। छिः क्या वह किसी प्रेमगाथावाली फिल्म में कोई भूमिका निभा रहा है ?

देवनाथ ने खुद सवाल किया तथा चौकी पर पसर गया...

'खाना का बनेगा ? पिसान तो नहीं है ?'

'होगा, टीना में देखो...'

'देख लिया है...'

'खरीद लाता हूँ...'

'काहे के लिए, चावल तो है न...तरकारी भात बना देती हूँ...आप चाह नहीं पिएँगे का...तबियत तो ठीक है न, काहे सो गए अबहिंये। स्टोप जलाइए न।'

स्टोव जला, खाना बना, खाना खाया गया, शाम गुजरी, रात जबान हुई—ढली। सुबह हुई, बसमतिया आई और चली भी गई, अगली तारीख पर आएगी भी...

दूसरे दिन कचहरी जाते समय देवनाथ का मन भारी-भारी था, पैरों में थकान जैसी थी, उसे लगा कि यदि वह इसी तरह नैतिक-अनैतिक के द्वन्द में फँसा रहा तो एक दिन खुद को गलाने के लिए उसे हिमालय की गोद में जाना पड़ेगा...। तभी उसे कचहरी के बगलवाली कंजड़ानों की बस्ती में से गूँजती कोई लोक-धुन सुनाई पड़ी...जो किसी कैसेट की इलेक्ट्रानिक आवाज थी, थी तो कान फाड़नेवाली पर चुभने व दिल को हिलानेवाली भी थी...

कारोबार

दिन गुजरते रहे, बसमतिया के मुकदमे की तारीख दिनों के साथ पीछे लौटती—दिन का हिसाब लगाने पर दूर भाग जाती। बीच में देवनाथ के यहाँ ननकी आई थी, उसने बसमतिया की यादों को ताजा कर दिया था...

'बहुत अच्छी है, पर है किस्मत की मारी...'

ननकी ने तो देवनाथ को उकसाया भी था, 'काहे अकेले चूल्हा फूँक रहे हो...' देवनाथ ननकी की तरफ लापरवाह ही बना रहा जैसे उसे औरत से नफरत हो। ननकी अपने मरद का इलाज कराकर वापस लौट रही थी, उसका मरद कुछ-कुछ सामान्य होने लगा था। ननकी के चेहरे से उदासी के बादल फुर्र हो रहे थे, वहाँ गौरय्योंवाली चहक थी।

ननकी ने देवनाथ को बसमतिया के बावत धीर-गम्भीर पाकर मजाक भी किया था...

'काहे नखड़ा करते हो, मुझे सब मालूम है। डुबकी लगाकर पानी पीना बन्द करो, मैं तो कहूँगी कि सलट लो...।

'बसमतिया तो पागल है, जगदा-जगदा भज रही है जैसे ठकुराइन हो। अरे ठकुराइनें तो भीतर-भीतर अगल-बगल के घरों को रोज ही फलाँगती रहती हैं, अब जगदा का लौटेगा !'

देवनाथ ननकी की बातों की तरफ होते हुए भी दिखावटी रूप से नहीं था, असल में वह ननकी से खुलना नहीं चाहता था क्योंकि ननकी मुँह से तेज थी तथा बातें हजम न कर सकनेवाली औरत थी...

ननकी चली गई...

जाते-जाते पूछती गई, 'किसी मेम को तो नहीं फाँसा न, हाँ देखो बसमतिया को धोखा मत देना। वह बेचारी तो मर जाएगी, जहर-माहुर खा लेगी।'

ननकी के जाने के बाद दो-तीन दिन तक देवनाथ अस्थिर रहा तथा खुद से सवाल करता रहा कि कहीं वह बसमतिया को धोखा तो नहीं दे रहा, उसकी गदराई देह की बालियाँ तोड़ दाने निकाल फिर फेंक दो, ऐसा

चलताऊ रिश्ता तो नहीं बनाने जा रहा...

खुद ही उसने अपना जवाब सुना था—नहीं। वह बसमतिया को धोखा देने के लिए उसका साथ नहीं दे रहा...नहीं उसके बारे में अन्यथा सोच रहा।

एक दिन कचहरी में जूली मिली थी...। जूली आजकल कमरे पर कम दिखती है। जूली दिल्ली की रहनेवाली है तथा आक्सफेम के लिए इस क्षेत्र में सामाजिक अध्ययन के लिए आई हुई है...

बसमतिया के गाँव जैसे गाँवों का अध्ययन कर यह पता लगाने की कोशिश कर रही है कि यहाँ के आदिवासियों का विस्थापन किन कारणों से हुआ... ?

देवनाथ जूली से दो साल पहले एक सेमिनार में मिला था। सेमिनार का विषय था—'भूमि व्यवस्था व आदिवासी।' आदिवासी होने के नाते जूली ने सेमिनार में देवनाथ को विशेष दर्जा दिया था यह मानकर कि वह अपने समाज के विस्थापन का क्रूर किस्सा तो अवश्य जानता होगा...पर देवनाथ को अपने जिले की भूमि व्यवस्था के इतिहास की जानकारी कतई न थी। जूली ने ही मंच से देवनाथ का नाम पुकारा था, नाम पुकारने के पहले जूली ने देवनाथ का परिचय एक जागरूक व क्रान्तिकारी विचारक के रूप में दिया था। सेमिनार की भीड़ का कुछ हिस्सा देवनाथ को जानता था, उनमें से कुछ के चेहरों पर प्रहसन जैसा भाव आया 'देवनाथ कब का बोलनेवाला' किसी ने कहा भी...

'हाँ-हाँ आइए देवनाथ जी !'

देवनाथ के साथ मंच पर वह सब हुआ जो किसी भी वक्ता के साथ पहली बार होता है पर देवनाथ ने मौजूदा भूमि व्यवस्था के सीलिंग व भूमि आवंटन की समस्याओं पर जो वक्तव्य दिया, वह कम-से-कम स्थानीय वक्ताओं से काफी प्रभावकारी था।

सेमिनार हो जाने के बाद से जूली, देवनाथ से अक्सर मिला करती। जूली ने शहर में ही एक कमरा किराए पर लिया था। कमरे में वह अकेली रहती, कभी-कभार भीड़ भी हो जाती। चार-छह लोग और चले आते। देवनाथ भी जूली के कमरे पर आता-जाता।

जूली कचहरी में इन्तखाव लेने आई थी। बुधवार का दिन था। सरकारी आदेश के तहत हर बुधवार को तहसील दिवस मनाया जाता था। तहसील स्तर के सारे कर्मचारी, लेखपाल, कानूनगो, नायब तहसीलदार एक बड़े से हाल में इकट्ठे बैठते थे तथा जनता का काम निपटाते थे। जूली लेखपाल से कुछ गाँवों का इन्तखाव लेकर सदर तहसील से बाहर निकली ही थी कि सेशन कोर्ट से निकलता हुआ देवनाथ दिख गया था...

जूली ने देवनाथ को पुकारकर रोका था...

जूली ने देवनाथ को उस दिन विस्तारपूर्वक बसमतिया के बारे में बताया था।

जूली ने यह भी बताया था कि पूरे जिले में समस्याएँ हैं पर वह बसमतिया के गाँव के अगल-बगल के गाँवों में ही जागरूकता का कार्यक्रम चला रही है। वहाँ का प्रयोग सफल होने के बाद संस्था का जो निर्णय होगा वह उसी के अनुसार काम करेगी...

जूली को यह नहीं मालूम था कि देवनाथ बसमतिया को जानता है तथा बसमतिया के मायके में उसकी नातेदारी भी है। बसमतिया के बारे में बताते हुए जूली ने कहा था कि उसने फोरम में एक मुकदमा भी किया हुआ है। उस इलाके में बैंक की भूमिका पुराने जमाने के साहूकारों की हो गई है, क्या छोटा क्या बड़ा सबको बैंक ने हथकड़ियाँ पहना दी हैं। बसमतिया के बाप की जमीन भी बाँध में चली गई, उसका जो मुआवजा मिला बैंक का दलाल खा गया तथा भैंस का कर्जा भी चढ़वा गया। बसमतिया के बपई की तरह वहाँ बहुतेरे हैं।

'बसमतिया का मुकदमा मैं ही देख रहा हूँ।' देवनाथ ने जूली को बताया...

'फैसला हो गया ?' जूली ने पूछा...

'नहीं...तो...अभी देर लगेगी, शायद अगली तारीख तक।'

'कह तो रही थी कि अगली तारीख पर फैसला हो जाएगा...'

'नहीं उस तारीख पर तो बैंक व बीमावालों की हाजिरी होनी थी...अगली तारीख तक उनके बयान आ जाएँगे, इसमें मोहलत तो मिलती नहीं...'

'मोहलत नहीं मिलती।' साश्चर्य जूली ने पूछा...

'हाँ और क्या...' देवनाथ ने बताया...

तब तो मुकदमे जल्दी निपट जाते होंगे...

'हाँ कैसी हैं आप ! दिल्ली से कब आईं ?' देवनाथ ने पूछा...

'तीन-चार दिन हो गए, इधर रिपोर्ट लिखने में लगी थी...' जूली ने बताया...

'कैसी रिपोर्ट ! रिपोर्ट तो दरोगा लिखता है,' देवनाथ ने चुटकी ली।

'भूमिहीन मजूरों एवं विस्थापितों की समस्याओं के बारे में, हम लोगों की राय है कि पूरे देश में जमीन के असमान वितरण से ही सारी समस्याएँ पैदा होती हैं। जमीन के कब्जों के आधार पर सामाजिक अस्तित्वों की स्थापना, वर्गों व वर्णों का सृजन जमीन के वितरण की राजनीति से ही होता है। यहाँ की भूमि व्यवस्था पर रिपोर्ट तैयार कर रही हूँ, जो थाने की रिपोर्ट से बड़ी होगी...' जूली ने देवनाथ को बताया...

'चलिए चाय पीते हैं...' देवनाथ ने आग्रह किया...

'नहीं थोड़ा जल्दी है, कमरे पर गाँव के लोग आए होंगे, आज डी.एफ.ओ. से बातें करनी हैं तथा उन्हें एक एप्लीकेशन देना है...'

'अरे चलिए भी, ऐसी जल्दी भी क्या...'

देवनाथ व जूली दोनों चाय पी रहे थे कि जूली को ढूँढ़ता हुआ एक आदमी

चला आया...

'दीदी, जल्दी चलिए सभी लोग आ गए हैं।'

'बसमतिया भी आई है का...' जूली ने पूछा...।

'मैं सबका नाम नहीं जानता, दो-तीन औरतों को मैं पहचान भी न सका, हो सकता है वह उनमें हो...जरूर आई होगी पिछली बार बोली थी'...'देवनाथ जी आप भी चलिए हम लोगों के साथ'...'नहीं आज काम बहुत है फिर कभी...पहले से बताइएगा...' थोड़ा रुक कर कुछ याद करते हुए देवनाथ ने जूली से पूछा...

'कमरे पर कब तक आएँगी... ?'

'पाँच बजे तक आ जाऊँगी...आएँगे क्या ?'

जूली चली गई...

जूली से जुड़े तमाम सवाल कचहरी में जगह-जगह टहलने लगे। देवनाथ बहुत देर तक उन सवालों के साथ टहलता रहा, जबकि जूली चली गई थी। सवाल भी जूली जैसी लड़कियाँ ही हल कर सकती हैं। दिल्ली की रहनेवाली है, अकेली आती-जाती है, अकेली रहती है, उम्र भी महज तीस साल के आस-पास। वर्ग-वर्ण धर्म के सारे झगड़ों को समझती है। आर्थिक, सामाजिक असमानता पर गम्भीर विश्लेषण करती है–उसे मर्दों से डर नहीं लगता...मर्दों के साथ रहती है, बहसें करती है...आखिर जूली खुद को छुईमुई होने से कैसे बचा पाई ?

देवनाथ बचे होने के बावत खुद की समीक्षा करने लगा...उसे लगा कि कचहरी की भीड़ या जेल से कैदियों को लादकर आनेवाली गाड़ी उसे उठा ले जाएगी तथा वह अपना उठाया जाना भी न समझ सकेगा। तभी कैदियोंवाली गाड़ी आ गई। कुछ लेट थी। हथकड़ियाँ पहने किसिम-किसिम के आदमी गाड़ी से उतरने लगे लगभग तीस-पैंतीस के आस-पास रहे होंगे। देवनाथ कैदियों का गाड़ी पर से उतरना तथा बन्दीगृह की तरफ उनका जाना देखता रहा...

वे सभी इंसानों की तरह ही एक नाक, एक मुँह, दो आँख, दो हाथ, दो पैर वाले लोग थे। वे पैरों के सहारे बाँया-दाँया कर रहे थे। उनके चेहरों पर हिन्दुस्तान का नक्शा था, उनकी आँखों में गंगा-यमुना का पानी था, पर वे कुछ बोल नहीं रहे थे, हालाँकि उनके होठ सिले न थे। हो सकता है कि उनके कान भी कुछ न सुन पा रहे हों तथा उनकी आँखों ने दुनिया देखने से इनकार कर दिया हो...उन कैदियों को बन्दीगृह की तरफ जाते हुए देवनाथ ने देखा कि उनके पैर धरती पर धम्म-धम्म पड़ रहे हैं तथा उसकी धमक देवनाथ तक आ रही है। देवनाथ धरती की धमक महसूस कर अवाक् हो गया 'क्या वे पैरों से धरती गीत लिखते हुए बन्दीगृह की तरफ बढ़ रहे थे ?'

देवनाथ की आँखें अचानक बन्द हो गईं, उसने कामना की कि ये लोग अपने तर्कों व कथनों के सहारे मुक्त हों तथा समाज में इन्हें रहने देने की अनिवार्यता

कानून की समझ में आ जाए।

अमेरिका में हुए जहाज विस्फोट की धमक कचहरी में भी पड़ गई थी लेकिन अमेरिका अफगानिस्तान के तालिबानों का सफाया निश्चित रूप से करेगा, इसकी चर्चा कचहरी में हर तरफ थी। साथ ही साथ यह भी था कि अफगानिस्तान के आंकवादियों को पकड़ना, मारना आसान भी नहीं...

कचहरी में कुछ लोग यह कहते हुए भी सुने जाते थे कि अमेरिका जैसा आतंकवादी तो कोई दूसरा नहीं...तालिबान तो उसी के चेले-चपाटे थे। रूसी हुकूमत को अमेरिका ने तालिबानों के सहारे ही तो अफगानिस्तान से भगाया। ऐसे लोग कचहरी में कभी-कभार दिखते। वे आते, कुछ चुनी हुई जगहों पर जाते, चुने हुए लोगों से बातें करते, उन्हें कोई पर्चा या पत्रिका देते। आग्रह करने पर कचहरी की कैंटीन में या बाहर की सड़क वाली चाय की दूकानों में चाय पीते। सामान्यतया वे बहस की शुरुआत न करते पर जब बहस शुरू हो जाती, या कोई जिज्ञासु उन्हें छेड़ देता तब वे धारा-प्रवाह हो जाते, सुननेवालों को लगता कि उनका जानना मात्र इतना ही है कि वे कुछ नहीं जानते...

ऐसे ही लोगों में से एक थे वी.एस. मल्लिक...अपनी धुन के मालिक। जमीन को घूरते चलते। वे पैर आगे बढ़ाते, आगे चलते भी पर उन्हें लगता कि पीछे चल रहे हैं, पीछे जितना चलना छूट गया है, उसे वे पकड़ने लगते, तब तक वे जहाँ जा रहे होते वहाँ तक पहुँच जाते। अभीष्ट पर पहुँच जाने के बाद अपने पहुँचने की जाँच-पड़ताल करते तथा कहते, 'हम खतरनाक समय में हैं, खतरनाक इसलिए कि यह समय मध्यकाल के ब्यूटी पार्लरों में सजने-धजने लगा है।' फिर जो साथ में होता उससे पूछते...

'तुम्हारी आँखों में तुम्हारे बचे होने के सपने तैरते हैं कि नहीं... मेरी आँखों ने तो सपना देखने से इनकार कर दिया है।'

साथ वाला कुछ बोलना चाहता, वे रोक देते...

'पार्टनर ! बोलने के पहले यह जाँच कर लो कि तुम कोई उद्योग तो नहीं। यदि तुम उद्योग हो तो बताओ धन्धा कैसे चल रहा है ?'

बी.एस. मल्लिक सेसन कोर्ट की बिल्डिंग के सामने से अपनी चाल का हिसाब लगाते हुए क्लाइंट शेड की तरफ चले आ रहे थे—क्लाइंट शेड से ही देवनाथ ने उन्हें देखा...

मल्लिक के आगे-पीछे कई अनजान लोग भी थे, देखने में साफ-साफ था कि मल्लिक अकेले हैं अपने ढंग के...

देवनाथ आगे बढ़ गया कि मल्लिक उसका आगे बढ़ना देख लेंगे तथा हँसकर मिलेंगे...संयोग से मल्लिक ने देवनाथ को देख लिया...देखते ही उन्होंने देवनाथ से पूछा...

‘कचहरी में तो आज हड़ताल है, तुम हड़ताल पर नहीं हो, अच्छा कैसे हो ?’

‘हड़ताल पर मुकदमे का काम नहीं होता, पर फीस लेनेवाला काम तो रहता है न।’ देवनाथ अपना पक्ष लेकर मुस्कराने लगा...मुस्कराते हुए ही उसने पूछा...

‘आप कैसे हैं ? अमेरिका में दुनिया हिला देनेवाला हादसा हुआ और आपका पता नहीं...कब आए ?’

‘बस चला आ रहा हूँ, जो हूँ ठीक हूँ, तुम तो ठीक से हो न ?’

‘हाँ हाँ चंगा हूँ...’

‘अमेरिका के हादसे पर यहाँ कचहरी बन्द हुई थी कि नहीं...’

‘हुई थी...’

‘यार देवनाथ ! क्या हो गया इस समय को, दुनिया में धन-दौलत बहुत है। बड़े-बड़े लोग हैं। नेता, पत्रकार, सम्पादक, विचारक पर सारा कुछ होते हुए भी किसी के पास समय नहीं है कि वे जानने की कोशिश करें कि उनकी तरह दुनिया के दो फीसदी लोग भी नहीं हैं। ‘ऐसा तो मध्यकाल में भी नहीं था...मध्यकाल में हथियारों के खेलों का कुछ तो आचरण था पर आज...। मेरी बातें समझ रहे हो न देवनाथ...।’

‘हाँ-हाँ समझ रहा हूँ, ठीक से समझ सकूँ कोशिश कर रहा हूँ...’

‘जूली मिली थी क्या ? कुछ विचारते हुए उन्होंने पूछा...‘बहुत अच्छी लड़की है...’

‘हाँ आज ही तो मिली थी...देवनाथ ने उत्तर दिया...’

‘चलो जूली के यहाँ चलते हैं...’

कचहरी छूटती जा रही थी। चलते हुए ही मल्लिक ने देवनाथ से जानना चाहा...

‘आतंकवादी चाहे जहाँ हों, मारे जाएँगे क्या उनके मर जाने से आतंकवाद रुक जाएगा...?’

‘ऐसा नहीं जान पड़ता’, देवनाथ ने अपनी जानकारी जोड़ी...

‘हाँ बिल्कुल ठीक कहा तुमने...आतंकवाद तो इस दुनिया की सामाजिक, राजनीतिक, आर्थिक व्यवस्था के किसी उत्पाद की तरह है, जैसे जनतन्त्र, समाजवाद, सेनावाद वगैरह-वगैरह...मैं तो कहूँगा कि आज की मौजूदा, सामाजिक, राजनीतिक, आर्थिक व्यवस्था की क्रूर समीक्षा होनी चाहिए तथा उसमें उभरी हुई दरारों को पाटने की कोशिश करनी चाहिए। आतंकवाद को दरार की तरह समझना चाहिए।’

मल्लिक ने बात का क्रम बढ़ाते हुए बताया...।

‘मालूम है दो-चार दिन में अफ़गानिस्तान पर अमेरिकी हमले शुरू हो जाएँगे...एक जमाने में अंग्रेजों ने पूरे एशिया को गुलाम बनाना था, अब अमेरिका ने शुरुआत की है...अफगानिस्तान में अमेरिका बमों, जहाजों एवं हमलों की प्रदर्शनी

लगाएगा। रोटी के लिए तड़पती दुनिया बमों के खेलों को देखे तथा अमेरिका से अपना भूगोल बचाने के लिए हथियार खरीदे, अच्छा कारोबार है।'

जूली का कमरा पूरब पश्चिम की दिशा में पसरी, गली के अन्त में था। गली पतली थी तथा उसको पतला बनानेवाले मकान विकसित होते शहर के दबदबे में थे कि रुआब वाले मकानों का दबदबा बना रहे।

गली का पहला मकान चाय-पान वाले दूकानदार का था...मकान का रूप-रंग हालाँकि बहुत भद्दा नहीं था पर बता रहा था कि यह घर नोटों वाला नहीं है। जूली जिस कमरे में रहती थी उसका मालिक कहीं बाहर काम करता था, उसकी पत्नी गुजर-बसर के लिए आगेवाला कमरा किराए पर दे देती थी। कमरा किराए पर देने के पहले वह दो बातों की जाँच करती थी—पहली बात कि किराएदार कहीं कमरा हड़प तो न लेगा ? दूसरी बात, किराएदार लंगोट का कमजोर तो नहीं...

जूली को कमरा किराए पर देते समय वह खुश-खुश हुई थी। पर दो-चार दिन बाद वह यह जाँचने में लग गई थी कि इसके यहाँ इतने मर्दाना कहाँ से आते हैं ?

उसके घर में लकड़ी की सीढ़ी थी—जूली जब रात में सो रही होती, जीरो वाट की रोशनी में वह सीढ़ी चढ़कर भीतर झाँकती, रोशनदान के छेदों पर आँख लगा देती, कानों को तेज कर लेती...दो-चार दिन तक लगातार देखने पर जब उसे कुछ न दिखा तब उसे लगा कि उसका देखना बेकार चला गया...फिर उसने नतीजा निकाला कि 'लड़की जगह-जगह टाँगें फैलानेवाली नहीं।'

सप्ताह के भीतर ही जूली, उसके लिए सम्मानित हो गई थी। एक महीने बाद जब जूली ने दूसरा कमरा उससे किराए पर माँगा। यह कहते हुए कि कभी-कभार जो मर्द लोग यहाँ ठहर जाते हैं उनके लिए जरूरी है तो उसे अपने फैसले पर खुशी हुई थी, उसने दूसरावाला कमरा किराए पर दे भी दिया था। इसी दूसरेवाले कमरे के बाहर, कमरे के भीतर लोगों के होने की आहटें थीं, उनके जूते-चप्पल बाहर थे...तथा अन्दर गम्भीर बातों की गम्भीर ध्वनियाँ थीं, जो अमूमन समझ में आ रही थीं।

मल्लिक आगे-आगे थे यह समझते हुए कि देवनाथ पीछे है लेकिन उतना पीछे नहीं है जितना कि वे आगे हैं। मल्लिक से देवनाथ की मुलाकात सबसे पहले बनारस में हुई थी। उस समय मल्लिक के चेहरे पर कुछ कर गुजरने की रौनक थी, कुछ क्षण के लिए तो देवनाथ उस रौनक में लुप्त हो गया था। अब वैसी बात कहाँ ? मल्लिक स्वयं सेवी संस्थाओं से कब जुड़ गए, देवनाथ नहीं जानता, वह यह भी नहीं जानता कि मल्लिक तथा जूली एक-दूसरे को कब से जानते व पहचानते हैं।

भीड़वाले कमरे का दरवाजा खुला था तथा जूली खुले हुए दरवाजे की जद में थी—मल्लिक को देखते ही जूली खनकी...

'आइए सर ! आइए...आपने काफी देर कर दी, फोन पर तो आप सुबह ही

आनेवाले थे'...देवनाथ की तरफ ध्यान जाते ही उसने देवनाथ को भी आमन्त्रित किया...

'हम सभी लोग डी.एफ.ओ. के ऑफिस पर गए थे, उसने आज मिलने का टाइम दिया हुआ था। उसके पेशकार ने बताया कि उसका साहब किसी जरूरी काम से लखनऊ चला गया है, इसी दिन को आप लोग अगले सप्ताह मिलें...'

जूली अपनी बात समाप्त करने ही वाली थी कि मल्लिक बल्लियों उछल गए...

'ये साले कम्पटीशन वाले यही करते हैं'। आवाज में मुलायमियत लाते हुए उन्होंने फिर जूली से पूछा...

'कैसी हो जूली ? यहाँ काम करने में मन लग रहा है कि नहीं ? हाँ, ये देवनाथ जी हैं, आदिवासी है, कचहरी में वकालत करते हैं...'

'जानती हूँ...' जूली ने बताया। 'आपको बताया भी तो था।'

अब ख्याल आया कि तुम दोनों परिचित हो, पिछले साल वाले सेमिनार में देवनाथ जी ने हिस्सा भी लिया था...

कमरे में छह औरतें तथा तीन मरद थे। सभी लोग जूली के कार्यक्षेत्र वाले गाँवों के थे। जूली ने मल्लिक व देवनाथ से सबका परिचय कराया...वहाँ बसमतिया न थी, सो देवनाथ ने जूली से पूछा—'बसमतिया भी आई है क्या ?'

'नहीं...'

देवनाथ कमरे में बैठी औरतों की तरफ देखने लगा। मल्लिक व जूली भी उसी तरफ थे। देवनाथ को लगा कि कमरे में बैठे सारे लोग स्वयंसेवी संस्थाओं के कारोबार से खुश-खुश हैं...।

कान का फूल

कमरे में बैठी औरतें अधेड़ होने के प्रक्रिया में थीं जब कि उनके चेहरों पर बुढ़ापे का इनकार साफ-साफ दिख रहा था। जूली उनमें सबसे कम उम्र की जान पड़ती थी तथा मल्लिक व दूसरे मरद अनुभवों से लदे दीख रहे थे। गम्भीरता से सभी के चेहरों को समझो तो दुनिया बदरंग दिखे। वह जो पूरब की ओर किनारे की तरफ दीवार के सहारे बैठी थी...वह खेती-बारी का काम करनेवाली औरत थी। उसके पास दो बीघा जमीन थी जिसे जंगलवालों ने हड़प लिया था तथा उसमें जंगली पेड़ लगवाने के लिए थाला बनवा दिया था जबकि वह उस जमीन पर तब से जिन्होरी बोती चली आ रही थी जब से गाँव में विवाह के बाद आई थी।

उसके बगलवाली औरत का पति डेढ़ बीघे का मालिक था तथा बाप का अकेला लड़का था। इसी आधार पर उसकी शादी इस घर में हुई थी कि लड़का डेढ़ बीघे का मालिक है...तथा देखने में स्वस्थ है, सो दो हाथों के मुकाबिले एक मुँह की क्या औकात ?

पति शराबी निकल गया, जमीन हाथ से निकल गई तथा पति जंगल के कर्मचारियों के यहाँ काम करने लगा...एक दिन वह फरिस्टर के साथ घर आया...उसने फरिस्टर को खाना खिलवाया, साथ में दारू पीया फिर...

उस दिन घर में खूब झगड़ा हुआ—पति से मार-पीट हुई तबसे वह अकेली रह रही है। अकेली रहते हुए उसे पाँच-छह साल हो गया। उसे दो बच्चे हैं जो पंडितान में चरवाही करते हैं। इसी बीच उसके साथ एक ऐसी घटना घट गई जिसे वह नहीं कह सकती...।

जूली ने बताया कि जंगल कर्मचारियों ने इसके साथ सामूहिक बलात्कार किया था। इतना ही नहीं थाने पर रपट भी नहीं लिखी गई थी...

जूली ने तीसरी औरत के बारे में जो बताया वह यह था कि थाने के सिपाही इसके यहाँ आया-जाया करते थे, इससे दारू बनवाते तथा बेचवाते थे...बलात्कार करना तो आम बात थी, इसकी जमीन पर भी जंगलवालों ने थाला बनवा दिया है जो सिपाहियों के कारण फिलहाल मिटा दिया गया है। इसने शराब बनाना छोड़

दिया है फिर भी सिपाही नहीं मानते, वे इसके घर पहुँच कर हड़कम्प मचाते हैं। एस.पी. के यहाँ शिकायत करने पर अब सिपाहियों का आना-जाना रुक गया है।

चौथी, पाँचवी, छठी औरत भी जंगल विभाग के कर्मचारियों की शिकार थीं। जंगल विभागवालों का मानना था कि वे धन्धा करती हैं तथा उनके घरवाले उनसे धन्धा करवाकर खुश-खुश होते हैं। दुख जताते हुए जूली ने बताया कि वहाँ धन्धा करनेवाली दो-तीन औरतों भी हैं जो नहीं चाहतीं कि उनके गाँव के बारे में कोई जाने। उनमें से एक ने तो झगड़ना शुरू कर दिया था...

'आई हो यहाँ सबको समझाने, यह करो वह करो...हम भी तो जानें तूँ का करती है ?'

देवनाथ ने जूली की बातें सुनते हुए मल्लिक को देखा...वे गुमसुम तथा खुद में खोए हुए थे। जूली के चेहरे पर कुछ करने की चमक थी। देवनाथ ने खुद को जाँचा...वह अस्थिर तथा तनावग्रस्त था...तथा जंगल से आई औरतों के दुखों के साथ था। वह उनके लिए क्या कर सकता है ? यह ऐसा सवाल था जिसका उत्तर देवनाथ के पास न था—सो वह अपने भीतर समा गया...यह निश्चित करते हुए कि वह कुछ नहीं कर सकता सिवाय उनके दुखों के साथ दुखी होने के।

जूली उसे जुझारू दिखी तथा प्रतिभाशाली भी। सो देवनाथ ने जूली के बावत खुद से सवाल किया—'कोई भी बिना किसी खास प्रयोजन के इस पिछड़े जिले के पिछड़े जंगली गाँवों में दिल्ली छोड़कर तो न आएगा। आखिर जूली यहाँ किस मकसद से आई है ? आज कम्प्यूटर के युग में जब कि आदमी की संवेदनाएँ यूँ ही मर चुकी है...'

देवनाथ दिल्ली की चकाचौंध में कहीं खो गया...उसे अच्छी तरह याद है कि वह पढ़ाई के दिनों में दिल्ली का सपना देखा करता था। बादशाहों, अंग्रेजी सम्राटों के अलावा उसे देसी प्रधानमन्त्रियों तक के चेहरों की चमक खींचा करती थी। लालकिले का बुर्ज, उस पर खड़ा होकर देश को सम्बोधित करना, उसे इतना प्रभावित करता था कि वह पंडित जवाहरलाल नेहरू जैसा टोपी पहनकर गाँव के मैदान में पड़े किसी ढूह पर खड़ा होकर सम्बोधित करने लगता...।

'भाइयो बहनो...।'

वह केवल 'भाइयो बहनो' ही कह पाता। फिर उसकी नजरें कपड़ों पर जा टिकतीं—कॉलेज जाते समय पहनी जानेवाली पैंट तथा ऊपर मटमैली सी सर्ट...नजर आते ही वह बोलना बन्द कर देता, सही बात तो यह होती कि उसकी जुबान रुक जाती, फिर वह अगल-बगल के पेड़ों की तरह खामोश हो जाता।

दिल्ली के बाद वह जब कभी सोचता तो केवल बम्बई के बारे में। बम्बई के बारे में सोचते ही वह अपना चेहरा शीशे में देखता, अपने घुँघराले बालों को कंघी से सुलझाता। चेहरे पर कड़ुवा तेल लगाकर उसे चिकनाता तथा निश्चित करता कि

दिलीप कुमार की तरह वह भी अपनी मूँछें बनवा देगा तथा उन्हीं की तरह शब्दों को चबा-चबा कर बोलेगा...।

जिस दिन एक छुईमुई सी लड़की ने उसे गाली दी उसी दिन उसने कसम खाई कि अब वह कभी भी दिलीप कुमार की तरह प्यार भरे शब्दों को चबा-चबाकर नहीं बोलेगा।

वैसे बम्बई को देवनाथ हमेशा दूसरे नम्बर का शहर मानता था। दिल्ली को वह इतिहास का हिस्सा मानता था तथा सोचता था कि वहाँ की जमीन सुच्चा करईल होगी तभी तो वहाँ एक से बढ़कर एक बादशाह वगैरह पैदा हुए...

लाल बहादुर शास्त्री, चरण सिंह, चन्द्रशेखर जैसों के जन्म के बारे में देवनाथ का मानना था कि अपवाद कहाँ नहीं होते, अब्राहम लिंकन भी तो अमेरिका के लिए अपवाद ही था। देवनाथ को गांधी से हालाँकि मुहब्बत थी लेकिन शिकायत भी थी कि उनके जैसा आदमी दिल्ली छोड़कर साबरमती आश्रम में रह रहा था। वे यदि दिल्ली में रहते हुए दिल्ली की बादशाहियत के मिजाज से भारत को देखते तो शायद आज देश की इतनी दुर्दशा न होती...

यादों की धुन्ध छँट गई थी, तथा देवनाथ जूली के कमरे में पहले की तरह उपस्थित हो गया था।

मल्लिक जूली को कुछ निर्देश दे रहे थे। उनके निर्देशों में था...

'इस जिले की सोशियो-इकोनामिक व इकोलाजिकल स्टडी करो, वह भी युग-युग से। देखो किताबें मिल जाएँगी, कुछ किताबें तो तू दिल्ली में ढूँढ़ सकती हो। यहाँ का गजेटियर तुम्हारे पास है कि नहीं...' देवनाथ की तरफ मुड़ते हुए मल्लिक ने देवनाथ से पूछा...

'आपके पास यहाँ के इतिहास की किताब होगी क्या...?' फिर उन्होंने स्वयं बताया--

'बनारस के इतिहास पर तो एक किताब है, मिल जाएगी..'

'यहाँ का इतिहास कभी महाराज बनारस के साधना केन्द्र में रहा तो कभी फतेहपुर सीकरी के बुलन्द दरवाजा के भीतर। आगरा तथा जौनपुर के लाल किलों का भी यहाँ के इतिहास पर किसी जमाने में जादुई दखल रहा। कालिंजर के वंशजों ने तो अंग्रेजों के भारत आने के आसपास से यहाँ के इतिहास को लिखना आरम्भ किया। वे जो यहाँ के आदिवासी जिन्हें आर्यों से असभ्य द्रविड़ समझा जाता था वे बेचारे तो समय की वेदी पर ऐसे होम हुए कि उनका कहीं नामोनिशान तक न रहा...।'

देवनाथ ने अपने जनपद के लिए इतिहास के बारे में मल्लिक को बताया...

'तो क्या मतलब...यहाँ के जो आदिवासी हैं वे ही कभी यहाँ के राजा थे?'

मल्लिक ने गम्भीरता से सवाल किया...

'मैं नहीं समझता कि किसी जाति-बिरादरी के लोगों को राजा जैसी सत्ता से जोड़कर देखने का क्या मतलब है ? क्या उन्हें यहाँ का मूल निवासी मान लेने से इतिहास की सुरंग तक नहीं पहुँचा जा सकता...?' देवनाथ ने अपना विचार जोड़ा...

समय भाग रहा था...शाम के गुजर जाने तक। रात शुरू हो चुकी थी। देवनाथ ने घड़ी देखी...साढ़े आठ हो रहा था...

मल्लिक से देवनाथ ने जानना चाहा...

'आप चलेंगे क्या ?'

'नहीं आप जाओ, आज इन गाँववालों से बातें करनी है, तथा अगला कार्यक्रम तय करना है–क्यों जूली–क्या प्रोग्राम है...?'

'हाँ सर, उसी के लिए तो ये लोग आए हुए हैं। गाँव स्तर की एक इकाई का भी तो गठन करना है।'

जूली ने बताया...।

देवनाथ जूली के कमरे से बाहर था। नगरपालिका की काली सड़क पर जो जगह-जगह कालेपन से बाहर हो चुकी थी। देवनाथ सड़क पर चलते हुए भी जूली व मल्लिक में खोया रहा...आखिर मल्लिक व जूली जैसों को क्या कहा जाएगा ?

समाज सुधारक एक्टिविस्ट, क्रान्तिकारी या कुछ और...

देवनाथ किसी निर्णय पर न पहुँच सका, उल्टा यह हुआ कि वह अपनी जिन्दगी के पिछले हिस्से में उलझ गया...

एक ऐसा हिस्सा जो सपनों से लिखा गया था कि वह वकालत पास करते ही उस वर्ग का आदमी हो जाएगा जो मान-सम्मान, मर्यादा तथा धन-दौलत की चादर पर चला करते हैं। जिनकी आँखों में वसन्त, शरद जैसी ऋतुओं को सोखने की ताकत होती है। पेड़-पौधों का हरापन पीते हुए जो लाल-लाल दिखते हैं, जिनके मुँह से सुभाषित या कानून निकलते हैं...सो वह भी दिल्ली का हो जाएगा, दिल्ली की सुप्रीम कोर्ट में वकालत करेगा या संसद में बैठकर जिम्मेदारीपूर्वक किसी मन्त्रालय का कार-बार देखेगा...

सपनों का सच होना या यथार्थ में बदल जाना उसके अनुसार मुश्किल भी न था। कम-से-कम संसद में पहुँचने के मामले में उसके जिले की संसदीय सीट सुरक्षित थी जो पहले चुनाव से ही सुरक्षित चली आ रही थी, वह खुद सुरक्षित कोटे की पूरी योग्यता रखता था...बी.ए. एल.एल.बी. था तथा आदिवासी जातियों में उस जैसा दूसरा पढ़ा भी न था। पहले के एक दो एम.पी. बहुत कम पढ़े-लिखे थे–वह जमाना भी तो पढ़ने-लिखनेवालों का न था। आज जब पढ़ाई-लिखाई की कीमत बढ़ गई है फिर तो उसे निश्चित रूप से चांस मिलेगा।

सपनों का बहुरूपिया मिजाज जाने कब और किसे कहाँ पहुँचा दे ! देवनाथ

वकालत की परीक्षा का रिजल्ट निकलने के पहले ही वह घर पहुँच गया...।

घर में बीमार माँ थी जो मौत की प्रतीक्षा में बेचैन थी। भाई, भउजाई के साथ कोयलरी में रहने लगा था। भउजाई का कहना था कि वह 'गूह-मूत नहीं करेगी' भाई भउजाई के प्रति हद दर्जे तक वफादार था। घर में केवल माँ रह गई थी। बाप चार-पाँच साल पहले ही स्वर्ग-वासी हो चुके थे... भाई की बाप के स्थान पर अनुकम्पा नियुक्ति हुई थी। बाप को भी कोयलरी में चतुर्थश्रेणी का कर्मचारी जमीन अधिग्रहण के आधार पर बनाया गया था। घर की जमीन कोयलरी के भीतर समा गई थी।

माँ भाई के साथ ही कोयलरी में रहा करती थी। भउजाई का क्रूर दिल, दिमाग व उपेक्षा देखकर माँ घर चली आई तथा बीमार हो गई। देवनाथ को माँ के बीमार होने की खबर पड़ोसी ने चिट्ठी भेजकर पहुँचाई। देवनाथ इम्तहान छोड़कर ही घर वापस आ जाता पर साथियों ने रोक दिया...

माँ मर गई। भाई कोयलरी से घर नहीं आया। क्रिया-कर्म देवनाथ ने अकेले किया। यथार्थ की क्रूरताओं से देवनाथ वाकिफ न था सो वह छुरी-लोटा लिए हुए ही कोयलरी तक गया, भाई से रोया गिड़गिड़ाया, भउजाई का पैर पकड़ लिया...।

'भउजी कुछ भी करो लेकिन चलो...क्रिया-कर्म में शामिल हो जाओ...।'

भाई-भउजाई क्रियाकर्म में शामिल न हुए। किसी ने बताया था कि भाई ने कोयलरी में ही मुंडन करवा लिया था।

बहुत अधिक तो नहीं, कम ही सही पढ़ने-सुनने व गुनने लायक देवनाथ की जिन्दगी का कुछ हिस्सा भउजाई ने भी लिखा था...भउजाई का लिखा हिस्सा शर्माते हुए थोड़ा खुला, उसका केन्द्रीय तत्त्व फड़फड़ाया...

'देवनाथ ! तूँ बहुत संकोची है रे...'

देवनाथ ने देखा कि भउजाई देह यात्रा पर हैं तथा यात्रा पर साथ चलने के लिए उसे आमन्त्रित कर रही हैं। भउजाई का आमन्त्रण शरीरी था। आमन्त्रण की लिखावट पठनीय तथा अर्थ गूढ़ थे। गूढ़ इस मायने में थे कि माँ बाहरी ओसारे पर सो चुकी थी। जाड़े का मौसम था। भउजाई कँपकपी से बाहर थीं जबकि वह भेड़िहवा कम्बल में जाड़ा पी रहा था तथा काँप रहा था। भाई नातेदारी में गया हुआ था, बाप कोयलरी की शिफ्ट ड्यूटी पर था, कुल मिलाकर घर की आँखें बन्द थीं तथा कान बहरे हो चुके थे। भउजाई ने घर के एकान्त का लाभ लेते हुए देह यात्रा के पड़ावों को कुशलता पूर्वक पार किया। देवनाथ को भी यह यात्रा अद्‌भुत लगी थी...

पढ़ाई के दौरान भी भउजाई देह-यात्रा पर निकल जाया करती थीं। देह यात्रा का मुहूर्त कभी अल्ल-सुबह होता तो कभी नीम अँधेरे में। घर के पीछे परास व

गूलर के पेड़ों के नीचे या सरिया में जहाँ बँधी गाय बछड़े को चूम-चाट रही होती...

देवनाथ भउजाई का सहयात्री होने के गुमान में कोयलरी गया था कि भउजाई कुछ तो ख्याल करेंगी तथा माँ के क्रिया-कर्म मे भाग लेने आएँगी। गुमान के चलते ही उसने उस परम्परा को भी तोड़ दिया था कि छुरी-लोटा लेकर गाँव से बाहर नहीं निकला जाता...

मरने के एक-दो दिन पहले कान का फूल माँ ने देवनाथ को देते हुए कहा था, 'तुम्हारी बिहउती के लिए बनवाया था, सोने का है। इसे बेचकर क्रिया-कर्म कर देना। घर में तो मूस कलैया मार रहे हैं। बछियवा ! पंडित को दे देना, हाँ कर्जा-फर्जा मत लेना, दो-चार भाई-गोती भी नेउत देना।'

कान का फूल बेचवाना नहीं पड़ा। चौधरी काका ने क्रिया-कर्म का पूरा खर्चा खुद उठा लिया। वे खुद माँ के मरने पर दुखी थी। माँ उनके घर का दूध-दही व घी का काम प्रतिदिन निपटाती थी। अकसर दोपहर तक घर आती थी। देवनाथ माँ और चौधरी काका के रिश्तों को गाँव की कानाफूसियों के जरिए जानता था। इस तरह के दो-चार रिश्ते गाँव में दूसरे भी थे। बिरादरी में इन रिश्तों का सम्मान था, कोई आँख न दिखाता था।

देवनाथ जब कभी स्त्री-पुरुष के रिश्तों की पेचीदिगियों एवं मध्यमवर्गीय सोचों के बारे में सोचता उसे माँ के प्रति घिन सी आती, फिर वह तब सँभलता तथा खुद को स्थिर करता जब माँ का चेहरा उसके सामने होता ममता से भरा हुआ। बाद में एक समय ऐसा भी आया जब वह माँ को देवी का रूप ही समझने लगा कि माँ ही उसकी जन्मदाता तथा जन्म की गवाह हैं, दूसरी गवाहियाँ तो बेमतलब हैं...

देवनाथ का कमरा नजदीक आता रहा, रास्ते पर के मकान एक-दूसरे को पीछे छोड़ते रहे, सड़क कम होती रही। देवनाथ की जिन्दगी से जुड़ा सपनेवाला हिस्सा भी ठोस हकीकत तक पहुँचकर अगली-बगली ताँकने-झाँकने लगा। देवनाथ को लगा कि वह सामान्य हो चुका है।

कमरा सामने था, देवनाथ ने ताला खोला, कमरे में घुसकर चौकी पर पसर गया। कमरे का एकान्त क्रूर था तथा बसमतिया के बारे में ताने दे रहा था।

'आखिर बसमतिया नहीं मिली न। तू तो मल्लिक के साथ जूली के कमरे पर बसमतिया के लिए ही तो गया था...'

यह सच है कि माँ के निधन के बाद देवनाथ न तो कभी घर गया न ही भाई के यहाँ कोयलरी ही गया। ननकी से उसे मालूम हुआ था कि उसका भाई कोयलरी के आस-पास जमीन खरीदकर मकान बनवा रहा है तथा गाँव का घर बेच

दिया है।

'इतनी बड़ी दुनिया में सिर्फ एक घर था जिसे वह अपना कह सकता था, उसे भी भाई ने बेच दिया।' सोचते हुए देवनाथ भूकम्प के झटकों में उड़ गया था। ननकी भाई के बारे में बता रही थी, वह गूँगा बना हुआ था।

आखिर इतने झटके...माँ-बाप मर गए, पत्नी भाग गई, भाई अपनी सुरंग में।

लम्बे अन्तराल के बाद वह सहज हो पाया था। चौधरी काका ने ही उसके लिए वकालत के रजिस्ट्रेशन की फीस दी थी। कचहरी जब कभी आते हैं, उसके कमरे पर ही ठहरते हैं। उन्होंने दो-तीन मुवक्किलों को भी भेजा था, बार-बार गाँव आने के लिए कहते भी हैं...

'आखिर कौन है, चौधरी काका ?' क्या लगते हैं उसके... ? रिश्तों का यह कैसा खेल है—कहते हैं दुनिया रिश्तों, नातों, जाति, बिरादरी पर टिकी है...

चौधरी काका की शक्ल उसकी आँखों में तैरने लगी...बाप के बगल में खड़ा कोई पचपन-साठ का आदमी हल्की-हल्की देवी मूँछें, गेहुँआ चेहरा, सामान्य आँखें, औसत लम्बाई, मुस्कियाता चेहरा, दो जवान बेटों का बाप।

चौधरी काका का चेहरा काफी देर तक उसकी आँखों में तैरता रहा। चौकी पर से देवनाथ उठा, स्टोव जलाया, खिचड़ी बनाई, खाई। जब सोने के लिए वह चौकी पर जानेवाला था मल्लिक की आवाज सुनाई पड़ी...उसने दरवाजा खोला...

मल्लिक ही थे। उनके साथ तीन आदमी दूसरे भी थे जिन्हें देवनाथ ने जूली के कमरे पर देखा था...कमरे में घुसकर मल्लिक ने देवनाथ को बताया कि जूली के यहाँ पाँच-छह औरतें और आ गईं सो हम लोग तुम्हारे यहाँ चले आए...

'अच्छा किया आपने...खाना-पीना हुआ कि नहीं...' देवनाथ ने मल्लिक से पूछा...

'सिर्फ सोना है, तुम्हारे यहाँ पंखा तो है न...हाँ है तो। अच्छा किया जो सीलिंग लगवा लिया...ऐसा करते हैं कि चौकियाँ निकाल देते हैं और जमीन पर बिस्तर डाल देते हैं।'

मल्लिक जी आतिथ्य लेने के मामले में निपुण थे। कहीं भी, किसी के यहाँ भी अनुकूलित हो जाते थे...उनकी कुछ विशेषताओं में यह भी गिना जाता था। देवनाथ ने चौकी बाहर निकाली तथा जमीन पर बिस्तर लगा दिया...

बिस्तर में दो दरियाँ थीं तथा एक मोटा सूती बेड शीट था। मल्लिक के लिए कमरे का एकमात्र तोसक लगा दिया तथा सिरहाने तकिया रख दिया...

सभी लोग अपने-अपने ढंग से सो गए...

देवनाथ भी सोने की कोशिश करने लगा...रात अपनी तरह अपने विस्तार पर

थी कि सुबह होते ही वह विश्राम पर चली जाएगी...सोने की कोशिश में लगे देवनाथ के सामने बसमतिया के मुकदमे की अगली तारीख थी तथा एक इच्छा भी थी कि क्या उसका भी कहीं घर होगा। गहराती रात के पास बसमतिया की तारीख तथा देवनाथ की इच्छा के बावत कुछ भी न था...रात तो प्रकृति की लीला है जिसमें देवनाथ मल्लिक, जूली बसमतिया सभी थे तथा वह कान का फूल भी।

अच्छा जी !

दूसरे दिन देवनाथ सुबह होते ही जाग गया। मल्लिक नींद में थे तथा तीनों ग्रामीण कमरे से बाहर चिलम भर रहे थे। मल्लिक की नींद छीनना देवनाथ को उचित न जान पड़ा। देवनाथ कमरे से बाहर निकला तथा ग्रामीणों के हाल-अहवाल में लग गया। बातें नातेदारी की शुरू हुईं जो नातेदारी की नजदीकियों तक पहुँची। ग्रामीण देवनाथ की नजदिकियों में निकले।

हाल-अहवाल के दौरान ग्रामीणों ने जंगल विभाग के कर्मचारियों की बर्वरता का बयान किया तथा बताया कि जूली बहुत साहसी महिला है, उसके चलते आशा बँधी है कि जंगल विभाग द्वारा बनाए गए थाले उनकी जमीनों पर न रहेंगे...।

देवनाथ दैनिक क्रिया-कर्म से निवृत होकर चाय बनाने जा रहा था कि जूली चली आई। जूली प्रभावकारी सूट में थी तथा उसके चेहरे पर सूट की परछाईं साफ-साफ थी। देवनाथ ने जूली को देखा...जो आश्चर्यचकित थी कि मल्लिक साहब अभी तक नींद पी रहे हैं। जूली ने ही मल्लिक को जगाया...

'उठिए सर ! सुबह आपकी प्रतीक्षा में बेचैन है।'

'अरे जूली तुम।' आश्चर्य प्रकट करते हुए मल्लिक उठे तथा अपना चेहरा पोंछने लगे। उन्होंने आँखों को उँगलियों से पोंछा तथा कीच साफ किया, फिर दोनों हथेलियों को समानान्तर रेखा में सटाकर देखा। देवनाथ मल्लिक की इस क्रिया को देखकर कुछ अनुमान न कर सका कि वे अपनी हस्त-रेखाओं की गतियाँ देख रहे थे या कि सुबह किसी दूसरे का चेहरा न दिख जाए, उसके से बच रहे थे... चाय पीते हुए जूली आधुनिक दिख रही थी एकदम से दिल्लीवाली, उसके चेहरे पर जंगली जिले के दुखद अनुभव न थे। एक क्षण तो ऐसा भी आया कि बसमतिया का चेहरा जूली के चेहरे पर जा बैठा...।

चेहरा हँसने लगा, तथा धांगरी में गिथ-पिच करने लगा लेकिन यह तो महज दृष्टिभ्रम था जो जूली से मेल न खा रहा था क्योंकि जूली का चेहरा पढ़े-लिखों की जुबान बोलता था, जिसमें देश-दुनिया की नई-नई सूचनाएँ होती थीं जिनसे साफ-साफ पता चलता था कि उसका चेहरा सवा पाँच फीट ऊँची गदराई अपनी

ही मांसल देह से दोस्ताना रिश्ता नहीं रखता। यह पूरी तरह जादुई तथा दिलचस्प था। सामान्यतया ऐसे चेहरे नहीं दिखते जो देह से अलग हों। दोनों की जुवानों में भिन्नता हो या देह की जुबान देसी हो तथा चेहरे की जुबान पर कई-कई जुबानों का असर हो।

इस मायने में जूली किसी जादूगर से कम न थी। वह जहाँ जाती, जिससे बातें करतीं, देह को अनुपस्थित कर देती जैसे देह कोई चीज ही न हो, मजा यह कि देह भी बाँया-दाँया न करती, खामोश रहती अपनी खोल में दुबकी हुई...

जूली ने चाय पीते हुए ही मल्लिक से आग्रह किया...

'सर ! देवनाथ जी से भी बोलिए कि हम लोगों के साथ गाँववाली मीटिंग में चलें जिससे यहाँ का भी प्रतिनिधित्व हो जाए।'

'हाँ-हाँ ठीक कहा तुमने। देवनाथ एक जागरूक आदमी है, निश्चित रूप से इसका सहयोग तुम्हें मिलेगा...तुम्हें भी तो चाहिए कि तुम इनसे सहयोग लेने की पूरी कोशिश करो...'

थोड़ा सोचते हुए मल्लिक ने दुबारा कहा...

'दरअसल यह एक कला है, कला निरन्तर अभ्यास से विकसित होती है, तुम्हें इसका अभ्यास करना होगा जिससे तुम किसी दूसरे का सहयोग ले सको वर्ना सारी दुनिया अपने में डूबी हुई है, लोग तुम्हें अपना सहयोग क्यों देंगे...उनके पास खुद ही ढेरों काम हैं। मेरी बात समझ रही हो जूली।'

'हाँ हाँ समझ रही हूँ सर !'

यह जूली का मुलायम स्वीकार था।

मल्लिक ने जूली को सम्बोधित कर लेने के बाद देवनाथ को पकड़ा...

'कहिए मान्यवर ! ठीक कह रहा हूँ न। मैं समझता हूँ कि आप जूली के कार्यों के प्रति गम्भीर होंगे तथा इसमें रुचि भी लेंगे...क्योंकि जूली का कार्य आपका अपना भी है...।'

सवाल करते हुए मल्लिक ने कहा...

'इस जिले के आदिवासियों में अपने अधिकारों के प्रति जागरूकता आए, जरूरी है कि नहीं...।'

'बहुत जरूरी है पर मैं क्या कर सकता हूँ इस बावत।

यह देवनाथ का हकलाता हुआ उत्तर था जो मल्लिक तथा जूली तक पहुँचा...

मैं क्या कर सकता हूँ या मुझे क्या करना चाहिए—इन दो अलग-अलग बातों में फर्क करने की समझ दुनियादारी के कारण देवनाथ में न थी। वह एक सपाट आदमी था तथा उन लोगों की नकल करने में लगा था, जो जमीन से उठकर आदमी होने की ऊँचाइयों तक पहुँचे थे। सो देवनाथ अपने प्रति सचेत था कि कम-से-कम

वह तो जागरूक बने, वह तो जागी हुई आँखों से दुनिया को देखे, समझे।

पढ़ाई के दिनों में वह परेशान-परेशान रहता था तथा विचारता था कि छात्र यूनियन के नामी-गिरामी नेता वगैरह उसके कमरे पर कंवेंसिंग के लिए क्यों नहीं आते तथा विश्वविद्यालय में उसके नाम की चर्चाएँ सड़क पर क्यों नहीं होतीं ?

अब तो पढ़ाई के दिन उसे हवा में झूलते हुए सपने लगते हैं जो कभी पूरे नहीं होते। घर उजड़ जाने के बाद देवनाथ सुच्ची करइल जमीन के दर्रों में समा गया था, जबकि मल्लिक व जूली के पास ऐसे-ऐसे ठोस प्रभावकारी तर्क थे जिसके सहारे किसी भी आत्म-निर्वासन में गए या कुंठित आदमी का मनो-वैज्ञानिक इलाज कर पहले से विचारित भूमिका का अभिनेता बना सकते थे।

मल्लिक ने देवनाथ को अपनी तरफ मोड़ा...।

'मैं क्या कर सकता हूँ ? ऐसा आप कह रहे हैं देवनाथ जी ?'

मल्लिक का साथ देते हुए जूली ने अफसोस जताया...

'मैं तो कई बार आग्रह कर चुकी हूँ सर, देवनाथ जी हमेशा मेरी बात अनसुनी कर देते हैं।'

'ऐसा बहुत नेचुरल है जूली।' आज की दुनिया किसिम-किसिम के अन्तर्विरोधों वाली है...देवनाथ जी जैसे बहुत सारे लोग हैं जिनके यहाँ 'मैं क्या कर सकता हूँ' जैसे आत्मघाती सवाल हैं। तुम समझने की कोशिश करो तो समझ जाओगी कि जिन्हें जो करना चाहिए नहीं कर रहे हैं, वे लोग कर रहे हैं जिन्हें नहीं करना चाहिए...समझी कि नहीं...

'अरे ! बात बहुत साफ है...जो कुछ भी तू यहाँ दिल्ली से आकर कर रही है क्या वह तुम्हें करना चाहिए ? तुम्हारा काम तो यहीं के लोगों को करना चाहिए लेकिन व्यवहार में ऐसा नहीं है, यहाँ का आदमी दिल्ली जाकर कुछ करना चाह रहा है...इस सदी का यही अनिष्ट है।

'क्यों देवनाथ जी...ऐसा ही है न ?' मल्लिक ने देवनाथ से सीधा सवाल किया...

देवनाथ के पास मल्लिक के सवाल का सैद्धान्तिक उत्तर न था, उत्तर चलताऊ था जिसके लिए वह तर्क न जुटा सकता था।

निश्चित रूप से आप लोगों का कोई हित होगा नहीं तो आप लोग यहाँ न दिखते...यह अलग बात है कि आप लोगों के हित पर्दे से बाहर नहीं हैं। देवनाथ ने मन में सोचा तथा चुप लगा गया...

'तो इस बार चलेंगे न...'

यह जूली थी अपने हृदयाग्रही आग्रह के साथ...

'हाँ अवश्य चलूँगा, लेकिन पहले सूचित कर दीजिएगा...' देवनाथ ने जूली से कहा...

'क्यों नहीं-क्यों नहीं, आखिर प्रोग्राम तो बनाना पड़ेगा न...' मल्लिक ने अपनी बात जोड़ी...

अभी तक मल्लिक बिस्तरों के साथ थे तथा समय भाग रहा है इसके प्रति लापरवाह भी...जूली ने मल्लिक को याद दिलाया...

'चलिए सर। मीटिंग भी तो करनी है...'

'मैं मुँह-हाथ धोकर आता हूँ तुम चलो...यदि आज भी हड़ताल हो तो देवनाथ जी आप भी अवश्य आइएगा...' मल्लिक ने देवनाथ से कहा...

मल्लिक के जाने के बाद देवनाथ कचहरी जाने की तैयारी में जुट गया। रात के जूठे बर्तनों को साफ किया, नहाया-धोया, खिचड़ी बनाई-खाई, फिर कचहरी निकल गया...कमरे से निकलते समय देवनाथ गृहस्थी के झंझटों से बाहर था। उसके सामने खुला आकाश था जिसे वह देख सकता था तथा कोलतार की सड़क थी जिस पर चल सकता था तथा आत्ममुग्ध भी हो सकता था कि वह खुली दुनिया का प्राणी है। वह गुम्म था।

सामने कचहरी की सड़क थी, जिस पर न्याय चल रहा था, न्याय उन सारे लोगों के साथ था जो कचहरी में अपना-अपना मुकदमा निपटवाने आए थे। मुकदमे के माध्यम से पूरा जिला कचहरी में खड़ा था–कहीं जमीन का भूगोल था तो कहीं इतिहास। परम्पराएँ व संस्कृतियाँ भी मुकदमों की शक्ल में वहाँ आगे-पीछे चल रही थीं।

देवनाथ के पास तीन-चार मुकदमों का काम था। दो मुकदमों में महज हाजिर होना था क्योंकि दूसरे पक्ष के वकील को बयान तहरीरी (Written Statement) दाखिल करना था। एक मुकदमे में जिरह करना था तथा चौथे मुकदमे का मुआयना करना था। काम कोई अधिक न था फिर भी काफी समय लेनेवाला था। पुकार होने पर ही आरम्भ होनेवाली मुकदमों की कार्यवाहियों में कभी-कभी शाम तक हो जाती।

देवनाथ मुंसिफ कोर्ट की तरफ जा रहा था कि उसका मुवक्किल मिल गया। इसी मुवक्किल का मुकदमा मुंसिफ कोर्ट में विचाराधीन था। उसने देवनाथ को रोका...

'साहब हमारा मकान तो गिरा दिया गया।'

'अरे कैसे ? उसी का तो मुकदमा दाखिल है, उस पर कोर्ट का स्टे आर्डर है...' देवनाथ ने आश्चर्य प्रकट किया। 'वह नहीं साहब। दूसरा वाला जहाँ हमारी सरिया थी, यह सब गाँव के बाहर था...' मुवक्किल ने बताया।

'किसने गिराया ?' देवनाथ ने पूछा।

'सभी बाहरी लोग थे, लेकिन वे सभी उसी के आदमी थे,' मुवक्किल ने बताया।

'यानी तुम्हारे भाई ही ने गिरवा दिया...' देवनाथ ने अनुमान किया।

'हाँ साहब, नहीं तो किस साले की हिम्मत...' मुवक्किल की बाछें खिलीं।

'तो अब का करना है...'

'रपट कर दिया है साहब, सी.ओ. साहब के यहाँ कागज आया है कि नहीं, देखना है साहब...आज वह जवाब लगाएगा न साहब...'

'देखो क्या होता है ? देखो ! लड़ना-झगड़ना ठीक नहीं तुम लोग थोड़ा कम-अधिक सुलह कर लो...' किसी आध्यात्मिक गुरु की तरह देवनाथ ने मुवक्किल को समझाया।

'काहे का सुलह करना साहब ! हम कमजोर या पीठ दिखानेवाले तो नहीं, हम भी उसकी सरिया गिराएँगे किसी-न-किसी दिन। क्या बताएँ साहब !...'

'अभी लड़के छोटे-छोटे हैं,अब आप यही समझ लें बड़ा लड़का पाँच साल का है, कभी-कभार नेकर में मूत भी देता है, उसकी रेखें भींगने दें साहब।' मुवक्किल जोशों से भरा था...

'तुम्हारी उम्र का होगी ?' देवनाथ ने पूछा।

'चालीस-पैंतालीस होगी साहब'—मुवक्किल ने बताया।

'जब तक तुम्हारा लड़का जवान होगा तब तक तुम्हारी उम्र साठ पार कर चुकी होगी, उस समय तुम का कर पाओगे ?' देवनाथ ने उम्र का हिसाब बताया।

'अरे साहब ! मैं घबड़ानेवाला नहीं, न ही हिम्मत हारने वाला, मैं जो कुछ करूँगा, करूँगा, लड़का भी कुछ-न-कुछ करेगा, उसके लड़के-बच्चे भी कुछ-न-कुछ करेंगे...का भाई कभी कमजोर न होगा मेरी तरह।'

देवनाथ चुप होकर न्याय-सिद्धान्तों में खो गया...मुवक्किल अपनी रौ में था...कहा जाना चाहिए कि अपने अधिकारों के प्रति जागरूक था। या अपनी पुरानी आत्मघाती संस्कृति की पैरवी कर रहा था...

'अच्छा भाई ! जो जँचे वही करना...चलो तुम्हारी तारीख देख लेते हैं...' कहते हुए देवनाथ मुंसिफ कोर्ट तक पहुँच गया।

'इस मुकदमे को हर हाल में जीतना है साहब ! चाहे जितना रुपया लगे...' मुवक्किल ने देवनाथ को चलते-चलाते समझाया।

देवनाथ अदालत की पहली सीढ़ी पर ही फ्रीज हो गया...फ्रीज होने के बाद तो उसकी आँखों में जहरीला अँधेरा भर गया, कानों में खूँखार आवाजें घुस गईं। कई-कई एटम बमों के धमाके, एक पर एक टूटते, भहराते मकान, मरते घायल होते इनसान, सौ-सौ फीट अन्दर तक जमींदोज होती पहाड़ियाँ, एटमी धमाकों से अलग नोटों से भरी अटैचियाँ, पाखाने में छिपाए खजाने, रुपयों की मादक खनक...जिस पर दुनिया झूम रही है...

गुस्से व घृणा से देवनाथ काँपने लगा...गुस्से में ही उसने जोरदार आवाज में मुवक्किल को डाँटा...'अच्छा...बन्द करो अपनी बक-बक...।'

मुवक्किल देवनाथ का मुँह ताकता सीढ़ी पर जड़ हो गया, जैसे उसने कुछ बेहूदगी कर दी हो।

देवनाथ, अदालत के भीतर जाकर ही स्थिर हो पाया। फिर उसे समझ में आया कि उसे मुवक्किल को डाँटना नहीं चाहिए था, आखिर इसमें उसकी क्या गलती ?

कचहरी का काम जैसे-तैसे देवनाथ ने निपटाया। उसका मन काम करने में नहीं लग रहा था फिर भी काम तो निपटाना ही था।

कचहरी की कैंटीन से चाय पीकर वह निकल रहा था कि जूली के साथ बसमतिया दिखी...वे दोनों देवनाथ को ढूँढ़ रहे थे।

गाँव में सड़क बनने की समस्या ने नाचना शुरू कर दिया था। पंडितों ने सड़क पर लाठी-डंडा भाँजकर सड़क बनना रोक दिया था, उनका कहना था जब तक कोई आदेश नहीं आ जाता तब तक सड़क बनने नहीं दी जाएगी।

पंडितों के दबदबे में गाँव का बहुमत रामभरोसे हो गया था। बहुमत की चाह थी कि प्राकृतिक हथियारों, जैसे भाला, गँड़ासा, छुरा, सब्बल, लाठी वगैरह को अजमाते हुए उनमें लगे जंग को साफ कर लिया जाए पर बसमतिया व परधान के कारण वह संकट टल गया, जबकि पंडितों की बन्दूकों की बासी बारूद महक रही थी। उन लोगों ने बन्दूकों को सावधानीपूर्वक सँभाला हुआ था जैसे कि वे मौत के खेल में भागीदारी करने जा रहे हों। गाँव का बहुमत सड़क बनाना छोड़ अपने-अपने घरों की ओर लौट चुका था।

बसमतिया के साथ गाँव के परधान तथा सात-आठ सदस्य भी जिला मुख्यालय पर आए हुए थे। बसमतिया ने परधान का देवनाथ से परिचय कराया तथा डी. एम. साहब से आदेश कराने के बावत कहा...कैंटीन के पास की जगह किसी पोर्च की तरह थी जिसके साथ कलक्टर साहब के ऑफिस तक पहुँचानेवाली सीढ़ी जुड़ी थी। कलक्टर सहब की नीली बत्ती वाली सफेद अम्बेसडर खड़ी थी, उसके सामने नीली बत्ती वाली दूसरी अम्बेसडर भी थी...जो शायद ए.डी.एम. साहब की थी... 'लगता है कलक्टर साहब हैं' देवनाथ भुनभुनाया...

जूली बसमतिया व परधान के साथ देवनाथ कलक्टर साहब के तीसरे तल्ले तक पहुँचानेवाली सीढ़ी चढ़ने लगी...

'क्या सदस्यों को भी बुला लिया जाय ?' देवनाथ ने जूली से जानना चाहा।

'चलिए, वे कहेंगे फिर देखा जाएगा...बुलवाने में देर लगेगी तब तक कहीं निकल गए तो...' जूली ने देवनाथ को अपनी राय दी।

संयोग ठीक था, कलक्टर साहब ऑफिस में थे...

'कभी-कभी ऐसा भी होता है जब उनकी अम्बेसडर यहीं खड़ी रहती है तथा वे कहीं और होते हैं...' देवनाथ ने मुस्कराते हुए कहा।

'वैसे आई.ए.एस. बहुत ऊँची चीज होता है देवनाथ जी...' जूली ने व्यंग्यात्मक

ढंग से बखाना।

स्लिप देना होगा। देवनाथ ने स्लिप पर सबका नाम-पता लिखा तथा चपरासी को दे दिया जो ऑफिस के सामने, सफेद पैंट-कमीज पहने हुए खड़ा था जिसका सिर गांधी टोपी से जुड़ा था। वह एक चिपटे चेहरेवाला अधेड़ था जिसकी दाढ़ी साफ थी तथा मूँछे देसी तहजीब वाली थीं। उसकी गोल-गोल आँखों में कलक्टर के रुआब का कीचड़ था तथा चेहरे पर कानून की परिभाषाएँ थीं...

चपरासी ने पहले चिट पर लिखा एक-एक अक्षर चबा-चबाकर पढ़ा—फिर मिलनेवालों की कुल संख्या का हिसाब लगाया...। थोड़ा गम्भीर हुआ जैसे विचार कर रहा हो कि कलक्टर साहब से इन लोगों को मिलने दिया जाए कि नहीं ?

देवनाथ का काले कोट ने चपरासी को किसी कौतुकवाले विज्ञापन की तरह प्रभावित किया...'आपके साथ ही हैं ये लोग, वहाँ रिसेप्सन में बैठ जाएँ वकील साहब।'

'गोया कलक्टर साहब से मुलाकात हो सकती है' संभावना लिए देवनाथ सबके साथ रिसेप्शन में दाखिल हो गया। वहाँ तीन-चार लोग पहले से थे जो रिसेप्शन की खामोशी तथा कलक्टर साहब से मिलने की संभावना पीते हुए ऊँघ रहे थे। वे सभी लोग एक-दूसरे से अनजान थे तथा कमजोर भी क्योंकि उनके पास समय बिताने के लिए की जानेवाली बातों की जानकारी न थी। देवनाथ तथा उसके साथ के लोग रिसेप्शन में बैठ गए...।

करीब एक घंटे बाद देवनाथ का नम्बर आया...

कलक्टर ऑफिस का भीतरी कक्ष, करीब बीसों कुर्सियाँ, कुर्सियों पर पूरे जिले के मालिकाना की चमक। देवनाथ ने उस तरफ ध्यान नहीं दिया, परधान व बसमतिया की नजरें कुर्सियों पर थीं। देवनाथ ने कलक्टर को थोड़ा झुककर सलाम किया। अदालती अदब में उसे महारत थी। जूली ने अपने ढंग से तथा बसमतिया व परधान ने देसी ढंग से सलाम बजाया।

'कहिए वकील साहब' से बात शुरू हुई...कलक्टर ने साफ-साफ बताया कि उन्होंने सड़क का बनना नहीं रोका है, उन्होंने स्टेनो से भी जानकारी ली—स्टेनो भी अनजान था...कलक्टर ने खुद से सवाल पूछा...फिर किसने रोका...क्या ए.डी.एम. ने या परियोजनाधिकारी ने...? हो सकता है एस.डी.एम. ने रोका हो। वे भुनभुनाए...पंडितों का गाँव तो नहीं जो सुनने में साफ न था।

'वहाँ किसने रोका...' कलक्टर ने पूछा।

'एक अधिकारी गए थे साहब, उनके साथ गाँव के पंडित जी लोग थे...परधान व बसमतिया ने बताया। हाँ-हाँ, कहते हुए कलक्टर ने एस.डी.एम. से पूछने के लिए स्टेनो को निर्देशित किया...स्टेनो ने फोन मिलाकर एस.डी.एम. से पूछा...फिर बताया कि एस.डी.एम. ने ही रोका है सर !

देवनाथ से दरख्वास्त लेकर कलक्टर ने सड़क को फिर से बनाए जाने का आदेश कर दिया तथा स्टेनो से कहा कि एस.डी.एम. से बोलो कि वे कल बँगले पर मिले...

'पुलिस को भी लिख दें सर...'

'वहाँ तिवारी दारोगा है न...?'

'पाल थाने के लिए ऑर्डर बना दो तथा उनसे रिपोर्ट मँगवा लो...मुहर लगाकर कार लिखा देना--समझ गए...कोई काम तो नहीं।'

'नहीं सर...' स्टेनो ने बताया।

'अच्छा वकील साहब, आज ही लखनऊ निकलना है...कोई दिक्कत आए तो मिलना...' फिर कलक्टर ने जूली से पूछा...'आप भी वकील हैं ?'

'नहीं सर ! मैं सोसल एक्टिविस्ट हूँ...' जूली ने कलक्टर को बताया।

ऑफिस से निकलते-निकलते कलक्टर ने कहा, 'अच्छा जी' जो रहस्यभरा था तथा कलक्टर के पीछे-पीछे ऑफिस से निकल रहा था।

ये जो आन्दोलन है

कलक्टर के ऑफिस में नीली रोशनियों की धमक थी जबकि बाहर अस्त होते सूरज से हल्की लाल किरणें बगावत पर तुली थीं—सूरज के लिए मुश्किल था कि वह अपना अस्त होना कैसे बचाए...

परधान जी तुरन्त थाने पर लौटना चाहते थे, ट्रैक्टर उनके पास था जबकि देवनाथ व जूली कलक्टर द्वारा फटाका आदेश कर दिए जाने को विश्लेषित कर रहे थे। उन्हें जान पड़ा कि कलक्टर अपनी उपेक्षा से अनजान नहीं है।

जिले के सवर्ण अधिकारी हर सम्भव कोशिश करते कि जिले में उत्पन्न होनेवाली असुविधाओं का दोष कलक्टर पर ही आए। कलक्टर सजग व सावधान था तथा फूँक-फूँककर कदम उठा रहा था। जिले के ऑफिसों में हर जगह चर्चाएँ छिड़ी रहतीं कि यह कलक्टर कंपटीशन वाला यानी कि डॉयरेक्ट नहीं है...यह दो प्रतिशत वाला है, कोटे वाला...

कुछ विशेष अहमक अधिकारी कलक्टर को 'कोटेवाला' और कुछ-कुछ तो 'कोठे वाला' तक कह डालते...। किसी सांस्कृतिक नारे के तहत तो नहीं, काम-काज की सामान्य प्रक्रिया के तहत ही जिले की कार्य-संस्कृति पर कलक्टर का गम्भीर होना अधिकारियों के लिए खतरनाक बात थी।

पिछले साल ही कलक्टर ने ग्रामसभाओं को दिए जानेवाले धन को सीधे ग्राम सभा के खातों में जमा करवाने का आदेश जारी करवा दिया था। परधानों की एक मीटिंग में कलक्टर ने राज्य सरकार के उपबन्धों को ठेंगा दिखाते हुए परधानों को अधिकृत कर दिया था कि वे गाँव की आवश्यकताओं के अनुरूप ग्राम सभा में कार्य योजना बनाएँ।

परधान खुश-खुश थे...पूरा जिला कलक्टर की वाहवाही में था...जूली कलक्टर से विशेष तौर पर प्रभावित हुई...जबकि देवनाथ सामान्य था...

परधान शाम होते-होते तक लौट चुके थे। उनके साथ गाँव के दूसरे लोग भी वापस हो चुके थे। बसमतिया लौटना चाहती थी, उसका कार्यक्रम भी यही था पर देवनाथ से मिलते ही उसके लिए गाँव वापस लौटना मुश्किल हो गया था सो वह

गाँव की एक महिला के साथ देवनाथ के यहाँ रुक गई थी...जूली भी बसमतिया को रोक लेने में लगातार थी।

बसमतिया बहानोंवाली औरत न थी, वह सीधे देखती, तथा आँख की सीध में चलती, जितना दिखता आगे बढ़ती, जब दिखना स्थगित हो जाता तब फिर दिखने की प्रतीक्षा करने लगती। उसे साफ-साफ दिख रहा था कि देवनाथ पंजोंवाला नहीं है, सो बसमतिया के लिए वह विपरीत लिंगी होते हुए भी समान लिंगी की तरह ही दिख रहा था।

पर यदि भउजाई की तरह देवनाथ ने भी कुछ छू-छा लिया या इधर-उधर हुआ तो...इधर-उधर होना कोई असहज भी तो नहीं। दुर्घटनाएँ नहीं रोकी जा सकतीं, उनसे महज बचा जा सकता है, यही सोचकर बसमतिया, अपने साथवाली दूसरी महिला के साथ देवनाथ के यहाँ रुक गई थी। देवनाथ के साथ बसमतिया भी जूली को रेलवे स्टेशन तक छोड़ने के लिए रात में गई थी...जूली को दिल्ली जाना था...ट्रेन देर रात तक आई थी तथा दो घंटे लेट थी।

किसी को विदा करने का यह देहाती तरीका है। बसमतिया को अच्छा लगा था—देवनाथ चाहता तो जूली को अकेले ही स्टेशन तक छोड़ आता। औरत तथा मर्द का अकेले में रहना, बोलना, बतियाना...रात के सन्नाटों या दिन के ताप को सोखना फिर देह की तपन पर पानी डालना, शायद सम्भव नहीं, चीखती-चिल्लाती, गुस्सैल देह को काबू में रखना आसान तो नहीं, सो देवनाथ जूली के साथ अकेले क्यों जाता, वह भी रात के सन्नाटों व एकान्तों को हाँकते हुए...एक बार फिर देवनाथ बसमतिया के लिए किसी अचरज सा लगा था...स्टेशन से वापस लौटते समय बसमतिया देवनाथ को समीक्षित करने में लगी रही थी तथा चुप-चुप थी—उसे भी रास्ते के सुनसान से डर लग रहा था तथा सोई हुई देह कब जागकर गूँ-गाँ करने लगे इस पर उसे शक था...

देवनाथ के कमरे पर बसमतिया के साथवाली दूसरी औरत 'धंगरान' की थी। उसका पुकारू नाम रज्जो था। वह दो बच्चों की माँ थी, उम्र बीस-बाईस के आस-पास की थी। रज्जो के चेहरे पर माँ होने के लक्षण नहीं थे। रज्जो पतली कद-काठी की थी तथा चेहरा गोल था। नाक भी चपटी न थी तथा होंठ आदिवासी होठों की तरह मोटे व लटके हुए न थे। वह सवर्णों की रूप-रेखावाली महिला थी, बोलने-बतियाने में चटर-पटर थी। उसके दोनों बच्चे नर थे तथा उनके चेहरे न तो माँ से, न ही पिता से मेल खाते थे, सो धंगरान से लेकर चेरवान तक चर्चा थी कि दोनों बच्चे संशोधित हैं।

वैसे भी रज्जो के आगे-पीछे फुदकते रहनेवाले लौंडों की संख्या कम न थी। उनमें से एक-दो तो ऐसे भी थे जो रज्जो को कुर्बान जान समझते थे तथा कहते थे कि 'नदिया के पार' वाली हीरोइन से रज्जो कम नहीं। जब वे जिले से बाहर

पढ़ने के लिए चले गए तब जाकर उनका रज्जो के यहाँ आना-जाना छूटा था।

साफ तौर से रज्जो 'धन्धा' करनेवाली औरत न थी। गाँव में 'धन्धा' करने की गुंजाइशें भी कम होती हैं, कहा जा सकता है कि गाँव की संस्कृति में 'धन्धा' को बाजार की तरह नहीं लिया गया है। तीसरी आँख से देखनेवाला 'धन्धे' को बारीकी से देख व समझ सकता है तथा देश के उन चर्चित कांडों से मिलान कर सकता है जिनके कारण अखबारों, पत्रिकाओं में हड़कम्प मचे थे। बसमतिया तो रज्जो को एक समझदार औरत ही समझती थी क्योंकि वह साथ निभानेवाली तथा जुझारू थी...

सड़कवाले मामले में तो वह पंडित से लड़ ही गई थी। पंडित कोई दूसरा न था, सही या गलत वह भी कभी रज्जो पर मँडरानेवाला व्यक्ति था जब रज्जो उसके यहाँ काम पर लगी हुई थी। उन दिनों देखने में दिखता कि रज्जो के पाँव जमीन पर नहीं पड़ते। रज्जो के होठ लाल से लाल रहते, माथे पर कड़क बिन्दी होती तथा साया (पेटीकोट) का फॉल जमीन बटोरता चलता। ब्लाउज देह के उभारों को कसकर बाँधे रहता, हालाँकि अब भी रज्जो की स्थिति में फर्क नहीं आया है।

रज्जो देवनाथ के कमरे में पड़ी-पड़ी देवनाथ व बसमतिया की नजदीकियों के साथ थी—किसी सफल फिल्म के दृश्यों की तरह बसमतिया व देवनाथ एक-दूसरे के साथ उछलते-कूदते, नाचते-झूमते, गाते-बजाते दिखते। उसे खुद पर सन्देह भी होता कि बसमतिया व देवनाथ के बारे में कहीं वह ईर्ष्यालु तो नहीं—फिर बसमतिया तो दृश्य बननेवाली कला भी नहीं जानती...

देवनाथ उसे दृश्य बना रहा होगा तथा दृश्यों को टुकड़ों-टुकड़ों में बाँटकर फिर उन्हें संयोजित कर रहा होगा ताकि उनमें से सिर्फ मनोरंजन ही निकले—

करीब दो घंटों के बाद देवनाथ, बसमतिया के साथ कमरे पर वापस लौटा। रज्जो नींद के नाटक में थी सो उसकी चालाक बुद्धि कार्यरत थी। सबसे पहले उसने देवनाथ को देखा फिर बसमतिया को। देखने में देवनाथ का चेहरा हँसता हुआ दिखा तथा बसमतिया पहले की तरह खुद में खोई दिखी—रज्जो किसी निष्कर्ष पर न पहुँच पाई...दो घंटों में तो चाँद क्या पूरे अन्तरिक्ष की यात्रा की जा सकती है। रज्जो आश्वस्त हो जाती पर यात्रा की थकान के चिह्न उन दोनों के चेहरों पर न थे। देवनाथ ने रज्जो के माथे पर शक के चिह्नों को साफ-साफ देखा तथा उसकी घूरती एकटक आँखों में प्यार जैसी चीज का ताप भी महसूसा। उसके होंठ मुस्कुराते तथा दूर की बातें भी करते, देवनाथ उनसे खुद को बचाने की कोशिश करता तथा अपना बचा होना बारीकी से समझता।

कमरे का माहौल सन्नाटे में था तथा सभी एक-दूसरे के भीतर झाँकने में लगे थे। देवनाथ रज्जो की तरफ तो रज्जो बसमतिया की तरफ। देवनाथ को रज्जो ने एक चालू किस्म का आदमी समझा—एक ऐसा आदमी जो जाल फेंकना व निकालना

जानता है, मजा यह भी कि खुद को साफ-साफ बचा भी ले जाता है।

रज्जो ने देवनाथ को अलगियाकर बसमतिया को केन्द्र में रख लिया था, 'बहुत चालू है, अच्छे मरद को फाँसा है।'

रज्जो के यहाँ प्यार वगैरह के सैद्धान्तिक पक्ष न थे। उसके यहाँ स्त्री-पुरुष के रिश्तों में समय की गर्म उत्तेजनाएँ थीं जिनकी वजह से दो दिलों का एक-दूसरे से मिलना-हँसना-गाना होता है। समय गुजर गया, थोड़ी-सी हवा लगी फिर चाँद-तारोंवाली दुनिया अपने-आप एकान्त ओढ़ लेगी। रज्जो का मिजाज खुला-खुला था तथा वहाँ पाप-पुण्य वगैरह की मानसिकता के लिए जगह न थी। गाँववालों की सोचों से अलग वह एक ऐसी महिला थी जिसका सोचना था कि कुछ भी बुरा नहीं, चोरी व धोखे को वह सबसे खतरनाक मानती तथा खुद को बचाकर चलती।

एकाएक उसने खुद से पूछा कि बसमतिया गुप-चुप रहकर, देवनाथ के सम्बन्धों पर पर्दा डाल कर, आखिर क्या पाना चाहती है, उसे कम-से-कम खुला-खुला तो होना चहिए।

रात में बसमतिया व रज्जो ने मिलकर तरकारी-भात बनाया था। देवनाथ मुकदमे की फाइलों में उलझा हुआ था। ननकी के मरद के बारे में पूछने पर बसमतिया ने बताया था कि वह कुछ-कुछ सामान्य हो रहा है।

सोते समय देवनाथ ने जूली के कार्यक्रमों के बारे में बसमतिया से पूछा था—आखिर वह जंगली गाँवों में का कर रही है ?

बसमतिया व रज्जो ने जूली की खूब-खूब प्रशंसा की थी, उसका हर घर में आना-जाना है, जिसके यहाँ जो भी रूखा-सूखा रहता है, बहुत प्रेम से वह खाती है तथा बच्चों की पढ़ाई-लिखाई पर खूब जोर देती है।

गाँव में एक स्कूल भी खोलना चाहती है तथा जंगलवाली जमीनों के लिए आन्दोलन चलाना चाहती है। रज्जो के लिए आन्दोलन की बात समझना कठिन था, समझने को तो बसमतिया भी न समझ रही थी। उन दोनों के लिए 'आन्दोलन' एक नई चीज थी जिसका मतलब उन्हें नहीं मालूम...अब तो सारा गाँव समझ चुका है कि यह जो 'आन्दोलन' है वह का होता है। बार-बार कचहरी जाना, मीटिंग करना तथा जंगल विभाग की गुंडागर्दी के बारे में भाषण देना, फिर प्रार्थना पत्र की तर्ज पर माँगपत्र सक्षम अधिकारी को देना...कुछ नारों को याद कर जोर-जोर से बोलना...रज्जो नारा लगाते समय सावधान रहती, 'धन-धरती बँटकर रहेगी' या 'जो जमीन को जोतय बोवय, वह जमीन का मालिक होवै,' इसी तरह से जल, जमीन, जंगल व जानवर पर भी उसे कई नारे याद थे। शुरू में रज्जो शब्दों को चूस-चूसकर बोलती तो आवाज साफ न होती—बाद में तो फटाका बोलती तथा ध्यान भी न रखती कि दूसरे लोग नारे को दुहरा रहे हैं कि नहीं।

आन्दोलन वाली भीड़ जब कचहरी पर पहुँचने को होती तब कुछ क्रान्तिकारी गीत भी गाए जाते जो सोहर, विरहा की तर्ज पर होते—एक नगाड़ा भी साथ में होता। रज्जो नगाड़ा बजाती तथा उसे टनटनाकर खूब जोर से कहती।

'सुनो-सुनो-सुनो, हमारी बात सुनो...
हम जंगल के हैं, पर जंगल हमारा नहीं है
हम धरती पर जनमे पर धरती हमारी नहीं है...'

कचहरी में उपस्थित लोग रज्जो को ताकने लगते तथा रज्जो के साथवाली भीड़ पर भी सरसरी तौर पर निगाहें घुमा देते। भीड़ में जवान-बूढ़े सभी होते, सभी का दिखना उनकी फटेहाली तथा गरीबी के साथ होता पर कचहरी के लोगों को यह सब न दिखता...उन्हें भीड़ की आवाज सुनाई पड़ती, वे अनसुने रहते, रज्जो के नगाड़े की आवाज उनके कानों में घुसती वे उस पर उँगली लगा देते—रज्जो को सभी देखते तो देखते रह जाते—उनका देखना रज्जो भी देखती, आँखें कभी बाएँ तो कभी दाएँ घुमाती, किसी कलाकार की तरह दैहिक भाव-भंगिमाओं को आकर्षक ढंग से संचालित करती। एक-दो बार तो रज्जो का पाला अखबारवालों से भी पड़ गया था। अखबार के लोगों का समाचार संकलन के लिए कचहरी में आना-जाना तो होता ही है। किसी अखबार वाले को रज्जो प्रेस की जरूरी सामग्री की तरह लगी, फिर तो वह रज्जो की प्रतीक्षा करने लगा था। जंगली आदिवासियों को एक माँगपत्र कलक्टर को देना था—कलक्टर थे नहीं सो रज्जो के साथ की भीड़ गाना-बजाना के माध्यम से अपनी यातनाओं को उजागर कर रही थी। कुछ संवेदनशील लोग अपनी संवेदनाएँ न रोक पा रहे थे, वे भीड़ के अगल-बगल खड़े होकर सारा कार्यक्रम देख व सुन रहे थे। बसमतिया जूली के साथ दफ्तर-दर-दफ्तर आ-जा रही थी।

कलक्टर को माँगपत्र देने के बाद भीड़ अपने दाना-पानी में लग गई थी—जूली व बसमतिया भी भुना महुआ तथा उबले धान का दाना फाँकने में लगी थीं। रज्जो भीड़ में सबसे अलग किस्म की थी। अखबारवाले ने भीड़ को फुर्सत में पाकर रज्जो से पूछताछ करना शुरू कर दिया था...

'क्या नाम है आपका...'

'कहाँ घर है ?'

'यह कैसा आन्दोलन है, आपका नेता कौन है...आन्दोलन का उद्देश्य क्या है ?'

रज्जो ने फटाका अपना नाम बताया था तथा घर का पता भी बता दिया था पर आन्दोलन के बारे में चुप हो गई थी...

कहीं पास ही में जूली थी, जूली ने अखबारवाले के सामने पहुँचकर आन्दोलन के बारे में खुद ही बताना शुरू कर दिया था। जूली हिन्दी बोलती तो कभी पूरा

वाक्य ही अंग्रेजी का बोल जाती—अखबारवाला एक नौजवान होता लड़का था, कहीं काम-धाम न मिलने के कारण अखबार में समाचार संकलन का काम करता था, वह जूली को एकटक ताकता रह गया था। उसे अचरज हुआ था जूली पर। जूली थी कि आन्दोलन को मानवाधिकारों से जोड़कर बता रही थी, जूली का कहना था कि जिन्दा आदमी अपने मौलिक अधिकारों की हत्या न होने देगा, सो हमारा यह आन्दोलन जमीन की उस आजादी का आन्दोलन है जो हमें सदियों से प्रकृति द्वारा प्राप्त है, जब जमीनों पर मालिकाना पूरे ग्राम समाज का होता था किसी एक का नहीं।

अब तो यह सब रज्जो भी बता लेती है...पिछली दो-तीन मीटिंगों में रज्जो ने जंगल विभाग द्वारा हड़पी जानेवाली जमीनों के बाबत कचहरी पर माइक से बोला भी था। पहले तो उसकी पूरी देह काँपती थी। कहना कुछ चाहती थी कह कुछ जाती थी। लोग कहने लगे थे कि वह एक फारवर्ड महिला है। रज्जो जूली को अपना सर्वस्व समझती, जूली से उसे घर तथा बाहर में रहने-बोलने, बतियाने का सलीका मिला था, जब तक गाँव में जूली रहती है, वह परछाईं की तरह उसके साथ लगी रहती है। रज्जो भी जूली को स्टेशन तक छोड़ने जा सकती थी पर जानबूझकर नहीं गई क्योंकि देवनाथ ने केवल बसमतिया से ही चलने के लिए कहा था...

रज्जो को रात में कब नींद ने जकड़ लिया यह उसे नहीं मालूम, सामान्यतया थोड़ा सा भी आराम मिले तो वह सो जाया करती थी। सोते समय उसके मन में किसी भी तरह का जोड़-घटाव न होता था। बसमतिया व रज्जो जमीन पर एक साथ सोई थीं तथा देवनाथ चौकी पर सोया था। रात के फासले उन तीनों को अलगियाए हुए थे। कमरे की सारी चीजें भी अपनी-अपनी जगह पर नींद में थीं। कमरे में तीन लोग थे, तीनों का जीवन था, पर कुछ ऐसा निष्क्रिय कि उनसे जीवन ही छीन लिया गया हो...

बसमतिया की अपनी जिदें थीं, जो देह-पीड़ा तक उसे पहुँचा देती थीं तथा रज्जो देह-पीड़ा से बाहर उन्मुक्त थी, उसके लिए गूं-गां या कानाफूसी करना कोई मायने नहीं रखता था। उसके यहाँ मन तथा देह का अद्भुत समायोजन था जबकि बसमतिया के यहाँ मन तथा देह में कोई आवाजाही न थी—देवनाथ तो किसी बीमार की तरह अपनी दवाई के लिए परेशान था—सो वह जो भी सोचता, जो भी विचारता उसमें पढ़ाई-लिखाई की गरिमा जोड़कर खुद को सामान्य आदमी बनने से इंकार कर देता। उसे अपनी ओढ़ी हुई असामान्यता पर कभी-कभी खीझ भी होती।

बसमतिया, रज्जो व देवनाथ तीनों ध्रुवों की तरह अपनी-अपनी जड़ों से चिपके हुए थे। रात गुजर गई, सुबह हुई...

बसमतिया व रज्जो दोनों सुबहवाली बस पकड़ना चाहती थीं—क्योंकि उन्हें बस

से उतरकर पैदल भी चलना था। स्कूल कहाँ खुलेगा, उसकी दीवारें कैसे बनाई जाएँगी, यह सब जूली ने बसमतिया व रज्जो को बता दिया था। स्कूल बनने का काम जूली के दिल्ली से लौटने के बाद शुरू होगा। गाँव की कमेटी बन चुकी थी, कमेटी महिला व पुरुष दोनों की संयुक्त थी। मल्लिक महिला व पुरुष की दो कमेटियाँ बनवाना चाहते थे। जूली संयुक्त कमेटी की पक्षधर थी जिसे मल्लिक ने भी समयोचित माना। महिला व पुरुष कमेटियों के बाबत जूली व मल्लिक में गम्भीर तर्क-वितर्क हुए।

देवनाथ ने आग्रहपूर्वक बसमतिया व जूली को रोक लिया था कि 'खाना खाकर जाओ।' रज्जो तो खुश-खुश हो गई थी क्योंकि देवनाथ ने रज्जो के हाथ का बना खाना खाने की इच्छा बताई थी—बसमतिया ने भी रज्जो की शाबासी को समर्थन दिया था...

एक बार जो इसके हाथ का बना खा ले फिर कभी न भूले।

खाना रज्जो ने ही पकाया था, बसमतिया उसके साथ लगी रही थी...देवनाथ कुछ देर तक तो किताबों में जाने क्या ढूँढ़ता रहा था फिर कमरे से बाहर बसमतिया से बतियाने लगा था... रज्जो तरकारी का छौंका लगाते समय कमरे के बाहर अपना कान लिए खड़ी थी हालाँकि वह कमरे में ही थी—बाहर से कुछ भी ऐसे संकेत भीतर न आ रहे थे जिसे रज्जो सुनना चाह रही थी। रज्जो तजबीज कर रही थी कहीं इन दोनों में लस-फुस तो नहीं, कभी वह छौंकी हुई तरकारी चलाना बन्द कर देती ताकि कुछ तो सुनाई पड़े...तभी रज्जो को सुनाई पड़ा...

'आओगी न...'

'नहीं बपई आएगा...'

'तुम भी आना, आओगी न...कसम'

'कसम...'

रज्जो देवनाथ व बसमतिया की कसमें सुनकर बहुत खुश हुई थी—चलो बसमतिया को अकल तो आई...कुछ देर रुक-रुककर तथा तरकारी में पानी डालकर रज्जो भी बाहर निकल आई थी जहाँ देवनाथ बसमतिया के साथ बैठा हुआ था।

'काहे के लिए कसमें खाई जा रही थीं ? खाना नहीं खाना क्या ?' रज्जो ने मजाक के लहजे में हँसते हुए पूछा था जो किसी को भी सम्बोधित न था...

'अरे बस ऐसे ही...' देवनाथ ने बताया था।

'कसमें ऐसे ही नहीं खाई जातीं वकील साहब, दिल की कचहरी में झूठ नहीं बोला जाता...मैं तो कहूँ जो भी सोचो, कर डालो...मुझे मर्दों के यह नखरे ठीक नहीं लगते...खूब जानती हूँ मर्दों को। क्यों रे बसमतिया ! तूँ भी कसमें खाने लग गई...' रज्जी ने बसमतिया व देवनाथ के सम्बन्धों पर से पर्दा उठा दिया था...

बसमतिया चुप थी, देवनाथ रज्जो की स्पष्टवादिता से खुश था तथा उसके

सामने रज्जो का बदला हुआ असली चेहरा था जिस पर मर्दों की चालाकियाँ व बेवकूफियाँ दोनों दर्ज थीं। रज्जो को आश्वस्त करते हुए देवनाथ ने कहा था...

'नहीं रज्जो, मैं मर्द हूँ तो औरत भी हूँ...'

'अच्छा, तो आप जनखा हैं ? इसीलिए बसमतिया से पटरी है, यह भी तो जनखी ही है', कहते हुए रज्जो हँसने लगी थी। उसकी मुलायम हँसी ने बसमतिया व देवनाथ को भी खूब-खूब हँसाया था।

खाना खा लेने के बाद, बसमतिया व रज्जो ने गाँव जाने की राह पकड़ ली थी। देवनाथ कचहरी जाते समय विचारमग्न था, 'आखिर उसने बसमतिया को क्यों रोक लिया था... ?'

जूली ! हिन्नू है का ?

बसमतिया व रज्जो दोनों जब गाँव पहुँचीं तो गाँव अँधेरे में डूब चुका था तथा आसमान के फैलाव का होना अँधेरे में गुम था। रज्जो का घर जंगल जहाँ से शुरू होता था उससे पहले था। रज्जो को बसमतिया के घर से थोड़ा दूर जाना था। बीच में पगडंडी का तिराहा पड़ता था जहाँ डीह बाबा का पूजा स्थल था। वहाँ एक मोटी-सी लकड़ी पर आदमी की शक्ल उतारी गई थी जो किसी औसत मोटाई के पेड़ का जड़-खर जान पड़ती थी। उसे जमीन में गहरे तक धँसाया गया था। इसी डीह बाबा की मूर्ति के चारों ओर चार गुणे चार फीट का चबूतरा बनाया गया था, चबूतरा मिट्टी का था जो गोबर से पुता हुआ था। इन्हीं डीह बाबा की बगलवाली पगडंडी पर रज्जो अपने घर के लिए मुड़नेवाली थी कि उसे ख्याल आया, फिर बेवाक होकर उसने बसमतिया से जानना चाहा...

'सच, सच बताना, हमारी किरिया, झूठ न बोलना...वकील साहब से तुम्हारा...'

'अभी नहीं छठ बाद बताऊँगी...' बसमतिया ने सकुचाते हुए बताया।

'छठ बाद काहे ?' रज्जो ने फटाका पूछा।

'मनौती किया है, अगर जगदा न आया तब...' यह बसमतिया थी।

'अच्छा ! तो तूँ समझती है कि छठ बाबा तेरे जगदा को तेरे हवाले कर देंगे, वह जहाँ कहीं भी होगा, का वह भी तेरे लिए मनौती किया होगा कि तूँ बची रह जस के तस...? देख बसमतिया, इस जिन्दगी को जितना रबड़ माफिक तानो तनती जाएगी...अगर वकील साहब से तेरा कुछ है तो कम से कम उसे तो मेहररूआ झमेले में न डाल...वह बहुत सीधा लगता है रे...उससे कपट न करना...मर जाएगा बेचारा...' रज्जो ने बसमतिया को समझाना चाहा।

'तो का करूँ रे रज्जो...मैं तो फँस गई हूँ दुविधा में। मन कहता है कि जगदा लौटेगा...। देवनाथ को धोखा देना होता तब तो जाल ही टूट गई होती तथा वह भी मुझसे पिंड छुड़ाकर भाग चुका होता...' बसमतिया ने ऊपरी विवशता बताई।

रज्जो गम्भीर सचेत थी। उसके पास अनुभवों का जोड़-घटाव था...फटाका उसने

प्रतितर्क किया...

'मरद भागकर कहाँ जाएगा रे...कुत्तों माफिक लार टपकानेवाला...लेकिन, वकील साहब के मुँह में तो लार ही नहीं। लार मुँह में तभी होता है जब आँखों में लोर नहीं होते ...चलते समय तूने देखा था वकील साहब को...?'

'नहीं तो...' सहजता से बसमतिया ने इनकार किया।

'मैंने देखा था उसका चेहरा तथा आँखें, मुझे लगा कि वह रो पड़ेगा, सो झट से उसने मुँह दूसरी तरफ घुमा लिया था...लोरों वाली आँखें धोखा नहीं देतीं बसमतिया...। बुरा न मानना, जगदा की आँखों में लोर होता न, तो वह जमीन फाड़कर तेरे पास आ चुका होता...अच्छा तूँ जा, मैं भी जाती हूँ,' कहते हुए रज्जो ने पगडंडी पकड़ ली थी।

बसमतिया उलझनों को सुलझाते हुए घर आई थी।

ओसारे पर का टटरा बंद था...ओसारे पर से ही बसमतिया ने अपनी सास को पुकारा...। सासू आँगन में लेटी थीं, बसमतिया के बारे में सोचते हुए कि 'आई काहे नहीं...'

बसमतिया की आवाज सुनकर सासू ने टटरा खोला था जिसके पीछे लोहे की सिकड़ी लगी थी...बिना पूछे ही बसमतिया ने अपनी सफाई दी, 'देवनाथ ने रोक लिया था।'

'हाँ परधान बता रहे थे'—सासू ने अपनी जानकारी जोड़ी।

रास्ते भर बसमतिया परेशान थी 'आखिर वह का कहेगी ? काहे देवनाथ के यहाँ रुक गई।' सासू को संयत व आश्वस्त देखकर ही वह तटस्थ हो गई थी—वैसे उसने निश्चित कर लिया था कि यदि बातें कुछ बढ़ीं तो साफ-साफ बता देगी सासू को—'यदि जगदा छठ तक लौट आया तब तो कोई बात नहीं, नहीं तो छठ के बाद वह देवनाथ से सलट लेगी ?'

'सड़क का काम तो शुरू हो गया होगा अइया।'

'नाहीं रे ! पुलिस आई थी—सुबह पुलिस ने ही काम लगवा दिया था फिर जुआर के समय आकर दरोगा ने काम बन्द करवा दिया, कह रहा था मुकदमा दाखिल हो गया है। दरोगा के साथ एक वकील भी कागज का बंडल लेकर आया था। घूम-घूम कर ठेपा लगवा रहा था। मैं भी सुनकर गई थी सड़क पर।'

'छोड़ तूँ, औरत जात इस झमेले में न पड़, मुई सड़क बने न बने, कउन हम लोगों के यहाँ गाड़ी धरी है, हरदम तो पाँवगाड़ी से ही चलना है।'

'कलट्टर साहब ने तो आर्डर कर दिया था अइया फिर काहे रुक गई।' अइया से बसमतिया ने जानना चाहा।

'कलट्टर से भी बड़हर हाकिम ने रोका है, लोग ऐसा ही बोल रहे थे। परधान ने बताया था कि मुकदमा हो गया है। बड़कू ने पंडितों से मिलकर मुकदमा कर

दिया है, सड़किया तो हम लोगों की जमीनै से होकर आगे जाएगी न...' सासू ने बसमतिया को बताया।

'हम लोगों की जमीनिया तक तो बन गई है सड़क...अब तो आगे बननी थी...' दुबारा आश्चर्यपूर्वक बसमतिया ने पूछा...

'तूँ छोड़ भी इस परपंच को, देख तूँ सेठाइन न बन, अपना काम कर। यह सब पैसों वालों का रगड़ा है...यहाँ बिना पंडितों के पत्ता तक नहीं हिलता।' सासू गुस्से में होकर बोलीं।

रात न होती तो बसमतिया परधान के यहाँ चली जाती–पर रात में जाना, घर से बाहर निकलना...रातों को उजालों में बदलनेवालों से पार पाना उसके वश का नहीं–वैसे तो हर तरफ अँधेरा ही है फिर भी कुछ दिखता है, रात तो आँखों को ही ढाँप देती है...सोचते हुए बसमतिया ने सासू से दुबारा पूछा...

'अइया ! जेठ ने मुकदमा दाखिल किया है ?'

'हाँ रे कह तो दिया कि वह पंडितों से मिल गया है, दो-तीन दिन पहले से ही गठरी आ रही है उसके यहाँ...कल तो चमकदार साड़ी पहिनकर घूम रही थी बड़की...'

'अच्छा तो ऐसा हुआ अइया...' बसमतिया ने आश्चर्य प्रगट किया फिर पूछा–

'खाना का बनेगा अइया...रोटी भर्ता बना दूँ का...?'

'कुछ भी बना दे...जो तुझे रुचे...कहकर सासू खटिया पर लेट गई।

बसमतिया ने रोटी व आलू का भर्ता बनाया-खाया, सासू को खिलाया। गाढ़ी होती रात और गाढ़ी हो रही थी–बसमतिया भी रात के साथ गाढ़ी हो जाती–रात के सुख उसे घेर लेते, पर उसके लिए उस सुबह का इन्तजार था जो रेंगाते हुए परधान के यहाँ तक ले जाती। परधान से वह पूछती कि सड़क काहे रुक गई...। सुबह रात के कब्जे में थी सो, उससे काफी दूर थी...इस अहसास ने बसमतिया की आँखें बन्द कर दीं, थकान तो थी ही, फिर बसमतिया नींद में चली गई।

सुबह होते ही बसमतिया परधान के दरवाजे पर थी। दरवाजे पर चेरवान व धंगरान के लोग बैठे हुए थे। मर्द व औरत सभी थे, अरिहान के लोग भी थे। सड़क काहे रुक गई थी ! सभी चकराए हुए थे, गाँव के लोगों को कचहरी से लौटकर कलक्टर के आदेश के बावत बताया गया था–सभी के चेहरे खिल उठे थे पर चेहरों का खिलना कुछ घंटों में ही फुर्र हो गया था।

थाने के दरोगा ने सबको डाँट-डपट कर रोक दिया था। परधान को तो खास तौर से डाँटा था...पूरा गाँव सकते में था कि परधान का थाने पर जोगाड़ रहता है फिर यह हो क्या रहा है ? दरोगा का कहना था कि मुन्सफ साहब ने रोका है...जेठ का नाम लेते हुए बताया था कि इसी ने मुकदमा दाखिल किया है।

परधान, रज्जो, बसमतिया, धंगरान के सुमेरन व खदेड़ू के नाम से नोटिस भी एक वकील लेकर आया था।

'अब सड़क न बन पाएगी बसमतिया...' परधान ने दुःखी होकर कहा।

'काहे काका, काहे नाहीं बनेगी। हम लोग मुकदमा लड़ेंगे...' बसमतिया ने साहस दिखाया। 'कितना मुकदमा लड़ेगी तूँ...कहाँ-कहाँ जाएगी लड़ने, इलाहाबाद से लेकर दिल्ली तक कोरट ही कोरट हैं—मुकदमे के लिए रुपया और टाइम चाहिए बसमतिया...' परधान ने बसमतिया को समझाया।

'काका...अपने कोरट तक तो हम लोग लड़ ही सकते हैं' बसमतिया ने परधान को सुझाया।

'तूँ कुछ नहीं जानती बसमतिया—ऐसा मुकदमा तो तब तक चलता है जब तक तूँ मर न जाओ—फिर भी फैसला नहीं होता, परधान अपने अनुभवों के झोंके में थे।

कहीं से रज्जो चली आई—आते ही उसने परधान से सड़क के बारे में पूछा...परधान के पास सधा जवाब था—'कोरट ने रोक दिया सड़क...'

'अरे वाह ! सड़क हमारी, हमारा गाँव—कोरट भला काहे रोकेगी, उसे का पड़ी !' रज्जो नासमझी के आश्चर्यों में थी जबकि पूरा देश जानता है कि कोरट ने कितने कायदे-कानूनों को दुरुस्त किया है। कोरट न हो तो सरकारें जाने का करें ? इससे कम नुकसान भी नहीं।

परधान ने लाख समझाना चाहा कि रज्जो कुछ समझ जाए पर वह कहाँ समझनेवाली थी—उसे तो अपना नगाड़ा ख्याल आता तथा कुछ रटे हुए नारे याद आते...उसकी सीख थी कि समाज नारों के सहारे बदल जाया करता है।

अन्त में रज्जो को डाँटते हुए परधान ने समझाया था, नारे और नगाड़े कलक्टर के यहाँ बजते हैं रज्जो ! कोई जनता का मददगार कलक्टर हुआ तो नारों व नगाड़ों की आवाजों को सुन भी लेता है, नहीं तो वह भी डंडा भँजवा कर नगाड़ों को कोड़वा डालता है। कोरट में यह सब नहीं होगा—वहाँ तो जो भी जाते हैं सिर झुकाते हुए ही जाते हैं, चाहे कलट्टर हों या नेता, फिर हम लोगों की का औकात ?'

'हमें भी तो लड़ने नहीं जाना वहाँ' विनम्रता से रज्जो ने कहा फिर उसने कुछ याद कर बातें आगे बढ़ाई...'कक्का ! हम अपना पेट ही तो दिखाने जाते हैं वहाँ !'

'यही तो बात है रज्जो ! पेट का, हम अपनी आँतें भी किसी को नहीं दिखा सकते—यदि उसे कुछ हो गया तो, घिना कर देखनेवाला मर न जाएगा, कैसे चले आए ये गन्दे, महकती देह वाले...अच्छा अब सभी लोग जाओ, अपना-अपना काम देखो...अब अगली तारीख पर कचहरी जाना है, फिर जो होगा, होगा।'

परधान ने गाँववालों को समझा-बुझाकर किसी तरह सहलाया। बसमतिया से उन्होंने पूछा भी...'देवनाथ कैसा वकील है, लगता तो ठीक है, उस दिन कलक्टर

से जमकर बतियाया था...'

बसमतिया कुछ कहने ही वाली थी कि रज्जो बोल पड़ी...

'अच्छा मरद है कक्का, तो वकील भी ठीक ही होगा'

'अच्छा तूँ चुप रह—परधान ने रज्जो को झिड़का...' पर रज्जो कहाँ चुप रहनेवाली थी—बोल पड़ी—

'हाँ कक्का हम लोगों का मुकदमा वही लड़ेगा...'

'तुम्हारे जेठ से बात करनी है बसमतिया—' परधान से बसमतिया से कहा

'का करेंगे बात करके कक्का ? हमारी जमीनिया पर भी मुकदमा किया होगा का, नाम तो दोनों भइयों का है फिर अकेले कैसे हो गया मुकदमा...' बसमतिया ने परधान से जानना चाहा।

'मुकदमे का का है, तूँ चाहे तो मेरी जमीन पर खड़ा कर दे...' परधान ने बसमतिया को बताया।

'अच्छा ! फिर काहे का कायदा-कानून...' बसमतिया आश्चर्यचकित थी।

परधान के यहाँ आश्चर्यों के जवाब न थे। परधान एक कामचलाऊ आदमी थे—कुछ सुने, कुछ अनसुने पर चला करते थे, फौजदारी के मुकदमों जैसे चोरी, मार-पीट के बारे में उनकी जानकारी अच्छी थी...अगल-बगल के लोग रपट लिखाने के मामलों में उनसे सलाह-मशविरा करते थे। दरोगा द्वारा पर्चा काटे जाने के तो वे इतने जानकार थे कि पूरा मुकदमा ही बिगड़कर फिस्स हो जाता था। गवाहों को तोड़ लेना—यह सब उनके लिए बहुत सहज जैसा था पर सड़क वाले में उनकी तर्क बुद्धि व थाने की पैरवी काम न आ रही थी। वे मुकदमे की जड़ के साथ थे। यदि बसमतिया के जेठ से मुकदमा उठवा लिया जाए तथा बसमतिया से जेठ की पटरी हो जाए तब सब ठीक हो जाएगा...। ऐसा सम्भव नहीं था क्योंकि जेठ व बसमतिया के बीच कोई झगड़ा न था जो सुलह हो जाती। जेठ के लिए तो बसमतिया की देह थी जिसकी यात्रा वह करना चाहता था। परधान इस बात को जानते थे, फिर सड़क से बसमतिया को क्या लेना-देना था ?

पंडितों ने लालच दिया होगा...

परधान को लालच वाला सूत्र ऐसा समझ में आया कि मुस्कुरा उठे...

गाँव के लोग परधान के दरवाजे पर से जा चुके थे। बसमतिया चूड़िहार काकी के घर से होते हुए अपने घर आई थी। रज्जो सीधे अपने घर निकल गई थी। उसके बड़े लड़के को बुखार था।

घर पर आते ही अइया से बसमतिया से पूछा था, 'कहाँ चली गई थी सबेर-सबेरे ?' 'परधान के यहाँ गई थी'—कहते हुए बसमतिया आँगन की तरफ जाने लगी थी, तभी सासू ने रोका था...

'देख, सड़क-फड़क के चक्कर में न पड़। यहाँ के पंडितों से कोई पार नहीं

पा सकता, उन सबों ने बड़कू को भी मिलवा लिया है, घर में राड़ मत मचबा। पहिलहीं हमने तुमको मना किया था फिर भी चली गई, परधान के यहाँ...का करेगा परधान...'

'नाहीं अइया हमें का लेना-देना, फिर काम होता तो हमें मजूरी मिलती कि नहीं।' बसमतिया ने सासू को बताया।

'मजूरी का का है, जंगलवाला काम शुरू है, वहीं जाया कर।' सासू ने बसमतिया को सुझाया।

'जंगलवाले हमारे गाँव के आदमियों को काम पर कहाँ लगा रहे हैं, जब से गाँव में दिल्लीवाली जूली ने आंदोलन चलाया है तब से काम बन्द है,' बसमतिया ने बताया।

'हाँ रे कोई बतिया रहा था, तभी मैंने सुनी थी। ये जूली-फूली कौन है ? सुना है जबान है, अकेले आती-जाती है, बहुत तेज है...'

'हाँ अइया, तेज तो बहुत है, लड़की भी बहुत अच्छी है। रज्जो की उससे खूब पटती है।' बसमतिया सासू से बातें करके रसाई में चली गई थी। रात का जूठा बरतन सपराया था। खाना वगैरह खा-पी लेने के बाद ननकी बसमतिया के यहाँ चली आई थी। ननकी का मरद ठीक होने लगा था तथा वह कुछ समझने लगा था जो मरद के नाते उसे समझना चाहिए था। ननकी खुश-खुश थी तथा उसके बिलखते सपने हँसने लगे थे। ननकी के चेहरे पर तनाव के लक्षण न थे, वह किसी नवोहर की तरह आत्ममुग्ध थी। समय के हेर-फेर में उसका जीवन जो कहीं खो गया था, वापस आ गया था।

ननकी जीवन जीने की लालसा से इतनी भरपूर थी कि उसे मालूम ही नहीं हो रहा था कि वह अपनी खुशियाँ, हँसियाँ किसके साथ साथ बाँटे। ननकी सीधे बसमतिया के यहाँ चली आई थी। दो-तीन साल पहले ही की तो बात थी...जब उसका मरद कुछ बोला था, फिर रात के एकांत को पीने बैठ गया था। उसकी गर्म साँसों से ननकी को अचरज हुआ था तो खुशी भी। हवा का तेज झोंका आया, ऐसा भी तेज नहीं जो छप्पर तक उड़ा ले जाए। हवा के झोंके से पसीना हुई देह ठंडा गई थी। रात का एकांत दिन के उजाले में बदल गया था। ननकी हाँफने लगी थी, आखिर हुआ क्या ?

मरद की गर्मी कम हो गई थी, बुखार का ताप देह छोड़कर भाग चुका था। ननकी को उसी बुखार ने पकड़ लिया था फिर तो ननकी हाँफने लगी थी...बहुत देर बाद मरद ने उसके बुखार को नापा था...फिर तो...ननकी को लगा था कि वह किसी दूसरी दुनिया में है जहाँ सिर्फ आनन्द व मनोरम ही है, वहाँ कुछ भी ऐसा नहीं जिससे माथा दुखे, कलेजा फड़फड़ाए, आँखें रोने लगें।

बसमतिया ननकी से सारा कुछ सुनकर खिल उठी थी जैसे उसे जगदा मिल

गया हो तथा वह जगदा की साँसें पीने लगी हो। ननकी के हिस्से की खुशी उसे अपनी लगी थी। इसे समझकर ननकी ने बसमतिया को छेड़ा भी था...

'देवनाथ से मुलाकात हुई थी, वह तुम्हें बहुत चाहता है, तूँ उससे काहे नहीं सलट लेती। उसके बियाह के लिए कोई दरोगा आया था। उसकी लड़की बी.ए. में पढ़ रही है। दरोगा फोटो लेकर आया था...बहुत जोर लगा रहा है। कोलयरी से देवनाथ का भाई भी आया था। दरोगा का छोटा भाई भी कोलयरी में देवनाथ के भाई के साथ काम करता है।'

'कब आया था दरोगा' बसमतिया ने पूछा था।

'अरे दो महीने तो हो गया होगा।' ननकी ने बसमतिया को बताया था।

'देवनाथ ने कुछ नहीं बताया ?'

'वह का बताता कि उसका बियाह होनेवाला था, देखनहरूओं ने उसे पसन्द किया था...यह भी कोई बताता है का...' ननकी ने जोर देकर बसमतिया से कहा, 'देख ननकी...मैं देवनाथ से सलट लेती पर मेरा मन कहता है कि जगदा जरूर आएगा—छठ तक की मनौती है, जगदा आ गया तो ठीक, नहीं तो देवनाथ से सलट लूँगी...' बसमतिया ने साफ-साफ ननकी को बता दिया था।

'इसी बीच दरोगा की बेटी से बियाह ठीक हो गया तो...' ननकी ने सुझाया।

'हो जाने दो...मैं का करूँगी इसमें...' बसमतिया ने बताया।

'अरे बात तो कर ले कि जो होगा छठ के बाद ही होगा...' ननकी ने अपनी सलाह जोड़ी।

'बात हुई है...देख ननकी, देवनाथ बिवाह-कियाह कहीं नहीं करेगा—उसकी आँखों में पानी नहीं लोर भरे रहते हैं हरदम...मेरे लिए जगदा है, नहीं तो मैं कब की उसके साथ हो चुकी रहती...सच कहूँ, तो तूँ मानेगी नहीं, मैं तो किसी से सलटती ही नहीं, मुझे मर्दों से घिन आती है। मुँह में थूक भर जाता है पर देवनाथ से मिलकर सारा गड़बड़ हो गया...भगवान करे कि जगदा आ जाए मुझे दूसरा न करना पड़े...मैं सोचती हूँ देवनाथ से सलट लिया फिर जगदा आ गया तो...जगदा का का होगा ? जगदा आ गया तो देवनाथ का का होगा...मैं दोनों को सँभाल नहीं सकती...फँस गई हूँ ननकी...तूने फँसा दिया है...' बसमतिया कहते हुए कहीं खो गई।

'तूँ पागल है बसमतिया, बहुत सोचती है, जो सामने है उसे देख। जगदा तुम्हें भूल चुका है, उसे आना होता तो अब तक आ गया होता—जगदा अब कभी नहीं आएगा...तुझे देवनाथ से सलटना है तो सलट ले, का करेगा जगदा आकर, आ गया तो किसी से सलट लेगा, का सारी दुनिया तोहरे कपार पर है।'

'छठ तो आ ही गया है न, काहे घबरा रही है ?' बसमतिया ने ननकी को आश्वस्त करना चाहा...

‘छठ का होता है रे, हम लोग पंडिताइन हैं का’ ननकी गुस्से में थी।

वह एक अनौपचारिक बैठक थी जिसमें बसमतिया व ननकी अपनी-अपनी समझ के साथ प्रतिभागी थीं। बैठकी में उनकी बातों का टेक देह के सहारे उठ-बैठकर बहुत मनोरम हो गया था। ऐसे में दिल्लीवाली जूली ननकी की जीभ पर चढ़ गई थी।

‘वह भी तो जवान है, तीस से कम न होगी—हिन्नू है का ? माँग एकदम खाली है...बुढ़ौती में लरिका खेलाएगी का... ?’ ननकी ने हल्की मुस्कराहट के साथ सवाल बसमतिया की तरफ़ उछाला।

‘हाँ है तो हिन्नू ही पर मेरी अकल में कुछ नहीं आता, मुझे तो जूली ठीक जान पड़ती है, का करेगी बाल-बुतरु जनमा कर, बिआह ही नहीं किया है, करेगी भी नहीं, मैंने उससे पूछा था...’

‘तभी तूँ जूली बनी है, अरे ! उसका लसर-पसर होगा कहीं..., देखती नहीं उसकी आँखें, डोरे हैं उनमें। चमक ही आँखों में नहीं आती जब तक... ।’ ननकी ने अपना ज्ञान उड़ेला।

‘तुझे तो यही सब लौकता है, कुछ दूसरा जैसे दिखता ही नहीं। वह जब से गाँव में आई है आया कउनो जंगल वाला ? नाहीं तो कभी इस घर तो कभी उस घर, यही तो होता था आज फलनिया गई थी तो कल चिलनिया गई थी...’ बसमतिया ने ननकी को झिड़का था।

ननकी कुछ देर बाद चली गई थी। बसमतिया अकेली थी, सासू के खर्राटे जारी थे। अचानक बसमतिया ने कोई आवाज सुनी जो शायद उसकी ही थी...

‘तूँ जूली नहीं बन सकती बसमतिया, अकेले तो तुझे, तेरे जेठ ही ठिकाने लगा देगा, फिर अकेले रहना कोई अकल की बात भी नहीं... ।’ आवाज आई थी जिस तरह उसी तरह वापस भी हो चुकी थी, फिर तो वह देवनाथ व छठ के बारे में सोचने लगी थी।

दूसरी दुनिया

समय खुद को बदलने में लगा था। देश में जनसंख्या वृद्धि की तुलना में आश्चर्यजनक घटनाओं की वृद्धि कुछ अधिक थी। संसद भवन पर हमला हो या गोधरा कांड—सबके सब लोगों को डराने लगे थे...कुछ तो समय के इस खेल पर मौजूदा सरकार की लापरवाही का इल्जाम भी लगा रहे थे—लेकिन यह सब खुला-खुला न था। राजनीतिक विरोध नाम की चीज कहीं भी न दीख रही थी। इसी दौरान अयोध्या भी कायदे-कानून में किलबिला रहा था, वहाँ कार सेवकों को आने-जाने से प्रतिबन्धित कर दिया गया था तथा उच्चतम न्यायालय ने भूमि पूजन पर निषेधाज्ञा लागू कर दी थी...इतना सब था, बावजूद इसके देश चल रहा था। लोग चल रहे थे—कहीं कुछ उल्लेखनीय दूसरा ना था।

बसमतिया का मुकदमा व सड़क का एक दूसरा मुकदमा भी कचहरी में चल रहा था, कचहरी भिन्न-भिन्न राष्ट्रीय व जिले स्तर के कांडों पर चलने से इनकार करने में थी, क्योंकि वकील लोग हड़ताल कर देते थे और कचहरी चलने से रुक जाती थी। सो परधान तथा बसमतिया का चलना रुक गया था। जंगल विभाग का काम, जवाहर रोजगार योजना का काम रुक गया था...फिर भी पेट की भूख चल रही थी, आँत जो सूखनेवाली थी वह भी कभी-कभार चढ़-उतर लेती थी, आँखों के कामुक इशारे चल रहे थे तथा थाना भी चल रहा था।

बसमतिया के गाँव में देश के बारे में कोई ताजा खबर न थी, उसी तरह कोई बुरी खबर भी न थी—खबरों में सिर्फ यह था कि जो एम.एल.ए. का चुनाव अभी-अभी हुआ था—ये लोग चुनाव जीत अभी हवा में लटके हुए हैं। बहुमत किसी भी पार्टी का न होने के कारण सरकार न बन पाई है, एक तो यह खबर थी। दूसरी बात थी चुनाव मशीन के बावत...बस बटन दवाओ, वोट पड़ गया...कैसे पड़ जाता होगा वोट, तीसरी बात शिकायती थी कि बहुत से लोगों का नाम वोटर लिस्ट में न था जब कि परधान के चुनाव में उन लोगों ने वोट दिया था। गाँव की सरलता में यह बात भी घुल गई थी कि परधान, एम.एल.ए. व एम.पी. वाली चुनावी वोटर लिस्टें अलग-अलग होती हैं। जूली के साथ देवनाथ भी बसमतिया के गाँव में आया

हुआ था। जूली अपने लटकउआ झोले के साथ थी जिसमें माहेश्वर प्रसाद कमेटी की मोटी रिपोर्ट भी थी—रिपोर्ट दो-ढाई सौ पृष्ठों की थी तथा एक पुराना गजेटियर भी था जो 1908 का था। देवनाथ ने पढ़ाकू व तथ्यों के साथ चलनेवाली जूली को गम्भीरता से समझना चाहा था...सो वह उसके साथ उसके आधार गाँवों में आ गया था। बसमतिया व ननकी से मिलना भी एक खास मकसद था।

जूली व देवनाथ दोपहर होते-होते तक गाँव में आ चुके थे। पहले से निश्चित कार्यक्रमानुसार देवनाथ ननकी का घर ढूँढ़ने लगा था, वह ननकी का देखा-पहचाना घर भूल चुका था। गाँव में तमाम तब्दीलियाँ आ चुकी थीं। महुआ का पेड़ जो देवनाथ को याद था वह कट चुका था, उसके आस-पास के मिट्‌टी के टीले समतल होकर खेत बन गए थे, जगह-जगह इन्दिरा आवास के किकुड़ियाते मकान खड़े थे जिनका सीमेंट उखड़ रहा था, ईंटें मौसम का स्वाद चूस रही थीं...।

देवनाथ को तो नहीं जूली को अपने-अपने तरीके से देखनेवाले लोग भी थे, जो पगडंडियों पर चलते हुए घोड़ों की तरह अड़ जाते थे। ननकी के मरद का नाम देवनाथ को याद न था...जब ननकी का घर ढूँढ़ने पर नहीं मिला तब सामने से आते हुए एक अधेड़ आदमी से पूछकर देवनाथ ने मालूम किया कि ननकी का घर किधर है...

ननकी का घर साँस लेने भर की दूरी पर था। दरवाजे पर ननकी का ससुर था जिसे देवनाथ पहचानता था। ननकी का मरद घर पर न था। ससुर ने ही ननकी को 'घोरा' कर बताया था कि 'वकील साहब' आए हैं। ननकी पाँव सिर पर रखकर दौड़ी आई थी...

देवनाथ ने ननकी को पावलागी बोला था, जूली ने नमस्कार किया था तथा ननकी ने मन-ही-मन दुआ दी थी। ननकी ने फटाका गुड़-पानी परोसा था...इसके बाद चाय बनाने लगी थी। देवनाथ व जूली ने काफी जिदूद की कि रहने दो। 'ऐसा काहे होगा...? आप लोगों को रोज-रोज आना है का...' जूली के लिए गरीबों के घर में 'चाय' की बात काफी गम्भीर थी जिसका जुड़ाव आधुनिकता से होते हुए उत्तर-आधुनिकता से था। बाजार कहाँ नहीं है ? चाय गाँवों में आ गई, बिस्कुट भी आ चुका होगा, साबुन तो पहले से ही है, कपड़े सारे के सारे सिंथेटिक हैं। देवनाथ को बाजार की घुसती प्रवृत्तियाँ सामान्य रूप से दिखती थीं तथा उसे बाजारवाद के प्रकोप आतंकित भी न करते थे, सो वह इससे अलग हटकर सोचों की दूसरी पगडंडी पर था...

जूली के पास गाँव का पूरा सर्वे था। सर्वे जूली ने खुद किया था। गाँव में खेती योग्य जमीन व वन भूमि को आधार बनाकर सर्वे किया गया था। चेरवान के परिवारों की संख्या चालीस थी तथा धांगर कुल पैंतालीस परिवार थे, गाँव में हरिजन न थे। अहीर जो लगभग भूमिहीन थे उनकी संख्या चार परिवार की थी।

हरिजन आवास दस परिवारों का बना था। भूमिहीन व गरीबी रेखा के नीचे जीवन गुजारनेवाले इन परिवारों के बच्चे स्कूल न जाते थे। स्कूल था भी बहुत दूर। ये बच्चे या तो कबड्डी-सट्ररा खेलते थे या किसी की गाय-भैंस चराते थे। प्रौढ़ों में केवल एक जगदा था जो हाई स्कूल पास था तथा गाँव छोड़ चुका था। कुछ बच्चों ने एक-दो तक की पढ़ाई की थी।

आर्थिक तौर पर किया गया सर्वे विश्व बैंक या देश के समाज सुधार कार्यक्रमों को चिढ़ाता हुआ सा था...बहुतायत लोगों के पास बन्धी में ली गई जमीनों के एवज में चौदह-चौदह विस्बों के दिए गए छोटे-छोटे जमीन के टुकड़े थे। गाँव के भूमिहीन जंगल विभाग के कामों पर सब्बल, गैंता, फावड़ा चलाते तथा औरतें टोकरियाँ ढोतीं। कभी जंगल में वृक्षारोपण का काम भी मिल जाता।

मजूरी के सवाल पर जूली ने गाँव में आन्दोलन खड़ा कर दिया था। कई-कई मस्टर रोल फर्जी तौर से भरे गए थे जिसकी जाँच चल रही थी। न्यूनतम मजूरी का भुगतान भी प्रति मजूर पाँच रुपए के कमीशन पर खड़ा था। जंगलवालों ने बसमतिया के गाँववालों को काम पर लगाना बन्द कर दिया था। पाँच-छह महीने पहले जंगलवालों ने जंगल की नापी करवाई थी जिसमें उन जमीनों को भी जंगल के खाते में नपवा लिया था जो पट्टों पर आवंटित की गई थीं।

जूली ने पट्टोंवाली जमीनों पर गाँव वालों से मक्का बुनवा दिया था तथा जंगल विभाग के थालों को जो पेड़ लगाने के लिए बनाए गए थे समतल करवा दिया था। जंगल के रेंजर से जूली की खूब गिच-पिच हुई थी जिसकी शिकायत जूली ने वन मन्त्री से भी की थी। रेंजर की जाँच हुई थी तथा उसका ट्रांसफर भी कर दिया गया था। उस रेंजर के स्थान पर कोई ताकतवर रेंजर नियुक्त किया गया था जिसकी विशेषता थी कि वह मन्त्रिमंडल तक पहुँच रखता था। उसके यहाँ स्थानीय नेताओं, अधिकारियों का दरबार लगता था। लोगों का कहना है कि डी.एफ.ओ. भी चोरी-चमारी से उसके दरबार की शोभा बढ़ाया करते हैं।

रेंजर इस मामले में भी माहिर था कि जंगल को वह जब चाहता था ऐशगाह में भी बदल सकता था—वहाँ वह सब संभव हो सकता था जो अमूमन बड़े शहरों के बड़े होटलों, जिमनास्टिक सेंटरों, क्लबों वगैरह में हुआ करता है।

चेहरे से रेंजर मुछमुंडा दबंग दिखता था, ऊँचाई छह फीट के आस-पास थी—रंग गब-गब गोरा था...तथा प्रेम चोपड़ा की तरह कपड़े पहनता था। एक बार किसी ट्रैक्टर वाले को रेंजर ने जंगल में पकड़ लिया था। ट्राली में जलावनी सूखी लकड़ियाँ थीं—उनकी डालें पतली थीं तथा इकठ्टा की हुई जान पड़ती थीं—रेंजर से ट्रैक्टर वाले की जाने क्या बातें हुईं कि उसने उसे मारना शुरू कर दिया—इतना मारा कि उसे टट्टी-पेशाब आ गया...फिर उसे छोड़ दिया...सैकड़ों गालियाँ देकर भगा दिया।

रेंजर एक दिन बसमतिया के गाँव भी आया था, उसके साथ जंगल के दो तीन फारेस्टर भी थे, कुछ लाठी-डंडे वाले भी, संयोग से जूली रज्जो के यहाँ ठहरी थी...वह गाँव के लोगों से पट्टों के कागजात माँग रहा था तभी जूली रेंजर के यहाँ पहुँच गई। रेंजर महुआ के पेड़ के नीचे खटिया पर बैठा हुआ था—गाँव की एक औरत जूली के बैठने के लिए मचिया ले आई थी। जूली का मचिया पर बैठ जाना रेंजर को बुरा लगा था—उसने साफ-साफ पूछा था, 'आप कौन है, आप का इस गाँव से का मतलब ?'

'मतलब तो आप बाद में खुद ही समझ जाएँगे, पहले ये रिपोर्ट पढ़िए तथा जंगल विभाग का यह सरकारी गजट भी कि आप धारा बीस में काश्त वाली जमीनों को छू भी नहीं सकते।' कहते हुए जूली ने रिपोर्ट व जंगल विभाग का गजट रेंजर को थमा दिया।

रेंजर तो रेंजर, वह भी अपने कैड़े का था, उसने रिपोर्ट को तत्काल फाड़ा तथा जूली के मुँह पर फेंक दिया तथा रोबदार ढंग से बोला—

'मेम साहब—यह दिल्ली नहीं है, इतना जान लो, मैं रिपोर्ट वगैरह नहीं पढ़ा करता, मुझे तो जंगल की जमीन चाहिए...'

जूली तो जूली ! फिर अकेले न थी—बसमतिया, रज्जो, ननकी वगैरह की सशक्त फौज उसके साथ थी। जूली ने रेंजर से थोड़ा बढ़कर प्रतिवाद किया।

'आपको तमीज भी नहीं, किसने बना दिया रेंजर आपको ? क्या इसे ही डिमोक्रेसी कहते हैं ? आम तानाशाह हैं क्या...रिपोर्ट वगैरह नहीं देखना, पढ़ना तो नपवा लो अपनी जमीन, खुदवा तो गढ्ढे, बनवा लो थाले...दम हो तो काम लगाकर देख...'

किसी पूर्व तैयारी की तरह गाँव की औरतों ने रेंजर को घेर लिया था तथा बेचारे फारिस्टर व लठैत रेंजर की दुर्दशा देखकर हतप्रभ से रह गए थे। हल्ला-गुल्ला सुनकर गाँव के सयाने भी वहाँ पहुँच गए थे। परधान ने बीच-बचाव किया था तथा रेंजर से चाय पीने का कई बार आग्रह भी किया था पर रेंजर ने उसे ठुकरा दिया था।

रज्जो व बसमतिया भी जूली से कम न थीं।

'हाँ, हाँ, बनवा लो गढ्ढे,अब किसी घर में घुस के देख, मूँछें न उखाड़ लिया तो मेरा नाम रज्जो नहीं', फिर उसे ध्यान आया कि रेंजर तो मुछ-मुंडा है।

'साहब ! आपके गाँव-घर में भी तो गरीब-गुरबा रहते होंगे—क्या उन्हें भरपेट खाने का हक नहीं है...आप कुछ न दीजिए पर आदमी की तरह तो बतियाइए... जूली का का है, यह बेचारी चाहती है कि हम गरीब लोग भी अपना पेट पालते रहें...इससे काहे झगड़ा कर रहे हैं आप...' बसमतिया ने रेंजर को सम्बोधित करते हुए कहा था तथा जूली को रोक दिया था...जूली गुस्से में थी...।

'नहीं ये अधिकारी-फधिकारी सबको गुलाम समझते हैं जैसे हमारे कुछ अधिकार ही न हों।' चाय पीते हुए देवनाथ ने जूली से लगभग तगादे जैसा पूछा था, 'इतना सब गाँव में हो गया था, पर आपने कभी बताया नहीं...'

'का बताना था, कोई प्रचार तो करना नहीं, इसीलिए आपसे कहा करती थी कि गाँव चलिए, वहाँ की समस्याएँ देखिए...' जूली ने देवनाथ को बताया था।

जूली, देवनाथ व ननकी तीनों साथ-साथ बसमतिया के घर पर आए थे। पूर्व निश्चित योजनानुसार बसमतिया के यहाँ ही गाँववालों की मीटिंग होनी थी। ननकी गाँव में जा चुकी थी कि सबको खबर कर दी जाए।

बसमतिया अचरज में थी, देवनाथ को देखकर...जूली को तो आना ही था पर देवनाथ का कोई कार्यक्रम न था। मन का चोर सक्रिय होकर बसमतिया से गूं-गं करने लगा था...बसमतिया ने सासू को बताया था कि यही देवनाथ है, फिर सासू तो उसका हाल-अहवाल लेने लग गई थीं। जूली भी बसमतिया व देवनाथ के हरियाते रिश्तों को जानती थी हालाँकि इस बावत बसमतिया से बातें करना उसे जरूरी न लगा था।

चाहे जैसा भी हो जूली जिस्मानी रिश्तों की गन्धों को आम औरतों की तरह न तो सूँघती थी न ही उस पर कभी चर्चा ही करती थी—सो बसमतिया व रज्जो को भी जूली की दूसरी दुनिया के बारे में कोई जानकारी न थी। बसमतिया व रज्जो को बराबर शक बना रहता कि जूली की दूसरी दुनिया किसी स्वर्ग माफिक होगी।

बसमतिया ने अपने मुकदमे के बारे में देवनाथ से पूछा था तथा सड़क वाले मुकदमे के बारे में भी। दोनों मुकदमों में लगभग एक सप्ताह की देरी थी। सड़क पर लगी रोक तो अगले सप्ताह तक निश्चित रूप से खत्म होनेवाली थी।

बाहरी ओसारे पर बसमतिया ने दरी बिछा दिया तथा देवनाथ व जूली के लिए खासतौर से एक मोटा बेडसीट भी लगा दिया। अँधेरा होते-होते तक बसमतिया ने खाना भी बना लिया ताकि वह भी मीटिंग में हिस्सा ले सके। खाने में चावल, दाल के साथ-साथ आलू और भुजिया थी तथा बैंगन का भर्ता था, कुछ मोटी-मोटी रोटियाँ भी थीं।

सासू ने बसमतिया को खास तौर से सहेजा कि 'किसी को घर बुलाओ तो उसकी सेवा-टहल भी करो...जो-जो सामान घर में न हो, खरीद लो या उधारी ले लो, कमाकर भराएगा।'

घर में सारा सामान था, केवल पिसान नहीं था, चूड़िहारिन काकी के यहाँ से पाँच किलो पिसान बसमतिया पहले ही ले आई थी। चाय के लिए बसमतिया ने परधान के यहाँ से एक किलो दूध ले लिया था। जब मीटिंग शुरू होने को हुई थी तब परधान ने एक किलो दूध दुबारा भेजवा दिया। अपनी मदद के लिए बसमतिया ने चुड़िहार काका की पतोहू को भी बुला लिया था।

मीटिंग के लिए महिला समिति की औरतें एक-एक कर आने लगी थीं, अँधेरा होते-होते तक सभी औरतें बसमतिया के ओसारे पर आ गई थीं...। गाँव के दो-चार दूसरे मर्द लोग भी थे जो मीटिंग में रुचि रखनेवाले थे। इस मीटिंग में परधान जी को खास तौर से बुलवाया गया था कि यदि जंगलवालों से झगड़ा झंझट-बढ़ा तो सबकी एकता जरूरी है।

मीटिंग शुरू होने के पहले चाय आ गई थी, चाय पुरवों में थी जिसे चुड़िहार काका की पतोहू ने बनाया था क्योंकि बसमतिया तो सबको उठाने-बिठाने में लगी थी। उसकी सासू तथा चुड़िहारिन काकी पूरब की तरफ लकड़ीवाले खम्भे के पास बैठी थीं एकदम किनारे। उन दोनों की आँखें अपनी नई पीढ़ी पर लगी थीं, उन्हें लगता कि वे दोनों फिर से जवान हो रही हैं तथा वे अपने जमाने में मुहदब्बू क्यों थीं ? उनके लिए गुजरा जमाना वह सवाल था जिसका उत्तर वे अपनी नई पीढ़ी में तलाश रही थीं।

देवनाथ के लिए मीटिंग का होना, उसमें शामिल होना एक नया अनुभव था, हालाँकि वह गाँव का था पर अमूमन गाँवों में ऐसी मीटिंगें नहीं हुआ करतीं। मीटिंग में उपस्थित लोगों को सम्बोधित करते हुए जूली ने अगले कार्यक्रमों की रूपरेखा प्रस्तुत की थी। जूली द्वारा बनाए गए कार्यक्रमों में 'वन मन्त्री' से मिलना तथा डी.एफ.ओ. के यहाँ धरना देने का कार्यक्रम था। गाँव स्तर पर किए जानेवाले कार्यक्रम के बारे में जूली ने राय थी कि जब भी जंगलवाले जोत की जमीनों पर थाला या कब्जा बनाने के लिए आएँ तो गाँव के प्रभावित परिवारों की औरतें एक साथ मिलकर उनका विरोध करें। पुरुष लोग महिलाओं के साथ-साथ रहें पर अगुआई औरतों को करने दें। हरसम्भव कोशिश करनी होगी कि मार-पीट या झगड़ा न हो। औरतें एक-एक गढ़्ढे के पास लेट जाएँ तथा गढ़्ढा न खोदने दें। यह ध्यान रखना जरूरी होगा कि चाहे जिस किसी की जमीन पर थाला बन रहा हो, वहाँ सभी लोग जाएँ तथा विरोध करें, ऐसा नहीं कि सिर्फ अपना-अपना देखें।

मीटिंग में बैठे हुओं को रज्जो ने अपनी तरफ खींचा...

'अगर मार-पीट हो गई तो...।'

'परधान जी के रहते मार-पीट न होगी। यदि हो भी गई तब भी सब्र व धीरज से उस समय फैसला लेना होगा...' जूली ने रज्जो को समझाया।

'मार-पीट होने पर का हम लोग चुप रहेंगे...' बसमतिया ने पूछा।

मीटिंग में मार-पीट का मामला सबकी जुबान पर था।

'जंगलवाले हरामी होते हैं जूली बहन, वे पहले फुसलाते हैं फिर मारते-पीटते हैं...उनका का भरोसा कब कपार फोर दें, हाथ तोड़ दें...बन्दूक भी तो उनके साथ होती है...'

मार-पीट का समाधान जूली के पास भी न था। उसके समाज कार्य व स्वयं

सेवी संस्था के एजेंडा में केवल शान्ति व सन्तोष था जिसकी सहायता से खुद को तथा पूरे गाँव को मार-पीट से बचाना था। सो वह बार-बार आग्रह कर रही थी कि मार-पीट से बचना है।

मीटिंग देर रात तक चली थी। डी.एफ.ओ. के कार्यालय पर धरना देने का कार्यक्रम निश्चित हो चुका था। परधान ने अपना पूरा सहयोग देने का वादा किया था।

सड़कवाले मुकदमे के लिए देवनाथ ने परधान को बताया कि अगले सप्ताह के अन्त तक वे कचहरी आ जाएँ। निषेधाज्ञा समाप्ति के आदेश की नकल वह निकालकर कर रख लेगा। बहस के दिन अदालत का रुख अनुकूल था। अदालत ने बसमतिया के जेठ की जमीन का नम्बर देखा था तथा वकील ने कमिशनर की रिपोर्ट भी पढ़ी थी। कमिश्नर ने साफ-साफ लिखा था कि सड़क करीब दो सौ मीटर आगे तक बन चुकी है। बीच में बसमतिया के जेठ का खेत पड़ता है, उसके खेत से इस सड़क का कोई रिश्ता नहीं सो यह मुकदमा ही बोगस है। यही मैंने अपनी बयान तहरीरी में भी लिखा था।

परधान एक व्यवहार कुशल मुवक्किल की तरह देवनाथ से गिड़गिड़ाए थे।

'अब आपको ही देखना है, ऐसा कुछ कीजिए कि सड़किया बन जाए। कल सुबह आप भी देख लीजिए।'

मीटिंग के अन्त में जूली ने देवनाथ का सबसे परिचय कराया था। जूली के कमरे में सबसे पहले देवनाथ ने जिन-जिन औरतों को देखा था...उनमें वह थी जिसका पति शराबी था तथा वह उसे छोड़कर अलग रह रही थी, तथा शराब बनाने व बेचनेवाली औरत भी थी। दोनों के चेहरों पर उनके भीतर आए बदलावों के चिह्न साफ-साफ थे। जूली के कमरे में तो सभी मुर्झाई बैठी थीं, जैसे उनसे उनका जीवन छीन लिया गया हो।

देवनाथ व बसमतिया की बातें एक-दूसरे को सम्मोहित किए हुए थीं, हालाँकि उन दोनों ने बात करने के लिए किसी एकान्त को तलाशना ठीक नहीं समझा था। मीटिंग के बाद देवनाथ, जूली, बसमतिया व बसमतिया की सासू एक साथ ही खाना खाए थे—जूली को अलग हटाकर बसमतिया की सासू ने देवनाथ व बसमतिया के बावत बातें की थीं। जूली ने आगे बात करने का उन्हें आश्वासन भी दिया था। सुबह चढ़ जाने तक जूली बसमतिया के कमरे में सोती रही थी। देवनाथ सूर्योदय के साथ ही जाग गया था...

जूली, बसमतिया व देवनाथ के साथ जनसम्पर्क करने व सड़क निर्माण देखने के लिए निकल पड़ी थीं, तथा कुछ देर के लिए रज्जो के घर पर भी रुकी थी। लौटते समय रज्जो भी साथ-साथ आई थी तथा परधान से मिलकर सभी बसमतिया के घर तक आए थे।

दोपहर के पहले-पहल तक देवनाथ जूली के साथ बसमतिया के गाँव से निकल चुका था। पर दोनों के भीतर से बसमतिया का गाँव न निकला था। देवनाथ बसमतिया के साथ दूसरी दुनिया के सपनों में था तथा जूली 'बदल जाएगा समाज' के लिए समाज के बदल जाने की ऐतिहासिक जरूरतों में थी–'डी.एफ.ओ. के यहाँ जोरदार धरने का आयोजन करना है।'

मुकदमे की अगली तारीख...

ग्रामसभा की सड़क व जंगल विभाग के कल्चर (पेड़ों की छँटाई) का काम रुक गया था। ग्राम सभा का काम तो मुकदमे के कारण तथा जंगल विभाग का काम विभाग की नीति के कारण ताकि मजूर भूखे मरने लगें, फिर कमीशन भी ठीक मिलेगा तथा रोबदाब करने में भी ठीक होगा।

यही हुआ...

मजूरों की भूख सार्वजनिक हो गई। सारे चूल्हे खामोशी में चले गए। वहाँ बर्तनों की चहल-पहल नहीं, बच्चों की आवाजें कौन सुनता है, प्रतिदिन की उनकी चीखें माताओं को आतंकित करतीं। दूधवाली छातियाँ दुखतीं, उनमें गाँठे उग आतीं, आखिर दूध कैसे निकलता पर बच्चे उन्हें चूसते, चूसना न बन्द करते।

गाँव में पंडित व एक-दो अहिरान के लोग ही अग्रिम मजूरी (अगवढ़) दे सकने की क्षमता रखते थे। यादवों ने तो अगबढ़ बन्द नहीं किया जबकि पंडितों ने बन्द कर दिया। पंडितों की सोच थी, गाँव की भूखी आबादी उनके साथ हो जाएगी परधान को छोड़कर, फिर वे जिस सड़क का निर्माण चाहते हैं वह बनने लगेगी।

ऐसा नहीं हुआ। गाँव की भूखी जनता भूख से मरने के लिए तैयार बैठी थी। जनता इंकलाब में थी हालाँकि वहाँ इंकलाब की प्रारम्भिक अवस्था ही थी जो जूली, रज्जो व बसमतिया के सहयोग से अँखुआ रही थी। परधान अपनी तरफ से तथा कुछ अपने समर्थकों की तरफ से अगबढ़ मजूरी सबको दिलवा रहे थे तथा सबको समझा भी रहे थे कि सड़क का काम शीघ्र ही प्रारम्भ हो जाएगा। परधान ने कोशिश की कि गाँव की समस्या का सच्चा हाल अखबार तक जाए पर अखबारवाले उस पर ध्यान न देते। वे पूछते कि 'क्या कोई भूख के कारण गाँव में मर गया'। गाँव में मरनेवाला कोई न था। परधान कहते कि यही हाल रहा तो दस-बीस मर जाएँगे। अखबारवाले कहते फिर उस दिन हमें खबर दीजिएगा।

वकील के कहने के मुताबिक परधान कचहरी में हाजिर थे। पंडितों की तरफ से उनका अमला भी वहाँ हाजिर था जो किसी भी चीज का मुकाबिला कर सकता था। परधान 'राम' के सहारे अकेले थे, उन्हें वकील ने बताया था कि यह अन्तिम

तारीख होगी, फैसला जरूर होगा। पंडितों के अमले में जवान होते हीरो भी थे। उनमें एक-दो ने शत्रुघ्न सिन्हा के अन्दाज में परधान को मारने-पीटने की धमकी भी दी जिसे सुनकर देवनाथ ने एक प्रार्थना पत्र एस.पी. के यहाँ उसी दिन रजिस्ट्री करवा दिया।

मुकदमे का फैसला दो बजे के बाद होगा...जबकि बसमतिया के फोरमवाले मुकदमे का फैसला हो चुका था। बसमतिया जीत चुकी थी, जीत की खुशी देवनाथ तथा परधान दोनों के चेहरे पर एकबारगी तैर गई। परधान ने बसमतिया के बारे में कहा, 'लड़की हो तो बसमतिया की तरह।' देवनाथ कुछ और सोच रहा था जो उसकी कल्पना थी...कि कैसे दिखेगी बसमतिया खुशियाँ पीते हुए।

फिर तो बसमतिया अकेली जान...पर उसके कई-कई चेहरे, मुस्कराते, हँसते, शर्माते, लजाते। देवनाथ क्षणभर के लिए मतिभ्रम में ! बसमतिया के किस रूप को पकड़े... ?

लगभग चार बजे तक परधान के मुकदमे का फैसला हुआ। पंडितों के प्रार्थना पत्र को खारिज कर दिया गया तथा सड़क पर लगी रोक को हटा लिया गया। पंडितों के चेहरों पर पतझड़ उग आया तथा परधान व देवनाथ बसन्त पीते, अदालत को दुआ देते कचहरी से बाहर निकले। देवनाथ ने कचहरी के ऑफिस से स्थानीय पुलिस के नाम भी कचहरी के आदेश की एक प्रति निकलवा ली ताकि कचहरी व थाना दोनों अलग-अलग जुबान न बोलने लगें।

परधान अपने तथा बसमतिया के मुकदमे का कागज-पत्तर लेकर भतीजे की मोटर साइकिल से देवनाथ की तारीफ करते हुए गाँव के लिए वापस हो गए। उधर पंडितों का अमला निचली अदालत के फैसले पर अपील चढ़ाने के काम में लग गया। देवनाथ ने परधान को समझा दिया था कि दस दिन का मौका है, तब तक शायद पंडितों को जजी से 'स्टे' न मिले, इस दौरान सड़क बन जानी चाहिए।

परधान भागम-भागम में थे तथा देवनाथ के जिम्मे कई दूसरे काम थे। पहला काम तो यह था कि उसे दरोगा जी की लड़की की आदमकद फोटो को वापस भेजना था जिसके लिए उसने बड़ा सा लिफाफा खरीद लिया था। उसने निश्चित कर लिया था कि वह शादी करेगा तो सिर्फ बसमतिया से, नहीं तो किसी से नहीं। कचहरी से देवनाथ सीधे कमरे पर आया। कमरे पर तस्वीर की आदम गन्ध थी। तस्वीर दरोगा जी के रिश्तेदार ने जबरदस्ती दी थी। तस्वीर खूबसूरत थी। खुद से बातें करनेवाली तथा दूसरे का हाल-अहवाल लेनेवाली। तस्वीर ने देवनाथ से भी पूछा...पूछने में महुआ की महक तथा पत्तों की सरसराहटें थीं।

देवनाथ हिल रहा हो जैसे...लाल होंठों तथा घूरती गोल-गोल आँखों की बतकहियाँ आखिर वह कैसे पकड़े फिर तस्वीर की देह फड़फड़ाई, हौले-हौले उसकी हथेलियों पर उठने लगी...देह के मुलायम हिस्से आगे बढ़े जैसे वे उँगलियों के घेरे

में फँसना चाह रहे हों...देवनाथ घबरा गया माथे पर पसीना छल-छला आए...का तस्वीर डरा सकती है किसी को ? देवनाथ ने खुद से पूछा तथा फटाका तस्वीर को लिफाफे में बन्द कर दिया। फिर लिफाफे पर देवनाथ ने दरोगा जी का पता लिखा तथा पोस्ट कर दिया।

अब वह खुले आकाश के नीचे था, जहाँ जंगल से निकलती बसमतिया थी तथा वह कहीं दूर से बसमतिया का निकलना देख रहा था। जबकि बसमतिया गाँव में थी देवनाथ से कोसों दूर। गाँव में देवनाथ परधान के जरिए पहुँचा। अशरीरी। उसका काम उसके नाम को रटाता—याद कराता।

परधान रात में गाँव पहुँचे। गाँव उनकी प्रतीक्षा में था कि फैसले के साथ मजूरी की रोटी आएगी एकदम से आग में तपकर निकली खरी-खरी। परधान के आने पर सड़क का मुकदमा जीत जाने की खबर गाँव में आग की तरह फैली, फिर तो परधान जी के दरवाजे पर सुबह होते ही भीड़ जमा हो गई। भीड़ खुशियों में सराबोर थी, फिर भी जानना चाहती थी कि मुकदमे में का हुआ। चेरवान के बड़े-बूढ़ों तथा जवानों के लिए देवनाथ हीरो बना हुआ था। बार-बार परधान देवनाथ का नाम उचारते तथा कहते किसी दिन बहुत बड़ा वकील बनेगा देवनाथ, वह भी गरीबों का।

भीड़ में बसमतिया व रज्जो भी थीं। रज्जो ने जूली के बारे में परधान से पूछा तो उन्होंने बताया कि वह दिल्ली गई हुई है, तथा मल्लिक साहब भी कहीं बाहर हैं। बसमतिया भी फोरम का मुकदमा जीत गई है, सारा कागज-पत्तर देवनाथ ने उन्हें दे दिया है।

बसमतिया उछल सी गई थी जमीन से 'चलो बपई कर्ज के बोझ से उबर गया।' देवनाथ क्षण भर के लिए बसमतिया के लिए किसी हृदयग्राही दृश्य सा 'स्टिल' हो गया फिर वह उस दृश्य को देखने लगी तथा अवर्णनीय खुशियाँ पीने लगी।

परधान जी के दरवाजे पर ही किसी ने उनसे मुकदमे के खर्च के बावत भी पूछा, फिर तो परधान जी ने दुबारा देवनाथ की प्रशंसा की किताब ही खोल दी, 'अरे भाई कहाँ खर्च वगैरह, सिर्फ कागज-पत्तर व टिकस वगैरह का तीन-चार सौ जो लगा, उपरौढ़ा एक छदाम भी नहीं, दूसरा वकील होता तो दो-तीन हजार फुँका गया होता...।'

गाँव में पूरब, पश्चिम, उत्तर, दक्खिन हर तरफ से खुशियों की हवा थी, यहाँ तक कि सूरज की कड़ी धूप पर भी खुशियों के कतरे चस्पाँ थे। पंडितान की तरफ ऐसा न था, वहाँ की हवा में आग थी, कुछ सुलगती, धधकती पर अदालत वहाँ भी सबसे ऊँची व बड़ी चीज थी। नौजवानों के अलावा उम्र-दराज पंडितों की पगड़ियाँ अदालती दाव-पेचों से सजी-सँवरी थीं। हमेशा उनकी मदद अदालत व थाने से हुई

थी। यह पहला मौका था जब अदालत जैसी उड़नपरी ने उनकी महफिल में नाचने से इनकार कर दिया था तथा उनके कल-बल-छल व धन-दौलत को धत्ता पढ़ा दिया था। पंडितान की धूल-माटी, आँगन, सेहन, बरामदा हर तरफ आततायी उदासी पसर गई थी। सूखे हुए उनके होठों पर जमाना बदल जाने का मातम था सो वे कभी परधान को तो कभी रज्जो, बसमतिया को तो कभी जूली को गरियाते...

'सारा खेल रंडियों का है। वह जो दिल्ली वाली है न, बहुत ऊँची चीज है, ऊँची पहुँचवाली, उसी ने ही अदालत का मन बदल दिया होगा, नहीं तो साला गाय-गोरू चरानेवाला परधनवा का कर पाता कुछ !' कानून की जिस प्रारम्भिक वर्णमाला से सड़क का काम रुक गया था या रुकवा दिया गया था, वही वर्णमाला साक्षर होकर आदेश के रूप में जब गाँव में घुसी तो भूख व बेकारी एकदम से फुर्र हो गई, चूल्हों की इज्जत लौट आई तथा मुर्झाए चेहरों को परिवर्तन की चमक ने और चमका दिया। कोने में ओंठगाए हुए गंगे, फावड़ों, कुदालियों को काम मिल गया तथा टोकरियों एवं पतरों ने उत्सव मनाना शुरू कर दिया। फिर तो लोगों के न सिर दिखते न हाथ। सिर पर टोकरियों की टोपियाँ होतीं तथा हाथों में गैंता, फावड़ा वगैरह, नहीं तो जाने क्या होगा ?

सड़क निर्माण का काम तेजी से चलने लगा। दूसरे दिन गाँव का सेक्रेटरी आया। वही सेक्रेटरी जो पंडितों के साथ मिलकर सड़क का काम रुकवाना चाहता था। सेक्रेटरी परधान के पीछे-पीछे था तथा मस्टर रोल बना रहा था। मस्टर रोल भरते-भरते वह परधान को भी अपनी जुबान से पालिश लगाता कि वह परधान के विरोध में न तब था न अब। वह हर कोशिश करता कि परधान उसे अच्छा आदमी समझें तथा कमीशन का भुगतान करते रहें पर ऐसा नहीं था। परधान उसकी चालाकी समझ रहे थे सो सावधान भी थे कि अब कमीशन किसी को एक धेला भी नहीं देना चाहे बी.डी.ओ. हो या कोई।

सड़क के काम पर भीड़ जैसा दृश्य था। हर तरफ सिर ही सिर दिखते। उनके नीचे से कहीं-कहीं धरती आकाश ताकती निहारती। सड़क का काम शुरू होने के साथ-साथ पंडितों की तरफ से डर की आशंकाएँ भी आईं कि शायद वे लोग झगड़ा-झंझट शुरू कर दें...

परधान, बसमतिया, रज्जो, खदेड़ू सुमेरन वगैरह की तरफ से सावधानी बरती जा रही थी कि भले ही काम बन्द हो जाए पर मार-पीट झगड़ा वगैरह किसी भी स्थिति में नहीं करना। रज्जो व सुमेरन तो इसी काम में लगे थे।

काम तेजी से आगे बढ़ रहा था, पाँच दिन शान्ति व फुर्सत में निकल गए। पंडितान के एक-दो लोग सड़क की तरफ आते, मुआयना करके वापस लौट जाते। वापस लौटते समय परधान से भी मिलते जाते। परधान इन्हें समझाते तथा उतनी ही बातें करते जितना कि संदिग्धों से किया जाना चाहिए। पंडितान बेवश

था...पहले तो उसने मजूरों में ही फाँक करना चाहा पर जब यह न हो पाया फिर...

रेंजर उनका आदमी था तथा वह रज्जो, बसमतिया, परधान व जूली से नाराज भी। काम के छठे दिन रेंजर मार-पीट गिरफ्तारी की क्षमता व अधिकारवाले लोगों के साथ गाँव में चला आया। उनके साथ दो-तीन जीपें थीं, एक-दो मोटर साइकिलें भी।

वे आए तथा गाँव की जमीन नापना शुरू कर दी। एक तरफ नापी करते तथा दूसरी तरफ बढ़ते जाते। नापी जिधर कर चुके होते उधर खाकी वर्दीवाले बढ़ते तथा जहाँ झोपड़ियाँ वगैरह होतीं आग लगा देते। आग की रोशनी हर तरफ फैलती...

आग सड़क तक आई, उसकी लपटें जो आसमान की तरफ बढ़ रही थीं वे मजूरों की आँखों की तरफ बढ़ी। मजूरों में भगदड़ मच गई। क्या मर्द क्या औरत सभी भागे जंगल की तरफ। खासतौर से वे जिनकी झोपड़ियाँ जंगल में थीं। इन झोपड़ियों में स्थायी तौर पर रहने, बसनेवालों की संख्या कम थी। वहाँ पर वे लोग ही रहते थे जिनके खेत पड़ते थे या जिनके पास गाय-बकरियाँ थीं। रज्जो, सुमेरन व खदेड़ू का घर इन्हीं में पड़ता था तथा परधान जी का एक पड़ाव था गायों-भैसों के लिए। गाँव के अहिरान लोगों की भी झोपड़ियाँ वहाँ थीं।

झोपड़ियाँ जल रही थीं, जलाई जा रही थीं तथा जंगल विभाग के लोग जंगल में कुछ विशेष किस्म का काम कर रहे थे। मजूर समूह भीड़ में उनके पास पहुँचे।

रेंजर सामने था, उसके हाथ में रायफल थी, चम-चम चमकती, आदमी की जान मारनेवाली मशीन। निहत्थे मजूर रेंजर के सामने थे।

'यह सब का हो रहा है साहब ?'

'दिखाई नहीं देता।'

'तभी तो हम लोग पूछ रहे हैं।'

'पूछना क्या है, जो हो रहा है देखो...'

रज्जो ने एक नारा उछाला 'इंकलाब जिन्दाबाद'

नारे का जवाब आया 'इंकलाब जिन्दाबाद'

मजदूर इधर-उधर, दौड़ पड़े, पिल पड़े, फिर...शुरू हुआ...

धाँय-धाँय, धाँय लगातार धाँय-धाँय, धाँय...

धाँय-धाँय के आगे मजदूर न टिक पाए, फिर वे झगड़ा या युद्ध करने की कला नहीं जानते थे, वे समझते थे कि बातचीत से बहुत कुछ हल हो जाता है फिर पुलिस व फौज से कोई का लड़ेगा ? मजूर गिरते-पड़ते भहराते भाग लिए, रज्जो नारा लगाती रही, परधान व बसमतिया चिल्लाते रहे, यह धाँय-धाँय हवाई है पर हवाई भी तो

जमीनी बन सकता है...रेंजर सरदार था सरकारी भीड़ का। वह मजूरों को दौड़ा रहा था...भागने में वे मजूर भी थे जिनकी झोपड़ियाँ राख हो चुकी थीं। धुँआ आसमान में फैल चुका था तथा जब आसमान साफ होता फिर धुएँ से भर जाता। चार-पाँच सौ मजूरों की भीड़ को महज पन्द्रह आदमियों ने भगा दिया। इनके हाथों में जान मारनेवाली मशीनें थीं। ये मौके पर डटे रह गए तथा जिनके पास केवल जान थी, जान के सिवाय कुछ नहीं, वे भाग गए, भागते गए...

जो भाग गए, वे भाग गए, उसका कारण यह था कि वे छेके न जा सकें। पुलिस और जंगल विभाग के लोगों के घेरे में वे न आ सकें। घेरे में बसमतिया, रज्जो, परधान, सुमेरन व खदेडू थे जो रेंजर से कारण पूछ रहे थे कि उन्हें क्यों बर्बाद किया जा रहा है ? इन लोगों के साथ पन्द्रह दूसरे लोगों को भी घेरे में ले लिया गया था। घेरे में खास तौर से उन्हें लिया गया था जिन्हें मजूरों की भीड़ में सक्रिय समझा जा रहा था।

परधान ने घेरे में बन्द सभी लोगों को बारी-बारी से देखा। उन्हें शक हुआ जरूर पंडितों ने चुन-चुनकर नाम दिया होगा, ऐसे यह वामन रेंजर भला किसे जानता ? हो सकता है कि किसी वाचर (प्रहरी) ने पहिचनवाया हो।

घेरेवाले लोगों के हाथ देखते-देखते पीछे की तरफ बाँध दिए गए। जो शराफत के साथ हाथ बँधवाने से इनकार करता वह दो-चार हाथ या डंडे खाता, फिर चुप हो जाता। औरतों में सिर्फ बसमतिया व रज्जो को पकड़ा गया था तथा उनके हाथों को बाँधा नहीं गया था।

रेंजर किसी फिल्म के खलनायक सा फुफकारता तथा सबको गरियाता। गरियाते हुए वह रज्जो के पास पहुँचा। रेंजर ने उसकी ठुड्डी उठा दी तथा कुछ अश्लील बोला...रज्जो ने उसे एक जोरदार चाँटा मारा तथा चेहरे पर थूक दिया, बेवशी का प्रतिकार। इस पर रेंजर ने रज्जो को पटक-पटक कर मारा। छोड़ा तब जब बसमतिया रज्जो की देह पर लेट गई फिर तो उसने बसमतिया के साथ भी वही किया जो रज्जो के साथ कर चुका था। बसमतिया गुस्सा पी गई, कौन मार बुलाए...। रेंजर ने फिर इन दोनों के हाथों को भी बँधवा दिया। 'साली दौ कौड़ी की रंडियाँ मुँह लगती हैं।'

परधान, खदेडू व सुमेरन अलग रस्से में बँधे थे। रेंजर परधान की तरफ मुड़ा...

'कहो बेटा परधान...? कहाँ छोड़ दिया उस दिन वाली देह परी को, का कहते हैं दिल्लीवाली को, जरा हम भी देखें उसकी दिल्ली...लम्बाई, चौड़ाई, गहराई...यह जंगल है बेटा जंगल...अकेले मंगल काहे मनाते हो इन छोकरियों के साथ, चलो मिलकर मनाएँ...।'

परधान की आँखें लाल-लाल थीं...

'छोड़ के देख कमीने...बहादुर था तो अकेले आता, यह पुलिस काहे...'

रेंजर ने परधान को रायफल की बट से ऐसा मारा कि वे भहरा गए। फिर लात-जूतों से भी उसने धुनाई की। रस्से से बँधे सभी मजूरों ने एक साथ गाली देना शुरू कर किया। रेंजर उनकी तरफ मुड़ा, उसका अमला भी मजूरों की तरफ मुड़ा...

फिर बारी-बारी से सबकी जोरदार धुनाई हुई...जैसे कोई सुभाषित हो कि बिना मार-पीट कुछ भी हल होने से रहा। रेंजर हाँफने लगा, उसे ख्याल आया कि पहले इस तरह से उसने किसी को नहीं मारा-पीटा, कुछ सोचकर जोड़ा...किसी दूसरे जंगल में इस तरह के लोग-बाग थे भी तो नहीं। ये साले मादरचोद हैं हरामी, मारे व पीटे जाने लायक।

हजारों साल के पुराने गाँव में कोई मध्ययुगीन घटना, नया वस्त्र धारण कर रही थी। पहिनावे का तौर-तरीका बारूदी था सो गाँव जलने लगा था। रायफलों, बन्दूकों व डंडों की निगरानी में रज्जो व बसमतिया को मिलाकर कुल सत्रह लोग थे। सभी कराह रहे थे, सभी को चोटें पहुँचाई गई थीं कि वे आगे के समय में शान्तिप्रिय व आज्ञाकारी बने रहें।

हथियारबन्द लोग जो आदमी थे लेकिन उस समय पुलिस या फौज के थे सो वे उन बन्दियों को हँकाते समय भी मारते-पीटते तथा गाली देते।

परधान को पुरुष बन्दियों के साथ बाँधा गया था। बसमतिया व रज्जो को अलग। ये दोनों उस समय रेंजर की आँख का पानी थीं, सो रेंजर इन्हें हँकाते समय भी छेड़-छाड़ करता चलता...

पूरबवाली सेन्हुनिया पहाड़ी के बगल में जंगल विभाग की जीपें खड़ी थीं तथा कुछ दूर बाद एक ट्रक भी खड़ी थी। वहाँ पहुँचकर सभी बीसों बन्दियों को ट्रक पर चढ़ा दिया गया तथा परधान, बसमतिया, रज्जो, खदेड़ू व सुमेरू को जीप पर लादा गया। रेंजर जीप चलाते हुए आगे-आगे था—रेंज ऑफिस पहुँचकर सबको बारी-बारी से उतारा गया।

कानूनी काम-धाम निपटाने में काफी देर लगी। रात काली थी, सो वह और काली हुई। कुछ ऊपरी स्तर के अधिकारी भी रेंज ऑफिस पर मौजूद थे। सलाह-मशविरा तथा रपट लिखाने के काम के बारे में गहन विचार-विमर्श के बाद जाने क्या हुआ कि रेंज ऑफिस के सामने का मड़हा जलाने के लिए रेंजर ने किसी वाचर को ललकारा...'यहाँ की सारी लकड़ियों में आग लगा दो।' मड़हा धू-धू जलने लगा। रेंज ऑफिस पर इकट्ठा पचासों हजार रुपयों की लकड़ियाँ देखते-देखते धू-धू करने लगीं।

परधान, बसमतिया, रज्जो, खदेड़ू व सुमेरन ही नहीं, दूसरे बीसों बन्दी हैरान व अवाक् थे, उन्हें आभास होने लगा था कि वे किसी भयानक षड्यंत्र में फँस

गए हैं। परधान ने बसमतिया से कहा भी था कि हम लोगों पर आगजनी व लूटपाट का मुकदमा चलाने के लिए ये हरामजादे ऐसा कर रहे हैं। गाँव के इक्का-दुक्का लोग भी छिप कर रेंज ऑफिस पर चल रहे ड्रामा को देख रहे थे। अहिरान के तीन-चार लोग रेंज ऑफिस पर आए भी थे जिन्हें जंगल विभाग वालों ने 'पकड़ो पकड़ो सालों को' कहते हुए खदेड़ दिया था। परधान के लड़के ने गाँव में घटी घटना तथा अपने बाप की गिरफ्तारी के बाबत स्थानीय एम.एल.ए. प्रमुख जैसों को फोन पर बताया था लेकिन मौके पर कोई नहीं आया। परधान का लड़का पंडितान में जाकर बड़का पंडित जी के यहाँ खूब गिड़गिड़ाया था।

'दाऊ बचा लीजिए सबको...आपकी रेंजर से पटती है।'

बड़का पंडित जी बिगड़ गए थे...'बनने दो नेता...नेतागीरी में यही सब होता है, वह नेता ही कौन जो जेल न जाए।'

परधान का लड़का थककर खुद में किसी निर्जीव की तरह खो गया था। बसमतिया की सासू परधान के यहाँ रो-रोकर माथा पीट रही थी। जेठ का कहीं पता न था। पूरा चेरवान तथा धंगरान परधान के दरवाजे पर अपने-अपने ढंग से विलाप कर रहा था। गाँव की खुशियाँ व उत्साह सभी गिरफ्तार हो गए थे।

देर रात तक परधान, बसमतिया, रज्जो, खदेड़ू व सुमेरन के अलावा सारे बन्दियों को छोड़ दिया गया तथा रेंजर ने उन्हें गरियाते हुए सावधान किया–

'साले अब गड़बड़ न करना,' परधान की तरफ देखते हुए कहा था।

'इन सालों की पैरवी के लिए कोई गया तो समझ लेना...'

रात तो काली थी ही...रात में ही बसमतिया व रज्जो को रस्से से मुक्त किया गया था...परधान ने किसी अनहोनी का अनुमान कर रस्सा छुड़ानेवाले तथा बसमतिया व रज्जो को ले जानेवालों से पूछा भी–'कहाँ ले जा रहे हो ?'

'तुम्हारे बाप के यहाँ।'

फिर वे दोनों तब दिखीं थीं जब सुबह हो चुकी थी तथा सभी को थाने के हवाले किया जाना था। बसमतिया व रज्जो के चेहरों पर से गाँव-घरवाली औरतों की चहकें गायब थीं। उनकी आँखों में पानी भरा हुआ था तथा साँपों के काटने जैसे होंठ काले हो चुके थे। उनकी आँखें जमीन की तरफ एकटक थीं तथा वे परधान को भी देखने से इनकार कर रही थीं...

परधान का खून उबलने लगा पर वे करते भी क्या...हाथ बँधे थे–खुले भी होते तो हथियारबंद लोगों के साथ ये कितना संघर्ष कर लेते...सुमेरन व खदेड़ू तो बसमतिया व रज्जो का चेहरा देखकर रस्सा छुड़ाने की फिराक में हो गए थे पर रस्सा जो कानून की निगरानी में बाँधा गया था...उसकी गाँठें पूरी तरह वैधानिक थीं सो कैसे खुलतीं...?

रात में ही देवनाथ को पुलिस ने गिरफ्तार कर लिया था तथा जूली की तलाश

जारी थी। जूली के कमरे का ताला बन्द था, उसका कमरा ताला तोड़कर खोल लिया गया। कमरे में ढेर सारा साहित्य पुलिस द्वारा बरामद किया गया तथा कमरे के मालिक से जूली के बारे में पूछताछ जारी थी।

कचहरी में पूरे जिले की हवाएँ लगभग एकसाथ दस बजे तक आ जाती हैं। देवनाथ गिरफ्तार हो गया, धीरे-धीरे बातें फैलने लगीं। वकीलों का एक झुंड कचहरी में घूम-घूमकर देवनाथ की गिरफ्तारी के बारे में सबको बता रहा था। करीब बारह बजे तक कचहरी में एक शोर उठा—जो क्लाइंट शेड की तरफ से चलकर सभी जगह पसर गया।

'इंकलाब जिन्दाबाद, पुलिस हाय-हाय...'

वकीलों की आकस्मिक बैठक...

भाषण तथा नारे...कोतवाली का घेराव...पुलिस व रेंजर के प्रति निन्दा प्रस्ताव। पूरी घटना जो रेंज ऑफिस पर घटी थी, सभी कुछ रेंजर द्वारा प्रायोजित...कलक्टर के कार्यालय पर तत्काल तालाबन्दी...यह सब कुछ होना ही था कि कलक्टर की नीली बत्ती वाली गाड़ी कचहरी में घुसी फिर तो वकीलों ने कलक्टर की गाड़ी को घेर लिया।

कलक्टर के बाद पुलिस व डी.एफ.ओ. की गाड़ियाँ भी कचहरी में दाखिल हो चुकी थीं...

डी.एफ.ओ. के अनुसार गाँव वालों ने रेंज ऑफिस को जला दिया, रेंजर को घायल कर दिया...तथा मारने-पीटने एवं बलवा करने पर उतारू थे। ऐसे में क्या विकल्प था...यह सब देवनाथ एडवोकेट व जूली नाम की एक लकड़ी के प्रोत्साहन व उकसाने पर हुआ था, इसीलिए देवनाथ को पकड़ा गया है तथा जूली फरार है।

कलक्टर का कहना था जो कुछ भी होगा विधि सम्मत ही होगा। डी.एफ.ओ. अपनी बात पर अड़ा था तथा पुलिस खुद को निर्दोष बता रही थी कि यह जंगल विभाग का मामला है, इससे पुलिस को कुछ लेना-देना नहीं...

वकील समुदाय नारों व इंकलाबी धुनों में था, भाषण चल रहा था, इसी बीच पुलिस पाँचों अभियुक्तों के साथ देवनाथ को भी रिमांड पर कचहरी ले आई...वकीलों के एक सशक्त समूह ने देवनाथ का जमानती प्रार्थनापत्र जुडिशियल मजिस्ट्रेट के समक्ष प्रस्तुत किया जिसे मजिस्ट्रेट ने खारिज कर दिया तथा कहा कि हम कानूनी तौर-तरीके से आपकी सहायता नहीं कर सकते। वैसे मुझे यह मामला प्रथमदृष्टया प्रायोजित लगता है...

देवनाथ, परधान, बसमतिया, सुमेरन, रज्जो, खदेड़ ने जेल में जाकर भूख हड़ताल कर दी है, इनके समर्थन में जेल के कुछ दूसरे कैदी भी भूख हड़ताल पर आ गए। जूली को अभी तक गिरफ्तार नहीं किया जा सका। उसकी तलाश जारी है।

वकीलों के धारावाहिक हड़ताल व आन्दोलन से परेशान होकर प्रशासन ने पूरी

घटना की न्यायिक जाँच के आदेश दे दिए हैं...गाँव में जगदा अभी तक वापस नहीं आया है।

मुकदमे में जूली का नाम दर्ज होने के कारण, मानवाधिकार सुरक्षा संस्थाओं के द्वारा चलाए जा रहे अभियान इतने सघन हो गए हैं कि जंगल विभाग के इस बर्बर दमन कांड की चर्चा दिल्ली तक पहुँच चुकी है। बड़े-बड़े अखबार तथा टी.वी. चैनलों के लोग बसमतिया के गाँव का दौरा भी कर चुके हैं। कुछ चैनलवालों ने तो जेल में जाकर भूख हड़ताल कर रहे देवनाथ परधान, रज्जो, बसमतिया, खदेड़ू व सुमेरन की तस्वीरें भी खींच चुके हैं।

कचहरी के वकील साथियों को देवनाथ ने साफ-साफ मना कर रखा है कि उसे जमानत पर नहीं छूटना।

कचहरी वकीलों की हड़ताल से बेरौनक हो चुकी थी। मुवक्किल आते, हाजिरी लगाते, वकीलों को सलाम बजाते, अगली तारीख लेते वापस हो जाते। वे जब घरों को वापस लौटते जब किसिम-किसिम की खबरें भी उनके साथ लौटतीं...

एक खबर थी बसमतिया व रज्जो के साथ हुए बलात्कार की। बलात्कार रेंजर द्वारा किया गया था। जूली के मुद्दे की दूसरी खबर थी कि वह कोई प्रभावशाली लड़की है, उसका दबाव सरकार पर पड़ेगा। सारी घटना की जाँच का आदेश हो चुका है। रेंजर का यह हो जाएगा तो वह हो जाएगा पर सामने कुछ न दिख रहा था। रेंजर अपने रेंज ऑफिस पर पहले की तरह तैनात था।

कचहरी में रोज चक्कर लगानेवालों में परधान का लड़का, सुमेरन का भाई तथा बसमतिया की सासू थी। दो-तीन दिन बाद बसमतिया का बाप व भाई भी कचहरी का चक्कर लगाने लगे थे। इन सारे लोगों की कचहरी में उपस्थिति अनुपस्थिति के बराबर थी।

मानवाधिकार संरक्षण संस्थाओं के लोग पी.एस. मल्लिक के साथ आते तथा कचहरी में इधर-उधर जन-सम्पर्क कर वापस लौट जाते। वे लोग कुछ वरिष्ठ तथा कुछ कनिष्ठ वकीलों से सलाह-मशविरा भी करते। एक दिन संयुक्त प्रदर्शन का आयोजन था।

आयोजन में अधिकांश वकील तथा विरोधी दलों के राजनीतिक कार्यकर्ता थे। मानवाधिकार संरक्षण संस्थाओं के स्त्री-पुरुष कार्यकर्ताओं का हुजूम भी था। सभी के हाथों में तख्तियाँ थीं, तख्तियों पर लिखा था—निर्दोषों को रिहा करो...। आयोजन की शक्ल सामान्य से भाषण के बाद जब जुलूस में परिवर्तित हुई थी तब इंकलाबी नारों से पूरा कचहरी परिसर गूँज उठा था। जुलूस ने पूरे नगर की सड़कों की परिक्रमा की थी। रामलीला मैदान में आकर जुलूस सभा में बदल गया था। घटना के बारे में वक्ताओं ने सभा में विस्तार से बताया था—उनका कहना था कि सारे लोग निर्दोष हैं तथा रेंज ऑफिस पर रेंजर ने मुकदमा गढ़ने के लिए खुद आग लगवाई थी।

इतना ही नहीं, जंगल वालों ने बसमतिया व रज्जो के साथ मुँह भी काला किया था। सभा की तरफ से अन्त में माँग की गई थी कि बलात्कार की घटना की जाँच अलग से की जानी चाहिए।

उधर जेल में हड़ताली देवनाथ व परधान को जबरदस्ती जूस वगैरह पिलाया जा रहा था तथा बसमतिया व रज्जो को जेल के अस्पताल में दाखिल करा दिया गया था। देवनाथ से उसके दोस्त वकील निरन्तर सम्पर्क में थे तथा बसमतिया की सासू व परधान का लड़का भी बसमतिया, परधान, खदेड़ू व सुमेरन से मिल आए थे।

जूली का ग्राम जागरण अभियान गाँव से गायब हो चुका था तथा गाँव में डर व भय हर जगह चौकस खड़े हो गए थे। लोगों को जूली से कुछ उम्मीद थी कि कुछ-न-कुछ असम्भव जैसा सम्भव होगा—पी.एस. मल्लिक अपने झोले के साथ कभी कचहरी तो कभी जेल के पास मँडराते दिखते।

देवनाथ के एक वकील साथी ने मल्लिक साहब से घटना के बारे में जानना चाहा था जब कचहरी में एक दिन मल्लिक साहब दिख गए थे...

'साथी, मौजूदा, सामाजिक, राजनीतिक व्यवस्था में जो कुछ भी घटित हुआ—यह तो प्रत्याशित था—पूँजीवादी व्यवस्था में कानून-कायदों का मनचाहा उपयोग, जो दुरुपयोग होता है, कोई भी अधिकृत व्यक्ति कर सकता है—रेंजर ने भी तो वही किया...रही बात निर्दोषों को फँसाए जाने की—तो आप बताएँ—निर्दोष नहीं फँसेंगे तो कौन फँसेगा...'

अफसोस करते हुए माल्लिक ने कहा था—

'ऊफ ! जूही बहुत डरपोक निकली पार्टनर, उसे तो खुद आकर गिरफ्तारी देनी चाहिए थी।'

जेल में दाखिल होने का पहला इत्तफाक था। देवनाथ कभी जेल के मोटे-मोटे शिकंजों को देखता जो कभी पहरेदारों के रोबदार चेहरों को। दोपहर व रात में तसलों के साथ भोजन लेने के लिए दौड़ती कैदियों की भीड़ अलग तरह की सोच पैदा करती—वह कभी गांधी तो कभी लोहिया को याद करता फिर अपनी खोल में दुबक लेता। वह जेल के जिस दर्जे में था वहाँ दूसरे बन्दी भी थे—सभी सामान्य आर्थिक स्थिति वाले थे, कोई पॉकेटमारी में बन्द था तो कोई बैल चोरी में। एक-दो नहर के पानी के झगड़े में भी बंद थे, जिन पर इल्जाम था मार-पीट व शान्ति भंग करने का। शान्ति व अशान्ति की चिन्ता हर सरकार को रहती है, सो जेल रहता है, थाना रहता है वगैरह वगैरह...

जेल में एक आदमी दो-दो विशेषताओं वाला था। पहली विशेषता थी कि उसका रोब-दाब पुलिस व फौज से अधिक था। दूसरी विशेषता थी कि वह जेल में रहते

हुए भी हालिया विधायकी जीत चुका था। किसी तरह से उसे मालूम हुआ कि कुछ 'इंकलाब, जिन्दाबाद' वाले भी जेल में लाए गए हैं तथा वे भूख हड़ताल पर हैं। वह आदमी फिर देवनाथ, परधान, खदेडू व सुमेरन को खाना के समय अपने पास बुलाया। क्या हुआ ? मालूम किया फिर हँसने लगा...खूब हँसा।

देवनाथ वगैरह सकपकाए थे, जेल के भीतर उसका रुआब तथा जेल सिपाहियों की सलामी देखकर। जेल का कोई भी जिम्मेदार आता उसे 'भइया जी' या सरकार कहता, उसे कुछ नोट मिलते तब वह खिसक लेता।

'तो तुम लोग आन्दोलन यानी क्रान्ति वाले हो...' उस अपराधी विधायक ने हँसी ओढ़कर सवाल पूछा।

'नहीं साहब, हम अपना हक माँग रहे हैं...' परधान की सफाई।

'मुझे तो यूँ ही फँसा दिया गया...' देवनाथ।

'तुम तो वकील हो शायद...?'

'हाँ...' देवनाथ ने बताया।

'यार ! यह भूख-हड़ताल क्यों ? भूख-हड़ताल तो वह करे जिसका पेट भरा हो...क्या तुम लोग भरे पेट वाले हो...' फिर हा हा हा...भयानक किस्म की हँसी, अपराधी विधायक की तरफ से।...'नहीं...पेट भरा होता तो जेल कौन भेज पाता...' देवनाथ ने बताया।

'जेल आने से डरते हो शायद...अब तुम लोग मेरे साथ खाना खाओगे... आन्दोलन करो जेल आओ–यह नियम बना लो...गरीब आदमी का मन्दिर, मस्जिद, गुरुद्वारा–सभी कुछ जेल ही होता है...'

अपराधी विधायक ने देवनाथ, परधान, खदेडू व सुमरेन की हड़ताल तुड़वा दी। फिर वह जेल अस्पताल की तरफ गया जहाँ बसमतिया व जूली का इलाज चल रहा था...। अस्पताल के डाक्टर ने अपराधी विधायक का स्वागत किया तथा आने का मतलब पूछा...

'हमारी दो बहनों का यहाँ इलाज चल रहा है, कोताही न हो डाक्टर ! कहाँ हैं दोनों... ?'

बसमतिया व रज्जो हैरान थीं...यह कौन भाई है जिसका रुआब पूरे अस्पताल पर है...उन दोनों ने देखा कि छोटे-बड़े अस्पताल के सभी कर्मचारी उस आदमी को सलाम बजा रहे हैं...फिर होगा कोई...!

देवनाथ व परधान भी अपराधी विधायक के साथ थे...देवनाथ ने बसमतिया व रज्जो को विधायक के बारे में बताया...बाद में विधायक ने खुद बसमतिया व रज्जो से हाल-अहवाल पूछा...यहाँ से छूटकर जाना तब सबसे बता देना कि तुम दोनों मेरी बहनें हो–यदि किसी ने फिर हाथ लगाया तो मैं उसे जिन्दा जलवा डालूँगा...और यह रेंजर ! सुन लेना तुम दोनों...।

फिर विधायक कहीं खो गया...

समय गुजरने में था तभी जूली स्थगन आदेश के साथ जिले में कार्यरत थी। वकीलों की हड़ताल तथा मानवाधिकार कार्यकत्ताओं के धरना-प्रदर्शन तेजी से बढ़ रहे थे। सारे कार्यक्रमों को अखबारों व टी.वी. चैनलों पर जगहें मिल रही थीं। जूली की सक्रियता देखते बनती।

राजनीतिक दलों को भी इन कार्यक्रमों में लोकप्रियता का सोमरस दिखा। देखते-देखते कुछ ऊँचे पायदान के नेता भी जिला मुख्यालय पर के कार्यक्रमों में भाग लेने लगे। एक-दो बार तो जंगल विभाग के कुछ एक-दो बड़े अधिकारी तथा रेंजर की तरफ से अखबार में बयान छपा कि उन्हें जान का खतरा है, आए दिन जान मारने की धमकियाँ दी जा रही हैं।

जूली खुले-आम थी तथा रज्जो व बसमतिया जेल में। इन दोनों के लिए जेल का अस्पताल एक नया अनुभव था जहाँ दोनों की साँसें घुट रही थीं।

बसमतिया को घटनाएँ पीछे लौटा ले जातीं, पंजों वाले गाँव की तरफ...रेंजर तो मालिक से भी कमीना निकला...फिर गाइड, जेठ व कुछ दूसरे चेहरों ने भी उसे उत्तेजित किया...सभी देह पर पसरे, पीते, चूमते-नोचते, खसोटते...।

वाह रे। देह ! आखिर क्या करे वह इसका...अन्त में देवनाथ का उसे ख्याल आया, जो स्थायी भाव की तरह जमा रह गया...जगदा वापस न लौटेगा...इसी ख्याल ने हौले से उसे बताया—

'तूँ आज का देख पगली। कल के लिए काहे मरी जा रही है।'

रज्जो...जेल में भी इंकलाब जिन्दाबाद के साथ थी तथा कुछ परिवर्तनकारी सपना देख रही थी जो रेंजर के बावत था...

'क्यों बसमतिया ?' पूछा था रज्जो ने।

'हाँ-हाँ वही ठीक होगा...' बसमतिया ने कहा था।

जूली जेल में देवनाथ, बसमतिया, रज्जो, परधान, खेदडू व सुमेरन से मिल आई थी। चुड़िहारिन काकी व काका, तथा गाँव के दूसरे लोग मुकदमे की हाजिरी के दिन कचहरी आते, गिरफ्तारों से मिलकर वापस हो लेते।

जानकार वकीलों का कहना था कि सेसन कोर्ट से भी जमानतें न हो पाए शायद, दूसरी तरफ बसमतिया व रज्जो के साथ हुए बलात्कार का मामला थोड़ा ऊपर उठता फिर दब जाता। देवनाथ व जूली को चाहनेवाले तथा तलछट के नेता बलात्कार के मामले को जितना ऊपर उछालना चाहते, मामला उतना ही नीचे गिर-गिर जाता।

अब इधर प्रदेश के दलित सरकार के एक मन्त्री ने पूरे मामले को अपने स्तर से उठाया है—देखना है आगे क्या होता है... ?

वैसे सच्ची खबर यह है कि देवनाथ जमानत नहीं कराना चाहता, बसमतिया

व रज्जो जेल से नहीं छूटना चाहती। परधान, खदेड़ू व सुमरेन जेल में रहकर काफी घुट रहे हैं...सो वे तत्काल निकलना चाहते है तथा जूली अपने स्तर से परेशान है...और योजनाएँ बना रही है कि फर्जी मुकदमों की गिरफ्तारियों का सर्वे कराया जाए फिर रिपोर्ट तैयार की जाए। मल्लिक साहब अगर प्रयास कर देंगे तब कोई दाता संस्था इस कार्य के लिए धन उपलब्ध करा देगी।

बसमतिया के गाँव का अहिरान व चेरवान तथा धंगरान पूजा-पाठ व मनौतियों में लगे हैं, कोई 'करम' देवता की तो कोई हिन्दू देवता की...काली, भवानी या औघड़ रानी की। कहीं लोहबान की गन्ध उड़ रही है तो कहीं अगरबत्ती की दसांग की...कनैल, गुड़हल के फूल सुबह होते ही तोड़ लिए जा रहे हैं। बसमतिया की सासू ने सगुन निकाला है कि बसमतिया वापस लौट रही है, बहुत जल्दी...ननकी को बार-बार समझाती है कि बसमतिया जेल से छूट जाएगी फिर उन्हें डर लगता है कहीं... इस कहीं को वह ननकी से नहीं कह पाती...कि पेट आ गया तो...'

जेल की नर्स सिस्टर ने बसमतिया को समझा दिया है कि यदि कुछ गड़बड़ हुआ तथा महिनवारी समय पर न हुई तो वह सफाई कर देगी। सो घबड़ाने की बात नहीं। बसमतिया व रज्जो दोनों अगले माह ही जाँच करवाएँगी। फिर मालूम होगा कि क्या करना है ?

गाँव पर ननकी बसमतिया की सासू की देख-रेख कर रही है, उसका मरद दिन में दो-तीन बार देख आता है उन्हें। जेठ पंडितों से सम्पर्क बनाए हुए है। पंडित के साथ वह भी खुशियाँ पी रहा है तथा बात-बात में कहता है जो भगवान करता है वह ठीक करता है। बसमतिया के लिए कहता है कि 'साली पंडिताइन बनती थी...हो गई न देह की दुर्गति—वह साली रंडी रज्जो...उसके साथ भी ठीक ही हुआ।'

परधान का लड़का, चुड़िहार काका व बसमतिया का भाई तीनों कचहरी का चक्कर लगा रहे हैं पर अभी तक जमानत नहीं हो पाई है।

बसमतिया की आँखों में जिन्दगी जीने का अँधेरा खूब गाढ़ा हो चुका है, उसे याद भी नहीं आ रहा कि छठ कब करना है कि उसने देवनाथ से कभी कुछ कहा कि नहीं ? समय तेजी से भाग रहा है, हर पन्द्रहवें दिन मुकदमे की तारीख पड़ती है। अगली तारीख पर वह देवनाथ से बतियाएगी, पर क्या बतियाएगी ? वह बतियाने लायक तो रही नहीं।

देवनाथ बिना कुछ किए की सजा पा रहा है, यदि कुछ किया होता तो शायद पकड़ा न जाता, पकड़ा भी जाता तो संतोष होता कि कुछ किया था। जब से गिरफ्तार हुआ है तब से वह कानून-व्यवस्था की समीक्षा कर रहा है। आखिर यह कायदा-कानून किसके लिए है ?

रज्जो तो विवाहित है, समझदार तथा तेज भी, अपना चला लेगी, उसका पति

सब देख व सुन रहा है। जगदा भी बसमतिया को ऐसी स्थिति में अपने साथ रखेगा...पता नहीं वापस आया कि नहीं...वह बसमतिया के बारे में सोचने लगता है...उसका का होगा, वह तो बिना बसमतिया के...तो क्या परमात्मा बसमतिया से जगदा को अलग करने के लिए ऐसा कर रहा है ? कौन सोचे...देवनाथ ने खुद को दूसरी तरफ मोड़ा पर वहाँ कुछ था ही नहीं, हर तरफ बसमतिया थी, बसमतिया की यादें थीं...अगली तारीख पर वह बतियाएगा बसमतिया से...

अन्त में साथियो !

क्या आप भी देवनाथ, बसमतिया, रज्जो, परधान, खदेड़ू, सुमेरन या कि स्वयंसेवी संस्था की कार्यकर्त्ता जूली व मल्लिक से बतियाएँगे...तथा अगली तारीख पर कचहरी जाएँगे...यदि आप रेंजर से मिलकर सचाई जानना चाहें और इस कहानी के पात्रों का वास्तविक अता-पता मालूम करना चाहें तो जान लें कि रेंजर का अभी तक ट्रांसफर नहीं हुआ, सुनने में आया है कि उसके बहनोई के बहनोई प्रदेश सरकार में वन मन्त्री बनाए गए हैं इस बार।

अपनी जानकारी के लिए जान लें कि मुकदमे की अगली तारीख किताब छपने की तिथि से ठीक एक माह बाद के मंगलवार को पड़ेगी।

●●●

राहुल सांकृत्यायन

राहुल सांकृत्यायन का जन्म उत्तर प्रदेश के आजमगढ़ जिले के पंदहा गाँव में 9 अप्रैल, 1893 को हुआ था। मूर्धन्य और अन्तरराष्ट्रीय ख्यातिप्राप्त विद्वान राहुल सांकृत्यायन साधु, बौद्ध भिक्षु थे, यायावर थे, इतिहासकार और पुरातत्त्ववेत्ता थे, नाटककार और कथाकार थे। वे जुझारू स्वतंत्रता-सेनानी, किसान-नेता, जन-जन के प्रिय नेता भी थे।

राहुल जी ने धर्म, संस्कृति, दर्शन, विज्ञान, समाज, राजनीति, इतिहास, पुरातत्त्व, भाषा-शास्त्र, संस्कृत ग्रन्थों की टीकाएँ, अनुवाद और इसके साथ-साथ रचनात्मक लेखन करके हिन्दी को इतना कुछ दिया कि हम सदियों तक उस पर गर्व कर सकते हैं। उन्होंने जीवनियाँ और संस्मरण भी लिखे और अपनी आत्मकथा भी। अनेक दुर्लभ पांडुलिपियों की खोज और संग्रहण के लिए व्यापक भ्रमण भी किया।

उनकी प्रमुख कृतियाँ हैं—'वोल्गा से गंगा', 'घुमक्कड़-शास्त्र', 'मेरी तिब्बत यात्रा', 'मेरी यूरोप यात्रा', 'किन्नर देश में', 'मध्य एशिया का इतिहास', 'मानव समाज', 'वैज्ञानिक भौतिकवाद', 'दर्शन दिग्दर्शन', 'राहुल वाङ्मय'।

उन्हें 1958 में 'मध्य एशिया का इतिहास' के लिए 'साहित्य अकादेमी पुरस्कार' से पुरस्कृत किया गया। भारत सरकार ने 1963 में उन्हें 'पद्म भूषण' से अलंकृत किया।

14 अप्रैल, 1963 को उनका निधन हुआ।